Social Psychology

thirteenth edition

社会心理学

第13版

Robert A. Baron　　Nyla R. Branscombe

〔美〕罗伯特·A.巴隆　　妮拉·R.布朗斯科姆　著

白宝玉 译　钟 年 校

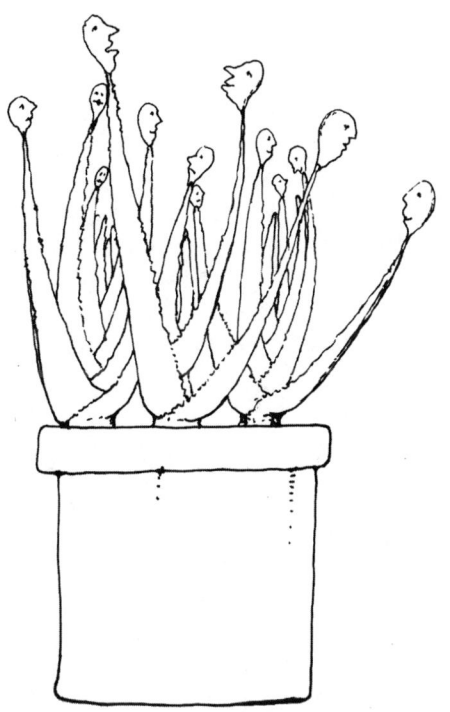

Authorized translation from the English language edition, entitled SOCIAL PSYCHOLOGY, 13th Edition by BARON, ROBERT A.; BRANSCOMBE, NYLA R., published by Pearson Education, Inc, Copyright ©2012 by Pearson Education, Inc.

All rights reserved. No part of this book may be reproduced or transmitted in any form or by any means, electronic or mechanical, including photocopying, recording or by any information storage retrieval system, without permission from Pearson Education, Inc.
CHINESE SIMPLIFIED language edition published by THE COMMERCIAL PRESS, Copyright ©2022

本书封面贴有Pearson Education（培生教育出版集团）激光防伪标签。
无标签者不得销售

献给我最真诚的朋友多恩·伯恩（Donn Byrne）、带给我最多快乐的丽贝卡（Rebecca），还有我们小家庭的核心成员杰西卡（Jessica）、特德（Ted）、萨曼莎（Samantha）和梅丽莎（Melissa）。

——罗伯特·A. 巴隆

献给最长久以来认识和关心我的人：罗丝·克罗克索尔（Rose Croxall）、霍华德·布朗斯科姆（Howard Branscombe）、玛琳·博伊德（Marlene Boyd）和伊莱恩·哈斯（Elaine Haase），为我们的生存和克服困难干杯！

——妮拉·R. 布朗斯科姆

序言

互联世界中的社会生活（和社会心理学）

我们在脸书（Facebook）上所做的只是帮助人们更有效地联系和交流。

——马克·扎克伯格（Mark Zuckerberg），脸书创始人

我想在宇宙中留下痕迹。

——史蒂夫·乔布斯（Steve Jobs），苹果公司创始人

随着我们的前进，我希望我们将继续……让人们的生活和工作方式发生真正的巨变。

——谢尔盖·布林（Sergey Brin），谷歌联合创始人

　　上述引语中所陈述的目标的确让人印象深刻——让人们生活、工作和与他人相处的方式发生根本性变化——或者，正如史蒂夫·乔布斯所说，让一切事物（甚至整个宇宙）都发生变化。正如你所知，这些目标的确实现了——"谷歌"已经成为日常语言中的一个动词，脸书的使用几乎和手机的使用一样普遍。事实上，试着想象一下没有音乐播放器、电脑、无线互联网、汽车和手机导航或者其他我们几乎每天都在使用的多种社交媒体的生活。也许你无法想象，因为这些技术已经深入我们生活的各个方面，所以我们理所当然地使用电子产品，就好像它们是我们自身的延伸。因此，谷歌、脸书、苹果电脑和许多其他高科技公司的创始人其实已经实现了他们雄心勃勃的目标：改变全世界人民的生活方式。

　　显然，这本书所聚焦的世界（社会生活）在最近这些年发生的巨大变化也许比以

往任何时候都更快、更有戏剧性。我们将在整本书中强调这些变化对社会生活和社会心理学都有重要影响。社会心理学是心理学的一个分支，它研究我们与他人一起或指向他人的各种行为，我们对他人的感觉和想法，以及我们与他人形成的关系。作为一个领域的社会心理学以及任何一本试图代表它的书籍的核心信息很简单：**要么跟上这些社会和技术的变化，要么变得无关紧要，甚至更糟——成为持续变化的障碍。**

21 世纪已经过去不短的时间，我们可以很高兴地说，社会心理学没有过时的危险，也不会成为持续社会变革的障碍。相反，它仍然是一个充满活力、适应性强的领域，社会心理学过去一直是这样，我们预测将来也会一直是这样。社会心理学研究（和知识）的范围在过去几年里（甚至仅从这本书的前一版出版以来）迅速拓展，我们的领域非但没有阻止或抵制世界上正在发生的许多变化，反而继续完全拥抱这些变化。这种对变革以及人性乐观看法的坚持，可以从多恩·伯恩的评论中看出来。当我们问伯恩为什么一开始会被社会心理学吸引时，他是这样回答的：

> 当我还是个孩子的时候，我想成为一名医生……但在医学院开学前两个月，我父亲心脏病发作了，我不得不改变计划。我……决定继续攻读心理学专业的研究生……像心理学专业的许多其他学生一样，我被成为一名临床心理学家的想法所吸引，但当我成为一名学生并开始从事研究工作后，我发现我的兴趣显然是社会心理学而不是临床心理学。我的第一个研究项目是探究大学课堂上友谊的形成过程。我发现，影响大学课堂上友谊形成的主要因素是身体上的接近程度，而不是种族、宗教、大学所学专业或其他看似重要的因素。当座位随机分配（或按字母顺序分配）时，任何两个并排而坐的学生都有可能成为熟人，继而成为朋友。我发现学生的社交生活可以部分由老师的座位表决定，这既有趣又令人惊讶。
>
> 第一次研究的尝试（也是我第一次发表论文）本应该暗示我的未来将不会成为一名临床医生，但我还是坚持了最初的计划，并获得了临床心理学博士学位。不过，在接下来的几年里，我慢慢意识到，我真正的兴趣是社会心理学领域，尤其是人际吸引这个主题。
>
> 一直以来令我着迷的是社会心理学运用科学方法来研究诸如友谊形成、偏见、性行为、攻击性和态度形成等话题。此外，它提供了通过新发现挑战长期持有的信念的可能性。相异相吸吗？研究发现"可能不会"，但研究确实证实了物以类聚

（相似性是吸引和友谊的基础）。因此，科学方法可以极大地增进我们对于社会生活的理解，正如其他领域揭示了太阳并不围绕地球转，疟疾不是由呼吸"糟糕的夜间空气"引起的，而是由嗡嗡作响的蚊子携带的一种微生物造成的。无论如何，我希望这段简短的个人经历能让你考虑两件事情：

1. 你不需要过于担心专业选择，也不需要为"长大后"想做什么而烦恼。那些不可预测的和意外的事件比你最完美的计划更能决定你的未来。

2. 当你在大学期间选课时，尽量尝试不同的领域，利用实习和做志愿者的机会尽可能多地体验各种工作。你可能会惊讶于自己在从事一个意想不到的有趣又充实的职业。我知道我做到了。

现在，回到我们这个新版本的目标。从本质上讲，我们试图做到：阐明我们的领域一直以来很好地适应和反映了这个变化的社会世界。改变在切实发生着！即使十多年前，谁会想到有iPod和Kindle呢？谁会想到手机可以代替人们的登机牌呢？谁会想到全世界有7亿人活跃在脸书上呢？谁会想到智能手机可以做从寻找附近的餐馆到几乎同时完成拍照和发送照片等任何事情。就技术革命的"消极影响"而言，谁能想到手机发信息会变得如此流行以至于许多驾驶者在交通拥挤时也发短信从而将自己和其他驾驶者都置于险境？谁能想到被恋人抛弃的人会试图通过在互联网上发布不利于对方的信息甚至是对方的裸照来"惩罚"对方？的确，很少有人（如果有的话）能够预测到这些趋势，因为目前技术变化的速度是惊人的，每年都会带来一系列创新产品、服务和高科技"玩具"。但是，技术不仅仅改变了我们完成某些任务的方式，也改变了我们的生活方式——最重要的是——改变了我们社会生活的性质。是的，爱、攻击、说服和社会生活的其他基本方面在本质上没有改变，但是它们的表现形式和被体验的方式已经发生了巨大的变化。

那么，我们如何在精确反映这些主要趋势的同时又充分而准确地展现我们社会心理学领域的核心内容——社会心理学家通过几十年的系统研究获得的知识和见解呢？以下我们概略介绍一下为实现这些重要目标所采取的主要步骤。

内容的变化：

我们加入了全新的一章——"社会心理学：应对逆境和创造幸福生活的指南"（第十二章）

这是一个听起来雄心勃勃的标题，它暗示社会心理学可以帮助我们应对生活中的"不利因素"并走向个人幸福。这是一个很高的要求，但我们相信我们的学科确实可以在这方面贡献良多。下面我们就来介绍这个新的章节（第十二章）：

"……大多数人寻求并渴望幸福：他们想要克服所经历的逆境，去享受幸福而有意义的人生。实现这一目标的过程从来不易，大部分人会遇到很多问题和阻碍。社会心理学能否帮助我们应对这些挫折并且使我们成为健康快乐的人呢？我们相信它可以。事实上，我们相信社会心理学家在这方面所获得的知识是无价的：如果谨慎运用，它可以帮助我们将逆境转化为力量、成就和满足……"

为什么我们持有这种观点？请允许我们再次用自己的话来回答：

"……社会心理学家的研究帮助我们更深入地洞察个人逆境形成的原因和后果，并提出了在通往丰富、充实的人生道路上克服逆境的重要方法。在本章中，我们总结其中的一些贡献。换句话说，我们将概述社会心理学（及其探究社会生活的科学方法）可以帮助我们达成关键个人目标的一些重要方法……"

新的一章接着描述了我们所知道的社会逆境（例如，孤独、社会关系"变糟糕"的破坏性影响、肥胖的社会原因）的主要成因。然后，我们根据社会心理学的研究结果探讨如何使法律制度更加公平和有效。也许最重要的是，这一章将探讨幸福的本质和原因。在讨论每一个主题时，我们分享了社会心理学家用他们的科学途径和方法所获得的知识，以及我们如何将这些知识运用到自己的生活中，从而更接近我们所渴望的幸福和满足的生活。我们认为这是对本章内容的重要补充，完全符合作为一个领域存在的社会心理学所持有的乐观、灵活、豁达的信条。

其他章节内容的变化

本书的第 13 版确实是"新"的，延续了这本教科书每版都包含了几十个新主题的悠久传统，我们在每一章都补充了新的研究、新的发现和新的理论观点。以下是本书包含的新主题的部分列表：

第一章

- 加强了对我们所生活的"互联世界"的关注,为此特别增加了一部分新内容,名称为"在变动的世界中探寻基本规律"。
- 许多新的例子贯穿始终,其中一些聚焦于我们的"互联世界",例如脸书、通过电子邮件和网络羞辱他人等。

第二章

- 我们增加了关于易得性(availability)在自我判断和其他判断中的作用的新研究,以及关于使用代表性推断法的跨文化差异的新研究。我们还增加了一个关于现状推断法的全新内容,现状推断法即认为选择和事物存在的时间越久就越好。
- 增加了新的一节探究隐喻推理及其对社会思想和行为的影响。也增加了一个新表格总结隐喻启动可能产生的多种效应。
- 增加了关于乐观主义和过度自信的新研究,对整个这一部分内容进行了大量更新。也更新了反事实思维这一部分的内容。

第三章

- 增加了关于气味作为非语言线索的新内容。
- 增加了讨论命运归因现象的新内容——认为消极事件的发生在某种程度上是"命中注定"的。
- 增加了有关第一印象准确性的新内容。

第四章

- 新研究解决了这样一个问题:我们身边的人是否比我们更能预测我们的行为?
- 增加了探讨内省为何误导人的新研究成果,尤其是为什么我们明显不知道把钱花在别人身上比花在自己身上让我们更快乐。
- 增加了探究人们如何成功地进行自我控制以及自我控制损耗的后果的新内容。

第五章

- 增加了探讨态度形成的新研究,这些研究考察了消费者对网购产品的评论,即网络口碑起作用的机制。
- 增加了探讨父母对新疫苗态度的形成过程以及他们在决定是否给孩子接种疫苗时所经历的决策过程的新研究。
- 增加了考察上大学和进入新的社交网络对个体政治态度的影响的新研究。

第六章
- 补充了探讨网络上的仇恨组织增加的现象及其原因的新内容。
- 补充了考察"玻璃悬崖"现象以及女性何时最有可能获得高阶职位的新研究。
- 补充了探讨人们如何在以偏见的方式行事的同时设法保持自己公正形象的新研究。

第七章
- 增加了探究红色吸引力特性的新内容。
- 增加了讨论我们希望在情感伴侣身上获得什么及其如何受到我们期望扮演的社会角色(供养人、家庭主妇)影响的新内容。
- 增加了探究合作策略在择偶和吸引中应用的新资料。
- 增加了讨论秘密恋情的性质和影响的新内容。

第八章
- 增加了探讨人们在什么情况下会为了给人留下好印象而假装从众以及我们在多大程度上会从众的新内容。
- 增加了全新的内容解释我们有时选择不从众的原因——权力、基本动机和渴望独特性的影响。
- 补充了最近开展的复制米尔格拉姆关于服从的经典研究的新研究。

第九章
- 增加了一节内容探究抑制助人倾向的因素(例如,社会排斥、黑暗、从经济角度衡量我们的时间)。
- 在讨论亲社会行为背后的动机时,我们增加了关于防御性帮助的新一节。
- 补充了探究增加或减少助人倾向的因素的新内容,其中讨论了玩亲社会电子游戏以及感恩的影响。

第十章
- 补充了关于社会排斥作为攻击产生原因的新研究。
- 补充了新的研究成果探讨接触媒体暴力和玩暴力电子游戏的影响。
- 呈现了探讨性嫉妒及其进化根源的新研究。
- 增加了讨论男性性别角色("男子气概的危险性")及其对攻击行为影响的新内容。

第十一章
- 增加了关于不同群体"情绪规范"的新一节。

- 补充了关于群体凝聚力的新研究。
- 补充了不同族群间冲突中被他人"误解"的新研究。
- 增加了有关团队领导的全新一节。

第十二章
- 这是全新的一章。主要是展现社会心理学关于如何帮助人们获得幸福和有意义的生活方面的研究。

新专栏

为了充分反映社会心理学研究的当前趋势和该领域对社会变化的关切,这一版增加了前一版本没有的两个新专栏。具体如下:

情绪与……

这个新专栏强调了情绪研究方面的最新进展,并确保了每个章节都涉及这个重要主题。我们认为这比专门增加一个关于情绪的特定章节(其他社会心理学类教材的惯常做法)要好得多,因为它将这个重要主题与社会心理学其他主题进行了有机融合。举例如下:

- 有关推断他人情绪的文化差异。
- 涉及情绪在吸引力中的作用。
- 团体合并(例如公司合并)可能给个人带来的压力。
- 探讨人们何时愿意为了群体牺牲和杀戮。
- 探讨利用情感来推销的广告何时有效、何时无效。
- 探讨积极的自我对话是否能改善自我的情绪和幸福感。
- 探讨情绪感染现象。
- 聚焦于情绪对助人意愿的影响作用。
- 关注人们是否可能过度幸福的问题。

互联世界中的社会生活

这个专栏的内容强调了本书序言中涉及的基本主题以及社会生活近年来发生了巨变这一事实,并展示了社会心理学如何试图理解这些变化的影响作用的本质和范围。举例如下:

- 主要介绍如何利用电子邮件、短信、网络分手服务等科技手段来结束一段恋情。

- 探讨归因和以电脑为媒介的沟通。
- 关注通过网络与素未谋面的他人一起工作。
- 探讨电子游戏中是如何描绘和应用性别角色的。
- 关注网络社交体验对线下社交互动的影响。
- 关注网络骗子在网络约会情境中对社会影响策略的使用。
- 主要关注通过互联网助人的现象,例如给发展中国家提供小额贷款。
- 探讨互联网如何帮助人们减肥。

帮助你学习社会心理学的专栏

一本好的教科书应该让使用它的学生觉得既有用又有趣。为了使本书的这一版更适合学生,我们加入了一些辅助学生的板块,以增强本书的吸引力和实用性。这些板块包括:

每章都以社会中的重要趋势和事件引入

所有章节都以反映当前社会趋势和事件——在许多情况下反映当前的技术变化——的事例引入,下面举几个例子。

- 脸书作为向他人展示自己的媒介(第四章)
- 网上求婚(第七章)
- 互联网上的说服与欺诈(第八章)
- 通过网络进行攻击(例如,向他人发送有害信息)(第十章)
- 决策小组在近期灾难(如2010年墨西哥湾漏油事件)中的作用(第十一章)

要点

每一节结束后都会简要回顾所涵盖的要点。

总结与回顾

每一章的结尾都有总结与回顾,复习本章的要点。

补充材料

所有优秀的教材都会提供一套完整的辅助材料,供学生和教师参考。本书也提供了一整套此类辅助工具,包括:

"我的心理实验室"（MyPsychLab）

"我的心理实验室"（网址：www.mypsychlab.com）将经过检验的学习应用程序与强大的在线评估相结合，吸引学生投入，评估他们的学习，并帮助他们取得学业的成功。"我的心理实验室"为每个学生提供激发和评估学习的个性化参与体验。这个平台来自一个值得信赖的合作伙伴，该合作伙伴拥有专业的教育学知识和帮助学生、教师及各部门实现目标的坚定信念。"我的心理实验室"可以独立使用，也可以链接到任何学习管理系统。

教师手册

为了配合本书的第13版，教师手册已经进行了更新和改进。它包括章节学习目标、关键术语、详细的章节大纲、经典和创新兼具的讲座推送以及课外作业和讲义。每次课程和活动的安排都与特定的学习目标相联系。

测试项目文件和"我的测验"软件（MyTest）

测试项目文件由大约2000个全部标示的选择题、填空题、简答题和问答题组成。每个问题都可以通过难度和技能类型来查看。测试项目文件也可以通过"我的测验"软件获得，该软件是一个基于网络的测试生成软件程序，它在一个易于使用的程序中给教师提供了"同类最佳"的使用体验。可使用拖放或单击功能轻松地创建测试和选择问题，也可以使用内置的问题编辑器添加或修改测试问题，并以各种格式打印测试。这个项目提供技术支持。

PPT演示文稿

PPT幻灯片提供了展示每一章众多概念的动态版本，并包含了相关的图表。

课堂回应系统（Classroom Response System）

课堂回应系统（CRS）促进了课堂参与，并通过学生投票和课堂测验等活动提供一种衡量学生理解力的方法。该系统允许教师使用与教材内容对应的PPT幻灯片向学生提问。学生使用"点击器"进行回复，该点击器捕捉并立即显示学生的回复。这些回答保存在系统成绩册中，可以导出到学习管理系统。

一些结语

回顾我们为第13版所做的修改，我们真诚相信自己已经尽最大努力使这个版本成为本书迄今为止最好的版本！我们试图创制一本充分体现现代社会心理学在多大程度上反映和包含了当今社会生活重大变化的教科书。但是，只有我们的同行和使用这本教科书的学生才能告诉我们该教材是否优秀。所以请告知你们的意见、反应和建议。我们将一如既往地认真听取这些意见,并在规划本书下一版时尽可能建设性地采纳这些意见。

表达我们诚挚的问候和感谢!

妮拉·R. 布朗斯科姆 nyla@ku.edu

罗伯特·A. 巴隆 robert.baron@okstate.edu

感谢的话

现在,我们已经基本上完成了修订新版的艰苦工作,我们想借此机会感谢许多有才华、有奉献精神的人在整个修订过程中对我们难能可贵的帮助。

首先,我们衷心感谢下面列出的同事,他们审阅了本书第12版,并提出了改进的建议。他们对我们策划这个新版本提出了宝贵的建议,他们是堪萨斯大学的格雷格·尼科尔斯(Greg Nichols)、密西西比南部大学的威廉·高金(William Goggin)、峡谷学院的米歇尔·拉布里(Michelle LaBrie)、凯特林大学的巴德丽娜特·拉奥(Badrinath Rao)、加州州立大学圣贝纳迪诺分校的彼得·斯皮格尔(Peter Spiegel)、德保大学的詹妮弗·齐默尔曼(Jennifer Zimmerman)、威斯康星大学斯托特分校的莎拉·伍德(Sarah Wood)、纽约州立大学布法罗分校的玛雅·阿罗尼(Maya Aloni)。

其次,我们想对培生集团的编辑们表达我们的感谢。很荣幸能与苏珊·哈特曼(Susan Hartman)、杰夫·马歇尔(Jeff Marshall)和安布尔·麦基(Amber Mackey)共事。他们的有益建议和良好判断反映出了他们对这本书投入的巨大热情和支持。我们期待着未来与他们继续合作。

再次,感谢佩吉·弗拉纳根(Peggy Flanagan)和谢莉·库普曼(Shelly Kupperman)为我们提供的产品管理服务。特别感谢艾米·索西耶(Amy Saucier),她以高超的技巧和巨大的耐心为作者处理了大量的细节和杂务。另外,我们要感谢内奥米·柯恩豪瑟(Naomi Kornhauser)在图片发掘方面的出色工作,还要感谢伊尔泽·勒梅希斯(Ilze Lemesis)和莱斯利·奥舍(Leslie Osher)设计的出色内页和极具吸引力的封面。

我们也要感谢许多同事给我们提供他们著作的复印版和预印本,并感谢许多学生与我们分享了他们对这本教科书前一版的想法。这包括很多人,恕我们不能在此一一列出,但我们非常感谢他们的贡献。

最后，我们真诚地感谢每一位编写辅助材料的人，感谢他们编写教师使用手册的出色工作，感谢他们在编写学习指南方面所提供的帮助，感谢他们在准备试题库方面所提供的帮助。向所有这些真正杰出的人以及其他许多朋友致以我们最诚挚的问候和感谢。

罗伯特·A.巴隆和妮拉·R.布朗斯科姆

作者介绍

罗伯特·A.巴隆是俄克拉荷马州立大学的斯皮尔斯创业学讲席教授。他在爱荷华大学获得了社会心理学博士学位（1968年），曾任教于伦斯勒理工学院、普渡大学、明尼苏达大学、得克萨斯大学、南卡罗来纳大学、华盛顿大学、普林斯顿大学和牛津大学。1979年到1981年，他担任美国国家科学基金会社会与发展心理学项目主任。2001年被法国研究部（图卢兹大学和利赫大学）任命为高级访问研究员。巴隆教授是美国心理学协会会员，也是美国心理科学学会的特别会员。他发表了120多篇论文，撰写了45篇书籍章节，是49部心理学和管理学书籍的作者或合著者。他是几家主流期刊的编委会成员，并因其研究获得了许多奖项（例如，2009年管理学部创业分会的"思想领袖"奖）。他拥有三项美国专利，并担任IEP公司的创始人和首席执行官（1993—2000）。他目前的研究兴趣集中在将社会心理学的研究成果和原理应用到创业领域，他研究了感知在机会识别中的作用、企业家的社交技能如何影响他们的成败以及积极情绪在创业中的作用等课题。

妮拉·R.布朗斯科姆是堪萨斯大学的心理学教授。她在多伦多约克大学获得学士学位，在西安大略大学获得硕士学位，在普渡大学获得博士学位。她担任《人格与社会心理学公报》《英国社会心理学杂志》《群体过程与群际关系》三个学术期刊的副主编。

布朗斯科姆教授已经发表了120多篇论文和书籍章节，曾获得奥托·克莱恩伯格（Otto Kleinberg）的跨文化和国际关系研究奖以及1996年和2001年的国际人格与社会心理学学会奖。她与他人合编有《集体罪恶感：国际视角》（剑桥大学出版社，2004年）、《纪念布朗：种族主义和歧视的社会心理学》（美国心理学会出版社，2007年）和《重新认识社会认同》（美国心理学会出版社，2010 年）一书。

布朗斯科姆教授目前的研究集中在两个主要问题上：历史上享有特权的群体何时和为什么会感到集体内疚的心理；以及弱势群体的心理，特别是他们如何应对歧视的问题。她非常感谢加拿大高等研究院对自己研究项目（课题名称：社会互动、身份认同与幸福研究）的持续支持。

目录

序言 i
感谢的话 xi
作者介绍 xiii

第一章　社会心理学——社会生活的科学 1
　　第1节　社会心理学：概览 5
　　第2节　社会心理学：前沿进展 15
　　第3节　社会心理学家如何解答自己的疑问：
　　　　　通过研究增长知识 25
　　第4节　理论在社会心理学中的地位 34
　　第5节　求知与个体权利：寻找一个恰当的平衡点 37
　　第6节　善用本书：读者须知 39
　　总结与回顾 41

第二章　社会认知：我们怎么看社会 44
　　第1节　推断法：如何减少社会认知中我们的付出 48
　　第2节　图式：组织社会信息的心理框架 57
　　第3节　自动化加工和控制加工：
　　　　　社会思维的两种基本模式 63
　　第4节　社会认知错误的潜在来源：为什么完全理性比你
　　　　　认为的要少 70
　　第5节　情感与认知：情感如何塑造思维，
　　　　　思维如何塑造情感 79

总结与回顾　　　　　　　　　　　　　　　　　　88

第三章　社会知觉：感知并理解他人　　　　　　　　　92

第1节　非言语沟通：表情、眼神、姿势以及
　　　气味之类的非言语信息　　　　　　　　　95
第2节　归因：理解他人行为的成因　　　　　　　109
第3节　印象形成和印象管理：整合与他人有关的信息　126
总结与回顾　　　　　　　　　　　　　　　　　　135

第四章　自我：回答"我是谁？"的问题　　　　　　138

第1节　自我展示：不同社会情境下的自我管理　　142
第2节　自知之明：决定我们是谁　　　　　　　　150
第3节　我是谁？个体认同与社会认同　　　　　　154
第4节　自尊：对自己的态度　　　　　　　　　　165
第5节　社会比较：我们如何评估自己　　　　　　171
第6节　当自己成为偏见的对象　　　　　　　　　176
总结与回顾　　　　　　　　　　　　　　　　　　182

第五章　态度：对社会世界的评估与反馈　　　　　　187

第1节　态度形成：态度是如何发展的？　　　　　195
第2节　态度何时以及为何影响行为？　　　　　　203
第3节　态度如何引导行为　　　　　　　　　　　212
第4节　说服的艺术：态度是如何被改变的　　　　215
第5节　抵制说服　　　　　　　　　　　　　　　225
第6节　认知失调：认知失调是什么以及
　　　我们如何管理认知失调？　　　　　　　　230
总结与回顾　　　　　　　　　　　　　　　　　　236

第六章　刻板印象、偏见和歧视的起因、影响与消除　241

第1节　不同群体的成员如何感知不公平　　　　　245

	第2节	刻板印象的本质和起源	250
	第3节	偏见：对社会群体的情感	268
	第4节	歧视：偏见的行为表现	280
	第5节	为什么说偏见可以避免：抵抗其影响的技巧	284
	总结与回顾		292

第七章　人际吸引、亲密关系与爱情　　297

第1节	人际吸引的内在决定因素：需要和情绪	301
第2节	吸引力的外部决定因素：接近性和美貌	306
第3节	基于人际互动的因素：相似性和相互喜欢	316
第4节	亲密关系：社会生活的基础	325
总结与回顾		346

第八章　社会影响：改变他人的行为　　350

第1节	从众：群体对行为的影响	354
第2节	顺从：有求常应	379
第3节	象征性社会影响：我们是如何受他人影响的，即使他人不在场	388
第4节	服从权威：如果命令你去伤害一个无辜的陌生人，你会这样做吗？	390
总结与回顾		397

第九章　亲社会行为：帮助他人　　400

第1节	为什么人们会提供帮助：亲社会行为的动机	404
第2节	应对突发事件：旁观者会帮忙吗？	411
第3节	提高或降低助人倾向的因素	418
第4节	被帮助的效果：为什么感知到的动机很重要	435
第5节	最后的思考：亲社会行为和攻击性行为对立吗？	437
总结与回顾		440

第十章 攻击：本质、原因及其控制 　443

第1节　有关攻击的理论：探寻攻击行为的根源　446
第2节　人类攻击的影响因素：社会的、文化的、个人的和情境的　452
第3节　霸凌：针对某人的反复侮辱　479
第4节　攻击的预防和控制：一些有用的技巧　483
总结与回顾　490

第十一章 群体和个体：归属的结果　493

第1节　群体：我们何时加入，何时离开　497
第2节　他人在场的影响：从任务表现到身处人群中的行为　512
第3节　群体中的协调：合作还是冲突？　520
第4节　群体中的感知公平：它的性质及其影响　528
第5节　群体决策：如何发生以及所面临的陷阱　533
第6节　群体情境下的领导角色　538
总结与回顾　542

第十二章 社会心理学：应对逆境和创造幸福生活的指南　547

第1节　社会逆境产生的一些基本原因和应对方法　550
第2节　个人健康的社会层面　564
第3节　使法律体系更加开放、公平和有效：法律的社会层面　574
第4节　个人幸福：它是什么以及如何获得　580
总结与回顾　591

术语表　594
参考文献　612

专 栏

专栏一　情绪与……

情绪与社会认知：为什么我们不是总能预测自己对灾难的反应	82
情绪与社会知觉：推断他人情绪的文化差异	106
情绪与自我：积极的自我对话有效吗？	167
情绪与态度的形成：当广告内容呼应我们的感受时	209
情绪与偏见：人们何时愿意为了群体去牺牲和杀戮？	277
情绪与吸引力：感受是喜欢的基础	304
情绪与社会影响：情绪感染	373
情绪与亲社会行为：心境、振奋的感觉与助人	424
情绪与攻击：唤醒起作用吗？	455
情绪与群体：某个群体的成员何时会感知到另外一个群体在反对他们	530
情绪与个人幸福：可能会过度幸福吗？	588

专栏二　互联世界中的社会生活

应对信息超载、优化决策	67
通过网络来理解他人：归因和以电脑为媒介的沟通	123
使用脸书会改变我们的线下行为吗？	145
网上口碑营销和说服	222
电子游戏中对女性和男性形象的表征	255
分手很难，但可以得到帮助	339
网络诈骗犯使用社会影响策略——网络约会者要小心了！	385
通过互联网帮助他人——基瓦的例子	433
网络霸凌	482
通过电脑沟通与他人合作	520
互联网网站可以帮助人们减肥吗？	568

第一章

社会心理学——社会生活的科学

本章大纲

- **社会心理学：概览**

  社会心理学本质上是科学的

  社会心理学关注个体行为

  社会心理学寻求理解社会行为与社会思维的原因

  在变动的世界中探寻基本规律

  社会心理学：总结

- **社会心理学：前沿进展**

  认知与行为：同一枚社会硬币的两面

  情绪在社会生活中的角色

  关系：如何发展、改变、增强或结束

  社会神经科学：社会心理学和大脑研究的结合

  内隐（无意识）过程所扮演的角色

  充分考虑社会多样性

- 社会心理学家如何解答自己的疑问：通过研究增长知识

  系统观察法：描述我们周围的世界

  相关性：寻找关联

  实验法：通过系统操纵变量获得知识

  对因果关系的进一步思考：中介变量的作用

- 理论在社会心理学中的地位
- 求知与个体权利：寻找一个恰当的平衡点
- 善用本书：读者须知

诺贝尔文学奖得主海明威曾经说过："生活是一场流动的盛宴。"他这句话（这也是他的回忆录的书名）所想要表达的是：生活就像一场盛宴，为每个人提供他所偏爱的事物。同时，生活也如同一场盛宴，展现了很多选择，在我们面前铺陈开永恒变化的经验集合体——既有喜悦，也有悲伤。

现在，请让我们从你生活的"流动的盛宴"之中抽离出来，思考如下问题："你的生活当中最重要的、最核心的是什么——是与你的希望、计划、梦想以及幸福密切相关的那部分吗？是你在学校或者公司所从事的工作吗？是你的爱好吗？是你的宗教或政治信仰吗？"所有这些都是我们生活的重要方面，但是我们相信如果你更加深入地考虑这个问题，你会得出结论认为：你生活中最重要的方面是其他人，包括你的家人、朋友、男友、女友、室友、同学、教授、上司、同事、队友——所有这些你在乎并与之发生互动的人。你仍然对此抱有疑惑吗？那么请用一点时间尝试着想象一种生活，一种完全与世隔绝的生活，就像《机器人瓦力》所表现的那样——在电影中，一个智能机器人被独自留在废弃的地球之上。彻底与世隔绝，同别人没有任何关联，没有爱，不属于任何群体，这样的生活有任何意义吗？你想过这样的生活吗？虽然这种问题没有确定答案，但是我们确实知道，处于孤立状态会让很多人觉得苦恼。还有怀疑吗?那么就回想一下最近一次你的手机坏掉或者你不能登录脸书、推特或其他社交媒体的时候。那种跟谁都联系不上的滋味怎么样?肯定不好受吧。这也是为什么我们在学校里散步的时候会看到有那么多人在发短信或者用手机打电话。社会接触是我们生活的核心方面,它也从一个基本层面上定义了我们是谁以及我们存在的价值。

所以,现在让我们准备好开始一次激动人心的旅行,因为本书关注的全都是我们生活中与社会有关的部分。我们可以肯定地告诉你,此次旅行的视野将非常广阔。但究竟什么是社会心理学呢?从根本上来说,这个学科是心理学的分支,主要研究我们社会存在的各个方面——从吸引、爱、助人行为到偏见、排外、暴力行为,以及介于中间的所有一切。此外,社会心理学家当然也研究群体如何影响我们,也研究社会思维的本质和作用——我们如何看待他人,以及这种看法如何影响我们与他人各方面的关系。你是否曾经问过自己以下这些问题:

为什么人们会恋爱以及失恋?

我们如何让别人做我们想让他们做的事情——以我们想要的方式影响他人?

我们如何了解自己——我们最大的优点、缺点是什么?我们最深层的欲望以及最强烈的需求是什么?

有时候,为了助人我们往往会牺牲自己的利益甚至幸福,这种事为什么会发生?

为什么有时候我们明明迫切渴望得到别人的帮助,但迟迟不肯提出要求?

为什么我们有时候会勃然大怒,说一些或做一些自己都会后悔的事情?为什么在个体与个体之间、群体与群体之间甚至国与国之间经常会产生愤怒、侵犯以及暴力冲突?

图 1-1 与世隔绝的生活值得过吗？
你可以想象只有自己、不与他人接触的生活是怎样的吗？在电影《机器人瓦力》中，一个智能机器人（非常有人类特点）就面对着这样的情况——很明显，他一点都不喜欢这种生活。

如果你曾经思考过这些问题——以及很多其他同社会生活有关的问题——你算是来对了地方，因为这些问题恰恰是社会心理学所关注的，也是本书要讨论的议题。现在，尽管你可能在想："这个领域真是太广阔了，社会心理学的研究真的能够涵盖**所有**这些问题吗？"你马上就会发现，我们其实并没有夸张：社会心理学的研究确实涵盖了整个社会存在——也就是异彩纷呈的人类社会经验——只不过关注的是社会当中的个体心理。

至此，我们希望已经吊起了你对"流动的盛宴"的胃口，所以我们要马上切入正题，提出与上面的问题类似的课题。不过在正式开始之前，我们认为很有必要为你提供一些背景知识，诸如社会心理学的范围、性质以及研究方法。这些背景知识对于你研读本书（以及本课程）是非常有用的，也有助于理解社会心理学是怎样回答关于社会生活的各种有趣问题的。为了更快、更有效地实现这个目的，我们将以如下方式展开。

首先，我们会提供社会心理学的更为正式的定义——社会心理学是什么以及社会心理学研究想要达到的目标。其次，我们会描述社会心理学研究当前的一些发展趋势。这些趋势将贯穿整本书，因此一开始就接触它们将有助于认识它们，明白它们之所以重要的缘由。再次，我们会考察社会心理学在回答社会生活相关问题时使用的一些研究方法。关于这些基本研究方法的知识将会帮助你理解社会心理学家是如何增进我们对于社会思维及社会行为的理解的，同时在课堂之外这些知识对你也是有用的。接下来，我们将带你大致了解本书的一些专门知识——你会发现这些知识在很多方面都会对你有所帮助。

第 1 节 社会心理学：概览

为任何一个学科领域下定义都是件复杂的事情。具体到社会心理学来说，两个因素导致下定义的难度加大，这两个因素是学科涉及领域的广度和学科知识更新的速度。正如你在本书每一章中将看到的那样，社会心理学确实兴趣广泛。但是，尽管如此，社会心理学也有自己的关注点，其大部分研究主要关注以下问题：理解个体在社会情境（真实的或者象征性的他人在场情境）中，其行为、思维和感受如何产生以及产生的原因是什么。因此，我们给社会心理学下了这样一个定义：**社会心理学是试图理解社会情境中个体行为、感受及思维的特性及其原因的一门科学**。还可以换一种说法，即社会心理学研究我们的思维、感受以及行动如何受我们所处的社会环境的影响，不仅包括其他人的影响，还包括那些我们看待其他人的想法的影响（例如，我们会想象他人怎样回应我们的行为）。接下来，我们将通过几个要点来详细阐述这个定义。

社会心理学本质上是科学的

什么是科学？很多人也许以为只有像化学、物理、生物学等需要使用如图 1-2 所示的那些仪器的学科才是科学。如果你这样认为，那么你可能怀疑社会心理学属于科学这种说法。一门研究爱情的性质、探讨攻击行为原因的学科，怎样才能像化学、物理以及计算机科学那样成为科学呢？答案其实非常简单。

实际上，**科学**这个术语并不特指那些高精尖领域。它有两个核心特征：1. 一套价值观；2. 用于研究广泛问题的若干方法。决定某个学科是否属于科学，关键要看它有没有采纳这样的价值观以及方法。如果它采纳了便是科学；如果它做不到，它就进不了科学的殿堂。我们会在后面一节内容中审视社会心理学家做研究的步骤与程序，现在我们先来看一下那些科学必须强调的价值观，其中以下四点尤为重要。

（1）精确性。收集与评价信息（包括社会行为与社会思维）的方式要尽可能地做到谨慎、精确、避免失误。

（2）客观性。获取并评价信息时要尽可能地排除人为偏见。

（3）怀疑性。只有当研究结果得到多次验证，才会接受这些结论。

（4）开放性。只要有证据证明观念不正确，纵使这些观念根深蒂固，也要做出改变。

社会心理学强烈地认同上述价值观，并将之应用到理解社会行为与社会思维的过程之中。因此，将社会心理学称为科学是有道理的。相反，那些非科学的领域，对于这个世界或者人的断言，则缺乏上述价值观所要求的谨慎检验与分析。这些领域——例如星相学或者芳香疗法（Aromatherapy）——是靠着直觉、信仰或者不可见的力量来下结论的，这与社会心理学是相反的（见图1-2）。

"但是为什么一定要采用科学的方法呢？社会心理学不就是常识性知识吗？"在多年的教书生涯中，我们经常会听到学生问起这样的问题，我们也能理解为什么学生会这样想；毕竟我们每个人的一生几乎都用在了与他人交往或者思考他人上面，因此，我们都是业余的心理学家。为什么不能依靠我们自己的经验与直觉来理解社会生活

图1-2　什么才是真正的科学？

许多人似乎认为只有那些需要大型科研设备（左图）的学科才是科学。实际上，科学一词指的是可以坚持一套基本价值观（例如精确性、客观性），并且使用一套基本方法来研究我们周围的世界，包括社会生活。相反，那些非科学的领域（右图）却不接受这样的价值观，也不使用这样的方法。

呢？我们的回答很简单：因为这些信息来源为我们理解社会行为和社会思维提供的指导不一致并且不可靠。为什么呢？这一方面是因为我们每个人的经验都是独特的，是无法为回答一般性问题提供坚实基础的，这些问题包括"为什么有时候我们即使不赞同群体的行为，也会与群体的行为保持一致""我们如何知道他人在某一时刻的真实想法或感受"。不仅如此，个人关于社会生活各方面的常识性知识常常是缺乏一贯性且自相矛盾的。举例来说，有个说法"离别让心变得更加温柔"，你赞同吗？当人们与心爱的人分开时，是不是会格外思念对方？许多人也许会同意。他们说："是的，没有错。有一次当我离开……"但还有一句俗语"眼不见心不烦"，这句话对不对？当分手之后，一个人是不是很快就会找到另一段爱情？（很多流行歌曲都是这样唱的，在史蒂芬·斯蒂尔斯（Stephen Stills）的《只爱身边人》这首歌中，他建议，如果你不能和你爱的人在一起，那么就爱你身边的人吧。）众所周知，这两种说法都来自常识和流行文化，说的事情却恰恰相反。同样，其他许多对人类行为的非正式观察也是一样，看起来貌似有道理，但结论截然相反。比如"三个臭皮匠，赛过诸葛亮"与"三个和尚没水喝"。前面一句是说人们一起工作，会做得更好（比如做出更英明的决策）。而后一句却在说人们一起工作时，可能会彼此干扰而导致绩效下降。再比如"日久生情"（你越了解一个人，就会越喜欢对方，因为跟他在一起比较自在）与"日久生厌"（你越了解一个人，就会越讨厌他）。常识上一般认为，当我们了解一个人的程度加深之后，我们会越来越喜欢他。有一些证据支持这种观点（见第七章）。而另一方面，最近的研究也发现，我们了解对方越多，就越不喜欢他们（Norton et al.，2006）。为什么呢？因为当我们越了解一个人，就越能看出自己跟对方的差异，意识到存在这种差异导致我们注意到和对方更多的差异，从而导致心理上的厌恶。

这类例子还有很多，但现在越来越清楚：常识经常会把人类行为描述得前后颠倒、逻辑混乱。这并不表明常识必然就错，事实上常识常常会启发我们思考得更深入。但是常识并不能指导我们应坚持何种信念或得出什么结论，比如告诉我们究竟是"离别让心变得更加温柔"还是"眼不见心不烦"。只有用科学方法在不同的情境中检验社会行为和社会思维，才能提供准确的知识，这是社会心理学家相信科学方法的根本理由，因为只有靠这种方法才能获得真凭实据。实际上，我们很快就会发现，科学方法不仅可以帮我们验证上面两种彼此对立的观点哪一种是正确的，还可以告诉我们何时坚持何种观点及其背后的原因。

对常识的怀疑还有更多的原因。我们人类不像《星际迷航》中的史波克那样是一台可以完美处理信息的机器。相反，就像我们一再提及的那样（见第二、三、四、六章），我们的一些主观想法经常让我们偏离事实。举个例子，想想你以前做过的某件事情（比如写学期论文，做一道比较复杂的菜或者粉刷房间）。试着回忆两件事情：1. 你最初估计要花多长时间完成这项工作；2. 实际上用了多长时间才完成。在这两个数字之间是不是有一定的差距呢？这是因为我们大部分人都会犯这种**计划谬误**（planning fallacy）：我们总是相信我们可以花费比实际上更短的时间完成任务，或者我们可以在特定时间内完成更多的事情。此外，我们一再成为这些思想上的偏见的受害者。尽管事实反反复复地告诉我们，"一切事情总比我们的设想要花更长的时间"，但我们依然一再犯错。为什么我们会犯这种错误呢？社会心理学家的研究表明，这部分是因为我们有一种对未来更为关注的倾向，因此我们总是记不住相似的任务过去用了多少时间，从而导致我们会低估现在工作所需要的时间（例证见 Buehler et al., 1994）。这只是我们在思考他人（包括我们自己）时经常会犯的错误之一，我们会在第三章继续讨论。正因为我们容易犯此类的错误，因此我们不能靠这样的非正式思维或常识来解答社会行为的谜题。我们需要科学证据，提供这种科学证据正是社会心理学的本质所在。

社会心理学关注个体行为

不同群体对于求偶与婚姻的看法各不相同，然而陷入爱情的却是个体。同样，不同群体的总体暴力水平差异也很大，然而施加或回避攻击行为的也是个体。从偏见到助人，所有这些社会思维与社会行为的主体都是个体——尽管他们可能会受到他人的巨大影响。基于这种基本事实，社会心理学主要关注个体。当然，社会心理学家也意识到，我们无法远离社会文化的影响而存在。正如我们会在本书中看到的，许多社会行为发生在群体情境下，群体情境会对我们产生强有力的影响。当然社会心理学这个学科的主要兴趣依然在于理解社会情境下塑造个体行为与思维的各种因素。

社会心理学寻求理解社会行为与社会思维的原因

这部分的标题点明了这本书中社会心理学定义的核心方面。社会心理学家的主要兴趣在于理解塑造个人社会行为及社会思维（即个体的行为、感受、信念、记忆和那些与他人有关的推断）的因素和条件，显然，这涉及许多变量，不过大部分变量可以归为以下四个主要方面。

他人的行为和个性特征

想象一下:

如果你在聚会上发现一个很有魅力的人正看着你并向你微笑,这个行为理解起来并不难,他正在传递一个清晰的信号:"嘿,让我们认识一下吧!"

你突然意识到你的车速比平常更快,已经超过了道路的最高限速,而糟糕的是前方正有警车在执勤,且要求你前面的车辆靠边接受检查。

以上两个情境中,他人的行为对于你的行为和思维会有影响吗?

肯定有影响。当看到一个人看着你的神态好像是在说"让我们彼此更了解对方好不好",根据你的性格,你可能会高兴得脸红,你也可能会走过去打个招呼。而当你看到警灯闪烁的警车时,你当然只能立即减速。这样的事每天都发生,且发生过很多次,这些事都在说明他人的行为会深刻地影响我们。

此外,他人的外表也会影响我们。说实话,对待一个有魅力的人和对待一个相貌平平的人,你的表现会一样吗?那么对待老人和年轻人呢?对待不同种族或不同民族的人呢?你有时难道不会根据他人的外貌形成对其个性特质的印象吗?你对这些问题

图 1-3 回应他人的行为

如这两个场景所示,他人的行为经常对我们的行为和思维产生巨大的影响。

的回答很可能为"是",因为我们经常会"以貌取人"(例如,McCall,1997;Twenge and Manis,1998)。实际上,有研究发现,我们无法忽视他人的外表,即使我们有意识地试图忽视(例如,Hassin and Trope,2000)。如你所料,外貌在约会及恋爱中扮演着重要角色(例如,Burriss et al.,2011)。所以尽管被提醒不能"以貌取人",我们还是经常受到他人外貌强烈的影响,尽管我们意识不到或者否认这种影响的存在(见第七章)。有趣的是,研究表明,根据他人的外貌判断一个人的个性并不总是错误的;实际上,这可能是相对准确的,尤其当我们不仅仅能看这个人的照片,还能够观察到对方自发的行为时(Nauman et al.,2009)。

认知过程

假如你约朋友见面,这个人却迟到了。事实上,30分钟后你就开始怀疑你的朋友恐怕不会来了。最后他还是出现了并道歉说:"对不起,我刚刚才记起来和你有约这件事。"你听了会有什么反应?很可能会有些不高兴。但如果你朋友到了之后说:"对不起我来晚了,刚才路上碰到一起交通事故,堵车堵了好久。"你会有什么反应呢?这时你可能就不会那么不高兴了,也可能还是挺不高兴的。如果你朋友是个爱迟到的人,并且以前也用过这样的借口,你可能就会怀疑他这次的理由是不是真的。相反,如果你朋友以前从不迟到,或者他从来没有用过这个借口,那你可能就会接受他的解释。换句话说,你此时的反应将取决于你对你朋友以前行为的记忆以及你是否相信他的解释。此类情景提示认知过程在社会行为和社会思维中扮演着重要角色。我们总是试图寻找社会生活的意义,这就是社会认知,即思考其他人会怎么样、为什么会这样、会对我们的行为有何反应(例如,Shah,2003)。社会心理学家很关注这些过程,并认为这是社会心理学领域最重要的议题之一(例如,Fiske,2009;Killeya and Johnson,1998;Swann and Gill,1997)。

环境变量:物理环境的影响

满月时人们是不是更容易冲动(Rotton and Kelley,1985)?潮湿闷热的天气是不是比凉爽舒适的天气让我们变得更容易发火或者具有攻击性(Bell et al.,2001;Rotton and Cohn,2000)?在气味芬芳的环境里,人们是不是更愿意帮助他人(Baron,1997)?助人行为是更容易发生在棒球比赛现场还是在拥挤的城市街头(Larrick et al.,2011)?研究发现,物理环境的确会影响我们的感受、思维和行为,因此环境变量也属于现代社会心理学关注的范畴。

生理因素

生理过程和遗传因素是否也会影响社会行为？过去大部分社会心理学家并不这样看，至少不觉得遗传对社会行为有多大影响。然而现在，许多学者逐渐意识到我们的喜好、行为、情绪甚至态度都在一定程度上受到生理遗传因素的影响（Buss，2008；Nisbett，1990；Schmitt，2004）。当然，社会生活经验也有强大的影响作用，通常和遗传因素一起造就了社会生活的复杂模式（例如，Gillath et al.，2008）。

生理因素在社会行为中扮演着重要角色，这个观点来自**进化心理学**（evolutionary psychology）（例如，Buss，2004；Buss and Shackelford，1997）。这一新兴的心理学分支认为，我们人类与地球上的其他生物一样，都是长期生物进化的结果，我们现在拥有大量经进化而来的心理机制帮助（或曾经帮助）我们解决与生存相关的诸多重要问题。那么这些心理机制又是怎样成为我们生理遗传的一部分呢？进化过程离不开三个基本要素：**变异、遗传和选择**。变异是指同一种群中的个体有很多差异，而且变异确实也是地球生命的基本特征之一。众所周知，人类个体的身高和体型都不相同，而且在几乎无穷多的维度上都存在差异。

遗传是指变异性状可以在代际传递，这种传递机制非常复杂，直到今天我们才有了部分程度的了解。选择指的是具有某种变异性状的个体更有繁衍的可能，他们更有可能生存下来、找到配偶并将这种变异性状传递给下一代。经过一段时间之后，种群内就会有越来越多的个体拥有这些变异性状。经过漫长时间所产生的种群性状的改变，是进化的具体表现（见图1-4）。

接受进化观点的社会心理学家认为进化过程至少体现在社会行为的若干方面。例如，择偶偏好的问题。为什么我们会觉得有些人充满魅力呢？根据进化的观点，他们表现出来的特点，比如五官对称、口齿清晰、身材苗条、皮肤白皙洁净、

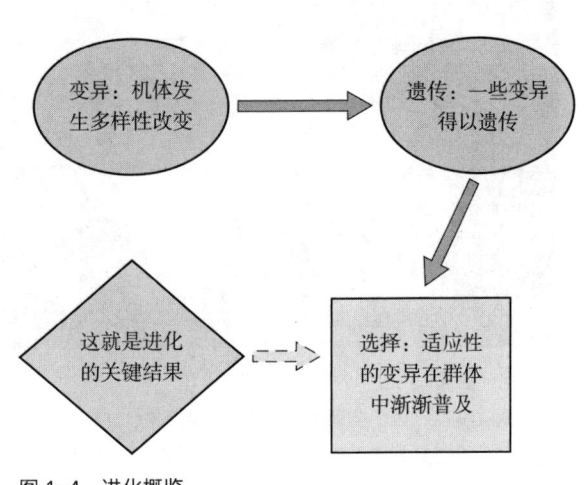

图1-4 进化概览

如图所示，进化包含三个主要部分：变异、遗传和选择。

头发有光泽,这些都标志着"优良基因",拥有这些特征的人会更加健康有活力,因而是很好的配偶人选(例如,Schmitt and Buss,2001;Tesser and Martin,1996)。另外,这些特征还表明这些充满魅力的人拥有强大的免疫系统,可以保护他们免于疾病(例如,Burriss et al.,2011;Li and Kenrick,2006)。如果我们的祖先选择一位健康有活力的人作为配偶,也意味着他们有更高成功生育的机会。因而,我们喜欢拥有这种外貌特征的人。

另外一个例子有点令人吃惊。当被问到向往的潜在约会对象的特征时,人们(两性皆然,女性尤其如此)都认为幽默感很重要(例如,Buss,2008)。那我们应该如何从进化的角度来解释这个结果,为什么会将幽默感视为配偶的理想特征呢?有一种可能性,即具有幽默感表明这个人也拥有较高的智力水平,因此人们会觉得具有幽默感的人有吸引力——毕竟,这些人拥有优良的基因(例如,Griskevicius et al.,in press)。但是还有另一种可能性,即幽默感代表有兴趣建立新的关系。换句话说,它是一种表明这个人是单身并且有兴趣建立新关系的信号。研究(Li et al.,2009)发现,当人们感到对方有魅力的时候,他们更容易展现幽默感而且会为对方的幽默发笑,如若对方没有魅力的时候则没有这种反应。他们也发现,那些在速配约会中展现幽默感的人,比没有展现幽默感的人更想要谈恋爱(见图1-5)。

进化取向还研究其他一些主题(比如,助人行为、攻击行为、倾向于"第三者插足"),我们将在后面的章节介绍这些研究。这里我们要强调的是:进化的观点并不是说我们会继承社会中的某种行为模式;我们继承的只是某种倾向性,这些倾向性有可能表现在我们的外在行为中,而这又取决于我们所处的环境。同样,进化的观点也不认为我们的行为是"被迫的"或者受基因驱使的。它只是主张我们通过基因继承了某些行为趋向,这些行为趋向至少在过去可以增加我们祖先生存的几率,帮助他们将基因遗传下来。同时

图 1-5 幽默:约会中的重要加分项

很多研究发现,人们会把幽默感视为配偶的理想特征,有一部分原因是人们认为幽默感代表有兴趣建立新的关系。这种效应发生在很多情境当中,包括上图的速配约会。所以,如果你想找到恋爱对象,那就保持笑容,给对方说几个笑话吧!

这些趋向也经常受到认知以及经验因素的制约和改变（例如学习，见 Pettijohn and Jungeberg, 2004）。举例来说，男性和女性美貌的标准，既随时代而变化也因文化的不同而差异极大（例如，尼日利亚人认为肥胖的女性很有魅力，但是北美人的看法恰恰相反）。因此，虽然遗传因素在我们的行为和思想中发挥着某些作用，但显然它们只是众多影响因素中的一个。

在变动的世界中探寻基本规律

科学的一个主要目标是发现基本原理，这些原理是不随时间、地点的改变而改变的。举例来说，物理学中爱因斯坦的质能方程式 $E=mc^2$ 就被认为在宇宙中的任何地方都是正确的，而且无论过去、现在还是将来都是正确的。社会心理学家也在寻找这些基本原理。虽然他们一般不太会用数学语言或者公式来表达，但他们确实想要发现主导社会生活的基本原理。例如，社会心理学家研究有哪些因素会影响吸引、助人、偏见、对他人的第一印象等等。他们所作的研究就是为了发现一些基本原理，这些原理在不同时间及文化环境中都应是正确的。

另一方面，他们意识到文化之间存在很大差异，我们生活的社会世界在很多重要方面也处在不断变化之中。举例来说，即使在今天，关于在什么时候、在什么场合是否该穿正装表达尊敬的做法也存在很大的文化差异。尽管在美国几乎所有的场合都可以穿休闲装，然而在另一些文化中，还是有穿正装的要求。穿衣服的例子可能只是生活中的细节，但是同样的情况也存在于社会生活的重要方面：家长可以允许自己未成年的子女在没有监督的情况下与异性约会吗？人们到了多大年龄才可以结婚？给政府官员送"礼物"究竟是恰当的还是非法行贿？（见图 1-6）人们到了什么年龄才应该退休？人们应该怎样对待退休者？不同文化对以上问题的回答存在着巨大的差异，因而建立社会行为和社会思维活动的基本准则并不那么容易。

此外，社会世界也是不断变化的，而且这种变化也非常迅速。由于社交网络、手机、在线约会以及很多其他方面的变化，现代人的约会方式已经发生了改变。在过去，约会双方一般都是由朋友介绍，或者在由学校、教会以及其他社会组织举办的舞会中相识。但是，这是否表明现代社会中导致人们相互吸引的基础已经与过去不一样了呢？社会心理学家相信，即使有上述这些变化，一些基本原则仍是相同的：外表吸引力仍是恋爱关系的基本要素，尽管这一影响是以过去不太可能的方式表现

图 1-6　文化在很多方面存在差异——包括对于贿赂的看法

在一些文化当中，给政府官员送礼（行贿？）不仅是被允许的，而且可能还是必需的。在另外一些文化当中，这样的行为很有可能导致你锒铛入狱！

出来的（例如，网上的弹窗广告）。关于说服的一些基本原则现在也没有变（Goel et al., 2010）。简而言之，尽管由于文化差异巨大、社会生活变化迅猛而使得社会行为和社会思维的基本原则表现得更复杂，但是我们仍然可以实现社会心理学研究的目标，那就是发现社会生活中基本的、明确的准则，并将这些准则运用于广泛的社会情境之中。

要点

- 社会心理学是寻求理解在社会情境中个体行为与思维特性和原因的科学。
- 它的科学性体现在它采取了科学的价值观和方法。
- 社会心理学家使用科学方法是因为常识对于社会行为所提供的指导不可靠，还因为我们的看法经常会受到许多偏见的影响。
- 社会心理学关注个体的行为，它寻求理解社会行为与社会思维的原因，其中涉及他人的行为和相貌、社会认知、环境因素、文化价值观，甚至也涉及生理和遗传因素等。
- 社会心理学寻求建立社会生活的基本准则，这些准则的准确性即使面对巨大的文化差异和迅速变化的社会生活也是经得住考验的。
- 社会行为和社会思维的重要成因，包括他人的行为和个性特征、认知过程、情绪、文化以及遗传因素。

社会心理学：总结

总之，社会心理学的主要任务是理解社会行为和社会思维的成因，确定在社会情境下影响我们情感、行为和思维的诸因素。社会心理学试图通过使用科学方法来实现这个目标，并仔细记录广泛影响社会行为和社会思维的认知、环境、文化和生理诸因素。

接下来的部分会介绍社会心理学的一些主要发现。这些成果确实非常引人入胜，所以我们认为你一定会对此感兴趣——毕竟，这是一门跟我们以及我们的社会生活息息相关的学问！然而，我们也同样相信，你会对一些研究成果倍感惊讶，这些成果将挑战你很多关于人和社会关系的观念。所以，请做好准备迎接新发现吧。在读完这本教材之后，你对社会生活的思考肯定会不同以往。

第 2 节　社会心理学：前沿进展

教科书与好酒不同，并不会越陈越香。教科书应该准确并及时地跟进该领域的最新发展。让教材紧跟科学研究的最新进展，是我们在进行编写时的一个重要目标。因此你有理由相信我们接下来要呈现的章节内容能够提供对我们目前所知的有关社会生活知识的概览。我们现在介绍现代社会心理学的几个主要发展趋势——这些都是本领域的最新进展，也是该学科关注的核心问题。我们之所以这样做，主要是为了呈现社会心理学广阔的视野，同时也是为了让你关注一些我们会在后面章节具体探讨的主题。

认知与行为：同一枚社会硬币的两面

在过去（事实上，是模糊而遥远的过去），社会心理学家分成了两派：一些人对社会行为感兴趣，这些学者考察人们在社会情境中怎样采取行动；而另一些人则对社会认知感兴趣，他们要观察人们如何理解社会生活，如何理解自己和他人。如今我们已经看不到这种分离状态了。现代社会心理学认为，行为与认知紧密联系在一起。换句话说，如果我们不考虑人们的思维、记忆、意图、情绪、态度和信念，我们就无法理解他们在社会情境中为什么以及怎样行动。同样，社会心理学家也一致同意：社会思维与社会行为之间存在着持续而复杂的相互作用。我们对他人的看法会影响我们对待他们的方式，而行为结果反过来又会影响我们的社会思维。由此可见，这是动态循环过程，现代社会心理学在理解社会生活的过程中充分考虑到了这一点，本书也想在各个章节中努力体现出这种特点。

情绪在社会生活中的角色

你可以想象没有情感（情绪或心境［mood］）的生活吗？也许你真的想象不出来，因为情感在社会生活以及更广义的生活中确实太关键了。社会心理学家一直对情绪和心境感兴趣，他们这样做是有充分理由的：因为情绪和心境在我们社会生活的很多方面都扮演着重要角色。举例来说，你可以想象自己正在求朋友或者熟人帮忙——你觉得什么时候开口合适？在他心情好的时候？在他心情差的时候？相关研究发现，当一个人心情好的时候更会乐于助人，因为积极的心境（社会心理学家将其称为**情感**［affect］）确实可以增加我们帮助他人的可能性（例如，Isen and Levin，1972）。再举一个例子，假设你第一次见某个人，你觉得自己当时的心境会影响你对这个人的反应么？如果你的回答是"是"，那你的答案就跟系统化的科学研究所获得的结果相同，有研究发现，我们对于他人的印象（以及我们对他们的看法）会受到我们当下心境的强烈影响。就在不久以前，社会心理学家还考察了心境对于更多的社会行为和社会思维的影响（例如，Forgas et al.，2009）。总之，科学家们确实越来越对这一类主题（包括具体情绪对人的影响）感兴趣了。所以，我们这里将它纳入作为另一个社会生活知识取得极大进展的领域。此外，我们在每一章的专栏部分（比如，"情绪与态度""情绪与助人""情绪与社会认知"）都展现了心理学家们的这种研究兴趣，所以请务必关注这些内容，因为这些都是该领域最新、最有趣的研究。

关系：如何发展、改变、增强或结束

如果社会生活像我们在本章开头说的那样重要——而且我们确实也是这样认为的，那么跟别人的**关系**（relationship）就是构成社会生活这座大厦的砖石。跟别人的关系比较好，而且这种关系也令我们满意，我们的幸福感就会大大提高；但当我们跟别人的关系出了问题，我们生活的其他方面会被破坏，我们的心理健康和幸福也会出问题，甚至我们的自我概念（self-concept）也会受到影响（例如，Slotter et al., 2010）。正是因为看到了这些事实，社会心理学家一直想要理解社会关系的本质——它如何开始并随时间流动而发生变化？为什么有的关系可以增强和加深，另一些关系则减弱甚至结束了？——常常是在给当事人带来巨大伤痛后结束。近些年，学术界对于该领域的研究越来越感兴趣，关系的研究受到了前所未有的关注。这类研究已产生并将继续产生一批很有启发性的成果。我们会在第七章详细考察关系研究，但是为了让你对该领域有一个大体了解，我们会在这里提及几项重要的、有启发性的研究。

有一项研究旨在考察如下问题：客观理性地看待我们的伴侣和透过"金色的、积极的光环"看待我们的伴侣，究竟哪种方式对建立牢靠稳定的关系更好？民间俗谚说"爱情是盲目的"，当我们陷入爱情，有不少人确实会只看到对方好的一面（见图 1-7）。这对于恋人之间的关系有益还是有害？研究结果表明，大部分情况下这都是有益的，但必须要有一定程度的现实基础（比如感知准确性；例如，Fletcher et al., 2006）。举例来说，在一项研究中（例如，Luo and Snider, 2009），几百对新婚夫妇被要求完成一系列量表，分别测量他们对配偶感知的准确程度，用积极

图 1-7　爱的温暖光环

当恋人相爱，他们常常以一种非理性的积极方式来看待对方，这样做对他们未来的关系究竟好还是不好呢？答案是复杂的，但是研究结果表明，一旦恋人开始回到现实或者开始准确地感知对方，这可能对他们的关系有好处。

正面的视角看待配偶的程度，以及自己和配偶在各方面的相似程度。研究者会将被试在各个维度上对于配偶的评估结果，同他们配偶的自评结果进行比对，由此得出一个关于感知准确性的分值。两个分值之间的差距越小，被试对配偶的感知准确性就越高。相似度偏见分数等于配偶感知到的对方与自己的相似程度与其真实相似程度的差值。将感知准确性、积极偏见、相似度偏见和夫妇所表达出的婚姻满意度之间求相关，结果发现，在对婚姻满意度的预测方面，这三个维度都很重要。积极偏见和相似度偏见都有助于婚姻中幸福感的形成，而感知准确性也同样有这样的作用。总之，这些研究结果表明，对恋爱对象有积极的感知确实很好，但这种感知总要有一些对对方了解的准确度才好。我们在第七章还会重温这些问题，这里，我们只是希望给你留下一些关于关系研究的基本印象。

　　社会心理学家也越来越关注另外一个与关系有关的话题：关系破裂的后果是什么？在这个问题上，常识所提供的答案是自相矛盾的。一方面，人们普遍相信一段爱情关系的结束无异于一场灾难，并有可能带来长期的心理创伤。但俗语也说"那些没有消灭你的东西，会使你变得更坚强"，好像暗示这种伤痛经历其实也是有好处的。有关关系破裂问题的心理学研究发现，两种说法都道出了部分真相。一方面，爱情关系的破裂可以带来痛苦及沮丧的情绪体验；事实上，研究发现分手对于个人的自我概念会有消极影响，比如分手后人们会觉得更加脆弱，而且对于他们自己究竟是谁感到不确定（例如，他们对于自我概念的清晰度下降了；Slotter et al., 2010）。另一方面，研究也发现分手经历可能会让人们更期待另外一段关系，并给人以建立新关系的勇气，让他们勇于尝试（Spielmann et al., 2009）。虽然迅速建立新关系确实是有风险的，但这种做法至少有一个好处：帮助人们忘却之前的关系并重新开始他们的生活。对于那些**焦虑型依恋**（anxious attchment）的人来说，迅速开始新恋情好处更大，这类人对于失恋的可能性或形成亲密关系的无力感都会焦虑。

　　总之，对于关系的研究大大促进了我们对社会生活这个重要方面的了解，其建议也有助于人们巩固和发展关系并趋利避害。

社会神经科学：社会心理学和大脑研究的结合

　　本质上，我们做的每一件事，我们的感觉和想象，都是大脑内部活动的反映。你能理解本书当前页上文字的意思吗？如果能的话，这是你大脑活动的结果。你现在心情好还是不好呢？你所有的感受也都是大脑和生理系统运转的结果。你还能记得小学三年级老师长什么样吗？你第一次坐过山车是什么感觉？你能回忆起最喜欢的食物的味道吗？你有对于未来的规划吗——你觉得这些能真正实现吗？所有这些心理事件和过程都是大脑多个部位共同作用的结果。在过去的20多年里，核磁共振图像技术（fMRI）和正电子发射断层成像技术（PET）等一批功能强大的新工具已经被用于测量运转中的大脑活动。这些技术最初被用来进行疾病诊疗，并促进了外科手术和医学其他分支的巨大进步。心理学家和其他领域的科学家也在使用这些技术努力探索人们从事各种活动时的大脑活动规律，帮助我们更深入地理解神经活动、心理活动（即感受、想法）和外在行为之间的复杂关系。

最近，社会心理学家也开始利用这些新工具探索社会思维与行为的神经基础，并试图发现究竟有哪些脑区及其中的复杂系统和我们的一些重要社会生活有关，例如，偏见、攻击行为、工作表现不佳、"在压力下窒息"（Mobbs et al., 2009），以及共情和助人行为（例如，Van Berkum et al., 2009）。与其他科学家一样，社会心理学家也使用同样的工具（通过使用fMRI和其他大脑扫描技术）来研究大脑的活动以及其他部位的神经活动，甚至包括免疫系统的改变（例如，Taylor et al., 2003），通过这种方式来探索这些生理变化与社会心理过程之间的关联。这些研究得到了非常有趣的发现，我们在这里讲一个例子。

态度和价值观在我们的社会生活中扮演着重要角色，我们在第五章中会进一步了解到，此二者常常塑造我们的外在行为，并且是我们对事件或他人产生强烈情绪反应的基础。但是态度和价值观是怎么样对应一定的大脑活动的？又是如何对我们的外在行为、内在思维以及情绪施加影响的呢？社会神经科学方面的研究提供了有启发性的答案。我们可以举范贝尔克姆（Van Berkum）及其同事（2009）的研究作为例子。这个研究想要了解，当人们听到与自己的核心价值观及态度相同或相反的陈述时，他们的大脑会发生什么。为了实现这个目的，研究者招募了两组被试，这两组被试在很多社会议题上都持有相反的观点。一组（其成员都来自于严格的基督教教会）反对安乐死、男女平权、堕胎以及使用毒品。另外一组将自己描述为"非宗教"人士，在所有这些议题上持相反的观点。两组成员都会在计算机屏幕上看到与这些议题有关的陈述，在他们观看这些陈述的同时，他们的脑电活动被详细记录下来。研究者提出的一个关键问题是，对于那些与自己态度或价值观相左的陈述，被试大脑活动的反应速度究竟有多快？在看到一个与他意见相左的陈述时（比如，反对安乐死的被试在看到"我认为安乐死是可以接受的"这个句子），他的大脑是在看到其中关键词汇"可以接受"时即刻做出反应呢？还是等看完整个句子又经过深思熟虑后才会做出反应呢？之前的研究表明，当一个人看到与其价值观相左的词汇时，他的大脑会迅速地以某种模式进行活动（N400，某种**事件相关电位** [event-related potential]——一种大脑活动方式）——从看到词到大脑发生反应的时间间隔只有 250 毫秒——这也表明，大脑对于此类词汇的处理过程是非常迅速的。相比之下，另外一些大脑活动模式更慢一些，反映了对不同于自己价值观的陈述的消极反应。研究者预测，实验中的两个被试组在看到与其价值观相左的词汇时，大脑都会发生强烈的 N400 反应，也就是说，基督教组的大脑会对与安乐死相关联的"可以接受"这个词产生强烈反应，而另外一个组则会对与安乐死相关联的"不可接受"这个词产生强烈反应。实验结果有力验证了这个预测，表明我们确实会对那些与我们的态度及价值观相左的信息进行更为迅速的处理——远远快于我们能够用语言表达这种反应的速度。所以，态度和价值观确实会对我们的大脑活动产生有力且深远的影响，并进一步影响到我们的外在行为。

我们还有另外一个例子，可以说明社会心理学家是怎样通过神经科学的研究工具研究某些重要的社会思维及社会行为的。你听说过镜像神经元吗？这是一种存在于我们大脑中的神经细胞，在我们观察和进行操作性行为的时候被激活，有人认为这种神经细胞在**共情**（empathy）中扮演着关键角色。什么是共情呢，就是人类对他人的情绪和体验感同身受的一种行为（例如，Gazzola et al., 2006）。镜像神经元存在于我们大脑的额叶岛盖（frontal operculum）当中，一项富于启发性的研究（Montgomery, Seeherman & Haxby, 2009）认为，那些在共情能力测验中得分较高的个体，当他们在观察他人的面部社交表情时，额叶岛盖部分的大脑可能较其他个体更为活跃。为了验证这个假设，研究者根据共情能力测验（该测试可以显示被试站在他人立场思考问题的能力水平）将被试分为三组：高分组、中间组和低分组。研究者首先给被试播放视频片段，有的视频播放的是他人的面部表情（比如微笑、皱眉头），有的视频呈现的是没有社交表情的人脸（比如，脸部动作不显示任何特定的情绪）。三组被试在观看视频时的大脑活动都通过 fMRI 扫描记录下来。研究结果验证了实验假设：共情能力高或者处于中等的被试，其额叶岛盖脑区（即镜像神经元的所在脑区）的活动确实比共情能力较低的个体更为活跃（见图 1-8）。

飞速发展的社会神经科学研究无疑处在社会心理学最新进展的前沿，我们在书中已经有了充分的体现。然而，我们也要在这里提出警告。正如这个领域的几位专家

（Cacioppo et al., 2003）所指出的那样，社会神经科学无法对我们关于社会思维、社会行为的每个问题都做出解答。社会思维有很多个方面，并不是每一个方面都能够很容易地对应于大脑的特定区域活动——比如态度、归因、群体同一性以及互惠（例如，Willingham and Dunn, 2003）。原则上，社会思维的所有组成部分的确都会在大脑活动上有所反映，但这并不一定就意味着用脑科学的方法研究它们是最好的选择。实际上，这种情况在化学与物理学的关系中也存在。化学家都同意，化学反应最终都可以用物理学来解释，但是化学原理依然有用，化学家也还是在做化学研究，而不是改行去当物理学家。社会心理学也是这样：不一定只有根据大脑或神经系统的活动才能理解社会心理学的所有问题，我们在后面章节中介绍的其他方法也同样有效。因此，本教材所介绍的研究就用到了从脑扫描到直接观察等各种方法，这也反映了当前社会心理学研究的真实状况。

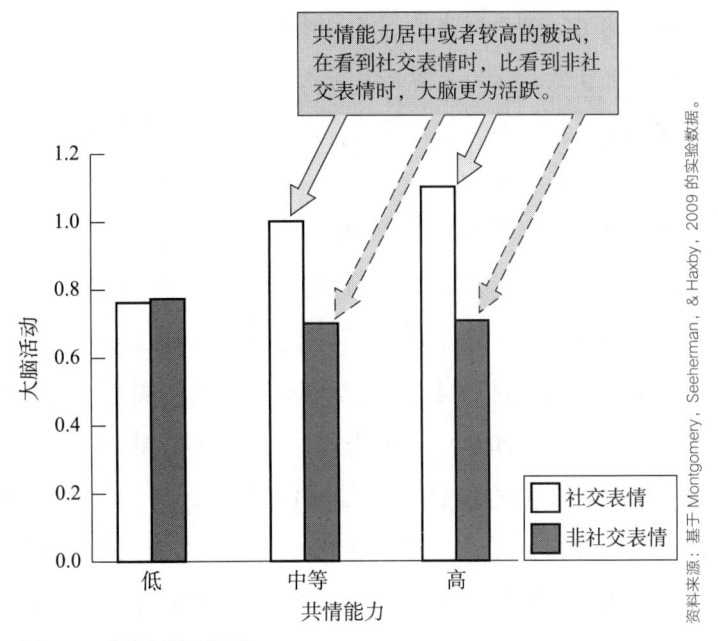

图 1-8　共情的神经基础

当观看他人面部社交表情的视频时，共情（一种通过他人的视角看待世界的能力）测验中得分高或中等的个体，其相关脑区（额叶岛盖）的活动比共情能力得分较低的个体更为活跃。相比之下，三组在观看没有社交表情的人脸（比如，脸部活动不显示任何情绪）视频时，相关脑区活动无明显变化。

资料来源：基于 Montgomery, Seeherman, & Haxby, 2009 的实验数据。

内隐（无意识）过程所扮演的角色

在你身上有没有发生过这样的事，第一眼看到一个人就会立刻喜欢或讨厌他，然后自己也犯嘀咕："为什么我会喜欢（讨厌）这个人呢？"通常我们的这种怀疑就是一闪念，因为我们都很擅长为自己的行为与感受找到合理的解释。这种快速的反应，绝不意味着我们实际上完全明白我们为什么会这样想和这样做。事实上，最近社会心理学研究的另一个热点就是：许多时候我们真的不知道，在社会场景下我们为什么会这样想或那样做。这一方面是因为我们处理社会信息的方式发生了错误，另一方面是因为我们随着时间的变化会发生很大的改变，我们甚至都不清楚自己高兴的原因是什么（Gilbert，2006）。例如，有人觉得文身可以让自己高兴，但几年以后他会发现文身这件事让自己不高兴了。此外，我们的想法和行为通常会被无意识过程和因素所影响，这些过程和因素自动发生，无须经过我们有意识的思考，我们也只能隐约意识到。这也是社会心理学家不肯将"常识"作为认识社会行为和社会思想可靠信息的另外一个原因：我们意识不到影响我们想法和行为的许多因素，因此也无法准确地描述它们（例如，Pelham et al.，2002）。举例来说，我们可以考虑一下第一印象。最新研究表明，我们形成第一印象的速度极快——通常仅仅在遇到一个人几秒钟之后（例如，Gray，2008）。而且令人惊奇的是，有时候这些印象是很准确的：我们同他人简短接触一下就可以形成对他人人格特点的有效印象（例如，Carney et al.，2007）。尽管第一印象可以是准确的，但有的时候这种印象也可能大错特错。这就带来了另外一个问题：我们能分辨出第一印象什么时候有用、什么时候没用吗？换句话说，我们什么时候应该相信第一印象，什么时候不能相信第一印象呢？埃姆斯等人（Ames，Kammrath，Suppes & Bolger，2010）的研究表明，我们分辨不出来第一印象什么时候是准确的。所以，这些作者建议，"第一印象的准确率有时候是高于随机水平的"……但是我们说不清楚什么时候会更准确一点。很明显，无意识过程在这种情况下确实影响着我们的判断和行为，但我们可能本来可以避免。

内隐（无意识）过程在社会行为与社会思维中的作用，在许多研究中得到检验，比如心境对于记忆他人或复杂事件的影响（例如，Ruder and Bless，2003）；我们所否认的对外群体成员的负面态度仍然影响我们对他们的行为反应（例如，Fazio and Hilden，2001）；一旦我们知道人们属于哪个群体，就会不由自主地根据他们所在的群体特性来评价他们（Castelli et al.，2004）。总之，社会心理学家研究得越深，就会发现社会行为和社会思维受到无意识因素和无意识过程的影响越广泛。对于这一领域的最近研究进展，我们会在几个章节中继续深入介绍（详见第二章和第六章）。

充分考虑社会多样性

毫无疑问，美国与其他国家一样，其社会与文化都在发生着巨大的变化。最新的调查数据表明，64%的美国人口为欧裔白人，而另外36%属于其他族群（其中非裔占13%、印第安土著占4.5%、西班牙裔占14%、亚裔及太平洋群岛的居民占4.5%，还有7%的其他群体）。这种巨大的转变是从20世纪60年代开始的，当时大约90%的人口都是欧洲人的后裔。而现在，一些州（例如加利福尼亚、新墨西哥、得克萨斯和亚利桑那）的总人口中欧裔人口已不再占多数（见图1-9）。为了应对这些巨大的社会转变，心理学家越来越意识到文化因素的重要性，在处理所有事情上（教学、科研、咨询与治疗）都不忘仔细考察文化上的差异。社会心理学家也不例外，他们发现个体的文化、民族、种族遗产经常在自我认同方面扮演着重要角色，甚至对行为也有重要影响。这与若干

图1-9 多样性：21世纪很多国家的社会现实
包括美国在内的很多国家的人口构成越来越多样化。社会心理学家考虑到了这一现实，并通过开展研究理解文化因素对社会行为和社会思维的影响作用。

年前的看法很不一样：以前心理学家一般认为文化、民族与性别差异都相对不重要，而现在的社会心理学家认为这些差异相当重要，必须认真考虑这些因素才能理解人类行为。因此，普通心理学和社会心理学现在普遍采取**多元文化视角**（multicultural perspective），也就是说在研究中需要详细、清楚地识别性别、年龄、民族、性取向、社会经济地位、宗教取向和其他众多社会与文化维度的潜在重要性。多元文化视角已经导致社会心理学研究的关注点发生重要转变，我们会在本书第四章和第六章对此加以深入介绍，这种趋势可能会持续。

举例来说，有一项于世界上 10 个国家中开展的研究，该研究想要考察女性的哪种体型对男女两性来说都最有吸引力（Swami et al., 2010）。在实验中，研究者给被试看一组图片（见图 1-10），并要求被试选出他们认为最有吸引力的体型。女性被试还被要求选出一个让同龄男性觉得最有吸引力的体型，以及一个与她自己当下体型最接近的体型图片。结果显示，被试对体型的评定确实存在文化差异：大洋洲、南亚和西亚以及东南亚地区的被试喜欢相对更丰满的体型，而北美和东亚地区的被试喜欢的体型相对更苗条一些。然而，同一文化内部不同社会经济地位的被试选择的差异更为明显：高社会经济地位人群（受教育水平高、高收入人群）比低社会经济地位人群（受教育水平低、低收入人群）更喜欢苗条的体型。这表明此类基本的社会知觉在同一文化内部和不同文化之间都存在巨大差异。很明显，对于多样性和文化差异认识的加深是当代社会心理学的一个特征，本书中我们讨论的一些研究将从许多方面强调这些因素的重要性。

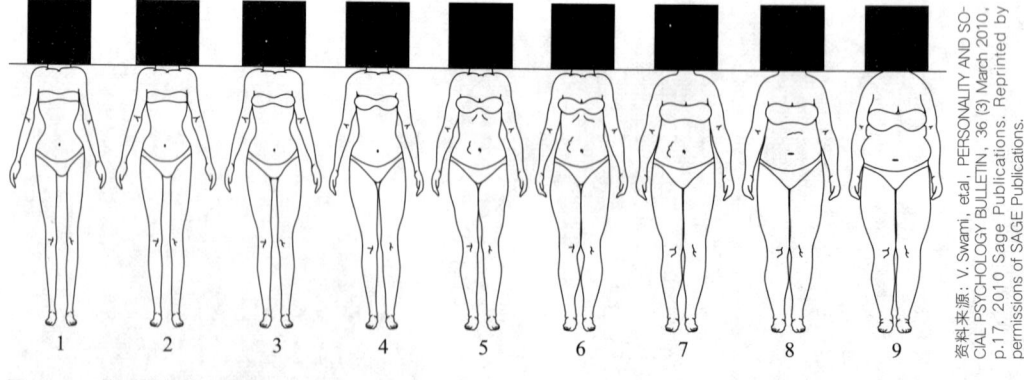

图 1-10 体型偏好的文化差异

不同文化中的个体对于女性的体型或体重的偏好会有所不同吗？一项在 10 个国家开展的研究表明，不同文化个体对于女性体型体态的偏好确实有差异。亚洲和欧洲一些地区的被试比北美地区的被试更喜欢偏圆润的体型。然而，在每个文化的内部，社会经济地位的不同对这种偏好的影响显然比文化对这种偏好的影响更大。

要点

- 社会心理学家已经认识到社会思维与社会行为是同一枚硬币的两面,两者之间持续存在着复杂的交互作用。
- 社会心理学家对情绪在社会行为及社会思维中的作用产生了日益浓厚的兴趣。
- 关系的形成和发展是该领域另外一个主要的研究方向。
- 社会心理学的另一个主要趋势是越来越对社会神经科学感兴趣,社会神经科学在努力探索大脑活动与社会思维及社会行为之间的关联。
- 我们的行为与想法经常受到某些我们意识不到的因素的影响。对内隐(无意识)过程的日益关注是现代社会心理学发展的另一个主题。
- 社会心理学目前采取了多元文化视角来理解社会行为。这种视角强调了文化在社会行为与社会思维中的重要性,主张在一种文化下获得的研究发现不一定可以推广到其他文化。

第 3 节 社会心理学家如何解答自己的疑问:通过研究增长知识

我们已经概述了社会心理学的一些最新发展方向,下面我们转向本章开头提到的第三个主要任务:解释社会心理学家如何解答有关社会行为与社会思维的问题。既然社会心理学是科学取向的,那么社会心理学家自然要通过系统的研究来回答问题。为了给大家提供和这个领域有关的特定技术的基本信息,我们会考察三个相关的主题。首先,我们会介绍社会心理学的几种研究方法。接着,我们会考察理论在研究中的地位。最后,我们会谈及一些与社会心理学研究相关的复杂的伦理问题。

系统观察法:描述我们周围的世界

研究社会行为的一个基本方法是**系统观察法**(systematic observation),也就是在行为发生的时候仔细观察它。这种观察不是那种我们从幼年开始就会的随意观察，例如人们在机场东张西望。在类似社会心理学这样的科学领域，科学家所做的观察会涉及对人们特定行为细致而准确的测量。举个例子，假设社会心理学家想要考察人们在不同场合相互触碰的次数，那么研究者就要去商场、餐馆、酒吧、大学校园或者其他场所观察记录谁触碰了谁、是如何碰触的、触碰的频率等。这种研究（该研究是真实存在的，详见第三章）叫作**自然观察法**（naturalistic observation）——在自然情境下观察人们的行为（Linden, 1992）。请注意，这种观察方式中，研究者只需要记录在每种情境中发生了什么，不需要尝试改变被观察者的行为。事实上，自然观察法要求研究者竭尽全力避免以任何方式影响被观察者。因此，心理学家要尽可能地不被观察对象发现，为此甚至要躲在电话亭、墙壁或灌木丛等障碍物的背后。

系统观察法中的另外一种技术叫作**调查法**（survey method）。研究者会请很多人回答一些关于他们的态度或行为的问题。调查法用于很多目的，诸如测量人们对待吸烟的态度、选民对这一届候选人的感受、人们对于不同社会群体成员的看法，甚至包括学生对任课老师的评价（你的大学或学院每个学期可能就会这样做）。社会心理学家经常使用调查法来测量民众对于各种社会问题的态度，比如，如何看待医疗改革或者平权运动计划[1]（affirmative action programs）。其他领域的科学家和实践者也会用调查法来获得各种信息，例如调查全球生活满意度、消费者对新产品的反应等等。

调查法有几个优点。研究者可以相对容易地收集到成千上万人的信息。实际上，现在调查常常通过互联网在线进行。例如，最近有一项关于个人幸福感的调查研究正在通过网络进行。如果想亲自体验一下调查如何进行，可以登录网址 www.authentichappiness.com。这个网站上的调查问题都是由著名的心理学家设计的，你的回复（完全保密）还可以成为一个大数据库的一部分，科学家将用其来了解人们幸福或不幸福的原因以及人们可以通过什么样的途径提升自己的生活满意度。已经有上百万人访问了这个网站，还有75万人成为网站的注册用户（在第十二章我们会详细介绍这项研究）！此外，调查网站也可以有很多别的用途——比如，了解学生如何给他们的教授打分（见图1-11）。

要成为有用的研究方法，调查法还必须满足一些条件。首先，调查对象必须能够代表所得结论意欲含涉的总体——这提出了取样的问题。如果这个条件不满足，会导

---

[1] 是指20世纪60年代伴随非裔美国人民权运动、妇女解放运动、性革命等一连串民权运动兴起的一项社会运动。

致严重的错误。例如，假设参与图1-11中的网络调查的人都是比较开心的人，这可能是因为不开心的人不会想要报告他们的感受。由于被调查者所反映的情况不能代表全部国民的幸福水平，所以用这个调查获得的任何结论来描述美国人的幸福水平就会有问题。

有关调查法的另外一个必须认真解决的问题是：调查项目的措辞能够强烈影响最终获得的调查结果。我们

图1-11　利用网络进行调查研究，或仅仅了解学生如何为教授打分

社会心理学家有时候会在网上进行调查以收集数据。很多网络调查都是专为某一项研究设计的，但是也有的调查（例如图中这一项）保持永久开放，可以提供大量个体的数据信息。此外，调查网站也可以用于很多其他的目的，比如，了解学生如何给自己的教授打分。

继续使用幸福感调查那个研究作为例子，假设其中一个条目问"你现在的幸福程度怎么样"（这是一个7点量表，1=非常不幸福，7=非常幸福，数字越大代表幸福水平越高）。很多人可能会选择4甚至更高，因为毕竟大多数人在大多数时间里都还挺幸福的。但是如果这个选项改为："与你最幸福的时刻相比，你现在的幸福程度怎么样？"（1=极不幸福，7=与那个时刻一样幸福）由于是与自己幸福的顶峰体验相比，很多人的选择就会低于4，因为他们知道自己在过去**某个时刻**曾经更幸福。如果忽视这种措辞的差异，将这两个问题获得的结果相比较就可能会误导人们。

总之，调查法是研究某些社会行为的有用方法，但是要做到结果准确，就要考虑取样以及提问方式等多个方面的问题。

相关性：寻找关联

很多时候，你可能会注意到，许多事情的发生看起来与另一些事件的出现有关系，一方发生变化，另一方也会随之发生变化。例如，你可能注意到驾驶崭新、昂贵汽车的人往往比驾驶陈旧、便宜汽车的人要老，使用诸如脸书这种社交网络的人相对要年轻一些（尽管这种状况在近年来已经大大改变了）。当两件事情出现这种关联，我们就

说它们之间存在**相关性**（correlation）。相关性是指当某事件改变时，另一事件也随之改变。社会心理学家把自然世界这些可改变的方面称为**变量**（variable），因为它们的值可以变化。

从科学的观点来看，两个变量之间存在相关对研究很有意义。只要存在相关，我们就可能通过一个或多个变量的信息来预测另一个变量。做出这种预测是包括社会心理学在内的所有科学领域的一个重要目标。这种准确预测对于我们的生活很有帮助。例如，假设我们观察到个体的一些态度（一个变量）与其以后和同事或老板相处的难度（另一个变量）存在相关，那么这个相关就可以帮助我们提前识别出潜在的危险人物，建议公司在招人的时候将他们筛掉。同样，如果我们观察到夫妻之间的某些行为模式（例如，尖锐地批评对方）与他们将来的离婚率存在相关，那么这个结果可以帮助我们进行夫妻关系咨询，或者如果当事人愿意，甚至可以挽救他们的婚姻关系（在第七章我们会讨论为什么长期关系有时会失败）。

这种预测能够做到多精确呢？研究中的两个变量相关性越强，我们能做出的预测就越精确。相关性的数字在 0 到 –1.00 或者 0 到 +1.00 之间；数值离 0 越远，相关性就越强。正值意味着一个变量的增加会带来另外一个变量的增加。负值则意味着一个变量的增加会带来另外一个变量的减少。例如，在年龄和男性头发的数量之间存在负相关，这就是说，随着年龄的增加，男人的头发就会越来越稀疏。

这些事实背后存在着一个社会心理学家有时会使用的重要研究方法：**相关法**（correlational method）。通过这种方法，社会心理学家可以尝试了解不同变量彼此之间是否存在关联以及关联程度有多大。这需要仔细测量每个变量，然后通过恰当的统计检验来确定这些变量是否以及在多大程度上存在关联。也许举个具体的例子能更好地帮助理解。

假设一位社会心理学家想要看看脸书用户发到网上的内容是否准确——这些信息是体现了用户本身的真实状况，还是呈现了他们想要成为的样子（即理想自我形象）？进一步地，想象这位社会心理学家根据前人研究结果提出假设，认为脸书用户呈现到网上的内容确实是相对准确的。那么，我们要怎么检验这个假设呢？有一个非常基本的办法就是使用相关研究法。首先，脸书用户要完成一个人格测量量表（其中可能包括内外向性、责任感、经验的开放性等，这些都已经被过去的研究证明是人格的基本维度）。接着，研究者会阅读脸书上的用户信息，根据这些信息对脸书用户的人格在这些维度上的表现打分。作为交叉检验，另外一位认识这名脸书用户的人也要对其人格在这些维度上的表现打分。接下来，研究者会比较这几组数值（比如，检验相关性），看看数值之间的一致程度。脸书用户自己对自己人格的评定和其熟人对其人格的评定之间的相关性越强，就说明脸书用户放在网上的信息越准确。为什么呢？因为脸书用户的自评与熟悉他的人对他的评价是一致的。此外，为了检验另外一个观点，即脸书用户试图呈现出一个理想化的自我，这些用户还被要求描述他们的"理想自我"，这个数据也可能与其网上内容所展现的自我情况相关。巴克等人（Back et al., 2010）确实采用了这种基本的方法来研究脸书上呈现的内容是否以及在多大程度上反映出脸书用户的真实人格。研究结果很好地支持了"用户在脸书上展现的内容比较准确"这个**假设**（hypothesis）：研究者比较了脸书用户自己完成的人格量表测量结果及其朋友或家人给他做出的人格评估结果，发现网络上呈现的用户描述与用户的真实人格是匹配的。此外，几乎没有证据表明呈现理想化自我的这种意图的存在。基于这项研究，我们可以暂定这样的结论：脸书上的信息是准确的，能够反映用户本人的人格，他们的人格特质可以用于预测其上传内容，他们的上传内容也可以用于预测其人格测验得分。但是，请注意**暂定**这个词，我之所以使用这个词，有两个重要原因。

首先，两个变量即使相关，也不能保证二者之间存在因果联系——一个变量的变化导致另外一个变量的变化。相反，两者的这种共变可能是因为它们都与第三个因素有关，而它们之间并不存在真正的关系。举例来说，上面这个研究当中，在脸书上传内容的用户可能恰好善于自我表现——让别人觉得他们"看起来不错"。如果这在某种程度上是真的，那么脸书上展现的内容和用户人格测验得分之间的相关性就只反映了这一变量。由于这些用户有很高的自我表现技巧，他们的脸书内容和其人格测验结果就都会将他们往好的方向描述，但实际上这两个测量结果彼此之间并不存在任何直接的关系或者因果联系。

其次，在脸书上发内容很有可能导致用户人格上的变化，他们会调整自己使其更像脸书上描述的那样。这可能听起来有点牵强附会，但仍然存在这种可能性，而且相关性研究无法排除这种可能性：该研究无法确定两个变量之间影响作用的方向，只能证明相关的存在及强度。

尽管存在这些主要局限，相关研究法在一些场合对社会心理学家是非常有用的。它们可以在很难开展实验研究的自然情境下使用，而且也非常高效：在相对较短时间内获得大量信息。不过，相关法不能做因果关系的推论，因此社会心理学家在很多时候会更青睐另一种研究方法。这种方法我们下面就来介绍。

实验法：通过系统操纵变量获得知识

如前所述，科学的一个重要目的是做出准确预测，就此目的而言，相关法非常有用。但科学还有另外一个重要目的是提供解释，就这一目的而言，相关法的用处就小多了。科学家不仅渴望描述世界以及世界上各种变量之间的关系，他们还希望可以解释这些关系。

为了达到解释的目的，社会心理学家会使用**实验法**（experimentation 或者 the experimental method）。正如这一部分标题所言，实验法包含如下策略：系统改变一个变量，仔细地测量这种变化对另外一个或多个变量的影响。如果一个变量的系统改变导致了另一个变量也发生了相应的改变（并且同时满足我们下面所列的其他两个条件），我们就有可能做出一个比较有把握的结论：这些变量之间的确存在因果关系。因为实验法在这方面具有独特的价值，因此社会心理学研究常常使用这种方法。但是我们要记住，世上没有哪种研究方法始终是最好的。社会心理学家与其他科学家一样，只选择那些对于所研究问题最为恰当的方法。

实验的基本性质

实验法最基本的形式中包括了两个关键步骤：1）系统改变那些被认为可以影响社会行为或社会思维的变量的呈现或强度；2）认真测量这种系统变化所产生的影响。由研究者系统操控的因素称作**自变量**（independent variable），而所研究的行为则被称为**因变量**（dependent variable）。在一个简单的实验中，研究者将不同组的被试随机安排在自变量的不同水平（例如，低、中、高）中，然后研究者认真测量他们的行为，来决定这些行为是否真的随着自变量的改变而发生变化。如果确实如此（同时另外两个条件也得到了满足），这时研究者可以自信地说自变量的确可以引起研究中行为的变化。

下面我们用一个例子来说明社会心理学实验的本质。假设一个社会心理学家对"接触暴力电子游戏是否有可能提高人们攻击他人的可能性"这个问题感兴趣，这种攻击有很多种表现方式（例如言语攻击、拳打脚踢、散布谣言或在网上传播让人难堪的图片；见图1-12）。那么这个问题应该如何通过实验法来研究呢？下面我们介绍一种可行的路径。

研究者请被试来玩一款暴力或者非暴力电子游戏。在这一部分任务完成之后，被

图 1-12 使用实验方法研究暴力电子游戏的影响
接触诸如图片中展示的这类暴力电子游戏是否会增加玩家的暴力倾向呢？社会心理学家可以使用实验法来收集有关这一重要问题的数据资料，实际上他们已经这样做了！

试会被带到一个（如果他们愿意）能够攻击他人的情境中。比如，告诉他们下一部分的研究是关于味觉的灵敏性，请被试往一杯另外一个人会喝的水里加入他们想要加入的最大量的辣椒酱。被试尝过只放一滴辣椒酱的味道，因此他们知道多放辣椒酱的话味道会怎样。加入大量辣椒酱会让水变得很辣，因此会伤害饮用者。

如果接触暴力电子游戏会激发被试对他人的攻击性，那么实验中玩了暴力电子游戏的被试会比解题的被试在水里滴入更多的辣椒酱——给另外一个人造成更大的痛苦。如果真的得到这样的结果，至少我们可以暂时下结论说，接触暴力电子游戏会增加个体随后明显的攻击行为。之所以能得出这样的结论，是因为实验程序无误的情况下两组被试经历的差异仅仅在于一组玩了暴力电子游戏，而另一组没有。因此，这两组被试行为（攻击行为）上的差别只可能是这两种实验设置所带来的差别。注意，实验中的自变量（这里是指玩暴力电子游戏或非暴力电子游戏）是研究者操纵改变的。与之相反，相关法中并没有以这种方式操纵变量，研究者只需要观察和记录变量的自然变化。顺便提一下，在过去数十年中，以这种方式做过的大量研究都表明，定期观看媒体上的暴力画面或玩暴力电子游戏确实可以增加人们向他人施暴的倾向，而且此二者之间有因果联系：有规律地或长时间接触暴力内容，会降低个体对于暴力内容的敏感性，并由此增强自身的攻击性想法和攻击性情绪（例如，Krahe et al.，2011）。

实验：实验成功必备的两个关键

前面我们提过，研究者在得出"是自变量的变化引起了因变量改变"这样的结论之前需要满足两个条件。现在我们就来讲一下这两个条件。首先是**随机分配被试进入不同的实验条件**，它是指实验中所有被试遇到每种自变量水平的机会必须是均等的。采取这条原则的理由很简单：如果被试不是随机被分配到不同实验条件，那么就不能判断不同实验条件之间的差异到底是来源于被试本身的差别还是来源于自变量的影响，抑或是二者都有。例如，如果上面关于暴力电子游戏的研究中，那些被安排玩暴力电子游戏的被试都是"柔道俱乐部"的成员（他们经常练习武术），而那些玩非暴力电子游戏的都是"歌唱俱乐部"的成员。这时玩暴力电子游戏的那组被试表现出更高水平的攻击性，能告诉我们什么信息呢？恐怕不多吧！两组被试在因变量测量中表现出的差异可能是由于柔道俱乐部成员的攻击性本来就强于歌唱俱乐部的成员，和实验中被试是否接触暴力电子游戏完全没有关系，这种差异在实验前就存在。因此，我们无法判断这些结果差异产生的原因。也就是说，如果没有做到随机分配被试进入不同的实验处理组，那么我们的研究结果就会失去意义。

实验成功需要满足的第二个条件是：除了自变量以外，凡有可能影响到被试行为的所有变量，都必须尽可能保持恒定不变。为什么要这样呢？我们重新回到那个玩暴力电子游戏的研究，假如在研究中有两名助手参与收集数据。其中一个助手友好热情，另一个傲慢无礼。很不幸的是，无礼的那名助手收集的大部分是暴力电子游戏组的数据，而待人友好的那名助手收集的大部分是非暴力电子游戏组的数据。假设暴力电子游戏组被试的攻击性确实更高一些，那么这个结果能说明什么吗？同样说明不了什么！因为我们不知道到底是因为玩了暴力电子游戏还是因为受到的粗鲁对待才让他们的攻击性提高。如果发生了这种情形，我们就说自变量的效应和其他变量的效应发生了**混淆**（confound），混淆变量就是指那些不属于研究考察目标但又会影响因变量的变量。一旦发生变量混淆，实验结果就很难做出解释了（见图1-13）。

总之，从多个方面来看，实验法可以说是社会心理学最有力的研究方法。当然实验法也不是完美无缺的，比如，因为它经常是在实验室环境下进行研究，这与社会行为实际发生的情境相当不同，这就提出了**外部效度**（external validity）的问题。外部效度关注实验结论在多大程度上可以推广到现实的社会情境中或是推广到和实验参与者不

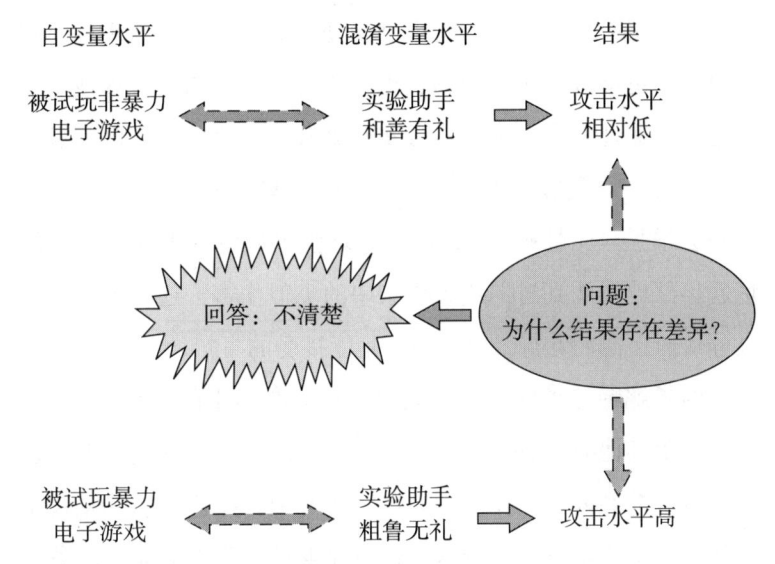

图1-13 混淆变量：实验的致命缺陷

在考察玩暴力电子游戏对攻击性影响的假设实验中，自变量受到了另一个变量——实验助手的行为——的干扰。两名助手当中一名和善有礼，另一名粗鲁无礼。友好的那名助手收集的数据大部分来自非暴力电子游戏组，不友好的助手收集的数据大部分来自暴力网游组。如果结果发现玩暴力电子游戏的被试攻击性更高，那么我们不清楚这个结果是因为被试玩暴力电子游戏引起的，还是因为他们遭遇到了不友好的对待。这两个变量彼此混淆，因此研究结果并没有给我们意欲探究的问题提供有用的信息。

同的其他人群中。而且因为道德或者法律上的考量，有些情境下是不能使用实验法的。比如，如果我们让夫妻双方置于一种会削弱彼此信任感的情境当中，或者让个体观看一些可能会引起他们自残行为的电视节目，这些都是不道德的。但是对于那些可以合理利用实验法的情境，我们辅之以一定的技巧和关怀，实验法便可以帮助我们解答有关社会行为和社会思维的复杂问题。总而言之，请记住下面一个基本原则：在社会心理学研究中没有哪个方法是最好的。进一步说，所有方法都各有优劣，哪种方法对于所研究问题最为恰当，就应该使用哪种方法。

对因果关系的进一步思考：中介变量的作用

我们前面说过，社会心理学家经常使用实验法是因为通过这种方法可以解答变量之间因果关系的问题：一个变量的变化是不是可以引起（造成）另一个变量的变化？

这种信息很有价值，因为它可以帮助我们理解是什么事件、想法或情境导致了不同的结果——更多或更少的帮助、更多或更少的攻击、更多或更少的偏见。不仅如此，社会心理学家还经常要进一步做实验来解释"为什么"的问题，即理解为什么一个变量会带来另一个变量的变化。例如，回到暴力电子游戏的研究——"为什么玩暴力电子游戏会增强攻击性呢？"是因为它增强了玩游戏者伤害他人的想法？因为这让他们回忆起自己曾经受到过的或者想象中的类似伤害？还是因为暴力行为在游戏中可以获得高分从而让他们觉得暴力行为也是能接受的事？

为了解释这种内部机制问题，社会心理学的研究中通常不仅只测量一个因变量，还会测量其他研究者认为在其中起作用的因素——受自变量影响，进而会影响因变量的因素。举例来说，在上面的这个研究中，我们可以测量被试关于伤害他人的想法以及他们关于攻击行为是否以及何时能够被接受的观念，看看这些因素是否有助于解释暴力电子游戏导致随后的暴力行为增加的原因。如果这些被得到验证，那么这些因素就是**中介变量**（mediating variables），即解释自变量（在这里就是玩某种电子游戏）和社会行为及社会思维改变之间关系的变量。

第 4 节　理论在社会心理学中的地位

在我们做最后的总结之前还要考虑社会心理学研究的另外一个问题。我们前面说过，社会心理学家不仅想要简单描述这个世界，他们还想**解释**这个世界。例如，社会心理学家不仅会陈述种族偏见在美国很普遍这个事实（尽管可能已经减弱了），他们还想解释为什么有些人的偏见更加严重。和所有科学领域一样，社会心理学想要"解释"就涉及理论建构——解释各种事件及过程的框架。构建一个理论涉及下面的步骤。

（1）在现有证据的基础上，提出可以反映证据的理论。

（2）理论由基本概念以及有关这些概念之间关系的陈述所构成，它帮助我们整合现有信息并预测可观察的事件。例如，理论可以预测个体在什么条件下会形成种族偏见。

（3）这些预测（即通常说的假设）要接受实际研究的检验。

（4）如果检验结果与理论一致，那么对理论准确性的信心就得到提高。如果检验结果和理论不一致，那么理论就需要修正并接受进一步的检验。

（5）最终，理论要么因为准确被接受，要么因为不准确而被否定。即使因准确而被接受，随着更先进的研究方法的发展以及和理论预测相关的其他证据的获得，理论依然保持着开放性。

这听上去好像有点抽象，让我们来看一个具体的例子。假设一位社会心理学家提出下面的理论：当人们认为他们所持的观点属于少数派时，他们陈述观点的语速就会放慢，即少数派放慢效应。这和他们观点的强度没有关系，而是源于他们不情愿公开表达属于少数派的观点，因为他们担心其他人听到后可能会反对他们的观点。根据这个理论可以做出一个明确的预测：如果人们私下陈述观点，那么这种少数派放慢效应就会减弱（例如，Bassili，2003）。最后如果研究结果与这一预测及其推论一致，那么这个理论的可信度就提高了。如果结果与理论不一致，那么我们就需要修正甚至否定这个理论。

提出理论、检验、修改、再检验的循环往复过程是科学方法的核心要旨，因而也是社会心理学研究的重要特征（见图1-14）。因此，本书会介绍许多关于社会行为和社会思维各个重要方面的不同理论。

还有最后两点。第一，理论永远不会得到完全证实，总等待着接受检验，其可信度由可获证据的分量决定。第二，做研究并不是为了证明或验证一个理论，而是为了收集与理论相关的证据。如果研究者做研究的出发点是为了证明他们的理论，这便严重违背了之前提到的科学所强调的怀疑、客观和开放的原则。

要点

- 通过**系统观察**，行为能够得到仔细观察和记录。在自然观察法中，这种观察是在行为自然发生的情境下进行的。
- **调查法**经常会请大量参与者回答一些有关他们的态度或行为的问题。
- 使用研究的**相关法**时，研究者会通过测量两个或多个变量来判定它们相互之间是否存在关联。
- 即使变量之间存在显著相关，也不代表它们之间具备因果关系。
- **实验法**通过系统改变一个或多个变量（**自变量**）来决定这个变量的改变是否会影响

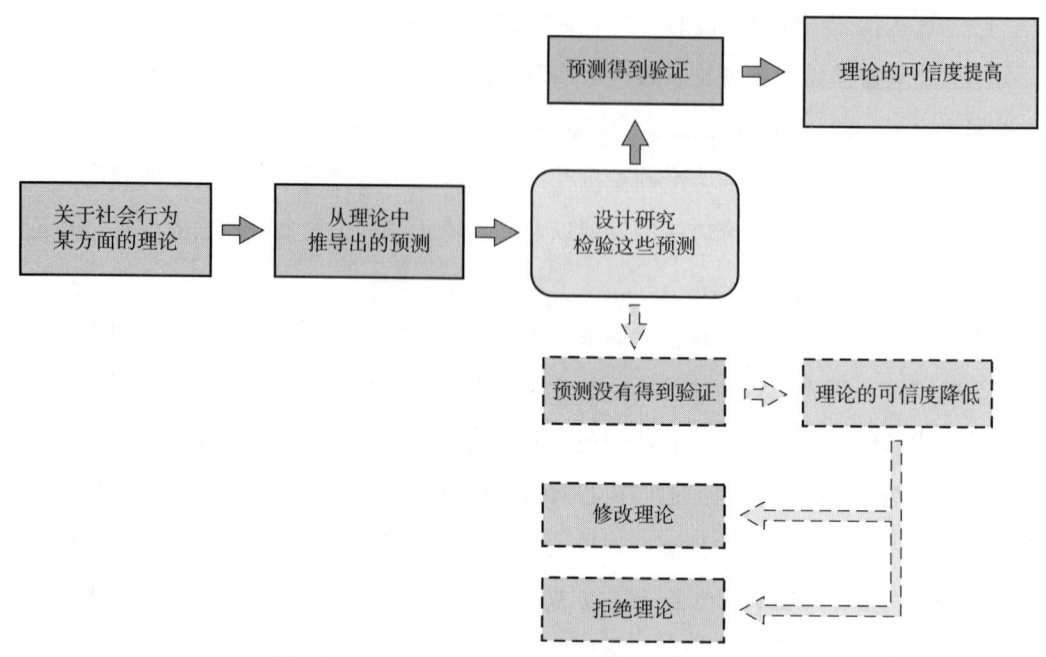

图 1-14　理论在社会心理学研究中的地位

理论既可以组织现有知识，还可以对各种事件及发生过程进行预测。一旦理论被提出来，根据理论推导出的假设就要经受研究的严格检验。如果研究结果与预测一致，那么理论的可信度就得到提升。如果研究结果与预测不一致，理论就需要修改或被推翻。

到某种行为（**因变量**）的变化。
- 要想成功使用实验法，需要把被试随机分配到各个实验条件中，并使所有其他有可能影响到行为的因素保持恒定，以此来避免变量的混淆。
- 尽管实验法是一种有力的研究工具，它也并不是完美无缺的，其研究的外部效度问题就经常受到质疑。另外，因为现实局限或伦理道德上的考虑，有些情境下也不可能使用实验法。
- 考察中介变量的研究试图帮助我们深入理解某些变量如何影响某类社会行为或社会思维。
- 理论是解释各种事件及过程的框架。它们在社会心理学研究中占有极其重要的地位。

第 5 节　求知与个体权利：寻找一个恰当的平衡点

在对实验法、相关法和系统观察法的使用方面，社会心理学家与其他领域的研究者并无二致。然而，有一项技术看来是社会心理学研究中独有的：**欺瞒**（deception）。这是指研究者试图向被试隐瞒研究目的。这样做的理由很简单：社会心理学家认为如果被试知道了研究的真实意图后，他们的行为就会因此有所改变，这样就无法得到有关社会行为或社会思维的有效信息了。

有些研究看上去的确需要暂时性的欺瞒。例如，想一下前面介绍的暴力电子游戏实验，如果被试知道了研究目的就是考察玩这种游戏对个体的影响，那么他们是不是有可能竭尽全力避免显露自己的暴力倾向呢？还有，如果一项研究的目的是考察外貌对于陌生人之间人际吸引的影响作用，那么被试知道这个研究目的后便有可能努力避免受到陌生人外貌的影响。在这个以及其他一些例子中，社会心理学家都认为不得不在研究中使用欺瞒（Suls and Rosnow, 1988）。然而这也带来了无法忽视的伦理问题。

第一，虽然概率很小，这种欺瞒依然有可能会对被试造成一些伤害，他们可能会因为研究中使用的程序或自己的反应而感到不安。例如，有些研究考察紧急情境下的助人行为，被试被置于逼真的紧急情境中，比如见到实验环境中的某个人突发癫痫（例如，Darley and Latané, 1968）。有些被试会因这些故意表演出来的事件而感到不安；另一些被试则会因为自己意识到了那个人需要帮助但并没有伸出援手而感到内疚。显然，被试体验到了情绪困扰这一事实引出一个复杂的伦理问题，即当研究诸如此类的重要问题时，研究者到底可以在多大程度上欺瞒被试？

我们应该赶紧强调一下，上面这个研究代表的是一种比较极端的欺瞒，其实通常使用的欺瞒要更为柔和。例如，被试可能面临一个陌生人的求助，而这个人实际上是研究者的助手；或者他们可能被告知学校里的大部分学生都持有某种观点，而实际上根本不是这样。即便是在上述这些例子里，也存在对被试造成一定程度伤害的可能性，这都是使用欺瞒潜在的严重缺陷。

第二，被试有可能会因为在研究中受到"愚弄"而感到气愤，并因此对社会心理学乃至整个心理学研究都会产生消极态度。例如，他们此后可能会开始怀疑研究者给他们呈现的信息（Kelman，1967）。在一定程度上确实存在这种反应，最近研究也证实了这一点（Epley and Huff，1998），这种反应让一味强调科学研究的社会心理学的未来蒙上了一层阴影。

因为存在这些可能性，因此使用欺瞒对于社会心理学家而言是一种两难困境。一方面，这种技术看似对于他们的研究是必要的；另一方面，又会带来一些严重问题。应该如何解决这个困境呢？尽管存在分歧，但大部分社会心理学家都同意以下几点。首先，不应该使用欺瞒说服被试来参加研究，绝对不允许通过隐瞒实验相关信息或者提供误导信息诱导人们来参加实验（Sigall，1997）。其次，如果能采取两个基本的保障措施，大部分社会心理学家同意一定程度上使用暂时性欺瞒。一是**知情同意**（informed consent），在被试决定参与研究之前，尽可能多地为被试提供有关研究过程的信息，这与通过隐瞒劝服被试参与研究的做法完全相反。二是认真做**事后解释**（debriefing），在被试参与完研究之后，为其充分说明研究的目的（见图1-15），同时也应该包括对使用欺瞒技术的解释以及这样做的必要性的说明。

幸运的是，有研究发现知情同意与全面的事后解释确实可以显著降低欺瞒的潜在危害（Smith and Richardson，1985）。例如，大部分被试表示他们可以接受这种暂时性的欺瞒，只要这样做的好处大于危害，或者是在无法通过其他途径获得想要收集的信息的情境时（Rogers，1980；Sharpe et al.，1992）。然而，正如我们前面提过的，也有证据表明被试会对研究者在实验过程中的陈述更加怀疑，更糟糕的是这种增强的疑虑貌似会持续几个月之久（Epley and Huff，1998）。

图1-15　事后解释：研究中使用欺瞒需要满足的一个要求

实验过程结束后，应该给被试提供充分的事后解释：关于实验目的以及暂时使用欺瞒的必要性的说明等。

总之，似乎只要事后阐明使用暂时性欺瞒的目的以及必要性，大部分被试并不会消极看待暂时性的欺瞒。然而，这并不表示使用欺瞒理所当然就是安全或恰当的（Rubin，1985）。相反，对于所有打算使用欺瞒技术的研究者来说，指导原则应该是：(1) 只能在绝对必要的情况下（没有开展此类研究的其他方式）才能使用欺瞒；(2) 要谨慎使用；(3) 确保做好各种可能的预防措施，尽量保护被试的权利、安全和身心健康。根据最后这一点，美国所有使用联邦基金的大学都要求必须设立评审机构以评估涉及人类被试的研究计划中的伦理问题，其中包括必须使用欺瞒时各种可能的成本效益分析。

要点

- 欺瞒是指社会心理学家对被试隐瞒研究目的等相关信息的做法。
- 大部分社会心理学家认为，为了获得有效的研究结果，暂时性的欺瞒通常是必要的。
- 然而，大多数社会心理学家认为，只有在确保知情同意和详细事后解释这两个重要的条件下才可以使用欺瞒。

第 6 节 善用本书：读者须知

一本难读或难懂的教材就像一个笨拙的工具，无法实现它预定的目标。正因为充分地认识到这一点，我们尽力让这本书容易阅读，而且还专门设计了一些板块让教材变得更有趣味、更实用。在此简要介绍一下为了增添这本书的趣味性和知识性我们所做的工作。

首先，每一章的开头都会有一个"本章概要"。然后讲一个起铺垫作用的开篇故事，说明各章所涉及的话题和我们日常生活之间的密切关系。在每一章里，关键术语都会以**黑体**呈现，并附上定义，在本书末尾的词汇表中也可以查到这个词。为了帮助你理解书中的内容，每一节的末尾都会附上"要点"，即该节主要知识点的概要。所有的图片和图表都简明清晰，并附有标题和说明，以帮助读者理解其内涵（比如图

1-8）。最后，每一章的结尾都有"总结与回顾"，阅读这一部分内容对你的学习会有很大帮助。

第二，这本书有一个我们前面已经提过的隐含的主题，需要在这里再强调一遍：社会心理学寻求的是社会思维和社会行为的基本规律，这些规律是具有跨文化、跨情境普适性的。但是社会心理学也承认社会生活发生的情境是非常重要的。因为科技在我们生活中的地位越来越重要，我们同他人之间的互动方式同以前相比已经发生了很大的变化，我们会通过手机、电脑以及其他电子设备同他人联系，面对面的交流反而减少了。我们相信，社会心理学的基本规律也适用于这一新的社会情境，但是这些规律在"数字"或"电子"时代的准确性仍要加以认真的考察。考虑到社会行为发生的情境及其表现方式的巨大变化，我们在教材中呈现了与社交网站、网络及其他相关主题有关的一系列研究。此外，为了让人们关注网络日益增长的重要性，我们还在每一章增加了一个专栏来介绍该领域的最新研究，该专栏叫作"互联世界中的社会生活"。例如，网络交友、网络欺凌、网上助人行为。我们预期这些部分能够捕捉到重大的社会变迁，而这些变迁会强烈影响社会生活的本质和形态。

如前所述，情绪对社会思维和社会行为的影响是现代社会心理学另外一个越来越有兴趣的主题。为了强调这个方面的最新研究进展，我们设计了另外一个专栏，名为"情绪与……"（例如，"情绪与态度""情绪与攻击行为""情绪与群体生活"）。这些部分依据最新研究信息写成，展现了社会生活中情绪的巨大影响。

我们设想，以上这些特色会帮助你在第一次接触社会心理学时充分利用好这本书。祝你好运！希望你与社会心理学的初次相遇是一次丰富、充实、有价值且充满趣味的体验。

总结与回顾

- 社会心理学是寻求理解社会情境中个体行为与思维的性质和原因的科学领域。其科学性体现在它采纳了其他科学领域所共有的价值观与方法。社会心理学家要使用科学方法是因为常识对社会行为所能提供的指导非常不可靠，还因为我们的看法经常会受到许多偏见的影响。社会心理学关注个体的行为，试图理解社会行为与社会思维的原因，其中涉及他人的行为和外表、社会认知、环境因素、文化价值观乃至生物及遗传因素等。社会心理学寻求发现社会生活的基本规律，这些规律的准确性即使面对巨大的文化差异和迅速变化的社会生活也是经得住考验的。

- 社会行为和社会思维的重要成因包括他人的行为和个性特征、认知过程、情绪、文化以及遗传因素。当前社会心理学家已经认识到社会思维与社会行为是同一枚硬币的两面，两者之间持续存在着复杂的交互作用。社会心理学家对情绪在社会行为和社会思维中的影响作用兴趣日浓。关系的建立和发展是社会心理学研究领域另一个主要的研究方向。社会心理学还有一个主要趋势是越来越对社会神经科学感兴趣，该领域意在探索大脑活动与社会思维及社会行为之间的关联。

- 我们的行为和想法经常受到某些我们意识不到的因素的影响。对内隐（无意识）过程的日益关注是现代社会心理学发展的有一个主题。社会心理学目前采取了多元文化视角来理解社会行为，这种视角强调了文化因素在社会行为与社会思维中的重要性，主张在一种文化下获得的研究发现不一定可以推广到其他文化。通过系统观察，行为能得到仔细观察和记录；在自然观察法中，这种观察是在行为自然发生的情境下进行的。调查法经常会请大量参与者回答一些有关他们态度或行为的问题；使用**相关法**进行研究时，研究者会通过测量两个或多个变量来判定它们相互之间是否存在关联。即使变量之间存在显著相关，也不代表它们之间存在因果关系。

- 实验法通过系统改变一个或多个变量（自变量）来决定这种改变是否会影响到某种行为（因变量）的改变。要想成功地使用实验法，需要将被试随机分配到各种实验条件中，并将其他所有可能对行为造成影响的因素保持恒定，以此来避免变量的混淆。尽管实验法是一种强有力的研究工具，但并非完美无缺，它的外部效度问题经常受到人们质疑。考察中介变量的研究试图帮助我们深入理解某些变量如何影响某类社会行为或社会思维。理论是解释各种事件及过程的框架。它们在社会心理学研究中占有极其重要的地位。

- 欺瞒是指社会心理学家对被试隐瞒研究目的等相关信息的做法。大多数社会心理学家认为，为了获得有效的研究结果，暂时性的欺瞒通常是必要的。然而，只有在确保知情同意和详细事后解释这两个重要的条件下才可以使用欺瞒。

关键术语

进化心理学：心理学的一个新分支，试图研究遗传因素对于各种人类行为的潜在影响作用。

关系：我们与他人的社会纽带，既包括泛泛之交、过往的友谊，也包括像婚姻或一生之交那样的紧密、长期的联系。

多元文化视角：对影响社会行为的文化因素和族群因素的关注。

系统观察法：一种系统地观察和记录行为的研究方法。

调查法：一种请很多人回答有关他们的态度或行为的问题的研究方法。

相关法：一种研究方法，指科学家系统观察两个或多个变量来考察其中一个变量的变化是否伴随另外一个变量的变化。

假设：有关社会行为或社会思维的未经证实的预测。

实验法：一种研究方法，通过系统地改变一个或多个因素（自变量）来考察这种变化是否会引起另一个或多个因素（因变量）的改变。

自变量：那些在实验中系统改变（变化）的变量。

因变量：实验中测量的变量。

随机分配被试进入实验条件：这是保证实验有效的一个基本条件。根据这个原则，研究参与者必须有同等的概率进入自变量的每个水平。

中介变量：受自变量影响并影响因变量的变量。中介变量可以帮助解释某个变量为什么以及如何以某种方式影响社会行为或社会思维。

欺瞒：指研究者对参与研究的被试隐瞒研究目的或研究程序等相关信息的做法。

知情同意：研究的一个步骤，在被试决定是否参与研究之前，尽可能多地为其提供关于研究项目的相关信息。

事后解释：研究结束阶段的程序，向被试讲解有关研究性质和研究假设等方面的详细信息。

第二章

社会认知：我们怎么看社会

本章大纲

- **推断法：如何减少社会认知中我们的付出**

    代表性：通过相似性进行判断

    易得性："如果我很容易就能想到例证，它们一定是经常发生的"

    锚定与调节：起点至关重要

    现状推断法："现存的就是好的"

- **图式：组织社会信息的心理框架**

    图式影响社会认知：注意、编码和提取

    启动：哪些图式引导我们的思维过程？

    图式的持续：为什么不可信的图式有时也会影响我们的想法和行为？

    隐喻推理：修辞手法怎样影响社会态度和行为？

- **自动化加工和控制加工：社会思维的两种基本模式**

    自动化加工过程和自动化社会行为

    自动化加工的好处：不仅仅是高效

互联世界中的社会生活：应对信息超载、优化决策

- **社会认知错误的潜在来源：为什么完全理性比你认为的要少**

  社会思维的基本偏向：强烈的过度乐观倾向

  社会认知错误的情境特定性来源：反事实思维和巫术思维

- **情感与认知：情感如何塑造思维，思维如何塑造情感**

  情感对认知的影响

  认知对情感的影响

  情绪与社会认知：为什么我们不是总能预测自己对灾难的反应

  情感和认知：存在两个独立系统的社会神经科学证据

有人提议在纽约世贸大厦遗址附近的伊斯兰文化区内建一个清真寺，这引起了不小的争议。反对者强烈反对清真寺建在原计划的选址上，他们承认清真寺可以建在法律允许的任何地方，但建在这里过于敏感，应该离这一地区更远一些。

另一方面，迈克尔·布隆伯格（Michael Bloomberg）市长认为不应该讨论是否要改变原选址计划，改变原选址并不合理，反对者的想法是完全错误的。在他看来，将清真寺的选址移到其他地方意味着我们帮助了"9·11"恐怖分子达成他们的目标：即通过恐吓让我们屈服，抑或让我们自相残杀。

有关人们如何思考社会世界的社会心理学分析也许能够帮助我们解构这场争议。正如你在本章中将会看到的，人们通常使用心理捷径或者根据经验法则来得出结论。其中一种心理捷径叫作**代表性推断法**，即人们将当前事物与其他事件（或类别）进行相似性类比，从而做出判断的过程。基于代表性做出判断的一个核心特征是"忽略了基本比率"。让我们来分析一下这种认知特点如何帮助我们理解上面的清真寺选址争论。

"9·11"恐怖袭击事件发生时全世界大约有9亿爱好和平的穆斯林。这

不仅包括中东地区的阿拉伯人，也包括土耳其、印度、印度尼西亚和部分非洲地区的阿拉伯人。当然，这9亿穆斯林中也包括生活在美国的600万人。据2010年6月份ABC的"一周要闻"（This Week）报道，就"基地"组织的数量问题，利昂·帕内塔（Leon Panetta）（CIA主管）说巴基斯坦境内"基地"组织成员少于50名，但是在也门、索马里、阿富汗和其他有"基地"组织活动的地方可能活动着数千名"基地"组织成员。总体上说，我们推测"基地"组织成员大约不超过9000名。

我们假定全世界穆斯林的总人口是9亿，"基地"组织成员数量是9000，那就意味着每900,000穆斯林中有9名"基地"组织成员，或者说每100,000名穆斯林中只有1名"基地"组织成员。不管怎么说，我们基于1名"基地"组织成员的态度或行为对100,000名从来没有袭击过美国人的穆斯林做出判断是非常荒谬的。这是忽略基本比率的绝佳案例。

然而人们也许仍会试图去做这样的推断，因此让我们提出第二个论据。另外一个受代表性推断法影响的方面是被表征事物的本质。"9·11"之后，人们对穆斯林的知觉发生了变化。"9·11"之前，阿拉伯国家穆斯林可能被认为是落后的沙漠聚居者，对美国人没有构成威胁。但"基地"组织对全世界9亿穆斯林有多大的代表性呢？也就是说，如果"基地"组织是全世界穆斯林的"军队"，那我们就有理由因为"9·11"事件谴责所有信仰伊斯兰教的人们。但是，事实上在整个穆斯林世界里，"基地"组织被认为属于离经叛道的非正常团体，"离经叛道"意味着"基地"组织的态度、信念及行为与爱好和平的穆斯林有着天壤之别。

你可能会问，为什么会出现这种情况？首先，爱好和平的穆斯林也可能像你我一样失去理智，但他们并不认为《古兰经》允许人们像"基地"组织实施的"9·11"恐怖袭击那样不分青红皂白地杀害3000名无辜的人。因此，"基地"组织的行为不能代表一般的穆斯林，与伊斯兰教也没有关系，更与大部分穆斯林理解的《古兰经》教义没有关系。

当然，我们每天都在用代表性推断法这种心理捷径去认识不同的人，判断他们做出某种行为的可能性。但是，就打算建于世贸大厦遗址附近的清真寺而言，使用如图2-1所示的代表性推断法改变了人们对伊斯兰教是否应该因为"9·11"事件而受到谴责的判断，也改变了人们对于伊斯兰教做礼拜的场所是否应该建在世贸大厦原址附近地区的看法。

在世贸大厦原址地区建清真寺……你也许会好奇，这和本章的主题**社会认知**（social cognition，即如何认识社会、理解社会、理解我们自身和所处环境）有什么关系？（例如，Fiske and Taylor，2008；Higgins and Kruglanski，1996）。答案很简单，这个争论恰好涵盖了社会认知所关注的一些核心问题，这些问题正是本章接下来要讨论的。首先，这件事情说明，我们对社会的认知通常"自动"进行——迅速、不费力、没有经过精细的推理。接下来我们将会看到，这种自动化思维或者说自动化加工具有重要优势——只需要很少的努力甚至不需要努力，同时非常高效。这种自动化加工过程（包括运用推断法）能够得出令人满意的判断，但同时也能让我们的结论出现重大错误。

这件事情也说明，尽管很多思维是自动进行的，但是偶尔我们也会停下来仔细地、有逻辑地分析事情（例如，一个穆斯林的行为能够代表 100,000 个穆斯林吗？）。社会心理学家称之为**控制加工**（controlled processing）的这种思维加工方式往往在发生了一些意想不到的情况后出现，以代替自动化的、毫不费力的思维加工方式。例如，当纽约市市长布隆伯格直率地质疑将穆斯林等同于"9·11"袭击者的合理性，并且认为将清真寺改址意味着恐怖袭击者已经成功地让美国变为一个不再那么自由的社会时，一些人也确实开始重新思考他们最初的想法。在接下来的一部分内容中我们将会看到，意外事件的发生通常能够激发我们进行这种仔细的、需要付出努力的思考。

在本章的剩余部分，我们将考察人们经常使用的几种**推断法**（heuristics）类型（即我们经常使用的凭借经验快速地、毫不费力地得出结论的便捷方法），并且讨论社会心理学家开展的那些用于说明这些推断法形成过程的研究。接下来，我们将进一步深入探讨社会思维自动进行这一问题。换句话说，社会思维通常以一种快速的、相对省力的方式展开，而不是以仔细、系统和需要努力的方式进行。然后，我们将讨论社会思维的一种基本成分——图式。**图式**（schemas）就是

图 2-1　使用代表性推断法而忽略了基本比率

正如这些反对在纽约建包含清真寺在内的伊斯兰文化中心的人们所展示的一样，所有穆斯林都被认为和"9·11"恐怖袭击者一样。当我们使用这种代表性推断法时，我们忽略了全世界近 10 亿穆斯林爱好和平也没有参与或支持恐怖袭击行为的事实。

让人们高效率组织大量信息的有效思维框架。图式一旦形成，会对社会思维产生强有力的影响，但并不总是有助于人们进行缜密的思考。在讨论了使用图式如何使人们做出错误判断后，我们考察社会思维的几种具体倾向，这些倾向会使我们错误地理解他人或社会环境。最后，我们将关注**情感**（affect，当前感受或心情）和社会认知各个侧面之间的复杂交互作用（例如，Forgas，1995a，2000）。

第1节 推断法：如何减少社会认知中我们的付出

有些州已经通过或正打算通过法案禁止在开车的同时打手机或者发短信。为什么呢？正如图2-2所示，因为这些行为非常危险，尤其是发短信。事实一再证明，驾驶员一旦分心，发生事故的可能性大大增加。而通话或发短信可以让人分心。那么，能够给驾驶员呈现地图的GPS定位系统呢？你认为他们也可能导致驾驶员分心并造成事故吗？

任何时候，我们能够处理的信息数量是有限的。进入认知系统的信息超过某一量值就会造成**信息超载**（information overload），出现认知系统不能满足认知需求的现象。此外，高压力或是其他需求会耗尽我们的信息处理能力（例如，Chajut and Algom，2003）。为了应对这种情况，我们采

图2-2 分心：事故的潜在原因
我们处理传入信息的能力肯定是有限的，而且很容易超载。司机在驾驶期间发短信或打电话，就会出现这种情况。也如漫画所暗示的，致命的事故可能由此发生。

用许多办法"增加"认知资源——用尽可能小的认知努力加工尽可能多的信息。这正是许多社会认知过程会以快速、毫不费力的"自动"加工方式进行的主要原因之一。后面我们会讨论这种思维方式的代价和潜在好处。但是这里，我们将主要介绍快速处理大量信息所采取的技术，尤其是在**不确定性条件**下，即"正确"答案很难获得或者需要付出艰苦努力才能确定的条件。理解复杂信息的策略有很多种，其中最有效的策略之一是应用推断法，即快速有效做出复杂决定或者得出结论的简单原则。

代表性：通过相似性进行判断

假设你第一次见到你的邻居，和她聊天的过程中你注意到她穿着保守，很爱整洁，家中有大量藏书，看起来很有礼貌并且有一点腼腆。后来你意识到她没有提及自己的职业，她是一名经理人、内科医生、服务员、律师、舞蹈演员还是图书馆管理员呢？快速做出推测的一种方法是将她和从事这类职业的人物**原型**（prototype）进行比较。原型由众多从事某类职业的人共同具备的特征构成。她和你认识的这些行业的人有多相似？或者和这些行业中的典型成员有多相似？如果按照这个思路，你很快就能得出她可能是一名图书馆管理员的结论；她的特点和图书馆管理员的相似度高于其和内科医生、舞蹈演员或管理人员的相似度。如果你通过这样的思维方式来推测你邻居的职业，你就是在使用**代表性推断法**（representativeness heuristic）。换言之，你做出的判断是基于一种相对简单的原则：某个体和一个群体成员的典型特征越相似或者匹配，他（或她）属于这个群体的可能性就越大。

这种判断准确吗？通常来说是准确的，因为个体所隶属的群体会影响其群体成员的行为和行事风格，具有某些特质的人也最容易被特定群体所吸引。但是，有时基于代表性做出的判断是错误的，这主要是因为我们在使用这种原则进行判断或决策时会忽略基本比率，即特定事件或模式（例如职业）在总体中发生的频率（Kahneman and Frederick, 2002; Kahneman and Tversky, 1973）。事实上，职业经理人比图书馆管理员要多，前者的数量可能是后者的50倍。因此，尽管你的邻居看起来更像图书馆管理员而非职业经理人，但事实上她是职业经理人的概率远高于她是图书馆管理员的概率。类似的，正如本章开头的例子，忽略掉爱好和平的穆斯林人数在整个穆斯林群体中所占的比例会导致我们对他人做出错误判断。

代表性推断法不光用于判断个体和某类群体原型的相似度，也用于判断特定的原因是否相似以及原因的相似性是否会导致在量值上相似的结果。也就是说，当判断某种结果（例如，很多或者很少有人死于某种疾病）是由某种原因（例如，一种不常见的细菌感染或者一种标准菌株）造成的可能性时，人们可能期望原因和结果在强度上是匹配的。然而，不同文化群体依赖这种代表性推断法的程度以及期望原因和结果"彼此相似"的程度存在差异。例如，相比美国人，亚洲人在对某个结果进行归因时倾向于考虑更多的潜在原因（Choi et al., 2003）。因为亚洲人在判断事件时会考虑到更多的因素，做更复杂的归因，因此他们应该会比北美人更少出现基于代表性推断法的思维活动。

为了检验以上推论，斯皮纳（Spina）等人（2010）要求中国学生和加拿大学生估计一个较重（大量人死亡）或较轻（少数人死亡）的结果是由破坏力不同的细菌（抗治疗的细菌或可治疗的细菌）所导致的可能性有多大。结果发现，两个国家的被试都倾向于认为严重的结果（大量人死亡）是由大的原因（抗治疗的细菌）导致的，较轻的后果（少量人死亡）是由较小的原因（可控制的细菌）造成的。然而，加拿大学生表现出的这种倾向更强烈。这类推理的文化差异可能会导致不同群体的人在寻找解决全球性问题（例如气候变化）的最佳方案方面无法达成共识。西方人可能认为，要想缓解全球变暖这类"大"的结果，必须从"大的原因"入手，而亚洲人可能强调造成此类"大"的结果的"小的原因"。

易得性："如果我很容易就能想到例证，它们一定是经常发生的"

当估计事情发生的频率或可能性时，我们可能并不知道"正确"答案，甚至在估计我们自己生活中的事件时也是这样。那么，我们如何给出答案？想想我们自己在开车时用手机通话的频次有多高？我能够想起若干次，因此我可能会猜测这种事经常发生。这是一个基于事件能被想起的容易程度来判断其发生频次的例子。现在我们再考虑另外一个问题：驾驶一辆大型越野车和一辆轻型小汽车哪个更安全？正如图2-3所示，许多人会回答："如果发生事故，坐在大型越野车中受伤的可能性要小于坐在小型车中。"这个答案貌似正确，但是，客观的统计数据表明，驾驶大型越野车的死亡率（上路的每100万辆汽车中造成车主死亡的数量）高于小型车（例如，Gladwell, 2005）。那么，为什么许多人错误地认为他们坐在大型越野车中更安全呢？正如上面开车接打电话频次的问题，答案似乎和我们思考这个问题时头脑中所浮现的场景有关。大部分人能够回忆起来一辆大型越野车碾压了一辆小型车的事故画面。因为这样的场景很具有冲击性，因此很容易被我们想起来。但是这种"易记起"效应可能误导我们：我们假定容易回忆起来某种场景是因为它反映了普遍情况，而事实并非如此。例如，这些场景并没有提醒我们相对轻型小汽车而言，大型越野车更可能发生事故、更容易翻车、更会被那些粗心大意易出事故的司机所青睐。

　　思维过程中所犯的此类错误说明了另外一种"经验法则"的存在——**易得性推断法**（availability heuristic）：越容易被想起来的信息对后续判断和决策过程的影响越大。这种推断法也很有效：毕竟，某些信息很容易想起说明这些信息一定经常出现或者非常重要，应该对判断或决策产生影响。但是，依靠易得性推断法进行社会判断也可能会犯错。尤其是，我们容易高估那些很少发生但具有戏剧性的事件发生的频率，因为他们更容易被我们回忆起来。因此，许多人害怕坐飞机而更愿意选择乘车旅行，尽管车祸死亡的概率是飞机事故的几百倍。类似地，人们会高估谋杀致命的频次，低估普通、常见的心脏病和中风致命的频次。其中的原因在于，类似谋杀这类戏剧性的死因经常在大众媒体中呈现，更容易被人们想起；而自然的死因很少在大众媒体中呈现，因此相对不那么容易被人们想起。另外一个例子是：不同的医生给同一个病人做检查可能

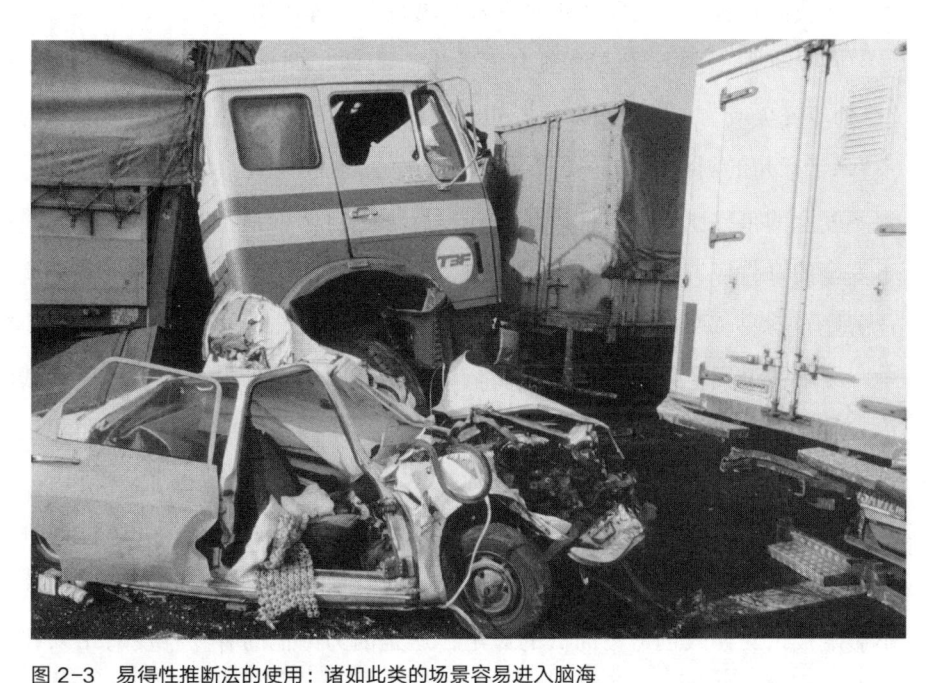

图 2-3　易得性推断法的使用：诸如此类的场景容易进入脑海
人们相信，坐在大型越野车中比坐在小型车中更安全，更不容易发生事故。部分原因是类似此图的场景更容易进入人们的脑海。但是，事实上大型越野车比小型车更容易发生事故。

会给出不同的诊断。为什么呢？可能是因为这些医生的治疗经验不同，导致容易想起的疾病类型不同，他们的诊断反映了提取易得性的不同，或者说受到了易得性推断法的影响。

有趣的是，研究发现，不仅是想起相关信息的难易程度会影响易得性推断法，能够回忆起来的信息的数量也会影响判断（例如，Schwarz et al., 1991）。我们能够想起来的某方面的信息越多，它对判断过程的影响就越大。以上影响易得性推断法的两个因素哪个更重要呢？这取决于我们所做判断的种类。如果是和情绪情感有关的，我们遵循"易得"原则，如果和事实有关或者难以做出判断的，我们会遵循"数量"原则（例如，Rothman and Hardin, 1997; Ruder and Bless, 2003）。

回忆内容的易得性对和自我相关的判断的影响大于对和他人相关的判断的影响。事实上，回忆内容的易得性对判断自己熟悉的对象的影响高于对判断自己不那么熟悉的对象的影响（Tybout et al., 2005）。这是因为，当我们意识到自己对他人或者不熟悉的对象拥有较少信息时，做出关于他们的判断看上去更困难了，回忆内容的易得性被赋予的权重也会下降。然而，当我们觉得自己很熟悉某个任务，更熟悉和该任务相关的信息，或者任务本身比较简单时，回忆内容的易得性很可能成为我们做出判断的基础。下面让我们看看这个原理是如何在风险决策中发挥作用的。

在一项研究中，要求哈佛大学学生首先回忆两件或六件他们自己或者其他同学"感到不安全或为校园的治安状况担心"的事件，然后评估哈佛大学所在的这座大学城（马萨诸塞州的剑桥）的治安状况（Caruso, 2008）。当然，对于被试来说，回忆两件感到不安全的事件比回忆六件应该要容易，回忆自己感到不安全的事件比回忆他人感到不安全的事件应该要容易。结果发现，要求被试回忆自身经历的不安全事件时，回忆任务比较容易（两件）的被试比回忆任务困难（六件）的被试认为他们的校园更不安全。要求被试回忆他人经历的不安全事件时，回忆容易程度并不影响被试对自己校园治安状况的判断。再举一个例子：让你举出两个例子证明你的创造性和让你举出六个例子，你觉得哪个更容易一些？让你举熟人的例子呢？正如图2-4所示，学生发现举两个证明自己具有创造力的例子比举六个这样的例子要容易，并且这影响了后续他们对自己创造力高低的评定。当回忆证明熟人具有创造力的例子时，回忆的容易程度并不影响被试对熟人创造力高低的评定，这是因为回忆的容易程度对结果评定的影响作用在这种情况下被赋予了较小的权重。

锚定与调节：起点至关重要

人们试图销售物品时——不管是通过家园频道（HGTV）卖房，还是通过报刊广告卖车——通常会开出比自己心理价位更高的售价。类似的，购买者最初通常会给出比自己心理价位更低的价格。这主要是因为买卖双方都想给自己留出一些讨价还价的余地。通常，售价是议价的起始点，购买者还一个低一点的价格，销售者再说一个价，这个过程会持续到双方达成共识或其中一方放弃。销售者设定初始价格具有重要优势，因为存在另外一种会强烈影响我们思维的推断法：

若需要回忆起证明自己有创造力的证据，当这个任务比较容易时，被试对自己创造力的评定更高。回忆相关证据的难易程度并不影响被试对他人创造力高低的评定。

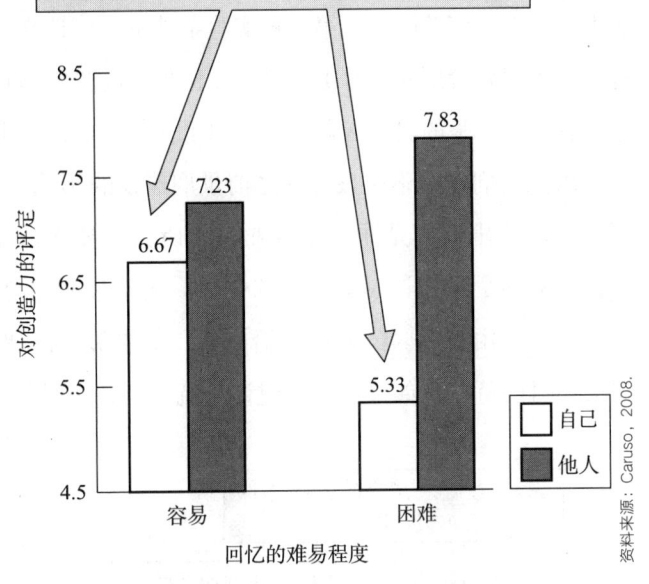

图 2-4 易得性推断法的应用：对自己创造力强弱的评定依赖于回忆相关证据的难易程度

对自己创造力高低的评定受到回忆相关证据难易程度的影响。当回忆相关证据的难度降低时，被试评定的自己的创造力提高。当回忆证明熟人具有创造力的例子时，回忆的难易程度并不影响被试对熟人创造力高低的评定。

资料来源：Caruso, 2008.

锚定–调节推断法（anchoring and adjustment heuristic）。这种推断法是指，在处理许多情境下都存在的不确定性时，人们倾向于使用已知的某种事物作为起点，然后再据此进行调整。销售者给出的售价提供了这样一个起点，购买者依据这个售价给出自己的出价，争取尽量降低最终的成交价格。和初始售价相比，成交价格让购买者觉得做成了一件不错的交易。这也是"甩卖价"和"打折"策略在商店零售中奏效的原因——原始售价的确立让消费者通过比较觉得自己用打折价购买是捡了便宜。

某种意义上说，锚定–调节推断法的存在并不奇怪。在不确定的情境中，我们需要思考的出发点。然而，让人意想不到的是，即使在一些锚定–调节推断法应该不起作用的情境中，它依然影响着我们的行为。例如，恩格利希（Englich）等人开展的一项令人不安的研究表明，就连法庭的决议和判决都会受到锚定–调节的极大影响，甚至富有经验的法官也不能幸免（Englich, Mussweiler & Strack, 2006）。

该研究中，被试是德国经验丰富的法律专业人士，被试首先阅读一段真实的法庭案例，然后了解了对被告的量刑建议。在一种实验条件下，量刑建议出自没有受过法律训练的新闻记者；在第二种实验条件下，量刑建议来自掷骰子结果，随机产生，而且和犯罪本身没有任何关联；在第三种实验条件下，建议来源于经验丰富的公诉人。量刑建议有宽大（例如缓刑一个月）和严厉（例如，同样的罪行判三年监禁）两类。获得这些信息之后，有经验的法律专业被试给出了他们自己的量刑建议。按常理，这些法律专业人士给出的量刑建议不应该受到之前量刑建议的影响，尤其是在前两种实验条件下（量刑建议的给出要么是非法律专业人士所为，要么就是随机给出）。然而，如图2-5所示，最初的量刑建议具有明显的作用：**无论**最初的建议是由新闻记者给出、掷骰子决定的，还是由有经验的公诉人给出的，如果最初的建议是严苛的，被试给出的量刑建议会相对严苛些；如果最初的建议是宽大的，被试给出的量刑建议也会相对宽大一些。

这些发现为锚定效应的存在提供了强有力的证据，但也令人不安。受过训练并且经验丰富的法律专家都会被锚定-调节效应所影响，这既说明它的影响力非常强大，也展示了社会认知捷径对重要生活事件的确切影响。

为什么锚定-调节推断法有这么大的影响？最近的研究发现了其中的一个原因，尽管我们会对锚进行调节，但是这种调节并不足以克服锚的最初影响。换句话说，当我们觉得调节达到了某个合理量值时，调节过程就会即刻停止（Epley and Gilovich, 2006）。一定意义上说，这种认知过程又一次证明了我们在许多情境下以及在社会思维的不同过程中都会遵循的"节省心力"原则。有趣的是，当人们不能使用大

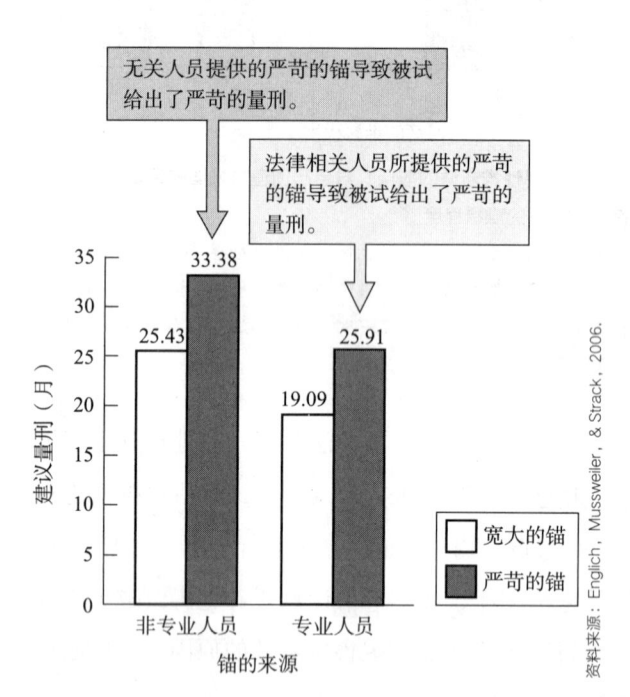

图2-5 司法判决中的锚定和调节

当经验丰富的法律专家获得由非专业人士（没有受过法律专业训练的记者或掷骰子决定）提供的量刑建议后，自己给出的量刑建议会受到这些最初建议的强烈影响。如果最初建议是严苛的，他们的量刑建议也会严苛一些；如果最初建议是宽缓的，他们的量刑建议也会宽大一些。如果最初的量刑建议是由经验丰富的公诉人提出，也会出现同样的效应。大量研究表明锚定-调节效应对社会思维有重大影响。

资料来源：Englich, Mussweiler, & Strack, 2006.

量的认知资源进行费力的思考时（例如，刚喝完酒或者忙于别的事情），更有可能做出这种不充分的判断（Epley and Gilovich，2006）。总之，最初的锚影响我们的判断，即使是在重要时刻也是如此，这很大程度上是因为我们想避免为了摆脱锚的影响而需要额外付出的努力。

现状推断法："现存的就是好的"

当人们去做决策与判断时，他们的行为看来是相信现存的就是好的。与易得性推断法类似，越是容易想起的事物和选择越可能被判定为"好的"，并且好于新的、罕见的或改变现存状态的事物。和其他类型的推断法类似，假定在市场上存在许久的产品优于新产品是合乎逻辑的，因为不好的产品会在发展过程中自然而然地被市场所淘汰。但是，另外一种解释似乎也是合理的，即老产品在市场上的持续存在是因为惯性，人们坚持购买它在一定程度上只是因为习惯罢了。然而，许多营销人员似乎相信人们是喜新厌旧的，如果他们在包装盒上强调"更新换代"可以作为例证的话。

艾德尔曼（Eidelman）等人在一系列研究中检验了人们是"喜新厌旧"还是"喜旧厌新"（Eidelman, Pattershall & Crandall，2010）。其中一个研究要求被试尝一块巧克力。被试被告知同一种巧克力最初在欧洲地区开始销售的时间是 1937 年（其中一种实验条件）或者 2003 年（另外一种实验条件），分别距当时有 70 年历史或者 3 年历史。品尝完毕后，要求被试评估对该巧克力味道的喜欢程度、味道是否给他们留下了深刻印象、他们是否愿意购买这种巧克力。最后，要求被试说明做出某个具体选择的理由。结果发现，被试觉得"老品牌"的巧克力味道明显好于"新品牌"的巧克力。这些被试似乎没有意识到品牌在市场上存在的时间影响了他们对于巧克力的判断，他们一致认为品牌存在时间对他们判断结果的影响力最小，而味道本身才是影响他们判断的最重要因素。但是，两种实验条件下被试吃的巧克力确实是相同的，唯一的区别就是获知品牌诞生的时间不同。这些研究者也开展了其他的类似研究，他们发现，对于同样的毕业要求提案，当被告知它是目前现存的提案时，学生对它的青睐程度明显高于被告知它是现存提案的改版。此外，对于同样一种针灸疗法，被试感知到的疗效随着这种疗法存在时间（250 年、500 年、1000 年、2000 年）的增长而提高。类似的，同样一幅画，不同条件下的被试分别被告知此画作于 1905 年或 2005 年，结果发现被试认为前者的美学特征令人愉悦的程度明显高于后者。

所以，人们似乎自动化地将产品或者实践活动已经存在的历史长短作为评判其好坏的一种线索。尽管不是所有的产品都被判定为越老越好，新产品有时也可能更受青睐，但传统的或年代久远的产品通常被人们自动化地认为是已经"久经考验"的，要好于新产品。

要点

- 因为我们的认知能力有限，我们通常尽力减少**社会认知**（我们如何看待他人和具体事件）所付出的努力，考虑到加工信息能力的限制，我们经常会体验到**信息超载**。为了处理没有明显正确答案（**不确定性条件下**）的复杂信息，我们使用**推断法**快速省力地做出决定。
- 其中一种推断法是**代表性**，个体与特定群体中的代表性成员（群体**原型**）越相似，就越可能是这个群体的成员。
- 当基准比率有关联却未被充分考虑时，使用代表性推断法会导致错误决策。
- 使用代表性推断法评估特定原因造成某种结果的可能性时存在文化差异。相对于西方人，亚洲人更不倾向于认为"相似的原因会带来相似的结果"。
- 另一种推断法是**易得性**，越容易想起的信息对随后决策与判断的影响越大。某些情况下，易得性也和我们想起信息的数量有关。相对于和他人有关的判断，我们更倾向于将回忆易得性原则应用于和我们自身有关的判断。
- 第三种推断法是锚定与调节，我们使用一个数字或者量值作为起点，然后据此进行调节。这些调节可能不足以反映真正的社会现实，因为一旦达到一个貌似合理的量值，调节过程就会终止。
- 越是容易想起的事物和选择越可能被判定为"好的"，并且好于新的、罕见的或改变现存状态的事物。

第 2 节　图式：组织社会信息的心理框架

想象一下，你去看病的过程中会发生什么？众所周知，过程大概是这样：你去了医院，提供了健康保险信息，然后找个椅子坐下来等待。如果幸运的话，不久护士就会把你带到检查室。进入检查室之后还要再等一会儿。然后医生进来了，问你一些"哪里不舒服"之类的问题，并做一些检查。最后，你离开医院，离开之前要支付一定的费用。这和医生是谁或者你住在哪里都没有关系，这一系列事件（或类似事件）就是这样发生的，没什么新奇的。事实上，你预期这个序列事件会发生，包括等待。为什么？因为你已经根据过去的经验建立起了包含看病情境基本特征的心理框架。你还形成了类似的其他心理框架，比如去餐馆就餐、理发、购物、看电影、登机等（图 2-6）。

社会心理学家将这种心理框架称为**图式**，并将其定义为帮助我们组织社会信息、指引我们的行为并指导我们处理情境相关信息的心理框架。你的经验可能和你所在文化下其他人的经验类似，同一文化下的所有成员通常共享许多基本图式。图式一旦形成，它会决定我们注意到社会世界中的哪些信息、记住什么信息以及怎样使用和理解这些信息。接下来我们将会进一步介绍图式

图 2-6　图式：关于社会信息的心理框架
人们通过经验获得图式——组织、理解、加工社会信息的心理框架。例如，对于登机（上面的图）和看牙医（下面的图）这类事件，你一定有非常熟谙的图式。换句话说，在这类情境中，你知道将要发生什么，并且以某种方式为即将发生的事情做好了准备。

的这些作用，因为它们深刻影响着我们对社会世界和人际关系的理解。

图式影响社会认知：注意、编码和提取

图式是怎样影响社会思维的？研究表明图式能够影响认知的三个基本过程：注意、编码和提取。**注意**（attention）是指对信息的觉察。**编码**（Encoding）是指将注意到的信息存入记忆的过程。最后，**提取**（retrieval）是指从记忆中恢复信息以供使用——例如，提取信息对他人形成判断。

图式可以影响社会认知的所有这些方面（Wyer and Srull, 1994）。就注意而言，图式通常起到过滤器的作用：我们更可能注意到和图式一致的信息，并让这些信息进入意识层面。当我们试图同时处理大量信息时，会觉得**认知负荷**（cognitive load），此时图式就有了它的用武之地（Kunda, 1999）。在这种情况下，我们依赖图式是因为它能帮我们高效处理信息。

就编码而言，那些成为我们注意焦点的信息更可能被存储在长时记忆中。一般来说，和我们的图式相一致的信息会被编码。然而，有些信息和我们在特定情境下的预期不一致，与我们的图式严重不符。这些信息可能被编码后存入某个独立的记忆脑区，并用某个"标签"予以标记。毕竟，这类信息太特殊了，它们强烈地吸引我们的注意力并迫使我们记住它们（Stangor and McMillan, 1992）。举例来说，你有一个关于教授的完整图式，你预期教授会来到教室、讲课、回答问题、实施测验并评分等等。假设一位教授走进教室并不讲课，而是开始变魔术——你一定会记住这段经历，因为这和你已经形成的关于教授在教室内会做出哪些行为的心理框架严重不符。

这就涉及第三种认知过程：从记忆中提取。什么信息最容易被回忆起来？是和我们的图式一致的信息还是不一致的信息？这是一个复杂的问题，许多研究对此进行过探究（例如，Stangor and McMillan, 1992; Tice et al., 2000）。总的来说，研究表明人们报告的和图式一致的信息通常多于和图式不一致的信息。不过，这可能是因为真实的记忆结果就是这样，也可能是简单反应倾向所致。换言之，与图式不一致的信息和一致的信息在记忆中存储的强度相同，但是人们只倾向于简单地报告与图式一致的信息。事实上，后一种说法更可能是正确的。如果使用一些方法去除被试报告时的反应倾向，或者要求被试只是回忆信息，而不需要指出自己是否能够对信息进行再认，被试报告的和图式不一致的信息明显增多。因此，我们对哪类信息记得更好？是和图式一致的信息还是不一致的信息？这个问题的答案依赖于我们所采用的记忆测验方式。总之，人们会报告和他们的图式一致的信息，但和图式不一致的信息也稳固地存储在记忆系统中。

启动：哪些图式引导我们的思维过程？

我们都形成了大量的图式——帮助我们解释和使用社会信息的认知框架。这就引出了一个有趣的问题：在特定的时间段，这么多图式，究竟是哪些图式在影响我们的思维？有一种观点认为这和不同图式的强度有关：图式越熟练、越稳固，它就越可能影响我们的思维，尤其是有关社会信息的记忆（例如，Stangor and McMillan，1992；Tice et al.，2000）。

其次，图式会被**启动**（priming）过程暂时激活。启动是指使某种图式暂时性地更容易被激活（Sparrow and Wegner，2006）。例如，假设你刚看了一部暴力电影，然后在购物中心找一个停车位。你看到了一个车位，但是另外一位司机在你前面转向并把车停在了那个位置上。你会不会把他的行为看作挑衅？因为之前的电影激活了你关于挑衅行为的图式，你很可能把那位司机占了停车位的行为看作挑衅。这就是启动效应：最近的经验激活了某些图式，结果影响了我们当前的思维过程。

启动效应可以被消解掉吗？还是我们注定要根据被新近经验激活的图式来看待周围的世界？研究发现，如果一种想法或者行为倾向被某种新近经验所启动，它的效应会维持到行为表达出来为止。只要图式得到表达，启动的效应就消失了。社会心理学家将该过程称之为**去启动**（unpriming）。斯帕罗（Sparrow）和韦格纳（Wegner）（2006）开展的一项研究清楚地阐述了去启动的作用。他们给被试呈现一系列的判断题（例如"三角形是不是有三条边？"），要求一组被试给出的答案尽量随机（而不是尽量正确）。要求另一组被试对这些问题作答两遍：第一遍尽量正确作答，第二遍的答案尽量随机。实验预期第一组的被试不能随机给出答案，因为他们"正确作答"的图式被激活，这个图式会引导他们给出正确答案。相反，回答两遍问题的第二组被试能够更好地完成随机给出答案的任务。第一遍的正确作答能够让他们表达了"正确作答"的图式，这就允许他们在第二次作答时随机给出答案。实验结果完全符合预期。第一组被试在58%的题目上回答正确——他们的"正确作答"的图式妨碍了他们随机作答。而先给出正确答案再随机作答的被试就做得很好，他们在第二次作答中的正确率为49%，

```
┌─────────────┐      ┌─────────────┐      ┌─────────────┐
│图式被一些经验、│ ───▶ │图式没有通过思想│ ───▶ │影响持续：图式影│
│事件或刺激物激活│      │或者行为得到表达│      │响社会思维或行为│
└─────────────┘      └─────────────┘      └─────────────┘
       │
       ▼
┌─────────────┐      ┌ ─ ─ ─ ─ ─ ─ ┐
│去启动——图式以│ ─ ─▶ │图式的影响消失—│
│某种方式在思想或│      │图式不再影响社会│
│行为中得到表达 │      │维或行为      │
└─────────────┘      └ ─ ─ ─ ─ ─ ─ ┘
```

资料来源：Sparrow & Wegner，2006。

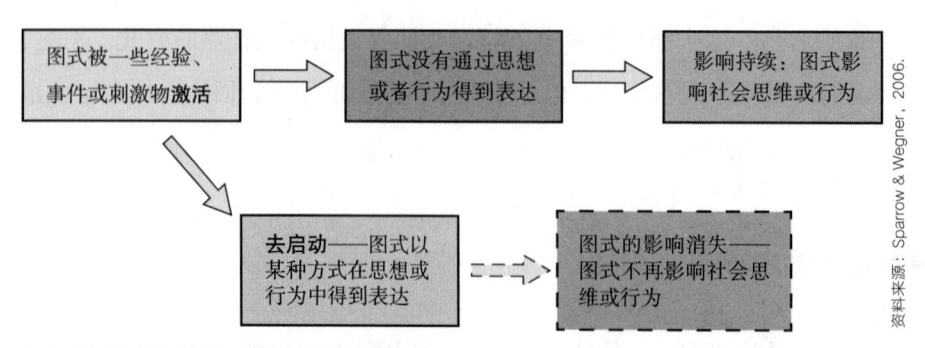

图 2-7 图式的去启动：终止启动的效果

图式被经验、事件或刺激激活启动后，其影响作用会一直持续。这种影响在几个月甚至几年之后依然能观察到。但是，如果这个图式以某种方式在思想或行为中得到表达，就可能发生去启动，被激活图式的影响就会降低甚至消失。

答案基本完全随机。这些研究表明，图式被启动后，如果以某种方式得到表达，就会发生去启动，启动效应就会得到消解。图 2-7 总结了去启动的本质。如果被启动的图式没有得到表达，其效应就会持续很长时间，甚至数年（Budson and Price，2005；Mitchell，2006）。

图式的持续：为什么不可信的图式有时也会影响我们的想法和行为？

图式基于过去经验形成，通常有益于我们，能够帮助我们理解海量的社会信息，但是，图式也有重要的"缺陷"。通过影响注意、编码、提取的内容，图式可能扭曲我们对周围世界的理解。不幸的是，图式一旦形成就很难改变，具有强烈的**固着效应**（perseverance effect），即使遭遇和图式相反的证据也不例外（Kunda and Oleson，1995）。更糟的是，图式有时能够自我实现：它反过来影响我们对社会世界的反应，让社会世界去符合我们的图式。

我们的认知框架——图式——是否一方面反映了社会世界，同时也影响社会世界？大量证据表明事实可能确实如此（例如，Madon et al.，1997；Smith et al.，1999）。证明图式自我实现效应的最引人注目的证据来自罗森塔尔（Rosenthal）和雅各布森（Jacobson）（1968）的一项著名实验，该实验研究了教师期望对学生产生的意想不到的影响。这些研究人员去了一所小学，对所有学生进行了智力测试，然后告诉老师们一些学生的智力超群，将来在学术上会取得巨大成就。没有提及的学生作为实验研究的控制组。尽管研究者在决定将哪些学生分配在哪种实验条件下是完全随机的，但他们预期这些信息将会改变教师对学生的预期以及对待学生的行为。

8个月后,研究者又回到该学校检验之前的预测。他们再一次测量了两组学生的智商,结果支持了之前的预测。那些之前被评定为"智力超群"学生的智力测验成绩果然显著高于控制组的学生。简言之,教师关于学生的信念以一种自我实现的方式在起作用:被教师认为"智力超群"的学生果然就"智力超群"了。因此,图式是一把双刃剑:一方面,它帮助我们理解社会世界、高效处理信息;另一方面,它又限制了我们用行动去创造我们期望的世界。

隐喻推理:修辞手法怎样影响社会态度和行为?

隐喻(metaphor)是一种将典型的抽象概念和另外一种不同的概念联系起来的语言艺术,它是否会影响我们对社会世界的感知和应对呢?隐喻能够激活不同的社会知识,因此它会影响我们解释事件的方式(Landau et al., 2010)。我们举几个隐喻的例子:

她的发言具有爆炸性;每个和她有关系的人都试图逃避;
他振奋了观众的情绪;他受到了热情的接待。
我们的关系将走向何方?我们是走在正确的轨道上吗?

我们首先应该注意到,尽管我们可能第一次听到这些特别的隐喻,我们也能够理解它们所表达的含义。在这些隐喻的例子中,抽象概念被用来赋予具体事件特定的意义。在第一个句子中,人们关于战争的知识被用来帮助我们理解人们对讲话内容的反应。在第二句中,重量和温度被用来帮助我们理解人们对另外一个讲话内容的回应。在最后一个例子中,旅行或旅游的概念被用来描述爱和人际关系。

使用这些隐喻能够影响社会判断和行为吗?一些最新研究表明答案是肯定的(Landau et al., 2010)。表2-1呈现了一些隐喻,这些隐喻被启动后能够影响许多不同类的相关社会推理和行为。我们举其中一个例子。为了让传染的隐喻发挥作用,兰多(Landau)等人首先让被试了解空气中存在的许多细菌,有些被描述为对人类有害,有些被描述为对人类无害(Landau, Sullivan & Greenberg, 2009)。然后,在一个涉及美国国内问题的看似无关的任务描述中,一种实验条件下将美国比作身体("南北战争后,美国经历了前所未有的快速成长"),另一种实验条件下则不然("南北战争后,美国经历了前所未有的创新时期"）。在研究的第三阶段，要求被试表明他们对移民的态度。结果发现，被告知细菌如何危害身体的被试会担心细菌传染，其中阅读了有关美国和身体隐喻材料的被试对移民的态度明显比没有阅读此类隐喻材料的被试更消极。因此，我们的表达方式能够影响我们对社会世界的解释和应对。

表 2-1　隐喻能够影响社会态度和行为

各种各样被启动的隐喻能够影响态度、记忆、判断和物理知觉

隐喻启动	对社会判断的影响
国家如身体（Landau et al., 2009）	将美国比作身体，导致人们为了保护身体免受感染而对移民采取更加消极的态度。
好在上面，坏在下面（Crawford et al., 2006）	人们更容易记住处在高位置的积极词汇和低位置的消极词汇。
上帝是高高在上的（Chasteen et al., 2009）	人们认为照片被呈现在屏幕上方的人对上帝的信仰更虔诚。
社会排斥是冰冷的（Zhong and Leonardelli, 2008）	回想自己被他人排挤的被试要比回想自己被他人所接纳的被试感知到的室温低一些。
过去是向后的，未来是向前的（Miles et al., 2010）	人们回忆过去时身体容易后倾，展望未来时身体容易前倾。

资料来源：Landau, Meier, & Keefer, 2010.

要点

- 社会认知的一个基本成分是**图式**，图式是由生活经验发展而来的心理框架，有助于我们组织和理解社会信息。
- 图式一旦形成，就会影响我们觉察到什么（注意）、哪些信息可以进入记忆（编码）以及之后能回忆起什么内容（提取）。很多情况下，人们只报告和他们的图式相一致的信息，但那些和他们图式不一致的信息也在记忆系统中稳固存在着。
- 图式会被经验、事件或刺激所启动。一旦启动，图式的影响会持续存在，直至它在思想或行为中得到表达。这种表达（称为**去启动**）能够降低图式对个体思想和行为的后续影响。
- 图式能帮助我们处理信息，但它具有强烈的**固着效应**，即使遭遇和图式相反的证据也不例外，从而会扭曲我们对社会生活的理解。

- 图式也具有自我实现效应，让我们以验证期望的方式去行动。
- **隐喻**是一种将抽象概念和另外一种不同的概念联系起来的语言工具，影响着我们对社会世界的感知和应对。

第 3 节 自动化加工和控制加工：社会思维的两种基本模式

社会思维能够以两种截然不同的方式进行：系统、有逻辑但很耗认知资源的**控制加工过程**和快速、凭直觉、能节省认知资源的**自动化加工过程**。这两种加工方式的差别已经被大量研究所证实，并被认为是社会思维的重要特征。但是，这并不意味着两种加工方式是完全独立的。事实上，最新的研究证据表明，自动化加工和控制加工过程可能经常同时进行，特别是在不确定的情境中（Sherman et al., 2008）。不过，二者的区别依然很重要，值得我们认真探究。

有大量证据证明这两种社会思维模式的存在，其中最有说服力的证据来自社会神经科学的研究。正如在第一章中简要提到的，在此类研究中，研究者观察个体处理社会信息过程中的脑部活动。这些研究发现，人类有两套不同的处理社会信息的神经系统：一种以自动化的方式进行，一种以系统而受控制的方式进行。此外，这两种加工方式各自所激活的脑区也不同。我们以评价反应为例予以说明。评价反应是一种基本的社会判断，让我们评估是否喜欢或讨厌某个事物（某个人、想法或物件）。这种评估可以以两种截然不同的方式进行：既有快速而自动化进行的简单的好坏判断（Phelps et al., 2001），也可能需要努力进行仔细而有逻辑的思考，系统而全面地权衡各种相关信息（例如，Duncan and Owen, 2000）。第一种反应涉及的脑区主要是杏仁核，第二类反应涉及前额叶皮层的一部分，特别是内侧前额叶皮质和腹侧前额叶皮层（例如，Cunningham et al., 2003）此外，我们将会注意到稍后对认知和情感（思想和情绪或心境）之间关系的讨论，我们拥有不同的大脑系统来处理这两类信息，控制加工过程（推理、逻辑）主要发生在大脑的前额叶皮层，和情感有关的自动化反应主要发生在大脑的边缘系统（位于大脑结构深处）（例如，Cohen，2005）。

总之，许多社会神经科学研究和社会心理学的传统研究表明，自动加工过程和控制加工过程确实存在并且非常重要。在本书的许多章节中我们都将说明这一事实。不过，接下来我们要通过两个方面来说明做出这种区别的重要性，包括自动加工对社会行为的影响和这种加工方式的优势。

自动化加工过程和自动化社会行为

一旦某个概念被激活，就会对社会思维和社会行为施加重大影响。通常，人们的行动会和图式保持一致，即使他们本来无意这样做或者没有意识到他们在这样做。例如，在巴奇（Bargh）等人开展的一个著名的实验中，研究者首先通过启动图式激活了粗鲁的特征或礼貌的特征（Bargh et al.，1996）。启动过程中，要求被试调整乱序的句子，这些句子中要么包含和粗鲁有关的词汇（例如，厚颜无耻、粗鲁、无礼、生硬），要么包含和礼貌有关的词汇（例如，真诚、耐心、有礼、谦恭）。控制组被试重组的句子中则不包含和粗鲁或礼貌有关的词汇（例如，锻炼、完美、偶尔、迅速）。被试完成这些任务后去向主试报告，主试会告诉他们接下来的任务。当他们走近主试的时候，主试正在和别人（实验同谋）谈话。主试会一直谈话，忽视这些被试。主要的因变量是看被试是否会打断他们的谈话以获悉下一个任务的说明。研究者预测，启动粗鲁特质的人比启动礼貌特质的人更有可能打断谈话。该预测得到实验结果的支持。进一步的分析发现，该结果是在三种条件中被试对主试礼貌程度的评定没有差异的情况下出现的，因此，被试的行为差异是在无意识情况下自动发生的。

在第二项研究中，巴奇等人（1996）使用借助词汇激活相关图式的方法激活实验组被试有关老的刻板印象，控制组被试则没有被激活该刻板印象。接着他们测量了被试离开时走完走廊所花的时间。结果与预期一致，启动了老的刻板印象的人确实走得更慢！总之，该研究及类似研究（例如，Dijksterhuis and Bargh，2001）表明，启动刻板印象或图式能够自动对行为产生影响，这种影响是在无意识的情况下发生的。很明显，自动加工过程是社会思维的一个重要方面，能够影响我们的外显行为。

进一步的研究显示，自动加工的作用不仅仅是引发特定行为，一旦自动加工过程开始进行（可通过启动方式实现），人们可能就无意识地开始准备着与该自动加工过程的目标对象进行互动。塞萨里奥（Cesario）等人曾指出，启动一个图式也许不仅仅是激

第二章 社会认知：我们怎么看社会 **65**

活与该图式相一致的行为，还可能激活"做好准备"与他人发生互动的行为（Cesario, Plaks & Higgins, 2006）。

塞萨里奥等人（2006）开展的一项研究有力地证明了这种效应的存在。被试在电脑上看标记有"同性恋"或"异性恋"的男性照片。照片呈现的时间非常短，以至于被试无法

刻板印象（图式）激活与图式相一致的行为

"同性恋"的图式：被动、没有攻击性等 → 激活了不具有攻击性的行为

刻板印象（图式）让个体为与符合该图式的群体成员互动做好准备

图式激活了互动目标：对这一群体展示攻击性 ← 激活了攻击、侵犯行为

资料来源：Cesario, Plaks, & Higgins, 2006.

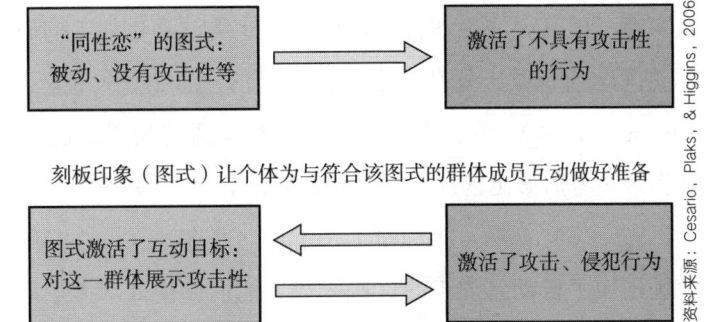

图 2-8　自动加工过程激活对未来互动的准备

激活图式能够引发和该认知框架相一致的行为。最新研究进一步发现，图式一旦被启动，还会让人们做好与符合该图式的群体或个人互动的准备。例如，在男同性恋的实验中，被启动同性恋的图式后，异性恋的被试表现出了更多的敌意和攻击性。

实际看清照片；和其他采用此类图式的研究一样，研究者预测照片能够启动人们对这两个群体的刻板印象。接下来的程序看似与实验无关：呈现图片的电脑死机了，被试需要找主试来帮忙处理这一问题。主试（男性）到达后表现得充满了敌意。关键的问题是，被启动了同性恋负面刻板印象（图式）的被试是否比被启动异性恋刻板印象的被试表现出了更多的敌意？如果是，这就有悖于同性恋比较被动、不具有攻击性的刻板印象。然而，上述问题的肯定回答将支持另外一种观点：启动这些图式，让人们为真正与符合该图式的群体（这里是指他们不喜欢的群体）成员互动做好准备。实验结果支持了这一假设：在和实验者互动时，那些看了标有"同性恋"照片的被试比看了"异性恋"照片的被试表现出了更多的敌意。我们要注意，这种激活是自动发生的，因为照片仅仅呈现了 11 毫秒，被试没有在意识层面真正看到照片。

图 2-8 总结了这两种观点的不同预测：(1) 图式激活了和它相一致的行为；(2) 启动这些图式，让人们为真正与符合该图式的群体成员互动做好准备。

自动化加工的好处：不仅仅是高效

大多数人都很熟悉这样一种自动加工的过程：当我们试图回忆一些东西（某人的名字、以前的想法）而无法想起来的时候，我们通常会去做其他事情。此时，大脑搜索信息的过程还在自动化进行，只是我们意识不到。通常这种记忆搜索能够成功，以

前想不起来的名字或事情会突然出现在脑海。在这种情况下,我们隐约知道发生了**什么事情**,但又无法确切说清楚。关于此类自动化加工的研究确切说明:通常当我们在解决问题或者做出复杂决定时,我们的注意力倒可能不在此处(例如,Dijksterhuis and Nordgren, 2007)。更让人吃惊的是,最新研究表明,这样做出的决定可能比认真而有意识地思考后做出的决策更好(Galdi et al., 2008)。

狄克思特修斯(Dijksterhuis)和范·奥尔登(van Olden)(2006)开展的一项研究清楚地证实了自动化加工的这些优势。他们让被试从大量海报中挑选出自己最喜欢的海报。在一种实验条件下(快速决定组),所有海报都同时呈现给被试,要求被试快速做出决定。在另外一种实验条件下(有意识思考组),每张海报呈现90秒时间,要求被试在纸上列出对它的想法和评价,让他们认真观察这些海报并思考对这些海报的偏好。在第三种实验条件下(无意识思考组),被试在看完图片后即参与另一项任务(猜字谜),以防止他们去有意识地思考他们的选择。几分钟之后要求他们指出自己喜欢的海报。

接着,三组被试都听到一个好消息:他们可以将自己最喜欢的海报带回家。3—5周之后,实验人员打电话给他们,询问他们对这些海报的满意程度,以及他们愿意以什么样的价位(欧元)出售这些海报。研究者预测,无意识思考条件下的被试会对自己当初的选择最满意。实验结果验证了研究的预测(见图2-9)。令人惊讶的是,就对自己所选海报的满意度而言,自动化思维比有意识思考做出的决定更令人满意。

为什么呢?可能是因为有意识思维受到加工信息容量的限制,所以做决策时可能无法顾及所有可获得的信息。相反,无意

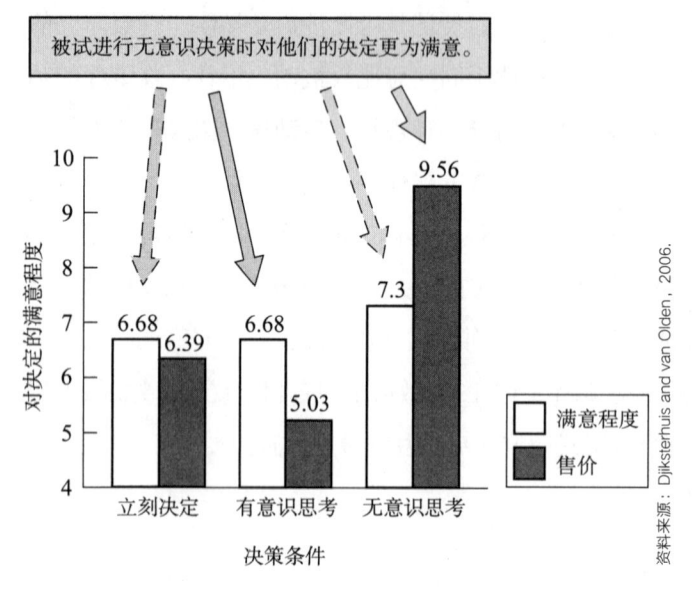

图 2-9 自动(无意识)思维的优点

和认真系统地思考自己更偏爱哪张海报(有意识思考组)的被试及看过海报后迅速做出决定的被试相比,不能进行有意识思考(无意识思考组)的被试对他们的决定更加满意。该研究结果证明自动加工过程不仅迅速,效率高,还会有其他好处。

资料来源:Dijksterhuis and van Olden, 2006.

识的自动化思维能同时处理的信息更多。与此类似，在有意识思维过程中，我们无法精确地权衡事情的各个维度或要素，而且无法确定哪些方面是最重要的。因此，无意识的自动化加工能够更清晰地反映我们的真实偏好！不管出于何种原因，这些发现及其他相关研究发现（例如，Ito et al., 2006）表明，自动化加工不仅仅更快、更有效率，而且还有其他方面的重要优势。当然，尽管有意识思维在其他方面很重要，尤其在促进社会交往方面（Baumeister and Masicampo, 2010），但仅仅依靠有意识思维做决策是有缺陷的。在专栏"互联世界中的社会生活：应对信息超载、优化决策"中，我们探讨了在超出我们信息加工能力的环境中仅仅依赖有意识加工的危害。

互联世界中的社会生活

应对信息超载、优化决策

登录几乎任何一个网站，你所接收到的信息很快就会超载。正如我们在本章中所强调的，人类在同一时间内能够加工的信息容量是有限的，我们通常利用推断法来帮助自己加工输入的信息。信息超载以及人们的应对策略问题与选择过多的问题类似。

巴里·施瓦茨（Barry Schwartz）（2004）在他的《选择悖论》（*The Paradox of Choice*）一书中谈到了拥有过多选择的危害。而选择过多是我们在网络生活和现实生活中经常会遭遇的情境。施瓦茨指出，尽管选择受到限制时我们会有消极体验，但即使是选择一条牛仔裤，不管是从字面意义还是象征意义上说，选择过多都可能会让我们头疼。他认为，高期望是其中一个关键影响因素。当我们只有一种牛仔裤（李维斯501款）可以选择时，我们不得不穿上那些不合身的牛仔裤，并能够将我们的不舒服归因于这个"世界"。但是，当有无数类型的牛仔裤可供选择，而我们又没有找到一条满意的牛仔裤时，我们只能责怪我们自己。毕竟，从众多可能性中做出选择的人是我们自己。

乍看上去，拥有众多选择（不管是买医疗保险、买牛仔裤还是选择指甲油颜色）貌似是一件好事，但选择太多可能会有瘫痪效应（**paralyzing effect**）。即使我们能够克服瘫痪效应，选择太多也会降低我们对最终决策的满意度。是什么原因造成了这样一种负面的效应？我们的选择越多，就越容易想到还有其他比我们最终选择更好的选择。让我们回到之前提到的买牛仔裤的例子。即使我们最终选择了一条牛仔裤，并且看起来是一个最佳选择，我们依然可能承受额外的负担：长期的自责！我们总是觉得自己本来可以做出更好的选择，因此，当选择余地很大时，我们很容易失望。

换过来看看网络世界的情形，有证据表明，如果我们的选择更少，我们可能对自己最终的决策更满意。塞勒（Thaler）和桑斯坦（Sunstein）（2008）尝试说明人们如何应对Amazon、eBay和其他电子商务平台在网上提供的众多选择。他们认为，我们可以通过使用"选择架构"来限制过多的选择。选择架构是指在网上将各种替代选择精心排列，以帮助人们更容易做出更好选择的方法。它利用社会认知的推断法帮助人们做出更好决策。例如，如果我们知道人们倾向于选择看到的第二个选项，那么就应该在这个位置放上对大多数人来说最好的那个选择。

再谈谈"择校"这个潜在的复杂问题：当有机会选择学校时，实际上只有一小部分学生换了学校。当有许多学校可选择时，家长将面临为孩子转学的非常复杂的多步骤决策过程。

在这种情况下，家长可能使用"现状"推断法，而不是选择一所能够让他们孩子受益更多的学校。考虑到不得不翻阅由学校员工编制的介绍190所学校的100页宣传册（里面写着各校的优点），大部分家长都选择放弃。即使他们选择这样做了，宣传册中也没有包括学校的地理位置、学生的考试分数、出勤率、种族构成等信息，尽管这些信息可以在当地的网站上找到。因此，为了给自己的孩子选择一所好学校，父母们需要综合考虑这两个来源的复杂信息。难怪几乎所有父母都不会选择这样做！

因此，学校管理层尝试通过新颖的实验来解决这个问题。过去，低收入水平的父母没有高收入水平的父母重视学校质量，这实际上就允许高收入水平的父母不知不觉中钻了制度的空子。在他们的实验中，一组随机挑选的父母收到对一系列学校的介绍，其中包括了录取的平均成绩和录取率等。使用这种新的简化方式呈现关键信息，低收入水平的父母就能够选择更好的学校吗？结果发现，通过有效方式突出关键信息能够使父母在帮孩子择校过程中更注重学校质量，而且不同收入水平的父母的择校决策不再存在差异。塞勒和桑斯坦（2008）研究发现，如果人们使用"选择架构"这类简化形式，不同背景的人都能够优化自己的决策，过上更好的生活。

　　信息超载和选择过多的问题往往令人气馁。在网络世界中，我们不断地被推销；在社交媒体环境中，我们面临着大量的选择；普通民众和政府人员的互动交流中通常也要涉及许多繁杂的材料。一般来说，信息超载会限制人们的思维过程，因为人们需要系统地评估太多的选择。理解人们面对复杂信息时使用的推断法，能够帮助人们提高应对各种选择的能力。这种能力在一个信息超载的"电子世界"中会显得越来越重要。

要点

- 大量的证据表明，自动化加工和控制加工是社会思维的两种基本模式。这两种加工方式涉及不同的脑区，尤其体现在对不同侧面的社会生活进行评价的过程中。
- 当图式或其他认知框架被启动时（甚至在我们没有意识到这种启动的情况下），它们会强烈影响我们的行为，激发我们做出和被启动的认知框架相一致的行为，并让我们做好与这些认知框架的目标群体进行互动的准备。
- **自动化加工过程**快速又高效；此外，它有时也具有其他优势——例如，让我们做出更令自己满意的决策。
- 拥有太多选择会影响社会认知的正常发挥，也降低了我们对自己最终选择的满意度。
- 使用"选择架构"——把大部分人喜欢的选择放在最佳位置上，以便进行自动化加工的人更有可能做出这个选择——从而优化其决策，提供他们对自己选择的满意度。

第 4 节 社会认知错误的潜在来源：为什么完全理性比你认为的要少

人类不是计算机，我们的思考也不像经济学家长期所假设的那样只是简单地依据理性自利原则（Akerlof and Shiller, 2009）。人们在许多方面做判断时会违背完全理性出现系统性偏差；这体现在一些关键的决策中，例如选择何种职业道路、与谁结婚，以及投资股票和使用信用卡等财务决策——我们的行为往往表现出过度的自信和乐观（Gärling et al., 2009）。虽然我们可以**设想**（imagine）能够采用完美的逻辑去推理，但我们的亲身经验说明我们常常达不到这个目标。在我们理解他人及社会生活的努力中，我们会受到许多认知倾向的影响，从而令我们犯下严重的错误。我们现在就来认识一些存在于社会认知中的"偏向"。在此之前，我们应该强调以下几点：虽然社会思维的这些方面有时的确会导致错误，但它们也可以是具有适应性的，它们往往减少了在社会世界中生活所需要的努力。正像我们在推断法应用中看到的那样——它们为我们提供实实在在好处的同时也让我们付出了惨重的代价。

正如我们将要看到的，我们的社会思维在很多不同方面偏离理性。为了让大家熟悉许多此类不同的效应，我们从乐观倾向这样一种基本倾向开始，这种倾向存在于各种各样的情境中，并且让我们产生了过度乐观的社会认知偏差。在考虑了这个广泛存在的一般性倾向之后，我们继而讨论社会思维偏离理性的其他方面，这些方面也很重要，但一般都发生在特定的情境下，不像我们的过度乐观倾向那样普遍存在。

社会思维的基本偏向：强烈的过度乐观倾向

如果我们思考社会生活的方式是完全理性的，我们就会按部就班地收集信息、处理信息，然后用信息来做出判断和决策。然而，大部分人在很多方面倾向于"戴着有色眼镜看世界"，这被称为**乐观偏差**（optimistic bias）——一种忽视风险并预期事情会有好结果的强烈倾向。实际上，研究发现大部分人相信他们比其他人更有可能遇到好事，更不可能经历不好的事情（Shepperd et al.，2008）。我们对于乐观的强烈倾向体现在许多特定的判断中。例如，大部分人相信他们比其他人更有可能得到好的工作、拥有幸福的婚姻、活到高龄，但更不可能经历不幸，比如被解雇、生重病、离婚等（Kruger and Burrus，2004；Schwarzer，1994）。

类似地，我们对自己的信念和判断的信心常常超过了客观实际，这被称为**过度自信障碍**（overconfidence barrier）。瓦洛内（Vallone）等人通过实验向我们展现了人们在有关自己事项的预测上是多么的过度自信（Vallone, Griffin, Lin, & Ross, 1990）。他们在学年初要求学生指出他们是否会出现一些行为（例如，退选课程、搬住处）以及他们对自己预测的自信程度。结果发现，人们对自己境遇的预测往往过度自信。在大部分情况下学生的预测都是错误的，即使他们对自己的预测100%自信，还是会有15%的错误率！

足够讽刺的是，在某领域中能力最差的人往往**最可能**对他们在此领域的判断过分自信。和许多其他判断类似，我们经常需要在不确定条件下（所有相关的信息都是未知的）估计自己的能力。让我们想一想：我们选择最佳的健康保险来满足我们未来的需求了吗？我们的退休金被充分地分流以承受不稳定股市的侵袭吗？我们的新厨房采用了最优化设计吗？我们写的论文包含了主题中所有的要点吗？卡普托（Caputo）和邓宁（Dunning）（2005）指出，在所有这些情况下，我们之所以可能对自己的判断和行动过于自信，原因之一是我们往往缺少关键信息——也就是说，我们对于自己所疏忽的信息了解不够。这些研究者认为，对于很多任务而言，过度自信源于**遗漏误差**（errors of omission）。假设你被要求想出尽可能多的关于WD-40这种润滑油的用途。你想出了一个你认为让人印象深刻的、有20种合法用途的列表。那么接下来你会认为自己在这项任务中是很有能力的吗？基于卡普托和邓宁所做的研究，在这些情境下人们的确会自信地评定自己拥有高超的能力。但是他们并不应该如此自信，因为他们无从知晓自己遗漏了的此产品的其他1980种合理用途。的确，当告知被试此任务中那些被遗漏了的可能答案时，他们对于自己能力的信心下降了。下降后的自信水平和其后对于他们表现的客观测量结果更加一致。因此，我们展示出过度自信的一个重要原因是我们缺少那些有助于调整我们自信程度的相关反馈。正像图2-10的卡通漫画所指出的，过度自信也许能解释为什么企业家在开展新业务时认为他们将取得成功的机会远远高于最终的实际情况（Baron and Shane，2007）。

你要求贷款 5 千万美元从而你能够开 800 家比萨店。那么你认为先开一家店，然后以此为基础再逐步发展到 800 家怎么样？

图 2-10　行动中的过度自信：认为你能够在起步之前就大展宏图

正如研究所发现的，在商界领域企业家对其成功的可能性经常表现出超过基于客观概率的自信。（Baron & Shane, 2007）

跌宕的过去 vs. 金色的未来：工作中的乐观

回顾一下你过去的生活。它是否经历过万事顺利的巅峰？是否经历过事事不如意的低谷？现在，再展望一下你的未来：你认为你的未来会如何展开呢？如果你和大多数人一样，你可能会察觉到这些描述中的差别。尽管我们大多数人都能意识到过去既有高峰又有低谷，但仍然倾向于预测未来是美好而辉煌的：未来的我们将会非常幸福，不会经历不幸的事。纽比·克拉克（Newby-Clark）和罗斯（Ross, 2003）的研究发现，这种倾向非常强烈，即使人们刚刚回忆完自己过去所经历的不幸事件，仍然会出现这种倾向。为什么存在这种差异呢？一种可能是，当我们回想过去时我们想到了失败、不愉快的事件以及其他让人失望的事情，而当我们展望未来时，发生这些不顺心事件的可能性就不那么明显了。与此相反，当我们展望未来时，我们的注意力倾向于集中在令人向往的目标、个人的快乐以及我们一直想做的事情上——例如感受异国风情的旅游。既然我们的思绪被积极的念头所占据，我们就会对未来做出积极的预测，并且倾向于认为未来是美好的，至少就希望或可能性来说是这样的。简而言之，乐观偏差不仅在特定的任务和情境中发生，也会在展望整个未来生活的时候发生。

或许人们就是对未来感到乐观——因为这样做感觉很棒！但是，我们对自己及未来感到乐观的背后可能也隐藏着代价——尤其是当我们到达了未来却发现当初过于乐观的时候。斯威尼（Sweeny）和谢泼德（Shepperd，2010）的研究探讨了这些问题。研究者要求心理学课堂上的学生估计他们第一次测验的分数，同时测量了他们的情绪状态。随后，让学生们得到他们的成绩，并再次测量他们的情绪状态。结果发现，首先，那些对于他们将要得到的成绩更加乐观的学生报告了更多的积极情绪，说明乐观的人的确感觉更好。但是，当学生得知他们的乐观被证实或否定之后（例如，他们得知了自己的分数）又发生了什么呢？相比于并没有过度乐观的现实主义者或悲观者，那些高估了自己分数的乐观的学生在得知了分数之后感觉更加糟糕。好消息是，24小时之后乐观者感觉到的消极情绪就消散了。这意味着，对我们的未来结局抱以乐观态度能让我们感觉良好，但一旦乐观的基础被否定之后，我们也许会觉得很糟糕——不过，所幸这只是暂时的！

当乐观影响了我们制定有效计划的能力时

乐观主义在工作中的另外一种体现是计划谬误（planning fallacy）——我们相信自己在规定时间内能够完成的任务量多于实际情况的倾向，或者相信自己能够比实际情况花费更少的时间完成特定工作的倾向。我们可以从市政工程（比如，新的铁路、机场、大桥、体育馆）中宣布的那些根本无法满足的进度表里能看到计划谬误的存在。同样地，个人也会采用对他们自己的工作而言不切实际的过于乐观的进度表（见图2-11）。如果你曾经估计一个任务需要花费某段时间能完成，但实际上花费了更长的时间，那么你应该已经熟悉了计划谬误这个效应。

为什么我们会（不断地）深受此类乐观主义（例如计划谬误）之害？社会心理学家比勒（Buehler et al., 1994）详细研究了这种趋势，并发现了一些起作用的因素。首先，当个人做出他们在完成一个

图 2-11 计划谬误

相信我们制订的计划是可行的，我们能在一段时间内比实际上做得更多，或者不会发生任何事情干扰我们完成既定目标，这样的倾向反映了行为中的计划谬误。事实上很少有计划能按照原来的预期或者时间表完成！

任务上所花费时间的预测时，他们采用了主要集中于未来以及他们会怎样完成任务的**计划**或**叙事**（narrative）思维模式。这就阻止了他们及时地回顾过去并回想起过去类似的任务所花费的时间。另外，就算个人考虑到过去的经验中完成任务比预期花费了更多的时间，他们也倾向于将这种结果归因为不可控因素。其结果就是：在预计完成一项任务所需的时间时，他们倾向于忽略那些不容易被预期到的重要的潜在障碍，以至于成了计划谬误的俘虏。这些分析已经被一些研究所证实（例如，Buehler et al.，1994），能够帮助我们深入认识人们对任务完成时间做出乐观预期的原因。

这些认知性因素并不是人们产生计划谬误的全部原因。有研究发现，完成任务的**动机**也是产生计划谬误的一个重要原因。当预测将要发生的事情时，个人猜测将要发生的事情往往是他们**想要**发生的事情（Johnson and Sherman，1990）。当完成一项任务的动机很强时，人们会对事情达到令人满意的状态所需的时间做出过度乐观的预测（Buehler et al.，1997）。这样看来，我们对于自己完成任务所需时间的估计的确受到了我们的希冀和愿望的影响：我们想要尽早或按时完成任务，因而我们就预测自己能做到。

是否有些人比其他人更容易犯计划谬误？正如我们刚刚讨论过的，当人们集中精力于完成任务的最终目标而不是其所需要的步骤时，他们更容易对任务的时间花费做出过度乐观的预测。韦克（Weick）和吉诺特（Guinote，2010）提出，那些身居要职的人更容易成为计划谬误的俘虏，因为他们会将精力聚焦于任务的完成这一目标，而那些居于次要位置的人则更可能将精力聚焦于完成工作所需要的方法或步骤。为了检验这个假设，研究者先让一组被试回想自己处于相对有

回想自己处于有权力地位的被试，对任务花费时间的低估程度高于那些回想自己处于无权力地位的被试。

预测的时间：有权力 3.95，无权力 6.32
实际的时间：有权力 8.91，无权力 9.13

资料来源：基于 Weick and Guinote, 2010。

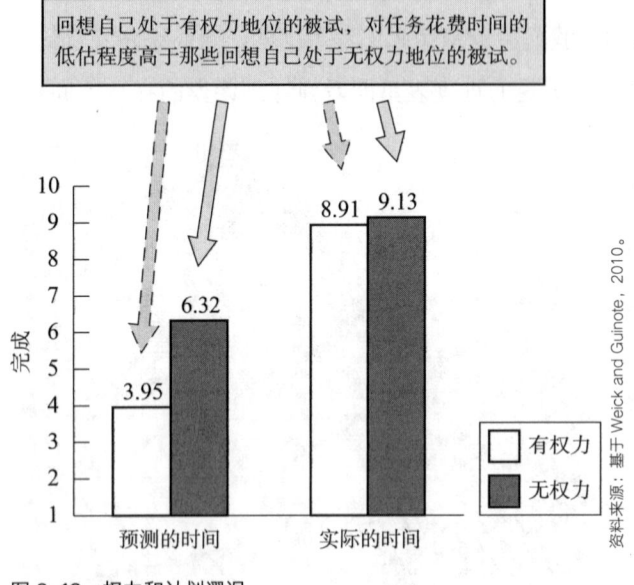

图 2-12 权力和计划谬误
有权力感和无权力感的两组人都严重低估了他们完成复杂文字处理任务所需要的时间，但那些有权力感的人对所需时间的低估程度更大。这些结果支持了以下假设：权力导致我们过度聚焦于任务目标的达成而不是完成任务所需要的步骤，从而导致人们严重低估完成任务所需要的时间。

权力地位的时期,另外一组被试回忆自己相对没有权力地位的时期。紧接着,让两组被试使用复杂的软件来整理一个文档,在做之前要求他们先估计自己完成这项任务需要花费的时间。正如图 2-12 所示,两组被试都表现出了计划谬误——也就是说,两组被试都严重低估了他们完成编辑任务所需要的时间。但是,正像研究者所预期的,尽管两组被试完成任务所花费的实际时间没有差别,但那些一开始回想自己处于有权力地位的被试对任务花费时间的低估程度远远高于那些回想自己处于无权力地位的被试。这些研究结果支持了对于计划谬误产生原因的如下解释:权力导致我们过度聚焦于任务目标的达成而不是完成任务所需要的步骤,从而导致人们严重低估完成任务所需要的时间。

社会认知错误的情境特定性来源:反事实思维和巫术思维

乐观偏差普遍存在;如前所述,它在许多社会情境中都会出现。其他几种主要社会思维偏差只在特定的情境下发生。我们现在就来介绍其中的两种——**反事实思维、巫术思维**。

反事实思维:想象本来可以发生什么

假设你刚参加了一项重要考试,得到的成绩是 C-,远远低于你最初的期望。当你在审视自己的成绩时,你会想到什么呢?如果你和大多数人一样,你也许很快就会开始想象"本来可以发生的事"——得到更高的分数——同时伴随着关于怎样才能取得这个更好结果的想法。你可能会自思自忖:"如果我当初学习更刻苦一点",或者"如果我多去上几节课"。然后,你可能就开始规划如何在下次考试中取得更好的成绩。

社会心理学中把这种思维现象称为"反事实思维",它在很多情境下都会发生,不仅仅是在我们感到沮丧的时候。例如你读到一段新闻报道,说的是某人在下班的路上被一辆闯红灯的车撞了。当然,你会同情那个人,并且有可能向他建议去寻求某种形式的赔偿。但是,现在假设这个故事和之前的版本稍有不同:同样是这个人在相同的事故中受伤了,但他是因为要赶着出差而提前下班了。既然事故是相同的,你应该给予受害者同等的同情。可实际上,你也许不会这样认为,因为在他比平常更早下班的前提下,你很容易就能想象到他可以避开这次车祸的情况。再比如,假设他虽然按时下班,但选择了一条不常走的回家路线。这会对你感受到的同情产生影响吗?研究发现，确实是这样——情绪性反应随着在心理上撤销先行事件的难度大小而不同。因为"选择不常走的路线而不是常走路线"这样的先行事件更容易在心理上被撤销，对于故事主人公的同情程度也就有差异了。换言之，关于可能会发生什么而不是实际上发生什么的反事实思维影响了你的同情心以及你关于受害者赔偿方面的建议（例如，Miller and McFarland，1987）。这种被唤起的同情程度的差别甚至能够在更加不幸的事件中被观测到，包括强暴事件和孩子在车祸中丧命等事件（Branscombe et al.，1996；Davis et al.，1995；Wolf，2010）。

反事实思维在很多情境下都是自动发生的——我们根本忍不住会去想象事情发展的其他可能结果。为了克服这种自发的倾向，我们必须尝试尽量纠正这种影响，这就要求我们通过主动思维过程来抑制或弱化反事实思维。研究已经证明，任何减少我们信息处理能力的事情实际上都增强了反事实思维对于我们判断和行为的影响（Goldinger et al.，2003）。总之，该研究证明反事实思维（想象那些没有实际发生的事）会影响我们的社会思维过程。

反事实思维发生时往往会伴随着一系列范围广泛的效应——有一些是对人们有益处的，而另一些则会让人们付出代价（Kray et al.，2006；Nario-Redmond and Branscombe，1996）。由于关注点的不同，反事实思维可能会加强或弱化我们当前的情绪。如果个人想象的是**向上的反事实**，即用比实际经历更有利的境遇与当前的结果相对比，其结果就可能是强烈的不满或忌妒的感受，特别是当人们不觉得他们能够在将来取得更好的结果时（Sanna，1997）。得到了一枚银牌但很容易想到本可以得金牌的奥林匹克运动员就会体验到这样的感受（Medvec et al.，1995）。另一方面，如果个人将当前的结果与不利的境遇进行对比——事情也许会更糟糕——他们就可能体验到满意或充满希望的积极感受。这种反应可以在得到铜牌的奥林匹克运动员身上找到，因为他们很容易就能想象到自己也许什么奖牌都得不到。总的来说，沉浸于反事实思维中能够强烈地影响当前的情绪状态以及对未来取得相应结果倾注的意愿（Petrocelli and Sherman，2010）。

此外，我们似乎经常通过使用反事实思维来降低失望带来的苦闷。在悲剧性事件发生后，例如心爱的人离开人世，人们经常在这样的想法中得到安慰："我们已经尽力了，死亡是不可避免的。"换言之，他们通过关注死亡的不可避免性调整了自己的观点，从而使得这件事看起来更加的确定与不可避免。相反地，如果他们采用了不同的反事实思维——"如果早点发现疾病……"或者"如果我们能更快赶到医院"——他们所受的折磨就会增加。因此，通过假定消极事件或失望是不可避免的，人们会更容易承受住这种打击（Tykocinski，2001）。

最后，我们需要说明反事实思维有时也能帮助我们在各种任务中表现得更好。为什么？因为通过想象我们怎样能做得更好，我们可能会想到改进的策略和更有效率地付出努力的方法。因此，有时候——比如，当我们预期将要重复进行的一些工作时——沉浸在反事实思维中能促进我们在重要任务上的表现（Kray et al., 2006）。我们既想到事物的客观状态也考虑可能状态的倾向会对社会思维和社会行为的诸多方面产生深远的影响。

巫术思维、恐惧管理以及超自然信念

请如实回答：

如果你在课堂上不想被教授点到名字，你有没有试过不去想老师会叫你这件事？

如果你有购买旅游保险的机会而没有买，你会觉得自己是在"惹怒命运"并可能因此引发不幸吗？

如果有人给你一块形似蟑螂的巧克力——你会吃掉它吗？

从绝对理性的角度来考虑，你的答案应该是"不会""不会"以及"会"。但这些是你实际上给出的答案吗？很可能不是。研究结果发现，实际上人们很容易受到**巫术思维**（magical thinking）的影响（Rozin and Nemeroff，1990）。这种思维会产生经不住理性检验却又似乎令人信服的假设（Risen and Gilovich，2007）。这种巫术思维的原理之一是人们的想法能通过不受物理定律限制的方式影响物理世界；其实即使你去想自己正在被教授点名，它也不能改变你在真实情境中被点名的概率！同样地，简单地把大头针插在人偶身上并假想它能够伤害你的敌人并不意味着这种"巫蛊"（voodoo）真的就能对那个人造成伤害。但是，基于暗示外表相似的事物共享基本属性的**相似率**，也许真的就很容易想到刺一个与敌人相像的人偶能对真人造成同样的伤害。基于同样的原因，人们不会去吃一块形似蟑螂的巧克力，即使理性告诉他们，巧克力的形状与它的味道毫无关系（见图2-13）。人们似乎同样相信他们在购买保险时也购买了"一种旨意"，相信不光在坏事发生后可以得到补偿，购买保险这个举动本身就保证了不会有事！研究表明，如果拒绝了参保的机会，人们会相信自己正在"惹怒命运"并增加了灾难发生的机会（Tykocinski，2008）。

令人惊讶的是，很多时候我们的想法会受巫术思维的影响。那么，这种看似非理性的思维来源于哪里？一些理论家认为，因为只有人类才会意识到自己必将死亡的事实，这促使我们进行所谓的**恐惧管理**——努力与这个必然的结果和由此产生的令人不安的推论达成妥协（Greenberg et al.,2003）。其中一种办法就是相信超自然——我们无法理解和控制的力量——能够影响我们的生活。研究表明，在提醒我们生命有限的事实时，我们更可能相信超自然的力量（Norenzayan and Hansen，2006）。简言之，当我们直面一定会到来的死亡时，我们会试图用非理性的思维来调整死亡的必然性带给我们的强烈反应。

图 2-13　巫术思维：一个例子
你会吃图片中的这些糖果吗？很多人不会，尽管他们知道糖果的形状与它的味道无关。这向我们展示了相似律的效应。社会心理学家认为相似律属于巫术思维的一种。

因此，下次当你禁不住要去取笑某人的迷信（例如，害怕数字13或一只从自己面前穿过的黑猫）时，不要过早地笑出声来：几乎可以肯定的是，你自己的思维也不可能完全不受存在于社会思维诸多方面的巫术思维的影响。

要点

- 社会思维在一些方面与理性背离。人们表现出了强烈的乐观偏差，认为自己比别人更可能经历积极的结果，但比别人更不可能经历消极的结果。
- 此外，人们在预测中倾向于**过度自信**，而且在某领域内能力最低的人最有可能对他们关于此领域做出的判断表现出过度自信。这似乎源于遗漏误差，我们缺少能够帮助我们调节自信程度的反馈信息。
- 相对于过去，人们对自己的未来会做出更加**乐观**的期待。但人们的这种乐观期待没有得到证实后会体验到消极情绪。
- 人们在完成一项任务需要耗费的时间方面往往做出过于乐观的预期，这是一种被称为**计划谬误**的效应。它会反复发生，因为在预测完成任务需要的时间时我们疏于考虑可能会遇到的障碍，也因为我们有完成任务的强烈动机以至于忽略那些必要的耗时的步骤。
- 在很多情境下，人们会去想象事情的其他可能结果，他们沉浸在**反事实思维**当中。这种思维会影响我们对于遭遇不幸的人们的同情。但是向上的反事实思维能够激起我们规避不利结果的希望从而在未来做得更好。
- 我们对社会生活进行理性思考的能力是有限的。人们会沉浸在巫术思维中——假定我们的思想会影响物理世界或者我们的行为。例如，认为不买保险可能会"惹怒命运"并增加自己遭遇不幸的可能性。基于两个物体的相似性，我们似乎相信其中一个物体的属性会传递到另一个物体上。
- 相信超自然的力量是巫术思维的表现形式之一，它在一定程度上源于**恐惧管理**。恐惧管理是我们应对我们终将死去这一事实的努力。提醒我们终将死去的事实会增强我们相信超自然力量的信念。

第 5 节　情感与认知：情感如何塑造思维，思维如何塑造情感

　　想想你心情很好的时候，可能是发生了一些好事，让你觉得很高兴。再想想你心情不好的时刻，可能是发生了一些消极的事件，让你觉得消沉与悲伤。在这两个时期里你对世界的思考会有所不同吗？换言之，你回想起的事件或经历的性质会有差异吗？你会进行不同的推理吗？你对他人行为的理解会有差异吗？你很有可能是这样的，因为大量研究证实情感（我们当前的心境和情绪）和认知（我们思考、处理、存储、回忆、使用信息的各种方式）之间存在持久而复杂的相互作用（例如，Forgas，2000；Isen and Labroo，2003）。我们并非轻率地使用**相互影响**（interplay）这个词语，因为，事实上现有证据强有力地证明了情感与认知之间是双向的：我们的情绪和心境强烈地影响着认知的方方面面，而反过来，认知也强烈影响着我们的情绪和心境（例如，Baron，2008；McDonald and Hirt，1997；Seta et al.，1994）。我们现在就来深入认识这些影响的本质。

情感对认知的影响

首先，很明显，当前的心境能够强烈影响我们对周围世界的知觉。相比于处于消极心境，当我们处于积极心境时（正在体验积极情感）倾向于积极地去看待周围环境、他人、想法、新的发明等一切事情（Blanchette and Richards, 2010; Clore et al. 1993）。的确，这种效应非常强烈和普遍，以至于与中性或消极心境相比，当我们在积极心境中读到或听到某个陈述时更有可能认为它是真的（Garcia-Marques et al., 2004）。积极心境也能让人们觉得自己能更好地理解这个世界（例如，Hicks et al., 2010）。当研究者给被试呈现那些含义模棱两可的刺激材料，例如禅宗公案一般的［无解难题］"如果一种安慰剂有效果，它是否会比真实药物更不真实"，或者抽象的艺术图片，那些处于积极心境的被试一致地报告了对刺激更多的理解，尤其是那些在一开始就报告他们倾向于用推断法来做判断的被试（例如，同意"我会依赖自己的直觉性印象"这样的陈述）。

这些效应有重要的实践意义，我们以面试官首次见到很多应聘者的情境为例予以说明。越来越多的证据表明，即使是那些有经验的面试官也无法避免被他们当前的心境所影响：他们心情好的时候给应聘者打分更高（例如，Baron, 1993a; Robbins and DeNisi, 1994）。积极心境能让我们更自信于自己对他人行为的解释的同时也会造成准确性的降低（Forgas et al., 2005）。

情感影响认知的另外一种方式体现在它对记忆的影响。这一影响涉及不同但又有联系的两种效应。第一种是**心境一致性效应**（mood congruence effects）。它指的是当前的心境决定了特定情境中的哪些信息会被注意到从而进入记忆。换言之，当前的心境会起到一种过滤器的作用，只允许那些与心境一致的信息进入长时记忆。心境也能影响我们从记忆中提取什么信息，被称为**心境依存性记忆**（mood dependent memory）（例如，Baddeley, 1990; Eich, 1995）。在特定心境状态下，人们倾向于想起过去那些处于同样心境状态时所获得的信息，而不是那些在不同情绪心境中所获得的信息。也就是说，当前心境起到了**提取线索**的作用，促进了个体对与这些心境相一致信息的回忆。需要说明一下两种效应的区别。假设有两个人你都是第一次见，见到第一个人的时候你心情很好，而遇到另外一个人的时候你心情很糟糕（例如，你刚刚获知自己在一个重要的考试中考得很差）。因为心境一致性效应，你很可能会注意并记住有关第一个人的正面信息，而记住关于第二个人的负面信息。你在遇见这些人时的心情决定了你会注意并记住有关他们的哪些信息。

现在，再想象一下，你心情好的时候会想到谁呢？很有可能是你在相似心情状态（好心情）下遇见的人。这里，你当前心情触发了你在过去处于相似心情状态时所获得（并存储在记忆中）的记忆。心境一致性效应和心境依存性效应共同影响着我们存储在记忆中的信息。既然这是我们后来回想起的信息，这两种机制对记忆的影响也会影响社会思维和社会行为（见图 2-14 的总结）。

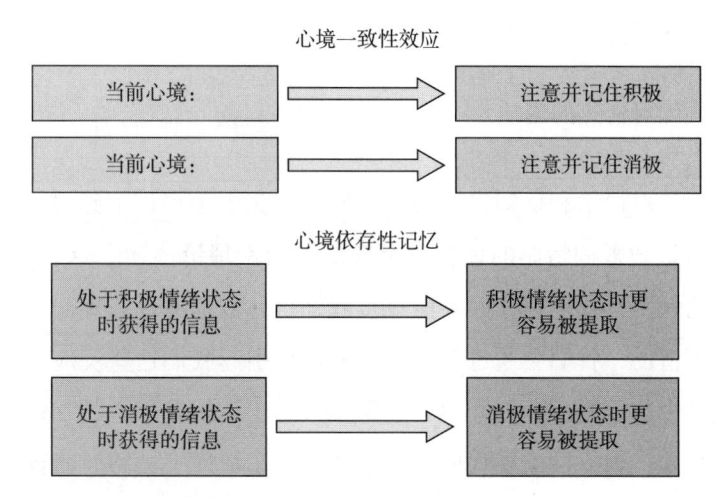

图 2-14　心境对记忆的影响
我们的心境通过两种机制来影响记忆：心境一致性效应指我们更可能存储和记住与我们当前心境相一致的信息；心境依存性记忆指我们倾向于回忆起与我们当前心境相一致的信息。

我们当前的情感也会影响认知的另外一个重要成分：创造力。许多研究结果证明了好心情能促进创造力，这可能是因为好心情能拓展思维，使人们产生更多的积极联想，而这些都和创造力相关（Estrada et al., 1995；Isen, 2000）。最新的一项元分析考察了探讨情绪与创造力关系的绝大多数研究（Baas et al., 2008），结果发现，相对于积极情绪的较低唤醒水平（例如，放松），积极情绪在较高唤醒水平下（例如，高兴）对创造力的促进作用更大。

情感影响认知的第三种方式表现在它能影响推断法加工。推断法加工指思考过程严重依赖心理上的"捷径"（推断法）和过去的经验。这对于我们经常进行的决策和问题解决有着重要意义。研究表明，情绪状态好的人比情绪状态不好的人更喜欢用推断法思维（Mackie and Worth, 1989；Park and Banaji, 2000；Wegner and Petty, 1994）。如果这些推断法思维在新的情境下是适用的，就能对我们有所助益。如果不适用，它们就会阻碍我们进行有效决策和问题解决。

最后，我们应该提到，当前的心境往往会影响我们对于他人行为动机的解释。积极情绪引导我们对他人行为进行积极归因，而消极情绪引导我们对他人情绪进行消极的归因（Forgas, 2000）。正如我们在第三章将介绍的，我们对他人行为的归因在很多情境中非常重要，这从另外一个角度说明了情感和认知之间的相互影响有着重要意义。

认知对情感的影响

　　对情绪和认知之间关系的研究多集中于探讨情感对思维的影响。但是，也存在许多认知影响情感的证据。情感的两因素理论描述了这种关系（Schachter，1964）。该理论认为，我们往往并不能直接获知自己的情感或态度。既然这些内在反应往往是含混不清的，我们会通过对外部世界这种引起我们这些反应的情境的认知来推断内部反应产生的原因。举例来说，如果某人的出现使我们心跳加速，我们会认为自己爱上了这个人。相反，如果我们被一个司机驾车堵住了去路时感到心跳加速，我们会得出自己正在生气的结论。

　　认知影响情感的第二种方式是通过激活包含强烈情绪成分的图式。比如，如果我们将某个个体划归为不同于我们的群体，与将同样的个体划归为我们自己群体中的一员相比，我们可能会体验到不同的情绪反应。让我们考虑这样一个实例，即观看一个人接受看似很痛苦的手部注射：与正在接受注射的白种人的手相比，当照片中是一个非洲人的手时，白种人被试表现出更弱的共情反应，这体现在他们脑区中和疼痛相关区域激活程度的下降（Avenanti et al.，2010）。同样的结果也可以在非裔被试身上观察到：黑人的手比白人的手激发了非裔被试更强的共情反应。这些结果告诉我们，我们对他人及他人所属群体的认知能够影响我们对他人的情感以及我们是否能够体验到他们的痛苦。但是，我们总能知道自己对他人痛苦的感受和反应吗？对这个重要议题的详细信息，请参见我们的专栏"情绪和社会认知：为什么我们不是总能预测自己对灾难的反应"。

情绪与社会认知

为什么我们不是总能预测自己对灾难的反应

　　获知一个人在火灾中遇难，与获知 1000 个人遇难相比，哪个会让你更加难过？大部分人相信相比于小规模的灾难，他们会对大规模的灾难更加难过。然而，很多研究都指出我们的**情绪预测**（affective forecast）——预测自己对于未经历之事的感受——往往并不准确（Dunn and Laham，2006）。我们的认知（情绪预测）与真实的情绪体验基于不同的信息处理方式，这两类反应也应该因此存在差异。因为理性认知对包括数字在内的抽象符号比较敏感，预测结果会受到灾难规模的影响。与之相反，情绪基于具体的图像和当下的体验，可能对于实际的遇难人数或者说灾难的规模相对不那么敏感。

邓恩（Dunn）和阿什顿-詹姆斯（Ashton-James，2008）开展了一系列研究检验了这个理论，即情绪预测会对数字敏感，但正在观看遇难人员头像的人面对不同的死亡人数时会表现出"同等强度的情绪"。在一个实验中，一组被试扮演"体验者"角色，给他们呈现有关西班牙的一场特大森林火灾的新闻报道，要求他们报告自己在阅读这篇灾难报道时的真实情绪。另一组被试被分配到"预测角色"，要求他们预测自己"如果读到一篇有关西班牙的一场特大森林火灾的报道"时会有什么感受。森林火灾造成的死亡人数也是研究者操纵的变量之一。一些被试被告知有5人遇难，另一些被试被告知有10000人遇难。

灾难的大小会影响被试在体验条件下和预测条件下实际上报告的感受吗？结果发现，灾难的大小确实影响了预测条件下被试预期的自己的感受，然而它没有影响体验条件下被试报告的感受。预测者不仅仅在整体上过高地估计了他们的难

图2-15 面对人数不等惨案时的情绪反应

要求人们预测自己在面对别人的灾难性死亡时会有什么感受，人们相信死亡人数的上升会让他们更加难过。但是，那些阅读或观看了详细信息的人们所体验到的感受并没有受到死亡人数的显著影响。这项研究支持了以下观点：预测过程中的理性的信息处理过程不同于实际的情绪体验。

过程度，而且他们还相信遇难人数会影响他们的感受。然而那些真正体验灾难性信息的被试所体验到的情绪并没有受到遇难人数的影响，对不同数目遇难者表现出了同等强度的情绪反应。

在后续的研究中，这些研究者将灾难"带到"了被试的身边——受害者是他们所属群体中的成员。学生被告知有15或500个美国大学生在伊拉克战争中丧生了，通过该研究专门制作的网站向处于体验条件下的被试呈现图2-15所示的这类照片。对处于**预测者实验条件下的被试**则没有呈现这些照片，只是被要求去想象自己如果看到了以上版本的网站中所呈现的照片会有什么感受。同上，只做预测的被试相比于体验者过度估计了自己的消极情绪强度，预测者受到死亡人数的影响而体验者则不然。

对面对灾难时情绪反应的预测可能不只是不精确（过度估计人们的消沉程度）。预测似乎也会造成特定的错误：期望通过遇难人数的增加动员更多的人，而那些实际上接触并且观看了图片的人们并不会因遇难人数不同而有不同的反应。

认知影响情感的第三个方面涉及我们调节自己情绪和感受的努力。这个话题有重要的实践意义，因此我们接下来进一步予以讨论。

认知和情绪调节

学会调节情绪是我们的一项重要任务；负性事件和结果是生活中不可缺少的一部分，因此，学会应对由此产生的消极情绪对于进行有效决策和保持良好的人际关系都有着重要意义。我们控制情绪的过程涉及认知因素。换言之，我们用自己的思维来调节情绪。有很多种方法可以达到这个目的，这里我们仅介绍一种常用的方法——通过向诱惑妥协来改善心情。

当感到消沉或者沮丧时，我们经常会做出一些从长远来讲可能不好但暂时会让我们感觉良好的行为（例如，通过购物实现"购物疗法"，吃让人发胖的零食、喝酒等；见图2-16）。这些行为让我们心情好些，但是我们也清楚知道它们有不利的一面。那为什么我们还要选择去做这些事呢？过去的一种假设认为，我们的痛苦情绪体验削弱了我们控制此类冲动的能力或动机，以至于去做那些让我们享受但具有潜在危害的事情。然而，泰斯（Tice et al., 2000）辩驳道，认知因素在其中发挥了作用：我们之所以

图 2-16 有意识地调整我们的消极心境

当我们消沉时，很多人会沉浸在那些能让自己感觉更好的活动中——他们会去购物、喝酒等等。研究表明，沉浸在这样的活动中是我们有意识调节自己情绪而做出的选择。

屈服于这类诱惑，是因为这样做能帮我们应对强烈的消极情绪。

为了检验这个假设，泰斯等人（2000）开展了一项研究，首先让被试处于积极的或消极的情绪状态中（让他们阅读挽救了一个孩子的生命或者因为闯红灯而撞死了一个孩子的不同故事）。其后，有些实验条件下的被试被告知他们的情绪会随着时间而改变，另一些被试被告知他们的情绪被研究人员"冻结"了，不会发生多大变化。接下来，诱导被试相信他们要做一个有反馈的智力测试。测试之前，他们会有一个15分钟的练习环节。他们待在实验人员安排的一个房间里，房间里有测试的练习材料和干扰物，所以他们还可以做其他事情。一半被试的干扰物吸引力很大（例如，有挑战性的谜题、视频游戏、流行杂志）。另外一半被试的干扰物不那么有吸引力（例如，学龄前水平的塑料拼图，过时的科技杂志）。主要的问题是：同心情很好的人相比，心情不佳的人会把更多的练习时间浪费在干扰物（拖延）之上吗？更重要的是，这种现象是不是只发生在被试相信他们可以改变自己心情的条件下？毕竟，如果被试相信他们的心情是"冻结"的，不能被改变，玩干扰物就没有什么用处了。泰斯等人预测，在心情不好的条件下，人们会更多地去玩干扰物，但只在他们相信这样做可以改善自己心情的时候。研究结果为这个预测提供了强有力的支持。这些发现表明，向诱惑屈服的倾向是我们有意识的选择，而不是单纯因为失去了控制自我冲动的能力。

情感和认知：存在两个独立系统的社会神经科学证据

目前为止，我们认为情绪和认知之间具有密切联系，并得到了已有证据的支持。不过，我们还应该注意到，采用神经科学技术获得的最新发现（例如，当个体在做出不同的行为时扫描其大脑）表明，人类大脑中存在两种截然不同的处理社会信息的系统（例如，Cohen，2005）。一个系统与具有"推理"功能的逻辑思维有关，另一个系统则主要处理情感或情绪。尽管这两个系统在某些方面截然不同，但是在解决问题、制定决策等认知活动过程中经常发生相互作用。接下来，我们以采用"最后通牒博弈"范式开展的研究予以说明。

在这类研究中，研究人员告诉两名被试他们可以在彼此间分配一笔特定数目的钱（例如 10 美元）。一个人可以给出最初的决定，另外一个人可以选择接受或者拒绝这个决定。在任何一种分配方案中，第二个人都会得到大于 0 的金额，所以经典经济学理论的"理性人"假设认为，在任何分配方案下，第二个人选择接受都是最理性（和最佳）的行为选择。然而事实上，大部分人都会拒绝给予他们少于 3 美元的分配方案，很多人拒绝了给予他们少于 5 美元的分配。对完成这个任务的被试的大脑进行核磁共振成像（MRI）扫描显示，当他们接受那种他们认为不公平的分配时，与推理（例如，背外侧前额叶皮层）和情绪（边缘系统）相关的脑区都得到了激活。和情绪处理有关的脑区的活动量越大，个人就越有可能拒绝所提供的分配方案，以损害自身利益的方式行事（例如，Sanfey et al.，2003）。这些研究发现以及许多其他研究都提供证据证明：在决策和其他认知活动过程中存在两种不同的系统，它们以复杂的方式进行交互作用（例如，Gabaix and Laibson，2006；Naqvi et al.，2006）。

进一步的研究表明，有关情绪的神经系统具有冲动性，偏好即时奖励，但有关推理的神经系统则更有前瞻性，能够接受最终带来丰厚回报的延迟满足。例如，在一份即时奖励（现在就获得一份 15 美元的礼物）和两周后获得的更大收益（20 美元的代金券）间进行选择时，大脑中与情绪和逻辑推理相关的区域都出现了激活。然而，相对于面对延迟的选择，个体面对即时奖励的选择时，与情绪相关的脑区（边缘系统）激活程度更大（McClure et al.，2004）。

总的来说，利用现代技术对处于认知过程中的大脑进行扫描获得的证据表明，情感在人类思维中起着基础性作用。如果我们希望充分理解我们思考社会世界的复杂方式以及我们在其中所扮演的角色，我们必须充分考虑这一现实，因为思维在许多方面也会影响我们的情感。情感和认知并不是一条单行道；它们是双向的高速公路，可以相互影响。

要点

- 情感对认知的影响是多方面的，我们当前的心境让我们倾向于对包括他人在内的新刺激做出积极或消极的反应，影响我们采用系统式抑或推断法进行思考的可能性，还能通过**心境依存性记忆**和**心境一致性效应**影响记忆。
- 和处于消极情绪状态中相比，我们处在积极情绪中时更可能进行推断法思维，尤其表现为更多地依赖刻板印象和其他心理捷径。
- 认知通过我们对于激发情绪的事件的解释以及激活含有强烈情感成分的图式来对情感施加影响。看到他人痛苦所产生的同理心引起的大脑活动受到我们对他人所进行的社会类别划分的影响。
- **情绪预测**——关于我们对并未体验的事件会有什么感受的预测——往往是不准确的。因为认知和情绪具有不同的加工机制。当人们进行预测时会对受害者的人数敏感，而处于体验状态时对灾难的反应就不会受灾难严重程度的影响。
- 我们使用了一些认知技术来调节我们的情绪或情感。比如，在沮丧时，我们能有意识地选择从事那些虽然从长远看来有害、但在短期内会让我们感觉更好的活动中。
- 社会认知神经科学的研究证据表明，我们也许有两套不同的社会信息处理系统——一个和逻辑思维有关，另一个则与情感或情绪有关。

总结与回顾

- 因为认知能力有限，我们经常试图减少在**社会认知**（我们如何认识他人及周围社会世界）上花费的努力。因为加工信息容量的限制，我们经常体验到**信息超载**，为此，我们在做决策时采用一种快速而相对省力的**推断法策略**（经验法则）。其中一种推断法策略是**代表性推断法**，即一个人和某团体的典型成员越相似，他就越可能是这个群体的成员。使用代表性推断法时，人们往往忽略了基本比率——某个事件或模式在总体中所占的比率。另外一种推断法是**易得性推断法**，即越是容易被想起来的信息对当前判断和决策的影响就越大。生动的事件更容易进入脑海，让人们觉得其在现实中发生的频率也更高，但事实不一定是这样。第三种推断法是锚定与调节，即人们首先以一个具体的点或者值为起点，然后据此进行调整。这些调整可能不足以反映真实的社会现实，可能因为我们一旦达到一个貌似合理的量值就停止了调整过程。第四种推断法是维持现状，即相对于新鲜事物，人们更加喜欢"旧"的事物。

- 社会认知的一个基本成分是**图式**。图式是由经验发展而言的思维框架，形成之后有助于我们组织社会信息。图式影响我们能够觉察到的内容（注意）、进入记忆的内容（编码）以及之后能回忆起的内容（提取）。很多情况下，人们会报告和图式一致的信息，但那些和他们的图式不一致的信息也会牢固地存储于记忆系统中。图式能够被经验、事件或刺激所启动，一旦启动后，它的影响会持续存在，直到通过某种思维和行为表达出来。这种表达（被称为**去启动**）可以降低图式的影响作用。图式帮助我们加工信息，不过有时即使图式和事实不符，仍然会持续存在。图式往往能够自我实现，使我们倾向于通过行为去证实它。**隐喻**是一种将抽象概念和另外一种不同的概念联系起来的语言艺术，影响着我们对社会生活的感知和应对。

- 大量的证据表明，自动化加工和控制加工是社会思维的两种基本模式。这两种加工方式涉及不同的脑区，尤其体现在对不同方面的社会生活进行评价的过程中。当图式或其他认知框架被激活后（即使在无意识情况下），它们将影响我们的行为，促使我们做出和图式一致的行为，也让我们做好和图式中的群体或个体互动的准备。自动加工过程不只快速和高效，它还具有其他优点。例如，它能让我们对自己的决定更加满意。我们在**不确定性条件**下的决策可以通过"决策架构"得到优化，首先了解人们在决策中使用的推断法，然后精心安排对大部分人来说最好的选项出现的位置，以便进行自动化加工的人更有可能做出这个选择。

- 人们具有很强的**乐观偏差**，在很多情境下都预判自己更可能碰到积极的事件和结果，而更少碰到消极的事件和结果。另外，人们倾向于对有关自己的判断和预测过度自信。之所以这样，是因为人们会受遗漏误差的影响；人们缺少那种能让他们获知自己没有考虑到的因素的反馈信息。过度乐观在工作中的一个表现就是**计划谬误**——我们倾向于相信一项任务会花费比实际情况更少的时间就能完成。在很多情境下，个人会想象"本来可能发生的事"——他们沉浸在**反事实思维**中。这种思维会影响我们对于遭遇不幸的人们的同情。反事实思维在许多情境下似乎都是自动发生的，认知负荷的增加会强化反事实思维对判断的影响。

- 我们对社会生活进行理性思考的能力是有限的。个体会沉浸于**巫术思维**——基于那些经不住理性检验的假设的思维。比如，基于两个物体的相似性，我们似乎相信其中一个物体的属性会传递到另一个物体上。相信超自然的力量是巫术思维的表现形式之一，它在一定程度上源于**恐惧管理**。恐惧管理是我们应对我们终将死去这一事实的努力。

- 情绪对认知的影响是多方面的，我们当前的心境让我们倾向于对包括他人在内的新刺激做出积极或消极的反应，影响我们采用系统式抑或推断法进行思考的可能性，还能通过**心境依存性记忆**和**心境一致性效应**影响记忆。情绪也能影响创造力和我们对他人行为的解释。认知通过我们对于激发情绪的事件的解释以及激活含有强烈情感成分的图式来对情感施加影响。另外，我们应用了一些认知技术来调节我们的情绪或情感（例如，有意识地屈服于诱惑以缓解消极感受）。虽然情感和认知是紧密相关的，但社会认知神经科学指出它们涉及大脑中的不同系统。人们进行**情绪预测**——关于我们对未体验事件会有什么感受的预测——的时候使用了认知系统，但在真正遇到这些事件时则会用情绪系统来做出反应。

关键术语

不确定性条件（conditions of uncertainty）：很难获得"正确"答案的情况或者需要付出巨大努力做出决策的情境。

代表性推断法（representativeness heuristic）：基于当前刺激或事件与其他刺激或类别相似程度进行判断的心理策略。

反事实思维（counterfactual thinking）：想象情境下的其他结果而不是实际发生结果的倾向（"本来可以发生什么"）。

固着效应（perseverance effect）：即使面对不一致信息，信念和图式也不会改变。

过度自信障碍（overconfidence barrier）：对于我们自己的判断所拥有的信心超过了合理程度的倾向。

计划谬误（planning fallacy）：对任务完成所需时间做出乐观预期的倾向。

恐惧管理（terror management）：努力与自己的死亡必然性和由此产生的令人不安的推论达成妥协。

乐观偏差（optimistic bias）：一种预期事情结果会很好的倾向。

锚定–调节推断法（anchoring and adjustment heuristic）：使用一个字或值作为起始点然后据此进行调节的心理策略。

启动（priming）：在某种条件下，刺激或者事件使获取某种记忆或意识的概率增加。

巫术思维（magical thinking）：以经不住理性检验的假设为基础的思维。例如，相信表面相似的事物有相同的本质属性。

情感（affect）：当前的感觉和情绪。

情绪预测（affective forecasts）：预测自己对于未经历之事的感受。

去启动（unpriming）：指图式的影响会一直持续，通过思想或者行为表达出来之后，图式的影响作用会减弱。

社会认知（social cognition）：理解、分析、记忆和使用相关社会信息的方式。

图式（schemas）：关于某一内容的思维框架，帮助我们组织社会信息。

推断法（heuristics）：快速有效地解决复杂问题的简单法则。

心境依存性记忆（mood dependent memory）：我们处于当前特定心情时能想起的内容在一定程度上取决于我们过去在类似心情时记住的内容。

心境一致性效应（mood congruence effects）：我们在积极心境中更可能存储或记住正面信息，而在消极心境中更可能记住负面信息。

信息超载（information overload）：信息数量超过了我们的处理能力。

易得性推断法（availability heuristic）：基于信息提取的难易程度进行判断的心理策略。

隐喻（metaphor）：指一种将抽象概念和另外一种不同的概念联系起来的语言工具。

原形（prototype）：某类群体成员所共享的特征的集合。

自动加工过程（automatic processing）：在获得有关某项任务或者某类信息的大量经验之后，我们能够以一种不需努力、无意识的自动化方式完成任务和加工信息。

第三章

社会知觉：感知并理解他人

本章大纲

- **非言语沟通：表情、眼神、姿势以及气味之类的非言语信息**

  非言语沟通：基本途径

  气味：非言语社会信息的另一种来源

  面部表情是一种有关他人信息的重要来源吗？

  面部反馈假说：我们是否表达出了我们所感受到的？我们是否感受到了我们所表达的？

  欺骗：通过非言语线索识别及其对社会关系的影响

  情绪与社会知觉：推断他人情绪的文化差异

- **归因：理解他人行为的成因**

  归因理论：我们用于理解社会世界的框架

  归因：一些基本偏差

  归因理论的应用：洞察和干预

  互联世界中的社会生活：通过网络来理解他人：归因和以电脑为媒介的沟通

- **印象形成和印象管理：整合与他人有关的信息**

第三章 社会知觉：感知并理解他人 93

第一印象研究的开端：阿施核心特质和次要特质的研究

第一印象的形成有多快？它们是否准确？

内隐人格理论：影响第一印象形成的图式

印象管理：给他人留下"好印象"的招数

印象管理有用吗？人们是否真的可以运用它来提升形象？

你还记得第一次在电话留言机或录像里听到你自己声音的经历吗？与大多数人一样，你可能会感到惊讶，并认为"那声音听起来不像我"，你也许会陷入思考。这种普遍的经历引出了一个有趣的问题：如果我们连自己的声音都识别不出来，我们还像我们想的那样真正了解自己吗？如果我们对自己有足够了解的话，为什么有的时候我们会对自己的情感或行动感到惊讶呢？例如，你是否曾经超出想象地去喜欢一种新食物？或者你对一部电影的喜欢远低于你原先的预期？当你了解到别人对你的看法与你对自己的看法很不一样时，你是否感到诧异？我们大多数人都曾有过这些经历，这些情况的存在表明，我们的自知之明还相当欠缺。在某些方面，我们很了解我们自己，但是在另外一些方面，我们并不像我们期望的那样了解自己。

在第四章，我们将详细讨论自我和自我理解的性质，但在本章中，我们想提出一个与此相关却并不相同的话题：如果我们并没有准确地认知或理解自己，我们又如何去认知或理解他人呢？我们如何认识他们所体验到的情感？如何理解他们的目标和动机？如何大体上指出他们实际上是哪种类型的人？这是一个至关重要的过程，人们每天必须经历这个过程，因为准确地感知和理解他人是各种社会生活的基石。例如，知道别人什么时候是诚实的以及什么时候想要欺骗我们，了解他们为什么会那样说那样做（比如，他们做出的伤害了我们感情的评论是有意的还是无心的），他们所表现出来的外部形象是否真正地反映了他们真实内在的自我。解决这些问题非常重要，因为如果我们在这些任务上完成得很好，就可以准确地预测他人的感情和行为，但如果我们在这些任务上毫无头绪，就很难完成这个重要的目标，也就很难与他人相处得好。因此，我们应该怎么做？我们如何完成社会知觉的任务（社会知觉是指人们力图去知晓和理解他人的过程）？这是本章所要关注的内容。

在本章，我们会描述我们试图了解他人的方式、为何圆满完成这个任务存在困难以及我们何时可能是对的或者错的（如图3-1）。由于他人和我们的生活息息相关，因此准确地理解他们就显得非常重要，但事实上，社会知觉涉及许多不同的任务。这里我们只关注其中一些最重要的方面。

首先，我们探讨通过非言语沟通来理解他人的方式。非言语沟通中的信息不是由对方的语言提供，而是通过他们的面部表情、目光交流、肢体动作、身体姿势获得的。更有甚者，沟通过程中如果有一小部分物质释放到空气中，引起对方体内的化学改变，也给我们提供了非言语沟通的信息（例如，Ekman, 2003; Miller & Maner, 2010）。其次，我们关注归因过程。通过归因，我们试图去了解他人行为背后的原因——特定的情形下他们为何会有那样的行为、他们的目标是什么以及他们有什么意图（例如，Burrus and Roese, 2006）。这个过程至关重要，因为我们即将看到，对他人行为的归因会强烈影响到我们对他们言行的反应。再次，我们将检视印象形成的本质——我们如何形成对他人的第一印象以及印象管理（或是自我展示）——如何给他人留下美好印象。

尽管只是坐在这里，我也可以得到有关你的大量信息。

图3-1 我们善于了解他人吗？

如图所示，我们努力运用多种不同的信息渠道来了解他人。这个复杂的过程在图中的女士看来非常简单，但事实上，做到对他人的准确理解通常是很困难的。

第 1 节　非言语沟通：表情、眼神、姿势以及气味之类的非言语信息

什么时候别人更愿意帮助你？是他们心情好的时候还是心情不好的时候？他们什么时候容易对你发脾气？是他们感到愉快和满足的时候还是他们感到紧张易怒的时候呢？相关研究表明，我们及他人的一些社会行为会受到暂时性因素的影响。情绪情感的改变以及疲劳、疾病、药物甚至月经周期等体内的生理变化都会影响我们思考和行为的方式。

由于暂时性因素对于社会行为和思维具有重要影响，所以了解它们是非常重要和有用的。正因如此，我们总是试图了解他人当前的感受。有时是以直接的方式进行——我们去问别人感受如何或者心情怎样，然后他们告诉我们。但有时，他人会不愿意表露内心的感觉（例如，DePaulo et al., 2003；Forrest and Feldman, 2000）。例如，谈判者经常会在对手面前掩饰自己的真实想法；销售人员通常会对潜在顾客表现出比真实感受更多的喜欢和友善。在另外一些情况下，他们自己也不确定自己的感觉或者反应意味着什么。

在这种情况下，我们不能直接问他人感受怎样，我们只能关注一些非言语的信息，诸如他们的面部表情、目光交流、姿态、肢体动作以及其他行为。正如德保罗（DePaulo）(2003) 等人所指出的，这些行为是**难以抑制的**（irrepressible），即使他人想要试图隐藏内心的感受，但这些感受还是会通过非言语线索泄露出来。这些线索传达的信息以及我们对此的理解通常被称作非言语沟通（Ko et al., 2006），接下来就让我们仔细看看这个引人入胜的部分，通过这部分我们可以去努力了解他人。

非言语沟通：基本途径

想一下：当你感到心情好或是心情不好的时候，你的行为表现是否一样？很可能

是不一样的。在不同的情绪状态下,人们的行为表现也明显不同。但是你内部的情绪、情感及心境的差异是怎么表现在行为上的?这个问题涉及非言语沟通发生的基本途径。研究表明有五种基本途径:面部表情、目光交流、肢体语言、姿势和身体接触。

面部表情:理解他人情绪的线索

2000多年前,罗马的演说家西塞罗(Cicero)曾说过:"脸是灵魂的形象。"他的意思是说,人类的感觉和情感经常反映在脸上,并且可以通过表情理解这些情感。现代研究表明西塞罗所言不虚:通过他人的面部表情能够了解他们当前的心境和感受。事实上,从很早以前始,人类面部就清楚地呈现了五种不同的基本情绪:生气、害怕、高兴、悲伤和厌恶(Izard, 1991; Rozin et al., 1994)。(惊讶也曾被认为是一种反映在面部的基本情绪,但最新的相关研究结论并不一致。因此,惊讶可能并不是一种反映在面部的基本情绪;Reisenzein et al., 2006)。

值得注意的是,人的脸上只呈现五种基本情绪并不意味着人们只能表现出屈指可数的单调面部表情。恰恰相反,情绪可以以不同的组合出现(如:悲喜交加、敢怒不敢言),而且强度也会有所变化。因此,尽管面部只有少数的基本表情,但却有着丰富的变化(如图3-2)。

接下来我们讨论另一个重要的问题:面部表情是通用的吗?换句话说,如果你去世界上一个遥远的地方旅行,见到了一群与世隔绝的人,随着情景的变换,他们的面部表情会和你的一样吗?遇到了使他们开心的事情时他们会笑吗?遇到使他们生气的

图3-2 丰富多彩的面部表情
尽管在各种文化下的不同面部表情中只能识别出五种基本情绪,但是这些情绪可以有多种组合且表现出不同的强度。因此,一个人的表情就可以非常多了。

事情时他们会皱眉头吗？而且，你是否可以像了解自己文化的表情那样，了解这些表情的含义？早期对这个问题的研究表明，除少数情况外，大多面部表情是通用的（例如，Ekman and Friesen，1975），这个结论也被其他研究证实（Effenbin and Ambady，2002）。事实上，微笑、皱眉等表情都被证实是代表基本的情绪（如，高兴、生气、悲伤），并且不同文化背景下的人们都能明白表情中所传达的基本情绪（例如，Shaver et al.，2001）。虽然研究结果并非完全一致（例如，Russell，1994；Carroll and Russell，1996），但还是有理由得出这样的结论：一些面部表情提供了潜在情感状态的明确信息，并且能被全世界的人所识别。面部表情所表达的精确含义确实存在着文化差异，但与语言不同，面部表情无需翻译便可理解。

尽管许多研究提供了很多有力证据，但特别有趣的是以奥运选手为对象的研究。在不同的时间段（赢了或者输了比赛时、得到奖牌时、给摄影师摆姿势时）拍摄运动员的面部表情，就可以获得反映他们内在情绪状态的可识别的面部表情的证据（Matsumoto and Willingham，2006）。例如，当赢得比赛及获得金牌时，几乎所有的金牌得主都会笑得很开心。大多铜牌得主也是微笑的，但笑的程度没有金牌得主那么大。相比之下，银牌得主很少会笑。为什么铜牌得主和银牌得主之间会有差异呢？正如我们在第二章中所言，这是因为，铜牌得主因为得到任何一枚奖牌而高兴，他们的面部表情也反映了这点。与此相反，银牌得主却想（反事实思维）自己为什么没有得到"金牌"，假如……（如图3-3）。

进一步的研究表明，当给摄影师摆拍照姿势的时候，金牌和铜牌得主的笑是真实的，相比之下，银牌得主的笑是"社会性微笑"。必要的时候每个人

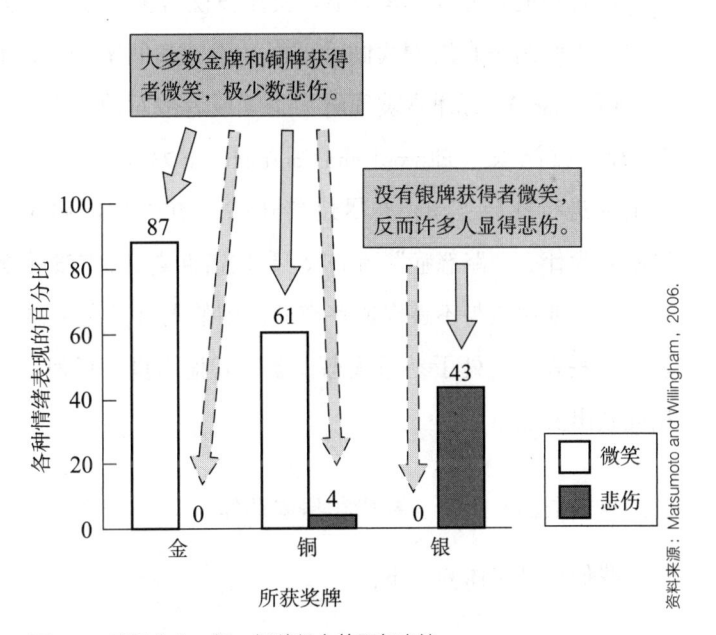

图 3-3 奥运会金、银、铜牌得主的面部表情

如图所示，金牌和铜牌得主笑得较多（比赛结束和领奖时）。相反，银牌得主却不笑，表露出悲伤。这反应出运动员潜在的情绪：金牌、铜牌得主对他们的成绩满意；相反，银牌得主不高兴，因为他们的期待是"夺金"。

都会有这种笑，但它不代表其内心是高兴的。这些研究表明，人的面部表情能反映出他们的情绪。因此，我们把这类信息作为准确感知他人的基本依据就不足为奇了，尤其是在感知他们当前的情绪时。有趣的是，正如你想的那样，比起陌生人和一般的熟人，当人们非常了解彼此（如，他们是亲密朋友）时，他们就更善于解读对方的非言语信息，特别是一些微妙的信息（Zhang and Parmley，2011）。由此可见，熟悉他人面部表情的形式和种类将会有助于了解他们的真实感受。

凝视和注视：非言语线索中的目光交流

你曾和戴着墨镜的人说过话么？如果有，你会意识到那是一种令人不舒服的情形。因为你不能看到他们的眼睛，不能确定他们的反应。正因为意识到他人眼睛所提供的信息的重要性，古老的诗歌常将眼睛描述为"心灵的窗户"。这种描述在很大程度上是正确的：我们经常从他人的眼神中了解他们的许多感受。例如，我们将对他人的频繁注视作为一种喜欢或者友好的标志（Kleinke，1986）。相反，如果他人避免和我们眼神接触，我们会认为他们不友好，不喜欢我们，或者只是出于害羞。

尽管和他人进行频繁的眼神交流被视为表达喜欢或积极感受的标志，但也有例外。如果有人眼睛一直追着我们看，而且不管我们做什么，他都一直凝视着，这种行为被称为**盯**（stare）。盯通常被理解为生气或者敌对的标志——例如冷眼——因此大多数人会为此感到不安（Ellsworth and Carlsmith，1973）。事实上，我们会尽快终止与盯着我们看的人进行社会互动，并尽快离开那个场合（Greenbaum and Rosenfield，1978）。这就可以解释为什么"路怒症"（司机的高攻击性驾驶，有时伴随着真正的攻击）方面的专家建议司机要避免与不遵守道路交通规则的人有目光接触（例如，Bushman，1998）。很明显，这些人已经处于易怒状态，会将其他司机的任何目光接触看作侵犯性的行为，并据此做出反应。

身体语言：手势、姿势和身体动作

我们自己来体验一下：

首先，回想一件使你生气的事情，使你越生气越好。想一分钟。
现在，回想另一件让你难过的事情，也是使你越难过越好。

比较一下在这两种情形下你的行为。当你的情绪从第一件事转换到第二件事时，你的手势改变了吗？有没有动过手、胳膊或者腿？你很可能动了，因为我们当前的心境或者情绪通常会反映在手势、姿势和身体动作上。这些非言语行为被称为**身体语言**（body language），它们也可以提供有关他人的有用信息。

首先，身体语言通常会表明他人的情绪状态。许多身体动作——特别是身体的一部分对另外一部分做一些动作（触摸、磨蹭、抓挠）——表明个体处于情绪唤起状态。这些行为的频率越高，情绪唤起或不安的程度就越高。

更大幅度的身体动作（包括整个身体的动作）也可能提供有用的信息。一些常用的句子也能说明不同的身体方向或姿势表现了不同的情绪状态。例如，"她以威胁的姿态"或"他张开手臂迎接她"。事实上，阿罗诺夫（Aronoff）、威克（Woike）和海曼（Hyman）（1992）的研究也证实了这种可能性。这些研究者首先将古典芭蕾中的角色分成两组，让一组被试表演危险或者极具威胁性的角色（例如，麦克白、死亡天使、莉兹·波登[斧头杀人案主角]），另一组被试表演温暖、富有同情心的角色（朱丽叶、罗密欧）。然后观察扮演不同角色的被试在真实的芭蕾舞表演中的表现，看他们是否采用了不同的姿势。研究者预期，危险或令人惧怕的角色会表现出更多的倾斜而有角度的动作，温情而富有同情心的角色会表现出更多圆形的动作，结果证实了他们的假设。这些研究表明，大幅度的身体动作或姿势有时能提供有关他人情绪甚至个人特质方面的重要信息。

手势常常能提供有关他人感受的具体信息。手势可被划分为不同的类别，但最重要的是象征性动作。象征性动作是指在某一文化中具有特定含义的身体动作。你知道图 3-4 中手势的含义吗？在美国等国家中，这些动作有着清晰和明确的含义。然而在另一些文化中，这些手势没有明确的含义或者带有其他的含义。因此，去文化背景不同的国家旅行时，需要注意手势的使用，否则可能会冒犯了你周围的人。

图 3-4　手势：非言语沟通的一种形式
你能识别出图中的手势吗？能否说出它们的含义？在美国和其他西方国家，这些手势都有明确的含义。然而，在其他文化下，这些手势可能没有明确含义或有着完全不同的含义。

触摸：它传达着什么含义？

假设在和他人的一次简短对话中，他或她碰了你一下。你会作何反应？这个行为代表了什么意思？答案是：要视情况而定。需要考虑的因素包括：是谁触碰你（朋友、陌生人、同性还是异性）；身体接触的性质（短暂的还是持续的、温柔的还是粗暴的、触碰了身体的哪个部位）；碰触发生在什么情况下（商业或社交情景还是在医生的诊室）。根据这些因素，碰触可能意味着喜欢、性兴趣、优越感、关怀甚至是侵犯。尽管情况复杂，但仍有证据表明，人在被碰触的情况下，如果其认为对方的碰触是恰当的，其就会有积极的反馈（例如，Alagna et al.，1979；Levav and Argo，2010）。但需注意，碰触只有被视为恰当的情况下，个体才会出现这种反馈。

许多文化中人们都能接受的一种碰触陌生人的恰当方式就是握手。"流行心理学"甚至礼仪书籍（例如，Vanderbilt，1957）都认为，握手能表露出有关他人的许多信息——例如从握手中能看出一个人的性格——而且有力的握手是给他人留下良好第一印象的一个好方法。这是真的吗？握手真的能够反映这些信息吗？有研究证实了这一点（例如，Chaplin et al.，2000）。如果对方握手更为牢固、持久、有力，人们更倾向于认为他们是外向、开放的，对他们的第一印象也会更好。

其他形式的触摸有时也是恰当的。例如，勒瓦夫（Levav）和阿尔戈（Argo）（2010）发现，在男人和女人的手臂上轻柔地拍一下会使他们产生安全感，但仅当轻拍者是女性时才有这样的效果。这种安全感反过来也会影响实际的行为：在投资任务中，相比没有被拍肩或者只是握手的人，被女性实验者拍一下肩的人会表现出更多的冒险性。

总之，触摸可以被当作非言语沟通的另一种形式，只要触摸是恰当的（例如，有些国家会把握手当作一种问候他人的恰当方式），它就会引起积极的回应。然而。如果触摸被个体视为不恰当的，就会对触摸的人产生消极的认知。

气味：非言语社会信息的另一种来源

尽管面部表情、身体运动、手势、目光交流和触摸是非言语信息的基本和重要的来源，但非言语信息并不仅限于此。人们还可以从副言语的线索（paralinguistic cues）中获得很多有用的信息。副言语线索是指语调的变化或者他人声音的变化（并非他们所说的内容）。近来有研究表明，即使是有关他人身体化学变化的细微线索也都预示着有价值的信息。例如，米勒（Miller）和马纳（Maner）（2010）的研究发现，女性月经期间身体发生的内部化学变化可以通过微妙的嗅觉线索（她们身体所发生的香味的变化）影响他人（特别是男人）。

在这个研究中，研究者要求女性在一个月里穿几个晚上的干净 T 恤，要么是在排卵期时（月经周期的第 13—15 天），要么是在排卵期之后（月经周期的第 20—22 天）。T 恤被装在塑料袋里给男性被试，他们轻轻打开塑料袋并闻衣服的味道。男性并不知道关于这个女性或她的月经周期的任何信息，但是通过检验他们的睾丸素水平会发现：相比闻了非排卵期女性穿过的 T 恤的人，或者是闻了没有被任何人穿过的干净 T 恤的人，那些闻过排卵期女性穿过的 T 恤的男性的睾丸素水平相对较高（如图 3-5 所示）。有趣的是，男性并不能够说出排卵期和非排卵期女性所穿 T 恤的气味有何不同，但他们的睾丸素水平仍然是不同的。总之，这些研究表明，身体的化学变化也能提供有关他人的非言语信息——至少对女性及她们的月经周期来说是这样的。因此，我们的确拥有很多关于他人内部状态的信息渠道，它们并不只是通过面部表情、目光交流或者其他非言语沟通的基本渠道才能表达出来。

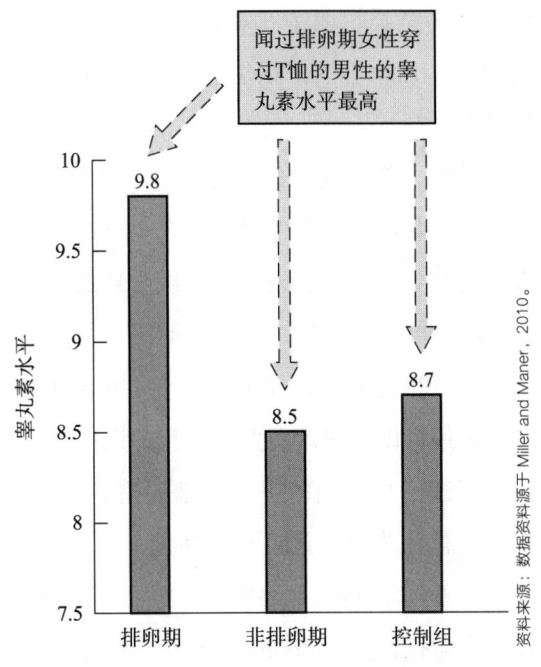

图 3-5　身体气味：一种微妙的非言语线索

相比闻了非排卵期女性 T 恤或者是闻了没有被任何人穿过的干净 T 恤的人，那些闻过排卵期女性穿过 T 恤的男性的睾丸素水平显著更高。这些发现表明，身体所发生的化学变化（例如身体气味的微妙变化）可被当作能够提供信息的非言语线索。

资料来源：数据资料源于 Miller and Maner，2010。

面部表情是一种有关他人信息的重要来源吗？

前面已经证实了很多关于他人的非言语信息渠道的存在，我们接下来想要强调的是，尽管确实有很多关于他人的非言语信息渠道，但越来越多的证据表明，面部表情在其中有着举足轻重的地位（例如，Tsao and Livingstone，2008）。在某种意义上来说这并不奇怪，因为在和他人的交往中，我们将直接和主要的注意力集中到了他人的面部。几个不同的研究也一致发现，面部表情确实是一个有关他人信息的至关重要的渠道。

首先，忽略这类信息几乎是不可能的。例如，很多研究表明，某个场合里如果看到了视觉刺激物会降低后续场合里对这些刺激物的关注。然而，这不适用于面部表情。即使曾经看过某些表情，但下次看到的时候仍然会引起我们的注意（例如，Blagrove and Watson，2010）。而且，消极的面部表情更是如此。相比其他刺激物，这类表情即使在上个场合里见到过，在下个场合里仍然更容易被注意到。例如，相比中性和微笑的面孔，人们可以更快地在多个面孔中识别出生气的面孔。

其次，当人们的中性面部表情在某种程度上类似于一种特定情绪的表情时，它们就会被认为是表达这种情绪的，即使它们实际并没有表达任何情绪（Zebrowitz et al.，2007）。例如，相比女性面孔，男性面孔在更大程度上被认为是类似于生气的表情；相比白人面孔，黑人和韩国人的面孔在更大程度上被认为是类似于开心或者吃惊的表情。总之，相比他人面孔的实际含义，我们所理解到的要更多，并把他们面部基本表现解释为含有特别的情绪，即使他们并没有这样的情绪。这也表明，面部表情是非言语信息的一个特别重要的来源，尽管在这方面我们所得出的结论还不够准确。

最后，可能最为有趣的是，对于那些用面部表情来理解他人感受的观察者来说，面部表情不仅是一种重要的信息来源，而且还在产生此类情绪或感受中起着重要作用。换句话说，正如美国早期杰出的心理学家威廉·詹姆斯（William James，1894）所说的那样，面部表情不仅是内部状态的一个外部信号，它们还可以引起或影响内部的情绪体验。面部表情可以激发情绪被称为**面部反馈假说**，它是如此有趣以至于接下来我们要详细地讨论它。

面部反馈假说：我们是否表达出了我们所感受到的？我们是否感受到了我们所表达的？

实质上，面部反馈假说（Laird，1984）认为，在我们所表现出的面部表情和我们的内部情感之间有紧密的联系，二者相互影响：我们表现出的面部表情反映了我们的内部感受或情绪，除此之外，这些表情进一步反馈给大脑，影响我们对情绪的主观体验。总之，我们不仅在脸上表现出我们的内部感受，而且有时我们也能感受到我们脸上所表达的情绪。

很多研究支持了这个观点。例如，麦凯恩（McCanne）和安德森（Anderson）（1987）要求女性被试想象一些积极和消极的事件（如："你继承了百万美元"，"你失去了一段真正的友情"）。当想象这些事情的时候，她们被要求去促进或抑制特定的面部肌肉的紧张度。其中一些面部肌肉在我们微笑或者观看愉快的场景时会被激活，另外一些面部肌肉会在我们皱眉或者观看不愉快的场景时得到激活。对肌肉电活动的测量表明，在进行一些尝试之后，多数人可以非常成功地完成任务。她们可以按照要求促进或抑制肌肉紧张，并且在没有任何可见的面部表情变化的情况下做到。

在想象每个场景之后，被试以快乐或者悲伤来报告他们的情绪体验。如果面部反馈假说是正确的，这些情绪评定将会受到被试努力促进或抑制肌肉紧张的影响。如果他们促进与微笑相关的肌肉，他们就会在积极事件中报告更多的愉快体验。如果他们抑制这些肌肉的激活，他们就会报告出更少的愉快体验。研究结果对以上预测提供了有力的支持。当被试抑制与快乐有关的肌肉的激活，他们就会在积极事件中报告更少的愉快体验，当他们抑制了与悲伤有关的肌肉的激活，他们就会报告出更少的悲伤体验。除此之外，有趣的是，当抑制面部肌肉活动的时候，被试想象和体验愉快以及悲伤情境的能力都变弱了。

尽管这些研究很有说服力，但在解释的时候存在一个重要的问题：可能是加强或抑制有关肌肉的指令影响了被试对自身情绪体验的报告。为了解决这个问题，更近的研究（Davis et al., 2010）运用了一种独特的办法：研究者观看两组注射了抗老防皱药物的被试对于积极录像和消极录像的情绪反应。注射是由有执照的医师进行的，一组被试注射了肉毒杆菌，这种药可以麻痹与面部表情有关的肌肉。另一组被试注射了玻尿酸，这种药可以抚平皱纹，同时不麻痹面部肌肉。在观看完每个视频之后，要求两组被试报告他们的感受。他们需要报告两次，一次是注射的8天之前，另一次是注射后的14—24天。如果面部反馈假说是正确的，注射了肉毒杆菌的被试在观看录像后应该报告出较弱的情绪反应。他们对于消极短片应报告较弱的消极体验，对积极的短片应报告较少的积极体验。事实的确如此（如图3-6所示）。这些研究表明，面部肌肉的反馈确实在形成情绪体验时起着重要的作用。这似乎说明，我们的面部表现影响了"内部"的体验，老歌里唱的"让微笑成为我们阴雨天的伞"似乎蕴藏着确凿的真理。

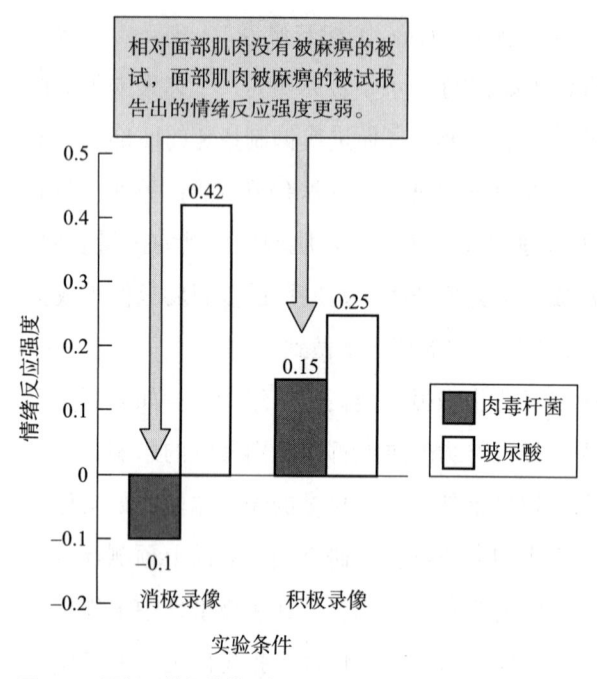

图 3-6　面部反馈假说的证据

相比注射了不使肌肉麻痹的玻尿酸的被试，注射了使面部肌肉麻痹的肉毒杆菌的被试在观看消极短片时报告了更弱的消极体验，在观看积极短片时报告了更弱的积极体验。

欺骗：通过非言语线索识别及其对社会关系的影响

老实说，你多久说一次谎话？这包括轻微的"善意的谎言"，即为了避免伤害他人感情或为了达到其他一些建设性社交目的使我们脱离麻烦、靠近目标的谎言（"教授，对不起，我没能参加考试是因为我家中有人突然去世……"）。事实上，研究表明，大多数人每天至少撒一个谎（DePaulo and Kashy，1998），并且在几乎 20% 的社会交往中都撒过谎。另有支持这些实验结果的研究表明，多数人会在和陌生人第一次简短会面时至少向对方撒一次谎（Feldman et al.，2002；Tyler and Feldman，2004）。人们为什么要说谎呢？就像我们前面已经提示的，原因有很多：为了避免伤害他人的感情、为了隐藏他们真实的情感或反应、为了避免惩罚等。总之，说谎在社会生活中很常见。这个事实引出两个重要的问题：（1）我们是否擅长识别他人的谎言？（2）我们怎样才能更好地发现谎言？第一个问题的答案有些令人沮丧。一般来说，我们判定别人是在撒谎还是说实话的准确性只是比随机水平略高一点（例如，Ekman，2001；Malone and DePaulo，2001）。其中有很多原因，包括我们倾向于认为他人是诚实的，因而没有去搜寻欺骗的线索（Ekman，2001）；我们想要有礼貌，因而不情愿去发现或者说出受到了欺骗；我们缺少对可能揭露谎言的非言语线索的注意（例如，Etcoff et al.，2000）。近来又有了另外一种令人瞩目的解释：我们试图假定，如果一个人在一种情景或环境里是诚实的，那么他在其他情境里也会是诚实的，这就使我们不能意识到在某些情况下他们可能确实说谎了（例如，O'Sullivan，2003）。在后面有关归因的讨论中我们将进一步阐述这个问题。

考虑到几乎每个人都撒过谎这个事实，我们怎样识别谎言呢？答案似乎涉及对非言语以及言语线索的注意，这些线索会揭露别人想要欺骗我们这个事实。关于非言语线索，以下信息可能是非常有用的（例如，DePaulo et al.，2003）：

1.**微表情**：微表情是一种只持续十分之几秒的转瞬即逝的表情。在激起情绪的事件之后，这种表情快速出现在面部，难以被抑制。因此，它们对于揭露他人真实感受或情绪非常有用。

2.**渠道间差异**：另一种能揭露欺骗的非言语线索是渠道间差异。（渠道是指非言语线索的类型；例如，面部表情是一种渠道，身体运动是另一种渠道。）不同基本渠道的非言语线索之间会有不一致。这是因为经常说谎的人们很难同时控制所有的渠道。例如，他们在说谎时也许能很好的控制面部表情，但却不能做到直视你的眼睛。

3.**目光接触**：目光接触通常能够揭穿谎言。比起说真相的人，说谎的人眨眼频率更高，瞳孔更大。他们与人的目光接触可能异乎寻常的少，令人惊奇的是，当他们试图通过直视他人眼睛伪装真诚时表现出的目光接触又有可能异乎寻常地多。

4.**夸张的面部表情**：最后，说谎的人有时会表现出夸张的面部表情。他们可能比平时笑得更多，笑的幅度更大，或是表现出更多的悲伤。有一个很好的例子：有人拒绝了你的请求后表现出夸大的内疚，这预示着他用来拒绝你的理由可能不是真的。

除了这些非言语线索之外，还有其他欺骗的迹象会体现在人们说话的非言语方面或他们的用词选择。当人们说谎的时候，特别是他们非常需要说谎的时候，他们说话的音调通常会升高。与此相似，他们回答问题或者描述事件的时候通常要花费更长的时间。他们很可能会表现为很想开始一段对话，却停下来，然后又从头开始讲。换句话说，人们**语言风格**（linguistic style）的某些方面特征能揭示出谎言。

总的来说，通过仔细观察非言语线索和人们说话方式的不同维度（例如，说话的音调），我们能够辨别他人是在说谎还是仅仅想隐藏自己的情绪。一些人的撒谎技艺娴熟，识破谎言非常困难。但如果你仔细注意了上述线索，你就会拆穿他们的障眼法，就会像面部表情专家保罗·埃克曼（Paul Ekman）和他的团队所做的那样，超过80%的情况下都能将真话和谎言区分开来（Coniff，2004）。（顺便说一下，这些人并不属于特殊的职业，他们只是善于识别谎言的一群人。）这是一种有用的技能吗？当然是的。想象一下，如果我们能够雇用或者训练这样的人在机场或者其他地方工作来识别恐怖分子，那将是很有好处的。显然，怎样识别谎言不仅对个人有好处，对整个社会也有着重要的作用。

欺骗对社会关系的影响

假设欺骗在社会生活中普遍存在，这会造成什么影响？你可能会想，这是非常不好的事。首先，最近的研究（例如，Tyler et al.，2006）表明，当人们发现自己上当受骗，他们就会怀疑并讨厌说谎者。事实上，一个陌生人说谎越多，人们就越会怀疑、讨厌他。并且，也许人们更感兴趣的事实是，在知道某人说谎后，多数人自己也会说谎。这个结论的证据来自泰勒等人（2006）的实验，他们发现，当人们知道另一个人欺骗了他们，他们自己也会更容易说谎，且并不仅仅针对欺骗了他们的人，对其他人他们也更可能说谎。

这些研究都表明，说谎者暗中破坏了社会关系。一旦一段关系或组织中有了说谎现象，就很难维护了，结果很可能会导致相互信任水平的急剧下降。通常，我们运用非言语线索来获得有关他人情绪的信息。这就假定情绪是内在的，但有时会通过脸部、眼神或身体动作表现出来。这种假设是解释情绪的有效模型吗？情绪有时会存在于人们的关系中吗？有关这些问题的更多信息，请看下面的专栏"情绪与社会知觉：推断他人情绪的文化差异"。

情绪与社会知觉

推断他人情绪的文化差异

你的情绪从哪里来？如果你是一个美国白人或者是其他个人主义文化下的人，你的回答很可能是"情绪来自我内心"。换句话说，你认为你体验到的情绪是对已经发生的事情的回应，你的情绪是你自己所独有的。但如果你是日本人，或者是其他集体主义文化下的人，你可能会有不同的回答："情绪来自于我和他人之间的关系。"换句话说，情绪并不是独立地来自于你自己，而是还涉及其他人。因此，如果你获奖了，作为美国人你可能会说："因为我取得这个成就，所以我很高兴。"如果你是日本人，你可能会说："因为我的父母和朋友都将为我自豪，所以我很高兴。"

如果上述内容是正确的，不同文化中的人们可能会用不同的方式来推断他人的情绪。例如，美国人将会关注别人的面部表情、身体姿势以及其他非言语线索。但日本人可能不仅关注这些线索，而且会关注他们与其他人的关系：即使你在微笑，你也不一定是快乐的，除非你生命里其他重要的人也体验着积极的情绪。许多研究者都提供了这类情绪文化差异的证据（例如，Mesquita and Leu, 2007），其中内田（Uchida）等人的研究尤其具有启发意义（Uchida, Townsend, Markus & Berksieker, 2009）。

在一系列相关的研究中，研究者监测了参加奥运会的美国和日本运动员的情绪反应。例如，在其中一个研究中，当运动员接受采访时，记录下他所说的有关情绪的单词的数量。结果发现，当问题涉及运动员和他人关系时（如，你的家庭给了你什么样的支持？），日本选手会用到更多的情绪单词。在后续的实验中，给美国和日本学生看那些获得了奥运奖牌的美国和日本选手的照片。照片中运动员或是独自站着或是和队友站在一起（如图3-7所示）。被试需要描述得奖时运动员

图3-7 情绪来自个体内部还是人们之间？
情绪被看作源自个体内部的状态还是和人们之间的关系有关的反应，这取决于文化因素。近期研究表明，相比独自站着的运动员，当看到运动员是和队友一起站着时，日本学生会感知到更多的情绪。美国学生则与此相反。

的感受。预期的结果是，当运动员和队友站在一起时，日本学生会用更多的和情绪有关的单词。当运动员独自站着时，美国学生会用更多的情绪单词。研究结果有力地支持了这种预测。

总之，尽管在所有的文化背景下非言语线索都是有关他人情绪信息的重要来源和渠道，但是它们能够被用来推断他人情绪的程度也因文化而异。在个体主义文化（例如美国）中，面部表情、身体动作、目光接触以及其他非言语线索是情绪信息的主要来源。相反，在集体主义文化中，人际关系起着非常重要的作用。那么，情绪到底来自个体内部还是人们之间？答案是，在很大程度上取决于你所生活的文化。

要点

- 社会知觉包括我们理解他人的过程。它在社会行为和社会思维中都起着重要的作用。
- 为了了解他人的情绪状态，我们经常要依赖非言语交流：一种涉及面部表情、目光接触、身体动作和姿势的非言语形式。
- 尽管面部表情对情绪的预测并不像人们最初相信的那样放之四海而皆准，但它们确实提供了有关他人情绪状态的有用信息。这些信息也来自于目光接触、身体语言、触摸和气味。
- 越来越多的证据显示，面部表情是有关他人信息的非言语形式中特别重要的一种来源。
- 近期研究表明，握手提供了有关他人性格的重要的非言语信息，并且会影响对陌生人的第一印象。
- 气味也是一种非言语线索，关于女性月经周期的线索会以气味的形式进行传递。
- 面部反馈假说认为，我们不仅在面部表情中表露出了我们的感受，而且这些表情还会影响我们的情绪状态。
- 如果我们注意到特定的非言语信息线索，我们就能识别他人对我们的欺骗，即使对方来自与我们不同的另外一种文化。
- 情绪被认为是来自个体内部还是来自人们之间取决于文化因素。

第 2 节 归因：理解他人行为的成因

假如你在宴会上遇到了一个很有魅力的人，期望和他（她）交往，因此你问："你愿意下周一起去看电影吗？"对方如果回答"对不起，下周我去不了"，你幻想的美妙的罗曼史会立刻瓦解。这时，你就会想为什么对方会拒绝你的邀请呢？是因为他（她）没有像你喜欢他（她）一样喜欢你吗？是因为他（或她）正处于一段认真的恋爱关系中，不想和任何人约会吗？还是他们与别人早有约定，抽不出时间呢？你的归因结论会强烈影响你的自尊（你希望这个人是乐意再次见到你的，只是当前很忙），而且会强烈地影响你接下来的行为。事实上，如果你认为他们不喜欢你或者他们正处于一段认真的感情中时，你安排再次相会的可能性要低于你认为他们只是很忙的情况。

这个简单的实例揭示了社会认知中一个重要的道理：我们想获知的通常多于我们目前已经知道的。另外，我们想知道他们为什么会说或者做各种事情，甚至，他们到底是什么样的人呢？他们有什么样的特质、喜好、动机和目标呢？这里仅以无数可能性中的一种为例，我们想知道别人的自控力如何：他们在多大程度上能够有效控制自己的行为呢？例如控制他们的脾气，做那些要求他们做但是他们不喜欢做的事。如果他们自控水平高，我们倾向于认为他们是值得信赖的，反之，如果他们在这方面表现较差，我们会认为他们捉摸不透，不是我们可以依靠的人（Righetti and Finkenauer, 2011）。社会心理学家认为，我们热衷此类问题的原因基本上在于我们期望了解社会中的因果关系（Pittman, 1993; Van Overwalle, 1998）。我们不仅简单地想知道他们的所作所为，更想知道他们为什么这么做，因为这类信息可以帮助我们更好地了解他们，更好地预知他们将来的行为。我们搜寻一些信息得出推论的过程就是归因（attribution）。更正式的说法是，归因就是我们努力了解他人行为的原因以及某些场合下自身行为背后的原因。现在让我们详细了解一下社会心理学家目前对社会知觉的这个重要方面掌握的知识有多少（例如，Graham and Folkes, 1990; Heider, 1958; Read and Miller, 1998）。

归因理论：我们用于理解社会世界的框架

归因是复杂的，很多理论都曾试图解释归因的机制。这里我们重点介绍两个具有持续影响力的经典理论。

从行动到性格：根据他人的行为推断他人的特质

第一个经典理论是琼斯（Jones）和戴维斯（Davis）（1965）的**对应推论**（correspondent inference）**理论**：我们怎样根据他人行为来推断他们的特质。换言之，该理论关注的是，在他人外显行为的基础上去寻找那些不随时间而变的稳定的特质和秉性。

乍一看，这是个非常简单的任务。他人的行为可以作为丰富的素材让我们得出结论，如果我们仔细探寻，就会从中获益良多。这在一定程度是对的。有时这个任务比较困难，例如，个体经常以特定的方式行事，但这并不反映他们的偏好或特质，而是外部因素让他们这样做。举个例子，假设你去一家餐馆就餐，一位年轻的女士满面春风地迎接你，并告诉你"请等待就餐"，她举止得体，面带微笑，这就意味着她是友善的人吗？当然有这种可能，但是也许她只是故意为之，因为这是工作的需要而已，她是别无选择的。她的老板告诉她："顾客是我们的上帝，我不会容忍对上帝不恭敬的员工。"此类情形比比皆是，如果我们利用这种行为来推断他们的特质与动机就很容易被误导。

我们该怎样处理此类事情呢？根据琼斯和戴维斯的理论（Jones and Davis, 1965; Jones and McGillis, 1976），我们可以关注最有说服力的一些特定行为。

首先，我们只关注那些个体自由选择的行为，尽可能忽略那些个体被迫做出的行为。其次，我们会关注那些产生了特定效应的行为，琼斯和戴维斯将其命名为**不寻常效应**（uncommon effect，不寻常仅仅是指不经常发生），指的是某种特定因素能够引起而其他因素不能引起的效应。为什么产生不寻常效应的行为能够提供信息，因为这些信息能够让我们确定他人行为背后的原因。例如，假设你的一个朋友订婚了，他的未婚妻外表迷人，个性鲜明，非常富有，并且狂热地爱着你的朋友。你可以从你朋友决心娶这个女人中了解到什么呢？不会很多吧。因为有太多理由让你的朋友做出这个决定。相反地，假设你朋友的未婚妻非常漂亮，但是她对你的朋友极为冷淡，令人生厌，负债累累，经常入不敷出。这时，你的朋友将要娶这个女人的事实会提供给你关于这个朋友的相关信息吗?当然。你或许可以得出这样的结论,他爱她形体之美胜过她的个性、财富。正如你在这个例子中看到的,我们可以从他人做出的产生不寻常结果的行为中获得更多的信息。

最后,琼斯和戴维斯建议,我们应该更多地关注那些社会称许性低的行为,而非那些社会称许性高的行为。换言之,我们从那些少数人不同寻常的行为中得到的信息会多于从常人的普遍行为中得到的信息。

总而言之,根据琼斯和戴维斯提出的理论,从下列情况中我们更能够从他人的行为推断出他们的稳定特质(也就是说我们得出关于他人的相应推断):(1)行为是自由选择的;(2)行为产生特别效果;(3)行为的社会称许性低。

凯利(Kelley)的因果归因理论:我们怎样回答"为什么"的问题

想一想下面这些情况:

你和某人约着在餐厅会面,但是她没有出现,20分钟以后,你也离开了。
你给一位朋友留了几条信息,但是他没有回复你。
你期待升职,但是未能如愿。

在所有的这些情况下,你极有可能猜想为什么会发生这些事情:为什么你约的熟人没来餐厅,她忘记了还是故意不来?为什么你的朋友不回你的信息,他生你气了还是他的手机坏了?为什么你没能升职——你的老板对你的工作表现不满意还是你受到了某种歧视?在很多情形中,这是我们所面对的主要的归因问题。我们想知道他们为什么这样做,为什么事情会通过这样一种独特的方式发生。知道这些至关重要,因为只有当我们理解了他人行为背后的原因,或是事件发生的来龙去脉,我们才能弄明白社会世界到底是怎么回事(在将来我们才能阻止不好的结果再次发生)。显然,他人行为背后的特定原因很多。为了便于理解,我们经常从一个简单的问题入手:他人的行为主要受内因影响(他们的特质、动机、意图),抑或外因(社会世界或物质世界的某些方面),还是二者兼有?例如,你可能会猜测你没有得到晋升是否因为自己不够努力(内因),你的老板不公正、对你有偏见(外因),还是二者兼有?我们试图怎样回答这样的问题?凯利的理论为我们理解这一过程提供了重要的见解(Kelley,1972;Kelley and Michela,1980)。

根据凯利的理论，当我们在试图解释他人行为的原因时会注意三类主要的信息。首先，我们考虑**一致性**（consensus）——我们关注的这个人的反应和别人对同样事件做出的反应的相似性，当相似性越高时，一致性就越高。其次，我们考虑**一贯性**（consistency）——这个人在其他场合下对同一事件做出相同反应的程度。最后，我们会注意**区别性**（distinctiveness）——此人面对不同刺激或事件做出相似反应的程度。

根据凯利的理论，当一致性和区别性低，但一贯性高的情况下，我们倾向于将该人行为归于内因。相反的，当一致性、一贯性和区别性都很高时，我们倾向于将该人的行为归于外因。最后，当一致性低，一贯性和区别性高时，我们通常将该人的行为归于内外因结合。也许，一个具体的实例可以帮助我们说明这些观点的合理性。

假如你在餐馆看到服务员和顾客调情。这种行为引出了一个有趣的问题：为什么服务员会这样做呢？是内因还是外因造成的？他是喜欢调情的人吗（内因）？还是顾客的确非常有魅力（外因）？根据凯利的理论，你（作为整件事的旁观者）的判断依赖于上文提到的三个因素。首先，假设存在以下三种情况：(1)你看到另外一个服务员与该顾客调情（一致性高）；(2)你看到该服务员与同一顾客在其他的场合调情（一贯性高）；(3)你没有看到该服务员与其他顾客调情（区别性高）。在高的一致性、一贯性和区别性的情况下，你可能将员工的行为归于外因——即该顾客的确非常有魅力从而导致服务员与她调情。

相反，假设存在另外三种情况：(1)没有其他的服务员与该顾客调情（一致性低）；(2)你看到该服务员和同一顾客在其他的场合调情（一贯性高）；(3)你看到该服务员和很多顾客调情（区别性低）。在此种情形下，凯利的理论建议将服务员的行为归于内因：这个服务员就是个轻佻的人（如图 3-8 所示）。

凯利理论的主要假设在大部分社会情形下得到了证实，为我们认识因果问题提供了重要的视角。然而，关于这一理论的研究仍然需要一定的改进和拓展，正如下文所描述的那样。

归因的其他维度

我们经常对他人的行为主要源于内因还是外因感兴趣，但这并不是完整的故事。我们还关心其他两个问题：(1)影响他们行为的原因是稳定的，还是变化的？(2)这些因素是可控的吗？——个体是否能够根据自身意愿改变它？（Weiner，1993，1995）？这些方面独立于我们刚才讨论的内因-外因的维度。例如，很多行为的内因一段时间

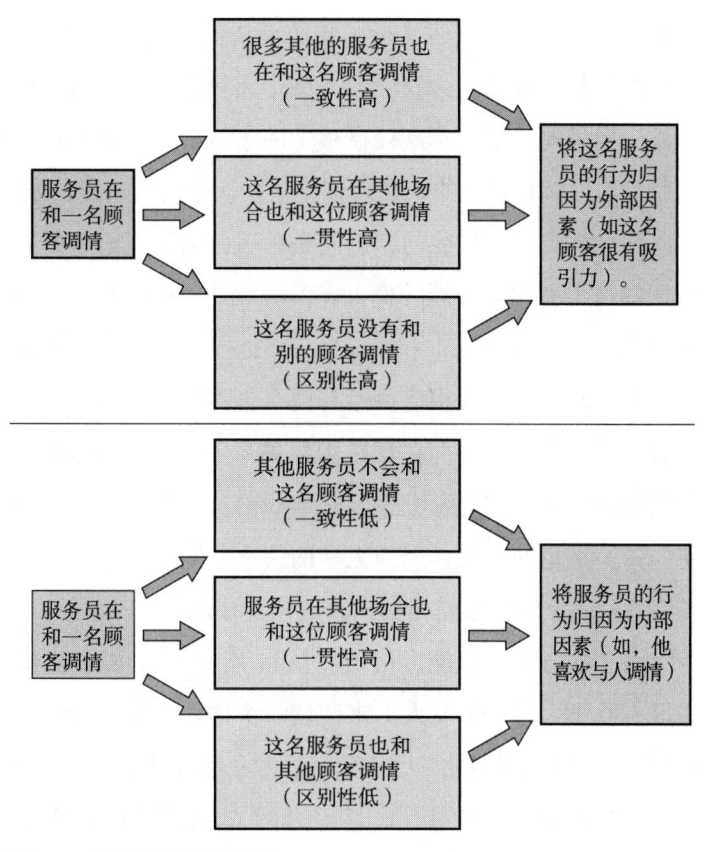

图 3-8　凯利归因理论的例子

在图中上一部分的情况下，我们会将服务员的行为归因为外因——例如，顾客很有吸引力。在图中下一部分的情况下，我们会将服务员的行为归因为内因——例如，这位服务员喜欢与他人调情。

内是很稳定的，比如人格特质或气质（例如，Miles and Carey，1997）。相反，另一些内部因素可以改变而且经常大幅改变，例如，动机、健康和疲惫。类似地，一些内部因素是个人可控的，如果愿意的话人们可以学着控制自己的脾气；另外一些内部因素是不可控的，比如慢性疾病或残疾。行为的外部原因也是一样的：一些是稳定的（例如，告诉我们在特定场合应该怎样做的法律和社会规范），另一些不稳定（例如，人的坏运气）。大量的证据表明，为了去理解他人行为背后的原因，我们应该主要关注这三个维度：内部-外部，稳定-不稳定，可控-不可控（Weiner，1985，1995）。

发生在我们生命中的事件是命中注定的还是我们让它发生的？命运归因 vs. 个人选择

设想一些你预料之外但很重要的事件发生了：你突然中彩票了或者你计划去度假，

但在出发之前因为突然摔折了腿而无法成行。我们应该怎样对这些事情做出解释呢？一种解释是，这是因为我们的一些个人行为而造成的：你摔断了你的腿，是因为你试图站在摇晃的椅子上拿高处搁板上的东西。另一种解释是将其归因于命运这样一种超出我们的理解和掌控的外在因素，从而认为这些事情的发生是命中注定的。

两种解释都是可能的，但是是什么因素让我们偏爱其中的一个呢？很多研究都尝试回答这个有趣的问题（例如，Burrus and Roese，2006；Trope and Liberman，2003），其中诺伦扎扬（Norenzayan）和李（Lee）(2010)所做的研究提供了一些有趣的答案。这两位社会心理学家认为相信命运与两个基本的信念相关：一个是确信神的确存在的宗教信仰，另一个是认为存在**复杂因果关系**（complex causality）的信念，即认为影响这些事件的原因很多，没有哪个原因是本质的。这样就导致了小概率事件的发生是"命中注定"这一结论的产生，因为太多的因素共同作用导致了事件的发生，一个因素的存在与否意义不大——事情是由多种因素造成的。

为了检验这些预测，诺伦扎扬和李（2010）要求基督徒被试或非教徒被试（他们中既有欧洲人也有东亚人）来阅读一个描述了出人意料的小概率事件的故事，然后让他们判断这些事件在多大程度上是由命运或偶然因素导致的？例子如下：早上八点，街道上同往常一样忙碌，凯莉（kelly）正在去学校的路上，当她停下并弯下腰系鞋带的时候，发现在她的右前方有一枚钻石戒指，这在一般情况下是很难遇到的。研究人员预测具有强烈宗教意识的人会把这件事归于命中注定，东亚人由于持有强调因果关系复杂性的文化信念而同样认可这种观点。正如你在图3-9中看到的那样，这正是实验所发现的结论。诺伦扎扬和李通过进一步的研究发现，对于基督徒来说，相信命运是受信仰上帝的影响，对于东亚人来说，相信命运是因为他们深信因果关系的复杂性。

行动识别与归因过程

当我们看到他人的行为后，就会试图去理解他们为什么这样做，他们想要达成什么目的——我们有各种各样的解释。例如，假设你看到有人把零钱放到存钱罐里，你可能会想："她之所以这样做是为了避免零钱丢失。"另外，你可能还会想："她攒钱是为自己攒学费读书。"第一种是一种低水平的解释，关注于行为的本身，很少涉及个人的计划与长期目标；第二种解释将行为归因于个体的计划、意图和目标。行为是相同的，但是我们对它的解释是不同的。我们使用的解释水平就是**行动识别**（action identification）。

研究发现表明，行动识别是归因的一个基本特征。当我们认为他人行动仅涉及行动本身时，我们很少将行动归因于他们的意图、目标或者其他高层次的认知。相反地，我们如果认为他人的行动有更深层的意义，我们也会将其行为更多归因于精神层面。我们认为其行为不仅受当下的环境的影响，而且反映了他们的个人目标、性格、意图等心理。由科扎克（Kozak）、马什（Marsh）和韦格纳（Wegner）（2006）做的研究为这些推理提供了强有力的支持。通过几项研究，他们发现，对他人的行动越是做高水平的解释（没有停留在行为本身），行动者就越被认为拥有复杂的动机、目标和思考过程。因此，当考虑归因问题时，他人做了什么并不是唯一重要的因素；我们对这些行为的解释也是至关重要的，而且会塑造我们对行动者的感知。

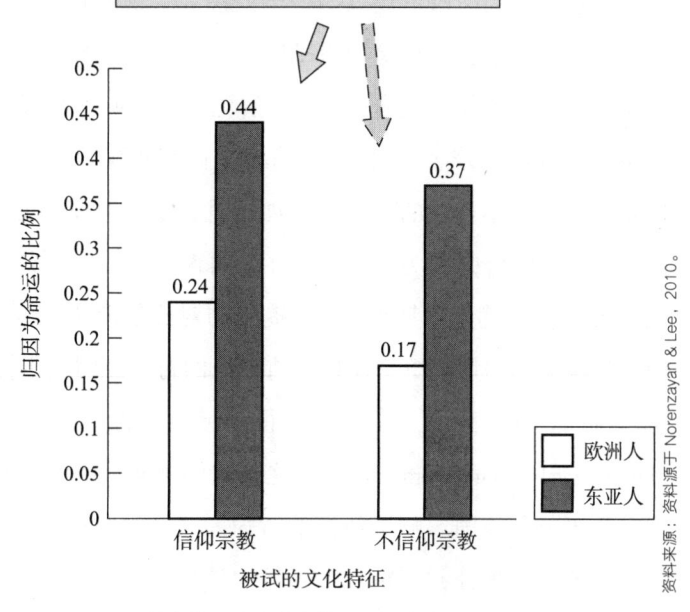

图 3-9　不可能事件是命中注定的吗？是由命运所致，还是由我们的行为所致？

研究表明，不可能发生的重要事件经常会被归因为命运而非个人行为原因。最近研究发现，相比其他人，信仰上帝的宗教人士和相信复杂因果关系（如许多因素的结合导致了不可能事件的发生）的不同文化的人们更倾向于把不可能事件归因为命运因素。

资料来源：资料源于 Norenzayan & Lee，2010。

归因：一些基本偏差

尽管我们在思考社会生活方面做得不错，但远没有达到完美的标准，这也是本书的基本主题之一。事实上，我们尝试去理解别人和我们自己的这种努力受几种偏差所影响，这些偏差可能导致我们在以下问题上产生错误的结论：他人为什么这样做？他们将来会怎么做？下面我们介绍一下这几类偏差。

对应偏差：夸大性格因素

假想你看到了以下场景。一个人参加会议迟到了一小时，当他进入会场时，他的便签掉到了地上，当他捡便签的时候，他的眼镜摔到了地上，而且摔坏了。后来他洒了咖啡，弄湿了领带。你该怎样解释这些事情呢？你极有可能得出这样的结论："这个人没有条理而且笨手笨脚的。"这样的归因正确嘛？也许吧，但这个人的迟到也有可能是因为一些不可控的因素，比如飞机延误，他掉了便签，是因为印制便签的纸太光滑，他洒了咖啡是因为杯子太烫了不好拿。你在分析原因时，不太可能考虑到这些潜在的外因，这就是琼斯（1979）提出的**对应偏差**（correspondence bias）——即使在存在明显情境原因的情况下个体也会将他人的行为原因归于性格因素的倾向（例如，Gilbert and Malone，1995）。这种偏差似乎很普遍，以至于社会心理学家将之称为**基本归因错误**（fundamental attribution error）。简言之，我们倾向于将他人的行为归因于他们的性格特征，而非很多外部原因影响了他们的行为。这种倾向在大部分的情形中发生，尤其发生在凯利所说的一致性和区别性都很低的情形中，或是发生在当我们预测他人遥远未来的行为而非不久将要发生的行为时（Nussbaum et al.，2003；Van Overwalle，1997）。为什么会这样？因为当我们考虑遥远未来时我们倾向于采用抽象的术语，这会引导我们从整体特质的角度来考虑别人，因此，我们就会忽视他们行为可能的外因。这种基本归因错误在很多研究中已经得到证实，最初是由琼斯和哈里斯（Harris）（1967）发现，几年以后尼斯贝特（Nisbett）等人再次提及（Nisbett，Caputo，Legbant & Marecek，1973）。这项研究对后续归因研究产生了很大的影响，接下来我们就做些详细的介绍。

对应偏差：比你想象的还要严重！

假设你读了他人写的一篇关于热门话题的评论。基于这篇评论，你可以判断作者对该话题的态度——作者是支持还是反对。到目前为止，这应该没什么问题。但是现在假设，在你读文章之前，你获知作者在文章中的立场是被指定的，而非自愿选择——再请你判断作者对该问题的真实态度。从完全理性的角度分析，你应该意识到，该文章并不能告诉你作者真实的观点，毕竟作者仅仅是按照指示行事。但是社会心理学家琼斯和哈里斯（1967）发现，基本归因错误在这种情况下依然存在，尽管我们知道作者并非自愿写作，我们还是坚持认为自己可以从文章中看出作者的真实观点。

实验的具体过程是这样的，研究人员要求被试读一篇短文，文章内容是支持或者反对菲德尔·卡斯特罗（Fidel Castro）对古巴的统治（记住，研究开展于 1967 年）。一种实验条件下，被试被告知短文的作者是自愿写这篇文章的，另一种情况下，他们被告知作者是被迫写文章来支持或反对卡斯特罗的统治。在阅读文章后，要求被试判断文章作者的真实态度。结果很明确：即使知道文章作者是被迫采取某种立场，被试还是认为他们可以从文章中看出作者的真实态度。换句话说，他们把文章作者的行动归因为内部因素（作者真正的信念），尽管他们知道并不是这样的。显然，这是存在基本归因错误的极其有力的证明。

后续研究也得到了类似的结论。例如，尼斯贝特等人（1973）的研究中，要求被试看 20 对特质标签（比如，安静和健谈，宽容和严苛），并让他们从中为自己、好朋友、父亲及沃尔特·克朗凯特（Walter Cronkite）（当时著名的播音员）选择最为合适的标签。被试还有第三种选择：他们可以选择"视情况而定"。结果再次证明了基本归因错误：相比其他人，被试对自己的描述中有更多的"视情况而定"。换句话说，他们认为自己的行为会因情况而变，而其他人（好朋友、父亲甚至是知名新闻主播）的行为则反映了他们的性格特征（如图 3-10 所示）。

总之，诸如此类的早期研究强有力地证明：我们在理解他人和自己行为的过程中并非是完全理性的。相反，我们会受各种倾向或是偏见的影响，其中基本归因错误的影响尤为强烈。

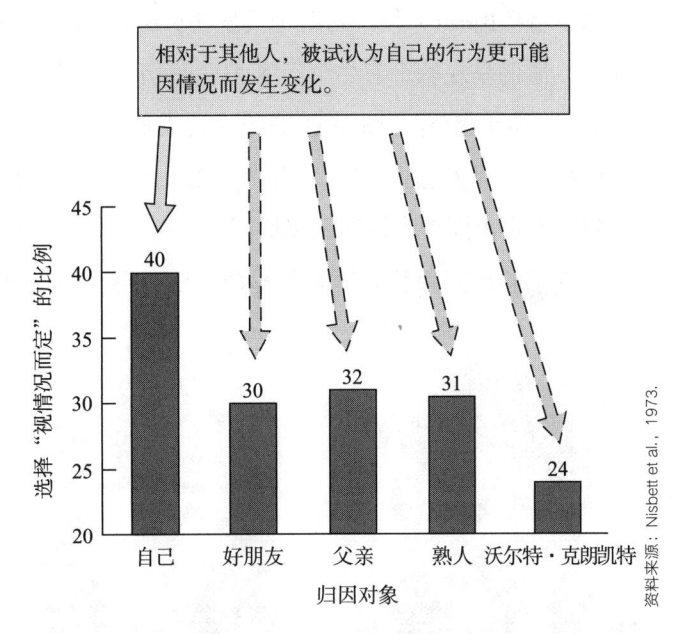

图 3-10 行动中的基本归因错误：经典研究

研究中要求被试从 20 对特质标签中选出最能描述他们自己或其他人（他们的朋友、父亲等）的特质，他们还可以选择"视情况而定"。相比其他人，他们更多地为自己选择了"视情况而定"。即他们认为自己的行为受到了外部因素的强烈影响，但他人的行为则主要是受内部因素如个人特质的影响。

资料来源：Nisbett et al., 1973.

对应偏差和性别:"她是很情绪化的人,但他只是因为很倒霉"

老实说,你是否坚信,女性比男性更加情绪化,她们是否更容易有强烈的情绪,并且这些情绪更可能会影响到她们的决策和行为?如果是,那么你将和很多人一样。即使在有关男女的观念已经发生了很大变化的今天,很多人还是坚信女性比男性更加情绪化。实际上,研究表明事实并非如此(例如,Feldman et al.,1998)。但这种观念仍然存在,为什么呢?对应偏差给了一种解释:可能当人们有情绪化的行为时,相比男性,我们更容易把这些行为产生的原因归结为女性的稳定特质。换句话说,当男性和女性都有相同程度的情绪化行为时,我们把女性的行为归因于她的人格因素,而把男性的行为归因于外部的环境因素。简而言之,至少在情绪化方面,相比男性,对应偏差更可能影响对女性行为的归因。

巴雷特(Barrett)和布利斯·莫罗(Bliss-Moreau)(2009)也为这种论证提供了清晰的证据。他们呈现脸上有生气、害怕、悲伤或厌恶表情的男性和女性的照片。每张照片附有对表情的解释(图 3-11 的照片就类似于研究中所用的照片)。例如,悲伤的脸附有解释"对爱人感到失望",生气的脸附有"被其他司机抢道"。总之,告知被试照片中的人表现出那种表情的情境原因。

在看了脸部照片和对情绪的解释之后,再次向被试呈现这些照片,但这次被试需要快速决定照片中的人是情绪化的还是运气不好。被试需要按键盘上的两个键来作出选择。研究预测,尽管每个人的表情都附有解释,但被试更倾向于认为女性的表情是因为她们的情绪化,男性仅仅是因为运气不好。结果证实了研究的预测。这些发现表明,人们之所以坚信女性比男性更情绪化,原因之一在于对应偏差更可能影响对女性的归因。

图 3-11 对应偏差与性别
给被试看带有明显情绪的人们的照片,并附有对这种情绪产生原因的解释,研究发现被试仍然会把女性的情绪反应归因为性格特质(她们是情绪化的),但把男性的情绪反应归因为情境(外部)因素(他们只是遇到了不好的事情)。

为何存在基本归因错误？

社会心理学家对为何存在这种偏差进行了大量的研究（如，Robins et al., 1996），但这个问题依然是个谜。其中一个解释是，当我们观察他人行为时，我们倾向于将注意力集中在他们的行为上，引起行为发生的外在条件就变成了背景。因此，我们会更容易注意到性格因素（内部因素）而非环境因素。换句话说，被观察的人被凸显出来，是注意的焦点，而可能影响他们行为的外部因素对我们来说不那么明显，因此对我们来说也就没那么重要了。另一种解释是，对于这类外部因素我们注意到了，但在归因时并不重视它们。还有一种解释认为，当我们关注他人的行为时，我们开始倾向于假设他们的行为反映了他们的性格特质，然后再试图将外部因素考虑进来对归因进行修正（这涉及第二章所提到的锚定-调节）。而这种修正通常都很不充分，因为我们没有对外部因素的作用给予足够的重视。我们下结论时，通常不会关注飞机晚点、地面湿滑等外部因素（Gilbert and Malone, 1995）。

很多研究（例如，Chaiken and Trope, 1999；Gilbert, 2002）都证实了这种两阶段加工理论，即归因的过程先是一种快速、自动化的反应，然后进行缓慢、受控制的修正，因此它是对对应偏差（即基本归因错误）的有力解释。事实上，多数人都知道这一过程，至少是知道他们先假设别人的行为原因是内部因素（如，他们的人格、信念），然后再利用外部因素来修正这个假设，至少是在一定程度上做修正。更有趣的是，我们倾向于假设我们比别人更多地考虑到了外部因素。换句话说，我们坚信我们比别人更少受到对应偏差的影响。

行动者-观察者效应："你是自己摔倒的，我是被人推倒的"

基本归因错误主要出现在我们对他人进行归因时，但我们不倾向于将自身行为过度地归因为外部因素。这就解释了另一类归因偏差：**行动者-观察者效应**，即我们倾向于把自身行为归因于情境（外部）因素，而把他人的行为归因为性格（内部）因素（Jones and Nisbett, 1971）。因此，当我们看到别人摔倒时，我们认为他们是笨拙的。我们自己摔倒时，则倾向于归因为环境因素，如路面上有冰。

为什么会存在行动者-观察者效应？部分是因为我们知道外部因素确实会影响我们的行为，但当我们把注意力转向他人的行为时，就忽略了这些外部因素对他人行为的影响。因此，我们倾向于认为自己的行为很大程度上是由外部因素引起的，而他人的行为主要是由他们的特质或性格决定的。

自利偏差："我能力很强，而你只是运气好"

假设你写了一篇论文，当论文发回来的时候，你看见第一页上有评语："这是我多年以来见过的最优秀的文章。A+。"你认为是什么原因造就了你的成功？你很可能会将其归于一些内部因素，比如你的天赋、你付出的努力等等。

现在，相反地，想象当你拿到论文后，发现评语为："这是我多年以来见过的最差的文章。D-。"你又怎样解释这个结果呢？你很有可能会把这个结果归因为外部因素，如任务的难度、教授不公平的评分标准、你没有足够的时间做好这项工作等等。

这种把好的结果归因为内部因素而把不好的结果归因为外部因素的做法就是自利偏差，它的影响范围很广，作用也很大（Brown and Rogers，1991；Miller and Ross，1975）。

为什么我们归因时会出现这种倾向？可能的原因有很多，大多可归结为两种：认知解释和动机解释。认知模型认为自利偏差来源于我们处理社会信息的特定倾向（见第二章；Ross，1977）。具体而言，这种模型认为我们将好的结果归因为内部因素，而把不好的结果归因为外部因素，其原因是我们都期望成功，都有一种将好的结果归因为内部因素而不是外部因素的倾向。与此不同的是，动机的解释认为自利偏差源于自我保护和提升自尊的需要（Greenberg et al.，1986）。尽管认知和动机因素在这种归因偏差方面都起着重要作用，但研究证据更倾向于支持动机解释的观点（例如，Brown and Rogers，1991）。

无论自利偏差的起源是什么，它都会影响人际和谐。它经常使那些与他人合作的人坚信是自己做了主要的贡献，而把不好的结果归咎于他人。

有趣的是，一些研究表明，自利偏差的强度因文化而异（如，Oettingen，1995；Oettingen and Seligman，1990）。在高度重视团队成绩和团队协作的文化中（如亚洲地区），自利偏差的作用更弱。而在重视个人成就并允许个人以其成就为傲的西方文化中，其作用会更强。例如，李和塞利格曼（1997）发现，与华裔美国人和中国人相比，欧裔美国人有着更为强烈的自利偏差。从中我们再次看到文化对社会行为和社会思维非常基础层面的影响。

自利偏差和对意料之外的消极事件的解释

每个人都遇到过意料之外的消极事件，比如你的电脑把你重要的文件"吞"了，无法复原；你们的校队实力很强，但最后还是输了比赛。我们怎么解释这类事情呢？假设这类事情发生了，我们通常会归因为外部因素：电脑出了问题、校队遭到了不公正的裁判等等。但是当发生积极的事情时，如我们找到了丢失的文件、校队赢了等，我们就倾向于归因为内部因素：我们有能力处理电脑问题，我们校队很有技术和天分。换句话说，正如自利偏差那样，我们趋向于把消极事件归因于外部因素，把积极事件归因为内部因素。在某种意义上，它可以视为自利偏差的延伸，因为它关注引起和产生消极事件的操作者（电脑、不公平的裁判）。莫尔韦奇（Morewedge）（2009）的研究证实了我们在解释消极事件过程中的这种偏差。

莫尔韦奇在研究中要求被试玩一场"最后通牒博弈"，游戏中给同伴3美元并允许他把钱进行任意的分配，被试决定接受或拒绝同伴分给自己的这部分钱。一种情况是，同伴提供了一种对被试有利的分配：给被试2.25美元，给自己0.75美元。另一种情况下，同伴进行的是公平的分配：给每个玩家1.5美元。还有一种不利于被试的情况，给被试0.75美元，给自己2.25美元。在游戏进行了几次后，问被试同伴是真人还是电脑。

研究预测为，在不利于被试的情况下他们更倾向于相信同伴是真人，在有利情况下更趋向于相信同伴是电脑。这是为什么呢？答案是，由于趋向于把消极事件归因为外部因素，这会使被试认为不利于自己的分配方案是由人给出的，而不是电脑。如图3-12所示，事实正是如此。因此很显然，把消极事件的发生归因为外部因素是人们普遍存在的明显倾向，它强烈影响了我们对社会世界的理解。

尽管多种归因偏差的存在让人们的归因偏离了凯利（1972）描述的那种"完全理

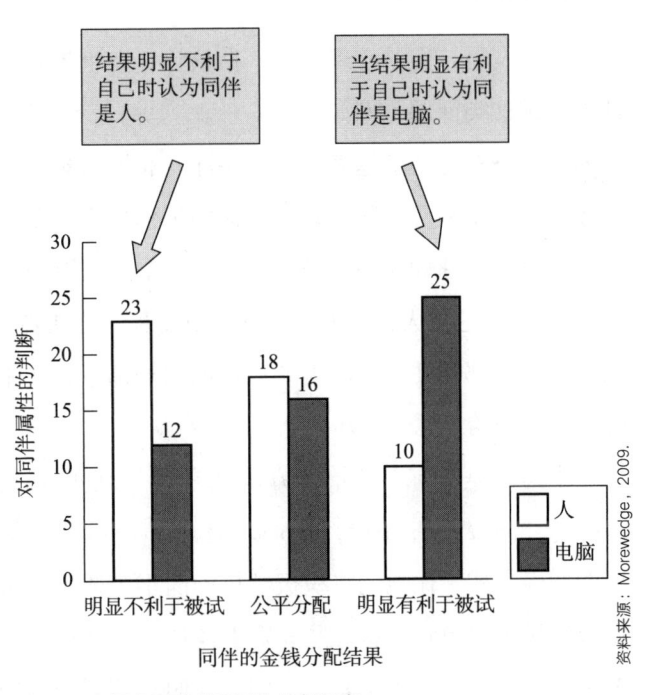

图3-12 把负面事件归因为外部因素

如图所示，在最后通牒博弈中，当个体面对不利于自己的分配方案时，他们趋向于认为分配者是真人。当面对有利于自己的分配方案时，他们倾向于认为分配者是电脑。这些发现表明，我们趋向于把负面结果或事件的出现归因于外部因素。

资料来源：Morewedge, 2009.

性人"的结果，我们也应该注意到，尽管有各种偏差存在，社会认知仍然经常是准确的，在很多情况下我们确实通过观察他人行为得到了有关他人特质和动机的有效信息。我们接下来看看这方面的证据，为后文讨论印象形成过程做些准备。

归因理论的应用：洞察和干预

现代社会心理学的奠基人之一库尔特·勒温（Kurt Lewin）经常说："没有什么比好的理论更实用的了。"他的意思是说，一旦我们对社会行为和社会思维有了科学的了解，就很有可能将这个知识应用到实际生活中。归因理论就是这样的好理论。随着有关归因的基础知识不断丰富，它的应用范围也逐渐扩大（Graham and Folkes，1990；Miller and Rempel，2004）。作为一个例子，我们来看看归因理论在抑郁这个心理健康重要方面的应用。

归因和抑郁

抑郁是最普遍的心理障碍。据估计，全世界几乎有一半的人在一生中的某个时段都出现过这类问题（例如，Blazer et al.，1994）。尽管有很多因素和抑郁有关，但自我损害的归因方式受到了越来越多的关注。相比展现出自利偏差的大多数人而言，抑郁个体倾向于使用相反的归因方式。他们把消极事件归因于稳定的内部因素（如他们的特质、能力），但把积极事件归因于暂时性的外部因素（如好的运气或者是他人的特殊照顾）。结果，这类人认为他们被命运所支配，无法控制将要发生在自己身上的事情。他们会变得抑郁并且想要轻生。一旦他们抑郁了，使用自我损害归因方式的倾向就会增强，由此开始了恶性循环。

幸运的是，有一些治疗方法就是为了改变这种归因方式，并且取得了巨大成功（例如，Bruder et al.，1997；Robinson et al.，1990）。这些新的疗法试图让抑郁的人改变他们的归因方式，让他们将积极结果归因于个体，不再因消极结果（特别是不能避免的消极结果）而自责，将一些失败看作他们无法控制的外部因素的结果。归因理论为这些新的治疗方法提供了基础，因此证明了归因理论的实用价值。当我们通过网络（而非面对面情境）和他人进行交流时，归因是否会影响我们对他人的反应？有关这个重要话题的信息，请看"互联世界中的社会生活"专栏的文章《通过网络来理解他人：归因和以电脑为媒介的沟通》。

互联世界中的社会生活

通过网络来理解他人：归因和以电脑为媒介的沟通

你使用电子邮件吗？大多数人使用，在当今的商业社会，电子邮件已经成为重要的交流工具（如图 3-13 所示），它的优势之一在于可以提供人与人之间的即时联系，即使他们生活在地球的两端。另外一个优点是它基本上免费，人们只需要很低的成本（甚至没有成本）就能随心所欲地和许多不同的人进行交流沟通。这些优点暗示电邮简直是一种纯粹的福祉，但真是这样的吗？尽管它迅捷、免费，随时可以获得，但它却减少了人与人之间的话语交流，将之变成呈现在电脑屏幕上的词汇。随之而去的是一些其他的信息源，例如他人的容貌、面部表情、音调以及其他语言和非语言的线索。在某种意义上，电邮减少了人与人之间面对面交流所带来的一系列的信息（例如，Junemann and Lloyd, 2003）。这当然也有它的好处，因为有时候个人线索（例如，他人是否很有吸引力、年轻还是老迈、苗条还是超重等等）都会分散注意力，阻碍清晰和有效地交流。但是当缺少这些线索时，也会对形成有关他人的准确认知造成困难。

假如，你收到一封邮件，内容很短且很唐突甚至粗鲁无礼。为什么发信人会发出这样的信息呢？因为他们是令人讨厌的人吗？他们很忙？或者因为他们是其他文化的人所以不知道你们文化中的礼仪？同样的，假设他们的信息有很多语言和语法错误，这是因为他们粗心懒散还是因为他们来自异文化不太懂英语？显然，我们在这种情形下形成的归因会强烈影响我们对信息发送者的印象，而且会影响以后和他们的交流。

图 3-13 电子邮件和对应偏差

电子邮件在我们当前的生活和工作中不可或缺，它带来了不可思议的快速性和便利性。但它也减少了很多我们与他人面对面交流时所得到的信息。研究发现，这会强化我们的对应偏差。

越来越多的证据表明，事实上，电子邮件确实给人留有很大的解释余地，也更可能让我们误会他人。请记住对应偏差的强大影响：我们一般都倾向于把他人的行为归因为他们的人格或稳定的特质，而不是归因于外部因素，除非有很明显的证据时才会归因为外部因素。为了验证这类偏差是否也存在于通过电子邮件进行的交流中，威格诺威克（Vignovic）和汤普森（Thompson）（2010）进行了一个研究，一个机构的几百名员工都收到了一封陌生人的电子邮件。有的邮件显示发件人来自其他文化，有的没有提供任何这类信息，邮件有三类：一种是没有拼写或语法错误且很有礼貌；一种是有拼写或语法错误但很有礼貌；一种是没有拼写或语法错误但不礼貌（如：过于简洁或者语气不得体）；要求被试在收到邮件后从以下维度对信息发送者进行评价：他们的人格（责任心、外倾性、宜人性）、智力、认知可信赖度和情感可信赖度。此外，一部分被试获知信息发送者来自异文化，另外一部分获知信息发送者和被试属于同一文化。

研究者假设，如果知道邮件发送人来自异文化，这会减少个体对存在拼写和语法错误、缺乏礼貌的邮件的消极反应。即，当他们得知发送人来自不同的文化，他们就会做出对这些人有利的归因，认为邮件发送者的（拼写和语法）错误是因为缺乏对英语的了解，或者认为他们的不礼貌是因为不熟悉美国文化的缘故。结果有力地支持了第一种假设：当被试知道发送人来自不同的文化，他们不会在发送人的责任心、智力及其他特质方面做消极评估。然而，得知发送者来自不同文化并不会减少被试对他们在礼貌方面的消极评价。作者认为这可能是因为，礼貌比拼写和语法错误更抽象和模糊，因此它需要花费更多的认知努力来调节最初的消极反应以加工其他的信息（如发送者来自不同的文化）。不论原因是什么，其实际意义很明显：正如在面对面交流时所发生的对应偏差，用电子邮件进行交流时也会发生这类归因偏差。尽管它的影响作用可能变弱，但即使我们了解到了有关他人行为的可能外部原因，它还是会强烈影响我们对他人的认知。

总之，电子邮件是个好工具，但和其他工具一样，它也有不利的一面，特别是在没有充分考虑到礼貌规范方面的文化差异时。

要点

- 为了得到有关他人稳定特质、动机和目的的信息，我们经常使用归因，即努力了解他人行为的原因。根据琼斯和戴维斯的对应推断理论，我们试图根据他人的行为推断他人的特质，特别是那些自由选择、产生不寻常效应、低社会赞许性的行为。
- 根据凯利的三维归因理论，我们想知道他人的行为原因是源于内部因素还是外部因素。为了得到这个答案，我们关注与一致性、一贯性和区别性有关的信息。
- 归因还有两个重要的维度：引起行为发生的原因是稳定的还是不稳定的，是可控的还是不可控的。
- 另一个与归因有关的问题是，我们把事情归因于命运的程度：是命中注定，还是人为因素。那些坚信神存在的人更容易将预料之外的重要事件归因为命中注定；那些将重要事件进行复杂归因的文化中的人也是这样。
- 归因受很多偏差的影响。其中最重要的是对应偏差，即在呈现情境因素的情况下仍然把他人的行为归因为个体内部因素的倾向。
- 最近几十年来，即使性别角色有了很大的变化，很多人还是把女性的情绪化行为归因为性格因素（"她们是情绪化的"），而把男性相同程度的情绪化行为归因为外部因素。
- 另外还有两种归因偏差。一种是行动者-观察者效应，即把我们的行为归因为外因（情景因素），而把别人的行为归因为内因的倾向。另一种是自利偏差，即把发生在自己身上的积极结果归因为内部因素，而把消极结果归因为外部因素的倾向。我们对消极事件进行归因时自利偏差更大，经常归因于引起事件发生的外部因素。
- 归因理论已经被用来处理很多实际问题，并取得了很大成功。如用它寻找抑郁的原因和治疗这种重要的心理疾病。
- 归因也发生在通过网络进行的电子交流中（如电子邮件）。

第 3 节 印象形成和印象管理：整合与他人有关的信息

当我们第一次见到他人时，会有大量信息扑面而来。我们在一瞥之间，会看见他们的长相、穿着、说话和行为的方式。尽管信息量很大，我们还是会以某种方式将这些信息整合为对他人的**第一印象**，这些印象是一种以我们对他人的反应为基础的心理表征。印象形成显然是社会知觉的重要组成部分。这里有几个重要的问题：到底什么是第一印象？它们是怎么形成的？多快就形成了？它们是准确的吗？现在让我们来看看社会心理学家已经开展的有关这类问题的研究。首先，我们来介绍这一领域的经典研究，然后我们关注最近的研究及其发现。

第一印象研究的开端：阿施核心特质和次要特质的研究

正如我们所讲的，归因等一些社会知觉活动需要许多心智努力：根据他人行为推断他人的动机或特质不是一项简单任务。相反，形成第一印象却费不了多大劲。正如实验社会心理学奠基人之一所罗门·阿施（Solomon Asch）所说："我们看他人的时候，能立即对他的性格形成一定的印象。看一眼，或是几句话，就足以告诉我们很多故事……"（1946，p.258）。我们怎么做到的？我们是怎么快速而不费努力地形成了这种印象？这就是阿施所研究的问题。

在阿施开展研究的那个年代，社会心理学家受格式塔心理学的影响很大，特别是在知觉方面。格式塔心理学的基本准则是："整体通常大于部分之和。"即我们所知觉到的信息超过了各种感觉的总和。为进一步说明这种观点，打个比方，你对某幅画作（不是那种非常现代派的画！）只看了一眼。你看到的不是画布上的一个个点，而是一个整体——肖像、风景或是水果——是画家想要表达的任何东西。因此，正如格式塔心理学家所说，世界上的每个事物只有在和其他事物结合为一个整体时才能被我们所解释和理解。

阿施运用这些思想来解释印象形成，他认为，我们并不是通过将我们所观察到的他人的特征进行简单相加而形成印象。实际上，我们是把这些特质与其他的特质相联系，这些特质便不再单独存在，而是成了动态整体的一部分。怎么验证这种想法？阿施想到了一个巧妙的方法。他给被试一个清单，上面列出假设陌生人可能有的一些特质，然后要求他们在另一张清单上选出符合他们对这个陌生人印象的描述。

例如，在一个研究中，被试读下列两个清单中的一个：

聪明、手巧、勤勉、热心、有决心、实际、谨慎
聪明、手巧、勤勉、冷漠、有决心、实际、谨慎

你可以看到，这两个清单只有两个单词不同：热心和冷漠。因此，如果人们是通过把各个特质简单结合在一起而形成印象，那么人们对这两张清单所形成的印象不应该有很大的差别。然而，事实不是这样。相比看到写有冷漠的清单的人，看到写有热心的清单的人更容易把陌生人想象为慷慨的、快乐的、性格好、合群、受欢迎并且是利他主义的人。因此，阿施认为，热心和冷漠是核心特质，强烈影响了被试对陌生人的整体印象，并影响了清单上的其他特质。阿施用礼貌和迟钝代替热心和冷漠开展了进一步的研究，结果也支持了这个观点。在实验中，两张清单所产生的印象是非常相似的。因此，礼貌和迟钝并不是核心特质，不会影响到对陌生人的整体印象。

在这类研究的基础上，阿施认为，对他人印象的形成不是简单地将各个特质进行结合。正如他所说："我们试图对整个人形成印象……当两个或更多特质属于同一个人时，这些特质便不再独立存在了，而是相互结合，相互作用。我们知觉到的不是"这种特质"和"那种特质"，而是一个相互联系的整体……（1946，p.284）"尽管在阿施之后，有关印象形成的研究有了长足的进步，但他提出的印象形成理论经受住了时间的考验。他的研究影响深远，即使在今天也值得我们认真关注。

第一印象的形成有多快？它们是否准确？

至相当近期为止，社会心理学家对于第一印象的研究所得出的一般结论仍然是：第一印象很快就形成了，但通常是不准确的。然而在过去的几年里，大量研究结果表明这些结论应该被纠正，许多研究都发现，即使利用有关他人的**切片信息**（thin slices)——例如照片或短视频——得到的第一印象也会是准确的（Borkenau et al., 2004）。人们在某些特性方面形成的第一印象比其他特性方面更准（Gray, 2008），但总的来说，人们都可以迅速且较随机水平更准确地形成第一印象。第一印象的形成有多快？在对此问题的一个研究中（Willis and Todorov, 2006），研究者让一组被试在短时间内观看陌生人的脸部照片，时间分别为：0.1 秒，0.5 秒，1 秒。然后，让被试对这些面孔的一些特质（可信度、胜任力、亲和力、宜人性、吸引性）进行评分，并给出对自己判断的自信程度。让另外一组被试也观看相同的照片后对这些特质进行评分，但没有对他们观看照片的时间进行限制。然后将两组被试的评估结果进行比较。假如我们能很快地形成第一印象，那么这两组被试的评估结果应该相似的（即高度相关）。事实上确实如此，两组被试评估结果的相关度介于 0.60 到 0.75 之间，这表明我们确实很快就能形成对他人的第一印象。因此，第一印象的形成是非常快的，并且比随机水平更为准确。

到底是什么因素决定了第一印象的准确性？目前对这个问题还没有明确的答案，但是近期研究发现了这些因素可能的线索（Gray, 2008）。一种可能性是，人们的自信水平在其决策中起着重要作用。他们的自信度越高，产生的印象也越准确。阿尔内斯（Arnes）等人的研究对这种可能性进行了检验（Arnes, Kammrath, Suppes & Bolger, 2010）。他们邀请大学生观看其他学生（MBA 学生）模拟求职面试的录像。观看录像后，对这些人的一些人格特质（外倾性、宜人性、责任心、情绪性、稳定性）进行评分，并给出自己判断的自信度。研究者然后让这些 MBA 学生填写标准化的人格量表，填写的结果可以与之前大学生的评分相对照，据此可以评估大学生判断的准确性。结果发现，被试对 MBA 学生人格的判断准确性略高于随机水平，在一定程度上与这些 MBA 学生对自己人格的评定结果相一致。然而，他们对自己评估的自信度与评估的准确性并不相关。因此总体来说，他们无法知晓自己判断的准确性。

在进一步的研究中，阿尔内斯和他的同事（2010）发现，人们评定第一印象的自信度与这些印象的实际准确性之间是曲线相关的：当评定的自信度很低时，他们的第一印象实际是不准确的。然而，随着自信度的上升，第一印象的准确性也随之上升，直到达到一个顶点，接着开始下降（如图 3-14 所示）。而且，相比运用分析方法的人，那些运用直觉方法形成第一印象的人准确性更高。

总体来说，这些研究表明，人们确实可以依据少量信息形成对他人的第一印象，这些印象的准确性要高于随机水平。而且，当个体相信他们对于别人的第一印象准确的时候，第一印象也确实是准确的——至少与个体认为对他人的印象不够准确时相比

（Biesanz et al.，2011）。换句话说，人们擅长识别什么时候他们对他人的第一印象是有效的，什么时候是无效的。我们应该认识到，大多数人很自信对他人形成的第一印象的有效性。尽管这个自信度与实际的正确率是相关的，但这个联系却不像我们想象或大多数人认为的那样强。最好的回答似乎是："虽然在某种程度上这些第一印象是准确的，但要注意它们并不是完全准确的，我们还不能很好地判断它们的准确性。"这个底线似乎是我们要谨慎地对待第一印象。

内隐人格理论：影响第一印象形成的图式

假如你的朋友说他遇到一个人，那个人很友好、善良。你会不会认为这个人也非常真诚？你可能会。但是假如你的朋友说那个人是一个非常务实、聪明的人，你会不会认为他是一个有野心的人？你也很可能会这么认为。但这是为什么呢？为什么没有这些信息，你却会认为这个人有这些特质呢？这可能是因为我们有社会心理学家所说的**内隐人格理论**（implicit personality theories），即认为一些特质或性格是一起出现的（Sedikes and Anderson，1994）。内隐人格理论可以看成是一种特殊的图式，暗示我们个体有这个特质的同时也极有可能有其他某些特质。这种期待会受到文化的影响，例如，在很多（并非所有）文化中都认为"美即是好"，那些有吸引力的人一定还有其他好的特质，如优秀的社会技能和喜欢享受生活中的美好（Wheeler and Kim，1997）。同样地，在一些（并非所有）文化中，有一种"运动男孩"的图式，即一个爱运动的年轻男孩，喜欢啤酒而非葡萄酒，有时（如在一个重要的比赛中）会大声说话，且有些粗俗。同样，一旦见到这个人有这些特质，我们就会认为他们会有其他某些特定特质，

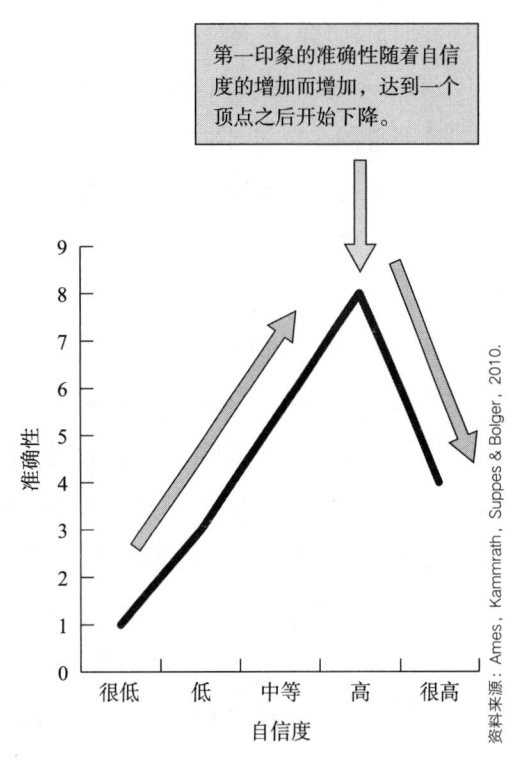

图 3-14 第一印象：评定的自信度与准确性有关吗？
研究表明，尽管依靠少量信息形成的第一印象可以是准确的，但这个准确性与评定印象的自信度没有高度相关。事实上，评定的自信度和实际的准确性之间是曲线关系。评定的自信度低时，准确性也是低的，但随着自信度的上升，准确性也上升，直至达到一个顶点，随后即使自信度持续上升，准确性却开始下降。因此我们不能根据评定第一印象的自信度预测其准确性。

资料来源：Ames, Kammrath, Suppes & Bolger, 2010.

因为我们预期它们是同时存在的。

假定一些特质或者性格同时存在的倾向非常普遍,在很多情况下都能看到。例如,你可能会猜测性格和出生顺序有联系。大量研究表明,我们都认为长子(女)是有进取心、有野心、有领导力、独立的,并且会取得较高的成就;认为中间排序的孩子有同情心、友好、外向、有思想;认为独生子女独立、以自我为中心、自私、被宠坏了(Nyman,1995)。

赫雷拉(Herrera)等人的研究清楚地证实了与出生顺序效应有关的内隐信念的强度和普遍性(Herrera, Zajonc, Wieczorkowska & Cichomski, 2003)。研究中要求被试从以下维度评价长子(女)、独生子(女)、中间孩子、最小的孩子以及自己的多种性格特点:宜人的—乖戾的、勇敢的—怯懦的、有创造力的—没有创造力的、情绪化的—非情绪化的、外向的—内向的、有责任感—没责任感等等。结果表明,对不同组的评价结果有明显差异。被试通常认为长子(女)更加聪明、有责任感、顺从、稳定、少情绪化;独生子(女)脾气最差;中间的孩子嫉妒心强、胆小;最小的孩子最有创造力、情绪化、不服从、没有责任感。因此,很明显存在着关于出生顺序与人格特质相关的内隐信念。

更让人吃惊的是,进一步研究发现,出生顺序确实与重要的人生成就有关系:在波兰进行的大样本研究显示,在家庭中越是先出生的人,他们的学业和事业成就越高。这说明了第二章中的重要观点:在某种程度上说,信念和期待经常自我实现。赫雷拉等人(2003)及很多其他心理学家的研究表明,我们关于出生顺序效应的信念可以看成是一种重要的内隐人格理论:我们坚信,个人的出生顺序和许多不同的特质之间都有关系。

总之,我们对他人的印象受到内隐人格理论的影响。事实上,这些信念如此强大以致有时我们会扭曲自己的认知与之相一致。结果就是,我们对他人形成的印象更多反映了我们自己的内隐信念,而不是这个人的真实特质(Gawronski, 2003)。

印象管理:给他人留下"好印象"的招数

我们都强烈希望给别人留下一个好印象,所以我们大多数人在和别人第一次见面的时候都会尽量让自己看起来更好。社会心理学家将这种尽量给别人留下好印象的行为称为"印象管理(或叫**自我展示**)",他们的研究也表明了印象管理的必要性:能够有效进行印象管理的人通常会在很多方面获得优势（Sharp and Getz，1996；Wayne and Liden，1995）。人们经常使用什么招数来给他人留下好印象？哪种是最有效的？在社交场合和工作环境中，印象管理和后续的行为有关吗？让我们看看探讨这些有趣问题的相关研究。

印象管理的策略

人们运用许多印象管理的技巧来提高自己的形象，这些方法大致可以分为两类：**自我提升**——努力提升自己对别人的吸引力；**抬举他人**——通过各种方式让他人感觉良好。

就自我提升而言，具体的方法包括努力提高自己的形象，可以通过提高自己的外表吸引力或者提升职业形象来实现。外表形象与个人魅力及身体吸引力有关，提升职业形象的办法包括仪容整洁、穿衣得体、讲究卫生等（Hosada et al.，2003）。美容产业和服装工业的发达表明人们试图通过各种方法提高他们的形象（如图3-15所示）。

还有其他方法实现自我提升，例如展示自己的能力和成就，具体的做法包括描述过去取得的成就、描述个人具有的积极特质（"我很容易相处""我做事有条理且能及时处理事情"）、对过去发生的积极事件进行内部归因（"由于我学习很努力，所以就提前毕业了"），或者解释他们（使用印象管理的人）解决困难的过程（Stevens and Kristoff，1995）。其中一些策略很容易在网上的约会服务网站里见到（如，Match.com），人们把自己的信息发到脸书或者其他社交网站，试图给他人（可能的爱人、老朋友和新朋友）留下"好印象"。

另一类印象管理的方式是抬举他人。在这类

图3-15 努力提升自我形象至关重要
印象管理的一个普遍办法是努力提高我们的个人魅力和职业形象吸引力。这些努力支撑了庞大的化妆品、服装和零售行业。

方法里，人们通过运用很多策略使他人产生积极情绪和良性反应（Byrne，1992）。可能最普遍使用的方法就是讨好——用不同的方式来奉承他人（Kilduff and Day，1994）。其他抬举他人的招数包括赞同他人的观点，对他人表现出极大兴趣，帮他们一些小忙，请教他们并且以某种方式给出反馈（Morrison and Bies，1991），或者用非言语的方式表示对他们的喜爱（如高频率的目光交流、点头和微笑）（Wayne and Ferris，1990）。

印象管理有用吗？人们是否真的可以运用它来提升形象？

显然人们经常会运用这类方法：你可能会想起很多你用过的这类方法或者别人对你用过这类方法的例子。然而一个关键的问题是：这些方法确实有用吗？这些印象管理的策略确实能够成功地使他人产生好感并给予积极回馈吗？大量研究证明的确是这样，有技巧地使用这些策略就能带来好的效果。例如，在最近的一个元分析中，巴里克（Barrick）、谢弗（Shaffer）和迪格拉丝（DeGrassi）（2009）总结了大量的有关印象管理策略及其效果的研究结果。这些研究主要关注印象管理策略在求职面试中的运用。元分析结果显示，印象管理在求职中通常是很有用的。求职者运用的印象管理策略越多，他们就越有机会提高面试官对他们的评价，因此也就越有机会被录用，特别是在进行开放性面试而不是结构化面试的时候。总体而言，研究结果明确表明，运用自我提升和抬举他人的策略对求职者是很有用的，这些策略能有效提升面试官对面试者的评价。

同时，这些元分析还考察了另一个重要问题：在运用印象管理的求职者被顺利雇用后表现怎么样？他们确实成为优秀的员工了吗？有理由预测事实确实会如此。成功运用印象管理策略的人将会有着更高的社交技巧，因此他们被雇用后将会很好地与他人相处，这会有助于他们胜任新的工作。另一些预测认为，除了给他人留下一个好印象，还有很多因素也会在工作绩效中起着重要作用，因此运用印象管理和工作绩效之间的相关性会很小。巴里克及其同事（2009）确实发现，尽管有效运用印象管理策略确实能提高面试官对他们的评价，但这与日后的实际工作绩效只有极小的相关。因此，正如作者所说"你所看见的并不一定是你所得到的"，即在面试中表现好的，日后的工作绩效不一定好。

还有许多研究得到了相似的结论（Wayne et al.，1997；Witt and Ferris，2003）。但是——这是个重要的"但是"——这些方法的运用也存在潜在的危险：如果滥用这些方法或者没有有效运用，就会事与愿违，会从他人那里得到负面反馈而非正面反馈。

例如，在一个有趣的研究中，冯克（Vonk）（1998）发现了她称之为**黏液效应**（slime effect）的证据，即我们倾向于对那些讨好上级、轻视下级的人形成负面印象。另一项研究中（如 Baron, 1986）发现，过度运用不同印象管理策略（特别是过度讨好他人）时，将会导致别人的怀疑和不信任，而非增加喜欢度和获得高的评价。这些研究的寓意很明显：尽管印象管理策略通常是很有效的，但并不是一直有效，有时用它们会自食其果，对使用它的人产生消极影响。

为什么人们使用印象管理？

目前我们假定人们使用印象管理有一个很简单的理由：让他人对我们更好。这当然是主要的原因。但是研究发现还有很多其他的原因。例如，印象管理（常常叫自我展示）会使使用者心情更好。这可能也是合理的，根据面部回馈假说，个体展现欢呼、高兴和愉快的努力的确会诱发和强化这些情绪。换句话说，努力展现快乐和积极情绪时，人们会促进这类情绪的产生（Tyler and Rosier, 2009）。事实上，邓恩（Dunn）等人的研究发现支持了以上推论（Dunn, Biesanz, Human & Finn, 2009）。他们让情侣在接触一个异性陌生人或自己的伴侣前后都报告他们的心情。尽管被试预测他们可能会在接触自己的伴侣后感到更高兴，但实际上他们在见了陌生人之后心情会更好。这是为什么呢？可能是因为，相比自己的伴侣，他们在见陌生人时会进行更多的印象管理。在某种意义上说这不足为奇：几乎每个人在努力提升了他们的形象后（如，在毕业舞会或其他重大事情上）都会感到更加快乐和积极（如图 3-16 所示）。

图 3-16　印象管理：印象管理会使我们感觉良好吗？
研究表明人们提升他们形象（印象管理的一种方法）的努力实际上也会使他们当下的情绪高涨。

总之，我们使用印象管理通常是为了提高他人对我们的评价，但这样做还会有其他好处：试图给他人留下好印象的努力会让我们感觉良好。

要点

- 大多数人都很关心怎么给别人留下良好的第一印象，因为他们相信这些印象有着持久的效应。
- 关于印象形成（我们形成对他人印象的过程）的研究证明了印象确实有着持久的效应。阿施的关于印象形成的经典研究证明，对他人的印象不仅仅是特质的简单结合，一些特质（核心特质）还会影响人们对其他特质的理解。
- 第一印象形成得非常迅速，即使依据少量的信息也可以是相对准确的。然而，对这些印象准确性的自信度与印象实际的准确性之间并没有密切的关系。
- 为了给他人留下良好的印象，人们经常使用印象管理（自我展示）。
- 能够达到印象管理目的的方法很多，但总的来说可以归结为两类：一是自我提升，即提高对他人的吸引力；另一类是抬举他人，即让他人产生积极情绪和良好反应。
- 有证据表明印象管理是奏效的；应用它常常可以成功地给他人留下积极的第一印象。
- 然而，运用这些印象管理策略与随后的行为并没有必然联系。例如，因为有效运用了印象管理策略而被聘用的员工并不一定会成为高绩效的员工。

总结与回顾

- **社会知觉**包括我们理解他人的过程,对于社会行为和社会思维都非常重要。为了理解他人的情绪状态,我们经常需要依赖**非言语交流**这样一种有关面部表情、目光接触、身体动作和姿势的非言语形式。尽管面部表情并不像人们最初理解的那样放之四海而皆准,但它们确实提供了有关他人情绪状态的有用信息。这类信息也来自目光接触、**身体语言**、触摸甚至气味。越来越多的证据表明,面部表情是有关他人的非言语信息的一个特别重要的来源。近期研究表明,握手能够提供有关他人性格的重要非言语信息,会影响人们对陌生人的第一印象。气味也是一种非言语信息,有关女性月经期间的微妙信息可以通过气味传递给他人。

- **面部反馈假说**认为,我们不仅在脸上表现出了我们所感受到的情绪,而且这些表情会影响我们的情绪状态。如果我们仔细关注非言语线索,我们就会识别出别人的谎言,即使他们和我们的文化并不相同。情绪来自个体内部还是人们之间取决于文化因素。

- 为了获得有关他人稳定特质、动机和目的的相关信息,我们通常要进行**归因**,即努力理解他人为什么这么做。根据琼斯和戴维斯的**对应推论**理论,我们试图通过他人行为推断他们的特质,特别是那些自由选择、产生**不寻常效应**和低社会赞许性的行为。另外,根据凯利的三维归因理论,我们想知道他人的行为是来源于内部因素还是外部因素。为了回答这个问题,我们将关注**一致性、一贯性和区别性**方面的信息。另外还有两个重要的问题,即引起行为的原因是稳定的还是变化的、是可控的还是不可控的。

- 另一个有关归因的问题是我们把事情的发生归为命运的程度:是命中注定,还是个人原因。深信神存在的个体更容易把预料之外但很重要的事情归因为命中注定。那些对重要事件进行复杂归因的文化中的人也是如此。归因受到很多潜在偏差因素的影响。其中最重要的是**对应偏差**——即使存在明显的情境原因,我们仍然倾向于用性格来解释他人行为。近几十年来,尽管性别角色发生了很大变化,但很多人还是把女性的情绪化行为归因为性格因素("她们是情绪化的"),而把男性相同的情绪化行为表现归因为外部因素。

- 另外还有两种归因偏差：一是**行动者-观察者效应**，即把我们自己的行为归因为外部因素（情境因素）而把他人的行为归因为内部因素的倾向。另外一个是**自利偏差**，即把我们的积极结果归因为内部因素但把消极结果归因为外部因素的倾向。自利偏差倾向在出现负面事件时表现尤强，人们经常把负面事件归因于外部因素。归因理论已经被用来解决许多实际问题，且收到良好效果。例如，归因被用于理解抑郁的原因和治疗这种心理障碍。归因也应用到通过网络进行的电子交流里（如通过电子邮件的交流）。

- 大多数人都很关心怎样给别人留下一个好印象，因为他们相信这些第一印象将会有持久的效应。关于**印象形成**（即我们形成对他人印象的过程）的研究结果表明，确实是这样。阿施关于印象形成的经典研究表明，对他人的印象不仅仅是特质的简单结合，一些特质（核心特质）还会影响人们对其他特质的理解。第一印象形成得非常快，即使依据有限的信息，第一印象也是相对准确的。然而，对这些第一印象准确性的自信度与它们的实际准确性之间并不是密切相关。为了给他人留下良好的第一印象，个体通常会使用印象管理（自我展示）。**印象管理**有很多策略，但可归纳为两类：自我提升——提高对他人的吸引力；抬举他人——让他人产生积极情绪和良好反应。已有证据表明，印象管理是有作用的，运用它可以产生良好的第一印象。然而，印象管理与之后的实际行为并不是紧密相关的。例如，通过有效运用印象管理策略获得工作的人并不一定能够成为高绩效的员工。

关键术语

不寻常效应（noncommon effects）：由一种特定因素而不是其他因素所产生的效应。

盯（staring）：不管他人做什么都一直追着他人看的一种眼神接触的形式。

对应偏差（也称基本归因错误）（correspondence bias [fundamental attribution error]）：即使有明显的情境原因，也倾向于把他人的行动归因为其性格因素。

对应推论（correspondent inference）：一种描述我们如何把他人的行为作为推断他人稳定特质的基础的理论。

非言语沟通（nonverbal communication）：人与人之间的不涉及语言内容的沟通形式。它依赖于面部表情、目光接触及身体语言等非言语信息。

归因（attribution）：我们理解他人行为的原因，并获得有关他人稳定的特质和性情信息的过程。

基本归因错误（对应偏差）（fundamental attribution error [correspondence bias]）：高估性格因素对他人行为的影响作用的倾向性。

内隐人格理论（implicit personality theories）：相信某些特质和性格是伴随在一起的。

切片信息（thin slices）：我们用来形成第一印象的其他人的少量信息。

区别性（distinctiveness）：个体对其他刺激或事件做出相同反应的程度。

社会知觉（social perception）：我们了解和理解他人的过程。

身体语言（body language）：由他人的身体或身体部位的位置、姿势或运动所提供的线索。

微表情（microexpressions）：只持续零点几秒的稍纵即逝的面部表情。

行动识别（action identification）：我们对一个行动的解释水平：低水平的解释集中在行动自身，而高水平的解释将行为归因于行为的最终目标。

行动者–观察者效应（actor-observer effect）：把自身的行为主要归因为外部因素（情境），但把他人的行为主要归因为内部（性情）因素的倾向性。

一贯性（consistency）：个体在不同情况下对同样的刺激或事件做出相同反应的程度。

一致性（consensus）：面对同样事物，其他人和我们所观察的个体做出相同反应的程度。

印象管理（自我展示）（impression management [self-presentation]）：个人为了给他人留下好印象而做的努力。

印象形成（impression formation）：对他人形成印象的过程。

语言风格（linguistic style）：说话中除了词的意义以外的其他方面。

自利偏差（self-serving bias）：把积极事件归因为内部原因（如我们自身的特质或性格）以及把消极结果或事件归因为外部原因（如机遇、任务难度）的倾向性。

第四章

自我：回答"我是谁？"的问题

本 章 大 纲

- **自我展示：不同社会情境下的自我管理**

  自我—他人准确性在预测行为中的作用

  互联世界中的社会生活：使用脸书会改变我们的线下行为吗？

  自我展示的策略

- **自知之明：决定我们是谁**

  内省：向内审视我们行为的原因

  他人立场中的自我

- **我是谁？个体认同与社会认同**

  对自我的定义依社会情境而定

  对自我的定义依他人的对待而定

  不同时间中的自我：过去自我与未来自我

  自我控制：为什么这么难

- **自尊：对自己的态度**

自尊的测量

情绪与自我：积极的自我对话有效吗？

高自尊总是有利的吗？

男性和女性在自尊水平上存在差异吗？

- **社会比较：我们如何评估自己**

  自利偏差与不现实乐观

- **当自己成为偏见的对象**

  情绪后果：对健康状况的影响

  行为后果：刻板印象威胁对行为表现的影响

在电影《不惜一切》（to Die for）中，妮可·基德曼（Nicole Kidman）饰演的那个无知的女主角曾就电视对我们的知觉的影响做出过颇有洞察力的评论："在美国，如果你不上电视，你就谁也不是。"在电视里，"我们才知道真正的自己。"正如当时的电视，现在的网络在哲学意义上被视为确证自我的公共平台。因此，在某种意义上，某人可能会因为在脸书个人主页中发文而"活跃起来"；对于有的人来说，在脸书中"没有存在感"确实就像是被社交团体驱逐了一样，呈现出一种社交死亡的状态。

那么反过来是否也是对的？在脸书中"拥有存在感"能否拓展人们的个体存在和他们所爱的人的存在呢？或许我们需要思考一下，当一个人死后，如果他依然呈现于脸书上（你仍然可以看到他的个人主页），那么他在现实中是否与我们同在真的那么重要吗？杰克·布雷姆（Jack Brehm）的情况就是一个这样的例子，他是一位著名的社会心理学家，在堪萨斯大学度过了他职业生涯的大部分时间，于2009年去世，享年81岁。在他去世之后，有人在脸书上为他创建了一个纪念页面。从那以后，人们惊奇地发现，超过150人成为了杰克新的网上好友，平均每个月有几百人访问杰克的脸书主页。或许人们登录他的主页是为了看他在生活中的照片以便更好地怀念他；撰写评论叙述自己与他的交往经历可能也是一种"让他继续活着"的途径。你是否觉得杰克与他人在脸书中的存在也是一种"现实的存在"？根据《新闻周刊》(Newsweek's)(Miller, 2010)的报道，这种在脸书上对某人进行网络悼念的趋势越来越明显，很多人也呼吁将逝者的脸书账号予以保留（如 R.I.P 的脸书账号）。后来，脸书调整了政策，允许个人主页永久保留。

通过提供这种自我的"从摇篮到坟墓"的社会存在，脸书或许营造了一个新的、重要的社会环境。尽管脸书是一个建构的环境，但我们认为可以很方便地从中观察到自我和认同的很多有趣方面。就像是你的家庭、学校、工作场所等环境一样，脸书也是一种环境，在其中你可以交朋友、与他人交流、表达自己的观点与喜好（如说出自己最喜欢的书或电影）。你甚至可以将脸书视为个人成长的记录手册（很多人将自己在人生不同时期的照片放在脸书上）。

作为最大的社交网站，脸书符合真实社交环境的所有特征。你可以随时与朋友联系，无论他们当时是否在线（不过要等朋友上线之后才能看到你发的内容）。就像图 4-1 所说的，脸书让人们结识了很多网友（可能都没有见

图 4-1 网络交流和现实交流：相同或是不同？
或许在脸书上的自我展示与真实生活中的自我展示在很多方面都有所不同。对图中人物而言，在真实生活中交友也许比在脸书上交友更为困难。

过面），那么问题来了，这种没有见过面的脸书上的好友算真正的朋友吗？

为了回答这个问题，让我们简捷回顾一下过去的时光。曾几何时，很多人拥有"笔友"。笔友是通过写信而认识的，相互之间也不一定见过面。从某种意义上讲，"笔友"好像超越了他所处的时代，是"网友"的先驱。没有人认为我们必须与笔友见面，然而笔友之间的关系仍是一种实实在在的社会联系。

另一方面，没有人觉得交笔友会泄露大量的个人隐私。信息的大量分享是脸书以及其他社交网站具有的重要特点。在脸书上（而非现实中），你的隐私等数据可能会被营销人员获取。将这视为一个重要问题还是仅仅视为些许的不方便，取决于你对隐私的重视程度。年长的人相对于年轻人更看重隐私，现在的年轻人往往不太注重保护个人隐私。不过，在当今的网络时代，你也享有在网络世界自我推销的便利，当然这常常是以泄露自我信息为代价的。

自我的本性以及我们是如何思考和感知自我一直是社会心理学研究中的核心主题。在考察自我本质等一系列重要问题的同时，我们也关注互联网技术如何影响我们体验和向别人展现自我的方式。如图4-2的漫画所示，在网络交际中，每个人都可以选择隐瞒自己的重要信息。因此，我们能够控制别人在社交网络和其他互联网途径下如何了解我们，这会否影响我们如何看待自身？更重要的是会否影响他人如何看待我们？究竟是我们更了解我们自己还是熟悉我们的人更了解我们？我们会在这一章中检视有关这些问题的研究。

在考察人们在线上和线下是否表

"在互联网上，没人知道你是一条狗。"

图4-2 当我们在网上交流时，我们会有选择地呈现自己的某些方面而非全部

正如图中所示，与面对面交流相比，网络交流时很多重要信息更容易被隐藏。

资料来源：Peter Steiner，纽约客，1993年7月5日，61页。

现不一致以及网络的使用是否会改变我们的自我这样的问题后，我们转向一个更大的问题，即人们如何获取有关自我的知识。我们还会关注人们是拥有一个自我还是多个自我。如果有多个自我的话，是不是有的自我会比其他的更真实，更能准确地预测行为。另外，我们的自我感稳定不变还是会随着情境以及情境引起的社会比较的性质而变化？社会比较在我们的自我评价中扮演一个怎样的角色？

在讨论完这些问题之后，我们会讨论自尊的相关话题：什么是自尊，我们如何获得自尊，我们如何失去自尊？拥有高自尊有没有什么不利之处？自尊水平会不会存在群体差异？特别是男性与女性在自尊水平上会否有差别？最后，我们会深入讨论当人们的自我成为偏见的对象时，人们是怎样应对的。我们会探究个体作为群体成员被排斥或贬低时会给个体自我的许多方面带来的各种后果，包括被他人拒绝可能对个体情绪以及行为表现带来的影响。

第 1 节　自我展示：不同社会情境下的自我管理

莎士比亚在戏剧《皆大欢喜》（*As You Like It*）中有一句名言："世界是一个舞台，世间的男男女女都只不过是其中的演员。"从社会心理学的角度来看，这意味着我们都面临着向各种各样的观众展示自我的任务，我们还要在不同的情境（相当于不同的戏剧）中扮演不同的角色（不同的自我）。在选择如何展示自我方面，没有什么地方比在诸如脸书这样的社交网站上表现得更为明显了。我们可以选择透露大量关于我们认为自己是谁的信息，包括把我们活动的影像放在脸书上，或者我们可以在一定程度上设置信息阅读的权限（如设置只有好友才能看到发布的文章和照片）。但是，对于他人基于我们提供的信息形成的关于我们的看法以及所做出的推论，我们又能控制多少呢？实际上，他人会不会比我们自己更了解我们——比方说能够更准确地预测我们的行为？

自我—他人准确性在预测行为中的作用

人们一般认为自己对自己的了解胜过他人对自己的了解，毕竟，我们可以进入我们的内心世界（如感觉、想法、愿望和意图）而别人不能（Pronin and Kruger, 2007; Wilson and Dunn, 2004）。正是这个原因，我们很自然地认为自己是最了解自己的。但是，这是否符合事实呢？研究结果表明，能够意识到我们的意图（这是观察者做不到的）正是我们有时对自我认知不准确的原因之一（Chambers et al., 2008）。看看下面的例子，我的朋友雪莉（Shirley）长期因各种事情迟到。她经常迟到半小时以上，我开车来接她时不能指望她已经做好了出发的准备，我们约定在某个地方见面时也别指望她会按时赴约。说到这里，你也许也想起了某个人。但是，她知道自己经常迟到吗？或许并不知道。但你会问，她怎么会**不**知道呢？这就是因为她可能知道自己的意图，即她主观上还是想准时赴会并为此做出了大量的努力，这就使她认为自己在大多数情况下**实际上**并未迟到！因此，至少就这件事而言，我是不是可以公平地说，我比她更了解她自己，因为我能更准确地预测她的行为（就迟到而言）。

尽管很多人都宣称自己比他人更了解自己，但讽刺的是，他们又都认为自己比他人更了解他人自身（Pronin et al., 2001）。在确定我们自己对自己的了解和他人对我们的了解哪个更加准确这个问题上，研究的部分困难在于关于自我的评定以及行为都是同一个人口头报告的。相信你能明白，那些行为的自我报告几乎不能成为衡量准确性的客观标准！接着说雪莉的例子，她往往会说她只是偶尔迟到，不过她每次都尽力按时到达，她甚至会回忆出一些她确实按时赴约的例子。但是，我们是不是有一些依据来怀疑这些行为的自我报告呢？

表 4-1 谁更准确地了解我们的行为：自我还是他人？

行为频率（例如，和同性说话）与被试的自我评定之间的相关系数有时高于行为频率与一位亲密他人的评定（或三位亲密他人的评定总和）之间的相关系数。一位亲密他人对被试行为频率（例如，去上课）的评定经常更贴近被试的实际行为频率。因此，只能说有时我们可以比他人更好地预测自己，但绝不总是这样！

实际行为频率	自己的评定	他人评定总和	单个他人的评定
与他人在一起	.14	.36**	.30**
打电话	.37**	.40**	.32**

续表

实际行为频率	自己的评定	他人评定总和	单个他人的评定
一对一的交流	−.06	.25*	.22*
在群体内交流	.25*	.20*	.25*
与同性别的人交流	.34**	.25*	.13
与异性交流	.31**	.32**	.18
笑	.23*	.25*	.13
唱	.34**	.29**	.34**
哭	.18	.16	.19
争吵	.28**	−.05	.09
听音乐	.40**	.34**	.26*
看电视	.55**	.39**	.36**
使用电脑	.29**	.31**	.20
工作	.25*	.35**	.22*
上课	.07	.33**	.26*
社交	.18	.30**	.27*
室内	.16	.16	.20
户外	.11	.05	.10
通勤	.27**	.16	.14
在咖啡馆或餐厅	.27**	.15	.24*

资料来源：根据 Vazire & Mehl（2008）相关研究绘制而成。

那么是否意味着自我—他人准确性问题无法得到解决了呢？新近的研究已经发现了一种巧妙的方法来同时收集自我知觉与行为频率的相关数据。为了获得人们日常生活行为的客观记录，瓦齐尔与梅尔（Vazire and Mehl，2008）让被试戴上一个带有麦克风的数字声音记录仪，收集人们在清醒时候周围的声音，大概每 12.5 分钟收集一次，共收集 4 天。研究助手之后将这些声音记录按照表 4-1 的要求进行编码。在被试佩戴仪器之前，他们需要填写量表，自我报告他们做出量表中的行为的频率（与他人相比是更频繁还是更少见）。这些研究者还招募了 3 名很了解被试的人（如朋友、父母、情侣等）来报告该被试做出上述行为的频率。正如你在表 4-1 中所看到的，有时被试的自我报告更符合实际情况，有时他人的评定更符合实际情况。因此，在有的时候，他人确实比我们更"了解"我们自己，能够更准确地预测我们的行为。

有的人会将自己的个人信息上传到网络（如 My Space 网站），这是因为他们觉得这些信息更能准确反映他们是谁，而他们留给"现实世界"中人们的印象则是没那么真实的。马库斯（Marcus）等人证实自我与他人评价的一致性在网络环境比真实环境更高（Marcus、Machilek & Schutz, 2006）。这就是说，当浏览者与他人通过由他人构建的网页进行交流时，浏览者会根据他人提供的信息来对他人的特质进行推断。当然，这也就意味着人们在网络上（与面对面交流相比）可以更容易地管理他人对自己的印象，因为他们对上传到网络的信息拥有完全的控制力。要了解网络交流是怎么影响我们的现实行为的，请看我们下面的"互联世界中的社会生活"专栏：《使用脸书会改变我们的线下行为吗？》。

互联世界中的社会生活

使用脸书会改变我们的线下行为吗？

网络乐观主义者与网络悲观主义者对脸书（最受欢迎的社交网站）的态度大为不同。有的人认为网络交流会损害年轻人的大脑，而另一些人认为网络交流提供了一种全新的、具有创造力的交流方式。评估这些观点有效性的一种方法是考察人们加入社交网站的动机。如果不同的人出于不同的目的在网络上与人互动，那么很可能有的人受到消极的影响，有的人受到积极的影响。

那么，为什么人们会加入脸书呢？研究人员（Zywicka & Danowski, 2008）对这个问题检验了两种对立的假设。假设 1 是社交补偿说，即内向的人以及具有社交焦虑的年轻人更喜欢脸书，因为他们觉得网络交流可以替代令人不快的现实生活。卡普兰（Caplan, 2005）的一项网络使用调查表明，相对于面对面交流或其他现实生活的交往方式来说，那些缺乏自我表现能力的人更有可能被网络社交的方式所吸引。图 4-3 以幽默的方式展示了这个问题。假设 2 是社交加强说，即外向的人以及开朗的年轻人更可能使用网络交流，以扩展他们业已形成的线下社交网络，从而创造出一种更能反映他们积极自我观的形象（Valkenburg et al., 2005）。两种假设都各有研究数据的支持,也就是说,社交技能不太好的个体觉得网络交流较之真实生活中的交流更为友好,而社交技能较好的个体也通过网络交流认识了更多的朋友,提升了他们已经形成的积极自我认知。

在研究**社会资本**(social capital)的过程中,有研究者发现社交补偿假设的研究证据多于社交加强假设(Ellison et al.,2007)。那些生活满意度较低、自尊较低的个体用脸书发展出更多的社会资本(他们在网络上结识了更多各种各样的人,在脸书上发展出一系列有用的关系网)。除此之外,乔因森(Joinson)(2003)指出焦虑的青少年更可能用脸书、即时通讯技术或邮件来进行约会,因为这样就可以掩盖他们的紧张与焦虑。因此,这项研究揭示出社交技能较好的个体通过使用脸书维持他们的高自尊,而社交技能不太好的个体随着他们脸书的使用提升了他们的自尊。这些结果可能解释了无论是高自尊还是低自尊的人都能从脸书中获得益处的原因。

根据巴奇(Bargh)等人所做的研究,那些害羞的、社交技能不太好的个体在网络中更容易表现出"真实自我"(与面对面交流相比)(Bargh,McKenna & Fitzsimons,2002)。因此,也许有的脸书使用者并没有试图对自己的形象进行修饰,他们在网上表露真实自我,在其他环境中他们不太可能这样做。与这个观点相一致,在进入网络聊天室聊天之后,内向的个体报告说他们在网上发现了"真实自我",而外向的个体则认为他们通常是在面对面交流中发现"真实自我"(Amichai-Hamburger et al.,2002)。这表明内向者可能拥有明显的动机来加入脸书。

人们会将网络交流的经验运用到线下世界中吗?乔因森(2003)指出,当个体在脸书上交了很多朋友之后,他们会激活一个社交技能较好的"可能自我"。反过来,这个新的自我可能会使个体重新看待自己的线下交流。因此,那些在网络上获得良好自我的个体会试图在实际生活中维持这种良好的自我,这就有助于提升他们的自尊,增加线下社交的成功率(Bargh et al.,2002)。

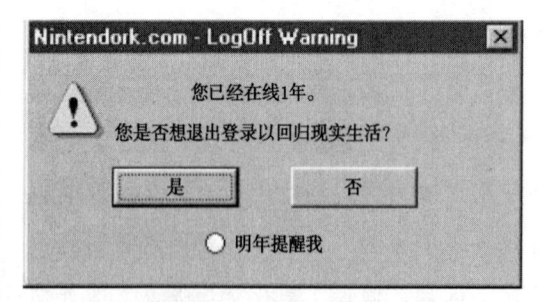

图4-3 线上生活等同于一种令人满意的"真实生活"吗?"虚拟自我"与"现实自我"在多大程度上相同或相异呢?

希克斯（Sheeks）与伯奇梅尔（Birchmeier）(2007) 对这个观点进行了检验，结果发现害羞的、具有社交焦虑的个体在网络中获得了一些社交技能和成功的社交经验。如图 4-4 所示，从网络交流中获得的一些社交技能可以迁移到"真实生活"中，这集中体现在那些最初害羞、社交技能不太好的个体身上。

那么，谁是对的？是网络乐观主义者还是网络悲观主义者？网络乐观者预测在使用网络进行交流后，个体社交成功的可能性相比使用网络之前显著增加。也就是说，在线下的真实环境中，缺乏社交技能的个体与社交技能较好的个体在社交方面存在着巨大差异，但随着网络的使用，这一差异大大减小了。从这个意义上说，网络乐观者的结论是对的。

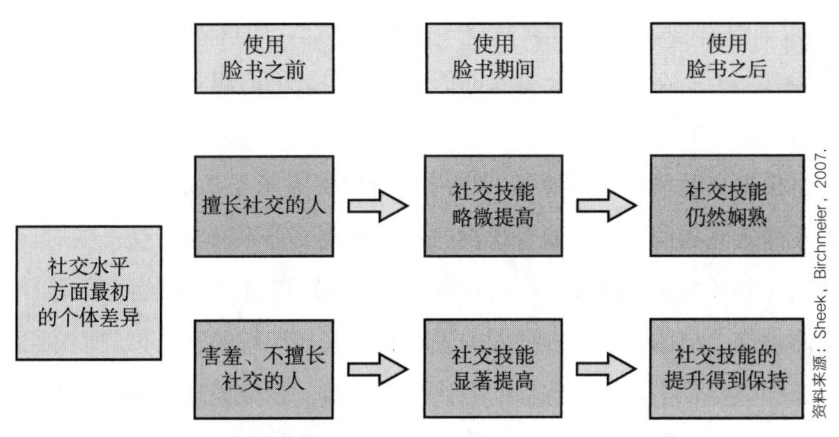

图 4-4 社交技能不太好的个体确实能从脸书中获益

对一些社交技能欠缺的青少年进行纵向研究发现，随着他们对脸书的使用，他们逐渐获得了更多的自信，结识了更多的网友。此外，他们还能把这种社交能力迁移到线下的交流之中，尽管与社交技能较强的青少年相比他们还是要差一些。

资料来源：Sheek, Birchmeier, 2007.

自我展示的策略

当人们试图影响他人对自己的印象时，他们会怎么做？（回忆我们在第三章讨论的"社会知觉"的内容）。首先，为了确保别人对我们的印象是建立在我们的优点之上的，我们往往会使用**自我提升**（self-promotion）的策略。比如我们想要别人认为我们很聪明时，会强调自己的智力"证明书"——获得的分数、奖励、学位等。如果想要他人觉得自己很风趣，我们就会选择性地告诉他们自己参加或组织过的大型聚会。有时这些做法是行之有效的。如果我们说我们在某方面很擅长，人们通常会相信我们，并且这样说还可能促使我们自己也真的那么认为。

自我验证视角（self-verification perspective）是指我们引导他人采纳我们的自我观的过程。有关这方面的大量研究表明，我们为了让他人能够认可我们的自我观，会与他人进行交流沟通（Swann，2005）。例如，当你在与一个潜在的室友进行自我相关信息的交换时，你可能会突出自我概念中作为学生的部分，强调你良好的学习习惯以及值得骄傲的学习成绩，而对你的风趣特质轻描淡写。你的潜在室友甚至可能认为"你似乎对在大学里玩不怎么感兴趣"。只要他能够认可你的核心观念，即你是一个认真的学生，你宁愿接受一个对你风趣特质的消极评价。事实上，在这次互动中，你的潜在室友可能刚好想强调自己的社交才能。在这种情况下，你对于自己社交技能的贬低就恰到好处了，因为这使他在这个方面获得了一种独特性。通过这种自我展示交换的过程，你可能"购买"了室友作为社交型人才的自我评价，同时也在某种程度上"售出"了你作为一名优秀学生的自我评价。

因此，根据自我验证的观点，我们总是希望别人（尤其是与自己关系密切的人）对我们的看法能同我们对自己的看法相一致，即便不得不同时接受一些对自己的消极看法也在所不惜（Swann and Bosson，2010）。假如你知道自己没有运动天赋、容易害羞或缺乏数学技能，与体育明星、外向的人和数学天才比较的话，你的形象会显得比较负面，然而你仍然希望人们看待你的方式与你一致。研究发现，当我们在选择时，与那些没能证实我们自我观的人相比，我们更愿意与那些证实了我们自我观的人在一起，即使那些自我观并不是那么讨人喜欢（Chen et al.，2004）。当然，这种效应也有一些局限，正如斯旺（Swann）与波森（Bosson）（2010）提及的，那些担心自己外表吸引力较低的个体并不希望向他们关系密切的他人证实这一点！

我们还可以通过表达对别人的积极看法来获取一个良好的自我形象。毋庸置疑，我们喜欢被人尊重，也喜欢那些尊重我们的人（Tyler and Blader，2000）。为了达到这个目的，我们可以首先向别人表示我们很重视和尊敬他们。我们在第三章讲过，如果我们想给别人留下好印象，一般来说，**迎合**（ingratiation）策略是行之有效的。也就是说，我们通过恭维别人来使他们喜欢我们。这一点是屡试不爽的，除非你做得过分了，以至于别人怀疑起你的诚意（Vonk，1999）。为了获得良好的自我形象，我们还可以**自我贬低**（self-deprecating），暗示自己不如他人，即在交流的过程中表达自己对对方的崇拜，或是降低对方对自己能力的预期。

我们是否总是诚实地展现自我呢？我们是否会偶尔使用一些策略，且并不是那么坦率？研究表明，大学生平均每天向人撒谎两次（Kashy and DePaulo，1996），通常是为了自身利益，但有时也是为了保护他人。就后者而言，那些为了保护他人而撒谎的个体更受到人们的欢迎。这方面的一个有趣的例子，详见图4-5。埃里森（Ellison）等人对网络上自我展示的诚实性进行了研究，

"你也在搞虚假"人设"！你并不真的热爱莫扎特、乡村漫步以及烛光晚餐！你也并非真的不吸烟！你既不体贴也不周到！"

图4-5　做诚实的人还是做一个受人喜欢的人，这是个问题！
正如漫画显示的那样，当我们试图获得大众的喜欢时，就不可避免地说一些谎言。

结果发现人们会在展示真实自我与说一些无恶意的谎言之间进行权衡（Ellison, Hein & Gibbs, 2006）。也就是说，人们在网上个人主页呈现的更多是"理想自我"而非"现实自我"。因此，网络上内容的"诚实度"是说不准的，而关于"你不要相信网络上的所有东西"的常识则有可能是正确的。

要点

- 脸书是一个使我们"生动起来"的媒介，它可以持续存在，即使使用者去世，使用者的主页也能得到保留。

- 我们真的比那些熟悉我们的人更了解我们自己吗？尽管我们可以获得他人无法获得的信息（如我们的意图、目的等），那些信息也可能会使我们的自我报告出现偏差。通过记录个体实际行为的研究表明，有时我们能够更好地预测我们的行为，有时他人能够更好地预测我们的行为。

- 研究表明，社交技巧较强的个体通过脸书维持了他们的社交技巧，而缺乏社交技巧的个体通过脸书提升了他们的社交技巧，对他们线下的社交也大有裨益。这些结果或许解释了为什么无论社交技巧高超与否的个体都喜欢使用脸书。害羞与外向个体的差异在网上交流的时候会有所减弱。

- 我们可以选择多种自我展示的策略，包括自我提升和迎合的策略。我们也可以通过认可他人的自我展示，从而让他人也认同我们的自我展示。
- 有时人们会为了保护他人而撒谎，这样的人往往受到人们的欢迎。我们在网络上展现的自我多为"理想自我"而非"现实自我"。

第2节　自知之明：决定我们是谁

我们现在来考虑获得自知之明的途径。一个最直接的方法就是内省，另一种方法就是站在他人的角度来观察我们自己。我们先仔细看看这两种途径对自我觉知造成的结果，然后讨论社会心理学在我们如何更好地了解自己方面的相关研究。

内省：向内审视我们行为的原因

了解自我的一种重要方法就是**内省法**（introspection），即悄悄地问自己"我是谁"，"是什么造就了今天的自己"。在每年销售量数以百万计的心理自助书籍中，我们经常可以看到这样的论述"认识自己的最好办法就在于向内看看自己的心"。事实上，社会上很多人相信我们越是对自己进行内省（尤其是对自己行为的原因进行审视），对自己的了解就越深入。如图4-6所示，琳琅满

图4-6　关于内省的心理自助书籍

这些大众心理学书籍都暗含了这样一种观点：内省是通向自知的不二法门，但最近的研究发现内省可能会误导我们。相对于引发我们行为的真正原因，内省出的原因可能会误导我们。

目的自省类书籍都告诉我们自知之明来源于自省。那么自省真的是了解自我的最佳途径吗？

首先，社会心理学的研究证明我们并不总是能知道或意识到我们行为的原因，尽管事后我们会对行为进行逻辑上的合理解释（Nisbett and Wilson，1977）。由于我们经常确实不知道为什么会有某种特定的感受，推测原因（可能是不准确的）就会导致我们得出一些错误的结论。威尔逊（Wilson）与克拉夫特（Kraft）(1993）在一系列研究中通过让被试内省"为什么我会对自己的亲密伴侣有这样的感觉"、"为什么我喜欢这种果酱而不是另一种"从而揭示出这种现象的发生。他们发现，内省后被试会改变他们的态度（至少在短时间内）以符合他们所说出的原因。正如你想象的，这会导致一些令人遗憾的推论和选择，因为最初的感受（完全是出于其他原因）还仍然在那儿。因此，当我们的行为是跟着感觉走时，思考行为的原因会使我们对于自知之明的寻求偏离方向。

另一种内省可能误导我们的情况是我们对未来感受的预测。试着想象住在一个新的城市里、被解雇了或者与另一个人生活多年，在这些情境中，你的感受是什么。当我们没有身临其境时，我们永远无法准确地预测我们到时候会怎样，这既适用于积极的未来情境，也适用于消极的未来情境。

为什么我们在预测未来的反应方面存在这么多困难呢？当我们设想糟糕的事情并试图预测糟糕事件发生一年后自己的感觉，我们通常会将注意力集中在事件可怕的一面而忽视了随着时间的推移，其他的因素可能会使我们快乐起来（Gilbert and Wilson，2000）。因此，当未来到来时，人们实际感受到的痛苦并没有想象中那么多。类似地，对于积极的事件，如果我们只注意到好的方面，也会觉得更加快乐，而实际事件真的发生一年后我们并没有那么快乐。在预测我们对未来积极事件的反应时，我们不太可能考虑日常的困难和麻烦，正是这些日常的困难和麻烦使得我们实际感受到的快乐没有想象中的那么多。

我们再来看一种内省误导我们的重要途径。设想一下，用相同的钱给自己买礼物和给别人买礼物，哪一种情况你会更快乐？如果你像大多数人一样，你会觉得给自己买礼物更加快乐。但是，最近的研究却发现了相反的结果——把钱用在别人身上比用在自己身上更能让我们快乐！在一项以美国人为被试的研究中，让被试评定自己的快乐程度，并调查他们将月收入用在给自己买礼物、给他人买礼物以及捐给慈善机构的金额（Dunn、Aknin & Norton，2008）。总体而言，毋庸置疑，人们将更多的钱用在自己身上，不过问题在于，这三种花钱的方式哪一种能够预测被试的快乐程度呢？这些研究者发现个人消费的金额与快乐无关，但是用在他人身上的钱的金额能够预测个体的快乐程度。不管人们的年收入如何，这个结论都成立——也就是说无论你是富裕或贫穷，对他人做出奉献都会使你更加快乐！

但是，你也许会说，这是一个相关研究，因此我们不能确定是把钱用在别人身上导致了被试的快乐。为此，邓恩（Dunn）等人（2008）做了一个简单却极具说服力的实验。他们让学心理学的同学在早晨评定自己的快乐程度，接着给他们5美元或是20美元，让他们在当天下午5点之前把钱用完。一半的被试被要求将钱花在自己身上，另一半被试被要求将钱花在他人身上或是捐给慈善机构。到晚上哪一组的成员会更加快乐呢？不管被试拥有5美元或是20美元，将这笔意外之财花在他人身上的人都比用在自己身上的人更加快乐。这个实验结果证明了与我们的直觉相违背的一种观点，即对快乐而言，如何花钱比钱多钱少更为重要（更多与该主题相关的信息详见第十二章）。然而，当问新的一批被试花钱给自己还是花钱给别人使我们更快乐时，多数人认为花钱给自己使我们更快乐。人们还倾向于认为获得20美元比获得5美元更加快乐。但是上述两种观点都被证明是不成立的！这就意味着我们经常不知道事件是如何影响我们的，简单地对此进行内省无助于我们了解事件是如何影响我们的情绪和行为的。

他人立场中的自我

正如我们在前面部分提到的，有时他人对我们行为的预测比我们对自己行为的预测更为准确。因此，我们要想了解自己不妨站在"观察者"的角度来看待我们的过去。由于行动者与观察者的注意点不同，观察者不会因为知道我们的意图等内在心理活动而不断调整观点，他们往往对我们稳定的行为具有更深的洞察力。相对而言，作为行动者，我们会把注意力集中在外部情境，将行为更多地归因为情境因素（如，我迟到是因为堵车、电话响的时候我正好外出了等等）。而观察者的注意力是指向行动者的，他们倾向于将行为归因于内部特质（更多相关内容见第三章关于行动者与观察者差异的论述）。因此，如果我们站在观察者的角度来看待自我，我们就更倾向于从气质或特质的角度来分析自我。普罗宁（Pronin）与罗斯（Ross）的研究（2006）证实了这一观点，他们让被试描述5年前的自己或现在的自己。与描述5年前的自我相比，被试在描述现在的自我时提到自我随环境的变化而变化，并更少提及个人特质。如图4-7所示，这种情况适用于不同年龄的被试。与描述现在的自己相比，当描述过去的自己时，中年人被试与大学生的被试都更多地采用了稳定的特质（就像观察者做的那样）。

获得自知之明

从观察者的视角看自己是怎样改变我们描述自己的方式并因此获得自我洞察的？普罗宁和罗斯（2006）使用不同类型的表演技术作为一种方法来检视观察者视角看自我造成的自我认识的改变。被试被分成两个组，每组接受的是不同的指导语。在"方法表演组"，被试被告知要按着"感觉到你就是所扮演的角色"的目标去表演。在"标准表演组"，被试被告知要按着"通过表演使他人认为你就是所扮演的角色"的目标去表演。在按分派角色进行了多种场景的练习后，被试要表演一次他们14岁时的家庭宴会。在这个场景中，每个人都从两种视角中的一种来扮演过去的自己：一种是从自身经验的角度来扮演，另一种是从局外观察者的角度来扮演。同样地，对于14岁自己的特质描述的数量是研究关注的重点：采用观察者视角是否可以引起更多的稳定的特质描述？答案是肯定的。"方法表演组"的被试类似于行动者，使用了较少的稳定的特质描述，而"标准表演组"的被试类似于观察者，使用了较多的稳定的特质描述。因此，当我们试图从别人的视角来了解自己时，我们更可能像观察者那样，关注稳定的行为倾向。因此，增强自我洞察力的方法之一就是以他人的视角来看待自己，并认识到别人可能比我们更正确。

然而，所有的内省都会不可避免地产生误导吗？并非如此。它取决于我们内省的目标。当行动是基于有意识的决策过程而非基于无意识的情绪因素时，思考行动的原因可能会带来准确的自我评价。另一方面，当我们没有考虑到影响我们感受的真正因素时（如送礼物给他人会使我们高兴），内省就不太可能带来准确的自我推论了。因

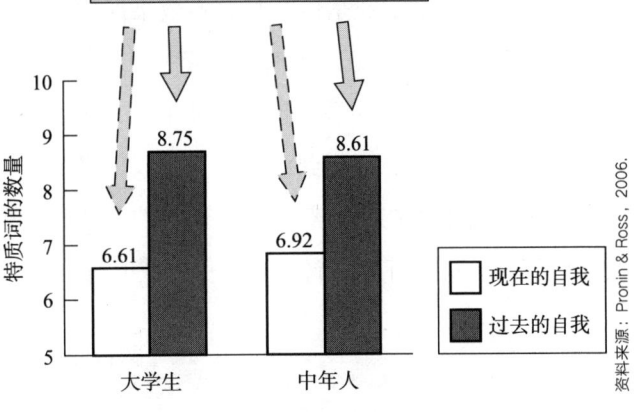

图4-7 不同时间的自我：站在观察者的角度来看过去的自我

正如观察者通常所做的那样，无论是大学生还是老员工在描述过去的自我时都比描述现在的自我使用了更多的特质词。

资料来源：Pronin & Ross, 2006.

此，尽管内省可能会有帮助，但它在很多情况下也会使我们误入歧途。问起行为的原因，人们可以很容易地想出几条来，但那些原因可能是基于行为原因的自我理论，就像将钱用在自己身上还是他人身上的效果那样，这样的理论可能并不正确！依赖这样的理论，我们可能就难以了解引发我们行为的真正原因。同样地，大多数人可能还不太了解考虑情绪事件是如何影响我们的。例如，最近的研究（Koo, Algoe, Wilson & Gilbert, 2008）显示，与想到已经发生在我们身上的积极结果相比，考虑这些积极结果可能完全不曾发生在我们身上，会让我们感觉更快乐。因此，平心而论，要增强对于自己情绪、动机、行为的洞察力是相当棘手的。

要点

- 我们试图获得自知之明的一个常用途径是内省，即向内探求我们行为的原因。
- 当我们思考自己行为的原因时，如果我们没注意到那些实际上影响我们反应的因素，就会出现错误，尽管事后我们会对我们的解释进行合理化。
- 当我们预测未来可能拥有的感受时，我们会重视那些极端、孤立事件的作用，而忽略其他事件对我们感受的缓冲作用。
- 大多数人相信，将钱花在自己身上比花在别人身上更会让自己快乐。但是研究结果显示事实正好相反。这证明了我们经常不了解我们的行动对自己所造成的影响，内省在这方面没有作用。
- 使用观察者的视角来反思自我是有意义的，它引导我们从特质的角度来看待我们自己。

第3节 我是谁？个体认同与社会认同

根据**社会认同理论**（social identity theory）（Tajfel and Turner, 1986），我们对自己的看法是时刻随着我们在"**个体与社会认同连续体**"（personal-versus-social identity continuum）中所处的位置而变化的。如果处于个体认同的一端，我们就会将自己看成一个独立的个体。如果处于社会认同的一端，我们则会将自己看作某一特定群体中的一员。我们不会同时体验到自我概念的所有方面，我们在某个特定时刻将自己放在这个连续体的位置会影响我们的自我概念。这一瞬间的**突出性**（salience）——也就是我们在这个时刻特别在意的自我身份——会大大影响我们如何看待自己和对他人的反应。

当这个突出性是个人认同时，我们会把自己看作独一无二的个体，着重于描述自己与其他个体的差异。例如，你在个体认同的水平上可能描述自己是个有趣的人，为的是强调与他人相比，你更具有这种特性。这种个体认同的自我描述可以看作是一种**群体内比较**（intragroup comparison），它涉及对同一群体内不同成员个体之间的比较。因此，当你描述作为个体的自己时，你所属的群体会作为一个参照系影响你自我描述的内容（Oakes et al., 1994; Reynolds et al., 2010）。想象一下如果要你说出你与他人的不同点，你会怎么描述自己呢？当你与你的父母相比较时，你可能会用自由开放这样的词来描述自己；当你与你的大学同学相比较时，你可能又会用相当保守来描述自己。重点在于，即使是在个体认同方面，我们对自我的考量和描述也要依赖于比较，从而导致自我描述的内容会根据对比情境而改变，比如上面提到的自由与保守。

在连续体的社会认同一端，我们将自己视为群体中的一员，强调我们与其他群体内成员的共同点。我们在描述自己时着重强调自己所在的群体内不同于其他群体的那些属性，这种社会认同的自我描述是一种**群体间比较**（intergroup comparison），它涉及群体间的对比。比如，作为兄弟会或姐妹会群体成员的社会认同比较凸显时，会使你用所属群体的共同特性来描述你自己。例如，你所属群体的特性在于崇尚运动与自我激励，这也是你们区别于其他兄弟会或姐妹会的重要特点，其他群体的特点可能在于其他方面，如勤奋、博学等。对大多数人来说，性别也是社会认同的重要方面，当注意力集中于性别时，我们的自我认知也会因之而改变。因此，如果你是女性且性别因素凸显时，你会更多强调你和其他女性所共有的不同于男性的特征（如温和、体贴）。而若是男性且性别因素凸显时，你会更多地展示你不同于女性的特性（如独立、强壮）。

我们需要特别强调的是，你把自己看作一个个体时的自我描述内容会不同于你把自己看做某个群体成员时的自我描述内容。当然，正如这些实例所示，大多数人都从属于多种不同的群体（如性别、职业、年龄、性取向、族群、球队），但是这些社会认同不会同时凸显出来，而且，它们对于我们的重要性也有所不同。但是，当特定的社会认同凸显时，人们会根据自我概念的那个方面来调整自己的行为。因此，一系列的情境因素会改变我们定义自己的方式，受这些自我定义影响的行为也会随之发生改变。

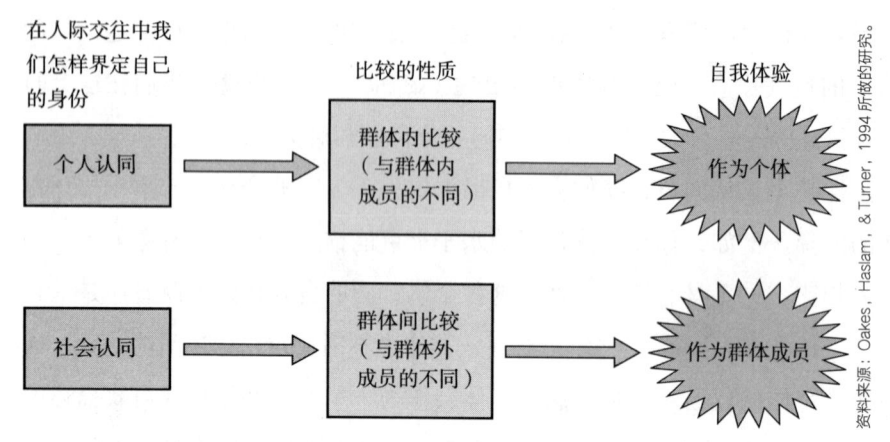

```
在人际交往中我
们怎样界定自己        比较的性质              自我体验
的身份
                      群体内比较
   个人认同    →     （与群体内   →      作为个体
                      成员的不同）

                      群体间比较
   社会认同    →     （与群体外   →    作为群体成员
                      成员的不同）
```

资料来源：Oakes., Haslam, & Turner, 1994 所做的研究。

图 4-8　个体认同与社会认同连续体

依据我们定义自己的方式（采用个体认同或是社会认同），自我的描述内容可以从群体内比较获得或是群体间比较获得。相应地，个体会把自己看作一个独立的个体或是群体中的一员。

图 4-8 对比总结了个体认同和社会认同分别凸显时的过程和结果。

因此，在不同时刻我们会对自己有不同的定义，从而产生了许多个"自我"。我们能说哪个是真实自我呢？是个体认同的自我还是社会认同的自我？答案并非只有一个。根据情境和对比维度的不同，所有这些方面都可能是对自我的正确描述，并且能依此准确地预测行为（Oake and Reynolds，1997；Reynolds et al.，2010）。一种情境下的自我描述所预测出的行为甚至会迥异于另外一些情境下自我描述所预测出的行为（如有趣的还是博学的；自由的还是保守的）。

尽管自我定义存在极大的变化可能性，我们中的大多数人在根据不同情境定义自我和调整行为时，还是尽力保持一个相对稳定的自我形象。这可能是因为我们觉得自我中体现出不一致的这些方面并不重要，或者仅仅是我们认为这些并不是我们自我认同的突出性内容（Patrick et al.，2004）。下面我们会讨论人们如何管理自我不同侧面的矛盾之处。

对自我的定义依社会情境而定

人们对自我的描述受制于问题是指向具体情境的还是开放性的。这一效应被门多萨－丹顿（Mendoza-Denton）等人的研究所证实（Mendoza-Denton，Ayduk，Mischel，Shoda & Testa，2001）。在他们的研究中，要求被试完成两种造句任务中的一种。作答开放性题目（如"我是一个……的人"）时，被试作为个体的自我界定被触动，基本上会从特质性或整体性上回应（如"我是一个有上进心的人"）。而当题目指向具体情境时（如"当……时我是一个……的人"），被试的答案就会依情境而定（如当老师给我布置很有挑战性的任务时，我是一个很有上进心的人）。

人们对个体自我认同与独特性的强调也会因时空而不同。例如，一项最近的研究调查了出生于 1880 年到 2007 年间 3.25 亿美国人的姓名，结果发现，随着时间的推移，美国人的名字越来越独特，特别是在 1980 年以后，这种趋势愈加明显了（Twenge et al., 2010）。当我们的名字与其他人不同时，我们更容易与他人相区别。告别普通姓名的现象在各个族群中都出现了，说明个体主义越来越受到重视，美国人越来越认同个体的独特性（Twenge et al., 2008）。

社会情境是如何引发不同于个人认同和个体主义的社会认同的呢？当研究者用英文问掌握双语的中国香港学生"我是谁"这一问题时，这些学生描述了自己与众不同的一些特质，反映了个体主义的自我构念（self-construal）。但当研究者用中文问他们"我是谁"这一问题时，这些双语学生描述了一些与群体共有的特质，反映了相互依存的自我构念（Trafimow et al., 1997）。因此，当一个特定的群体身份被激活时，自我描述的差异就产生了，就这个例子而言，语言激活了不同的群体身份。

情境的变化会影响我们对自己与他人关系的归类，转而又影响我们对待他人的方式（Ryan et al., 2004）。当一个求助者被归类为大学生时，大学生就会把他当成同类型的人，男生和女生都会对这个人表现出高度的关心。但是如果是从性别角度去将这个人进行归类的话，女生就会比男生表现出更多的关心。事实上，男生减少的关心是相对于将其归类为大学生而言的。因此，性别差异就会在性别身份凸显的时候表现出来。当然，性别是一个重要的社会身份，在很多情况下都会被激活（Fiske and Stevens, 1993）。这意味着它会在一定程度上影响个体对自我的看法以及对他人的反应。

不仅性别因素被凸显可以造成**自我构念**或自我特征描述方面的性别差异，研究表明（Guimond et al., 2007），我们对自己的看法还取决于我们用来做对比的性别群体。在一项包含了五个国家被试的实验中，研究者发现男性和女性只有在与异性群体进行对比时才会表现自我不安全感评定上的性别差异。在实验中，要求被试评价自我不安全感，如果是与异性相比，女性会认为自己没有安全感，而男性则认为自己没有不安全感，这是与他们自己的性别刻板印象相一致的。然而，如图 4-9 所示，当他们进行群体内的比较，即男性与男性比，女性与女性比，这种不安全感就没有什么性别差异了。所以，我们对自己特质的描述也取决于对比的对象。

自我的某些方面何时以及为什么比其他方面更凸显？

在特定的时刻是什么因素决定着自我的某个方面最有影响力呢？这个问题很重要，因为自我的突出面对于我们的自我认知与行为有着重要的影响。

第一，自我的某个方面可能和特定的情境紧密相关（比如聚会的时候要风趣，而在工作时要刻苦努力）。第二，情境本身的特征会凸显出我们某一方面自

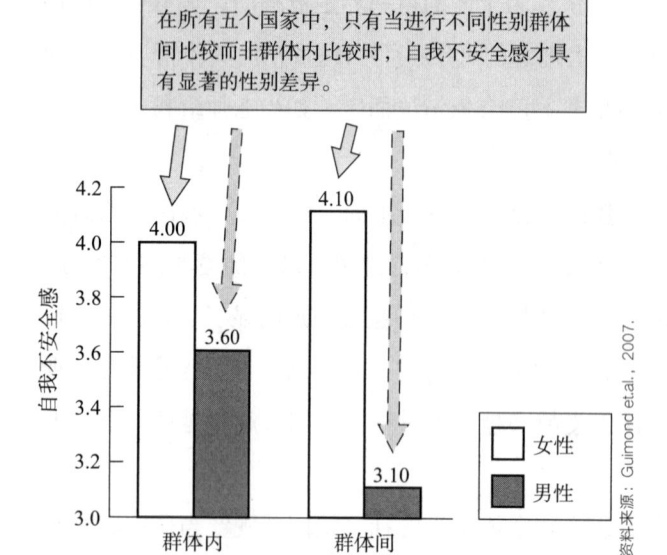

图 4-9 在全世界测量性别化自我知觉

在对五个国家（法国、比利时、马来西亚、荷兰、美国）950名被试的跨文化研究中发现，只有当男性及女性与异性群体对比时，在不安全感上的性别差异才比较明显，当进行群体内比较时（即男性与男性比、女性与女性比），性别差异就不显著了。

资料来源：Guimond et.al., 2007.

我的与众不同，该方面的自我认同就构成了自我知觉的基础。例如，假设一个办公室里只有一名女性员工，其余都是男性员工。在这种情境里，这个女性的性别角色就会特别突出。因而这个唯一的女性就更有可能表现得"像一个女人"，其他人也更有可能把她"当成女人"来对待（Fuegen and Biernat，2002；Yoder and Berendsen，2001）。类似地，非裔美国学生在以白人为主的大学里就会更多地意识到自己的种族身份（Pollak and Niemann，1998；Postmes and Branscombe，2002）。

第三，有些人会因为某个方面对自我特别重要而倾向于强调自己那一方面的个人特质（如聪明）或群体身份（如性别）。对自己国家高度认同的个体在这一认同受到威胁时会有更强烈的反应（Branscombe and Wann，1994）。

第四，别人（包括他们对我们的称呼）也会引导我们考虑自己的个体认同或社会认同。当自我概念用名词（如女人、学生）指代时，社会认同很容易被激活（Simon，2004）。名词代表着种类的划分，启动了你所在的群体区别于其他群体的一种属性（Lickel et al.，2001）。与之相对，其他那些用来指代个体的形容词和动词（如健壮的、高挑的、乐于助人的）则与群体内的差异相关（Turner and Onorato，1999），从而更容易引发个人认同水平上的自我知觉。

呈现不同自我侧面的情绪后果

你有过这样的经历吗？当你把某件商品买回家后，突然问自己"你选择这件商品的时候究竟在想些什么"，如果有这样的经历，说明你与很多人一样！新近开展的一项研究（LeBoeuf，Shafir and Bayuk，2010）解释了这种购物后悔的心理过程，他们用不同时刻（如购买时与购买后）凸显的自我的差异来解释这一过程。下面我们来看看这一过程在你的学生身份认同中的体现。

尽管大多数学生进入大学是为了提高他们的智力技能，但这一生命阶段也要求发展个体的社会性。为了测试认同的不同方面的突出性是否会影响个体做出的选择，勒伯夫等人（2010）让部分学生完成有关世界性议题的调查来启动他们学术方面的认同，而让另一部分学生填写校园社交问卷来启动他们社会性方面的认同。被试在填完问卷之后可以选择杂志作为填写问卷的回报，那些学术方面的认同被激活的被试选择了更多关于学术的期刊（如《经济学人》《华尔街日报》），那些社会性方面的认同被激发的被试选择了更多社会性方面的期刊（如《大都会》《体育画报》）。在随后的研究中，使用相同范式，当启动华裔美国人的中国身份认同时（"想想你最喜欢的中国节日"），被试在选车时倾向于选择更为传统的颜色，当启动华裔美国人的美国身份认同时（"想想你最喜欢的美国节日"），被试在选车时倾向于选择更为独特的颜色。这些研究证明了自我的突出面能够影响我们的消费选择。

但是，我们如何解释我们已经做出选择后的满意度（或后悔）这一问题呢？我们购买商品后的满意度是否取决于购买时凸显的自我认同与购买后凸显的自我认同两者间的匹配度呢？为了回答这个问题，勒伯夫等人（2010）再次启动大学生的不同认同（学术认同与社会性认同），给被试有关"世界性议题"的调查来启动他们的学术自我或给被试"校园生活"的调查来启动他们社会性的自我。接着被试可以选择一部电影来观看，在完成选择后与看电影前这段时间，被试的认同又会被第二次激发（学术认同通过询问被试的学术兴趣来激发，社会性认同通过询问被试对球队的兴趣来激发）。

结果如图4-10所示，当前后两次激发相同的自我认同突出面时，被试很享受这次看电影的经历，喜欢这部电影，不后悔当初的选择；当前后两次激发的自我认同不同时，被试并不享受这次看电影的经历，不喜欢这场电影，并对他们选择的电影表现出后悔。这些研究结果表明，我们的选择以及随之而来的体验取决于凸显的自我认同，

> 选电影时和观影时自我认同的突出面不一致的被试比一致的被试从看电影中获得的享受更少，更不喜欢自己选择的电影，更后悔最初的选择。

	没有享受	不喜欢电影	后悔最初的选择
认同不一致	1.93	2.26	2.22
认同一致	1.39	1.76	1.78

资料来源：LeBoeuf, Shafir & Bayuk, 2010.

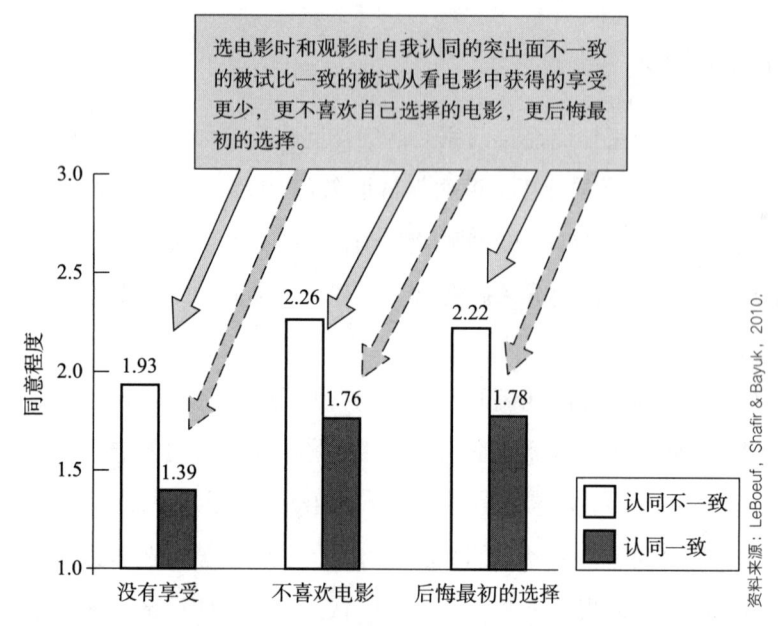

图 4-10　凸显不同的自我时做出的选择

自我认同的某个突出面（学术认同或社会性认同）被启动时选择电影，但在观看电影时却启动另一个突出面，这样的被试会比两个时段认同一致的被试更少体验到积极心态。这也是我们有时会后悔那些之前觉得挺好选择的原因之一。

这也就部分地解释了那个我们偶尔会问自己的问题："当我在做出那个选择时，我在想些什么？"

对自我的定义依他人的对待而定

别人怎样对待我们以及我们相信他人在未来会如何对待我们对我们思考自我有着重要的影响。当谈到自我时，没有人是一座孤岛。当我们意识到别人因为我们的某些特性而否定我们时，我们可能会有几种反应（Taifel, 1978）。如果我们能够通过改变自我的某些方面从而避免被拒绝，我们就会做出改变。事实上，我们仅仅改变那些让人厌烦的特质就行了。换句话说，对于我们让人厌烦的某些方面，我们可以将其隐藏起来。例如，现在美国军队政策中的"不要问，不要说"原则暗示有的集体认同是可以被隐藏起来的。当然，这种选择对于某些社会认同来说是不现实的。我们不能轻易地隐藏或改变自己的种族、性别、年龄。有时候，即使我们可以改变那些引起拒绝的自我特征，我们依然可能通过突出那些遭受拒绝的自我特征来反抗拒绝。也就是说，我们会重视那些特点，来作为把我们与拒绝我们的人相区别的方法。实际上，我们可以公开地说我们珍视的事物与他人珍视的事物不同，尽管他人会因此而对我们持负面的看法。

耶滕（Jetten）等人做的一项研究说明了这一点（Jetten, Branscombe, Schmitt & Spears, 2001）。这些研究者研究的是年轻人在身体的可见部位（不是指耳垂，而是在肚脐、舌头、眉毛等处）穿体装饰这一现象，这类行为在年轻人群体中广为流行。我们的穿着打扮和修饰身体的方式是体现自我认同的重要标志，是向世界展示自己的一种方式。然而，一些被同侪群体接受的自我认同标志在其他人群看来却可能是怪异的、不符常理的。今天的穿体装饰或文身就像20世纪60年代的牛仔裤和男人的长发。这些标志是"嬉皮士"认同的外显指示物，折射出反叛权威的自我觉知。如今的年轻人就像他们20世纪60年代的同类，选择穿体装饰或文身也是为了反抗权威的认同结构。

那些做穿体装饰或文身的人通常知道他们的行为会招致别人的偏见。但这只会导致他们抛弃主流审美而建立一种强烈的反主流身份。被现有的主流文化所拒绝会导致他们对于新文化群体的高度认同。他们会对那些跟他们一样认可穿体装饰的人有更深的认同感（Jetten et al., 2001）。正如图4-11所示，那些做穿体装饰或文身的人可能想向世人昭示"我是非主流"。如果这种穿体装饰最终成为一种大众时尚，就像穿牛仔裤被大众接受时，他们可能又会走向其他极端以证明他们的非主流身份。

图4-11 宣称"非主流"的认同
很多种形式的身体装饰和身体改造是在彰显我们如何看待自己（自我认同），这些年轻女性可能在向"主流"群体表明自己并不属于"主流"群体中的一员，她们更在意与自己的同侪群体是否"合得来"。

不同时间中的自我：过去自我与未来自我

有时人们会回首自己走过的人生之路，思考随着时间流逝自我发生的变化。关于**自传体记忆**（autobiographical memory）（Wilson and Ross, 2001）的研究表明，当我们将过去的自己与现在的自己相比较时，我们会觉得自己取得了不同程度的进步，从而对自己感觉良好。罗斯与威尔逊（2003）对此进行了一系列的研究，要求被试对过去的自我进行描述，一半的被试描述较远的过去自我，另一半被试描述较近的过去自我。结果发现，被试对较远的过去自我的批判多于对较近的过去自我的批判。这些研究者认为对较远的过去自我进行批判使得我们感觉良好，这是因为如此一来我们就好像得到了成长（现在比以前好）。与之相对，当人们感觉较近的过去自我充满失败的话，现在的自我也就显得不那么积极了。与这种自我保护性的观点相一致，当人们被要求写两段关于值得纪念的人生经历的文章（一段写应受责备的经历，一段写应受表扬的经历）时，被试表述的值得表扬的经历一般发生在最近，应受责备的经历一般发生在遥远的过去（Escobedo and Adolphs，2010）。

再换一个角度看看自我比较的情形——设想未来的可能自我（possible selves）对我们有什么情绪上的影响呢？思考一个积极的未来自我可以激励人们放弃目前安逸的生活，这种生活虽然目前很享受，但从长远来看却是无益的，且会妨碍自我的进步（Markus and Nurius，1986）。在这种情况下，我们可能会放弃这种安逸的生活来实现我们想要的那个可能的自我。

想想我们为了获得一个有价值的未来自我或增加一个新的身份付出了多少！你也许为了成为一个大学毕业生放弃了休闲的时光，为了成为一名医生花了多年的时间学习和实习，为了成为一名律师夜以继日地在法学院苦读以通过司法考试。洛克伍德（Lockwood）与昆达（Kunda）（1999）发现那些被模仿的角色榜样鼓舞着人们对未来进行大量的投入。当然，我们必须在做之前考虑自己是否能够达到这种角色榜样代表的可能自我。这种对未来可能自我的想象是促使人们努力学习、戒烟以及上亲子班的动力源泉，他们相信这样的投入会实现自我的进步。在这个过程中，我们可能会经历痛苦与挫折，但这却可

图 4-12 你会马上庆贺大学毕业生的新自我身份吗？
获得期望的理想自我离不开艰辛的努力，但这份努力是值得的！

能换来一个期待的理想自我。图 4-12 就展示了大学毕业生获得新身份时的快乐。

人们也试图避免那些消极的未来可能自我，例如，当我们制定新年计划的时候。珀莱维（Polivy）与赫曼（Herman）（2000）指出，对可以避免这些消极结果的自我改变的憧憬能够带来自我控制感和乐观的态度，然而无法按计划实现这些憧憬也是很有可能的，而且经常这样的话会给人们带来苦恼。当人们渴望自我改变但是又觉得无能为力时，他们就会通过使自己分心从而试图减轻这种令人不快的自我觉察，分心的办法包括沉迷于小说等常见方式或是酗酒等比较危险的方式（Baumeister，1991）。

自我控制：为什么这么难

人们经常通过戒烟、节食、更有效地学习等方式来改变自己，但是他们会发现坚持下去很困难。事实上，人们经常屈服于即时的奖励而违背了最初的承诺。换句话说，我们失去了对自我的控制。

我们思考自我的方式如何影响我们努力进行**自我控制**（self-control，即抑制自己去做喜欢的事情，代之以去做自己不愿做的事情）的成功率？坚持一项长期的目标有多难？尽管短期结果可能更能获得即时的满足。一些研究者指出自我控制是费力的，前期的自我控制会使后期的自我控制更加困难。福斯（Vohs）与希瑟顿（Heatherton）（2000）指出我们管理自己的能力是有限的，如果我们在不重要的任务上消耗了自我控制资源，那么就没有足够的自我控制资源用于重要的问题上。相对于前期没有执行需要自我控制任务的被试，那些前期进行过一次自我控制（如不去想某个主题、同时参与两项任务或控制情绪表达）的被试，在第二个自我控制的任务上表现大不如前。再看看福斯与希瑟顿关于长期节食者的研究，这些长期节食者为了减轻体重，长时期抵制食物的诱惑。当这些被试第一次经受住了美味糖果的诱惑之后，他们在第二次任务中的自我控制能力就减弱了，此时再给他们第二次的诱惑（冰淇淋），他们会吃更多的冰淇淋（与那些没有抵制糖果诱惑的人相比）。因此，不只是第一次的自我控制很困难，在第一次自我控制成功后，它会削弱我们接下来进行自我控制的能力。

自我控制在一定程度上属于有限的资源，**自我损耗**（ego-depletion，在前期的自我控制之后，我们后续进行自我控制的能力就降低了）存在于很多需要自我管理的领域。最近有一些学者对自我损耗的相关研究进行了元分析（Hagger et al., 2010）。先前的自我控制确实会对后续的自我控制造成不利的影响，如出现更多的疲劳、感觉自我控制更困难、血糖值更低。当先前的自我控制时间较短时，对后续的自我控制影响较小，即自我损耗较少。此外，参与自我管理的训练以及在连续的两个自我控制任务之间增加休息过程也可以减轻个体的自我损耗。抽象地思考我们的目标可以增加自我控制（Fujita and Han, 2009）；也就是说，我们应该提醒自己总的目标和计划（如希望减肥）而不是现在要去做的细节（如不要吃巧克力蛋糕）。总的来说，自我控制能力（避免做我们不再想做的事情，全神贯注地做更多我们想做的事情）是可以提高的，但是需要练习，很多因素会损害我们的这一能力！

要点

- 我们如何思考自己会因突出个体自我或社会自我而变化，个体认同涉及的是群体内比较，社会认同涉及的是群体间比较。人们拥有多种自我认同，每一种都会对行为产生不同的影响，具体哪一种产生影响取决于哪一种认同在特定的情境中得到激发。
- 我们所处的情境可以改变自我的突出面，性别差异在我们的性别群体身份比较突出的时候表现得最显著，而如果有另一个更突出的群体身份出现，那么性别特征就可能完全消失。例如，在五个国家开展的一项研究中发现，只有当被试与异性群体对比时，在不安全感上的性别差异才比较明显，当进行群体内比较时（即男性与男性比、女性与女性比），性别差异就不显著了。
- 若干因素影响着自我的哪个方面被凸显并对对行为产生影响：(1) 当情境与自我某个方面特别相关时；(2) 当情境凸显出我们与他人的差异时；(3) 当某一方面自我认同对我们比较重要时；(4) 别人对待我们的方式或使用的措辞。
- 当我们在选择商品和享用商品时唤起自我认同的不同突出面，我们就会对自己的选择表示出后悔或是不满意。
- 当意识到自己被排斥时，很多时候我们都会选择故意突出那个被排斥的身份从而使自己区别于那些排斥自己的人。如果想建立一个反叛的自我知觉，我们就会为自己选择一种不同于主流的同侪群体特征。
- 有关未来的可能自我的形象可以引导我们改变现状，从而达到那个更理想的自我。
- 自我控制是一种有限资源，自我损耗使得自我控制的持续保持变得很困难。当我们关注抽象的目标而非当前的细节时更可能实现自我控制。

第 4 节　自尊：对自己的态度

自尊（self-esteem）通常被社会心理学家定义为我们对自己的总体看法。你对自己抱有怎样的看法——积极的还是消极的？你对自己的看法是相对稳定的，还是会随时间和情境发生改变？新的证据表明美国高中生的自尊水平随时间的流逝逐渐增高（Twenge and Campbell，2008）。与 20 世纪 70 年代的学生相比，2006 年的学生对自己的喜欢程度更高。

自尊的测量

最常见的自尊测量方法是使用罗森伯格（Rosenberg，1965）十个题目的量表进行自我特性评估。如图 4-13，量表中的项目表述都浅显易懂。该量表要求被试表明对自己的外显态度。既然大多数人都可以猜出题目测的是什么，那么这项测试的量表总分与单个题目"我拥有高自尊"的测量分数高度相关也就不足为奇了（Robins et al.，2001）。还有一些对于特定领域的自尊感的测量，如学术、个人关系、外表和体育运动领域，这些是通过个体在相关领域的一些表现指标上的得分来进行测量的（Swann et al.，2007）。

如图 4-14 所示，人们的自尊受到生活事件的影响。当我们回想自己的成就时，自尊会提升（Sedikides et al.，2008）。同样地，回想自己的失败经历会损害我们的自尊。例如，当人们受到"不能实现某种理想"

1. 我感觉到自己是有价值的，至少与别人不相上下。
2. 我觉得我有许多优良品质。
3. 总的来说，我倾向于认为自己是一个失败者。*
4. 我能将事情做得和大多数人一样好。
5. 我觉得自己没有什么值得骄傲的地方。*
6. 我对自己持一种积极的态度。
7. 整体而言，我对自己感到满意。
8. 我真希望我能更尊重自己。*
9. 我有时的确感觉自己很没用。*
10. 我有时认为自己一无是处。*

资料来源：Rosenberg, Morris.1989.Society and the Adolescent Self-Image. Revised editions. Middletown, CT:Wesleyan University Press.

图 4-13　自尊的测量：罗森伯格自尊量表
带有星号的项目为反向计分，10 个项目的得分均值就是最终的自尊得分，得分越高表示自尊越强。

图 4-14 自尊：对自我的态度

个体的自尊或对自我的态度可能处于非常消极到非常积极中的某一水平。至少在此刻，图中的两人显示出了对自己的极度消极的态度和极度积极的态度。

的暗示时，自尊感就会下降（Eisenstadt and Leippe，1994）。一个自尊感本来就低的人若是接到消极的反馈，他的自尊会进一步降低（DeHart and Pelham，2007）。当一个人被他人驱逐、排斥或漠视时会感到痛苦，自尊水平也会降低（DeWall et al.，2010；William，2001）。

近来的研究在尝试用更巧妙的方式测量自尊。像罗森伯格量表那样的外显测量方式可能会受到社会称许性的影响，人们可能会根据社会期望或为了避免使自己难堪而报告出高自尊的结果。为了排除这种影响，研究者开始测量人们的**内隐自尊**（implicit self-esteem），内隐自尊是通过测量人们将自我与积极词汇或消极词汇自动化关联的速度来实现的。测量内隐自尊最常见的方法就是内隐联想测验（Greenwald and Nosek，2008；Ranganath et al.，2008）。人们在外显自尊与内隐自尊上的得分通常是不相关的，这表明这两种测量方法可能捕捉到的是两种不同的心理过程。

一个重要的问题在于，内隐自尊是否像外显自尊那样随环境的变化而变化？为了解决这个问题，狄克斯特修（Dijksterhuis）（2004）使用经典条件作用的逻辑来测量个体在无意识状况下的内隐自尊水平可否得到提升？在用"我"与积极词汇（如"优秀""聪明""热情"等）的反复内隐配对（呈现的速度快到被试无法辨认）后，这一组被试的自尊水平显著高于控制组（未经过该内隐配对）。而在之后实验者对被试的智商进行消极反馈时，这种内隐的条件作用使得他们免于遭受自尊水平的下降。这一结果与使用外显测量所做的研究（如用罗森伯格量表）结果是一致的，外显研究的结果也发现自尊较强的个体在受到消极反馈后没那么容易受到自尊威胁的伤害，这个内隐的训练过程相当于是为被试建立了一个内隐的对应外在威胁的保护机制。

与这些关于自尊的无意识影响的分析相一致，德哈特（DeHart）等人发现，从小一直获得父母培养的青年的内隐自尊显著高于那些在小时候很少受到父母培养的青年（DeHart，Pelham & Tennen，2006）。相反，那些在小时候受到父母过度保护的青年比那些得到父母信任的青年有着更低水平的内隐自尊。这些内隐信息——基于我们与父母的互动经验——会为内隐自尊奠定基础。关于如何提高自尊的更多信息，详见下面的专栏："情绪与自我：积极的自我对话有效吗？"

情绪与自我

积极的自我对话有效吗？

当你面临一项巨大的挑战时，你会听从诺曼（Norman Vincent Peale）在他的《积极思考的力量》（*The Power of Positive Thinking*, 1952）（见图 4-15）一书中给出的建议吗？他的建议很简单，"告诉你自己你能做任何事，然后你就能做到"；"告诉你自己你很伟大，你就会成为一个伟大的人"。谁会听从这些建议呢？这样做确实有效吗？

为了解决这个问题，伍德（Wood）等人调查了大学生会在何时使用这些积极的自我对话（如"我会成功的""我会击败病魔"）以及运用这些积极自我对话的频率是多少（Wood，Perunovic & Lee，2009）。只有 3% 的受访者说他们从来没有运用过这些积极自我对话，不过几乎天天使用的人也只有 8%，大多数人处于这两种状态之间。与我们的预期相一致，大多数受访者说当面临挑战（如考试前或演讲前）时，他们会使用这种积极的自我对话。

图 4-15 经典的建议：积极地思考，没有什么不可以！
这本书已经畅销五十多年了，但是实践这种积极自我对话的效果似乎比起初想象的要复杂。

但是，研究者真正感兴趣的是人们使用这种积极自我对话的效果怎么样。换句话说，积极的自我对话可以使我们感觉更好吗？伍德等人（2009）指出，积极的自我对话对有的人是有用的，对另外的人不仅无用而且会使他们感觉更糟。这是怎么一回事呢？情况可能是这样，对于低自尊者，这样的自我对话使他们意识到他们想做的与实际做到的之间存在着巨大差距；对于高自尊者，这样的自我对话是对他们已有的积极自我观的确证。事实上，对于低自尊的个体而言，积极的自我对话提醒了他们没有达到一些重要的标准——特别是我们应该只进行积极思考的"美国标准"（Ehrenreich，2009）。实际上，那些没有达到一些重要标准的提醒也许比消极思维本身带来的心理后果还要严重。为了检验这些观点，伍德等人（2009）通过自尊问卷得分选出高自尊与低自尊的被试若干，要求所有被试都去想"我是一个可爱的人"这句话，但他们回想时的聚焦点不同。"积极聚焦组"只需要想自己符合这个描述的内容，"无倾向聚焦组"既要想自己符合这个描述的内容也要想自己不符合这个描述的内容。完成这个任务后，研究者对他们的情绪状态进行了测量（主观评定对自己的满意程度）。如图4-16所示，对于高自尊者，他们的情绪状态不受实验操纵的影响。对于低自尊者，"积极聚焦组"的被试对自己的满意程度反而低于"无倾向聚焦组"的被试。因此，总的来说，积极的自我对话并没有我们设想的那么有用。事实上，对于那些低自尊的人而言（这正是积极自我对话想要帮助的人群），积极自我对话反而可能对他们有害！

> 对于低自尊者，和同时思考符合与不符合"我是一个可爱的人"这个描述的相关内容相比，只思考符合这一描述的相关内容的被试对自己更不满意。

资料来源：Wood, Perunovic, & Lee 2009年的研究。

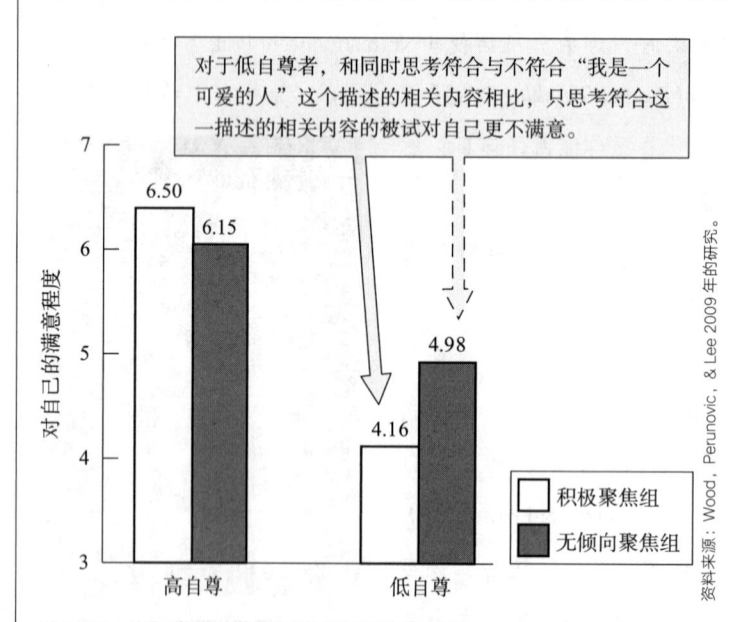

图4-16 积极自我对话的效果取决于自尊水平

低自尊者仅仅关注积极自我对话的内容反而比更中性地关注相关描述时对自己的满意程度更低。积极自我对话对于高自尊者没有什么影响。因此，积极的自我对话要么不起作用，要么会起负作用，这是提倡积极自我对话的人所始料未及的。

高自尊总是有利的吗？

假使现在我们已经发展出许多可以提高自尊的方法，那我们是不是应该把力争提高我们的自尊当成一个重要目标来实现呢？确实，不同领域的社会科学家指出缺乏高自尊（表现出低自尊）是许多社会弊病的根源，如药物滥用、学业成绩差、抑郁症以及进食障碍等。事实上，有的学者也指出低自尊是攻击行为与对他人持有普遍的消极态度的重要原因。然而，与此相反的结论也不断得到证据支持——高自尊与欺凌、自恋、表现癖、自夸以及人际侵犯有关（Baumeister et al., 2005）。例如，当个体对自己的积极评价遭到反驳时，那些高自尊的人比低自尊的人更容易表现出暴力行为。

这是为什么呢？高自尊在一定程度上意味着相对于别人的一种优越感，而这种优越感一旦被威胁，就需要被保护。也可能是高自尊与不稳定性（导致反复无常）相结合导致了这种敌对与防御反应（Kernis et al., 1993）。当一个不稳定的高自尊的人遭遇失败时，他潜在的自我怀疑会体现在遭受威胁后的生理反应之中（Seery et al., 2004）。因此，高自尊者在自信、失败后坚持完成任务、勇于接受挑战等方面占有优势（Baumeister et al., 2003），但是也存在一些潜在的劣势。

男性和女性在自尊水平上存在差异吗？

你认为一般而言男性和女性谁的自尊水平更高呢？很多人可能会猜男性的自尊水平高于女性。为什么社会心理学家也可能做出这样的预测呢？因为，就像我们将在第六章提到的，女性通常处于较低的社会阶层，社会对她们存在更多的偏见，因而这种社会结构地位应该会给她们的自尊带来一些消极的影响。乔治·赫伯特·米德（George Herbert Mead）（1934）就曾指出环境中的重要他人看待我们的方式会影响个体的自尊，女性的总体自尊低于男性是因为自尊与他人的对待密切相关。如图4-17所示，女性的自尊低是她们社会地位被贬低的反映；很多女性最终都会觉得她们的自尊水平达不到社会的平均标准。

威廉姆斯（Williams）和柏思特（Best）（1990）通过开展一项包括14个国家的关于男女两性自我概念的研究证实了这一点。在诸如印度和马来西亚这些要求女性居家做家庭主妇的国家，女性有十分消极的自我概念，而像英国和芬兰这些女性在劳动力市

图 4-17 当你觉得自己达不到标准的时候会努力获得自尊

研究表明社会弱势群体的平均自尊水平低于社会优势群体，自尊在一定程度上反映着他人对自己的评价，对于那些被贬低的社会弱势群体而言，获得高自尊会变得更为困难。

场上很活跃、男女社会地位差异也较小的国家，男性与女性对自己有同样的好评。这项研究显示，当女性被排除在重要的生活场所之外时她们的自我概念就会比男性差。一项面对美国职业女性的纵向研究表明，当女性在一个性别歧视很严重的场所工作时，她们的身心健康水平会随着时间的推移而不断下降（Pavalko et al., 2003）。通过对比女性工作前后的健康状况，可以发现一个歧视性的工作环境对她们造成的这种危害。

一项元分析报告对比了在美国和加拿大收集的（1982—1992）男女总体自尊的数据，同样发现男性比女性拥有更高的自尊（Major et al., 1999）。尽管该元分析涵盖的研究提供的效应量并不大，但是正如普伦蒂斯（Prentice）与米勒（Miller）（1992）指出的，有时组间的细微差异也引人注目。准确地说，由于同一性别内部的自尊水平都存在巨大差异，能够在国家层面甚至国家间发现不同性别群体自尊水平的稳定差异是引人注目的。上述元分析（Major et al., 1999）发现自尊的性别差异在专业人士阶层中是比较小的，在中产阶级及以下社会阶层内部是比较大的。此外，那些获得较好职位的女性的自尊水平显著高于遭到歧视的女性。事实上，不同人生阶段的女性受教育程度越高，其自尊水平也越高（Orth et al., 2010）。与性别歧视影响自尊的观点相一致，青春期以前男女的自尊没有显著差异，但是从青春期开始，也就是性别歧视开始产生的时期开始，男女自尊出现了显著的差异，女性的自尊水平低于男性，并一直持续到成年期。然而，最近的纵向研究表明，不同性别的自尊差异在65岁之后开始减小，年纪越大性别差异越小（Orth et al., 2010）。

那么，常识性观点所认为的社会中弱势群体的总体自尊水平都比较低是否正确呢？研究给出了明确的答案：是的。社会中的弱势群体感受到的歧视对他们的身心健康造成了极大的损害（Pascoe and Smart Richman, 2009）。这种自尊受损的程度取决于该群体被歧视的程度（Hansen and Sassenberg, 2006）。

要点

- **自尊**是我们对自己的总体看法。通常自尊是通过直接评估个体感知到的自尊水平进行测量的。其他一些比较内隐的测量方式则是通过将个体自我与一些积极或消极事物的联结来测量，包括热情、诚实等特质。人们可能并没有意识到这些内隐的自我感觉。
- 自尊是对生活经历的反应，而具体某方面的自尊取决于我们在该领域的表现水平。即使是内隐自尊也会随环境的变化而变化。
- 人们经常进行积极的自我对话，尤其是在面临挑战的时候。近期研究发现，对于低自尊者而言，这样做可能会事与愿违。
- 低自尊可能并不像许多人想的那样可以预测社会问题。事实上，高自尊的人，尤其是拥有不稳定高自尊的人常常会在自我优越感受到威胁时表现出暴力行为。
- 自尊水平存在性别差异，这种差异不大但确实存在。在那些不鼓励女性参与公众生活的国家，女性的自尊水平要低于男性，同时她们的自尊水平也低于那些有较多女性参与工作的国家的女性。美国女性中，在工作场所中经常遭受性别歧视者的自尊水平低于不经常遭受性别歧视的人。

第5节 社会比较：我们如何评估自己

我们是怎样评价自己在不同领域是好还是坏呢？我们身上最好和最坏的特质分别是什么？我们是不是讨人喜欢？社会心理学家相信，人类的任何评判都基于一定的比较标准（Kahneman and Miller, 1986）。所以，我们对自己的评价取决于我们所选择的比较标准。举个简单的例子，如果你拿自己解谜的能力跟一个小孩子相比，你肯定会对自己的能力感觉良好。这种拿自己与一个不如自己的人比较的情况，叫作**向下社会比较**（downward social comparison）。但是，如果你拿同样的问题和一个解谜专家去比较，你可能就不会感觉那么良好了。这种会对自我形象造成威胁的比较倾向叫作**向上社会比**

较（upward social comparison）。因此，对自己的积极评价离不开对比较标准的正确选择！

你可能会想，我们为什么非得跟别人比较呢？费斯汀格（Festinger，1954）在他的**社会比较理论**（social comparison theory）中指出，我们会将自己与别人做比较是因为很多活动领域或个性品质都没有客观的衡量标准供我们参考，因此他人就成为我们重要的信息参考来源。我们是聪明超常还是智力平平？有魅力还是没有魅力？我们不能通过照镜子或内省来得到答案，但是我们可以通过和他人做比较来获得一些有价值的信息。事实上，对自己的不确定感是导致人们进行社会比较并评估自己是否符合文化规范的主要因素之一（van den Bos，2009；Wood，1989）。

那我们会拿自己跟谁做比较呢？或者说我们会怎么设定自己的比较标准呢？这就由我们进行比较的动机来决定了。我们是想要对自己做一次准确的评估还是仅仅想让自己感觉好一点呢？一般来说，人们的主要意图是想对自己产生一些积极的看法，而非追求一个准确的评估或证实自己持有的某种信念（Sedikides and Gregg，2003）。但是，设想一下，假如我们真的是要想对自己进行准确的评估，那该怎么办？费斯汀格（1954）指出，我们的表现和一个与我们相似的人做比较会得到最准确的评估结果。但是什么决定相似性呢？是基于年龄、性别、国籍、职业、年级还是别的？一般来说，相似性主要基于大的社会范畴，如性别、种族或在某个特定工作领域的经历等（Goethals and Darley，1977；Wood，1989）。

通常，当我们和一个与自己同属一个社会类别的人做比较时会对自己产生较多的积极看法，而与不属于同一社会类别的人（尤其当对方处于一种优势地位时）比较时则不会产生那么多的积极看法。部分原因是因为人们会对不同群体的人在同一领域里的表现有不同的期望（比如儿童与成人、男人与女人）。在一些情况下，人们被鼓励将自己归入对某个领域的表现具有较低期望的群体，此时就会很容易觉得自己还不错。比如，一个女人会自我安慰说她的薪水"对一个女人来说已经很不错了"，尽管将薪水与男性相比会让她感觉很失落，因为男性的薪水比她多（Reskin and Padavic，1994；Vasquez，2001）。当我们使用群体内标准时，通常会较少做出消极的自我判断（Biernat et al.，2002）。实际上，这种群体内的比较是具有自我保护作用的，它可以使一个弱势群体成员免受与优势群体成员的比较之痛（Crocker and Major，1989；Major，1994）。

有人认为人类的"首要动机"就是想对自己产生积极的看法（Baumeister，1998）。我们中的大部分人都有一种积极的自我认知，这种积极自我认知的获得就与我们在与他人比较时将自己划入哪一个类别有关（Wood and Wilson，2003）。这种自我归类通过调控比较的意义来影响比较对我们产生的作用。有关自我的两个有影响力的理论——**自我评价维护模型**（self-evaluation maintenance model）和社会认同理论——都是建立在费斯汀格（1954）的社会比较理论基础之上的，它们描述了在不同情境下进行社会比较的各种结果。

自我评价维护模型（Tesser, 1988）适用于我们将自己看作一个个体并与另一个个体进行比较的情境。社会认同理论（Tajfel & Turner, 1986）则适用于我们将自己看作某个群体的成员（如，作为一个女人）并且比较对象也是同一个类别的成员（如，另一个女人）。这两种情况下和同一个人比较会产生两种不同的结果。比如，如果和我们同性别的某个人表现很差劲，我们会因为同属一个群体而感到尴尬。但是，如果我们作为独立个体与这个人进行个体间的比较时，我们就会很得意。

我们先来谈谈人际比较情境下发生的情况。当和你进行比较的个体在一个你很重视的领域表现比你突出时，你会有意地远离他，从而远离这种比较带来的痛苦。毕竟，他是在你所重视的方面做得比你好。相反地，要是这个人在这方面比你差，你倒会愿意与他相处，因为这种比较对你来说是积极的。通过比较，这个表现不如你的人衬托出了你的优秀。这种远离或接近比你表现好或差的人的心理活动展现出的是当我们的个体认同凸显时维持积极自我评价的一种重要方法。

那么，我们是否会一直讨厌那些比我们强的人呢？不是。这要看相对于对方来说，我们是怎么给自己归类的。根据社会认同理论，我们倾向于对自己所在的群体持积极看法，尤其是当我们特别看重这个群体身份的时候。当将他人看作我们群体中的一员时，他们的优异表现会让这个群体变得更加优秀。因此，当我们在社会认同层面看待自我时，就像谈到一支球队，一个表现优异的同伴会增强我们的群体认同而不是相反。

因此，你是否喜欢一个比你优秀的人取决于你把他当成一个独立的个体还是和你同属一个群体的成员。当你把他当成一个个体时，他的优异表现会对你产生消极意义，当你把他当成同属一个群体的成员时，他的优秀则有利于你在将自己的群体与外群体比较时得出积极的结论。为了检验这个结论，施密特（Schmit）等人找来一批认为创造性方面的表现对自我很重要的被试（Schmitt, Silvia & Branscombe, 2000）。对于比自己表现好或同样表现平平之人的反应取决于我们对自己的归类——是个体认同层面还是社会认同层面。如图4-18所示，当被试拿自己的表现与对方进行个体间的比较时，他们会倾向于喜欢那些表现平平的人，而不喜欢那些比自己表现好从而对自己的良好形象构成威胁的人。但是当被试认识到自己是归属于一个性别群体与另一个群体（男性群

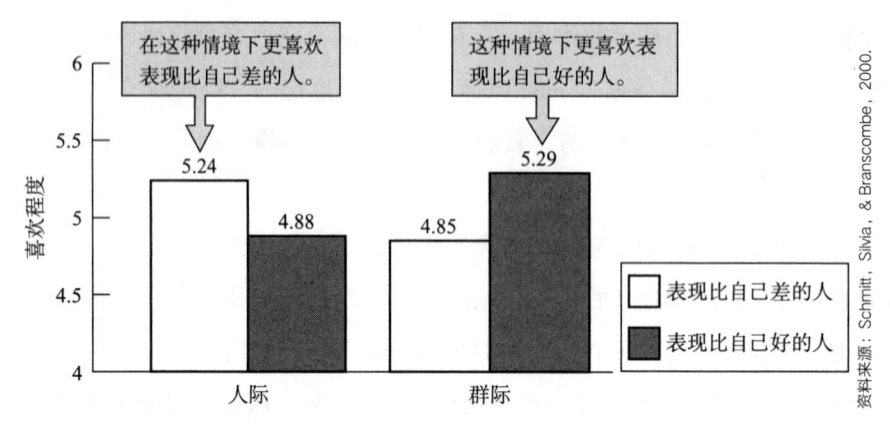

图 4-18 我们怎样评价比自己表现好或差的人

对比自己表现好或差的人做何反应取决于个体所处的情境是人际情境（和个体自我有关）还是群际情境（和社会自我有关）。正如图中所示，在人际情境中人们更喜欢比自己表现差的人，在群际情境中人们更喜欢比自己表现好的人。

体或女性群体）进行比较时，相对于那些和自己表现差不多的人来说，他们会给予那些在自己群体中表现突出的人更积极的评价。为什么呢？因为这个人的突出表现会给自己所在的群体增光。由于不同的情境会引导我们做出不同的自我分类（作为个体和作为群体成员），它就调节着向上或向下社会比较对自我评价的影响效应。

自利偏差与不现实乐观

大多数人都对自己感觉良好，也有很多策略被用于保证我们在大多数时间能够积极地看待自我。我们中的很多人身上都表现出一种**高于均数效应**（above average effect）——我们认为我们在几乎所有方面都属于中上等水平（Alicke et al.，2001；Klar，2002）。实际上，人们认为自己比同伴强（如品质或能力方面）的倾向能够预测他们的自尊随着时间的推移而增强。

即便我们得到与美好自我形象相左的负面反馈，我们也会选择遗忘这些例证而强调那些支持积极自我知觉的信息（Sanitioso and Wlodarski，2004）。同样，如果有人指出我们该对某件负面事件负责时，我们也会对此进行强烈的反驳（Greenwald，2002）。

与此相对的是，当有人要将一件好事归功于我们时，我们倒是很容易欣然接受。这一点不仅体现在个人成就上，在群体成就上也一样。比如球迷会觉得是他们的在场和欢呼造就了球队的胜利（Wann and Branscombe，1993）。

人们对自己的积极评价非常重要，它和我们完成任务的能力紧密相关。事实证明，我们总体来说都拥有不现实乐观，这对于我们的身心健康有着重要意义。一项由泰勒（Taylor）和布朗（Brown）（1988）所做的经典研究表明人们具有很多种形式的积极幻觉。这种幻觉并不是心理病理学所说的"妄想"，而是一种"不现实乐观"，即认为我们比同辈群体要稍微强一些。当然，我们所有人都拥有比同辈更圆满的生活是不现实的，我们并没有生活在盖瑞森·凯勒（Garrison Keillor）的沃布冈湖[1]，因此不可能所有的人都比平均水平高。

索伦蒂诺（Sorrentino）及其同事（2005）的研究发现，这种不现实乐观的现象并非仅仅存在于北美人身上，日本人也是如此。同时，具有不现实乐观特点的美国人在增多。例如，高中学生认为自己能够最终获得研究生学位的人数不断上涨，到2006年已经达到50%，明显比实际的情况要高出许多（Twenge and Campbell，2008）。在更为日常的领域，泰勒（1989）指出人们每天的计划表正是不现实乐观的最好例证。我们经常连计划表中一半的事情都没有完成（我在生活中就是如此！），但是这并不妨碍我们继续为每天设定计划，期望能够按照计划表行事，这都证明了不现实乐观的存在。

泰勒和布朗（1988）证明了积极幻觉与满意度、自信、控制感的关系。那些认为自己能够完成计划表所有内容的人相较于更为现实的人很可能自我效能感更高、动机更强。因此不现实乐观伴随着高动机与高坚持性，这又会导致更好的表现和更高的满足感。

当然，你可能也会问，不现实乐观是否也有缺点？当现实没有达到预期时，不良决策带来的只能是产生糟糕的后果。尽管你可以想出很多理由来指陈不现实乐观是危险的、不明智的，但最令人困惑的是它与身体健康的关系（Armor and Taylor，2002）。不管怎么说，上述一系列研究并没能证明乐观预期与健康风险行为之间的显著关系。因此，不现实乐观应该还是具有很高的适应价值的。不过，近期的一项在创业这种具有较大失败风险的重要情境下开展的研究发现，如果创业者的不现实乐观太多，往往意味着较差的商业结果（如风险收益、利润增长等方面）（Hmieleski and Baron，2009）。

---

[1] 盖瑞森·凯勒（Garrison Keillor）的歌中所唱的沃布冈湖（Lake Wobegone），大家都认为住在那里的所有女人都很强壮，所有男人都很漂亮，所有孩子都非同一般的聪明。——译者注

> **要点**
>
> - 社会比较是我们进行自我评价的重要手段。**向下社会比较**是指我们拿自己跟那些能力比自己差的人做比较的情况。这种比较是对自己的一种奉承。
> - **向上社会比较**是指拿自己跟那些能力比自己强的人做比较。人们通常与那些社会类别同自己相似的人进行比较,可能涉及的类别有性别、种族、工作经验等。
> - 当我们作为个体跟比我们优秀的人比较时,会觉得对方对我们造成了威胁,但是当我们觉得自己和优秀的人同属于一个群体时,就会对他有更积极的看法。
> - 社会比较理论从两个角度讨论了向下或向上社会比较对自我造成的影响:**自我评价维护模型和社会认同理论**。当我们将自己看作一个独立个体时,会远离那些优秀的人;当我们把自己看作某个群体的一员时,会远离那些表现差的人。
> - 大多数人在与别人做比较时都会表现出一种不切实际的乐观。这些积极幻觉与很多的适应结果相联系。

第6节 当自己成为偏见的对象

虽然得不到自己想要的东西通常不是件好事,但是你如何解释这种始料不及的结果却能极大地影响到自己的感受,进而影响到你的应对方式。我们在第三章谈到过,归因影响着事件的意义。因此,对于消极后果的一些归因方式也可能带来极大的心理伤害,例如会导致抑郁、伤害自尊心(Weiner, 1985)。我们现在来看看当自己成为偏见的对象时有哪些情绪和行为的后果。

情绪后果:对健康状况的影响

假设你收到了关于你在某项任务上的负面反馈或其他类型的来自于他人的负面评价。就像图4-19所示,你会对这件糟糕的事进行归因,不同的归因方式会导致不同的

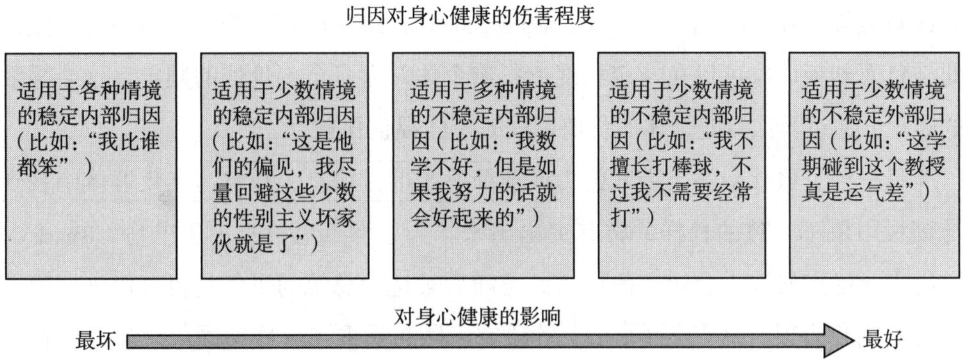

归因对身心健康的伤害程度

| 适用于各种情境的稳定内部归因（比如："我比谁都笨"） | 适用于少数情境的稳定内部归因（比如："这是他们的偏见，我尽量回避这些少数的性别主义坏家伙就是了"） | 适用于多种情境的不稳定内部归因（比如："我数学不好，但是如果我努力的话就会好起来的"） | 适用于少数情境的不稳定内部归因（比如："我不擅长打棒球，不过我不需要经常打"） | 适用于少数情境的不稳定外部归因（比如："这学期碰到这个教授真是运气差"） |

最坏 ←————— 对身心健康的影响 —————→ 最好

图 4-19　对负面结果的不同归因如何伤害到身心健康
如图所示，将负面结果归因为稳定的、内在的原因对身心健康最不利，将负面结果归因为不稳定的、外在的原因对身心健康最有利。

情绪反应。就心理幸福感而言，最糟糕的归因是内在地稳定地归因到自身某个不可改变的方面（比如你认为这次任务没有完成好是因为你很笨）。比它稍微好一点的归因是归因于偏见（比如你在这项任务上得分低是因为打分的人对你所属的群体有偏见）。相比较而言，偏见可以影响事情结果的情况比较少见，不像愚笨的解释可以用到更多的情境中。因此，当偏见较少发生时归因于偏见与当偏见较频繁发生时归因于偏见，前者对心理幸福感更有好处（Schmitt et al., 2003）。预期未来遭遇歧视的可能性对心理幸福感至关重要。真正的外在归因，无论是稳定的（如那人对每个人都很混蛋）还是不稳定的（例如，那位今天倒霉，我这次运气不好），都可能有助于保护归因者的自我和身心健康。有关消极后果的不同归因对身心健康的影响并不是"相等"的。

行为后果：刻板印象威胁对行为表现的影响

对偏见的感知不仅会影响我们的心理幸福感，还会削弱我们掌握新技能的能力。一些研究表明，当人们害怕他人发现自己被贬斥的群体成员身份，例如想掩饰的耻辱印记（想想军队里的同性恋者）时，这种害怕会对个体的学习能力以及工作业绩带来负面的影响（Frable et al., 1990；Lord and Saenz, 1985；Schmader, 2010）。

那些被污名化的个体如何避免上述能力或业绩方面的不足呢？研究表明，我们可以通过别的途径来证明自己。马滕斯（Martens）等人考察了事先肯定一个人最重视的特质（如艺术天赋或其他成就）是否能够降低在此后提到他们污名化群体身份所带来的认知劣势（Martens、Johns、Greenberg & Schimel，2006）。研究发现，答案是肯定的。因此，负面刻板印象可以在一定程度上影响个体对自身全部价值的判定，这会导致不良的表现，通过再次肯定个体的价值可以对个体提供保护。

另一种克服社会污名带来能力或业绩不足的方法是，在被污名化群体中找到一个与刻板印象不一致的榜样并将其突出出来。为了考察巴拉克·奥巴马（Barack Obama）在民主党提名候选人会议上的讲话以及随后被选为总统的事件是否会促进非裔美国人的文字测验表现，马克斯（Marx）等研究者随机选取了一些美国人，让他们在上述成就披露之前或之后来参加一项有难度的文字测验（Marx，Ko & Friedman，2009）。在民主党会议之前，白人与非裔美国人的成绩差异较大（非裔美国人得分低于白人），但在了解了本族群著名成员的杰出成就后，非裔美国人在文字测验上的得分就大大提高了。事实上，在奥巴马参选之后，测试成绩的种族差异就消失了。因此，如图 4-20 所示，

图 4-20　被污名化群体中与刻板印象相反的榜样人物能提高本群成员的测试成绩
马克斯等人 2009 年的研究发现在随机取样的非裔美国人群体中找到一个杰出人物并做突出宣传可以提高他们的文字测验分数。

在被污名化的群体中找到一个与刻板印象相反的榜样并使他凸显出来，能够有效地克服污名化所带来的表现缺陷。

刻板印象威胁（Stereotype threat）是一种特殊形式的社会认同威胁，它发生在以下两种情况，一是当人们认为会被他人以对其社会认同的负面刻板印象来对待时，二是当人们不经意间表现出符合群体负面刻板印象的行为时（Logel et al., 2009；Steele, 1997；Steele et al., 2002）。如果人们重视某特定领域（如数学）的能力，而别人认为其所在的群体（如女性）对此并不擅长，这时候刻板印象威胁就发生了。那些易受刻板印象威胁伤害的人，不管是以明显还是不明显的方式提醒他们可能会受到这种刻板印象看待时，他们在相应方面的表现都可能被削弱。看看罗格尔（Logel）等人（2009）所做的研究吧，他们研究的对象是工科的女大学生。当这些女生与男性至上主义者接触时，她们的数学成绩就会下降，而英语成绩却不受影响。与男性至上主义者交流会使得她们的女性身份得以突出，尽管她们想通过压制性别刻板印象的想法来对抗这种威胁，但她们却在无意间证实了女性数学能力差的刻板印象。

这类刻板印象威胁的效应很难得到控制。例如，仅仅对即将参加数学考试的女性说男性在这方面比较有优势（Spencer et al., 1999）或对即将参加有难度的语言测试的非裔美国人提示他的种族身份（Steele and Aronson, 1995）就可以削弱他们在接下来考试中的表现。事实上，由于存在女性不擅长数学的刻板印象，仅仅当男生在场时，女生的数学测试成绩就会受影响，但当男生不在场时，女生的数学成绩就会好一些（Inzlicht and Ben-Zeev, 2000）。

想想这种两难情况吧，有的女性上了大量的数学课程，并认为数学是她们自我概念中的重要方面。如果她们同时又很珍惜她们的女性身份会发生什么？当她们周围充斥着女性不擅长数学、男性在数学上优于女性这类信息时，刻板印象威胁就产生了。在两种认同（对数学的认同、对女性的认同）对她们来说都很重要的情况下，她们该如何应对这些威胁呢？普罗宁等研究者发现，那些数学认同高的女性只会在性别刻板印象中与数学成就无法相容的方面（如放弃工作带孩子、逢场作戏不认真）疏离自己的女性身份，而在二者可以调和的方面（如有共情能力、追求时尚）则不会如此（Pronin, Steele & Ross, 2004）。只有在遭遇刻板印象威胁的情境中，个体才会否认自己的性别认同，说明否认某种身份认同确实是减轻刻板印象威胁的方法之一。

为什么刻板印象威胁会使表现变差呢？一些学者认为，当女性、非裔美国人、拉丁裔美国人意识到自己的身份可能会导致较差的成绩时内心会产生焦虑（Osborne,

2001），而这种焦虑扰乱了他们在相关测验中的实际表现。但是在有的研究中，被污名化的群体成员经受刻板印象威胁时并没有自我报告焦虑的增加（Aronson et al.，1999）。这可能是因为这些被污名化群体的成员不愿意承认他们感觉到的焦虑，或是因为他们没有意识到自己的焦虑感所以没能准确报告。

一项非言语的焦虑测量的研究证明了焦虑在刻板印象威胁发生时的关键作用，博松等人设计了一个巧妙的实验来验证焦虑导致与刻板印象威胁有关的表现变差的假设（Bosson、Haymovitz & Pinel，2004）。研究者选取了同性恋者和异性恋者两组被试，要求他们照顾幼儿园里的小孩。结果发现，当同性恋者的同性恋身份被提醒时（叫他们在表格上填自己的性取向，而在刻板印象中，同性恋者对儿童来说是危险的），他们在照顾小孩这方面的表现比没有提醒时要差。而那些异性恋者在两种情况下却没什么差异，因为他们的性取向与照顾小孩之间不存在相关的负面刻板印象，因此异性恋者不必面临证实负面刻板印象的风险。

是不是焦虑的增加导致了同性恋者照顾孩子表现的下降？通过标准自陈焦虑测量获得的答案看上去是否定的。博松等人（2004）发现被试的焦虑水平在不同的性取向或不同的刻板印象威胁条件下并没有显著差异。然而，独立观察者观察到的被试的非言语焦虑（将被试与儿童互动期间表现出的各种不适行为作为指标）却受到性取向和刻板印象威胁的影响。当被试男同性恋者的身份被提示时，他们的非言语行为中表现出非同性恋者身上所没有的焦虑。也就是说，虽然他们认为自己没有比未受到刻板印象威胁的人更感到焦虑，但他们的行为显然更加烦躁，更多地回避和孩子的目光接触，表现出更多的不适感。这种非言语的焦虑干扰了他们对小孩子的照顾。而对于那些异性恋者而言，提示他们的性取向反而减少了他们的非言语焦虑。

是不是只有在文化中一直以来被整体贬低的那些群体才会受到刻板印象威胁的影响？事实并非如此。虽然男性群体从总体上说没被贬低，但是刻板印象威胁也发生在男性身上，例如存在着认为男性的情感不如女性丰富之类的刻板印象（Leyens et al.，2000）。当男性被提醒他们存在的情感方面的劣势时，他们在识别情绪任务上的表现就会受到影响。斯通（Stone）等人在一项引人注目的实验中得出了相似的结论（Stone，Lynch，Sjomeling & Darley，1999）。他们发现即使是在优势群体中，如果他们被暗示说他们的表现会不如对照组时，他们也会表现出刻板印象威胁的后果。在这项研究中，当白人认为是要考察"天生的运动能力"时，他们的运动表现会比那些在这方面要有一些天赋的非裔美国人差。相反，面对同一项任务，当白人认为考察的是"体育智能"

时，他们的表现就变好了，因为在这方面他们被认为是比对方优秀的。同样地，虽然没有关于白人数学不好的刻板印象，但是当他们面对被认为数学能力很强的亚洲人时，他们就表现出了数学能力的缺乏（Aronson et al.，1999）。因此，即使在过去一直是优势群体，如果面对刻板印象中被认为在某方面强于自己的对手，也会出现表现水平的下降。我们还会在第六章检视刻板印象的相关内容，本章中我们讨论了刻板印象威胁效应中群体身份对自我体验这种威胁的重要性以及个体的表现是怎样被该威胁所干扰的。

要点

- 负面结果造成的情绪反应取决于个体的归因方式。有的归因方式相较于其他的归因方式更不利于个体的身心健康。
- 相较于进行不稳定的外部归因，进行稳定的内部归因对个体身心健康的损害更大。当结果被归因于偏见时，普遍的偏见带来的心理伤害大于个别的或是很少发生的偏见。
- 害怕他人发现自己的某种负面群体认同会干扰个体的表现。证明自己在其他方面的价值或是在自己的群体中找到一个与刻板印象相反的榜样有助于提升自己的表现。
- **刻板印象威胁**发生在人们所重视的领域。刻板印象威胁的影响既发生在向来被贬低的群体（如非裔美国人、女性）中，也出现在优势群体中（如白人、男性），主要发生在他们认为自己在某个重要方面会比对方差的情况下。
- 刻板印象威胁的影响是很难控制的，而且很容易被诱发。仅仅只是在测试（该内容他们不擅长）前提示人们的群体身份时，他们的表现就会被影响。
- 当人们遭遇到刻板印象威胁时，他们可以回避其群体刻板印象中的消极部分。
- 焦虑似乎是刻板印象威胁发生的内在机制。当然，这一点只在焦虑的非言语测量中体现出来，而在焦虑的自陈报告测量中不太能得到证明。

总结与回顾

- 有时亲密他人对我们行为的预测比我们对自己行为的预测更为准确。这是因为观察者和行动者注意到了不同的行为特征。有时人们会把关于自己的信息上传到网络。那些起初害羞的、社交技能不够好的个体偏好使用脸书或其他社交网络进行交流。网络交流的经验有助于他们提高社交能力，这种社交能力的提高也有助于随后他们线下社交的改善。

- 在生活的舞台上我们要面对许多观众，自我展示的策略也会发生变化。有些情况下我们可能会尝试进行**自我提升**，它是指展现我们具有优势的一面。另外一些情况下我们可能试图通过展示自我引导他人采纳我们的自我观。也就是说，我们可能进行**自我确证**，即使在此过程中让他人知道自己在一些方面不足也在所不惜。我们还可以采用**迎合**的策略，通过表达对他人的尊重来营造一个良好的自我形象。

- 获得自知之明的基本途径主要有两种，一种是**内省**，另一种是从他人的角度观察自己。内省并不十分可靠，这是因为我们经常没有意识到影响我们行为选择的情感因素以及真正带给我们快乐的因素是什么。我们在预测未来的感觉时也困难重重，那是因为我们只注意了焦点信息而忽略了周边的信息。当我们采用观察者的视角看自我时，我们就会像观察者那样更多地从特质的角度思考自己，更少地依赖情境线索。

- 我们对自我的看法因我们在特定时间处于**个人认同和社会认同连续体**的不同位置而发生变化。在个人认同水平，我们将自己看作具有不同于其他个体的特质，此时我们的自我知觉因**群体内比较**而获得。在**社会认同水平**，我们的自我知觉基于自己和其他内群体成员共享的特质；社会认同层面的自我知觉因**群体间比较**而获得。

- 自我定义随情境的变化而变化，它是在这些情境中个体行为的有效预测指标。我们如何定义自我还依赖于他人对我们的期待以及我们认为他人会怎样对待我们。随着时间的推移，美国人越来越多地用个体主义特质来定义自己。情境是否凸显我们的性别身份决定了我们是否表现出**自我构念**的性别差异。在特定的时刻哪个方面的自我具有影响力取决于情境、个人品质的独特性、身份认同的重要性以及别人称呼我们的方式。

- 选择商品或消费商品时可以突出自我的不同突出面。如果我们选择商品和体验商品时突出的自我突出面不一致，我们就会感觉到不满意或是后悔。

- 当他人因为我们某些方面的身份而排斥我们时，我们通常会选择故意突出那个被排斥的身份以反抗那些排斥我们的人。今天，那些做穿体装饰和文身的人试图传递就是与"主流"各异其趣的信息。

- 除了目前的自我，其他未来的**可能自我**能够促使我们努力进行自我改变。角色榜样形象化地展示了我们未来可能达成的各种可能自我。当人们比较自己的现在自我与过去自我时，他们总是贬低那个更久远的自我，这种**自传式记忆**给我们带来对当下自我的良好感觉。糟糕的可能自我会使我们戒掉某些习惯（如吸烟），而积极的可能自我则引导我们努力工作来实现它们。

- 如果我们为了长远目标而舍弃眼前的快乐与享受，就必须进行**自我控制**。自我构念的方式影响着我们抵制诱惑的能力。自我控制就像一种有限度的资源（即**自我损耗**），自我损耗使得更难以进行持续的自我控制。造成后续自我控制方面困难的情况有：前面的自我控制时间较长、没有中途休息、缺乏自我管理方面的训练。

- 我们的自我感觉既可以通过直接的外显方法进行测量，也可以通过间接的内隐方法获得。对**自尊**的外显及内隐测量都对生活事件比较敏感。积极的自我对话（如思考"我是一个可爱的人"）对于低自尊者来说会产生事与愿违的结果（降低对自己的满意程度）。

- 高自尊也存在着一定的风险。它可能增加人际攻击性，这是为了保护高自尊者优越的自我观。因此，高自尊既有很多益处，也有一些弊端。

- 女性的平均自尊水平低于男性。这种现象尤其发生在那些女性不是主要劳动力的国家以及美国（美国中低社会阶层女性的生存环境中性别歧视是很常见的）。

- **社会比较**是我们进行自我判断的重要方式。在个体认同水平上，**向上社会比较**可能是痛苦的，而**向下社会比较**则能带来安慰。在社会认同水平上情况恰恰相反，即我们不喜欢比我们表现差的群体成员，而喜欢比我们表现好的群体成员，因为他们会使我们的群体看上去很优秀。

- 大多数人都存在自利偏差，如**高于均数效应**，即我们通常认为自己比大多数人要好。我们拥有一种对自己的积极幻觉，对自己避免负性结果的能力存在着非现实的乐观。美国人对自己的乐观期望一直在上升。不过，不现实乐观对良好的身心健康水平有正相关。

- 对于消极结果的归因给心理幸福感带来的影响在不同情况下存在差异。当觉得针对我们的歧视普遍存在而非个别现象时，我们的自尊受到的伤害会更大。
- **刻板印象威胁**效应发生在那些历来受到歧视的群体中，仅仅提到他们的群体身份就会使他们焦虑于自己的表现会验证这种消极的刻板印象。当优势群体害怕别的群体会有比他们更突出的表现时，刻板印象威胁也可以影响优势群体的成员。这种对个体行为表现的不利影响只存在于与刻板印象有关的方面。刻板印象威胁对表现的削弱可以通过下面几种方式加以避免：(1) 在其他方面确证个体的价值感；(2) 树立一个与刻板印象相反的角色榜样；(3) 回避刻板印象中与良好表现不相容的那些方面。焦虑（至少是它的非言语指标）在刻板印象威胁与表现变差之间起着重要的作用。
- 当让任一群体与另一个在某方面比他们表现好的群体做比较时，该群体就会遭遇到刻板印象威胁，从而表现变差。刻板印象威胁的研究表明，我们的群体身份会影响我们的自我概念以及我们在重要任务上的表现。

关键术语

高于均数效应（above average effect）：一种认为自己在大多数积极社会性特质上高于平均水平的倾向。

个体认同与社会认同连续体（personal-versus-social identity continuum）：在个人层面，自我被看作独特的个体；在社会认同层面，自我被看作群体中的一员。

刻板印象威胁（stereotype threat）：发生在当人们相信自己会因为他人对自己所在群体的消极刻板印象而对自己产生相关的评价时，或者担心自己的表现会在一定程度上验证他人对自己所属群体的消极刻板印象。

可能自我（possible selves）：自己可能的未来形象，要么是我们试图避免的可怕形象，要么是我们追求的理想形象。

内省（introspection）：私下反思"我是谁"，是一种试图获得自我认知的途径。

内隐自尊（implicit self-esteem）：我们对自己无意识的感受。

群体间比较（intergroup comparisons）：通过将自己所属群体与其他群体做比较所得

出的判断。

群体内比较（intragroup comparisons）：通过将自己与内群体成员比较所得出的判断。

社会比较理论（social comparison theory）：费斯廷格（1954）指出，人们总是拿自己与他人进行比较，因为在很多领域都不存在客观的标准，因而他人就成为了很好的信息参照。

社会认同理论（social identity theory）：这个理论指出当我们的群体成员身份凸显时我们会如何反应：我们通常会接近那些群体内比较优秀的个体，疏远那些表现较差或者会给我们的群体身份带来消极影响的个体。

社会资本（social capital）：个人与他人社会联结的多少，通过这些联结可以获得知识、帮助或其他社会利益。

迎合（ingratiation）：即我们通过表达自己对他人的喜爱来赢得他人对我们的喜爱；有时也通过称赞恭维他人实现。

突出性（salience）：当某人或某物从背景中凸显出来或是成为注意的焦点。

向上社会比较（upward social comparison）：将自己与比自己表现好或比自己层次高的人进行比较。

向下社会比较（downward social comparison）：将自己与比自己表现差或比自己层次低的人进行比较。

自我贬低（self-deprecating）：对自己进行否定，或暗示自己不如某人。

自我构念（self-construal）：指我们如何对自己进行归类，它可以随着特定时刻凸显的自我身份认同而变。

自我控制（self-control）：通过克制自己去做喜欢做的事代之以去做我们不太愿意做的事，以此达成长期目标。

自我评价维护模型（self-evaluation maintenance model）：这种观点指出，为了维持对自己的积极看法，我们会疏远那些在自己看重的方面表现比我们好的人，而接近该方面表现比我们差的人。这种观点认为这样做可以保护我们的自尊。

自我确证理论（self-verification perspective）：这个理论阐述了我们如何引导他人认可我们的自我观的过程；渴望他人能够赞同我们的自我观。

自我损耗（ego-depletion）：指在先前努力进行自我控制之后，接下来再进行控制时自我控制能力大幅下降的情形，往往体现在表现水平的下降。

自我提升（self-promotion）：努力向他人展示自己的积极特质。

自传式记忆(autobiographical memory):与自己的过去相关的记忆,有时可以是对自己生命全程的回忆。

自尊(self-esteem):我们对自己积极或消极的看法,是我们对自己的整体态度,可以通过外显和内隐的方式进行测量。

第五章

态度：对社会世界的评估与反馈

本章大纲

- **态度形成：态度是如何发展的？**

    经典条件作用：以联结为基础的学习

    工具性条件作用：奖励"正确"的观点

    观察学习：从他人的表现中学习

- **态度何时以及为何影响行为？**

    影响态度与行为之间关系的社会情境因素

    态度的强度

    态度极端性：既得利益的作用

    态度确定性：清晰和正确的重要性

    个人经验的作用

    情绪与态度形成：当广告内容呼应我们的感受时

- **态度如何引导行为**

    源于理性思考的态度

态度与无意识的行为反应

- **说服的艺术：态度是如何被改变的**

  说服：传播者、信息和受众

  说服的认知过程

  互联世界中的社会生活：网上口碑营销和说服

- **抵制说服**

  抗拒：捍卫我们的个人自由

  预警：对说服意图的预知

  对说服的选择性回避

  积极捍卫我们的态度：与对立的态度辩论

  抗拒说服的个体差异

  自我损耗会削弱对说服的抗拒

- **认知失调：认知失调是什么以及我们如何管理认知失调？**

  认知失调与态度改变：诱导服从效应

  化解认知失调的其他策略

  认知失调何时可以用来塑造良好行为

民众关于奥巴马总统的态度形成的基础是什么？民众对奥巴马的感受会影响他们对他的认知吗？如果某种态度的形成是基于一种"未得到证实"的信念，这将意味着什么？让我们根据博客以及合法新闻机构经常发布的有关奥巴马总统是否是穆斯林这一问题的各类消息来探讨以上问题。为了分析民众对奥巴马总统的态度，皮尤研究中心（Pew Research Center）报告说，至2010年8月，有18%的美国民众相信奥巴马是穆斯林，这一比率创历史新高。这

种信念是如何形成的？尽管这一消息一再被否认和修正，但是，为什么仍有民众坚信这一点。

首先，奥巴马的个人经历有些特殊。他于1961年出生于夏威夷，虽然他的母亲是美国白人，但是他的生父是来自肯尼亚的穆斯林。尽管童年的奥巴马很少与其父亲联系，但是，青年的奥巴马曾与其母亲和继父在世界上最大的穆斯林国家印度尼西亚共同生活过4年。因此，民众可能认为奥巴马早年受过伊斯兰的教育。另外，奥巴马10岁的时候返回夏威夷，与他的基督徒祖父母生活在一起，此后才在美国本土读大学。成年的奥巴马常和他的妻子一起去教堂，并与芝加哥的一个基督教牧师莱特保持了20年的密切联系，尽管如此仍有些人令人惊讶地传言奥巴马在去基督教堂的同时还（秘密地）出入清真寺。

社会心理学家认为，即使出现了与原有信念不一致的新信息，人们通常还是会保留原有的信念。利昂·费斯廷格（Leon Festinger）及其同事在1956年出版的《当预言破灭时》（When Prophecy Fails）一书中为我们揭开了这一神秘现象的面纱。在这本探讨态度的早期著作中，费斯廷格描述了一位犹他州女性基奇夫人（Mrs. Keech），她坚信世界将在1954年12月21日早晨毁灭。费斯廷格明确意识到，无论如何都无法改变基奇夫人及其追随者关于世界末日即将到来的狂热信念。

这项早期研究揭示了可能导致人们忽视反面证据（可以证明原有信念是错误的事实依据）的一些基本特征。其中的一个特征是真正信仰者的处境相当完美：如果基奇夫人说服其他人相信她的基本假设，则会降低其信念失验后内心不安的强度。事实上，研究者发现，伴随着世界末日即将到来这一信念的必然破灭，信徒们会狂热地劝服他人加入他们的团体。如果信徒们能够拉入更多的支持者，此时，暴露于反面证据之下的痛苦感将会大大降低。正如本章我们所要讨论的，当人们面对与原有信念强烈不一致的证据时，他们依然会固守这些让他们的情感获得意义的信念（Boden and Berenbaum, 2010）。

如今，在网络的帮助下，态度在形成之初便受到他人信念的影响。人们在网络上可以找到对方，并快速聚集起大量的"证据"，比如奥巴马父亲的宗教信仰或者奥巴马早年在印度尼西亚的生活经历，这些证据一致支持奥巴

图 5-1 关于奥巴马总统的态度是如何形成的？
我们的信念（认知）会塑造我们的态度（感受）吗？或者反过来说——我们的态度（感受）是不是会塑造我们的信念？当信息与我们的信念或是那些我们会在某些程度上与别人共有的信念相悖时，态度会不会发生改变？

马的穆斯林身份，尽管这些证据存在着一定的偶然因素。此时，即便出现了能够证实奥巴马信仰基督教的事实，坚定相信奥巴马是穆斯林的人却会更加确信奥巴马的穆斯林身份！也就说，相反的证据只能更加燃烧起坚定信仰者对原有信念的热情，并且相反证据的分享会进一步巩固原有的信念（见图 5-1）。

在本章，我们将探讨塑造态度的一些因素，其中的一个关键问题是，我们的态度是否仅仅是理性思考的结果。我们会考察他人如何影响我们的态度形成，以及当我们拒绝他人试图对我们施加影响时会发生什么。人们应对明显的说服企图是个复杂的问题，包括很多不同的过程。例如，我们会考察人们什么时候会详细地核实信息中的论据，以及什么时候会忽视信息传播者的可信度（见图 5-2 对这个问题的有趣说明）。我们还会着重讨论一个重要的话题，即我们何时及怎样成功地说服我们自己——为什么我们的行为会改变我们的态度。继而我们还会讨论是否所有的态度都是同等重要的，或者是否有些态度与行为的联系更加紧密。最后，我们还会探索态度引导行为的过程。

社会心理学家用**"态度"**（attitude）一词来称呼人们对其所处生活世界方方面面的**评价**（例如，Olson and Kendrick, 2008; Petty et al., 2003）。人们可能对某些话题、想法、目标、行为（你是否喜欢激流泛舟），某个特定的人（例如巴拉克·奥巴马）或者某个社会群体（穆斯林）表现出喜欢或厌恶的反应。有些态度非常稳定且难以改变，而有的态度则不太稳定，并且依情境的变化会表现出很大的不稳定性（Schwarz and Bohner, 2001）。我们可能对某些态度非常确定，而对另外一些事物或话题的态度则相对不那么清晰和确定（Tormala and Rucker, 2007）。

你对大麻合法化的态度是什么？最近，这一话题是很多州立法机关的一项重要议程（见图 5-3）。你对大麻合法化的态度会不会取决于你是否曾经抽过大麻？在本章的

图 5-2 为什么那么多人会相信错误的信念？
2010年的民意测验表明18%的美国公民认为"奥巴马总统是穆斯林"。正如这幅漫画所建议的，也许我们应该严格考察该观点支持者的可信度。

后半部分我们将会探讨我们的行为如何影响态度（Maio and Thomas, 2007）。其他人对大麻的接受与否会不会影响到你的态度？共识——我们认为他人和我们有相同态度的程度——会对我们的态度有什么样的影响？人们对大麻接受度的问题正在经历着社会变迁，这是否意味着很多人的态度并不稳定而且会发生改变？使用大麻的目的或者阐述大麻合法化的解释框架——用于医药治疗还是娱乐用途——是否会影响人们对大麻合法化所持的态度？

　　由于态度几乎会影响到我们经验的方方面面，所以态度是社会心理学的一个核心研究领域。即使当我们对某个特定的问题（比如对大麻的合法化）没有特别强烈的态度，与之相关的价值观念也会影响我们态度的形成。让我们回想一下公众对待各种各样科学问题的态度，特别是关于人类胚胎干细胞的使用问题。研究发现公众对这些新问题的态度往往受到其长期的价值观的影响——宗教信仰可以预测新态度的形成——而非公众拥有相关知识的多寡（Ho et al., 2008）。正如第二章所提到的，评估某个刺激是积极的还是消极的倾向，我们是喜欢还是反对某事，这些似乎是我们努力理解世界的第一步。事实上，这种评估行为几乎是瞬间产生的，甚至我们都来不及将新的信息整合进我们的原有经验中。根据已有态度对刺激做出反应（即在评价基础上的即刻反应）与在非评价基础上做出的反应相比，二者存在脑电波的差异（Crites and Cacioppo,

1996）。这表明大脑在对事物进行迅速的评价性知觉时的运作方式不同于进行更加深思熟虑的观察时的运作方式。

另外，态度会影响我们的思想，尽管这并不一定表现在外显行为上。而且，我们的许多态度是**外显态度**——可以意识到并可以报告出来。另外一些态度是**内隐态度**——无法控制且难以被意识到。以我们对种族的态度为例就可以看到这两种态度之间的区别。很多"没有种族歧视"或是自我感觉是平等主义的美国人常常对非裔美国人表现出积极的外显态度，然而他们却经常会对非裔美国人表现出无意识的负面评价行为——内隐态度——因为对在美国长大的人来说，他们基本上很难避免形成这种负面的种族联想（Fazio and Olson，2003）。此外，这种内隐态度还会造成严重的后果，例如当被告是非裔美国人时法庭陪审员可能会对他们做出不利的评议（Goff et al.，2008）。

社会心理学家可以通过人们报告自己的想法和感受来了解他们的态度，如果我们想要了解某个人的内隐态度，即他们不想报告或者无法报告的想法，就需要通过其他的途径来实现。**内隐联想测验**可以用来评估人们的内隐态度（IAT；Greenwald，McGhee and Schwarz，1998）。内隐联想测验的依据是我们或多或少会更快地将积极或者消极的描述性词汇与各种各样的社会对象联系起来。如果对某个社会群体（例如加拿大人）和一些评价性词汇（例如，有礼貌的）形成了一种紧密的联结，那么人们会更快地识别这二者的组合，而当这个社会群体（加拿大人）与另一个未形成联结的词汇（例如"粗鲁"）组合时，个体的反应就会慢一些。对某个群体或对象迅速的积极反应可以反映出对那个群体的评价。我们来看至今依然存在的男女收入的性别差距。这可能部分是由于人们无意识地把"金钱"的价值属性与男性而不是女性联系起来的倾向。最近，威廉姆斯等人采用内隐联想测验发现人们会无意识地把男性词语（例如，男人、儿子、丈夫）与财富相关的词语（如，富裕、现金、工资）联系起来，也就是当这些和财富有关的词语与男性词语联系起来时，人们的反应速度比它们与女性词语（例如，母亲、姨妈、女儿）联系起来时更快

图 5-3　对大麻的态度：是否支持大麻使用合法化

截至 2010 年，美国已经有 15 个州将大麻的医学使用合法化，而另外有 15 个州正在考虑中。是什么因素影响了人们对于这种物质的态度呢？

（Williams，Paluck and Spencer-Rodgers，2010）。这个网站 http://implicit.harvard.edu/implicit 提供了对很多群体的内隐联想测验，如果你敢的话，你可以用它来评估你对这些群体的内隐态度。

然而，在进行测验之前需要注意的是：尽管一些研究者把 IAT 视为"探测内心世界"的一个重要方法，但对于 IAT 测验的批评却始终存在，批评者认为 IAT 评估的只不过是社会群体与不同形容词之间很普通的联结，而事实上个体可能并不认可这种联结。也就是说，一个人确实可能完全意识到对某个特殊群体普遍存在的消极刻板印象，然而，他本人并不一定赞同这种消极信念。考虑下阿克斯和泰特劳克（Arkes and Tetlock，2004）曾经提出的一种可能性。广为人知的黑人领袖杰西·杰克逊（Jesse Jackson）很可能深知非裔美国人具有的消极刻板印象——他可能会在 IAT 测验中"失败"！也就是说，这个测验可能会表明杰西·杰克逊对自己的团体持有负面态度。这就意味着内隐测验可能只是评估人们对文化的熟悉程度而非个体的**真实**态度。更重要的是，研究已经表明 IAT 结果很容易造假（Fiedler et al.，2006），并且使用 IAT 的经验越丰富越容易造假（Blair，2002）。因此，IAT 分数的意义还是存在很多争议（Gawronski et al.，2007）。综合来看，通过对内隐和外显态度研究的元分析，可以清晰地看到两者反映了我们对周围世界的不同评价，并且内隐态度比外显态度能够更好的预测某些行为（Greenwald et al.，2009）。

社会心理学家重视态度的另外一个原因是由于态度**确实**常常影响我们的行为，尤其是当某种态度很强烈并且容易被感知到的时候（Ajzen，2001；Bizer et al.，2006；Fazio，2000）。你对布里斯托尔·佩林（Bristol Palin）和帕丽斯·希尔顿（Paris Hilton）是什么态度？如果是积极的，你可能喜欢在"今夜娱乐"（Entertainment Tonight）上获取有关他们生活事件的信息，如图 5-4 所示。你是否喜欢真人秀？如果喜欢，

图 5-4 对名人的态度预测对他们生活感兴趣的行为

当人们对于一些特定的名人有着积极的态度时（从左到右：布里斯托尔·佩林和帕丽斯·希尔顿），他们可能想听到与这些名人的生活有关的事情，追踪他们在推特上的推送，并且通常都会去关注和她们有关的消息。

我们可以有把握地预测你会选择观看《幸存者》(Survivor)、《莎拉·佩林的阿拉斯加》(Sarah Palin's Alaska)、《与星共舞》(Dancing with the Stars)，或者《学徒》(The Apprentice)这类节目。

因为态度还会影响具有长远意义的重要行为选择，所以很有必要理解思维过程如何影响以态度为基础的决策行为。设想你收到来自学生健康服务中心的一封电子邮件，希望你在秋季接受流感疫苗接种以防止将来感染流感。什么因素可能会影响你选择或者拒绝接种疫苗？由于人们在做决策时对未来结果所赋的权重不同，这可能会影响人们对疫苗接种相关信息的加工，进而影响以态度为基础的决策行为。莫里森（Morison）等人提出的模型如图 5-5 所示，考虑未来后果会导致对疫苗接种的益处及其风险相关信息的积极想法，这些想法还可以预测对疫苗接种的态度（Morison, Cozzolino and Orbell, 2010）。为了检验他们的模型，研究者首先评估了被试考虑其所做决策预期后果的倾向，然后给他们提供假如他们的女儿接种人类乳头瘤病毒（可能导致女性患宫颈癌）疫苗可能存在的益处和风险的同等信息。在阅读完病毒和疫苗的信息之后，父母写出他们是如何考虑这件事的，之后考虑的结果被编码为积极的或消极的。接着，研究者测量了父母对疫苗接种的态度，以及由于不支持女儿接种疫苗而在她日后患病时的后悔程度。最后，测量了父母同意其女儿接种疫苗的程度。研究结果支持假设模型：更多地考虑了行为未来后果的家长对接种疫苗产生更多的积极想法（相较于消极想法），积极的想法进一步促进对接种疫苗的积极态度，并对自己如果不这样做的预期遗憾更深——这些都会促发他们在下一年选择为女儿接种疫苗的行为。所以，有时候态度的形成是建立在对信息慎重考虑的基础上的，一旦这些态度形成了，将会预测重要领域的行为，例如医疗决策。

资料来源：Morison, Cozzolino and Orbell, 2010.

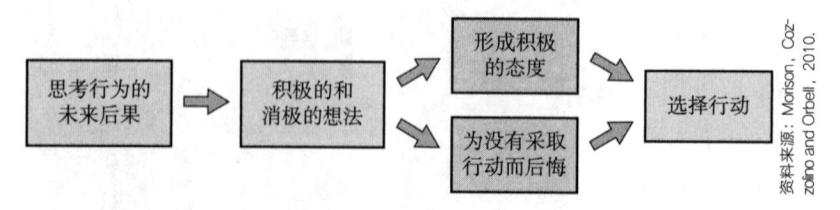

图 5-5 影响态度和医疗决策的因素
当人们了解了对于一项疫苗接种对等的正面和负面信息时，他们对自己所做选择造成的未来结果会有着更加积极而不是消极的想法，这同样也预测了他们对于疫苗的态度以及他们对没有接种疫苗的后悔程度——这也就可能预测他们对于自己女儿是否要接种 HPV（成年女人患宫颈癌的主要原因）疫苗的决定。

在本章中，我们将探讨一系列影响**态度形成**的因素。此后，我们将深入探讨此前提出的问题：态度何时会影响行为及何时不会影响行为？然后，我们将转向一个重要的问题，态度是如何改变的，即**说服**的过程。我们也会考察拒绝改变态度的**原因**。最后，我们将会谈到有意思的事实，在某些情境下我们的行为会塑造态度，而非态度引导行为。这种现象背后的原理就是所谓的**认知失调**，认知失调不仅对态度改变而且对社会行为的很多方面都有非常有趣的影响。

第1节　态度形成：态度是如何发展的？

你对以下内容感觉如何：文身的人、电话营销员、电视剧《摩登家庭》《迷失》和《别对我说谎》、寿司、警察、舞蹈、猫，还有那些开车时打电话的人？大多数人对这些话题和对象都有自己的态度。但是对这些对象的看法具体来自哪里呢？是亲身经历的结果，还是受到他人的影响，抑或受到大众媒体的影响？这些态度是固定的且不随着时间的改变而改变，还是非常灵活，会依据情境的变化而变化？态度形成的一个很重要的途径就是**社会学习**（social learning）。换句话说，我们的很多观点都是通过与他人互动或观察他人行为而获得的。社会学习可以通过不同的过程习得，概述如下。

经典条件作用：以联结为基础的学习

经典条件作用是心理学的一个基本原理，当一个可以引发某种反应的刺激（**非条件刺激**）总是有规律地出现在另一个中性刺激之前，事先出现的刺激会成为第二个刺激（中性刺激成为条件刺激）出现的信号。广告商或其他说服性机构善于运用这一原理，让潜在消费者对他们的产品产生积极的态度。一开始，你需要了解潜在客户对哪些事物已经持有积极态度（这些事物被用来作为非条件刺激）。假如你要在年轻男性群体中推销一种新啤酒，可以确定年轻漂亮的女性将会引发他们的积极反应。然后，

图 5-6 态度的经典性条件作用——直接途径

起初人们可能对这个品牌有着中性的态度。然而，在重复将产品和"非条件刺激"即对年轻男性这个目标群体而言充满吸引力的女性配对呈现之后，当他们再看到啤酒的商标时就会对产品产生积极的态度。

把你的产品（啤酒商标，即中性刺激或条件刺激）与漂亮女性的形象不断重复地成对呈现，不久之后，你的潜在客户群就会对新啤酒产生积极的态度！如图 5-6 所示，很多制酒商就是运用这个原理获得产品盈利的。

经典条件作用可以通过两种方式影响我们的态度：直接途径和间接途径（Sweldens et al., 2010）。一般比较有效和典型的方式是**直接方式**，正如我们在广告中所看到的。也就是说，积极刺激（如，很多不同的女人）反复与产品成对出现，目的在于直接把消费者对女人的感情转移到商品品牌上去。然而，如果让目标群体已经非常喜欢的**特定偶像**作为商品代言人，那么特定偶像与商品之间还会形成一种记忆的联结。在这种情况下（即间接途径）商品总是与名人同时出现，那么此后一旦想起该名人，产品也会随之浮现在脑海。想象一下迈克尔·乔丹，是否耐克会迅速出现在你的脑海？这种间接条件作用的运作，无须人们意识到记忆联结的形成过程，只需要对非条件刺激（即某个特定的名人）有积极体验（Stahl et al., 2009）。图 5-7 展示了最近一则广告中运用间接条件反射的例子。

经典条件作用可以用来塑造我们的态度——甚至在我们还没有意识到刺激发生时，我们的态度就已经被影响了。例如，在一个实验中（Krosnick et al., 1992），研究者向学生呈现一位陌生人的系列图片，这些图片内容涉及这位陌生人的日常活动，如去杂货店购物、步行回到她的寓所等。与此同时，还向被试快速呈现带有积极或消极情绪的图片，图片呈现的速度非常快，以至于被试不会意识到图片曾经出现过。结果显示，相对于无意识地暴露在消极情绪图片情境（如开胸手术、狼人）中的被试，被无意识地启动积极情绪（一对新婚夫妇、一群兴高采烈打牌的人）的被试对陌生人表现出了更多的喜爱。虽然被试并没有意识到当他们观看陌生人图片时被快速呈现了情绪图片，情绪图片依然明显地影响了被试对陌生人的态度。观看了积极情绪图片的被试会更加喜欢陌生人。这表明**阈下条件作用**（subliminal conditioning）也会影响态度——在尚未意识到刺激时，经典条件反射就开始发生作用了。

图 5-7 态度的经典性条件作用——间接途径

这个手表的制造商希望通过不断将泰格·伍兹（Tiger Woods）与他们的产品重复配对出现来建立名人与产品记忆的联结。如果这种联系在记忆中足够深刻，那么不论消费者何时想起这个名人，这个手表的品牌就会在脑海中浮现。

的确，**单纯曝光**（mere exposure）—— 也就是之前看过某一事物，但由于速度太快还无法记住——也会导致态度的形成（Bornstein and D'Agostino，1992）。有证据表明，患有晚期阿尔茨海默症的病人（他们无法回忆看见的刺激）依然会受到单纯曝光的影响而形成新的态度（Winograd et al.，1999），这属于我们已知的阈下条件作用。即使我们记得曾经接触过某种信息，仅仅信息的重复就可以产生熟悉感，并因此导致更为积极的态度，这也属于我们已知的阈下条件作用。穆恩斯（Moons）称这种现象为**真实幻觉效应**（illusion of truth effect）（Moons，Mackie and Garcia-Marques，2009）。他们的研究发现，无论接触强或弱的证据都会形成更为积极的态度——只要发生了微小的细节信息加工。尽管有大量的事实表明广告对我们态度形成的影响——仅仅通过信息的不断重复——但是，如果人们对信息进行进一步的深入加工是可以克服这种影响的。

即使某些态度和我们想表现出的行为是不一致的，这些态度一旦形成就会影响行为。比如在经典条件作用下，孩子形成了对某些族群或宗教团体（诸如阿拉伯人或穆斯林）的负面态度，接着他们被安排在不支持这种负面态度的教室学习（如他们的态

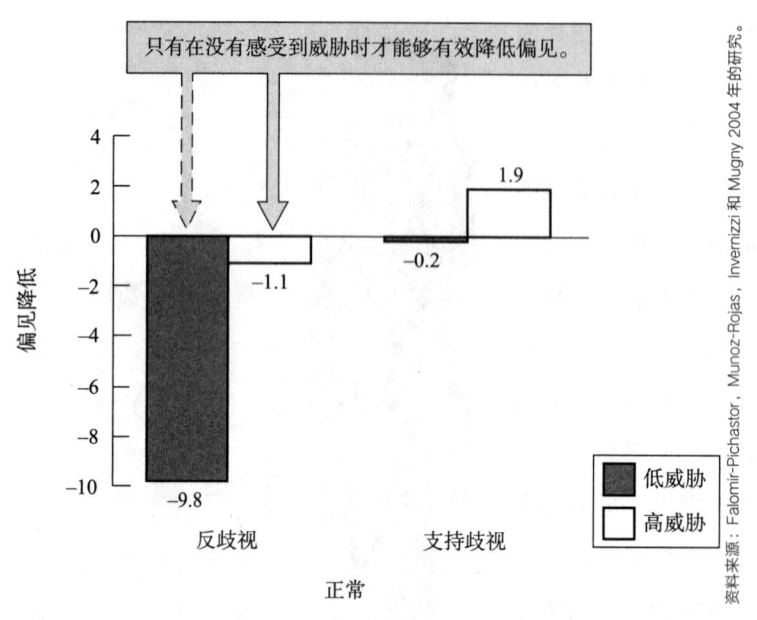

图 5-8 即便是在反歧视的环境下，威胁感仍会导致有偏见的行为

在这项研究中，在反对对外国人抱有偏见的反歧视社会规范中，人们只有在没有感受到威胁时才能够有效降低他们对群体内成员的偏爱。但是，在一个支持歧视的环境里，不论是否存在威胁，人们都会通过展现对内群体成员的偏爱来表现出歧视。

资料来源：Falomir-Pichastor，Munoz-Rojas，Invernizzi 和 Mugny 2004 年的研究。

度在这里被认为是不可接受的）。法洛米尔-皮查斯特（Falomir-Pichastor）等人在瑞士开展的研究表明（见图 5-8），当群体规范是反歧视的时候，如果来自"外群体"的威胁和压力比较低时，孩子们会减少偏见的表达（Falomir-Pichastor，Munoz-Rojas，Invernizzi and Mugny，2004）。然而，当他们感到来自外群体的威胁很强烈时，那么，即使班级规范是反歧视性的，孩子们会继续保持其原有的偏见。这个研究启发我们，只有当威胁解除时，利用外在规范改变负面态度的尝试才会有效。

工具性条件作用：奖励"正确"的观点

在此前被问及对使用大麻的态度时，一些人可能立即想到"那当然是不对的"。这是由于大多数孩子曾经因为持有这样的观点而被家长和老师反复表扬和奖励（"只说不"方案）。结果，个体就懂得了哪些是"正确"的态度——因为他们通过表达自己的"正确"态度，而得到了他们认同之人的奖励和接纳。伴随着积极后果的态度会得到强化和重复，而伴随着消极结果的态度会被削弱，其再次表达的可能性会降低。因此，态度形成的另外一个过程就是**工具性条件作用**——区别奖励与惩罚。有时候这种条件作用建立的过程很微妙，奖励可以是心理上的接纳——给孩子们微笑、称赞或者拥抱，奖励孩子说出"正确"的观点。正是通过工具性条件作用，大多数的小孩在进入青春期（此阶段同伴的影响变得特别重要）之前，在政治、宗教和社会方面的态度与其父母和其他家庭成员高度一致（Oskamp and Schultz，2005）。

当我们处在自己的态度可能被接受或不被接受的新环境时会发生什么？大学时代的经验之一就是要离开家庭和中学同学，进入一个新的社交网（Social networks）——我们定期与之互动的群体（Eaton et al.，2008）。在新的社交网（如新的女生联谊会或兄弟会）中，我们会发现，有些新社交网中的成员在某些重要的社会问题上和我们的态度相同，有的社交网中的成员则持各种各样甚至相反的态度。此时，我们是否会为了获得新的重要他人的奖励而与之保持一致意见，从而形成新的态度？为了进一步探索这个问题，莱维坦（Levitan）和维瑟（Visser）（2009）测量了芝加哥大学已经确定了未来两个月要加入社交网的新生的政治态度，以及他们对新的社交成员的亲近感。如此一来，研究者就可以确定新同侪群体的多元化态度对学生政治态度的影响。进入对平权运动有多样性态度的社交网的大学生，在未来两个月内表现出了较大程度的态度改变。该研究结果表明新社交网的影响力很大——尤其是当新社交网给新成员带来他们未曾听过的新观点时（Levitan and Visser，2008）。希望与他人和睦相处以及为了得到他人奖励而持相同态度，可能是态度形成和改变的一个强大动力。

同样，人们可能自觉地意识到他们所属的不同群体会支持（或惩罚）他们对某种特定态度的表达。我们并非受群体的影响而改变我们的态度，而是在面对不同的听众时对同一话题表达不同的看法。事实上，正如图 5-9 的漫画所示，选举的成败在于候选人是否成功地对特定的听众发表了恰当的言论！幸运的是，对大多数人来说，不仅我们的言行不会被记录下来重复给持不同观点的观众听，而且与我们意见不同的潜在观众也会避开我们。这就意味着我们不太可能像政客那样，因为对不同的观众发表不同的观点而被揭发出来！

社会心理学家在评估人们如何根据听众来调整自己态度时，所用的方式之一就是看他们因对象不同表达的态度会发生怎样的改变。例如，当某个人有想要成为某兄弟会或姐妹会成员的意图时（如宣誓），他表达出的对其他兄弟会或姐妹会的态度就会因听众的差异而发生变化。至于表达何种态度取决于他们相信自己的态度是不为人知的，还是认为群体中控制入会权力的人会知道他们所宣称的态度立场（Noel et al.，1995）。

"天啊，他在向蓝领们宣讲给白领的内容！"

图 5-9 对不同的观众表达不同的观点
为了获得嘉奖，政客们倾向于修正自己的言论来满足不同的观众。说话搞错了对象，灾难就会降临！

当那些试图获得组织身份的人相信其他成员会知道"他们的态度"时，他们就会贬低其他兄弟会或姐妹会，以示他们想要加入组织的决心。当他知道自己的态度不会被组织成员知晓时，他们就不会表达对其他兄弟会或姐妹会的贬低言论。所以说，这两种态度的形成与表达取决于态度在过去得到的奖励和将来的预期回报。

观察学习：从他人的表现中学习

有时候态度的习得或表达并不需要直接的回报，这就是态度形成的第三种途径：**观察学习**（observational learning）。观察学习是指仅仅通过观察他人便可以习得某种态度或行为（Bandura，1997）。例如，人们通过广告形成了对很多话题和事物的态度——在广告中我们看到"像我们的人"或"像我们想要成为的人"对不同事物或话题表现出积极或消极的态度。想想看，我们大部分人通过电视就进行了多少观察学习！

为什么人们经常采取别人的态度或模仿他人的行为呢？一种答案是**社会比较**（social

comparison）机制在起作用——人们存在一种通过与他人进行比较来确定自己对社会现实的看法是否正确的倾向（Festinger，1954）。也就是说，如果我们的看法与大多数人的看法一致时，我们会认为我们的想法和态度是正确的；毕竟，如果其他人持有同样的观点，这些观点**一定**会是正确的！但是，我们是均等地采取其他人的态度呢，还是会受到我们与他人关系的影响呢？

人们常常为了与**参照群体**（reference groups，人们所珍视和认同的群体）的态度保持一致而调整自己的态度。例如特里和霍格（Terry and Hogg，1996）发现人们对涂防晒霜的态度取决于他们对支持这一做法的群体的认同度。通过观察他们所认同的人的态度，人们习得了新的态度。

设想一下，参照群体会如何影响你对一个从未有过任何接触的社会团体的态度。想象你听到一位你喜欢和尊敬的人表达对这个团体的负面态度时会怎样，这是否会影响你的态度？此时你可能很轻易地说"当然不会！"，但是研究表明，当听到我们喜欢的人表达对某个团体的负面观点时，我们也会选择与之类似的态度——甚至你都没有见过那个团体中的任何人（例如，Maio et al.，1994；Terry et al.，1999）。在这种情况下，态度被与喜欢的人保持一致的愿望所塑造。此时你再设想一下，假如你听到的是一位你不喜欢的、与你不同的人表达对这个团体的负面态度，在这种情况下，你可能不太会受到这个人态度的影响。人们不会因与自己不同类的人在看法和态度上的不一致而感到困扰；事实上，人们原本就预期与自己不同类的人有不同的态度。然而，如果你与自己相似的人在重要的态度上有差异，你就很有可能感觉不舒服，因为这些人在你的预期中应该跟你是一样的（Turner，1991）。

不仅人们受他人态度影响的大小取决于对这些他人的认同程度，而且人们预期受他人态度所影响的大小也取决于对这些他人的认同程度。例如，当某一个大学发布有关性安全和艾滋病预防的信息时，那些对该大学有强烈认同感的人就会相信自己会受到这些信息的影响，而那些对这个大学认同感比较低的个体会预期自己不会受到这些信息的影响（Duck et al.，1999）。所以，如果我们认同某一团体，就会预期自己会受到团体成员的影响，也就更可能接受这个团体规范所认可的态度。

现在来看看这一过程是如何起作用的，假设你面前有一种你从未使用过的新产品，那些与认同相关的信息会如何影响你的态度形成呢？为了回答这一问题，弗莱明和佩蒂（Fleming and Petty，2000）做了一项研究，他们首先选择了两组男女学生被试，一组被试对自己的性别群体有较高的认同，另一组被试对自己的性别群体认同感则比较低。

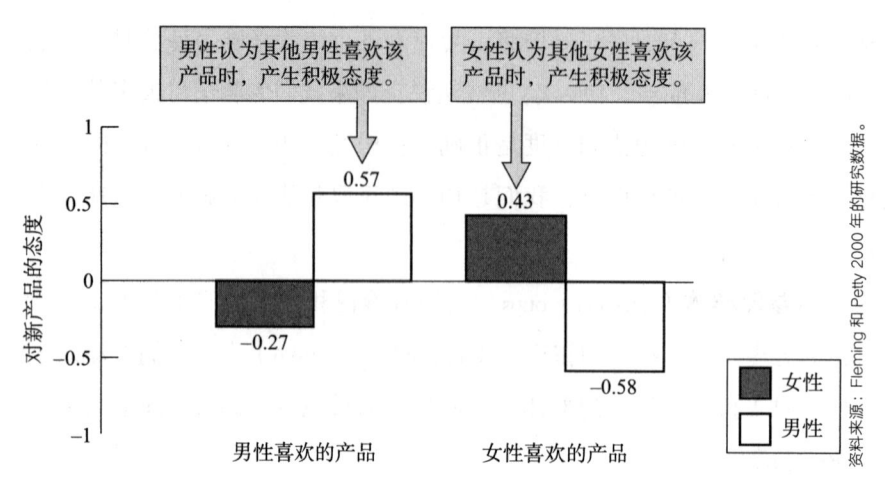

图 5-10　对自己性别群体高度认同者的态度形成

当男性认为其他男性也喜欢这个新产品时，他们对新产品就抱有积极的态度；而当女性认为其他女性也喜欢这个产品时，她们也会对新产品抱有积极的态度。

然后向他们介绍一种新的肉桂饼干，他们或者被告知"这是女性最喜欢的点心"，或者被告知"这是男性最喜欢的点心"。如图 5-10 所示，有较高性别认同感的被试看到自己同性别的人也喜欢这种点心时，他们对这种点心会有更加积极的态度。相反，对自身所属性别群体认同感较低的被试，在得到这两种不同的信息后，对新产品的态度没有差别。这些发现表明，我们对不同群体的认同感和我们知觉到的群体成员的态度会强烈地影响我们的态度形成。

要点

- **态度**是关于这个世界各个方面的评价。态度可以帮助我们理解人们对于新刺激的反应。针对新话题的态度形成会受到长期以来的价值观的影响，包括宗教信仰。
- 态度可以是**外显的**——有意识的并且易于报告；或者是**内隐的**——不可控的并且是无意识的。**内隐联想测验**常常用来评估人们对某个团体或物体的联想是积极的还是消极的。
- 态度可以通过**社会学习**的过程从他人那里习得。这种学习包括**经典条件作用**、**工具性条件作用**或**观察学习**。
- 即使在没有被意识到的情况下，态度也可以通过**阈下条件刺激**和**单纯曝光**这类经典条件作用形成。

- 态度可以通过工具性条件作用获得，只需对特定的观点加以奖励或惩罚。当人们进入一个持多样化观点的新**社交网络**时，其态度会发生转变。
- 由于我们经常通过与他人比较来确定我们关于社会现实的观点是否正确，所以我们经常采纳他人的态度。由于**社会比较**的结果，我们倾向于持有那些与我们相似的人的态度立场，而不是与我们不同的人的态度立场。
- 当我们认同一个群体时，我们预期会被针对该群体的信息所影响。当我们不认同这个群体时，我们则预期不会受到这类信息的影响。

第 2 节 态度何时以及为何影响行为？

到目前为止我们已经讨论了态度形成的过程。但是我们还有一个重要的问题没有谈及：态度能否预测行为？这个问题是拉皮尔（LaPiere，1934）在 70 年前通过一个经典的研究首先提出来的。为了确定当人们对某个社会群体持有负面态度时是否会表现出与其态度一致的行为，拉皮尔花了两年时间和一对中国夫妇在全美进行了一趟旅行。在整个旅途中，他们在 184 个餐馆用过餐，住宿过 66 家宾馆和汽车旅馆。大多数情况下，他们都受到了礼貌周到的服务，只有一次被拒绝服务。在他们的旅行结束之后，拉皮尔给所有曾经用餐和住宿过的商家写了一封信，询问他们是否会为中国旅客提供服务。令人吃惊的是：92% 的餐馆和 91% 的旅馆表示不会为中国消费者提供服务！

这些结果表明在态度和行为之间常常存在着一条鸿沟——这就意味着，一个人所说的可能不同于他实际所做的。这是否意味着态度无法预测行为？实际上也未必如此。为了理解态度为什么无法直接预测行为，我们需要意识到现实生活中可能有很多规范会影响到歧视行为。所以，即便是持有强烈偏见的人，也会因为巨大的情境压力而无法表现出与其偏见态度相一致的行为。同样，那些认为自己没有任何偏见的人，也可能会在某些社会情境中表现出对他人群体身份的歧视。现在让我们来看看社会情境是如何影响态度和行为之间的关系的。

影响态度与行为之间关系的社会情境因素

你可能经历过态度与行为不一致的情况，这是因为社会情境可以直接影响态度与行为之间的关系。例如，当一个朋友向你展示他引以为傲的新文身并询问你的态度时，如果你并**不喜欢**，你会如实表达你的看法吗？其实更多的时候，即便你的态度是负面的，你也会为了避免伤害朋友的感情而说你**喜欢**这个文身。在这些情况下，我们可以清晰地意识到我们有意识选择的行为并非合乎我们的"真实"态度。这个例子表明，态度与行为之间的不一致程度，取决于该行为是否会造成某种社会性后果以及后果的严重程度。虽说你在回应对朋友文身的态度时表现出了态度与行为的不一致，但是你的态度依然可以很好地预测**你自己**是否会尝试文身。

由于社会情境在决定态度与行为关系中的重要作用，近期的研究主要关注态度**何时**与行为一致，以及态度**如何**影响行为。很多因素影响态度与行为的一致性程度，其中包含影响态度对行为决定程度的情境特征。此外，态度自身的特征也非常重要——例如你对自身态度的**确定程度**如何。与我们不太确定的态度相比，越是清晰和确定的态度对行为的影响越强烈（Tormala and Petty，2004）。事实上，当诱导人们想象他们的态度具有跨时间一致性时，他们会对态度更加确定并且更会表现出与之相一致的行为（Petrocelli et al.，2010）。众所周知，相对于年轻人，老年人对自己的态度更加确信。最近的研究表明，这种现象部分是由于老人更加看重在他们所选择的态度上"立场坚定"或果断的价值，因此，与年轻人相比他们倾向于表现出更高的态度-行为一致性（Eaton et al.，2009）。

你是否曾经担心过如果你表达自己对一件事情的"真实"态度会导致别人对你产生某些看法？如果有的话，你将会理解斯坦福大学的学生在米勒和莫里森（Miller and Morrison，2009）设计的实验中所面临的困境。这些学生对酗酒的态度都是相对消极的。但是，他们相信其他人的态度比自己的态度要相对积极一些。这是**人众无知**（pluralistic ignorance）的一个范例，即我们总是错误地相信他人与自己持有不一样的态度。当被试随机收到斯坦福大学其他学生对于酒精态度的信息时——其他学生或者有比较积极的态度或者有比较消极的态度——被试向其他斯坦福学生表达自己对酒精使用的态度时的自在程度出现差异，他们是否选择酒精使用政策作为讨论话题的可能性也存在差异。当被试认为其他学生比他们更加支持酒精使用时，被试会在讨论校园饮酒时感觉比较轻松，并且会更多地选择这个话题进行讨论；但是当他们得知其他同学的态度更加消极时，他们则不太希望做类似的事情。当学生的态度与校园规范相一致时愿意表达自己的态度，而当自己的态度与学校规范相违背时则不愿意表达自己的态度，这种行为模式在那些高度认同其所属学生群体的学生身上表现得更加明显。

态度的强度

设想如下情境：一个大公司长期向公众销售一种危险的商品，只有公司内部人员知道这种产品的成瘾性以及消除上瘾的办法。在此过程中，这个公司的一位主管一直为此事承受着严重的道德不安和良心谴责。于是，这位主管向媒体透露了这些信息。最终，公司查出了这位"揭发人"并把他诉上了法庭（尽管针对他的诉讼最终还是撤诉了）。

你可能知道上面提到的人和公司，因为这起事件后来被拍成了电影《惊爆内幕》（*The Insider*）。杰弗里·威根德（Jeffrey Wigand）就是揭发烟草公司不良行径和他的前任雇主布朗（Brown）和威廉森（Williamson）的人。人们为什么会采取如此极端的冒险行为呢（如检举自己的老板）？答案不言自明：这类人坚信企业应该以诚信为本，尤其是当企业对公众有潜在危害的时候。类似这样的态度（即以道德信念为基础的态度）能够激发起强烈的情感，从而可以强有力地预测行为（Mullen and Skitka, 2006）。换言之，态度是否能够预测持久且具有潜在代价的行为取决于态度的强度。让我们来看看态度强度为何会有这种效果。

强度这个词包含着态度的**极端性**（情感反应的强度）、所持态度的**确定性**（知道这种态度是什么，并认为持有这种立场是正确的）以及态度在多大程度上基于和态度对象有关的个人经验。这三个因素决定了态度的**易得性**（在不同的情况下，态度进入大脑的容易程度），最终也决定了态度影响行为的程度（Fazio et al., 2000）。如图 5-11 所示，态度强度的所有成分都是相关联的，并且每个成分都在态度的易得性以及态度影响行为的过程中发挥着作用（Petty and Krosnick, 1995）。现在让我们进一步详细考察组成态度的每一个重要因素。

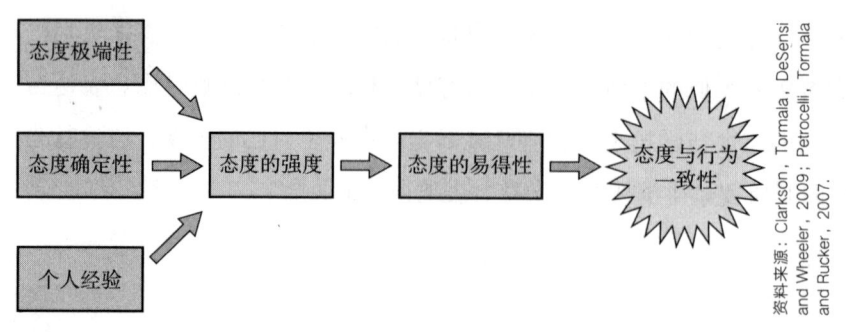

图 5-11　态度强度如何影响态度与行为的一致性

那些极端、确定和基于与态度对象有关的个体经验的态度是强态度。当个体要做出行为反应时，这些态度很容易获得。当态度强烈时更容易发现态度和行为的一致性。

态度极端性：既得利益的作用

首先，让我们来考虑态度的**极端性**，即一个人对某一事物的态度在某一方向上的强烈程度（Visser et al., 2006）。其中，一个关键的决定性因素就是社会心理学家提出的概念——既得利益，即某一态度对个体的重要性，也就是某一对象或事物是否可能对个体产生重要影响。许多研究表明，既得利益越大，态度对行为的影响就越大（Crano, 1995; Visser et al., 2003）。例如，如果电话调查一个大学的学生是否会参加一个**反对**将法定饮酒年龄从18岁提高到21岁的活动，他们的反应取决于政策的改变是否会危害到他们的切身利益（Sivacek and Crano, 1982）。那些会受到饮酒新法规影响的学生（即那些不到21岁的学生）的反应强烈程度要明显高于那些超过21岁或在法规实施前达到法定年龄的学生。因此，我们可以预测，那些利益受到威胁的人更有可能参与反对政策变动的集会。结果也正是如此，47%的高既得利益者表示愿意参加这个活动，而只有12%的低既得利益者表示愿意参加该活动。

既得利益者不仅在行动上如此，他们还会详细地阐述理由以维护自己的立场。如此一来，当事件凸显时，和态度一致的想法会立刻涌现在脑海中。比如，豪格特韦德和韦格纳（Haugtvedt and Wegener, 1994）发现，当要求被试考虑是否要建立一个核电站时，如果核电站要建在自己所属的州（和个体密切相关），他们会更强烈地反驳该计划，而如果核电站建在其他较远的州，他们则不置可否。因此，人们会对涉及自身利益的态度考虑更加周全，这样的态度不太容易改变，也更能引导行为。

最近的研究发现，既得利益特别容易影响当下的判断和行为，而抽象的价值观则会影响未来的判断和行为（Hunt et al., 2010）。研究者要解决的是长期困惑着那些对选举感兴趣者的一个难题,这个问题正是弗兰克(Frank,2004)在他的书中提到的:"堪萨斯怎么了?"即民众的投票何时会倾向于支持自身的经济利益,他们什么时候会"明显地反对自身的经济利益",而支持以价值观为基础的提案?为了验证既得利益什么时候对行为的影响比较突出,研究者让学生处于自身物质利益与其平等主义价值观相对立的情境。美国白人大学生收到一份将在他们的大学实行的提案,该提案或者会即刻实施,或者会在遥远的未来实施。其中包括提高10%的学费,以保障学校可以录取过去被压缩名额的少数族裔学生所需的经费。那些获知提案即将执行的被试会更加**反对**这个提案,尤其是当他们自己的经济压力比较大的时候。实际上,他们的行动是在维护自己的经济利益。相反,那些认为该提案会在未来实施的被试则会基于自身平等主义社会态度的强度在不同程度上**支持**这项提案。这项研究表明,在政策会产生即刻影响时,既得的物质利益确实会影响个体的态度和投票行为,但是如果政策只会在未来开始实施时,民众会以价值观为基础判断是否给予支持和投票。

态度确定性:清晰和正确的重要性

研究发现了态度确定性的两个重要组成部分:一是态度的清晰度——清楚自己的态度是什么;二是态度的正确性——认为某个态度是否合理有效。佩特罗切里(Petrocelli)等研究者开展的一项研究通过考察不同因素对态度确定性两种成分影响的差异提供了这两种成分存在差别的证据(Petrocelli,Tormala and Rucker,2007)。

为了完成这项任务,佩特罗切里和同事们首先确认被试对某件事持有消极态度,例如,对要求学生一直携带身份证这件事持否定态度。为了操纵他们对自己态度**一致性**的知觉,研究者告诉其中一半被试说大部分同学(89%)同意他们的观点。然后告诉另一半被试大部分人不同意他们的观点(只有11%的人同意)。结果表明,两组被试表现出了相近的态度清晰度,但是在态度正确性的知觉上,第一组(89%的人同意的那组)被试要显著高于另一组(11%同意的那组)。所以,如果知道别人和我们持有同样的态度,这就对我们的态度进行了确认,从而增加了态度的确定性。

清晰度是态度确定性的另外一项内容,反映了人们对某件事的态度不会心存疑虑。当经常被要求表达某种态度时,某个态度就会变得越发清楚和确定。态度的重复表达会让人感觉自己对某件事物的态度很清楚,从而导致一种确定性。佩特罗切里等人(2007)在一项研究中,要求被试一次或多次表达他们对于枪支控制的态度,结果发现两组被试在态度的确定性上存在差异。"多次表达组"比"单次表达组"的人对于枪支控制的态度更加确定。

如果清晰度和正确性同时改变会怎样呢？回到此前让学生携带身份证的例子，佩特罗切里等人对学生反对携带身份证的态度进行了正确性（与他人态度一致性）和清晰度（表达次数）两个方面的操纵。然后，给他们提供一条支持携带身份证的信息——携带身份证能够保障安全，试图凭此说服他们改变原来的态度。结果发现，态度低清晰度组（表达一遍）被试的态度改变显著多于高清晰度组被试（重复表达组），而态度低正确性组（低一致性）被试的态度改变多于高正确性组（高一致性）的被试。也就是说，态度的清晰度和确定性这两个因素的强度越高，他们对说服的抗拒就越强，而且两个因素都是独立起作用的。

态度的清晰度和正确性对行为预测作用的相对大小也受到社会情境的影响。态度的高清晰度在私人场合比公共场合更能准确地预测行为，而态度的正确性在公共场合对行为的预测作用可能要更大一些。此外，当一个人在态度受到攻击时如果对这种攻击进行了成功的反驳，那么他就会更加确信这种态度，因为寻找和陈述反面证据的过程提高了对原有态度正确性的知觉。在态度-行为一致性方面，态度越清晰和正确，对个体在公共场合和私人场合的行为预测力就越强。

个人经验的作用

态度与行为之间的关系取决于这种态度最初是怎么形成的。大量的证据表明，源自直接经验的态度比从间接经验中形成的态度对行为的影响要强烈得多。这是因为当你面对一个态度对象的时候，基于直接经验形成的态度会更加强烈，并且容易浮现在脑海中（Tormala et al., 2002）。同样地，与个人经历相关的态度会包含更多的支持性论据，从而使得这种态度难以改变（Wegener et al., 2004）。想想看，如果一种情况是，你朋友告诉你说某个品牌的车子不耐用，另一种情况是你自己有过关于这个品牌的车的不愉快经历。当你下次再看到那款车时，你朋友的意见会出现在你的脑海中吗？可能不会。你自己的亲身经历会出现在你的脑海中吗？很可能会。因此，当你对一个态度对象有非常个人化和强烈的直接经验时，你的态度倾向将会很好地预测你未来的行为倾向。

个人经验会让人产生一种卷入感，如果卷入者的价值观与该问题相关的话，他们会倾向于根据自己的态度来采取行动（Blankenship and Wegener，2008）。例如，当要求学生思考一个新奇的话题——即是否应该允许一个虚构的国家 Tashkentistan 加入欧盟——他们依据对他们重要的价值观（如自由）或者不太重要的价值观（例如团结）来考虑该问题。当涉及对他们重要的价值观时，学生们花了更多的时间考虑并详细描述信息。详细地描述信息导致了更加强烈的态度，这种态度会进一步引导行为，即使在这些态度会遭受攻击的情境中依旧如此。

总之，已有的证据表明态度**确实会**影响行为（Eagly and Chaiken，1993；Petty and Krosnick，1995）。然而，这两者联系的紧密程度受到许多因素的影响。第一，现实约束不允许我们公然表达某种态度。第二，态度极端性，这一功能是指既得利益会影响我们是否将态度转化为行为，特别是当结果即刻就会有影响而非在将来才发挥作用时。第三，那些清晰而又正确的态度比不太清晰和不确定是否正确的态度更有可能影响行为。第四，我们是否对态度对象有切身经验，以及态度与我们的重要价值观的相关性都会影响态度的易得性，更加容易获得的态度和不太容易获得的态度相比更可能决定行为。更多关于情绪如何影响我们对某个产品的态度的信息，见我们下面的专栏："情绪与态度形成：当广告内容呼应我们的感受时"。

情绪与态度形成

当广告内容呼应我们的感受时

情绪是如何影响我们对那些宣称会给我们带来某种体验的特定产品的态度的？看看图 5-12 中的两幅广告图片，一些度假广告承诺我们会体验到很多刺激和兴奋——航行、体育运动、跳水活动、结识新人等等，我们可以称之为高唤醒的积极承诺。另外一些在同一地点的广告（如沙滩海岸、温暖的海洋）承诺我们会在此体验到放松、平和与安静，即他们提供了一个"远离尘嚣"的机会。我们称之为低唤醒积极承诺广告。当你正在考虑如何度过春季假期时，毫无疑问你可能考虑过以下选择：一种是在一个遥远的地方依旧埋头工作，帮助那些需要帮助的人们，一种是和你的学生朋友们在佛罗里达享受各种娱乐，一种是放松、睡觉、读书。你今年将会选择一个什么样的假期呢？或许你的选择会取决于你做决定时的感觉。金姆（Kim）在他们的实验中关注的问题是，在我们形成对于这些度假产品的态度时，我们不同唤醒水平的偶发积极情绪会导致什么样的结果（Kim, Park & Schwarz 2010）？当然，从大量的研究中得知，处于良好情绪中的人比情绪不良的人会对所有的产品都有更为积极的评价（Schwarz and Clore, 2007）。但是，积极情绪的唤醒程度也有差异：高唤醒（兴奋）和低唤醒（平和）。当人们使用当下的情绪作为信息来形成对新刺激的态度时，只要当下情绪状态（它会降低当事人对新刺激做出判断的有效性）没有引起当事人的注意，那么它就会影响当事人对不同度假产品的反应。然而，当注意到当前情绪状态的偶然性后，人们就不再使用情绪作为决策的依据，从而消除了情绪对态度形成的影响（Schwarz and Clore, 1983）。

为了验证这一观点，首先要求被试详细描述他们所经历过的兴奋或平静的生活事件，以引发他们的兴奋感或平静感。然后，他们收到两种版本的日本旅行广告中的一种，并请他们对该广告进行评价。其中的一个广告版本称为"冒险之旅"，把旅行描述为充满兴奋和刺激的冒险。另一个版本称为"安谧之旅"，旅行被描述为充满平静和安宁。在一个版本的旅行广告呈现之后，一半的被试被提示要注意潜在情绪对他们判断的影响，另一半被试则没有得到提醒。最后询问被试他们多大程度上想去日本旅行，以及到日本旅行是不是一个好的决定。

首先，被试对两种情境都报告了同样的积极感受，但是在兴奋描述组的被试

图 5-12 当下情绪对态度形成的作用：当广告承诺激情而你需要平和时，或是相反的情况
当一个广告承诺去日本是一趟冒险之旅或是安谧之旅时，此前被引导出兴奋感的被试比此前引导出平静感的被试更喜欢冒险的度假，相反地，此前被引导出平静感的被试比引导出兴奋感的被试更喜欢平静的度假。这种现象出现在被试没有意识到他们当下感受的条件下，此时他们的当下感受就成为了对度假产品态度形成的依据。

> 报告了更多的兴奋感受，而平静描述组的被试则报告了更多平静的感受。正如研究者所预想的，没有提供线索提示要注意当前情绪来源及其对判断的潜在影响的被试，在他们兴奋时更加喜欢冒险的旅行，感觉平和时则更加喜欢平静的旅行。然而，当给予被试提醒后，被试所体验到的情绪则不会再影响他的选择。在后续的研究中，研究者们发现了同样的结果模式，被试对度假商品的期待会帮助产品实现其承诺的情绪体验。如果当前的情绪没有被视为无效参考信息，被试则会相信去日本的旅行确实会带给他们冒险或安谧的感受，而这些都取决于被试做决定时的感受（兴奋或平静）。所以，当你正在决定"一个行动是否值得你去做"的时候，那些承诺会让你体验到你当下正在体验的积极情绪的广告产品会更具优势。

要点

- 对于一个群体、议题或对象的态度并不总是能预测行为。然而，现实中有许多阻碍我们表达真实态度的限制性因素。顾忌他人对自己的看法会影响我们态度-行为的一致性，尤其当我们顾忌的是我们比较认同的人的时候。
- 人们通常会存在一种**人众无知**的局限，总是错误地认为他人与我们持有不同的态度。这限制了我们在公共场合的态度表达。
- 坚定的态度是指我们笃信的并且往往用我们的道德价值去维护的那些态度。因此，在我们需要付诸行动的时候，它们特别容易对我们产生影响。
- 态度强度包含了几个要素：**极端性、确定性和个体经验**的状况。极端、确定（包括清晰度和知觉到的正确性）和以个体经验及重要价值观为基础的态度比那些不极端、不清晰和间接形成的态度更容易被意识到，并且更容易对行为产生引导作用。
- 态度形成会受到我们面对态度对象时当下情绪体验的影响。

第 3 节　态度如何引导行为

在态度是如何引导行为的问题上,研究者发现态度可以通过很多基本的机制塑造行为,这一点并不让人感到意外。我们首先检视建立在理性思考基础上的态度所驱动的行为,然后考察态度在无意识行为反应中的作用。

源于理性思考的态度

很多情况下,我们会选择三思而后行。**理性行为理论**(theory of reasoned action)对这一过程进行了深入的考察,这一理论后来经过进一步完善发展为**计划行为理论**(theory of planned behavior)(Ajzen and Fishbein,1980)。这个理论认为特定行为的决策是理性思考的结果。在决定是否行动之前,人们需要经历一个考虑多种可能的行为、评估每种行为后果的过程。最终的决策往往体现为特定的**行为意向**,行为意向通常可以预测人们是不是在特定的情境下根据自己的态度来行动(Ajzen,1987)。实际上,行为意向在很多行为领域(从使用避孕套到常规锻炼)都与行为存在中等程度的相关(Albarracin et al.,2001)。

最近的研究表明,当人们形成了何时及如何将意向付诸行动的计划时,意向-行为之间的联结就会更加紧密(Frye and Lord,2009;Webb and Sheeran,2007)。假如你现在有到学校健身房锻炼身体的意向,如果你制定了一份**如何**将意向转化为实际行动的详细计划(如首先设置闹钟、然后准备运动服装等),这时你做到这件事的可能性就会大很多。我自己也是如此,在我打算一周用三个早晨来散步时,我就和邻居一起承诺我们要做这件事。这确实是一个很有效的执行方案(implementation plan),如此一来我就不再在天冷、下雨或者别的情况下总是怀疑自己外出散步想法的真实性,也不再产生某个早晨多做一些运动的想法。戈尔维策(Gollwitzer,1999)指出这种方案之所以有效,是由于它将个人行为的控制权交给了情境。在我的例子中,这种控制权委派给了闹钟和邻居,如果闹钟不起作用,邻居就会来按门铃了。

但是,我们决定改变某些行为的意向是怎么形成的呢?根据计划行为理论,意向是由两方面的因素决定的:一是**对行为的态度**——人们对行为结果的评估是积极的还是消极的(他们是否会产生积极的或消极的后果);二是**主观规范**——即人们对其他人是否会认可这种行为的知觉;后来又增加了第三个因素:**知觉到的行为控制**——人们对自己是否有能力做到这个行为的评估(Ajzen,1991)。或许举一个具体的例子可以帮助说明这些因素。

试想一个青年男子正在考虑要不要加入社交媒介脸书,他是否会采取实际行动、寻找网址、完成加入流程?首先,答案取决于他的行为意向,这一意向会受到他对脸书态度的影响。还会受他知觉到的规范以及感觉自己在多大程度上有能力执行这个决定的影响。如果这个青年认为成为脸书的成员是相对轻松愉快的,而且能让他看上去更加具有交际能力(他对行为有积极的态度),他还相信他所重视的人会支持他的行动(主观规范),他可以很容易地完成加入过程(他知道如何进入脸书、上传照片,并且他相信他可以控制个人资料的公开程度),那么他采取行动的意向将会非常强烈。相反,如果他认为加入脸书比较危险,因为它会公开个人信息,而且加入其中也不一定会增加和朋友的互动机会,或者他的朋友们也会反对他加入,这种情况下,他注册脸书的意愿将会比较微弱。如果他制定了一份关于何时以及如何加入脸书的计划(如"在周五放学后,我将打开脸书网站并注册加入"),那么,他的意向将很有可能变成行动。当然,即便是最完善的意向也有可能被现实因素破坏(如他必须要在周五处理一个紧急事件),但是,总体上行为意向是预测行为的一个重要指标。

理性行为理论和计划行为理论成功地预测了各种情境中的行为。实际上,研究表明,这些理论能够很好地预测士兵在前线的不同行为(Ajzen and Fishbein,2005)以及个体是否会酒后驾车(MacDonald et al.,1995)。其他的一些行为(包括为了娱乐使用摇头丸)都可以通过理论中提到的因素来预测。例如,奥贝尔(Orbell)等研究者发现,对摇头丸的积极态度、认为同侪会接纳药物使用行为、知觉到可以控制对摇头丸的使用等因素都可以很好的预测使用摇头丸的意向(Orbell,Blair,Sherlock & Conner,2001)。事实上,态度、主观规范和意向均显著预测了两个月后的摇头丸使用行为。

态度与无意识的行为反应

在我们有足够多时间和机会去认真考虑各种可能行为的情况下，我们对行为的预测能力就会比较强。然而，很多时候我们根本就来不及思考，只能做出无意识反应。比如你正在高速公路上开车的时候，突然有一辆车没有任何征兆地从前面横插过来。这种情况下，态度会以更直接和自动化的方式影响行为，意向对行为的影响作用较小。法齐奥（Fazio）提出的**态度-行为加工模型**（attitude-to-behavior process model）（Fazio, 1990; Fazio and Roskos-Ewoldsen, 1994）认为，一些事件能够激活一种态度，态度一旦被激活就会影响我们对态度对象的看法。同时，我们对于这种情况下应该怎么做的相关知识也被激活（我们对各种社会规范的知识）。于是，态度与此前储存的有关哪些属于合适和被期待的行为的信息会联合塑造我们对当前事件的**解释**，这种知觉进一步影响我们的行为。让我们来看一个具体的实例。

设想你正在高速公路上开车，有人强行插入你的车道（见图 5-13）。这一事件触发了你对诸如危险和无礼者的态度，同时，你也会想到一般情况下人们在高速公路上应有的驾驶规范。于是，你认为这种行径是不符合规范的行为，这将进一步影响你对事件的界定与反应。你可能会想："他以为他是谁呀？太放肆了！"或者你的反应更倾向情境归因，你可能会想："嘿，这个人肯定有什么特急的事。"无论是哪一种理解，它都会影响个体之后的行为。许多研究都支持这一点，即认为态度通过影响人们对情境的理解进而影响行为。

简而言之，态度至少通

图 5-13 自发的态度-行为加工效应

根据态度-行为加工理论，事件本身会引发我们的态度，同时，也会引发在某一特定情境下个体应当如何行动的适当规范。也就是说，在行驶时被另外一个司机抢道会触发我们对这名司机的态度以及对这个不恰当行为的认知。这种解释会进一步决定我们如何行动。因此，态度是塑造我们外在行为的重要因素。

过两种机制影响行为，这两种影响机制分别在不同的情境下发挥作用。在我们有足够时间进行思考的情况下，我们会理性地考虑和权衡所有的可能选择，然后再做出抉择。但是在日常生活中，我们通常没有机会进行仔细的思考和权衡，人们的反应常常比有意识的加工要快。这种情况下，态度似乎是无意识地影响我们对各种事件的认识——很少有有意识的认知加工——从而形成了即刻的行为反应（例如，Bargh and Chartrand, 2000; Dovidio et al., 1996）。如果一种行为被反复实践后形成了一种习惯，那么，当同样的事情再次发生的时候，反应就变得相对自动化了。

要点

- 几个因素影响着态度和行为关系的强度；有些因素与态度被激活的情境有关，有些因素与态度本身的特点有关。
- 态度通过两种机制影响行为。当我们能够对态度进行深思熟虑的情况下，由态度、**主观规范和行为控制感决定的行为意愿**就能准确地预测行为。而在无法深思熟虑的情况下，态度会自动激活，并通过影响我们对情境的知觉进而影响行为。

第4节 说服的艺术：态度是如何被改变的

最近这些天，你遇到多少次别人试着改变你对某人或某事态度的情况？如果静下来仔细想想，答案会让人震惊，因为我们几乎每天都在遭受着各种说服尝试的轰炸，从图5-14便可见一斑。户外广告牌、电视广告、杂志广告、电话推销、电脑上的弹出广告，甚至包括我们的朋友都在试着改变我们的态度。如果要列一个"潜在说服者"名单的话，恐怕是难以穷尽的。**说服**（试图通过各种信息来改变我们态度的努力）如何才能成功呢？有哪些因素决定着说服的成败？经过几十年的研究，社会心理学家对认知过程在说服中的作用有了十分深入的了解（例如，Petty et al., 2003; Wegener and Carlston, 2005）。

图 5-14 说服：日常生活的一部分

每天，我们都被那些试图改变我们态度和行为的信息所包围。显然，如果它们完全没有效果，广告商也不会花那么多钱去争取这些说服我们去购买他们所推销产品的机会。

说服：传播者、信息和受众

早期对说服的研究主要着眼于以下因素：某些**信息源**将某种**信息**引导至特定的个体或群体（**受众**）。霍夫兰（Hovland）等人针对说服开展的研究主要关注了以下关键因素（Hovland, Janis and Kelley, 1953）：谁对谁说了什么？产生了什么效果？这些研究产生了许多重要的发现，下面是得到反复验证的一些内容：

- **可信**的人更有说服力。那些知道自己在说什么的人或者他们本身就是这一领域专家的人比那些缺乏经验的人更有说服力。例如，在一个著名的实验中，霍夫兰和韦斯（Hovland and Weiss, 1951）让被试阅读各种各样的通讯信息（例如，核潜艇、电影院的未来——记住当时是在 20 世纪 50 年代！）。然后通过假定同一个信息的不同来源，让信息具有或高或低的可信度。例如对核潜艇来说，高可信度的信息源是来自美国著名科学家罗伯特·J.奥本海默（Robert J. Oppenheimer），而低可信度的信息源则来自于《真理报》，一份苏联共产党的报纸（要明白高可信度的信息来自于内群体成员，而低可信度的信息对美国被试来说来自于外群体）。要求被试在实验前一个星期表达他们对这些问题的态度，同时在实验中阅读完通讯信息后马上再次表达态度。那些被告知他们读的信息来源是可信的内群体成员的被试在态度上的改变远远大于那些认为信息来自外群体（不可靠、缺乏信用）的被试。实际上，我们总是对于那些和我们属于同一群体的人表现出更多的信任，也更容易受到他们的影响，而对那些不属于同一群体的人甚至会期待产生分歧（Turner，1991）。

然而，传播者也可能失去信誉而丧失说服力。如果你得知某个劝说你的人是有其个人目的的（经济方面或其他方面），他的可信度就会降低。相反的，当传播者的观点是与其自身利益相悖的，他的可信度就会极高且极具说服力（Eagly et al.，1981）。

具有外表吸引力的人比那些没有外表吸引力的人更有说服力（Hovland and Weiss，1951）。如图 5-15，广告常常利用有吸引力的模特向我们表明，如果购买他们的产品，我们也会被认为具有魅力。让传播者看起来具有吸引力的另外一种途径就是提高他们的被喜欢程度（Eagly and Chaiken，1993）。我们喜欢的人对我们总是更有说服力。这就是科比（Kobe Bryant）等著名的体育明星、碧昂丝（Beyoncé Knowles）等歌星、凯瑟琳·泽塔琼斯（Catherine Zeta-Jones）等演员常常被选作各种商品代言人的原因——我们本来就已经很喜欢他们了，所以很容易被他们说服。

• 那些看起来不是为了改变我们的态度的信息比一看就是设计好要说服我们的信息更有说服力（Walster and Festinger，1962）。事实上，一项对已有研究的元分析发现，对说服的提前预警会明显降低受众被说服的可能性（Benoit，1998）。因此，只要意识到有人是在向你推销，他对你的说服力就会大大降低。

• 另一个引起研究者极大兴趣的说服方式是**恐惧诉求**（fear appeals）——提供能激起受众恐惧感的信息。例如，贾尼桑德和费什巴赫（Janis and Feshbach，1953）在一项实验中分别给被试提供三种关于不刷牙会导致龋齿的不同

图 5-15 吸引力在说服中的作用：同一个人可以说服我们购买不同的产品吗？

研究表明，我们更容易被有吸引力和我们喜欢的人所说服。事实上，如图中所示，凯瑟琳·泽塔琼斯就是很多不同产品——有与美貌相关的（化妆品、珠宝），也有与美貌无关的（手机）——的代言人。

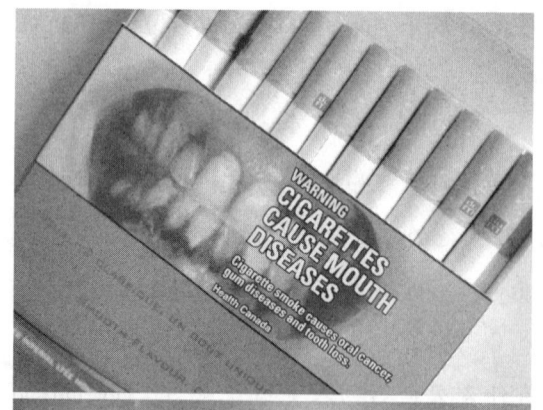

图 5-16　使用恐惧来鼓励改变

许多信息使用恐怖的画面来"让人们恐惧",从而试图改变人们的态度和行为,正如这里所展示的警告语一样,这些警告语的目的是为了阻止人们吸烟,并且采用有利于环境保护的方式来减少气候改变。

恐惧程度的信息,特定被试只会接收到其中某一种信息。结果发现,收到中等恐惧程度信息的被试后期的刷牙行为最多,而最高恐惧程度信息带来的刷牙行为的增加是最少的。因为当信息对受众来说过于可怕时,他们通常会表现出防御性,他们会为自己辩护或否认信息对他的适用性(Liberman and Chaiken,1992;Taylor and Shepperd,1998)。图 5-16 中基于恐惧的广告就是用来吓唬人们的,如果他们不改变原有行为将会导致什么样的恶果。尽管长期存在这种旨在唤起恐惧的信息,最近的一项针对恐惧在说服中作用的元分析发现,它们在改变人们有害健康的行为方面通常并不怎么有效(de Hoog et al.,2007)。

是不是引发中度的恐惧水平会在说服中比较有效?有些证据表明的确如此,但是需要在恐惧信息呈现的同时提供如何改变行为的特定办法(Petty,1995)。如果人们不知道如何改变,或者不相信他们可以成功改变,恐惧感并不会真正发挥作用,只会导致人们的回避或防御反应。

研究结果表明,如果用积极的方式传递有关健康的信息(如怎样获得健康)会比以消极的方式(如某些行为会带来危险和不好的后果)效果好得多(Broemer,2004)。例如,任何有关健康的建议可以用积极的方式说"这么做你会感觉好一些"。而负面的表达方式则是"如果你不这么做的话,会缩短寿命"。需要强调的是,旨在促进健康的相同信息既可以通过积极的方式去表达,说明采取某些行为的潜在好处,也可以通过消极的方式去表达,说明不采取某些措施会带来的恶果。

积极的信息往往比恐惧诉求在说服上**更加**有效。设想你要说服一个低收入的少数族群的女性去做艾滋病检查,那么,信息的表达方式和知觉到的可能导致严重后果的风险将会影响说服的结果（Apanovitch et al.，2003）。与向她们表明不检查会带来何种坏处（如"你将难以安心，或者会在不知情的情况下将病毒传染给你关心的人"）的情况相比，说明检查会带来好处（"你会安心或者你不必担心你会把病毒传播给其他人"）的情况下，那些认为自己不太可能感染艾滋病病毒的女性更容易被说服去做艾滋病检查（并且事实上她们也去做了检查）。积极的表达方式可以有效地引发改变——特别是当个体没有知觉到自己处在风险中的时候。

关于说服的早期研究深入探究了影响说服的因素。然而，这类研究**无法**帮助我们全面理解说服是**如何**发生的。比如，确切地说，为什么可信的、有魅力的信息传播者更具说服力？为什么积极的信息（而非消极的信息或者恐惧诉求）更能促进行为的改变？最近这些年，社会心理学家也意识到了这一点，他们认为有必要认真研究说服的认知过程——换言之，当人们听到说服的信息时，心理会经历怎样的认知过程。下面我们将讨论这些高度复杂的问题。

说服的认知过程

面对说服信息（例如当你看到电视广告或网上的弹出广告）时，你会有什么反应？

你首先的回答可能是"我想想广告说了啥"，在某种意义上说，这是对的。但是正如我们在第二章谈到的，在既定的情境中人们对自己的认知资源是能省就省的。事实上，人们可能想避免接收这些广告信息。（多亏了 DVD 和 TiVo，人们有时才得以彻底避免商业广告！）但是当你被动地接受到了信息时，核心问题在于："我们如何处理（吸收、解释、评估）信息中的内容？"这是理解说服的整个过程的关键。大量的研究给出了基本的回答：我们通过两种不同的途径加工说服信息。

系统化加工和推断法加工

我们可以采取的第一种加工策略是**系统化加工**（systematic processing）或叫作**说服的中心途径**（central route to persuasion），它需要对信息内容和观点加以认真考虑。这种加工需要我们付出认知努力，并且会占用很多信息加工资源。第二种方法是所谓的**推断法加工**（heuristic processing）或叫作**说服的外周途径**（peripheral route to persuasion），这一方式采取的是心理捷径，比如相信只要是专家说的就是对的，或者说"只要让我感觉好的，我就喜欢"。这种加工方式只需要很少的认知努力，让人们对说服信息做出自动化的反应。它主要发生在能够自动唤起各类心理捷径的一些情境或信息之中（例如，漂亮模特会唤起"漂亮的总是好的，是值得听从的"这样一种推断法思维）。

那么，我们分别在什么时候会采取这两种截然不同的思考模式呢？**精细加工可能性模型**（elaboration-likelihood model，ELM）（例如，Petty and Cacioppo 1986；Petty et al.，2005）和启发-系统式模型（例如，Chaiken et al.，1989；Eagly and Chaiken，1998）等当代的说服理论为我们提供了答案。当我们处理说服信息的动机和能力都很高时，会投入最大的努力，采取系统化的加工。这种情况通常发生在我们对事物有较多的了解又有足够的时间进行谨慎思考的时候，或者发生在事情本身对我们具有重要意义而我们认为有必要形成准确认识的时候（Maheswaran and Chaiken，1991；Petty and Cacioppo，1990）。

相反，如果我们没有能力进行深入加工（我们必须很快做出决定或没有相关的知识），或者进行这种认知加工的动机并不强（事情对我们不重要或对我们潜在影响很小），我们就会采取更轻松的加工方式（推断法加工）。广告人、政治家、推销员及其他的一些试图改变我们态度的人也更喜欢我们用这种方式来思考，原因在于我们采用推断法加工比采用深入系统的加工方式更容易被说服（接下来我们会谈到）。当人们无暇对信息进行精细加工的时候，那些支持某种立场的强有力证据根本派不上用场！由精细加工可能性模型（ELM）提出的两条说服路径可见图 5-17。

使用像咖啡因这一类的药物会对说服有什么作用？当人们看到一条信息并系统地

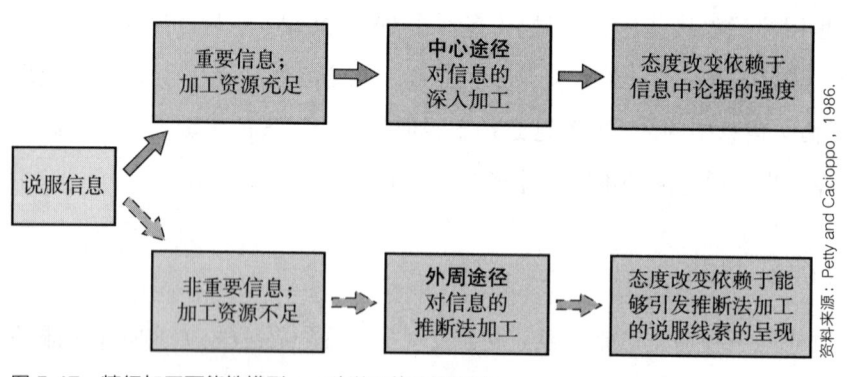

图 5-17 精细加工可能性模型：一种说服的认知理论

根据精细加工可能性模型（ELM），说服可能通过两种途径发生。首先，我们可能在对说服信息进行仔细系统的加工处理之后被说服（中心途径），或者，我们可能用推断法的方式对信息进行处理或者直接走思维捷径被说服（外周途径）。系统性加工发生在信息对我们至关重要并且我们有足够的认知资源对其进行仔细思考的时候。推断法加工更可能发生于我们认为信息不重要或者我们没有足够的认知资源（或时间）进行深入思考的情况下。

加工其内容时，使用的是说服的中心路径。考虑到咖啡因摄入会增加人们系统加工信息内容的能力，如果人们有机会把注意力聚焦于说服信息而不被分心，他们可能会在使用咖啡因时比在没有使用咖啡因时更容易被说服。相反，当人们的注意力高度分散时，这会阻碍他们对信息的系统加工，此时，如果咖啡因通过中心路径工作，注意分散应该会降低人们被说服的程度。研究也支持这些想法：在低注意力分散的情境中，使用了咖啡因的人与使用了无咖啡因安慰剂的人相比会更加认同说服信息（他们被说服改变了最初的想法）。相反，当人们的注意力被分散时，不太可能对信息内容进行系统的加工，此时使用咖啡因的被试和没有使用咖啡因的被试在态度上没有区别（Martin et al., 2007）。当人们喝咖啡时，正是由于喝咖啡的人精力集中于加工信息，才导致他们更容易被说服。所以，正如图 5-18 所示，当你下次"喝咖啡"时，对于所获得的信息要格外注意！

这两个截然不同的加工模式（系统化的和推断法）的发现为我们理解说服何时发生以及如何发生提供了重要突破口。例如，当说服信息无法吸引我们的兴趣或对我们不重要时，说服信息中所包含的论据的强度**不太会**影响到说服的效果。而如果信息与我们密切相关，信息中所包含的强有力且令人信服的论据则会导致成功的说服。你知道为什么会这样吗？根据精细加工可能性模型等现代理论，当信息和我们的相关性低时，我们倾向于使用推断法思维进行信息加工，使用各种各样的思维捷径。因此，论据对我们不会产生什么影响。相反，当信息与我们密切相关时，我们就会对信息进行系统的加工，在这种加工模式下，说服信息中包含的论据就显得尤为重要了（例如，Petty and Cacioppo, 1990）。

同样地，系统化加工与推断法加工也帮助我们理解了为什么当我们没有集中注意力于信息时总是更容易被说服。因为在这种情况下，我们对说服信息进行加工的认知资源是

图 5-18 饮用含咖啡因的饮品可以加强说服力
如图所示，那些服用了一"剂"咖啡因的人比没有摄入咖啡因的人更容易被说服吗？答案是肯定的，不过仅限于人们对信息进行系统化加工的时候。

有限的，所以选择了更简单的推断法思维进行处理。如果信息里包含了一些很容易诱发推断法加工的内容（比如传播者很有吸引力或者看起来是专家），我们就很容易被说服，因为我们是直接对这些内容进行了反馈，而**不是**理性的思考。总之，现代认知理论的提出为我们理解说服提供了重要的依据。在接下来的"互联世界中的社会生活：网上口碑营销和说服"专栏，我们将讨论发生在网络上的说服方式。

互联世界中的社会生活

网上口碑营销和说服

口碑营销已经存在很长一段时期了——它仅仅通过非正式的人传人的方式提供选择，包括推荐和一般性的产品介绍（Katz and Lazarsfeld，1955）。如果你曾经告诉某人一家好餐厅、一本好书、一部好电影，或者推荐其他类型的产品，你就是在进行口碑营销。这就是为什么这种方式被称为eWOM（电子/网络口碑营销），脸书、推特以及各种如图5-19所示的网络论坛已经成为口碑营销传播的主要平台。

随着网络的普及，eWOM已经成为消费者可利用的丰富资源。

我知道在花10美元看一场电影之前，我会先在烂番茄网（Rotten Tomatoes）或其他电影评论网站上查看其他人对这部电影的评论。但是，我们如何理解人们在这些网站上给出的评论？根据李和扬（Lee and Young，2009）的研究，消费者越相信传播者对产品的评论贴近真实的产品，他们越会信任信息的传播者。这会增强消费者对评论

图5-19 网上口碑营销论坛
图中所有这些都是在进行口碑营销和说服。例如，脸书上的"好友"对一种新产品的评价就会在自己的社交网络中产生一个"网络口碑"。

准确度的信心，从而提高了消费的可能性。

网络口碑营销很少像传统做法那样控制广告的流量（Chen and Lee，2008）。典型的形式是所谓的"话题"情境，例如某人正在脸书上追踪一个对话，或正接受推特上的一个推送，所有这些都包含某种对话形式的文本材料。我们知道 eWOM 连接着各种各样的消费者以促进其对话。这可以帮助人们利用来自 eWOM 网络上的信息作出购买决策。但是消费者必须评估那些推荐者的可信度。在 eWOM 中，人们对在线评论者的质疑对卖家来说的确是个问题。

有研究者开展研究调查了影响网上消费者推荐产品可信度的因素（Cheung，Luo，Sia and Chen，2009），结果发现，与信息有关的决定因素包括论据是否有力、信息来源的可信度以及和已有信念的一致性。与规范有关的决定因素包括推荐的一致性和推荐等级。由于信息阅读者并不一定知道是谁在推荐，对信息性消息的积极回应可能基于积极推荐的绝对数量。张（Cheung ed al.，2009）发现信息接收者最为关心的就是可信度。因此，推荐等级和推荐一致性两种规范性的因素是决定消费者会否被影响的重要因素。

一些和信息有关的决定因素：论据强度、信息来源的可信度以及和已有信念的一致性，都会显著影响知觉到的 eWOM 可信度（Cheung et al.，2009）。评论者值得信任的声誉也是信息接受者用来评估 eWOM 信息的一个指标。论据质量也同样重要，信息接受者不会盲目地跟随评论。如果一个网络推荐与信息接收者以前的信念不一致，他们将会怀疑推荐信息的可信度。

网络论坛上大量用户的存在给消费者评估 eWOM 信息的一致性提供了可能性。如果一个相似的经验被不同论坛上的用户重复报告，信息阅读者将倾向于相信该经验。此外，过往读者的评分评级也会帮助用户理解其他读者是如何评价这些网络推荐的，这也会增强评价的可信度。

多数网络零售商（如，Amazon.com，Zappos.com，Overstock.com，ColdwaterCreek.com）都会为消费者提供购买商品后的评论机会，这些评论会影响其他消费者的网购意向。当然，消费者寻求高质量的信息并且相信至少有些消费者的评论会提供有用的信息。然而，有研究者发现，很多时候都是那些极端满意和极端不满意的用户会写评论，所以消费者往往看到的都是极端的评论信息（Zhu and Zhang，2010）。销售量本身可以为购买者提供信息，而且消费者会对此做出回应。但是这些研究者发现低价销售的物品或者小众市场产品更多地受益于评论,尽管它们可能仅仅因一个差评而受到损害。那些具有丰富网购经验者的评论更有影响力。总之,零售商相信他们的在线评论对消费者很有帮助。

很多消费者在被称为 eWOM(网络口碑营销)的环境中利用网络以非正式的方式对商品进行评估。脸书推特、MySpace 和其他网站都是人们获取他人意见的平台。在网络环境中,某些消费者无意间成为营销者,会影响其他的消费者。

要点

- **说服**是指试图通过信息改变态度。早期关于**说服**的研究主要关注了**传播者**的特征(例如,专业性、吸引力)、**信息**(例如,恐惧诉求、单面或双面论据)和**受众**。
- 那些被认为可信的、具有外表吸引力的传播者以及看起来并非旨在说服我们的信息更具有说服性。
- **恐惧诉求**是指通过信息激发人们的恐惧情绪。如果信息过于恐怖,其说服效果并不会太好。积极的信息构建常常是更有效的说服手段。
- 现代的说服理论包括**精细加工可能性模型**(ELM)和**推断法-系统化模型**。以这些模型为基础的研究试图理解在说服中起作用的认知加工过程。
- 人们通过两种不同的途径加工说服信息:一种途径是**系统式加工**或叫作**说服的中心途径**,使用这种加工方式时个体会认真思考信息的内容;另一种途径是**推断法加工**或叫作**说服的外周途径**,即使用思维捷径(如"专家说的总是对的")。
- 论据强度只在系统化加工的情况下才影响说服,而外周线索(如传播者的吸引力以及他是不是专家)只在推断法加工过程中影响说服。
- 咖啡因等物质会影响说服,因为它会影响人们对信息的系统加工。
- **网络口碑营销**的说服依靠的是传播者的可信度、不同评论者推荐的一致性以及信息与先前信念的一致性。

第 5 节　抵制说服

正如前面我们所讨论的，人们会被别人说服而改变自己的态度和行为——有时候是对引人注目的信息进行系统地思考后被说服，有时候是被一些不重要的因素影响而改变。然而，为什么有时候态度的改变又是那么"艰难"？答案包括很多方面的因素，这些因素提高了我们抵制精巧说服的能力。

抗拒：捍卫我们的个人自由

很少有人喜欢按别人的旨意行事，但是，在某种意义上这正是广告商和其他潜在说服者所做的。你很可能有过以下经历，某个人不断地强迫你改变对某些事情的态度。无论是"公开"的说服者还是私下的说服者，这二者都已经对你的自由决定权构成了威胁。结果，你可能越来越感到恼火和不忿。最终的结果是：你不仅极力抗拒别人的说服，反而可能会采取与说服者完全**相反**的立场。这种行为被社会心理学家称之为**抗拒（reactance）——当别人努力让我们按照他们的意愿思考和行事从而威胁到我们的自由**时我们会做出的消极反应（Brehm，1966）。研究表明，在这种情况下，我们确实会做出一些与对方意愿完全相反的举动。事实上，当我们感觉到抗拒时，那些强有力的说服论证反而会比那些中等的或是较弱的论据更会增加我们的反抗（Fuegen and Brehm，2004）。抗拒可以解释硬性推销为什么总会失败。当个体感觉到这些企图会直接威胁到个人自由（或者自己作为一个独立个体的形象）时，他们会产生强烈的抗拒动机。

预警：对说服意图的预知

我们完全清楚，电视上铺天盖地的广告都是为了说服我们购买各种各样的产品而量身定做的。同样，在我们听政治演讲时也清楚地知道演讲者的目的无非是为了说服我们投他一票。那么，预先知道说服意图会不会有助于抵抗说服呢？研究表明，这种**预警**（forewarning）确实有助于抵抗说服（Cialdini and Petty, 1979; Johnson, 1994）。如果预先知道一个演讲或书面信息试图改变我们的看法，相对于事先不知情的时候，我们更难被说服。这是为什么呢？原因在于预警会影响在说服中起重要作用的一些认知过程。

首先，预警为我们提供了积攒反面论据（那些与说服信息相悖的内容）的机会从而降低说服信息对我们的影响。另外，预警还为我们提供了更多的时间回忆那些有利于反驳说服内容的相关信息。伍德和奎因（Wood and Quinn, 2003）发现预警通常会增加抗拒，并且仅仅知道会出现某种说服信息也会将态度导向相反方向。很多情况下，预警成了一种对抗说服信息的武器。但是，如果在预警发出后和接收到信息之前的这段时间，你的注意力正好被分散以至于你无法收集反面论据又会发生什么？研究表明，如果你没有注意到预警信息，预警就失去了抗拒说服的作用，此时，人们对信息的抵抗力与没有接收到预警信息是一样的。

然而也存在另一种情况，预警也可能导致人们迎合说服信息发生态度改变，不过，这种现象只是人们为了对自己的观点进行辩护以显示自己并不容易受骗和受影响的暂时反应。（Quinn and Wood, 2004）。在这种情况下，人们在真正的说服信息到来之前就已经决定改变态度了，所以他们大可以声称他们完全没有受到说服信息的影响！此外，在这种情况下，在接收到预警信息之后的干扰——干扰可能会抑制思考——基本上阻止不了态度朝着说服信息的方向改变。在这类预警的情境中，人们使用的是简单的推断法加工方式（例如，假使我不相信那个专家说的话，我就会显得很愚蠢），他们在接收到说服信息之前就已经改变态度了。

对说服的选择性回避

我们抗拒说服的另一种方式是**选择性回避**（selective avoidance），它促使我们回避那些挑战我们原有态度的信息。看电视就是一个可以用来说明选择性回避的典型例子。人们并不是坐在电视前面被动地接受媒体所散布的所有信息。相反，人们会换台、把广告静音、挑选自己喜欢的节目或者干脆"关机"以回避与其观点相反的信息。反过来也是一样的，当我们遇到**支持**我们观点的信息时，我们就会特别关注。这种忽视与我们态度相反的信息而积极接受与态度一致信息的倾向，就是社会心理学家所谓的**选择性接受**。这类在聚焦注意时的选择性有助于我们在相当长的时间内大体上保持态度一致。

积极捍卫我们的态度：与对立的态度辩论

通过忽视或者屏蔽与我们自己态度不一致的信息是抗拒说服的一种方式。但是越来越多的证据表明，除了这种捍卫原有态度的被动方式，我们还可以使用更为主动的策略：即与相反的态度进行辩论（Eagly et al., 1999）。这样做虽然会使我们对反面观点的印象更为深刻，但会降低它们对我们已有态度的影响。

伊格蕾（Eagly）等人在一项研究中将学生分成两组：一组主张堕胎合法，另一组反对堕胎（Eagly, Kulesa, Brannon, Shaw & Hutson-Comeaux, 2000）。然后将这些学生置于说服性的信息环境中，说服信息包含两类：一种与被试的原有态度一致，一种与他们的原有态度相反。在听完这些信息后，要求学生报告他们对堕胎的态度、态度的强度，同时回忆他们所接收到的信息中的论据（一种测量记忆的方式）。另外，他们还要陈述在听到信息时的想法，从而了解他们会在多大程度上对与其观点不一致的信息进行反驳。

结果显示，学生对于一致信息和相反信息的印象同样深刻，然而，他们报告他们对与原有态度相悖信息的思考更为系统化，同时也会进行更多与它对立的思考——显然他们对这些信息进行了反驳。相反，对于和原有态度一致的信息他们会有更多支持性的想法。可见，我们善于拒绝说服的原因之一是，我们不仅忽略与我们观点不一致的信息，而且还会很认真地加工与我们态度相反的信息从而展开积极的反驳。如此一来，面对与我们态度相对立的观点有助于强化我们原有的观点，使我们对后续试图改变我们观点的说服更具抵抗力。

抗拒说服的个体差异

不同的人对说服的抗拒程度存在差异（Brinol et al., 2004）。有些人抗拒说服是因为他们被激发了辩论的热情，因此他们会同意诸如"如果有人挑战我的信念，我乐于与他们辩论"或"我很愿意与那些与我观点不同的人进行辩论"之类的说法。另一方面，有些人会抗拒说服是由于在他们遇到相反的信息时，想坚定自己的信念。这些人会认同"若别人与我持不同的观点，我会在心里列出那些支持自己观点的证据"以及"有人提出挑战我想法的观点时，我会思考为什么我的观点是正确的"这样的说法。为了测定这两种抗拒说服的方法能否预测个体在说服情境下的态度改变，布瑞诺（Brinol）等人测量了被试的自我信念，然后给他们看一则"布朗百货公司"的广告。研究者发现，两种抗拒说服的方法确实能预测个体对于广告信息的抗拒程度。而且，人们对抗说服所偏好的方式（通过辩论或鉴定自己原有的观点）能够预测人们遇到与自己态度相反的信息时的想法。所以，人们明显知道如何应对别人说服我们的企图，而且能够娴熟地使用他们所偏好的策略。

自我损耗会削弱对说服的抗拒

如前所述，我们可以通过与说服信息进行辩论或有意识地思考为什么最初的态度要优于说服信息来抗拒说服。然而有些因素会让这些抗拒策略难以发挥作用，因为这些因素会削弱人们的**自我调节**（self-regulation）能力，从而削弱人们抵抗说服的能力。在某种程度上，人们的自我调节能力是有限的（如运用意志力控制自身思考的能力），有限资源的消耗会使我们处于容易被说服的境地。例如，当人们疲惫的时候，或者在此前的任务中自我调节失败，或者虽然自我调节成功了但处于一种**自我损耗**（ego-depletion）状态，人们就很容易默认和原有态度相反的信息——也就是改变自己的态度。

为了检验这种可能性，惠勒（Wheeler）等人分别给不同的被试分配困难或简单的任务，困难的任务是为了消耗被试自我调节资源（Wheeler, Brinol & Hermann, 2007）。然后，给被试提供一些信息，这些信息包括强烈支持或者轻微支持毕业生应该通过强制性的毕业考试这一政策，所有学生对这项政策的最初态度都是强烈反对的。自我损耗是否会使人们更容易被不强的（微弱）的论据说服呢？如图5-20所示，答案是肯定的。对于没有自我损耗的被试，微弱的论据对说服是不起作用的，而对自我损耗的被试来说，微弱的论据和强烈的论据对他们的说服效果几乎是一样的，正如你可能已经想到的那样，对低自我损耗的被试来说，强烈的论据比微弱的论据更具说服力。对被试面对说服信息时想法的考察证实，低自我损耗的被试更容易赞同具有强有力论据的说服信息。相反地，高自我损耗的被试对拥有强有力证据的信息的态度和具有微弱证据的信息的态度是一样的。

最近的研究也证实，刚刚抗拒了说服信息的个体接下来将无余力进行自我控制（Burkley, 2008; Vohs et al., 2008; Wang et al., 2010）。所以，不仅先前对说服的抗拒消耗了自我控制，从而导致更容易被说服，而且当我们消耗殆尽的时候，我们将很难抵抗哪怕是微弱的说服力量。此外，当我们自己试图说服其他人时，如果我们的控制能力消耗殆尽，我们很可能会变得不诚实（Mead et al., 2009）。在一项研究中，被试最初被分配到一项资源消耗的写作任务中（不能使用包含字母 A 和 N 的词）或一项比较简单的任务中（不能使用包含字母 X 和 Z 的词）。然后，要求被试在一个矩阵中寻找总和等于 10 的数字。在这项任务中，将被试表现成绩的评分方式分为两种：一种是由实验者给分（此时很难欺骗），另一种是自我评分（可能出现欺骗）。那些在资源消耗条件下进行自我评分的被试，在汇报其结果时表现出了最大程度的欺骗。这个研究表明我们要小心那些疲惫的说服者——因为他们非常可能会以我们喜欢的方式粉饰真相。

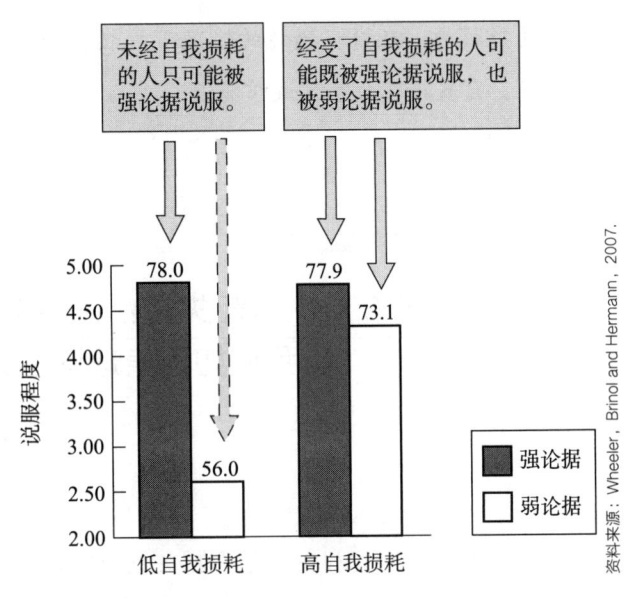

图 5-20　自我损耗可以使微弱的说服信息具有说服力
没有自我损耗的人可以区分弱论据和强论据，并且只会被强论据说服。相比之下，有自我损耗的人无法区分弱论据和强论据，并且这两种论据都可以说服他们。

资料来源：Wheeler, Brinol and Hermann, 2007.

要点

- 很多因素都会帮助我们**抵制说服**，其中一个因素是**抗拒**——即对于其他人减少或限制我们个人自由的说服进行消极回应，这会造成总体上对信息内容的抗拒。

- **预警**和**选择性回避**也可能会增强对说服的抗拒，前者是指人们事先知道有人试图改变我们的态度，后者是一种回避与我们原有态度相反的信息的倾向。

- 当我们知道说服信息与我们已有的观点相反时，我们会积极与其进行辩驳，这是促进抗拒说服的重要方式。

- 抗拒说服的能力存在个体差异，这些差异包括在面对相反态度时，选择有意识地辩驳说服信息还是坚定自己原有的态度。

- 由于在其他的任务中使用意志力所导致的**自我损耗**会降低我们的**自我调节**能力和对

说服的抵抗力。在自我损耗的情况下，微弱和强烈的说服信息都会说服我们。作为说服者，自我损耗会导致诚信降低。

第 6 节　认知失调：认知失调是什么以及我们如何管理认知失调？

在一开始引入态度和行为是否相关以及在多大程度上相关的问题时，我们就指出在很多情况下，我们的内心所想（对事物或事件积极或消极的反应）和我们的外在行为表现往往存在很大差异。举个例子，我的一个邻居最近买了一辆大型 SUV，我对这类大型车辆很没有好感，因为它耗能大、污染严重，并且在开车时容易影响视野。但是当邻居问我是否喜欢她的新车时，我犹豫了一下，然后尽可能热情地说"不错，很不错"。她是一个很好的邻居，每次我不在时还会帮我照看猫，所以我不想让她因此不愉快。但是在我说出这些话的时候，我的确感到不舒服。为什么呢？因为在这种情境下，我意识到我的行为与我的态度**不一致**，这是一种不舒服的状态。社会心理学家将我的这种消极反应称为**认知失调**（cognitive dissonance）——当我们意识到态度和行为不一致时的不舒服状态。你会发现，当我们不能证明与态度不一致的行为有其合理之处时（但是意识到我这样做的理由是为了不伤害我的邻居），结果会导致我们态度的改变。

每个人都可能经历认知失调，例如，每当你意识到你所说的内容自己并不真正认同的时候（例如，"为了礼貌"违心赞扬一些你并不喜欢的事物），当你决定放弃某个很有吸引力的选择的时候，或者发现投入了大量时间和金钱的事情结果并没有预期的好。所有这些情境中，态度和行动之间都存在差异，这种差异会让你感到不舒服。最近的研究揭示了由认知失调带来的不舒服感，表现为大脑左侧前额叶区域的活动性的提高（Harmon-Jones et al., 2008）。认知失调有时候会导致我们改变态度，从而使态度与外在行为保持一致，这种情况在没有强大外在压力时也会发生。

认知失调与态度改变：诱导服从效应

很多原因可以导致我们做出与态度不一致的行为，而且有些原因的效应明显强于另外一些原因。什么情况下我们的态度会发生更多改变：是在态度-行为的不一致有恰当理由的时候？还是找不到什么合理解释的时候？其实我们已经讨论过，认知失调理论指出如果能够用来解释态度-行为不一致的理由**越少**，认知失调的强度就越大。之所以这样，原因在于当我们没有适当的理由时，无法对自己的行为做出合理解释，此时失调感就会非常强烈。

在最开始验证这一想法时，研究者要求被试参加一系列极其乏味的任务：在一个满是窟窿的木板上旋转钉子（Festinger and Carlsmith, 1959）。在任务结束后，实验者提出一个出乎意料的要求：他告诉被试因为一个实验助手没有来，因此需要他们"代替"没来的实验助手接待下一个被试，并告诉下一个被试刚才所做的任务是**非常有趣的**。一半被试被告知他们在告诉下一个被试工作有趣的谎言之后会得到20美元的报酬，而另一半被试被告知他们在告诉下一位被试谎言之后会得到1美元的报酬。在被试"帮忙"撒了这个谎之后，要求被试报告他们对这个无聊任务的态度（如评价这个任务有趣的程度）。

结果发现，那些得到20美元报酬的被试比得到1美元的被试**更**会觉得这个任务没意思。当你得到20美元时，你已经为谎言找到了充分的理由，但是1美元就不够了！所以，如果撒谎行为的**理由不足**，正如实验中1美元组被试（与20美元组相比）的情况，你降低认知失调的需求就更为强烈。那么，1美元组的被试将如何降低他们强烈的失调感呢？他们会改变造成这种困境的认知！在这个例子中，因为你无法改变说谎的事实（即否认你的行为），你只好在认知上把那个无聊的任务"变得"更加有趣，这样一来你所说的就不是谎言了，由此就有了1美元组被试比20美元组被试报告这个任务更加有趣的实验结果。

如图5-21所示，认知失调理论认为，给人们越少的理由去支持与态度不一致的行为，他们此后就越容易改变态度。因为如果有足够的理由支持这种与态度不一致的行为，人们的认知失调感就会降低，也就不会改变态度了。社会心理学家有时把这种现象称为**以少致多效应**（less-leads-to-more effect），即支持一种行为的原因或奖励越少，导致态度的改变越大。很多研究已经证实了这一点（Harmon-Jones, 2000; Leippe and Eisen-

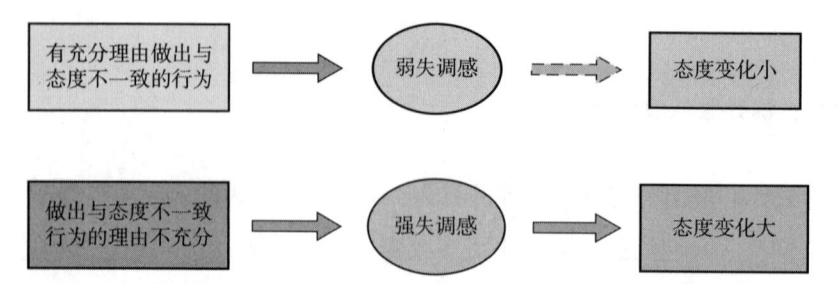

图 5-21 为什么在做出与态度不一致的行为后较少的诱因会导致更多的态度改变

当个体有充分的理由做出与态度不一致的行为时，他们会体验到较少的失调感，不会改变自己的态度。相反的，当这种与态度不一致的行为无法找到足够的理由时，个体会体验到较强的失调感和改变态度的更大压力。结果就是，个体做出与态度不一致的行为后，越少的理由会造成越多的失调感和态度改变。

stadt，1994）。事实上，为了让人们做出与态度不一致的行为而提供的金钱或其他奖励越多，就越是为他们提供了做出这种行为的理由，从而会降低态度改变的可能性。此外，强制性有助于降低失调。微小的回报也只有在人们认为自己应该对行为的选择及其后果负责时，才会导致较大的态度改变。例如，当一个权威命令我们去做一件与我们个人态度不一致的行为时，我们可能不会感到需要为自己的行动负责，因此也不会体验到认知失调。

化解认知失调的其他策略

正如我们所描述过的，认知失调理论始于一个非常合理的想法：人们发现其态度和行为的不一致令其感到不舒服。但是改变态度是我们化解这种不协调的唯一途径吗？当然不是，我们还可以通过改变行为使其与态度更加一致。例如，在购买了一些不太环保的产品后，我们可以决定**将来**只购买有机产品，而不必改变我们持有的"绿色环保态度"。

我们还可以通过获取支持我们行为的新信息（理由）来减少认知失调。回顾本章开头讲的内容，如果基奇夫人和她的追随者的预言没有成真，世界末日并没有在特定的日子到来，他们将如何应对他们的失调呢？他们面临着两种矛盾的认知："我们预测世界末日将在某一天到来"和"那一天已经不可否认地过去了，但是世界并没有毁灭"。在预言失验后，他们并**没有**断定他们的预言是错误的，反而会寻求更多的追随者来**再次确认**她们信念的正确性。群体内成员的增加增强了群体认知的一致性：**这么多**

忠诚的信徒不可能会错！事实上，当"世界末日"过去后，这个群体会宣称地球因他们强烈的信念而被赦免了。通过增加"他们的信念拯救了地球"这一新的信念，这些信仰者解决了他们的认知失调，而无须改变自己的态度或行为。

解决认知失调的另一种选择是认定这种不一致或失调是无关紧要的！换言之，我们可以**轻视**（trivialization）它们——断定存在矛盾的态度或行为都是无关紧要的，所以它们之间的不一致也就无关痛痒了（Simon et al., 1995）。

所有的这些策略都可以看作解决认知失调的**直接**方法：它们都关注于态度-行为不一致所带来的失调。斯蒂尔及其同事（例如，Steele, 1988; Steele and Lui, 1983）的研究发现，也可以通过**间接**的方式减少认知失调。也就是说，态度和行为之间的差异可以保持不变，但是可以通过一定的方法降低认知失调带来的不愉快感或负面情绪，比如使用酒精。当态度-行为差异中牵涉到**重要**的态度或自我信念时（轻视已经不再适用），人们通常会采用间接策略来减少失调。在这些情况下，经历失调的个体可能不会寻求缩小态度与行为之间的鸿沟，而是在保留这种差异的情况下，想办法让自己感觉好受一些（Steele et al., 1993）。

特别是，当人们的自我受到认知失调的威胁时会致力于**自我肯定**——重建积极的自我评价（Elliot and Devine, 1994; Tesser et al., 1996）。这可以通过积极的自我归因来实现，也就是关注自己的积极方面。比如，当我在不喜欢邻居那辆SUV时说了违心的话，此时我可以提醒自己我是个考虑周到的人。通过关注自我的积极方面，可以帮助我减少我的违心表现与环保主义（反对购买SUV）这种态度与行为的不一致所带来的不快。然而，无论我们选择直接策略还是间接策略，我们总是在用各种方法来减少认知失调，以消除态度-行为不一致带来的不舒服感。

认知失调何时可以用来塑造良好行为

- 开车不系安全带的人比系安全带的人更容易死于交通事故……
- 吸烟的人比不吸烟的人更容易患肺癌和心脏病……
- 发生无保护性行为的人比安全性行为的人更容易染上危险疾病（包括艾滋病），更容易意外怀孕……

大部分人都认为以上表述是正确的，而且我们一般都支持系安全带、戒烟和安全性行为（Carey et al.，1997）。尽管多数人的态度是积极的，但是这些态度通常并没有转化为实际行动：依然有些人开车不系安全带、吸烟和发生无保护的性行为。要解决这些突出的社会问题，关键并不在于改变态度，而在于矫正行为。认知失调理论是否可以用于行为矫正呢？大量的证据表明是可以的（Batson et al.，1997；Gibbons et al.，1997），尤其是失调可以用来使个体产生**虚伪**感——让个体公开宣称某种态度，然后将他与公开的态度不一致的行为展现给他。当这种虚伪的感觉特别强烈时，只有通过改变行为才能直接有效地消除失调感。这种关于失调诱发行为改变的预测被很多研究所证实。

斯通等人要求被试准备一份宣传使用安全套（安全性行为）以防止艾滋病传播的录像带（Stone，Wiegand，Cooper & Aronson，1997）。然后要求被试回想他们过去没有使用安全套的原因（**个人原因**），或者思考一般人们不使用安全套的原因（**常规性原因**，并不聚焦于个人行为）。研究者预测回想个人原因组的被试会出现最大程度的认知失调，因为他们被迫去面对自己的虚伪行为。然后，研究者给所有的被试提供了两种降低认知失调的方法，一种是直接方法——低价购买安全套；另一种是间接的方法——给一个帮助无家可归者的项目捐款（见图5-22）。结果表明，关注个人原因组的被试大部分都选择了购买安全套——直接改变行为来降低失调。与之相对，关注常规性原因组的被试大部分选择了间接降低失调的方法——给帮助无家可归者的项目捐款，而并没有改变不使用安全套的行为。

这些研究发现表明，利用认知失调将我们的虚伪行为凸显出来确实是改变行为的有效方法。然而要使效应最大化，有几个要素是必不可少的：人们必须公开宣示意欲做到的合理行为（如使用安全套），诱导人们去回想自己过去的失败行为，而且必须给他们提供解决

图5-22 降低失调的间接途径

当个体要直接面对自己的虚伪时，大多数人选择直接的方式来降低失调（改变自己的行为）。然而，当要求个体想象为什么一般人没有根据自己的信念来行动时，许多人会选择通过间接的方式来降低失调，例如给慈善机构捐助。这样做使得他们在不改变行为的情况下自我感觉更好。

认知失调的直接方案（即改变行为的某种方法）。当这些条件都满足时，失调就会带来行为的有益改变。

要点

- **认识失调**是当我们意识到态度和行为之间存在差异时的厌恶状态。体验到失调会引发左侧前额叶表层活动活跃以及态度的改变。
- 认知失调通常发生在**迫使顺从**的情境中，在其中我们受到外部因素极小的诱导去说或做某些与我们态度不一致的事情。
- 当我们缺乏足够的理由支持我们做出的与态度不一致的行为时，失调会引发态度改变。强硬的理由（或丰厚的回报）导致**较少**的态度改变，这种现象有时被称为**以少致多效应**。
- 认知失调可以通过改变行为等方法直接减弱，或者通过增加证明行为合理性的新的认知而减弱。
- 其他应对认知失调的方法包括轻视和间接的方式（如在某些方面进行**自我肯定**）。
- 通过诱发**虚伪**引起失调体验——引导个体拥护特定态度或行为，然后提醒他们注意自己的行为并不总是与这些态度保持一致——是引发行为有益改变的强有力工具。

总结与回顾

- **态度**是能影响我们关于世界几乎任何一个方面经验的种种评价。通常,态度是**外显**的,可以被我们意识到,并且容易报告。但态度也可能是**内隐**的,我们无法意识到或对其进行控制。态度常常通过**社会学习的过程**从他人那里习得。这种学习包括**经典条件作用**、**工具性条件作用**或**观察学习**。事实上,态度可以通过**阈下条件刺激**(发生在没有意识到刺激存在的条件下)和**曝光效应**得以形成。态度还会以**社会比较**为基础形成,社会比较是指一种与他人进行比较从而决定我们对社会现实的看法是否正确的倾向。为了与我们喜欢的人保持一致,我们会接受他们所持的态度,其程度取决于我们对群体的认同程度。当我们加入一个新的**社交网络**时,如果新社交圈里的人们持有各种不同的观点,那么为了适应新的圈子我们的态度可能会很快发生改变。

- 很多因素影响态度和行为之间关系的强度。**情境限制**、担心他人对我们的看法等都会阻碍我们公开表达态度。人们总是表现出**人众无知**的局限——错误地以为他人必然会持有和我们不同的态度,这会限制我们公开表达自己态度的意愿。态度的很多方面都会调节态度-行为的关系。其中包括与态度强度相关的几个因素:**态度极端性**、**态度确定性**以及我们是否有对态度对象相关的**个人经验**。所有这些因素让我们更加容易理解态度本身,进而指导我们的行为。

- 态度会通过两种不同的机制影响行为。根据**理性行为理论**和**计划行为理论**,由经过深思熟虑的态度产生的行为意向对行为的预测力很强。根据**态度-行为过程模型**,当我们的行为是未经思考的自动化行为时,态度会通过塑造我们对情境的知觉和解释来影响行为。

- 说服是指试图通过信息改变态度的努力。早期关于**说服**的研究主要关注了**传播者**的特征、**信息内容**和**受众**。**恐惧诉求**在引导健康的行为转变方面作用有限。很多近期的研究试图理解说服的认知过程。这些研究表明我们通过两种不同的途径加工说服信息:一种是**系统式加工**,即对信息内容加以认真思考;另一种是**推断法加工**,即使用思维捷径(如"专家总是对的")。咖啡因可以通过增加人们系统加工信息内容的能力从而在一定程度上促进人们被说服。规范性线索和信息性线索会影响**网络口碑营销**对我们说服的程度。

- 很多因素都会影响人们抵制说服的能力。其中一个是**抗拒**——即对于其他人试图减少或限制我们自由的努力进行消极回应。一旦人们开始抗拒，他们就会朝着和说服**相反**的方向改变态度。这就是为什么强硬推销会适得其反。**预警**（事先知道某人试图改变我们的态度）常常可以增加人们对说服的抵抗。预警给了我们一个对即将到来的说服信息进行思考辩驳的机会，因而能够在被说服的过程中加以抵抗。但是在注意力分散的时候，我们没有精力用于反驳说服信息，预警对原有态度的保护作用就消失了。
- 人们常常会通过**选择性回避**坚持其原有的观点，选择性回避是指人们忽视与原有态度相反的信息的倾向。同样，我们会密切关注与自己观点一致的信息，并通过**选择性接受**的方式积极寻求与我们观点一致的信息。
- 当面对与我们观点不一致的信息时，我们会主动予以辩驳。对反面观点的反驳性思考越多，我们抗拒说服的能力就越强。在某种程度上，人们会有对说服企图的防御。人们抵抗说服的方式也有差异。有些人意识到自己在使用辩驳对方观点的方式，而另一些人则知道自己在用肯定自己原有观点的方式。
- 我们抗拒说服的能力有时候取决于我们的心理状态——我们是不是有**自我损耗**。如果我们处于自我损耗的状态时，会感觉很难进行**自我调节**，从而削弱了我们抗拒说服的能力。研究表明，当人们处于自我损耗状态时，无论遇到强的或弱的说服证据都同样会被说服。不同的是，如果人们的自我损耗比较低，只会被强有力的证据说服，很难被微弱的证据说服。
- **认知失调**是指当我们意识到态度和行为不一致时的不舒服状态。失调是一种令人厌恶的状态，试图解决这种失调的努力表现为大脑皮层活动的增加。费斯廷格和卡尔史密斯（Festinger and Carlsmith, 1959）的经典研究表明，当我们无法解释态度和行为的不一致时就会有较强的认知失调。相反的是，足够强的理由（或丰厚的奖励）会导致**较少**的态度改变（**以少致多效应**），原因在于在这种情况下人们感觉态度和行为的不一致是合理的。
- 认知失调常发生在**强迫依从**的情境下，也就是我们会被外界因素诱导说出或做出与真实态度不一致的言行。在这种情况下，如果没有足够的理由支撑我们这种与态度相悖的行为，我们的态度就极有可能被改变。除了改变态度之外，常用的处理认知失调的方法还有增加合理性、选择轻视或采纳"失调无所谓"的结论。认知失调还可以通过间接策略加以处理，即将注意力放在肯定自我的其他积极方面，从而在无须改变态度的情况下降低认知失调。通过引发我们意识到自己言行不一的**虚伪感**而带来的认知失调可以导致行为的改变。

关键术语

参照群体（reference groups）：我们认同并重视其中成员观点的群体。

单纯曝光（mere exposure）：只要曾经见过某个事物，个体就会形成对该事物的某种态度，不管个体是否记得曾经见过。

非条件刺激（unconditioned stimulus）：不需要通过大量学习就能够激起积极或消极反应的刺激。

工具性条件作用（instrumental conditioning）：一种基本的学习方式，在这种学习过程中那些导致积极结果的反应或那些避免消极结果的反应会被加强。

观察学习（observational learning）：人们通过观察他人而习得新行为模式的基本学习方式。

计划行为理论（theory of planned behavior）：该理论是对理性行为理论的拓展，认为个体在决策过程中除了考虑对某一特定行为的态度和主观规范，还会考虑他自己的执行能力。

经典条件作用（classical conditioning）：一种基本的学习形式。一个中性刺激经过与另一个能激起某种反应的刺激反复配对出现之后，中性刺激也获得了能激起反应的能力。从某种意义上说，一个刺激成为了另一个刺激将要出现或发生的信号。

精细加工可能性模型（elaboration-likelihood model [ELM]）：这一理论指出说服可以通过截然不同的两种方式中的一种发生，这两种方式在认知努力和对信息分析的精细化程度方面都存在差异。

抗拒（reactance）：对个体自由威胁的一种消极反应。抗拒会增加对说服的抵制心理，导致消极的或是与说服意图相悖的态度改变。

恐惧诉求（fear appeals）：通过使用信息诱导他人产生恐惧心理从而改变他人行为的尝试。

理性行为理论（theory of reasoned action）：这一理论认为做出某一行为决策是理性思考的结果。在这个过程中，我们考虑行为的多种可能性，评估结果，然后决定是否要做出某种行动。这个决策结果通过行为意向反映出来，行为意向能够强烈地影响外显行为。

内隐态度（implicit attitudes）：对象和评估反应之间的无意识联结。

认知失调（cognitive dissonance）：当个体意识到自己的态度与态度之间或者态度与行为之间存在不一致时所产生的一种内部状态。

人众无知（pluralistic ignorance）：我们会误解别人态度的一种群体现象，会错误地认为他人与我们持有不同的态度。

社会比较（social comparison）：我们通过与他人进行比较来判断我们关于社会的观点是否正确的过程。

社会学习（social learning）：我们从他人那里获取新信息、形成新行为和态度的过程。

社交网络（social networks）：由与我们有密切的关系并定期互动的成员构成。

说服（persuasion）：通过各种各样的信息改变他人态度的努力。

说服的边缘途径（peripheral route to persuasion）：一些边缘性说服线索导致的态度改变。通常是说服者的专业性与地位等相关信息。

说服的中心途径（central route to persuasion）：通过对说服信息进行系统加工导致的态度改变。

态度（attitude）：对社会世界各个方面的评估。

态度–行为加工模型（attitude-to-behavior process model）：关于态度如何指导行为的模型，它强调态度和在特定情境下哪些行为属于合理的相关知识储备对个体界定当前情境的影响。这个界定反过来也会影响外在行为。

条件刺激（conditioned stimulus）：用来代表或暗示非条件刺激的刺激。

推断法加工（heuristic processing）：使用简单的经验法则或心理捷径对说服信息进行认知加工的过程。

外显态度（explicit attitudes）：可以控制和容易报告的有意识态度。

习惯（habit）：反复实践某种特定行为之后，慢慢地这种反应就会在同样的情境出现时自动发生。

系统化加工（systematic processing）：对说服信息的内容和要点进行仔细思考的认知加工过程。

虚伪（hypocrisy）：公开宣称某种态度或行为，然后又表现出与之不一致的态度或行为。

选择性回避（selective avoidance）：一种避免关注与自己已有态度相反的信息的倾向。这种回避会增强对说服的抗拒。

以少致多效应（less-leads-to-more effect）：给予个体与态度相悖的行为较小的奖励常常会导致他们更大的认知失调感，从而导致更多的态度改变。

预警（forewarning）：预先知道自己将成为被说服对象。预警常常会增加对后续说服的抗拒。

阈下条件作用（subliminal conditioning）：是经典条件作用的一种，刺激属于个体意识阈值以下的无意识刺激。

真实幻觉效应（illusion of truth effect）：仅仅通过重复信息便可以创造一种熟悉感和更为积极的态度。

执行方案（implementation plan）：一个如何将我们的意向付诸行动的计划。

自我损耗（ego-depletion）：先前对自身有限资源的消耗削弱了我们的自我调节能力。

自我调节（self-regulation）：管理意志力以及控制思维和情感的有限能力。

第六章

刻板印象、偏见和歧视的起因、影响与消除

本章大纲

- **不同群体的成员如何感知不公平**

- **刻板印象的本质和起源**

    刻板印象：对社会群体的信念

    互联世界中的社会生活：电子游戏中对女性和男性形象的表征

    对不同群体的评价相同时就不存在刻板印象吗？

    我们会成为刻板印象的受害者而对此毫无察觉吗？来自单身者的例子

    人们为何会形成和使用刻板印象

- **偏见：对社会群体的情感**

    偏见的起因：迥异的视角

    情绪与偏见：人们何时愿意为了群体去牺牲和杀戮？

- **歧视：偏见的行为表现**

    现代种族主义：更加隐蔽但同样致命

- **为什么说偏见可以避免：抵抗其影响的技巧**

学会不去憎恶

接触的潜在好处

再分类：改变边界

减少偏见的内疚效应

我们能否学会对刻板印象和归因偏差说"不"？

社会影响是减少偏见的一种手段

在世界上的很多国家，同性婚姻是被接受的。事实上，在阿根廷、比利时、加拿大、德国、冰岛、荷兰、挪威、葡萄牙、南非、西班牙、瑞典这些国家，同性婚姻如今已经合法了。那么为什么美国——同性婚姻一直是其国内激烈争论的社会议题和法律议题——会是同性婚姻合法化的主要抵抗者之一呢？考虑到个人自由属于美国的一种主导价值，难道我们不应该期待它将带领全世界承认人们可以自由地与他们爱的任何人结婚吗？

根据加州公民的投票，2008年时大部分人投票支持8号提案——一项禁止同性婚姻的州宪法修正案。在2009年5月的联邦法庭上，进行了一场反对8号提案的法律质询。尽管事实上各州（现在至少有30个州）持续通过法律禁止同性婚姻，2010年8月加利福尼亚法院还是将同性婚姻合法化。长达一年的民意争斗导致美国联邦地区法院法官沃恩·沃克（Vaughn Walker）在对手极力反对同性婚姻合法化的情况下做出了决定。法官沃克的联邦法院裁决非常清晰，是建立在两个简单的论点上的：禁止同性婚姻并不是强制性的国家利益；并没有证据表明允许同性婚姻会对异性恋者造成伤害。

在解决美国为何持续地抵制同性婚姻的问题之前，让我们来看看国家民意调查的数据。在2009年8月，一项美联社的民意调查询问受访者："联邦政府是否应该承认同性婚姻合法？"其结果是：46%的受访者同意，53%的受访者不同意，1%的受访者不确定。

在同一个月内的另一项美国民意调查中，皮尤研究中心询问了人们一个略微不同的问题："你是否赞成允许同性恋伴侣相互签订法律协议，给予他们和已婚夫妇相同的权利？"在这种情况下，结果发现有57%的人支持，而只有37%的人反对，6%的人不确定。

从这些民意调查的结果可以看出，在任何特定的时间里，反对民事结合的美国人比反对同性婚姻的要少。看来，民众并不是反对婚姻赋予男女同性恋者的特定权利，而是婚姻这个词本身让多数人难以释怀。如果忽略这个以M开头的单词，美国人会更乐意接受两个同性恋者的结合。

但是同性恋群体一直不愿意接受民事结合所暗含的次等公民身份。他们的反对似乎是基于同性恋者知道，就像异性恋者一样，正式的婚姻缔结得通过正式的合法程序，这是民事结合所不能做到的。同性恋群体认识到民事结合并不是婚姻——而是一种把他们贬谪到另册的表面平等而实际被削弱的身份。

的确，我们或许可以在"婚姻"与"民事结合"之间的微妙区别中找到问题的答案，为什么有如此多的美国人反对"同性婚姻"？在婚姻与民事结合这两个概念之间的差别中，是什么让这么多人感到苦恼？

社会认同理论对偏见的研究可以帮助我们回答这个问题。就如你将在本章中学到的，人们积极地保护他们所在群体的价值和独特性，而这可能是异性恋者反对同性婚姻的关键原因。

施米特（Schmitt）、莱米勒（Lehmiller）和沃尔什（Walsh）于2007年提出，贴在同性伴侣关系上的标签会决定他们所得到的支持水平，"民事结合"比"婚姻"这种说法的接受水平更高。更具体地说，他们认为同性婚姻代表着一种对异性恋身份的积极特殊性（positive distinctiveness）的威胁，而民事结合则不会。仅仅是和同性伴侣关系共享同样的标签——婚姻，便增加了异性恋者对男女同性恋者的消极情绪。

异性恋者所感受到的这种威胁可能有助于解释为什么美国民众比起同性婚姻更支持同性民事结合，民事结合对于异性恋身份的人来说具有更小的威胁性，这一点可以从使用这些标签的美国民意调查所得出的结论中体现出来。所以，对于同性恋者有偏见的部分原因在于个体自身的群体身份认同受到了威胁。如图6-1所示，对异性恋婚姻命运的担忧通常是反对同性婚姻的根本原因。

因此，尽管许多人认为美国人已经不再公然表达偏见，主张美国社会已经变得越来越宽容，但偏见的一些特征可能已经嵌入了文化的许多方面（其中包括保护各自所在群体的愿望），因而依旧与我们同在。尽管刻板印象的内容和偏见针对的对象可能会发生变化，但这些心理现象的基础可能并没有多大差异。

图 6-1　异性恋者感知到的威胁会增加他们对同性恋者的偏见吗？
如图所示，支持同性婚姻的人将其看作一种人权，而反对者的目的是保护异性恋者的特权。那些反对同性婚姻的人将其看作对传统婚姻和家庭价值观的一种威胁。

每个人都可能会面临偏见（prejudice）——对群体成员产生的消极情绪反应或厌恶。这种有关偏见的体验可能因为我们成为偏见的对象而感受到，如开头的例子中所讨论的，我们察觉到其他人与诸如同性恋群体成员相处时的偏见，或者我们意识到自己内心存在的偏见，发现我们对待某些外群体的行为没有我们对待内群体成员行为那么积极。在本章中你将会看到，社会心理学家已经考察了和各种不同社会群体有关的认知过程和情绪过程，而偏见的**根源**就在于这些认知和情绪过程。

如我们在第四章中所讨论的，基于群体成员身份的偏见（如婚姻地位、性别、宗教信仰、年龄、使用的语言、性取向、职业或体重，这些只是其中一部分）会对偏见的受害者有重要影响。偏见可能会被其施害者或受害者看作合法正义的（Crandall et al., 2002；Jetten et al., 2010），或被看作完全不合理的，是个体应该努力消除的（Maddux et al., 2005；Monteith et al., 2002）。此外，偏见和歧视性对待可能是公开的，也可能是相对不易察觉的（Barreto and Ellemers, 2005；Dovidio et al., 2010）。事实上，歧视（discrimination，对不同群体成员的区别对待）的所有形式未必都会被施害者感知到，同样，被歧视的对象也未必都会做出回应。

在本章中我们将首先考察自身群体身份如何影响我们对于社会事件的认知。正如你在开头看到的，异性恋者可能会在同性婚姻这类议题上表现得与同性恋者不同。同样地，当我们考察**刻板印象**（有关某一社会群体中的成员是怎样的人的看法）的本质及刻板印象与歧视的关系时，我们需要考虑感知者群体成员身份在其中扮演的角色。在本节中，我们特别强调性别刻板印象，部分是因为它在我们生活中所扮演的角色很容易被察觉——我们都与两性关系息息相关。尽管在很多社会中女性和男性之间具有高频率的人际接触，但在某些民族和宗教群体内及其他一些情况下却并非如此（Jackman，1994）。基于性别的歧视继续影响相当大比例的人群，尤其是在工作场合。然后我们将会通过考察偏见的根源和本质，思考为何偏见普遍存在于任何时代、任何社会群体中。最后我们将会探讨已经成功运用于改变刻板印象以及减少偏见的各种策略。

第1节　不同群体的成员如何感知不公平

不同群体的成员对偏见和歧视合法性的评估有很大差异，他们在降低偏见方面所取得的进步也存在差异，这都依赖于我们究竟是来自偏见的目标群体还是偏见的持有群体。例如，美国的白人和黑人对于工作薪酬方面的歧视和种族不平等的感知就存在巨大差异（Miron et al.，待印本）。此外，日常生活中白人比黑人知觉到的种族歧视更少（Johnson et al.，2003）。目前在许多社会地位不同的群体中也发现了类似现象，高地位群体感受到的有利于他们的地位差异要少于低地位群体（Exline and Lobel，1999）。全国性的调查一致发现，在对追求平等方面已经取得了多少进步的知觉上，白人受访者认为已经有"长足进步"，而黑人受访者却认为"进步甚微"。从这个意义上讲，在美国始终存在着"种族分歧"。难道是因为一个群体的知觉是正确的，而另一个群体是错误的？我们如何解释这种主观上的不同知觉以及对于同样事件和结果的不同评价？

解释这些知觉的差异需要考虑群体间地位关系任何潜在变化的不同意义。根据卡尼曼（Kahneman）和特韦尔斯基（Tversky）的前景理论（1984）（他们因此获得了2002年的诺贝尔经济学奖），人类是风险厌恶（risk averse）者：相对于潜在收益，人们赋予等价的损失更多的权重。以金钱为例，损失一美元的可能性给我们带来的消极感受要比获得一美元的可能性带来的积极感受更加明显。

如何将风险厌恶这个原理应用于种族观念的社会变革，以此促进种族平等呢？让我们设想一下，对于白种人来说，因为他们在历史上享有特权地位，所以从白人群体的角度出发，社会在公平性中的进步被视为潜在的群体"损失"。因此白种人相较黑人会更消极地回应为了公平所做的任何额外努力，并且认为社会已经发生了很多变化。相反，如果我们认定，对于黑人来说，相对于他们历史上的不利地位，他们更可能将更大的公平视为潜在利益，所以社会朝向更公平发展对他们来说是件好事。然而，如果"可能的损失"相比"可能的收益"唤起的情绪更为强烈，那么社会公平增加时白人的消极反应应该比黑人的积极反应更为强烈。研究表明，高度认同其种族群体身份的美国白人在面临种族特权的可能损失时，确实会有消极反应，表现为种族主义的增强（Branscombe et al., 2007），更支持做一些表面文章，以确保被雇佣的非裔美国人数量受到限制（Richard and Wright, 2010）。

事实上，即便粗略地浏览一下如图6-2中所示的那些种族主义者的网站——这些网站数量之庞大令人不安——可以发现，这些带有仇恨情绪的群体经常使用如"白人正在失去他们的地盘"这类说法来表达他们对如今种族关系的看法。当然，这一点很像纳粹和其他反犹群体（同样很容易在互联网上找到）对德国人和近期基督教徒的损失（也是犹太人的收益）的看法。历史和当下的证据均表明，随着少数族裔被认为获

图6-2 互联网上的那些带有仇恨情绪的群体
那些带有仇恨情绪的群体通过声称他们正在失去地位，而目标群体通过非法手段获益，以此煽动人们来关注自己。此时，为了保护他们自己所在的群体，仇恨被认为是正当的。

得更多的政治权利,基于仇恨的犯罪也在增长(Dancygier and Green,2010)。

虽然带有仇恨情绪的群体成员并不必然是白种人,但将社会变化看作一场零和博弈(其中"我们正遭受损失")的倾向能够在一定程度上解释少数族裔和多数族裔有关不平等的知觉差异。为了检验这种解释的合理性,艾巴赫(Eibach)和基根(Keegan)(2006)让白种人和非白种人被试根据不同的要求制作一张图表,来描绘从1960年至今的美国大学生种族成分的变化,在"少数族群获益且白种人受损"的形式中,被试被要求统计白种人人数下降的百分比和少数族群人数增加的百分比;在"仅白种人损失"的形式中,学生只需要简单展示白种人人数下降的百分比;而在"仅少数族群获益"形式中,他们仅需要展示美国大学中少数族裔人数增加的百分比。

相对于只考虑"少数族群获益"的条件,在考虑到"白人受损"的两种条件中,白人被试更多地认为不同种族的关系为"零和竞争"关系。这种观念对于评估种族公平的进步程度有什么影响呢?如图6-3所示,在关注"白人受损"的两种情形下,对公平进展的判断存在种族群体差异,这与全国调查结果一致。与非白种人被试相比,

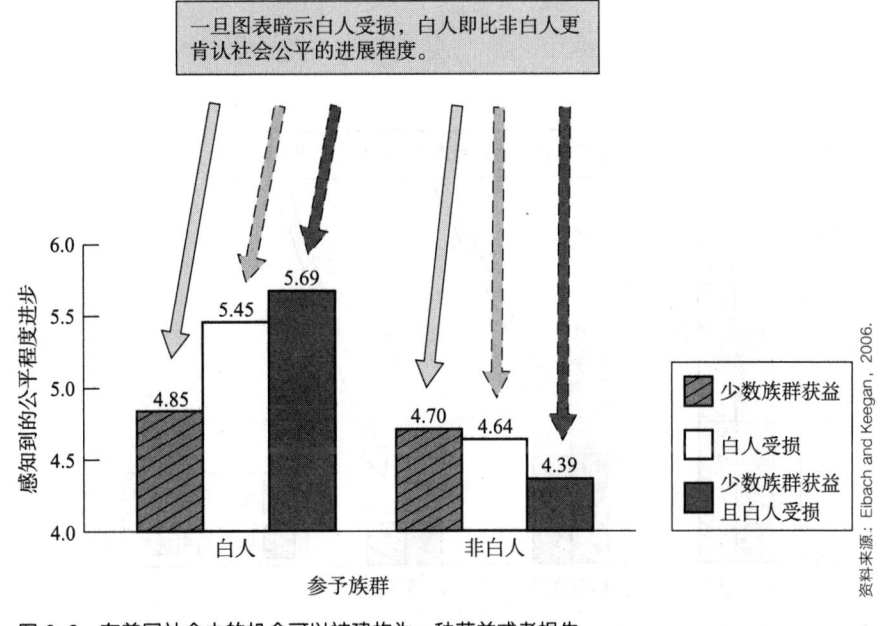

图6-3　在美国社会中的机会可以被建构为一种获益或者损失

相较于将美国大学生源族群成分的变化视为白种人的损失而言,当被认为其是少数族群的获益时,白种人被试认为社会在促进公平方面的进步更少。只有在少数族群获益条件下,白种人被试和非白种人被试对社会公平进步方面的知觉不存在差异。少数族群被试对公平进步程度的判断并不受信息表达框架的影响。

白种人被试能够察觉到在少数族群公平上更大的进步。然而当仅仅考虑"少数族群获益"时，白种人被试更少察觉到公平上的进步；事实上，在这种情况下，白种人与非白种人的知觉是一致的。因此，对这些事件公众知觉上的"种族分歧"似乎部分来源于白种人对于社会变化的建构，这种变化包含了其地位的丧失和对他们自身所在群体造成的影响。

还有一点值得考虑，是否可以用白种人特权的损失或少数族裔获益这一认知框架来解释不同族裔在支持社会变化的政策上存在的分歧（Crosby, 2004）。近来的研究表明，通过关注自身群体可能遭受的损失，当白种人认为采取平权措施会给他们的求职和升职机会带来负面影响时，无论它可能会给少数族裔带来什么影响，他们都反对平权措施政策（Lowery et al., 2006）。相似地，在南非白人中，对非裔南非人平权措施的支持度取决于他们感知到的这种措施对白种人高地位工作和拥有良好住宅条件的威胁程度（Durrheim et al., 2009）。同样，当移民被视为对占统治地位群体的经济地位的威胁时，对移民入籍的反对意见就会增加；在21个欧洲国家中都发现了对移民歧视的合法化随着感知到的威胁的增强而增长（Pereira et al., 2009）。

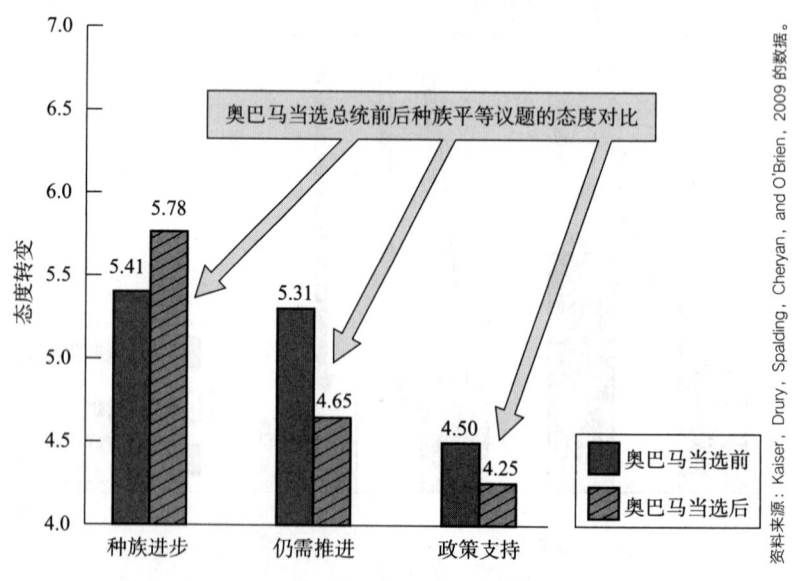

图 6-4 对种族进步以及未来是否仍需推进的判断受到奥巴马当选美国总统这一事件的影响

具有讽刺意味的是，奥巴马的当选降低了对需要进一步促进种族平等的感知和可能促进种族平等的政策的支持。事实上，第一次选举非裔美国人为美国总统似乎暗示美国白种人，种族进步已取得了巨大的进展。

巴拉克·奥巴马当选为美国总统是否改变了人们对已取得进步的知觉中的种族动力和平权运动等旨在解决种族不平等政策的支持度？答案是肯定的，但讽刺的是，如图 6-4 中所示，最近的研究表明，大选后的美国白种人开始相信不再需要进一步的种族运动，并更少支持旨在促进平等的社会政策（Kaiser et al., 2009）。显然，奥巴马的当选是自美国最高法院对"布朗诉托皮卡教育局案"（Brown v. Topeka Board of Education, 1954）的裁决（将学校等公共机构的种族隔离判定为非法行为）之后，美国的种族关系发生了多大变化的一个戏剧性案例。然而，正如我们之后将讨论的，拥有较高地位的少数群体和女性代表（数量很少）的存在会引导多数人群体的成员相信，社会平等不仅已经发生了实质性的改变，而且没有必要再进行更深入的社会变革了。

要点

- 歧视性对待可能基于许多不同类型的群体成员身份，包括年龄、种族、婚姻状况、职业、性别、宗教、语言、性取向以及体重。
- 人们对基于群体成员身份的各种形式的歧视性待遇有着不同的看法和反应。有些被认为是合法的，而另外一些是人们想要在自己与他人身上积极设法消除的。
- 前景理论认为我们是风险厌恶者，因此相对于潜在收益我们更看重可能存在的等价的损失。
- 当一种变化可能会带来损失时，那些享有特权的人对此会做出更消极的反应，而且，相对于那些认为这种变化并不会给自己带来损失的人来说，他们会认为这种变化已经很大。
- 不同社会群体对"公平"的评价是不同的。当白种人认为公平会让自己蒙受损失时，他们知觉到种族平等方面已经取得较多进步，较少表现出对平权措施的支持。占统治地位群体感知到的对其经济福利的威胁降低了南非白人对平权政策的支持和欧洲人对移民政策的支持。
- 奥巴马的当选（在几十年前还是不可能发生的事）让美国白人认为种族平等方面已经取得了巨大进展，这就降低了他们对旨在促进种族更加平等的政策必要性的感知。

第 2 节　刻板印象的本质和起源

在日常交谈中，刻板印象、偏见和歧视这三个术语经常是可以互换的。然而社会心理学家通过一般意义上态度概念的构成因素将这些术语加以区分（见第五章）。其中，**刻板印象**（stereotypes）被视为对一个社会群体的态度的认知部分——特别是关于某一特定群体特征的信念。偏见被视为情感部分，或我们对于特定群体怀有的感受。歧视关涉态度的行为成分，是对于特定社会群体的成员所采取的区别性行为。

根据这种区分方法，一些群体具有负面刻板印象，这使他们感受到一种普遍的敌意（尽管，正如我们将看到的，实际上可能是针对不同群体的偏见背后的其他类型的情绪），继而会导致有意识地歧视目标群体的成员。正如本章中我们所描述的新近研究，问问自己下面这些研究者正不断提出的问题："按照态度的三种成分对刻板印象、偏见和歧视加以区分的做法在多大程度上捕捉到了这些有趣的现象？"（Adams et al., 2008）是否存在一些问题和结果不能用以上按照态度三种成分的分类方法加以解决或解释？关于社会群体的刻板印象是否总是消极的信念——例如，我们作为群体成员对自己群体是否具有消极刻板印象？偏见是否始终体现为排斥和敌意？会不会存在"友好偏见"？歧视可以发生在没有任何意图的情形下吗？这些都是我们在本章中要考虑的问题。

刻板印象：对社会群体的信念

对群体的刻板印象是我们对于那些群体成员是什么样子的信念和预期。刻板印象不仅仅包括特质；外表、能力和行为都是刻板化预期的常见组成成分（Biernat and Thompson, 2002；Deaux and LaFrance, 1998；Zhang et al., 2009）。用来区分一个群体与其他群体的特质可以是正面的也可以是负面的，可能准确也可能不准确，可能被目标群体所接受，也可能被他们拒绝。

性别刻板印象（gender stereotypes）——关于女性和男性特征的信念——同时包含正面的和负面的特征（见表6-1）。对一种性别的刻板印象典型地反映了另一种性别的对立面。举例来说，关于女性刻板印象的积极方面，她们被看作和善的、有教养的和体贴的。而在消极方面，她们被看作具有依赖性的、懦弱的和过度情绪化的。因此女性的群体特征是她们具有高度的亲和力，但竞争力较低（Fiske et al., 2002）。事实上，人们在这两个维度上对女性的认知和他们对其他地位相对较低并且不会产生威胁的群体（如老年人）的认知是相似的（Eagly, 1987; Stewart et al., 2000）。

男性也被认为同时具有积极和消极的刻板特征（比如他们被认为是果断的、自信的、多才多艺的，但同时也被认为是有侵略性的、迟钝的、傲慢的）。这样一种高竞争力和低亲和力（communal attributes）的评价，反映了男性相对较高的社会地位（比如，人们对"富人"这一类人在这两个维度上的感知与对男性的刻板印象是相似的；Cikara and Fiske, 2009）。有趣的是，由于高度强调女性刻板印象中的亲和力这一特征，人们对女性的整体感觉相较男性更为积极，这也是英格丽（Eagly）和马拉狄尼克（Mladinic）（1994）发现的"完美女性"效应。

尽管女性更加受人喜爱，但是她们面临一个关键问题：相比男性，女性所拥有的特质可能会让人们觉得她们更不适合高地位的职务。女性的特质使她们似乎更适合"支持性角色"，而不是"领导型角色"（Eagly and Sczesny, 2009）。尽管就业的女性比例已经发生了重大变化，由1900年的20%增加到2005年的59%（美国人口调查局，2007），但美国和其他国家绝大多数职业女性所从事的职业相较于同等技能的由男性主导的职业来说地位较低，而且薪酬也更少（Peterson and Runyan, 1993; Tomaskovic-Devey et al., 2006）。

刻板印象和"玻璃天花板"

女性在企业界尤为弱势；在美国只有16%的企业高管是女性，财富500强企业的首席执行官职位由女性担任的仅占约1%（Catalyst, 2010；美国劳工统计局，2006）。在其他方面，尽管政治权力组织仍然主要由男性统治（美国妇女与政治研究中心，2005），在所记录的数据中，女性一直在谋求由选举产生的公职（美国妇女与政治研究中心，2010）。例如，2010年美国大选，有36名女性竞选参议员（19名民主党人，17名共和党人），262名女性寻求当选为国会议员（134名民主党人，128名共和党人），26名女性试图赢得其所在州的州长席位（12名民主党人，14名共和党人）。除了鲁斯·巴德·金斯伯格（Ruth Bader Ginsburg），2009年索尼娅·索托马耶尔（Sonia Sotomayor）和2010年埃琳娜·卡根（Elena Kagan）的任命，美国最高法院的女性占比最高（33%）。

尽管女性在这些重要机构中收获颇丰，但在企业中女性基本上能够进入中级管理阶层，却不能得到更高的职位。女性在这些领域很难得到晋升，就像是一种**玻璃天花板**（glass ceiling）——阻止女性，作为一种群体，在工作场合获得最高职位的终极障碍。一些研究已经证实了"想到管理者就想到男性"这一偏见的存在使得玻璃天花板效应得以维持（Bruckmüller and Branscombe，2010；Schein，2001）。因为一个"典型管理者"的刻板印象与"典型男性"的特性相吻合，却很少与"典型女性"的特征相重合，这就导致人们认为女性不适合组织的领导职位（Eagly and Sczesny，2009；Heilman，2001）。图6-5中的漫画以趣味性的方式展示了那些新进入该领域的女性的不适感以及过去典型领导者与群体的相适感。

尽管还存在一些障碍，但有证据表明在工作场所的环境下，这样的性别刻板印象正在减弱。杜尔（Duehr）和博诺（Bono）（2006）报告说，在过去10年间，女性刻板印象和领导者个人特质的刻板印象之间的不一致性有所减少，尤其是在女性群体中。此外，女性越来越被视为与男性同样称职的政治领导角色，许多国家的代表性样本报告表明人们越来越不认同"男性政治领袖比女性做得更好"这一观点（Eagly and Sczesny，2009）。

那么，女性仅仅是被感知到具有"领导天赋"吗？这种变化是否意味着在工作场所的性别歧视已经不再存在？即使女性打破了玻璃天花板，相较于男性，她们也会因为性别在事业中得到较低的待遇（Heilman and Okimoto，2007；Stroh et al.，2004）。例如，相对于男性，当女性担任领导人时，她们往往会得到来自下属较低的评价，即使她们和男领导者表现相似（Eagly et al.，1992；Lyness and Heilman，2006）。事实上，和从事符合性别刻板印象的职业的女性相比，在以男性为主导的竞争激烈的职场中取得成功的女性更可能经历过性别歧视（Redersdorff et al.，2004），并且当她们的领导风格是以任务为中心的或是带有职权主义色彩时，更有可能被给予负面评价（Eagly and Karau，2002）。

换句话说，当女人违背亲和力与养育性的刻板印象的预期，而是按照领导者的典型特征行动时，她们很可能会面临敌意和排斥，尤其是在男性化的领域（Glick and Rudman，2010）。女性对职场中的刻板印象预期的背离似乎使一些男性感受到了威胁，尤其是那些具有性骚扰倾向的男性（Maass et al.，2003）。事实上，男性和女性似乎都意识到

图 6-5　针对管理岗位上性别平等推进仍然是一个有价值但尚未实现的目标

正如这幅漫画所示，女性（龙）在以男性为主导的领域（骑士占主导）的存在代表了一个"好的开始"，但似乎仍存在一些旧成员和新领导之间的适应性问题。

表现出违反性别刻板印象预期的后果。因为害怕采取这种违反行为所受到的社会惩罚，当被告知他们在一个针对另一性别群体的知识测试中表现很好，被试更有可能对他们表现良好的测试成绩撒谎，并对别人隐瞒他们的成功表现（Rudman and Fairchild，2004）。这些结果表明，试图反抗性别刻板印象需要很大的勇气！

关于电子游戏中性别刻板印象影响的详细信息，请参阅我们的专栏"互联世界中的社会生活：电子游戏中对男性和女性角色的表征。"

性别刻板印象和"玻璃悬崖"

那么，女性何时最有可能获得高阶职位或是打破玻璃天花板呢？米歇尔·瑞安（Michelle Ryan）和亚历克斯·哈斯拉姆（Alex Haslam）提出一个有趣的假设，即危难时期可能是提高妇女地位的黄金时期。有很多个案似乎证实，当事情正在走下坡路时女性更可能获得领导者位置。下面是几个例子。美国太阳石油公司的股价 2008 年下跌了 52%，不久之后，林恩·莱弗蒂·埃森汉斯（Lynn Laverty Elsenhans）被任命为首席执行官。大量股价的下跌导致需要大量裁员时，凯特·斯旺（Kate Swann）被任命为书籍经销商 W. H. 史密斯（W. H. Smith）的首席执行官。而且政治领导层也不例外，在冰岛经济崩溃后不久，约翰娜·西于尔扎多蒂（Johanna Siguroardottir）被任命为该国第一位女性总理。为了研究这些例子仅仅是巧合还是代表一个真实的现象，瑞安和哈斯拉姆（2005，2007）通过一系列有趣的研究提供的证据表明，在危机出现、领导者位置越危险、失败的风险越大的时候，女性确实更容易获准得到重要的领导职位。这种现象被称为**玻璃悬崖效应**（glass cliff effect）。

他们在其第一个档案研究中分析了在伦敦证券交易所上市的大公司，评估在新成员被任命为董事会成员前这些公司的业绩。瑞安和哈斯拉姆（2005）发现，在任命前几个月股价表现持续不佳的公司更有可能任命一名女性加入其董事会，那些在此期间股价表现良好的公司则不太可能这样做。

为确定"糟糕的企业业绩历史"是女性被选任这些职位的原因，研究者以不同人群（如学生、管理人员）为被试开展了一系列的实验研究。结果发现，面对同等资格的男性和女性候选人，当职位有风险时，女性候选人被选上的几率显著高于男性候选人，而当职位没有风险时，男性候选人被选中的几率显著高于女性候选人（Ryan et al., 2009）。表 6-2 总结了研究的情境和获得的结果。这些发现表明，当历来由男性领导的组织正在走下坡路时，男性刻板化的领导属性似乎不再奏效，此时（而且只有在这时）因女性有亲和力的刻板印象，所以才会被认为适合做领导者（Bruckmüller and Branscombe，2010）。

表 6-2　女性在危险形势下最有可能被任命为领导吗？

如表所示，研究表明，女性总是比男性更有可能被任命为风险岗位的领导者，而当领导岗位有着美好前景时，男性比女性更有可能被选为领导者。

女性被置于"玻璃悬崖"的情境：给被试提供两位各方面资质相同的候选人的信息，被试相对于男性更有可能选择女性的情境如下：

- 管理的公司处于危机中，而不是处于正常的运行状态；
- 当大公司进入下行轨道而不是上行轨道时，会雇用女性财务总监。
- 相对于有很大概率能够胜诉的案件，女性律师更有可能被指定负责一个注定败诉的法律案件；
- 相对于一个音乐节越来越受欢迎的情况，当音乐节的受欢迎程度下降时，女性更有可能被选为导演；
- 相对于注定成功的竞选，当竞选不可能成功时，女性政治候选人更有可能被推举参选。
- 相对于连锁超市处于盈利和扩张态势的情况，当其正在赔钱并开始关闭分店时，女性更有可能被选为该连锁超市的 CEO。

资料来源：Ryan, Haslam, Hersby, Kulich, and Wilson-Kovacs, 2009.

互联世界中的社会生活

电子游戏中对女性和男性形象的表征

你可能会认为女性客体化（objectification of females）——仅仅将她们看作为了取悦他人而存在的躯体——已经结束和解决了。在美国所有的学校和工作场所，现有法律旨在防范针对女性的性别不端行为、性骚扰和对不平等对待。同样旨在确保女性平等权利的还有1964年民权法案中教育法修正案第九条（1975年被正式签署成为法律）以及平等就业机会委员会。

那么我们怎么会创造出这样一种重要的新聚会地点，在其中任何年龄的人出于各种实际目的都可以做出对女性的暴力和歧视行为而免于惩罚？但这样的一个场合确实存在。你可以称之为"电子游戏场合"，在这个场合下，成千上万的人参与在线和离线游戏，其中大部分游戏包含很明显的攻击性性别歧视。

谁在电子游戏社区中？

许多人认为电子游戏的玩家主要是脸色苍白的、不善社交的青少年男性，就过去而言，这在一定程度上符合事实，年轻男性和女性相比的确对游戏有更积极的评价。然而，贝姆-莫拉维茨（Behm-Morawitz）和马斯特罗（Mastro）（2009）调查发现，如今在美国电子游戏仅一年就有上百亿美元的市场，并且典型的爱好者虽然是大约34岁的男性，但电子游戏的消费者范围非常广泛。实际上，在美国40%的游戏玩家是女性，四到十二年级的女孩中有80%的人报告她们正在玩电子游戏。因此，很多人认为只有孤独的男性青少年才会沉浸于电子游戏的想法是不准确的，女孩和妇女同样在玩，并且数量一直还在增长。

因此，在电子游戏中能够选择女性游戏角色的可行性开始受到关注。现有各种电子游戏中，女性角色在游戏所有角色中所占的百分比差异很大，但是如今每天都有更多的女性角色被开发出来。根据贝姆·莫拉维茨和马斯特罗（2009）的调查，80%的角色扮演游戏（如"第二人生"）现在已经有一些女性角色了。

电子游戏中的性别内容

迪尔（Dill）和赛尔（Thill）（2007）发现电子游戏提供了在所有大众媒体中最明显的性别角色刻板印象。举例来说，83%的电子游戏中男性角色表现出暴力和极度男性化的特质，而当女性角色出现在电子游戏中时，她们通常扮演的是受害者或是等待被赢取的奖励。这就是说，她们扮演的要么是"危难中的少女"，等待男性营救，要么是充满诱惑的性目标。在游戏世界中，这样的女性刻板印象通常被认为是无伤大雅的娱乐方式，不是吗？

在一项研究中，福克斯（Fox）和拜伦森（Bailenson）（2009）考察了性别化（衣着具有性暗示性）和非性别化的（衣着保守）女性的虚拟形象，以及表现出高回应性凝视或低回应性凝视行为对其他变量的影响。也就是说，研究者操纵了虚拟形象的行为（高度或低度凝视）和穿着（具有性暗示性和保守）。游戏中显示的虚拟形象是被躯体化的代理人，也就是看起来和人类相似的虚拟形象，但她们的反应是由计算机算法所控制的。这种计算机辅助设计的人物能够确保只有虚拟的穿着和凝视方式改变了（面孔和人物等其他方面完全相同）。当男性和女性大学生在指定的情境下观看完虚拟形象后，他们完成了性别歧视水平和善意性别歧视水平测试。还完成了伯特（Burt）（1980）的强暴迷思接受度量表（rape myth acceptance measure），该量表考察被试是否持有类似这种信念："在大多数的强奸中，受害者被认为是淫乱的或是名声不好的。"

研究表明，高凝视情境中穿着具有性暗示性的虚拟形象和低凝视情境中穿着保守的虚拟形象导致人们持有更高水平的强暴迷思接受度。前者同时导致更多具有敌意的性别歧视，但后者导致更多善意的性别歧视。虚拟形象穿着具有暗示性的服装和诱惑人的凝视被认为是高度性别化的，这一事实应该不足为奇，男性和女性被试看到她之后都表现出了更高水平的强奸迷思接受度。拒绝凝视、穿着保守的虚拟形象显然投射出顺从的本性，和人们对处女的总体刻板印象描述是一致的，这在游戏世界中广泛流行。

上面的结果可能是令人不安的，很有必要研究这种游戏内容对后续行为有什么影响。为了找到答案，迪尔等人进行了一项研究，目的是确定由于接触这些不同的女性形象而产生的行为变化（Dill, Brown & Collins, 2008）。被试接触到以下两种女性形象中的一种：一个客体化的女性游戏角色或一位女政治家（如图6-6）。当判定一件发生在女性大学生和男教授之间的真实的性骚扰案件时，相对于接触到女性政治家的被试而言，接触到客体化女性形象的男性被试表现出更高的容忍度。与此相反，接触到客体化女性形象的女性被试表现出的对性骚扰的容忍度降低了。这可能是因为当女性看到她们相较男性被客体化和贬低，她们更会激发出提倡公正对待女性的力量。

尽管很多法律上的进步是为了在教育和工作场合保护女童和妇女，但在游戏世界中我们仍然在进行同样的战斗。电子游戏制造商在他们的产品中继续设置由刻板印象描绘的虚拟人物。然而，与这种刻板印象所描绘的虚拟人物形象接触产生了态度上的真实转变，这种转变接着转化为现实生活中行为的变化，这一点已经毋庸置疑。不幸的是，到目前为止，大多数电脑游戏的创造者确实忽视了这个事实。

图6-6　客体化女性形象的展示是否影响行为？
面对与右边类似的非客体化女性图像（路易斯安那州的参议员玛丽·兰德里欧[Mary Landrieu of Louisiana]）的男性比面对与左边类似的客体化女性图像的男性在判定性骚扰案件时表现出更高的容忍度。

处于高层的成功女性代表的影响

一些女性成功打破了商业或政治领域中的玻璃天花板效应（如图6-7中的例子），她们的成功是否使得我们用歧视来解释其他女性没有取得成功的说法变得不那么可

图 6-7 那些广为人知的拥有较高地位的女性是否会让我们相信歧视已成为过去
美国国务卿希拉里·克林顿（Hillary Clinton）和俄克拉荷马州州长玛丽·法林（Mary Fallin）都是拥有重要政治地位的女性。她们的存在是否让普通的女性和男性觉得在晋升道路上群体身份已经不再重要？

信？当这样的很少见的高地位女性的成功被用来证明性别不再重要时，人们可能会推测女性在高层职位的相对缺席是不是意味着她们缺乏成功的必要能力或动机。所以，少数女性的成功可能掩盖了女性在整体上仍然面临诸多的不利要素这一本质。因此少数成功女性可能会引导那些没有取得类似成功的女性将结果归咎于自己（Schmitt et al., 2003）。一些实验室实验将其界定为装点门面（tokenism），在这种情境下，只有少数先前被排除在外的群体成员能获得认可，这可以是一项阻止处于劣势地位的群体集体反抗的非常有效的策略。比如，允许小部分（如 2%）低地位群体中的成员进入更高地位的群体，从而阻止了他们的集体性反抗，并引导这些群体成员去认可只有通过个人努力才能克服障碍（Lalonde and Silverman, 1994; Wright et al., 1990）。

接触到广为人知的代表性人物会对作为观察者的女性和男性有何影响？它会使得普通的女性和男性接受目前女性这一群体所面对的障碍，并产生有助于维持现状的信念吗？最近的研究探讨了在组织内披露装点门面行为的后果（Danaher and Branscombe, 2010）。在一项实验中，女大学生首先被告知在美国董事会管制着大学。然后，她们获知她们所在大学的董事会构成在过去的 10 年间一直是稳定的，接着给她们一张上面有十个虚构的董事会成员名字的列表。在"开放"实验条件下，名字中 5 位是女性；在"装点门面"实验条件下，只有一个名字是女性；在"封闭"条件下，没有女性的名字存在，所有十位董事会成员的名字均为男性。然后再请女大学生想象董事会中的一个席位空缺了，所以提供给她们一个新的席位。然后被试报告了她们对该组织的认同程度，接着完成评估她们对精英政治的信念的一项测试（例如，"所有的人都有平等的机会获得成功")。

相较于"封闭"实验条件,"开放"和"装点门面"两种实验条件下的女性更相信精英政治,对组织的认同度更高。这意味着,装点门面条件(和性别比例平等的"开放"条件一样)鼓励妇女相信她们可以继续向上,并引发她们对女性明显处于弱势地位的组织的忠诚。在随后的实验中,男性和女性被要求想象自己作为某一组织中的员工,其雇佣政策导致员工的50%是女性(开放条件),10%为女性(装点门面条件),或仅有2%是女性(几乎封闭)。开放情形被视为对女性而言更为公平,而封闭情形被视为对男性而言更为公平,但装点门面情形被两种性别的被试视为**对女性和男性而言同样平等**。因此,装点门面的行为通过使女性在组织情境中的代表显示整个组织的公平性,从而有助于维持现状。

这种装点门面的行为会带来其他负面的影响,尤其是把占有这些职位的人的随后表现和幸福感考虑在内时。首先,被雇用的人作为他们群体的象征性代表会被组织的其他成员消极看待(Fuegen and Biernat, 2002; Yoder and Berendsen, 2001)。在某种意义上,这些代表会被她们的同事们边缘化。与不是通过这种方式被雇用的人相比,那些通过这种平权措施而被雇用的申请者会被看了她们档案的人认为是缺乏能力的(Heilman, et al., 1992)。其次,如图6-8所示,布朗等研究者(Brown et al., 2000)发现,和那些被引导相信她们被选为群体的领导是基于她们的能力加上性别优势的人相比,当告诉女性被试她们被选为领导仅仅是因为"有一定的女性比例要求"时,这些女性在职位上的表现更差。

雇佣群体中的代表性成员仅仅只是装点门面行为的一种,它还可以表现为其他形式。对偏见的对象做出微不足道的积极行为可以用来作为接下来的歧视行为的借口或理由(Wright, 2001)。对于这种形式的装点门面行为的实施者来说,用先前的积极行为

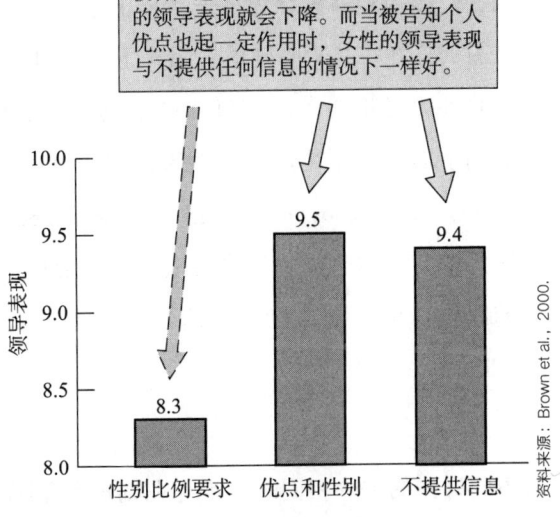

> 被告知选中是因为她们的性别时,女性的领导表现就会下降。而当被告知个人优点也起一定作用时,女性的领导表现与不提供任何信息的情况下一样好。

图6-8 相信自己被选为领导完全是因为群体身份会导致领导者表现不佳

相对于知晓自己被选中涉及能力因素或者不知晓自己为何被选中这两种情形,当女性得知被选中是因为性别比例的要求时,她们的领导表现就会变差。

资料来源:Brown et al., 2000.

来证明他们"没有偏见"（Monin and Miller，2001），从而使得他们之后可以自由地歧视。研究表明，装点门面行为无论以何种形式出现，至少可以产生两种消极影响。首先，它使得持有偏见的人摆脱困境；他们可以用装点门面的行为作为公开证据证明他们不是心胸狭窄的，同时装点门面行为的存在有助于维持现有的体系是合法公平的这一信念——即便对于处在劣势群体中的成员来说也是这样。其次，装点门面的行为会伤害偏见目标人群的自尊和自信，也包括那些少数的象征性代表人物。

对那些大胆说出歧视的人的反应

当被用来装点门面的代表或其他受歧视的对象抱怨他们的待遇时会发生什么？对不公平环境的抱怨可以起到作用（Kowalski，1996）。它吸引人们注意不良状况，并最终能够帮助改善未来的结果。然而，抱怨也可以被解释为企图逃避个人责任，这是观察者可能怀疑它的原因之一。

为了检验这个想法，凯泽（Kaiser）和米勒（2001）向被试介绍一位非裔美国学生将自己在文章上的低分归结于种族歧视（"抱怨"的情境），或者他为这不好的结果承担了责任（"我的责任"的情境）。相较于"我的责任"情境，无论研究中的白种人被试认为低分是否是因为歧视，他们都对"抱怨"情境中的学生的评价更为消极。因此，即便我们作为观察者认为另一个体的消极结果不是因为他的过错，当他不愿承担这一结果的责任并将其（明确地）归咎于歧视时，我们会对他持有消极印象。

此外，当抱怨者所在群体内部的成员相信抱怨会向群体外成员暗示自己所在群体沉溺于对不公正待遇的抱怨时，他们可能会反对群体内部对歧视的抱怨者（Garcia，Horstman Reser，Amo，Redersdorff and Branscombe，2005）。只有当歧视现象的严重存在导致抱怨者的群体内部成员认为抱怨比较合理，同时认为申诉也许能够提升群体整体地位的时候，他们才可能支持抱怨歧视遭遇的群体内成员（Garcia，Schmitt，Branscombe and Ellemers，2010）。

对不同群体的评价相同时就不存在刻板印象吗？

大多数人会很快对这个问题给出一个肯定的回答，但我们可能是错的！贝尔纳特（Biernat，2005）关于**标准转换**（shifting standards）的研究表明，尽管对来自不同群体的成员有相同的评价，然而刻板印象可能仍然影响着这些评价。此外，对不同群体成员有相同的评价并不一定会使评估者对不同的群体采取相同的行为——这暗示着刻板印象已经发生。

这种效应是如何发生的呢？人们可以使用不同的标准来描述不同的事物，但却用着相同的词语。举例来说，我可以说我有一只大猫和一辆小车，但我的意思并不是大猫在大小上接近小车！当我用"大"来形容一只猫和"小"来形容一辆车时，用的是不同的比较标准（"猫的大是相对于其他猫而言，汽车的小也是相对于其他汽车而言"）。

同样，在评判人的时候，我可能会用同样的语言来描述我认为表现会完全不同的两位篮球选手。假设两位篮球选手如图6-9中所示。我可能会认为十岁的篮球选手"优秀"，但这与我形容我最喜爱的美国职业篮球联赛选手的"优秀"表示的意义不一样。十岁的篮球选手在与其他儿童选手的比较中是杰出的，而美国职业篮球联赛选手在与其他专业选手的比较中是杰出的。诸如"好—坏"和"大—小"这些用语会掩饰

图 6-9 当我们给予不同的人相同的评级时是否意味着同样的含义

在从1（非常差）到6（非常好）的主观评价标准中，我们可能会给左边这位10岁的篮球选手和右边的迈克尔·乔丹（Michael Jordan）同样的"6"分。但是对男孩的"6"的评价可能意味着对他持续投篮命中能力的较低期望，而对专业选手的"6"的评价意味着对投篮命中率极高的期望值。（投篮命中的百分率是一个客观尺度，不管被评价的人是谁，它的含义都是不变的。

我们使用不同标准和分类范畴的事实,在这个例子中,我们根据年龄进行了分类。但是还有其他可用的标准,这类标准被用于度量不同事物时具有相同的含义。例如,当评定一位篮球选手时,我可能会用"一个赛季中的罚球命中率"作为标准;这样的标准无论对谁(十岁的选手或美国职业篮球联赛选手)来说都是一样的,都是指努力从罚球线外投球。这些标准被认为是**客观尺度**(objective scales),因为无论适用对象是谁,它的含义都是不变的。而那种根据适用对象的变化而采用不同含义的标准被称为**主观尺度**(subjective scales)。人们可以通过语言与主观标准转换主观尺度的意义,因而它允许刻板效应存在,甚至当对两个完全不同的对象采用相同的评定时也是如此。

让我们来看看当一个人评价一位女性与一位男性并决定谁应该被任命为管理者时结果将会如何。如果评价者认为男性比女性在管理上更具有竞争力,即使女性和男性候选人都在事业成功可能性上得到"好"这一评定,但是在同样的尺度上得出的相同评定可能因为被评定者性别的差异而被转化为不同的含义。所以当需要评定男女候选人每年销售上的潜在能力时,男性候选人在这种客观测量上可能会比女性的得分要高。因此,使用主观评价标准可能会掩盖刻板化评定的存在,而使用客观标准就能将其揭露出来。大量研究揭示这一过程的存在,主观标准上的"相同"评级并不意味着在客观标准中评级的"相等",同样也不意味着不存在刻板印象。事实上,人们越是使用因种族而异的标准,他们在行为上越是歧视黑人的工作申请者和组织(Biernat et al.,2009)

我们会成为刻板印象的受害者而对此毫无察觉吗?来自单身者的例子

当人们对自己和他人持有刻板印象时,他们自身会察觉到吗?是否有些情况下我们可能会赞同普遍存在的偏见,即使这些偏见可能会伤害到我们自己?德保罗(DePaulo)(2006)在其研究中举了一个有趣的例子——单身歧视(singlism),对那些单身者的消极刻板印象和歧视。在一项超过1000名大学生参与的研究中,德保罗和莫里斯(Morris)(2006)测量这些大学生认为单身者和已婚人士各自具有哪些特征。如表6-3所示,这些主要由单身者组成的大学生被试习惯于对"单身"者给出消极评价,与他们对"已婚"人士的评价截然不同。而且在无意识中用来描述已婚群体和单身群体的用词差异也相当大:有50%的已婚人士被描述为友善的、慷慨的以及体贴的,而仅仅有2%的单身者被描述为具有这些特征。此外,与将已婚人士和单身者的年龄说成 25 岁的情况相比,当他们被说成是超过 40 岁时,被试对他们的刻板印象的差异更大。

表 6-3 刻板印象描述中与单身和已婚人士相关联的特征

如列表中的刻板印象特征描述,单身人士更多地被归入偏负面的描述,与之相对,已婚人士获得的描述则相对积极。

单身人士特征	已婚人士特征
幼稚	成熟
不可靠	稳定
自我中心	善良
不悦	开心
丑陋	诚实
孤独	体贴
独立	慷慨

资料来源:Compiled based on DePaulo & Morris, 2006.

即使单身者目前占美国成年人口的 40% 以上(美国人口调查局,2007),对单身者的歧视仍旧证据充足(DePaulo and Morris,2006)。当问大学生被试更愿意把自己的房子出租给谁时,相对于单身男性(12%)和单身女性(18%)而言,大多数大学生选择了已婚夫妇(70%)。在美国,婚姻会带来各种各样的合法特权:配偶雇员健康福利奖助金、车险折扣、俱乐部会员资格、旅行,还有税收和社会安全福利。那么,为什么这些不公平没有被其受害者指责(或遭到抗议)?一种可能的解释是单身者没有注意到这一点。当单身者被问及他们作为哪种群体的成员会受到歧视时,德保罗和莫里斯(2006)发现只有 4% 的单身者会自发地提到"单身"也是被歧视的群体。当他们被直接问到单身是否被污名化时,只有 30% 的单身人士认为确实如此。与此相反,几乎所有其他(包括基于种族、体重或性取向的因素)被污名化的群体成员都认为他们遭受过歧视。

因而,缺乏对他们所面临的负面刻板印象和歧视的认知似乎可以在一定程度上解释为何单身人群没有意识到他们所遭受的歧视。是否可能存在这种情况,人们(甚至其受害者)会感到这种歧视有些道理因而是可接受的?当莫里斯、辛克莱(Sinclair)和德保罗(2007)询问曾拒绝将房屋出租给各种人群——非裔美国人、女性、老年人、双性恋者或肥胖者的房东,他们是否存在对这些人群的刻板印象和歧视时,被试表示同意,但当被拒绝的租客是单身族时则不是这样。这些结果证明了单身人群和已婚人群认为对单身族的歧视比其他形式的歧视更加合理一些。接下来的部分我们将会讨论偏见，我们似乎认为自己对一些群体的偏见是正当的（尽管这些群体的成员大多不会认同这些偏见）。

德保罗和莫里斯（2006）认为对单身者的负面刻板印象和歧视会有助于保护和美化婚姻，这也是婚姻会如此普遍地被多数人认可的重要原因。在现存的观念体系中，找到并与自己的灵魂伴侣结婚对过上有价值的生活具有决定意义，单身族这个词挑战了上述观念。通过贬低那些挑战这种观念的人，我们可以全力相信充满活力的文化"神话"。思考一下，只是知道图 6-10 中的人是单身或是一对夫妇中的一位，这是如何影响我们对其可能为人的推论的。

图 6-10　单身或是已婚如何影响我们对这些人的知觉？
相较于我们将他们看成右图中的一对夫妻时，左图和中图中的单身者真的看起来更加以自我为中心、更难相处吗？德保罗（2006）的研究揭示了这一事实。

人们为何会形成和使用刻板印象

刻板印象通常起到图式的作用，而图式正如我们在第二章看到的，是指我们组织、解释和回忆信息的认知框架（Fiske and Taylor，2008）。所以，根据其群体成员身份划分人群，这对于通常情况下属于"认知吝啬鬼"的人类来说是很有效率的，可以在许多场合投入最少的认知努力。因此，我们持有刻板印象的一个重要原因是这样做可以节省认知努力，可将节省的认知资源用在其他的任务上（Bodenhausen，1993；Macrae et al.，1994）。根据这一观点，我们在对他人做出反应和进行行为决策时可以选择简单地依赖刻板印象。

但是如果一个人同时属于几种不同群体的成员，那么针对不同群体的哪种刻板印象是我们最常使用的呢？以图 6-11 中所示的这个人为例。我们最有可能使用刻板印象将她归为女性、非裔美国人还是服务员？种族和性别是人们经常使用的重要分类，但是考虑到餐馆环境以及作为顾客跟她可能产生的互动，研究者认为人们更可能根据她的职业产生刻板印象（Bodenhausen，1993；Macrae et al.，1994）。确实，正如你之后会看到的，刻板印象可以服务于重要的动机性目的；它除了提供给我们一种可以预测他人行为的功能，

图 6-11 哪些刻板印象最有可能在预测这个人的行为时被激活和使用

即使种族和性别是已被使用的基础分类，在这种情况下，我们更可能基于她的职业角色感知此人。

和其他社会群体相比，它还帮助我们更积极地认同自身的群体身份。现在，让我们从认知吝啬鬼的角度来看看人们如何使用刻板印象。

刻板印象：它们是如何运作的

想象以下群体：同性恋、美国士兵、亚裔美国人、无家可归的人、俄罗斯人、教授和爱狗之人。假设你被要求列出每一类人的最显著特征，你可能会发现这并不是一个艰巨的任务。大多数人能够很容易地为每个群体的特点列一个清单，并且他们可以为自己接触较少的群体也列出一个有关他们特征的清单。刻板印象为我们提供属于这些群体的人具有什么样典型特征的信息，一旦这些特征被激活，它们就会自动浮现在我们的脑海中（Bodenhausen and Hugenberg，2009）。这一事实解释了为什么即使你和那些群体没有太多直接接触，仍然能建立这样的特征列表。

刻板印象如同一种理论一样，引导着我们的注意并对我们如何加工社会信息施加着强有力的影响（Yzerbyt，Rocher and Schradron，1997）。相较于与它不相关的信息，与被激活刻板印象相关的信息通常会被更快地加工和记忆（Dovidio et al.，1986；Macrae et al.，1997）。同样地，刻板印象引导我们关注那些通常与我们的刻板印象相一致的特定信息。

当我们遇到属于我们持有刻板印象的群体中的成员，而此人看起来似乎并不符合这种刻板印象时（比如，一个高智商且有教养的人却来自一个职业地位较低的群体），我们并不一定会改变对这个群体中成员的典型刻板印象。我们宁愿将这样的人划入一个包含了不符合已有图式或刻板印象的人群的特别范畴或**子类型**（subtype）（Queller and Smith，2002；Richards and Hewstone，2001）。子类型化是为了保护对群体的刻板印象的完整性（Park et al.，2001）。当无法确定的对象被看作不具有所在群体的整体典型特征时，刻板印象不会被改变。

刻板印象会改变吗？

如果刻板印象是自动激活的，而且我们使用有利于我们维持刻板印象的方式解读信息，这就产生了一个问题：刻板印象究竟会不会发生改变？许多理论家提出，只要存在于那些群体之间的群际关系的本质是稳定的，那么刻板印象也就不会发生改变（例如，Eagly，1987；Oakes et al.，1994；Pettigrew，1981；Tajfel，1981）。这是因为我们所建构的刻板印象反映了我们怎样看待不同群体成员的实际行为表现，只有当群体间的关系改变时，刻板印象才会发生改变（因此我们所观察到的行为也会随之改变）。

在探究这一过程的一项有趣的研究中，达斯古普塔（Dasgupta）和阿斯加里（Asgari）（2004）评估了大学第一学年和第二学年时女性学生的性别刻板印象。参加这项研究的学生中有一部分就读于女子学院，第二年会有更多以非传统的方式接触女性教员的机会，另一部分就读于男女合校的学院，接触女性教员的机会大大减少。正如所预期的那样，相较于男女合校的学生，就读于女子学院的学生对性别刻板印象的认可度显著下降，刻板印象下降的程度可以被学生在教室情境下接触到的女性教员的数量所预测。

要点

- **刻板印象**是有关特定群体中成员特征的信念。偏见是对特定群体的反应中的情感部分，而歧视是对特定群体成员的差别对待行为。
- **性别刻板印象**是认为女性和男性拥有不同特征的观念，它在女性和男性得到不同的待遇上影响重大。对女性的刻板印象认为她们亲和力较高但竞争力较低，而对男性的刻板印象在这些特征上与女性恰好相反。
- **玻璃天花板效应**的存在使女性比男性在事业上遇到了更多的障碍，结果导致她们很难进入高层职位。女性尤其可能在工作场合中受到"提到管理者就想到男性"的偏见的影响。
- 违背刻板印象期待的女性（尤其是在亲和力维度上）可能会面临敌意。否认性别刻板印象对男性和女性来说都很困难。
- 如今的电子游戏中可以发现一些公然的针对女孩和女性的刻板印象。接触具有性别歧视的电子游戏内容增强了男性对性骚扰的包容度。
- 当危机已经发生、职位变得更加危险、失败的风险更大时，女性更有可能被指派为领导者，这被称为**玻璃悬崖效应**。当男性的刻板印象属性似乎使得组织走下坡路时，女性刻板印象中亲和力高的特性被认为适合担任新的领导者。
- **装点门面**——来自特定群体中的少数成员被雇用或接受。它具有两种影响：首先，它使得持有偏见的人摆脱困境；他们可以用装点门面的行为作为公开证据证明他们不是心胸狭窄的，同时装点门面行为的存在有助于维持现有的体系是合法公平的这一信念——即便对于处在劣势群体中的成员来说也是这样。其次，装点门面的行为会伤害偏见目标人群的自尊和自信，也包括那些少数的象征性代表人物。
- 公开地把消极结果归因于遭受歧视可能得到群体内和群体外成员的消极反应，即便是出于不同原因。
- 即使是不用各种**主观尺度**来评估，刻板印象还是会影响行为。当使用**客观尺度**测量时，无法进行**标准转换**，反应的意义恒定，依然可以观察到刻板印象的影响。
- 研究发现单身者和已婚者都有**单身歧视**——对单身者持有负面刻板印象和歧视。单身歧视可能是来源于被歧视的对象并未意识到他们所面临的歧视，或者他们认为针对他们群体的歧视是合理的。
- 刻板印象使我们更关注那些与它们相一致的信息，并且用帮助我们维持刻板印象的方式去分析那些不一致的信息。当个体的行为与刻板印象显著不同时，我们通过**子类型**将个体划入特殊的一类人群中，以证实原有规则的合理性，维持我们的刻板印象。
- 刻板印象会随着群体间关系的改变而发生改变。接触拥有非传统角色女性的人会表现出刻板印象的减少。

第 3 节 偏见：对社会群体的情感

偏见在习惯上被认为是对社会群体的态度中的情感组成部分。它反映了仅仅基于一个人属于某特定群体的成员身份而对该人产生的一种消极态度。这被戈登·奥尔波特（Gordon Allport）在 1954 年的著作《偏见的本质》中称之为针对整个群体成员的"憎恶感"。在这层意义上，偏见不是针对个人的，而是对某一类人的情感反应（Turner et al., 1987）。换言之，一个对某些社会群体有偏见的人仅仅因为他人属于这一群体，就已经带有倾向性地消极评价他们。歧视已经习惯上被定义为给予不喜欢群体中的成员不友好的待遇和消极的行为（Pettigrew, 2007）。偏见是否以公然歧视的形式表现出来将取决于知觉到的规范或者此种行为被接受的程度（Crandall et al., 2002; Jetten et al., 1997）。事实上，正如在本章最后一部分将会看到的，改变对待特定群体的规范就足以改变偏见的表达。

研究表明，在针对特定群体的偏见测量中，得分高的人和得分低的人在加工这个团体的信息时的确存在着差异。比如，相对于与偏见目标无关的信息，与偏见目标有关的信息会更多地被关注（Hugenberg and Bodenhausen, 2003）。事实上，对特定社会群体存在高偏见的人更急于确认某个个体是否属于那个群体（当这一点不明确时）。这是因为他们认为那个群体拥有一些潜在**本质**（essences），通常是一些具有生物学基础的特征，根据这些特征可以将该群体与其他群体区分开来，并将之作为他们被区别对待的理由（Yzerbyt et al., 2001）。依据人们的群体身份持续地对他们进行分类，结果便是个体对那些群体的情感合理化了，这便产生了歧视（Talaska et al., 2008）。

作为一种态度，偏见是指怀有偏见的人在面对或仅仅想到他们不喜欢的群体的成员时所体验到的一种消极情绪（Brewer and Brown, 1998）。然而，一些理论家认为并非所有的偏见都是相同的，至少它们并不是基于同一种消极情绪。根据这一观点，我们也许不能把偏见视为一种一般意义上的负面情绪反应。相反，我们可能需要根据特定的群体内情感，包括恐惧、愤怒、嫉妒、内疚或厌恶等来区分偏见（Glick, 2002; Mackie and Smith,

2002)。如图 6-12 中描绘的,即便针对不同群体的偏见水平(对群体的整体消极情绪)是相近的,偏见反应赖以形成的情绪却是不同的。例如,这些居民对美洲原住民的主要情绪反应是同情,而对男同性恋者的主要情绪反应却是厌恶(Cottrell and Neuberg, 2005)。

针对特定群体的偏见对应的情绪不同,能够预期的歧视行为也会有所不同。例如,当人们的偏见主要反映出愤怒时,他们可能试图直接伤害外群体(Mackie et al., 2000)。相反,如果由于外群体的困境唤起了悲痛,基于同情或内疚的偏见会导致我们对外群体的躲避(Miron et al., 2006)。从这个角度来看,减少偏见可能需要关注作为偏见基础的群体间的情绪。例如,当偏见的基础是恐惧时,恐惧在某种程度上减轻时,偏见也会随之减少(Miller et al., 2004)。

研究同样发现通过诱导消极情绪可以直接引发偏见(DeSteno et al., 2004)。在两个实验中,研究者都发现在体验过愤怒而非悲伤或中性情绪后,被试会对外群体表现出更消极的态度。在这些实验中,被试首先被分配到**最简群体**(minimal groups)中,佯称他们从属于在研究情境中创造出来的某个社会团体。具体而言,被试被告知,根据事件频率他们将被划入"高估"组和"低估"组。分组确定之后,他们需要完成一项诱

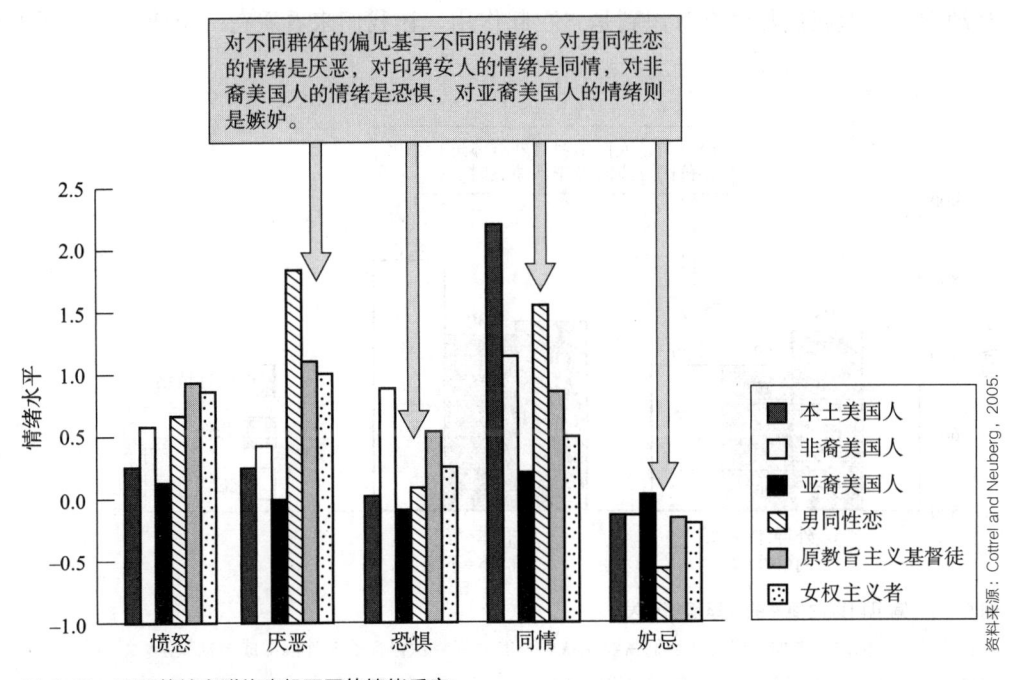

图 6-12 不同的社会群体唤起不同的情绪反应

即使对不同群体的偏见水平总体上比较接近,他们也会唤起全然不同的情绪反应——这与被试自身的群体有关。这一点对如何改变针对不同群体的偏见有着重要启示。

资料来源:Cottrel and Neuberg, 2005.

导情绪的书写任务（比如，详细地写下过去他们感到十分愤怒、十分悲伤或中性情绪时的情境）。最后，要求被试评价他们群体内的其他成员（比如佩戴相同颜色腕带的人）或群体外的成员（比如佩戴不同颜色腕带的人）。

如图 6-13 所示，将群体内和群体外成员分别与积极或消极评价词相联系，被试的反应时会因被试体验到的消极情绪种类的不同而改变。当感到愤怒时，被试会更迅速地将消极评价与外群体成员相联系，积极评价与内群体成员相联系，然而却需要花费相当长的时间去学会将外群体成员与积极评价相联系，内群体成员与消极评价相联系。相反，当体验到悲伤或中性情绪时，将内群体和外群体成员分别与积极或消极评价相联系的反应时上并不存在显著差异。这表明即使愤怒这种**偶然情绪**（incidental feelings）也会自动引发对于外群体成员的偏见，尽管引发这种情绪的因素（在本实验中指书写任务）与外群体并无关系。

正如你所看到的，这种**内隐联想**（implicit association，即群体成员身份和评价反应之间的联系）可以作为内群体内和外群体分类的结果被自动触发。正如我们在第五章所讨论的，内隐态度能够影响行为（Fazio and Hilden，2001；Greenwald et al.，2002）。关于这种内隐偏见重要的一点是：尽管它影响了我们对他人的判断和决策以及我们与他们的互动方式，但我们却没有意识到是它在起作用。让我们来看看在一个简单的电子游戏

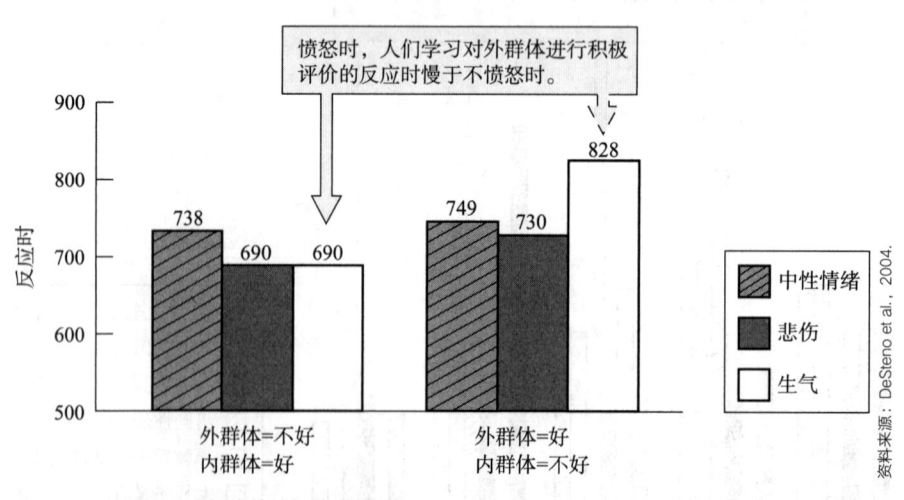

图 6-13 偏见可以由偶然的愤怒情绪引发

感到愤怒时，相对于内群体成员，我们需要花费更长的时间将积极评价与外群体成员相联系。同样，愤怒时我们也需要花费更长的时间将消极评价与自己的群体相联系，然而将消极评价与外群体成员相联系的速度却更快。只有在进行评价配对任务之前，愤怒而非悲伤或其他中性情绪被诱导出来时，建立联系的反应时才会有差异。

中白人被试做出的决策,该决策是关于是否要射击携带武器或没有携带武器的非裔美国人或者白人目标(Correll et al., 2006)。总体看来,被试在决定向带武器的非裔美国人射击的用时比决定射击带武装的白人要短,在决定不射击未带武器的白人时的决策时间要短于决定不射击未带武器的非裔美国人的时间。那些对于非裔美国人和暴力之间有较强的内隐联想的人更可能表现出这种决策上的偏见。这种自发的偏见效应在饮酒之后更加难以抑制(Bartholow et al., 2006)。在这些实验中,相对于没有饮酒的被试,饮过酒的被试抑制与刻板印象相一致的反应的能力更低。

在讨论偏见的多种公开表达方式之前,我们首先要提出两个重要的问题:什么样的动机可能会影响偏见被感知的程度?人们从对特定团体的偏见表达中可能得到什么样的心理收益?

偏见的起因:迥异的视角

我们可以从几个重要的角度来回答以下问题:偏见从何而来,它何以持续存在?这个问题最普遍的答案通常聚焦于感知到的对自己在乎的内团体的**威胁**,这种威胁可以是具体的,也可以是象征性的(Esses et al., 2010)。首先,我们会意识到其他群体对我们的自尊和群体利益的威胁将很可能导致我们产生偏见。其次,我们将讨论针对珍稀资源的竞争如何加剧偏见。在本节的最后,我们将检视仅仅把我们和他人归入不同的群体是否就足以产生偏见。基于一项来自186个不同社会的跨文化研究清楚地表明,忠诚对于个体所在群体而言越重要,对于外群体的偏见所得到的支持就越多(Cohen et al., 2006)。因此,对于本群体的情感和对于外群体的情感是相关联的。

对自尊的威胁

如果不考虑威胁以及威胁影响人的机制,自然就不能真正理解偏见。人们想要积极地看待本群体(Tajfel and Turner, 1986),这意味着相对于其他的群体,我们对本群体的态度会更积极。当一个事件威胁到本群体的价值,我们可能会通过诋毁威胁的来源来进行报复。同样,意识到我们所属的群体受到威胁,会使我们更加认同自己的群体身份。一些研究将对2001年9月11日恐怖袭击的提醒作为威胁事件,发现人们对于国家以及它的代表(如前总统乔治·布什)的认同感增加了(Landau et al., 2004)。

威胁我们群体身份的事件是否需要包含可能发生的死亡才能引发偏见?或者仅仅

提醒我们的群体没有自己所希望的那么好就足以引发偏见？为了检验这个观点，研究者选择了对自己美国公民身份的重视程度存在差异的大学生做被试，让他们观看来自电影《洛奇4》中的时长为6分钟的两个视频中的一个（Branscombe and Wann, 1994）。在一个片段中，洛奇（Rocky）（由西尔维斯特·斯塔隆 [Sylvester Stallone] 扮演的一个美国拳击手）在比赛中打败了伊万（Ivan）（按照推测应该是一个来自俄罗斯的竞争者）。这个片段不具有威胁性，因为它支持美国人认为他们的群体无往不胜的积极观点。另一个片段中，洛奇输给了伊万那个俄国人。这一内容是带有威胁性的，尤其是对于那些高度重视他们美国公民身份的人，它还降低了他们基于群体成员身份的自尊。问题是：这样一个在实验室内发生的对身份的较小威胁是否会导致偏见呢？得到的答案是肯定的，那些高度认同自己美国公民身份并观看了威胁性片段的被试对俄罗斯人表现出了更多的偏见，并且主张俄罗斯人未来不得进入美国。事实上，被试越是消极地评价俄罗斯人，此后他们基于群体成员身份的自尊也增长得越多。

这个研究表明持有对外群体的偏见会有助于群体成员提高本群体的形象，尤其是在本群体受到威胁时。通过"贬低"另一个群体的成员，我们可以肯定本群体的相对价值，而当经历威胁时这种偏见可能表现得最强烈。感知到的这种对群体的威胁的重要影响在多种群体中得到验证：白种人对非裔美国人的偏见（Stephan et al., 2002），对各种移民群体的偏见（Esses et al., 1999; Stephan et al., 2005），对北爱尔兰的天主教徒和新教徒的偏见（Tausch et al., 2007），还有男性对他们认为"介入"男性一直以来占主导地位的传统领地的女性的偏见和妨害行为（Rudman and Fairchild, 2004）。大量的研究已经证明了这一过程（如图6-14中所示）。

总体而言，当处于优势的群体感到群体形象和利益受到威胁时，他们就会表现出对外群体最强烈的偏见。因为感知到的威胁可以在维持和提高偏见上起到重要作用，

自尊受到威胁 ⇒ 诋毁和损害那些成为偏见对象的群体 ⇒ 维护群体地位并恢复自尊

资料来源：Branscombe and Wann, 1994; Rudman and Fairchild, 2004.

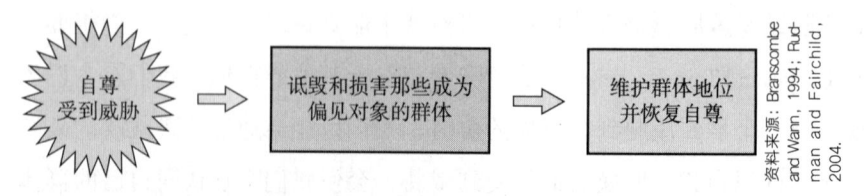

图6-14 偏见在它有利于维护群体利益时会持续存在
当自尊受到威胁时，人们更有可能诋毁那些具有威胁性的群体。事实上，这样做可以帮助增强或者恢复受威胁的自尊。通过这种机制，群体能够维护他们的优势地位。

最近的研究解释了可以削弱这类威胁的原理（Riek et al., 2010）。研究者发现简单提醒那些珍视他们的内群体身份的人（如民主党人士和共和党人士），他们与其他群体共享一个更具有兼容性的身份（如美国公民）会减少感知到的威胁和偏见。在后面讨论减少偏见的方法时我们将再次提到再分类这种技术。

偏见的来源之一：资源竞争

令人悲伤但却真实的情况是，人们最想得到的东西（好的工作、圆满的家庭）总是供不应求。通常情况下，这些都是**零和结果**（zero-sum outcomes），假如一个群体得到了它们，另一个群体则无法得到。想想以色列人和巴勒斯坦人的冲突，这场冲突从1948年以色列建立一直持续至今。双方都想控制耶路撒冷。这种被**现实冲突理论**（realistic conflict theory）考虑在内的领土争端也是偏见产生的一个主要原因（Bobo, 1983）。现实冲突理论进一步指出，随着竞争升级，被卷入的群体成员将会以更加消极的方式看待彼此。他们可能会将彼此视为"敌人"，认为自己的群体具有道德优势，更坚决地在自己和对手之间划清界限，在极端情况下，他们甚至不把对方当作人类看待（Bar-Tal, 2003）。从这个角度看，微小的竞争最终会升级为全面的偏见（见图 6-15）。

一项由谢里夫（Sherif）等人开展的经典研究证实竞争可以加剧冲突（Sherif, Harvey, White, Hood & Sherif, 1961），尽管它可能不是导致群体间冲突的最根本原因。研究者将适应性良好的来自中产阶级的男孩们带到坐落于俄克拉荷马州乡下的名叫罗博的洞穴（Robber's Cave）参加夏令营。男孩们在毫不知情的状况下被随机分配到两个不同

图 6-15　群体间的竞争是偏见的来源之一

当群体间针对珍贵资源（比如土地）相互竞争时，他们看待彼此的方式会越来越具有敌意。去往耶路撒冷的路标同时采用了以色列（希伯来语）和巴勒斯坦（阿拉伯语）两国的语言，这两个群体都在极力争取占有这一领土。一些人声称这一领土实际上属于全世界所有伟大宗教的信徒。

的团队中，并被安置在两个完全分离的小木屋中，因此他们不会意识到另一队的存在。最初，每个小木屋里的男孩享受着徒步旅行、游泳以及其他运动，他们迅速产生了对自己所在团体的忠诚感，给自己的团队命名（饶舌者 [Rattlers] 和老鹰 [Eagles]），并在自己身上画上代表其团队的标记。在研究的第二个阶段，两个团体被集中起来，开始展开一系列的竞争。他们被告知赢的队伍将会获得一份纪念品和各种奖赏，因为男孩们都很想要这份奖励，所以接下来是激烈的竞争阶段。

伴随着男孩们的竞争，群体之间的关系越来越紧张。起初只是局限在口头谩骂，但很快就升级为直接的行动了——饶舌者队闯入老鹰队的小屋，掀翻了他们的床，造成了严重的破坏。两个团队愈发对对方不满，而对自身团队则是赞美有加。简而言之，强烈的偏见产生了。

在最后一个阶段，竞争消除了，但仅仅这样并没有减少他们对另一团队的消极反应。只有改变情境让两个团队发现必须通过合作才能达到上位性的目标（superordinate goals，两个团队都想达到但都无法单独达成的目标）时，才会发生戏剧性的变化。这些男孩们通过一起合作恢复了供水（研究者悄悄破坏的），整合基金去租赁影片，还共同修好了一辆坏了的货车，这样他们就可以去镇上买冰淇淋了。团队之间的紧张逐渐缓和，许多跨团队的友谊开始建立起来。

尽管谢里夫的研究表明一些因素可以挑起和平息团体间的冲突，但它并没有表明竞争对于偏见的形成是否是必要的。事实上，在引入竞争之前，只是知道另一个团体的存在，就足以让两个团体的男孩们互相谩骂了。也许只需要成为团体中的一员并认同它，就足以产生偏见了。这是泰斐尔（Tajfel）和特纳（Turner）（1986）在他们的社会认同理论中进一步发展出来的观点，也是我们下面要讲的内容。

社会分类的作用：我们—他们分类的效应

"种族灭绝怎么会发生？"这是一个困扰亨利·泰斐尔（Henri Tajfel）一生的问题，部分原因在于他是一位经历了纳粹大屠杀的犹太幸存者。有些人认为群体间的暴力行为源于人的非理性，与此不同，泰斐尔（1982）认为这其中包含了重要的认知过程。他认为一段冲突的历史、个人的仇恨、个体的利己主义或者竞争并不必然决定群体的行为。也许，就像谢里夫研究中的男孩们，人们只要被划分为不同的群体，然后你就会看到对群体内的忠诚和群体外的歧视已经开始了。事实上，他在寻找一种无偏见的"基本条件"的过程中，偶然发现了产生歧视的最基本条件。

泰斐尔等人创造了一个研究群体间行为的范式，即根据一些微不足道的特征将被试划入不同的群体（Tajfel，Biling，Bundy & Flamen，1971）。首先，他让被试观看一组图片，如图6-16所示，这些图片来自于画家克利（Klee）和康定斯基（Kandinsky）。在所有情况下，被试被随机分配到某个群体中，但他们被告知分组是基于他们对凯利和康定斯基绘画的不同偏好。每个群体都是这样创建的，这些群体内部的成员没有共同的目标、共同的经历，也没有交流以及领导者，也就是说没有任何可以使它成为一个真正"群体"的元素。

被试的任务是简单地在其他两个被试之间分配分数或者金钱，这两个被试分别来自内群体和外群体。相比外群体成员，被试平均分给内群体成员更多的钱。此外，让被试在下面两种分配方案中做选择：一种是给自己群体的量在绝对值上较大，但与外群体的差距不大；第二种是给自己群体的量相对小，但与外群体的差距相对较大。被试往往会选择方案二，这表明被试试图最大化两组所获得奖励之间的差异。这些实验的结果在当时令人震惊，因为它展示了人们竟然可以基于一点点依据（仅仅因为一些微不足道甚至琐屑的特点）被分为不同群体，并进而导致个体对待"我们"（其自身群体的成员）和"他们"（其他组的成员）时产生不同的认知和行为。

图 6-16 社会分类：内群体和外群体
你更喜欢哪幅画？左图展示了画家保罗·克利的作品，右图展示了画家康定斯基的作品。通过告知被试他们表现出对某位画家的偏好，可以创造出一个"最简"的分类群体。

一旦我们身处的社会世界被划分为"我们"和"他们",它就会对我们的情感产生重要的影响。一些差异被赋予了社交重要性,对我们的身份认同也具有意义(Oakes et al., 1994)。属于"我们"群体的人被更积极地看待,而属于"他们"群体的人则被更消极地感知。事实上,尽管也认识到对其他群体的偏见不公平,但仍有很多人认为有些群体就应该不受欢迎(Crandall et al., 2002)。例如,让大学生评估针对105个社会群体的偏见在多大程度上是恰当、合法的,他们很轻易地完成了这项任务。表6-4显示的是他们所认为可以对他们表露出偏见的前十个群体,以及对他们表露偏见最不合理的十个群体。

社会分类到底是如何导致偏见的?**社会认同理论**(social identity theory)认为,个体寻求对于所属群体的积极情感,且我们的自尊部分来源于我们的社会群体身份。因为认同所属群体的人更可能对他们所属的群体表现出偏爱,对外群体表现出相应的偏见,所以对自身群体的重视程度能够有效预测偏见。(想要了解感到"与我们的群体融合"如何影响投身于保护群体利益的极端行为的意愿,请参阅我们的专栏"情绪与偏见:人们何时愿意为了群体牺牲和杀戮?")

表6-4　可以对哪些人表现偏见,不能对哪些人表现偏见?

表格左侧列出了大学生认为的对其表现偏见可以被接受并且合理的前10个群体。右侧则显示了对哪些群体表现出偏见被认为不可接受并且不合理的前10名。你认为对于居住在美国中西部之外其他地区的人们来说,表格中列出的项目会有差异吗?对那些来自不同族群的人来说,又会怎样呢?

被认为合理的偏见对象	认被为不合理的偏见对象
强奸犯	盲人
虐童者	家庭主妇
恋童者	聋哑人
殴打妻子的人	有精神问题的人
恐怖分子	居家男人
种族歧视者	农民
三K党成员	男护理员
醉酒驾驶者	图书管理员
纳粹党成员	保龄球俱乐部成员
喝酒的孕妇	养狗者

资料来源:Crandall, Eshleman and O'Brien, 2002.

情绪与偏见

人们何时愿意为了群体去牺牲和杀戮？

你是否愿意为了拯救你所在群体中的其他成员而牺牲自己的生命？你是否愿意杀死威胁到你所在群体的恐怖分子？当然，军人们总是被期望对这些问题给出肯定回答，这意味着他们愿意为了国家放弃自己的性命。但最近有研究向西班牙的普通居民询问了这些问题（Swann et al., 2010）。

图6-17的顶端展示了这些研究者用来评定"身份融合"（指一个人在多大程度上将自己和自己所属的群体视为重合的）的测量方式。如果群体指的是国家，那么你将选取哪幅图片来反映你和你所在群体之间的关系？选择选项E的人被认为与他们的群体"已融合"，那些选择A—D的人被认为与群体"未融合"。有观点认为，那些认为自己与国家融合的人将个体与群体结合起来，将群体的结果视为如同他们自己的结果。因此，当有机会保护他们的群体时，他们和那些没有把自身与群体结合起来的人相比更愿意这样做。

在一系列实验中，西班牙马德里一所大学中，与自己国家融合程度不同的学生被问到他们将如何回应一个道德两难处境。他们所面对的这个两难处境被称为"电车问题"。首先，学生们被要求假想一辆电车失控了，即将撞死他们群体内的五名成员，除非被试从桥上跳到电车轨道上，让电车改变方向。被试不得不在任由电车撞死五名群体内成员（对他们来说是群体内的陌生人）和牺牲自己来拯救他们之间做出二选一的决策。正如你所看到的，在图6-17最上方的图表中，75%的与西班牙融合的人选择牺牲自己来拯救其他五个人，而只有24%的未融合的人选择这样做。这一研究认为已融合的个体认为他们会以使内群体受益的方式行动，即使是以他们自己的损失为代价。并且这不仅仅是因为已融合的人比未融合的人更加无私。在接下来的一个研究中，当这些西班牙学生受到引导将欧洲视为他们的内群体时，相较于那些未融合的西班牙人，他们会更加愿意牺牲自己来拯救其他五个欧洲人，但是他们不愿意为了拯救群体外的成员（这里指的是美国人）而这样做。他们的情绪反应也受到处在被电车撞倒危险中的人属于内团体成员还是外团体成员的影响。

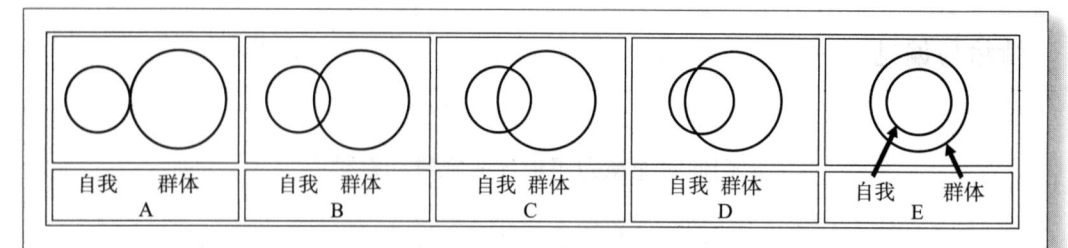

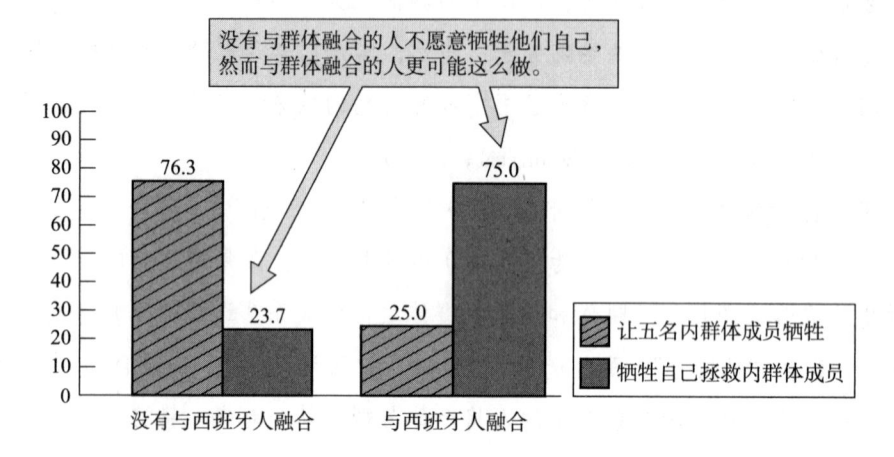

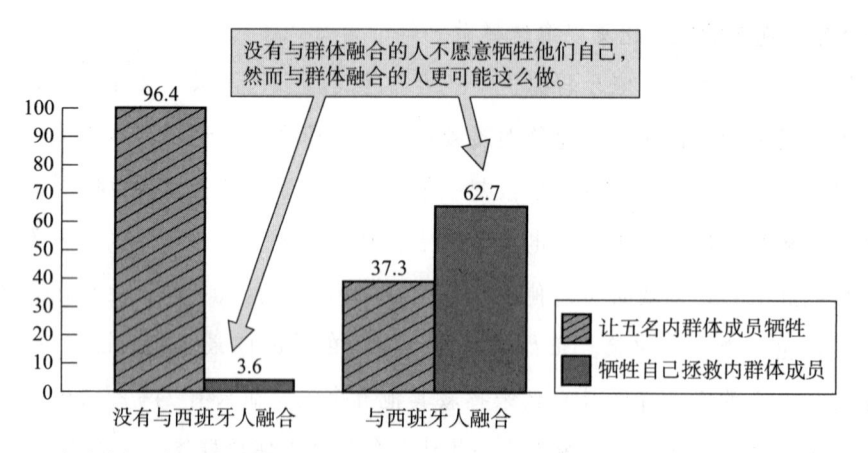

图 6-17　身份融合：为了群体牺牲和杀戮

"已融合"的个体将自身看作与群体完全重叠的——从他们选择将自我完全置于群体内部的图像（选项E）可以看出。相较于那些没有与国家群体融合的人来说，更大百分比的与国家融合的西班牙人愿意为了拯救内群体成员而牺牲上图，愿意杀死威胁到他们内群体的恐怖分子下图。

资料来源：Swann，Gómez，Dovidio，Hart，and Jetten，2010.

所以，已经和自己所在群体融合的人相较于未融合的人来说可能更加愿意为了保护他们的内群体而牺牲。但是他们是否也愿意杀死威胁到他们群体的人呢？为了检验这种可能性，研究者们首先让西班牙学生设想，2004年3月11日，"基地"

组织的恐怖分子引爆了马德里铁路系统的炸弹。被试设想他们自己站在车站内的人行天桥上，在那里发生了袭击，他们看见恐怖分子引爆了炸弹，在下方的轨道上逃跑。虽然另一个西班牙人准备跳到一辆正驶来的火车的轨道上，以使火车转向恐怖分子所在的轨道然后撞死他们，被试被要求决定他们是会让那个西班牙人跳下去还是将那个西班牙人推开，自己跳下去成为杀死恐怖分子的人。

正如图6-17中的第二个图表所示，62%的已与西班牙融合的被试认为他们会牺牲自己去杀死恐怖分子，然而未融合的被试中只有4%的人会选择这样做。实际上所有未与西班牙人融合的学生认为他们会让其他原本打算这样做的人为杀死恐怖分子而牺牲，然而只有大约三分之一的已融合被试会愿意让其他人这样做，从而让自己享有杀死那些对群体有害的人的荣誉。当人们的自我与群体融合时，他们表现出愿意承受极端形式的自我牺牲和伤害对他们的群体造成威胁的外群体。这项研究帮助我们深刻理解对他人的情绪反应和极端行为如何被人们与群体的关系（已融合与未融合）以及我们对处于危险中的人的分类结果（"我们"或"他们"）所影响。

要点

- 偏见是指仅基于个体的群体成员身份就表现出来的态度的情绪成分。
- 歧视指的是对不喜欢的群体中的成员的不利对待或是消极行为。歧视的表露与否取决于所感知到规范和这种做法的可接受性。
- 研究表明偏见可能反映了对不同外群体的基本情绪反应，包括恐惧、愤怒、内疚、同情和厌恶。对偏见对象的行为差异可能受偏见形成的情绪基础的影响。
- **内隐联想**——群体类别和评价之间的联结，可以在对其他人进行内群体成员或外群体成员分类时自动产生。
- 因为贬低外群体可以保护我们的自尊，因此偏见持续存在。对我们群体利益的**威胁**可以激发偏见，而所感知到的群体间对资源的竞争可以使冲突升级。
- 谢里夫对两组在夏令营中起冲突的男孩的洞穴研究表明，**超级目标**（只有通过群体间的合作才能获得的理想目标）可以帮助减少冲突。
- 根据**社会认同理论**，偏见来源于我们将世界划分为"我们"和"他们"的倾向，并且看待我们自身的群体比看待各种外群体更为积极。即使对这些群体的划分是基于不重要的特征的情况下也是如此。
- 人们可能会觉得对一些群体的偏见是合理的，但对另一些群体的偏见却是非常不合理的。
- 与群体融合紧密的人很有可能会为了保护其他群体内成员而牺牲自己。相较于未融入西班牙的人来说，和西班牙融合的人在假想面对针对他们国家的恐怖袭击时，表现出更强烈的意愿推开另一个西班牙人并牺牲自己去杀死恐怖分子。

第4节 歧视：偏见的行为表现

正如我们在第五章所提到的，态度并不总会在公开的行为中表现出来，偏见也不例外。多数情况下，对各类群体怀有消极态度的人并不会直接表达他们的观点。法律、社会压力、担心报复等因素都会阻止人们将偏见付诸实践。正因为如此，最近几年美国和其他许多国家公然的歧视行为（针对种族、民族和性别偏见的歧视行为）已经减少了（Devine et al., 2001; Swim and Campbell, 2001）。因此，诸如限制许多群体的成员在公交车上和电影院里坐在特定位置、阻碍他们进入公立学校这些在过去很常见的行为已经消失了。这并不意味着偏见的极端表现已经不复存在。相反，引人注意的仇恨性犯罪（种族、民族或其他种类的偏见导致的犯罪）仍然在发生。比如1998年大学生马修·谢泼德（Matthew Shepard）因为他的性取向（他是同性恋者）被谋杀，2010年几个同性恋学生由于性取向在学校受到欺凌而选择了自杀。尽管存在这种极端的案例，但一般而言偏见更可能以更加隐蔽的行为方式表现出来。接下来，我们将讨论这些隐蔽和伪装的歧视。

现代种族主义：更加隐蔽但同样致命

曾经，人们可以毫无顾忌地公开表达自己的种族观念（Sears, 2007）。而如今，几乎没有美国人同意那些反非裔美国人的观点。这是否意味着种族歧视在逐渐消退？许多社会心理学家认为包含明显优越感的"传统种族主义"已经被**现代种族主义**（modern racism）这种更为隐蔽的形式所取代（McConahay, 1986; Swim Aikin et al., 1995）。

这种种族主义具有什么特征呢？在公共场所，它表现为隐蔽的偏见，当表达此种观念比较安全时（比如和一群持有相同观点的朋友在一起时），这种固执的态度就会被表达出来。的确，同侪的偏见态度是个体持有的偏见态度最好的预测因素（Poteat and Spanierman, 2010）。此外，只要存在对潜在偏见行为的其他可行的解释，现代种族主义就会将多种偏执的观念归咎于其他原因（而非偏见）。现代种族主义还包含了通过试图表现出对肤色不敏感和拒绝承认种族存在来表明自己不是种族主义者的行为。

在关于这种策略的一项有趣的研究中（Norton et al., 2006），研究者将那些担心自己表现得像种族主义者的白人被试置于这样的情境中：他们需要向一位非裔美国人或一位白种人描述另外一些人。当他们的搭档是非裔美国人时，被试不愿意将种族作为描述用语使用，即便这是被描述之人的明显特征（比如一群白种人中唯一的非裔美国人）。相反，当他们的搭档是白人时，需要描述的对象相同，被试就会倾向于用其所属种族来描述。恰恰因为许多人想要隐藏他们的种族态度，向他人隐藏也向自己隐藏，而"没有注意到种族"也许是达到这种目的方式之一。社会心理学家发展出了一些研究这种隐蔽态度的方法。让我们来看看这些态度是怎样被检测到的。

测量内隐种族态度：寻找一条测量真实态度的渠道

测量偏见最直接的方法就是让人们表达对各个种族、族群的看法。但是很多人并不愿意承认他们带有偏见，因此评估他们真实想法的替代性方法就逐渐发展起来。正如我们在第五章中所讨论的，近几年来，社会心理学家已经认识到许多人持有的态度是内隐的，这些态度存在并影响着行为，但持有这些态度的人可能并没有意识到它们的这种影响。事实上，在某些情况下，他们可能会极力否认自己持有这样的观点并且宣称他们对肤色不敏感（Dovidio and Gaertner, 1999; Greenwald and Banaji, 1995）。如何才能测量到这种隐蔽的偏见形式呢？研究者开发出了一些不同的方法（Kawakami and Dovidio, 2001），大多数都是基于启动效应。启动效应指通过呈现特定的刺激或事件，"启动"记忆中的信息，使之更容易进入意识或更有可能影响当前的反应。

在利用启动效应来研究内隐的或自动激活的种族态度的技术中，有一种被称为**真实渠道**（bona fide pipeline）（Banaji and Hardin, 1996; Towles-Schwen and Fazio, 2001）。在实验过程中，被试观看各种形容词后，被要求用按键的方式表明这些词是"好的"还是"坏的"。然而在呈现每个形容词之前，先给被试短暂地呈现一些来自不同种族群体

（非裔美国人、白种人、亚裔美国人、拉丁裔美国人）的人的面孔。我们有理由认为被试对贬义词的反应速度将揭示内隐的种族态度。相反，在用同样的少数族群的面孔进行启动后，被试会对那些褒义词反应更慢，因为褒义与启动刺激所引发的消极态度是不一致的。

根据这种研究程序获得的结果告诉我们，人们确实持有可被自动激活的内隐种族态度，而这种自动引发的态度可以进一步影响一些重要的行为，比如与他人相关的决定，与他人交往时所表现出来的友善程度（Fazio and Hilden，2001；Towles-Schwen and Fazio，2001）。值得注意的重要一点是：尽管公然表达的种族歧视和性别歧视已经减少，但自发的偏见仍旧存在，并且通过更加隐蔽的反应形式继续影响着行为。

持有偏见的人如何保持"公正"的自我形象

尽管有证据表明种族不平等正在发生，隐蔽而内隐的偏见普遍存在，但是许多美国白种人仍旧认为他们是没有偏见的（Feagin and Vera，1995；Saucier，2002）。因此，既然有种族偏见仍旧存在的强有力的证据（Dovidio et al.，2010），怀有偏见的人为何认为他们自己是公正的呢？

近来的研究证明，许多具有偏见的人通过与持有极端偏见者进行比较，认为自己与这类偏见的原型不符（O'Brien et al.，2010）。在一系列研究中，这些研究者给被试展示体现极端偏见的文字或图片（如图 6-18 中所示）。在每一个研究中，与看了中性材料的被试相比，看了具有极端偏见的材料的被试认为自己是更加公正的。事实上，相较于没有被告知怀有的种族歧视这一点可能会被揭露的被试，那些被告知怀有种族歧视有可能被揭露的被试在浏览极端种族主义的材料时表现出更大的兴趣。

图 6-18　极端种族主义者的表现让很多人认为他们自己是公正的
接触极端的形象或者甚至只是这些团体的标签（如三K党）（与不存在这些图片的控制情境相比）增强了美国大学生对自己没有偏见的感知。这是因为这些种族主义团体给大学生提供了极端的参照对象，这和大学生的偏见程度相距甚远。

当我们面对我们的群体对另一群体所做的事情时

人们希望感到他们所属的群体是优秀的、道德的。近年来，特别是随着美国士兵在伊拉克阿布·格莱布（Abu Ghraib）监狱和其他地方侮辱穆斯林囚犯并折磨他们的照片发布，已经有研究开始考察当人们认识到他们群体的偏见行为时会有什么反应这一问题。我们将这些有害的行为看做是一种折磨还是认为它是公正的？在一个具有代表性的美国成年人样本中，克兰德尔（Crandall）等人将折磨囚犯这种做法描述为已经被使用了40多年的一种常态，或者描述为他们群体之前从未有过的新的做法（Crandall, Eidelman, Skitka & Morgan, 2009）。他们发现，相较于把折磨囚犯描述为一种新做法，当它被描述为一种长期存在的行为时，被试认为这种折磨更加公正。

了解到自己的群体对另一群体表现出行为上的偏见可以唤起为了避免**集体罪恶感**（collective guilt）这种令人不悦的感受的防御，集体罪恶感是一种当人们感受到自己的群体应为非法的错误行为负责时体验到的情绪反应（Branscombe and Miron, 2004）。当无法否认内群体对错误行为负有的责任时，人们会因为它的发生"责备受害者"，认为他们理应受到这样的对待。贬损受害者可以帮助施害者在面对他们造成的伤害时"负担减轻"（Bandura, 1990）。在最极端的情况下，受害者甚至被整个排除在"人类"这一类别之外，因而认为他们不配享受到人道待遇，这将使得对他们的任何伤害都被看作是正当的（Bar-Tal, 1990）。正如阿基诺（Aquino）等人在他们的研究中指出的，将受害者去人性化有助于将我们群体的罪恶行动合理化，认为我们是出于一种"正义的目的"，是为了报复敌人的"罪恶"（Aquino, Reed, Thau & Freeman, 2006）。**道德推脱**（moral disengagement）（认为施加伤害不必被制裁）会让美国人觉得军人虐待监狱的囚犯是可以接受的（Bandura, 1999）。

人们还用其他方式来应对他们群体的伤害性行为，如动机性遗忘。桑德拉（Sahdra）和罗斯（2007）的研究表明，人们对内群体所犯下的伤害性行为的记忆与他们的内群体受到其他群体伤害的记忆并不是对等的。在研究中，他们让定居在加拿大的锡克教教徒和印度教教徒回忆他们各自群体在印度暴力袭击对方群体中手无寸铁无辜人员的事件。当被要求回忆19世纪80年代的三起事件时（这一时期群体暴力十分严重），相比于他们群体的成员作为暴力受害者的事件，他们更少回忆起自身所在群体作为暴力实施者的事件。那些高度认同他们内群体的人回忆起本群体作为迫害者的事件最少。存在宗教冲突的这两个群体的成员对自己的记忆进行了"裁剪"，使得本群体伤害其他群体的事件比本群体被其他群体伤害的事件更难被想起。因此，即便内群体对其他群体表现出了歧视，我们也会有意使用各种心理策略帮助我们维护本群体的良好形象，保持对内群体的好感。

要点

- 公然的种族歧视已经减少，但是**现代种族主义**等更隐蔽的形式仍然存在。
- 那些现代种族歧视比较严重的个体可能会隐藏他们的偏见。**真实渠道**是基于这样的假设，即人们没有意识到自己的偏见，但可以通过内隐测量方法揭示出这一点。测量中，使用个体对其持有消极态度的类别作为启动，将会导致被试对贬义词的反应变快。
- 通过将自身与持有极端偏见者相比较，人们会认为自己没有偏见。
- 在看到自己群体的成员表现出偏见时，我们可能在某种程度上会回避**集体罪恶感**，因而我们会将伤害行为进行合理化，因为它是一种长期的行为，受到伤害的人不值得关心，或是因为这样做有助于实现内群体的更高目标。也有证据表明人们会有意遗忘本群伤害他群的行为。

第5节　为什么说偏见可以避免：抵抗其影响的技巧

大多数时候，某些形式的偏见似乎在生活中司空见惯（Sidanius and Pratto，1999）。这是否意味着偏见是不可避免的呢？正如我们在这一节中所阐释的，偏见确实有一些特定的性质（如在竞争或他人被划分为外群体成员时偏见就会增强）。然而在适当的时候，针对某个特定群体的偏见是可以减少的。接下来我们将讨论社会心理学家已经发展出来的一些试图减少偏见的方法。

学会不去憎恶

根据**社会学习观点**（social learning view），儿童会对不同社会群体持有负面态度是因为重要他人在他们面前表露出这样的负面态度，儿童还会因为接受这些观点而得到直接的奖励（通过爱、表扬和赞成等形式）。此外，人们与其他群体的人直接交往的经验也将有助于态度的形成。有研究表明，童年时期的这两方面经验会对个体种族歧视的各个方面产生重要影响（Towles-Schwen and Fazio，2003）。也就是说，白人被试的父母的偏见越严重，被试与少数种族群体的交往就越不积极，与非裔美国人进行交往时表现出的行为就会更有歧视性。

也许孩子的种族态度和父母的种族态度之间的关系强度取决于孩子对其父母的认同程度（Sinclair et al.，2005）。关心自己是否让父母感到骄傲的孩子会受到父母的明显影响。在一个以四年级和五年级孩子为样本的研究中，研究者发现只有在孩子对父母有高度认同感的情况下，父母和孩子的种族态度才会存在正相关。

然而，童年期之后，我们的种族态度仍旧处于不断社会化的过程中。有些机构微妙地支持多元化价值观或是微妙地支持对某些群体的偏见，那么加入这些机构会给人们带来什么样的影响呢？针对这个问题，吉蒙德（Guimond）(2000)对加拿大的军事工作人员做了一些调查。他发现母语为英语的加拿大人对特定的外群体（如法裔加拿大人、移民以及一般市民）明显持有更多的偏见。此外，他们通过参加为期四年的军官培训课程提升了自己，这使得他们对自身群体和外群体之间的经济差距做了内化的合理辩护。除此之外，他还发现他们对军队的认同度越高，他们表现出的偏见随时间增长得越多。这样看来，那些能够塑造多元化价值观或偏见的机构可能会对认同他们的成年人具有重要影响。

接触的潜在好处

通过增加不同群体之间的接触程度可以减少种族偏见吗？认为这样做可行的观点我们称之为**接触假说**（contact hypothesis），我们有许多理由去预测这种策略是有效的（Pettigrew，1997）。不同群体的人接触的增多可以导致群体之间对彼此相似性的认可不断增加，这可以改变人们所属的类别。正如前面所看到的，我们对于那些被分在"我们"类别之内的人比那些属于"他们"类别之内的人有着更加积极的反应。同其他群体接触的增多或者仅仅知道本群体内的其他成员接触了外群体的成员，会让我们认为群体的规则并非如一些人起初所认为的那么"反对外群体"。跨群体友谊的存在表明外群体的成员并不一定会讨厌我们内群体的成员，这种认知也可以减少内群体的焦虑。

试想一下北爱尔兰的天主教徒和新教徒所遇到的情境。这些群体的成员居住在被高度隔离的区域，而且这两个群体成员之间的接触常被给予消极评价。但是，社会心理学家发现，来自这两个宗教群体成员之间的直接接触和间接接触（通过了解到其他群体内成员和群体外成员所建立的友谊关系）可以降低他们在未来面对外群体成员时产生的焦虑，从而减少他们的偏见（Paolini et al., 2004）。

其他研究也同样表明，在欧洲的一些群体中积极接触被认为反映了群体间合作的增加，可以改变群体的规则使得人们对群体公平性更加认可，从而降低了相互的偏见（Van Dick et al., 2004）。而且，这种跨群体的友谊带来的有利影响在于它会很容易扩散到其他并没有经历过这种接触的人身上，对于这些人来说，仅仅让他们知道这些就已经足够了。

在一系列涉及拥有男同性恋朋友的异性恋者的研究中，沃诺-菲寇（Vono-fakou）等人发现，他们和同性恋朋友之间感知到的亲密程度与该男同性恋朋友在群体中的典型程度可以预测出对男同性恋这一整体较低的偏见（Vono-fakou, Hewstone & Voci, 2007）。感知到的亲密程度可以减轻与男同性恋接触时的焦虑感，对这些朋友典型性的感知可以确保这些朋友不会被划入与群体其他成员不一样的子类型中，这对接触的普遍化和刻板印象的改变来说是最理想的情况。

再分类：改变边界

回忆一下你的高中生活，想象一下你们学校的篮球队和附近镇上的一个学校正在进行一场重要的比赛。在这种情况下，你当然会把你自己的学校当成"我们"，而把对方的学校看成"他们"。假如另一个学校的篮球队赢了你们学校的篮球队，然后去和来自另外一个州的篮球队在一场全国性的比赛中对抗。现在你将如何看待他们呢？这些情况下，你很有可能将另外一个队（你们所输给的那个队）看成是"我们"；毕竟，他们现在代表的是你所在的州。当然，如果来自另一个州的队伍正在和来自其他国家的队伍进行比赛，你们可能会把他们看成是"我们"，这是相对于"外国队"而言的。

诸如此类的情形中，我们在不断转换"我们"和"他们"的边界，这在日常生活中很常见，因此有人提出了一个有趣的问题：这种被社会心理学家称之为**再分类化**的策略（recategorizations）可以用来减少偏见吗？**内群体共同身份模型**（common ingroup identity model）认为它可以做到（Gaertner et al., 1994；Riek et al., 2010）。对于那些来自不同社会群体的人来说，当他们把自己看作同一社会群体的成员时，他们对彼此的态度就会变得更加积极。所以，正如我们在这一章开头所学到的，尽管"我们和他们"的群体差别会产生偏见，但是当"他们"变成"我们"时，偏见就会随之消除了。

那么我们如何去说服那些来自不同社会群体的人将他们自己看成是同一个群体的成员呢？正如之前所讨论的谢里夫等人（1961）对罗博的洞穴夏令营中男孩的观察，当原本从属于不同群体的个体向着共同的目标或是更高的目标一起合作时，他们开始视自己为一个共同的社会群体。然后，他们对原先的外群体（"他们"）的敌意似乎会逐渐消失。实验室研究和现场研究都发现了这种效应（Gaertner et al., 1990; Gaertner et al., 1989）。通过成功诱导让个体进行再分类化被证明是一种十分有效的方法，可以用来减少人们对那些原先被划分为外群体的成员的偏见。

这种通过将外群体转变为范围更大的内群体的一部分以减少对外群体的消极情绪的做法，其效果在那些负性情绪存在已久的群体中也有所体现，甚至适用于对对方实施过残暴行为的两个群体。试想一下大屠杀的历史，如今的犹太人对德国人的感觉如何？尽管这种冲突早已结束，受害者群体依然将犹太人与德国人看成分隔开的完全不同的群体，当代的德国人可能会被犹太人以偏见对待，即使他们已经不是生活在纳粹对犹太人实施暴行的那个年代。在一项关于再分类化假设的严格实验中，主试引导美国犹太人去想象犹太人和德国人是相互分离的群体，或者将他们看成包容性更大的同一个群体（即人类）的成员（Wohl and Branscombe, 2005）。该操纵之后，主试要求犹太人被试指出他们在多大程度上可以原谅德国人过去犯下的罪行。相较于两个群体被包括在同一个社会范畴中时（他们都属于人类），在德国人和犹太人被认为是相互分离的两个群体的情况下，被试对德国人表现出的原谅更少。将外群体成员纳入更大范围内的内群体对减少偏见有很重要的影响，同时对与外群体成员进行社会交往的意愿也有重要影响，这里的外群体甚至也包括了那些被他们认为曾经是敌人的人。

减少偏见的内疚效应

当人们面对他们已经做出的有偏见的行为时，可能会因为它违背了我们的一些个人原则而感到内疚（Monteith et al., 1993; Plant and Devine, 1998）。但是当一个人来自一个长期以来歧视另一个群体的群体，即使此人本身没有表现出有偏见的行为，那他也会感到内疚吗？有相当多的研究表明，人们会因为群体内其他成员的偏见行为而产生集体罪恶感（Branscombe, 2004）。那么这种集体罪恶感是否可以用来减少种族歧视呢？

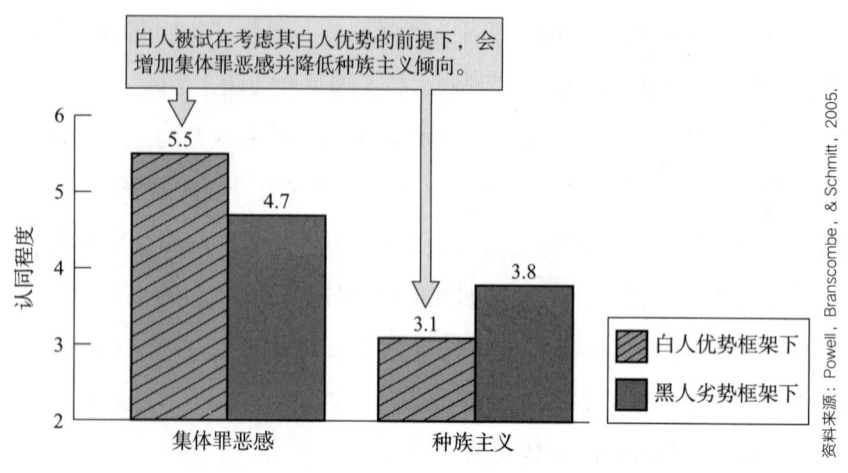

图 6-19 集体罪恶感可以减少种族主义

群体之间相同的不平等既可以被认为反映了一个群体的优势，也可以被认为是反映了另一个群体的劣势。让白种美国人思考由白种人的优势而带来的不平等会增加白种美国人的集体罪恶感，这会进一步降低其种族歧视水平。少许的集体罪恶感可能会对社会有好处。

在一系列研究中，鲍威尔（Powell）等人发现集体罪恶感可以被用来减少种族歧视（Powell, Branscombe & Schmitt, 2005）。首先，这些研究者认识到，两个群体之间的差异既可以由一个群体所感受到的劣势所构成，也可以由另一个群体所感受到的优势所构成。因此，在其中一种条件下，研究者要求白种人被试写下由他们的种族身份所带来的所有优势，而在另外一种条件下，要求被试写下非裔美国人因为他们的种族身份所带来的所有劣势。通过这种简单方法操纵了种族不平等形成的两种方式。正如研究者所预期的那样，相对于非裔美国人的劣势条件，白种人的优势条件明显导致被试产生了更多的集体罪恶感。正如图 6-19 中所示，在白种人的优势条件下，被试所体验到的集体罪恶感更强烈，随之而来的种族歧视就越少，但是黑人种族的劣势条件并没有这种效应。这个研究说明，当群体成为种族不平等的受益者时，对种族不平等的反省可以作为降低种族主义的有效手段。事实上，当源于白人优势的不平等观念与进行社会变革的效能感结合时，感受到集体罪恶感会促进反歧视行为（Stewart et al., 2010）。

我们能否学会对刻板印象和归因偏差说"不"？

在这一章中，我们指出以个体的群体身份来看待他人的倾向是偏见产生的一个关键原因。正如之前所说的，个体通过将特定的特征（如"敌对的"或"危险的"等负面特征）与种族或族群相联系来形成某种刻板印象；一旦这种自动化的联结形成，这些群体成员就成为种族或民族刻板印象的启动因素，这种启动是自动被激活的。那么，个体能够通过切断特定群体和特定刻板特质的联结从而削弱或消除"刻板印象"吗？卡瓦卡密（Kawakami）等人提出人们能够学会不去依赖既有的刻板印象（Kawakami, Dovidio, Moll, Hermsen & Russn, 2000）。

为了验证这一结论，研究者展开了一系列的研究，先是对被试的刻板印象联结进行评估。在这之后把被试分成两组。其中一组被试处于保持刻板印象的条件下，该条件下主试向被试展示一张白种人的图片和一个关于白种人刻板印象的单词（如"有野心的"或"保守的"），或者向被试展现一张非裔美国人的图片和关于非裔美国人的刻板印象的单词（如"体格健壮的"或"贫穷的"），要求被试对其反应"是"。当被试对那些和刻板印象不符合的单词与图片配对时，要求对其做出"否"的反应（例如，一个符合对白种人刻板印象的单词却与一张非裔美国人的图片配对）。另外一组被试处于反刻板印象的条件下，该条件下主试向被试呈现一张白种人的图片和与其刻板印象相符的单词或是非裔美国人的照片和一个与其刻板印象相符的单词时，要求被试对其反应"否"。另一方面，要求被试对那些和刻板印象不一致的单词图片配对反应"是"。换句话说，被试练习否定自己内隐的种族刻板印象。两组被试需要对这些步骤进行几百次的重复操作。

结果非常明确。对刻板印象的依赖可以通过重复对它们说"不"这样的过程而减少。在进行这种反刻板印象的训练之前，被试在看过关于白种人刻板印象的单词后对白种人面孔的反应速度比对非裔美国人面孔的反应速度要快，但当看过有关非裔美国人的刻板印象的单词后，被试对他们的面孔反应速度要比对白种人面孔的反应快。然而，在经过这种旨在削弱内在刻板印象的反刻板印象训练后，这些差异都消失了。尽管我们目前还不知道这种刻板印象激活的减弱是如何影响个体和群体成员之间的实际交流的，但经过这样的训练之后，人们或许能够学会不依赖种族或民族刻板印象去对待他人，这种可能性还是令人振奋的。

我们能够通过教人们练习对外群体消极行为进行弱化消极印象的归因而减少刻板印象吗？正如我们在第三章讨论的，人们往往会犯基本归因偏差的错误，当应用到群体中时，我们会将外群体成员的消极行为归因于他们的内在品质，而将他们的积极行为归因于情境（即外部因素）。斯图尔特（Stewart）等人研究指出，相较于如图6-20（b）所示的中性实验条件，如图6-20（a）所示通过对非裔面孔的消极行为与外部归因的重

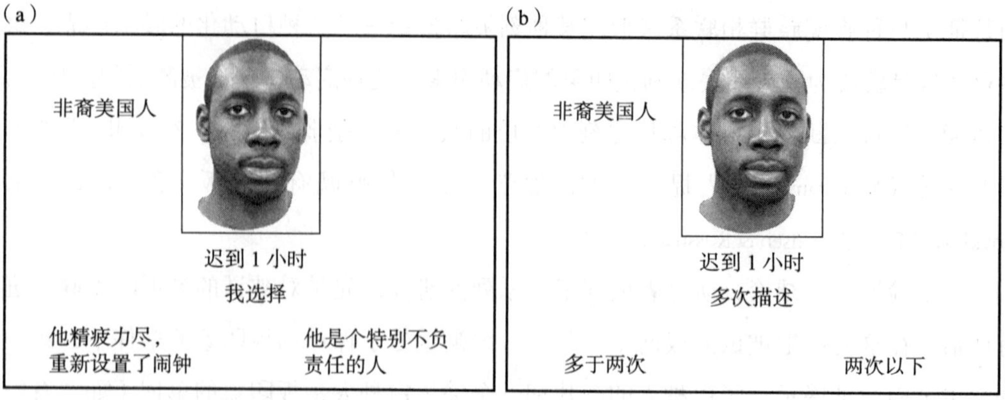

（a） 非裔美国人 迟到1小时 我选择 / 他精疲力尽，重新设置了闹钟 / 他是个特别不负责任的人

（b） 非裔美国人 迟到1小时 多次描述 / 多于两次 / 两次以下

资料来源：Stewart, Latu, Kawakami, and Myers, 2010.

图 6-20 考虑这种情形：在归因训练中与偏见对抗

在对非裔男性负面行为进行情境归因训练前（如图 b 中控制情境的例子），白人被试将消极特征与黑人面孔关联起来的速度要快于他们将这些特征与白人面孔关联起来的速度。然而，在反复训练被试对同样的消极行为进行情境/外部归因之后，如图 a 中所示（如"他精疲力尽，重新设置了闹钟"），内隐消极刻板印象就消失了。

复配对，可以降低内隐种族刻板印象（Stewart，Latu，Kawakami & Myers，2010）。经过这样的归因训练后，对非裔面孔与消极归因配对的反应速度和对白人面孔与消极归因配对的反应速度不再有差异。

社会影响是减少偏见的一种手段

有证据表明，提供本群体成员喜欢的被歧视群体成员的信息有时可以减弱我们对该被歧视群体的消极反应（Pettigrew，1997；Wright et al.，1997）。相反，若我们自身所在群体支持刻板印象，且我们认为个体在群体中的身份很重要，那么，相对于个人对外群体的看法而言，群体成员的看法对偏见更具有预测性（Haslam and Wilson，2000；Poteat and Spanierman，2010）。这表明，在群体内被广泛认可的刻板印象对偏见的表达有着至关重要的影响。

斯坦格（Stanger）等人的研究表明，社会影响加工可以被用来减少偏见（Stanger，Sechrist & Jost，2001）。研究者首先要求白人学生去估测拥有各种刻板特征的非裔美国人的比例。在完成此项评估之后，这些白人学生被告知，和他们来自同一学校的其他学生不同意他们的评估。在一种实验条件下（正面反馈），参与者了解到其他学生对非裔美国人持有更积极的看法（与白人学生相比，其他学生认为非裔美国人具有积极特质的比例更高，具有负面特质的比例更低）。在另一种实验条件下（负面反馈），参与者了解到其他学生对非裔美国人持有更消极的看法（其他学生认为非裔美国人具有负面特质的比例更高，具有正面特质的比例更低）。在了解到这些信息之后，参与者们又重新评估了具有正面特质和负面特质的非裔美国人的比例。社会影响的确改变了参与者先前的种族态度。在负面反馈的情形中，更多人支持负面的刻板印象，而在正面反馈的情形中，支持负面刻板印象的人数出现了显著下降。

这些研究结果表明，种族态度并非存在于社会真空中。恰恰相反，个人所持有的态度不仅受自身早期经验的影响，更受到自身所在群体中同侪成员的影响。其寓意也相当清楚：若能引导人们察觉到其偏见与同一群体中大多数人不一致，尤其是与其所尊敬的人的看法不一致，他们可能会改变态度，减少自己持有的偏见。

要点

- 社会心理学家认为，刻板印象和偏见并非不可避免；一些能够减少这些态度的技巧已经被成功使用。
- 孩子从父母那里习得了偏见，对父母有强烈认同感的孩子尤其如此。如果个体加入的组织以及同侪认为歧视合理，那么他（她）也会保留偏见。
- **接触假说**表明，让之前隔离的群体互相接触可以减少偏见；尤其是当外群体成员被视为是他们群体的典型成员时，这种群体的接触非常重要，它会带来跨群体的友谊，也会减轻和外群体成员互动的焦虑。
- **内群体共同身份模型**表明，通过再分类也可以减少偏见。再分类是指转换"我们"和"他们"这两个不同群体的边界，将之前的外群体成员包括进"我们"这个类别中来。这种技巧甚至适用于长期处于敌对状态的群体，此时可以使用"人类"这个最大的范畴。
- 情绪技巧也可以有效减少偏见。信奉平等主义价值观的人在违背自己的信念并表现出个人的偏见时会感到愧疚。若其所在群体表现出偏见时，他们也会产生集体罪恶感。将不平等归因于自身群体的优势会导致集体罪恶感，当人们有所察觉并希望做出改变时，会进而减少种族偏见，并反对歧视。
- 通过训练切断刻板印象和特定社会群体之间的联结，或者训练他们对外群体的负面行为进行情境归因，可以减少带有偏见的反应。
- 社会影响对维持偏见和减少偏见都起着重要的作用。我们都希望自己被认为是所在群体的典型成员；通过向个体提供证据表明内群体中的其他成员所持有的偏见比他们预想的要少，这可以减少他们的偏见。

总结与回顾

- 歧视可能基于许多不同类型的群体成员身份——可以是临时基于"最简"标准划分的群体，也可以是长期存在的群体，比如基于种族、性别、宗教、性取向、年龄划分的群体。人们对基于群体成员身份的各种形式的歧视有着不同的看法和反应，有些歧视被认为是合理的，有些歧视被认为是不合理的。

- 来自不同群体的成员对歧视和群体之间关系的感知也是相当不同的。当种族群体之间的现有关系发生改变时，白种人比非裔美国人看到更多平等方面的进步。研究表明，部分原因是白种人把改变和平等当成一种潜在的损失，然而非裔美国人则将平等方面同样的增长看作获益。人们都是风险厌恶者，潜在的损失比潜在的获益能引起更强烈的心理反应。

- 性别刻板印象是对于男性和女性拥有不同特征的一种观念。这种刻板印象认为，女性的亲和力较高，但竞争力较弱，而男性则恰恰相反。玻璃天花板效应是指有资格的女性在追求更高的职位时会比男性遇到更多的障碍。当男性遭受威胁且女性表现得与刻板印象不一致时，女性更容易受到阻挠。刻板印象引导我们去关注与刻板印象一致的信息，分析不一致的信息，从而让我们维持刻板印象。女性更容易被委任已在危机中的失败风险大的领导岗位，这被称为玻璃悬崖效应。

- 装点门面（雇用和接受某一特定群体的少数成员）会带来两种效应：第一，它维持了体系自身并不存在歧视这样的理念（精英政治的信念）；第二，它同时使得其他人对象征性个体产生消极的看法。那些抱怨自身所受歧视的人面临着受到负面评价的风险。

- 即使不使用不同的**主观尺度**对男性和女性进行评估，刻板印象仍然会影响人们的行为。当使用**客观尺度**测量时，无法进行**标准转换**，反应的意义恒定，此时女性比男性可能得到更差的结果。

- **单身歧视**是针对单身人士的负面刻板印象和歧视。单身人士和已婚人士都表现出这种偏见，这种偏见的产生可能是因为他们认为这种偏见是合理的，或者单身人士并未意识到别人对他们的偏见。

- **刻板印象**很难改变，但当群体之间的关系发生改变时，刻板印象也会被改变。

女性若经常接触扮演非传统角色的女性职员，她们对性别刻板印象的认同便会少一些。

- **偏见**可以被视为对特定社会群体成员的一种态度（通常是负面的）。偏见可以被自动激发，也可以是内隐的。偏见可能反映出个体对外群体的潜在情绪，如恐惧、愤怒、愧疚、遗憾、嫉妒、厌恶等等。
- 根据**社会认同理论**，偏见的产生是由于我们倾向于把世界分为"我们"和"他们"两个群体，相对于其他外群体，我们更喜爱和认同我们自身所在的群体。偏见的持续存在是因为贬低外群体可以保护我们的自尊。对我们群体利益的威胁会激发偏见，对群体之间资源争夺的感知可以使冲突升级。
- 当公然的**歧视**明显减少时，更多隐蔽的歧视形式仍然存在，比如现代种族主义。真实渠道法用内隐测量的方法去评估人们可能没有意识到的偏见。人们通过将自身的观念和极端偏执的偏见进行比较，可以维持自己没有偏见的形象。
- 当我们面对本群体成员的偏见行为时，如果我们没有使用策略让我们相信本群体对他人的伤害行为是合理的，那么我们会在某种程度上体验到**集体罪恶感**。也有证据表明人们选择"有意的遗忘"，我们很难回忆起我们给他人带来的伤害，但是可以回想起敌对外群体对本群体带来的伤害。
- 社会心理学家认为，可以通过一些技巧减少偏见。其中一种技巧便是让不同群体的成员直接接触。尤其是当外群体成员被视为外群体的典型成员时，这种接触显得非常重要，它会带来跨群体的友谊，减轻和外群体成员互动的焦虑，从而减少偏见。仅仅知道本群体和外群体成员之间建立了友谊便足以减少偏见。
- **内群体共同身份模型**表明，通过再分类也可以减少偏见。再分类是指通过转换"我们"和"他们"这两个不同群体的边界，从而将先前属于外群体的成员包括进"我们"这个群体中来。这种方法甚至可以用于长期敌对的群体，此时可以使用"人类"这个包容广阔的范畴。通过训练切断刻板印象和特定社会群体之间的联结，或者引导他们对外群体的负面行为进行情境归因，也可以成功减少偏见。情绪也可以用来引导人们减少偏见；当群体内成员关注现存的种族不平等现象的成因时，集体内疚感可以减少种族主义。通过向个体提供证据表明内群体中的其他成员所持有的偏见比他们预想的要少，这可以减少他们的偏见。

关键术语

标准转换（shifting standards）：我们以某个群体作为标准，但当我们判定来自另一个群体的成员时却转换到另一个群体作为参照标准。

玻璃天花板（glass ceiling）：建立在态度或者组织偏见基础上的障碍，它阻碍具有资格的女性晋升到高级职位。

玻璃悬崖效应（glass cliff effect）：当领导职位危险、不稳定或结果很可能失败时，女性会被选拔为领导者。

超级目标（superordinate goals）：只有通过群体间的合作才能完成的目标。

单身歧视（singlism）：对单身人群的消极刻板印象和歧视。

道德推脱（moral disengagement）：不再将对犯罪的制裁看作必要的。

风险厌恶（risk averse）：相较于潜在的等价收益，我们会更看重可能的损失。因此，我们对那些可能带来损失的变化的消极反应会比对那些可能带来收益的变化的积极反应更为强烈。

刻板印象（stereotypes）：对拥有某些特性或特征的社会群体的一种信念，这些特征是群体所共享的。刻板印象是能够影响社会知觉过程的一种认知框架。

集体罪恶感（collective guilt）：我们在面对本群体对外群体的伤害行为时所体验到的情绪。当这种伤害行为被视为不合法时，它最有可能被体验到。

接触假说（contact hypothesis）：该观点认为不同社会群体成员间的接触增加可以有效减少他们之间相互的偏见。

客观尺度（objective scales）：那些具有测量单位并且与外部事实紧密联系的标准，无论所测量的对象类别如何变化，它们的内涵都是相同的（如赚得的美元、英尺和英寸、被选择或被拒绝）。

零和结果（zero-sum outcomes）：只有一个人或一个群体能够得到的东西。因此，如果一个群体得到了它们，另一个群体就不能得到。

内群体共同身份模型（common ingroup identity model）：这种理论认为，来自不同群体的个体越是将他们视为同一社会群体的成员，群体间的偏见就会越少。

内隐联想（implicit association）：感知者没有意识到的特征或评价与群体成员身份之间的联系。这种联系会因为目标的群体成员身份而被自动激活。

女性的客体化（objectification of females）：仅仅将女性视为为了取悦他人而存在的躯体。

偶然情绪（incidental feelings）：被单独诱导或者在遇到目标之前被诱导出来的情绪，它和被判断的群体无关，但是仍然能够影响对目标的评价。

偏见（prejudice）：基于群体成员身份的负面情绪反应。

（偏见的）社会学习观点（social learning view [of prejudice]）：该观点认为，与其他态度习得的方法类似，偏见是通过直接和替代性经验而获得的。

歧视（discrimination）：对于不同社会群体成员的有差别的行为（通常是负面的）。

社会认同理论（social identity theory）：有关我们认为自己属于某一社会群体中的成员并且认同这一群体后产生的效应的理论。

威胁（threat）：它主要是指由于我们的群体将会受损或我们的自尊处于险境而带来的恐惧。

现代种族主义（modern racism）：一种更为隐蔽的观念，并不明显表现自己的优越感。它主要包含这样的观念：认为少数族群正在寻求并得到了多于他们应得水平的更多利益，并且否认歧视对此有影响。

现实冲突理论（realistic conflict theory）：该观点认为偏见来源于多个社会群体对稀有和珍贵资源的直接竞争。

性别刻板印象（gender stereotypes）：针对男性和女性拥有特征的刻板印象，并对两种性别的人群进行区分。

再分类化（recategorizations）：对于内群体（"我们"）和外群体（"他们"）之间边界的转换。这种再分类化的结果是，那些过去被认为是外群体成员的人现在可能会被划入自己的内群体成员，因此会被更加积极地看待。

真实渠道（bona fide pipeline）：利用启动效应来测量内隐种族态度的技术。

主观尺度（subjective scales）：量尺的测量语词可以进行主观解释，缺乏外在的稳定的指代，包括测量标签从好到坏、由弱到强这一类的量尺。因为它可以根据被评价个体的群体身份差异呈现不同的意义，因此被认为是主观的。

装点门面（tokenism）：象征性行为指的是雇用决策建立在雇员群体身份的基础上。它表现为让数量较少的某一群体的成员就任某一特定的职位，或者它也可以指给群体外成员一些小恩小惠，作为之后拒绝为这些群体成员提供更为实质性帮助的借口。

子类型（subtype）：一个群体中与群体的整体刻板印象不一致的子集。

最简群体（minimal groups）：当我们被依据某种"最简单"的标准归入不同的群体时，与那些被归入其他群体的人相比，我们倾向于偏爱那些与我们归为同一群体的人。

第七章

人际吸引、亲密关系与爱情

本章大纲

- **人际吸引的内在决定因素：需要和情绪**

    合群在人类生存和人际吸引上的重要性

    情绪与吸引力：感受是喜欢的基础

- **吸引力的外部决定因素：接近性和美貌**

    接近性的力量：不期而遇

    他人的外显特征：外表吸引力的作用

- **基于人际互动的因素：相似性和相互喜欢**

    相似性：物以类聚

    解释相似性—相异性为何影响吸引力

    互相喜欢或讨厌：喜欢那些喜欢我们的人

    我们对他人有何期望？构想理想的交往同伴

- **亲密关系：社会生活的基础**

    家庭成员的关系：我们最初的和持续最久的亲密关系

友谊：在家庭之外建立的关系

浪漫关系和爱情的奥秘（仅部分破解）

嫉妒：对关系（恋爱关系和其他关系）的内部威胁

互联世界中的社会生活：分手很难，但可以得到帮助

挑选理想伴侣：男性和女性的标准有差异吗？

多丽丝（Doris）和温德尔·罗伯茨（Wendell Roberts）刚刚庆祝了他们的75周年结婚纪念日。在这漫长的婚姻生活中，他们养育了三个女儿，成功经营了一家蜂蜜保鲜的企业，搬过几次家。在20世纪30年代，他们曾经历一段艰难的日子。当时他们每周只有52美元，贷款买过一台冰箱，因此每月要还4美元的贷款。然而他们相处得非常融洽。他们很少吵架，正如多丽丝所说的："没有什么能让我们分开。"两人都提到，他们的性生活也很和谐。随着婚姻生活的继续，他们也越来越尊重对方、依赖对方，并把对方当成忠诚的生活伴侣和帮手。现在他们两个人都九十多岁了，住在一个有配套的辅助生活设施的房子里。他们最大的愿望，正如多丽丝所说："我就希望我们能同时离开这个世界，我不知道怎样能够做到，但我希望我们能如愿以偿。"他们是怎样看待结婚75周年的庆典呢？——很少夫妇能够达到这么完满。多丽丝说："经历了很多艰难的日子。"温德尔补充说："也经历了很多幸运的事情。"

2008年，特里西娅·沃尔什-史密斯（Tricia Walsh-Smith）的丈夫告诉她：他要跟她离婚。面对丈夫的离婚要求，特里西娅·沃尔什-史密斯立刻搬出了他们在纽约公园大道上的豪华公寓。丈夫如此对待她，让特里西娅感到非常愤怒，于是她制作了一个视频放在了YouTube网站上。视频的名字是"一个极其疯狂的日子，凤凰要涅槃"。凤凰来源于神话，是一只一次次从自己的灰烬里升起来的鸟。在视频里，她真实呈现了夫妇俩"不可告人的秘密"，从没有性生活到被丈夫强迫签署的婚前协议。这个视频是如此异乎寻常以致爆红，浏览量甚至超过了一百万……

"和我结婚好吗?"几乎每对伴侣在考虑结婚时都会说这句话。之前还从没有人在社交网络上公开求婚,直到最近发生了下面这件事。格雷格·雷维斯(Greg Rewis)通过推特网站留言的方式给斯蒂芬妮·沙利文(Stephanie Sullivan)写了这句话,并且面向所有用户公开。斯蒂芬妮也在推特上进行了公开回复,她说:"呃……我想,在所有推特用户面前我会说我将很高兴与你分享我的余生。"这对伴侣在网络会议上相识,通过推特和手机来建立长期关系已经有几年了。恰如他们的朋友所说的那样:现在,他们正在把虚拟世界中的关系转换成现实生活中的真实关系。

以上三件事足以引发我们的思考。一类关系是维系了一辈子的婚姻和始于推特上公开的爱情宣言的婚姻;另一类关系始于爱情,但最后以苦涩和愤怒结束,在前面的例子中还涉及公开揭露隐私。这些事件全都是真实的,提出了关于社会生活中让人着迷而又非常重要的一些问题。这些关系是如何开始的——人们为什么会在初次见面时就互相吸引?这种吸引如何深入发展成了爱情(我们拥有的最强烈的感情之一)?为什么随着时间的推移,有些关系可以持续下来并且逐渐深入发展,而另一些关系却以一种痛苦的方式结束?最后,既然与他人发展深度关系具有明显的风险性,我们为什么还要这么做?正如一首老歌中所唱的,为什么我们大部分人是如此乐意"冒险爱上你"?

答案就在于我们大部分人将如何回答这个问题:什么可以让你真正地感到幸福?很明显,对于这个问题不同的人会给出不同的答案,但大多数人的答案中总是包含着这样的内容:"希望能够和我真心爱着并且爱着我的人建立一种长久的亲密关系。"正如安吉丽娜·朱莉(Angelina Jolie)所说的(2010年7月):"我一直想要拥有一种至爱……能让我感觉到强大、充实和真诚的爱,这些感受在一段关系中很难全部拥有,但是我们都在寻找,不是吗?"朱莉认为有许多类型的爱。在谈到她刚刚去世的母亲时,她说道:"当母亲去世时,我把我儿子带到教堂,为她点上蜡烛……"她啜泣着补充:"很遗憾……我非常爱她……"正如这些话所表现出来的,与他人形成和维持长久的亲密关系是我们社会生活的核心部分。尽管安吉丽娜·朱莉没有提到这一点,但我们还是应该补充:大部分人也都强烈渴望拥有好朋友——他们真正能够信任并且能够向其表露自己内心深处的想法和愿望的朋友。

社会心理学家很早就已经认识到人们对持久关系的渴望,并且已经认真探究过前面所列的所有问题，这里有必要再重复一下：人们为什么喜欢或讨厌对方？他们为什么会坠入爱河？有不同类别的爱还是只有一种？为什么一些人的关系会逐渐深化并发展成对彼此的坚定承诺，而其他一些关系却以失败或激烈争吵结束？对这些问题我们或许无法给出全部答案，但是几十年来的社会心理学家的精心研究已经让我们对这些问题有了许多深刻的了解（例如，Hatfield and Rapson，2009）。这就是本章将要呈现的内容。

首先，我们将会探究人际吸引的本质，检视影响人际吸引以及人们之间的相互喜欢或讨厌的众多因素。正如我们接下来会看到的，这其中有许多因素在发挥作用，从人际间最基本的交往需要、与他人的相似性、与他人的接触频率到对方的外貌等。讨论了人际吸引之后，我们将会讨论亲密关系，即因为吸引力高或其他强有力的因素（各种亲属关系）起作用而形成的关系。这些亲密关系包括我们与家庭、朋友、恋人和配偶形成的长久社会纽带关系。我们将会探讨这些关系是如何形成的、将人们牢牢结合在一起的爱的本质是什么，以及哪些因素会导致关系的终结（如图7-1）。尽管亲密关系终结的风险总是存在，但人人都希望可以避免这种风险，因为生活中一旦失去了这种纽带关系，失去了爱，对绝大多数人来说都是难以想象的。还有一些相关的话题——如何建立成功的关系？如何应对孤独？——我们将会保留到后面的章节（第十二章）给予解答。

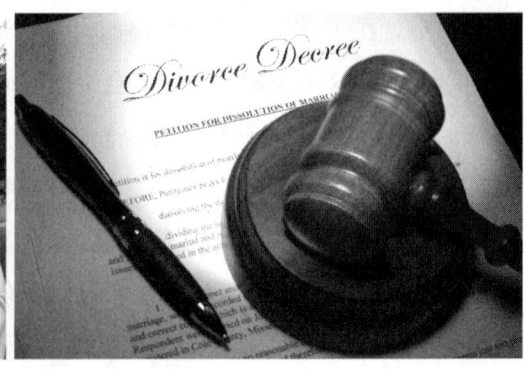

图7-1 亲密关系：有的成功，有的失败
人们对亲密持久的人际关系的渴望非常强烈，并且对绝大多数人的生活有着重要影响。它能带来巨大的幸福，但不幸的是，它也可能带来失望和痛苦。这些关系为什么开始？为什么有些关系成功，有些却失败了？这些一直是社会心理学家们研究的重要课题。

第1节 人际吸引的内在决定因素：需要和情绪

大多数人在思考吸引力（即喜欢他人）时，倾向于关注跟这些个体相关的因素：在某些重要方面，他们跟我们相似还是不同？他们的外表是否吸引人？事实上，这些因素在人际吸引上确实发挥着重要作用。此外，我们最初的喜欢或不喜欢他人的感觉也来自内部——我们的基本需要、动机和情感。我们首先来关注这些吸引力的来源。

合群在人类生存和人际吸引上的重要性

我们生活中的大部分时间都花在与他人的互动上，这种对他人的依赖性（比如与他人交往）有着神经生物学基础（Rowe，1996）。事实上，正如饥渴是我们生理健康的一种需求一样，合群需要和被他人接受的愿望是获得心灵幸福的一种基本需要（Baumeister and Leary，1995；Koole et al.，2006）。从进化的角度看，这是有利的：与他人合作可以促使我们的祖先获得食物、规避危险。因此，合群需要似乎是人类的一个基本特征。例如，刚出生的婴儿就明显表现出一种寻求人际交往的动机和能力（Baldwin，2000），相对于其他刺激来说，他们对面孔表现出了更多的偏好（Mondloch et al.，1999）。

合群需要的个体差异

尽管合群需要看上去是人类的一个基本特征，但不同人对合群需要的需求强度差异很大。不管是基于遗传还是经验的原因，合群需要的强度构成了个体相对稳定的一种特征（或性格）。基本上，我们倾向于寻找比较适合自己的社会交往量，某些时候我们喜欢独处，而某些时候我们喜欢处于社交情境中（O'Connor and Rosenblood，1996）。

当人们的合群需要没有得到满足时会作何反应呢？例如，当其他人忽视你时，那是什么样的感觉？绝大多数人认为这是非常令人不愉快的。被他人忽略时，因为你找不到归属感，你会受到伤害，会感到失去控制，感到悲伤和愤怒（Buckley et al.，2004）。

社会排斥会导致人们对人际交往的信息更加敏感（Gardner et al., 2000），实际上，这也会导致认知功能的运行更加低效（Baumeister et al., 2002）。

有不需要其他人的人吗？

社会心理学家数十年的研究表明：尽管合群需要既强烈又普遍（例如，Baumeister and Twenge, 2003; Koole et al., 2006），但还是会有人表现出我们所熟知的回避型依恋风格——他们声称没有或很少有对他人情绪依恋的需要，事实上，他们倾向于避免亲密关系（例如，Collins and Feeney, 2000）。难道就人类通常具备的依恋他人的这种强烈需求而言，这些人真的是例外吗？（如图7-2）。这是一个很难回答的问题，因为这些人强烈声称他们没有这些需要。然而社会心理学家是机智的，研究结果（例如，Carvallo and Gabriel, 2006）表明，事实上，即使声称很少或没有合群需要的人也是有合群需要的，至少在某种程度上是有的。的确，他们对合群需要的需求程度可能会比其他人要低一些，但是当他们获知自己被他们声称不需要的他人所接纳的时候，他们会表现出自尊水平的上升和情绪的改善。（在后面的章节中，我们会提供更多的有关依恋类型及其对社会关系发生影响的内容。）

总之，所有人类个体（包括声称自己属于例外情况的人）对归属都有强烈的需求，

图7-2 合群需要：我们都具备它的证据

一些人声称他们很少或没有合群需要（和他人建立联系），但是研究结果表明即使这样的人，他们也有合群需要。我们怎么知道这是真的？当这样的人获知自己被他人接纳时，他们的情绪和自尊都会提升。这只能解释为这种接纳满足了他们基本的合群需要。

都希望与他人建立联系。即使用一种看似冷漠的假面具来掩盖这种需求,这种对归属的需求依然会存在,无论人们多想否认这一点。事实上,我们应该补充说明,合群需要和依恋风格(即我们在亲密关系中建立情感纽带和调整情绪的方式)的差异是我们社会生活的基本方面。吉拉斯(Gillath)及其同事的研究表明依恋风格在我们看待他人以及与他人的关系中发挥着强有力的作用,这种作用还影响着我们的行为,比如寻求支持的倾向,进行"自我表露"的倾向(即揭示我们内心深处的想法和情绪的倾向)(例如,Gillath et al., 2008; Gillath and Shaver, 2007)。依恋风格的个体差异甚至可以在脑功能水平上被测量出来。举例来说,当想到关系中的负面结果时(比如,冲突、关系破裂或配偶死亡),越是害怕被他人拒绝或抛弃(依恋焦虑)的个体,他们与情绪相关的脑区就越活跃(Gillath et al., 2005)。总之,很明显,依恋风格强烈影响着我们与他人的关系以及与这种关系有关的认知过程和神经过程。

情境对合群需要的影响

除了存在个体差异外,外部事件也可以暂时增强或降低合群需要。例如,当人们意识到死亡时,一个常见的反应是更愿意同他人在一起(Wisman and Koole, 2003)。同样,在一个令人高度恐慌的事件之后(比如自然灾害),许多人会更希望和他人在一起——主要是为了得到帮助和安慰,降低负面情绪(Benjamin, 1998; Byrne, 1991)。人们面对压力时变得友好与合群的一个基本原因是由沙克特(Schachter, 1959)最早发现的。他早期的研究表明,那些在实验中受到电击的被试更愿意与他人一起面对这种不愉快,而不愿意独自承担。而那些不会经历令人不愉快电击的控制组被试更愿意独自一人或不关心是否与他人在一起。从这个研究中得出的结论是:"我们痛苦时并不介意是谁陪在身边,只希望能有人陪伴就好。"(Schachter, 1959, p.24)

为什么来自现实生活的威胁和实验产生的焦虑会激发合群的需要呢?为什么感到恐惧和焦虑的人们想要与其他同样恐惧、焦虑的人进行接触?其中一种解释是因为这种联系提供了一种社会比较的机会。人们想要与他人(即便是陌生人)在一起交流正在发生的事情、对比他们的感知以及决定要做什么。也就是说,相应的情景引导我们去寻求"认知明晰性"以了解到底发生了什么,同时引导我们去寻求"情绪明晰性",从而更好地理解我们正在体验的情感(Gump and Kulik, 1997; Kulik et al., 1996)。这种包含着对话和拥抱的人际接触,可能是带来安慰的真正源泉。

喜欢或不喜欢他人(高水平或低水平的吸引)比较主观,通常包含强烈的情绪成分。这是真的吗？更通俗一点讲，情感（我们的心境和情绪）在人际吸引中发挥什么样的作用？这个有趣的话题将在下面的专栏"情绪与吸引力：感受是喜欢的基础"中讨论。

情绪与吸引力

感受是喜欢的基础

正如我们在其他章节中看到的那样，积极和消极情感是很复杂的，它们在强度（效价）和唤起程度（由低到高）上存在变化，也许其他维度也是这样的。尽管复杂，通过精心研究发现了一个基本原则：不管其因何而起，积极情绪通常会引起对他人的积极评价（例如喜欢他人），而消极情绪通常会导致对他人的消极评价（比如不喜欢他人）（Byrne, 1997; Dovidio et al., 1995）。这些效果的产生基于两种不同的路径。

首先，情绪对吸引力有直接效应。当某人说了或者做了令你开心或不开心的话或事，这些感受会直接影响你对这个人的喜欢程度。很常见的一种现象是，你喜欢那些让你感觉良好的人，讨厌那些让你感觉不好的人（Ben-Porath, 2002）。令人惊讶的是情绪或情感对吸引力的间接影响——有时被称为情绪对吸引力的关联效应。当一个人的情绪状态被别的人或事唤醒时，若某一人恰好同时出现，那么这种效应就产生了。即使你是否喜欢一个人和情绪无关，然而人在感觉很好时总是倾向于积极地评价对方，在感觉不好时则倾向于消极评价对方。例如，在你得知考试成绩差之后马上遇到一个陌生人，相比于考试成绩好或者遇到其他的积极事件时，你对这个人的喜欢就会更少一些。

这种情绪状态对吸引力的关联（或间接）影响已经得到许多实验的证实，这些实验涉及由各种不同的外部原因导致的情绪状态。诸如阈下呈现引起人愉快或不愉快情绪反应的图片，例如小猫咪或蛇（Krosnick et al., 1992）；让大学生去知觉背景音乐令人愉快还是不愉快，如摇滚乐或古典爵士乐（May and Hamilton, 1980）；还有一些研究在实验开始之前让被试报告他们的心境是积极的还是消极的（Berry and Hansen, 1996）。

我们如何解释情绪影响吸引力的间接效应呢？这种影响对所有的态度（喜欢或不喜欢可以被看作对他人的一种特定态度）都是适用的，经典条件反射（学习的基本形式）在其中发挥着作用（参见第五章节关于该主题的讨论）。当一种中性的刺激（例如我们一次遇到的人）与一种积极的刺激（使我们感觉愉快的事情）配对时，相对于中性刺激与消极刺激（使我们感觉糟糕的事情）配对来说，与积极刺激配对的中性刺激会受到更积极的评价，即使我们根本没有意识到这种匹配现象的发生（May and Hamilton，1980），甚至我们会否认情绪对陌生人吸引力评价的影响。

广告商和那些想要影响我们的人似乎很好地意识到了这种基本加工进程，所以他们经常努力让目标人群产生积极情绪和情感，然后将这些积极感受和他们想要推荐的产品或者政治候选人建立联系。他们的目的是让我们喜欢上与积极情绪相联系的正在被"推销"的任何人和事。这个目的可以通过广告上的漂亮模特或者将产品和快乐时光及愉快体验相联系而实现（如图 7-3）。政治候选人使用同样的策略，把他们的图像或到场与快乐的庆祝场景联系起来，经常会安排忠诚的支持者到政治集会中造成候选人被欢呼的人群包围的场景（见图 7-3）。同样，最终目的是通过将候选人与积极情绪相联系来增加人们对他们的喜欢。

图 7-3　情感影响喜欢，反过来，喜欢在产品购买甚至选举行为中发挥重要作用
广告商和政治家经常利用间接情绪效应去诱发大众对产品或候选人的喜欢。基本思路是从某种程度上把这些产品或候选人与积极情绪相联系，他们将被喜欢，反过来，喜欢导致购买产品或给选举候选人投票。

> 这种通过影响我们的情绪来影响我们对不同商品或人物的喜欢程度的做法真的有效吗？研究表明它们确实有效（例如，Pentony，1995）。总体来说，与候选人、产品、销售品无关的因素所诱发的情绪状态的确能够影响我们的喜好，从而影响我们的外显行为（我们的投票、购买决策）。因此，需要记住的是，如果下次你接触到明显是设计出来引起你积极或消极情感的任何此类信息，其最终目的可能是说服或影响你，而非是仅仅让你感觉良好。

要点

- 人际吸引指的是我们对他人做的评估——我们对他人所形成的积极或消极的态度。
- 人类有强烈的合群需要，即用合作的方式与他人互动交流的动机。这种需求的强度会随着个体和情境的不同而存在差异，但即使是那些声称没有这种需求的人们也被证明他们是具有这种需求的。
- 积极或消极情感状态会通过直接或间接的方式影响人际间的吸引。直接效应是指该情绪就是由被评价对象引发的。间接效应是指当情绪本身来源于别处，而某人仅仅是和这种情绪建立了联系，那么我们对这个人的评价和态度就会受到这种情绪的影响。
- 情绪的间接（关联）效应被广告商和政治家所应用，他们明白，把产品或候选人与积极情绪联系起来会影响人们购买产品或给候选人投票的决策。

第 2 节 吸引力的外部决定因素：接近性和美貌

两个人是否有机会接触通常由他们居住、工作、娱乐的场所等偶发的、非计划的因素决定。比如在教室里被安排坐临座的同学比那些分配到相隔了几排座位的同学更可能发生互动。一旦物理上的**接近性**（proximity）让人们接触后，其余的因素也会发挥重要的作用。其中一个因素是**外表吸引力**（physical attractiveness）。另一个因素是两人之间不同方面的相似程度。这里我们探讨接近性和外表的作用，下一节，我们再探讨常常是强有力的相似性效应。

接近性的力量：不期而遇

我们的地球上现在居住着67亿多人口，但是你一生中只可能与其中很小一部分人接触。如果没有这些接触，你不可能与他人相识，更谈不上喜欢或不喜欢对方，所以从某种意义上讲，在产生吸引的感觉之前，必须满足接近性（与他人物理上的接近）这一基本要求。这一点在过去的确如此，但是在今天，社交网络和其他电子媒介使人们不用直接地面对面接触就可以建立联系并形成喜欢或不喜欢的初步感觉。当然了，在"虚拟世界"之外发展亲密关系必须存在这种接触。总体来说，尽管物理上的接近性在过去是人际交往（吸引）的条件，但是现在却不一定。现在让我们看看网络出现之前，接近性对喜欢或不喜欢他人的作用的经典研究。

为何接近性会产生影响？重复曝光是关键

想象一下，开学第一天你坐在一间教室里。你没有见到认识的人，老师有一张按字母顺序登记的学生就坐名单。起初，整间教室里都是陌生的面孔。当你找到了指定的座位，可能会注意到坐在你左边或右边的人，你可能会也可能不会和他们说话。但是第二天或第三天，当你遇到临座的人，你会认出他们，并很可能会打个招呼。在接下来的几周内，你们可能会谈论关于班级或校园内发生的事情。如果你在其他场合看到他们中的某个人，你们会认出对方，并且你们很有可能增加互动。毕竟，见到熟人是件开心的事情。在美国和欧洲的大量早期研究表明，如果学生被安排在临近的座位上，他们更可能变得相互熟知（Byrne，1961a；Maisonneuve et al.，1952；Segal，1974）。除了教室里的接近性外，贯穿20世纪的调查研究表明了那些生活或工作中接触比较多的人们更可能变得熟悉，建立友谊，甚至结婚（Bossard，1932；Festinger et al.，1950）。但是为什么与他人的接近性和由此产生的接触会影响吸引呢？

答案似乎就在于**重复曝光效应**（Repeated exposure effect，Zajonc，1968）。很明显，被曝光在新刺激（如陌生人、新观点、新产品）面前的频率越高，你对他们的评价就会变得越好。这种效应是很微妙的，我们可能意识不到，但它却是强烈而普遍存在的。

研究结果表明：人、词汇、物体等几乎一切东西都有曝光效应。此外，曝光效应在生命的早期就开始出现：婴儿倾向于对一个以前见过的人的照片微笑，而不是对一个首次见到的照片微笑（Brooks-Gunn and Lewis，1981）。

一项课堂情境的研究给这种效应提供了有力的证据（Moreland and Beach，1992）。在某个学期的大学课堂，研究者的一位女助手在一学期中参加了十五次课，第二位女助手参加了十次，第三位女助手是五次，第四位女助手根本没有参加这个课程。这些助手都没有和课堂中的学生有过接触。在学期结束时，实验者给学生看四个助教的照片，并要求他们标记出自己对这些助教的喜爱程度。正如图7-4所示，助教参与课程的次数越多，就越受欢迎。这一实验和其他许多实验都证明了：重复曝光对吸引有着积极影响。

扎伊翁茨（2001）解释了重复曝光效应，当我们遇到某个新的的或不熟悉的人或事时，通常会带有轻微的不舒服的感觉。这个假设可能是合乎情理的：对我们的祖先而言，对第一次接近的任何人或事都是非常谨慎的，这是有适应意义的。无论什么事情，只要是未知或不熟的，至少都是有潜在危险的。然而通过重复的曝光，积极情绪提升而消极情绪减少（Lee，2001）。例如，一张熟悉的面孔诱发出积极的情感，带来积极评价，并且激活人的面部肌肉，使得脑电活动处于一种和积极情绪相关联的状态中（HarmonJones and Allen，2001）。不仅熟悉感会诱发积极的情感，反过来积极的情感也会带来熟悉感（Monin，2003）。例如，即使是初次见面，漂亮的面孔也比没有魅力的面孔会让人感觉更熟悉。

曝光效应正如所发现的那样强大，但如果一个人对刺激的最初反应是非常负面的，那么重复曝光效应就会失效。这种情况下重复的曝光不仅不会带来积极的评价，甚至会引发更强烈的厌恶感（Swap，1977）。你可能经历

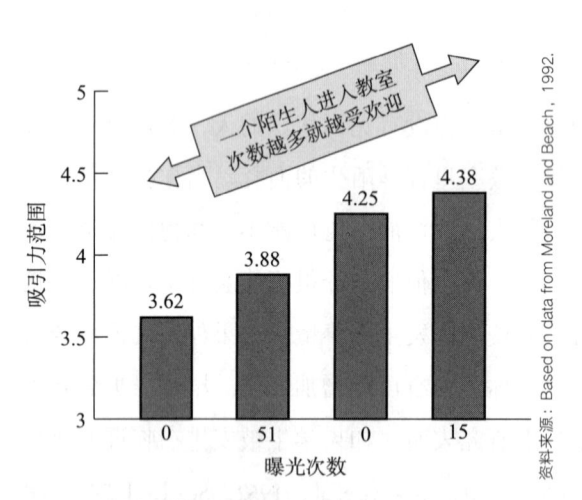

图7-4 教室里的曝光频率和喜欢程度

为了检验大学教室里的重复曝光效应，莫兰（Moreland）和比奇（Beach）（1992）雇用了四个女研究助手假装课堂成员。其中一个人在整个学期都没有上过课，另外一个上了5次课，第三个上过10次课，第四个上过15次课。她们中没有一个人与课堂中的学生有过接触。在学期末，主试让学生看这些助教的照片，请他们回答对助教的喜爱程度。结果发现学生与女助手见面次数越多，他们对她越喜欢。

过这样的事情：当你一开始不喜欢的歌或商业广告一遍又一遍播放时，你会越来越不喜欢它们。所以，有时不断增加的熟悉感可能会引起你的蔑视，并不会产生吸引力。

他人的外显特征：外表吸引力的作用

"一见钟情"、"被闪电击中"——不同的文化有不同的谣谚，但是它们无一例外指代这样一个事实：有时候，与某人仅仅是初次见面，就会对这个人有着强烈的喜欢情感。尽管我们一再被警告不要太受到他人外表的影响（不要以貌取人），但是很明显，他人的外表确实对我们有着强烈的影响，并且在人际吸引和社会行为的许多方面经常发挥着重要的作用（例如，Vogel, Kutzner, Fiedler and Freytag, 2010）。这些效应有多强？它们为何会发生？外表吸引力是什么？我们真的认为"美的就是好的"吗？也就是说外表吸引力强的人除了美貌外也拥有许多理想的个人特质吗？下面我们就来讨论这些问题。

美貌或许不过一张皮，但我们还是很关注外表

诚然，在你的生活中你会听说过这个谚语："美貌不过一张皮。"它警告我们不要太过于关注他人的外表，特别是他们看起来的样子。但是现存证据表明即使我们想这样做，我们也不大可能做得到。因为在决定我们是否喜欢他人，以及我们选择可能的或实际的配偶时，外表吸引力是一个很重要的因素（Collins and Zebrowitz, 1995; Perlini- and Hansen, 2001; Van Straaten et al., 2009）。

无论在实验室还是在现实世界里，外表都决定了许多人际间的评价。例如，相对于没有吸引力的被告而言，法官和陪审团的成员更少会将有吸引力的被告判定为有罪（例如，Downs and Lyons, 1991）。而且，相比没有吸引力的人，有吸引力的人会在很大程度上被认为更健康、更聪明、更值得信任，有着诸如善良、慷慨和温暖的理想人格特质（Lemay et al., 2010）。甚至，相比没有吸引力的婴儿，人们会对有吸引力的婴儿反应更积极（Karraker and Stern, 1990）。正如我们在后面的恋爱关系中要讨论的那样，外表也在配偶选择中发挥着重要作用。现在，让我们考虑一下这个事实：在许多维度上——不仅仅是外表美——有吸引力的人通常被认为比没有吸引力的人更有优势。

"美的就是好的"效应

如前所述，吸引力高的人们相对于吸引力低的人而言，会在很大程度上被认为拥有理想特征，比如：聪明、健康、善良、慷慨。这是为什么呢？戴恩（Dion），伯奇德（Berscheid）和沃尔斯特（Walster）（1972）最先提出的一种观点认为：可能是我们对高吸引力人群有非常积极的刻板印象——外表吸引力刻板印象。诸多研究已经证实了这种解释的合理性（Langlois et al., 2000; Snyder et al., 1977），而且这种观点多年来已经被广泛接受。当然这会带来好的感觉：如果我们对有外表吸引力的人群有一个积极的刻板印象，正如所有的刻板印象一样（参见第六章），这种认知框架会强烈影响我们对他人的知觉和思维。

然而，最近有人提出了有关"美的就是好的"效应的另一种解释。勒梅（Lemay）等（2010）人认为这种效应的产生过程包括三个步骤。首先，我们渴望与有吸引力的人建立某种关系。其次，这种强烈的渴望会引导我们认为吸引力较高的人相对于那些吸引力较低的人更善良、更外向、更平易近人。换句话说，我们把我们的愿望投射到与他们建立关系上，这种投射产生了对他们非常积极的感知。为了检验这种理论，勒梅及其同事做了几个研究。其中一个实验，给被试看一些陌生人的照片，这些人在外表吸引力上被评估为高于或低于平均数（在十点量表上，8.5分及以上或者5分及以下）。然后让被试评定自己与这些人建立关系的渴望程度，并评定照片中有吸引力的人和没有吸引力的人渴望与他人建立关系的程度（即他们的合群动机）。此外，让被试评定目标人群的人际特质，即评定他们善良、慷慨、外向和温暖等方面的程度。

研究预测高吸引力的人比低吸引力的人有更高的合群动机，且在各项人际特质评定方面更有优势。最重要的是，研究假设这些效应可以通过被试与吸引力不同的陌生人建立关系的愿望强度所中介。事实上，当该中介变量的作用从统计上被移除时，这些目标人群吸引力的效应就消失了。换句话说，被试自己渴望认识有吸引力的陌生人，这种投射引导被试使用带好感的词汇来知觉这些陌生人（如图7-5）。

在"美的就是好的"效应的讨论结束之前，我们需要讨论另外一个问题：这句话准确吗？那些漂亮的人真的比不漂亮的人在社交方面更沉着、更善良、更开朗吗？尽管这些说法被广泛接受，但这些说法在大部分情况下都是不准确的（Feingold, 1992; Kenealy et al., 1991）？例如，非常邪恶的人（如惯骗）可能相貌姣好（通常的确如此）；许多看起来不像电影明星的人（如比尔·盖茨或巴菲特）却通常智商很高，而且风趣、

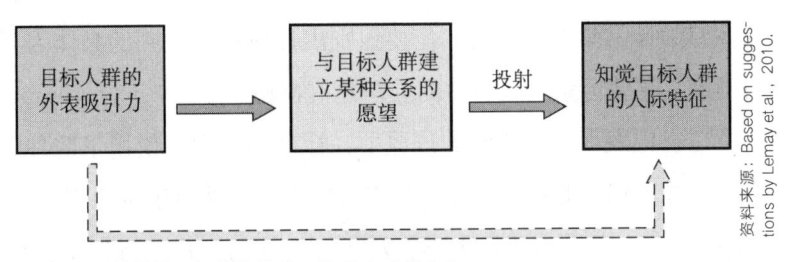

图 7-5 "美的就是好的"效应：为什么会发生？
最近的研究（Lemay et al., 2010）表明：为什么我们倾向于认为"人美人就好"的一个原因就是我们自己渴望与他们建立某种关系，这种渴望导致我们投射给他们相似的感觉。我们想要接近他们，所以我们把这些感情在他们身上投射出来，对他们的评价更高。

资料来源：Based on suggestions by Lemay et al., 2010.

善良、慷慨。包含在"美的就是好的"效应里的一些观念是准确的，例如，高吸引力的人更受欢迎，具有更好的人际技巧，自尊水平更高（Diener et al., 1995; Johnstone et al., 1992）。也许这是因为仰赖其外表的人本身就生活在被他人良好对待的环境中（Zebrowitz et al., 1998）。因此，这并不奇怪，有吸引力的人经常会意识到自己是漂亮的或英俊的（Marcus and Miller, 2003），且设法把这种特征作为自己的优势，用在诸如劝说或影响他人上（Vogel et al., 2010）。换句话说，吸引力本身不会产生卓越的社交技巧和高水平自尊，但可能会有助于他们发展出这些特征，因为有吸引力的人会被他们所见的大多数人友好对待。然而，他们用这些技巧做好事还是坏事似乎与外表吸引力本身没有必然联系（如图 7-6）。

确切地说，什么是"吸引力"？

另外一个有趣的问题是：究竟是什么会使得一个人具有吸引力？研究人员认为一定存在一些潜在的基础，因为无论是在某一文化还是不同文化中，对吸引力的看法都有着令人惊奇的一致性（Cunningham et al., 1995; Fink and Penton-Voak, 2002; Marcus and Miller, 2003）。尽管对于是否有吸引力

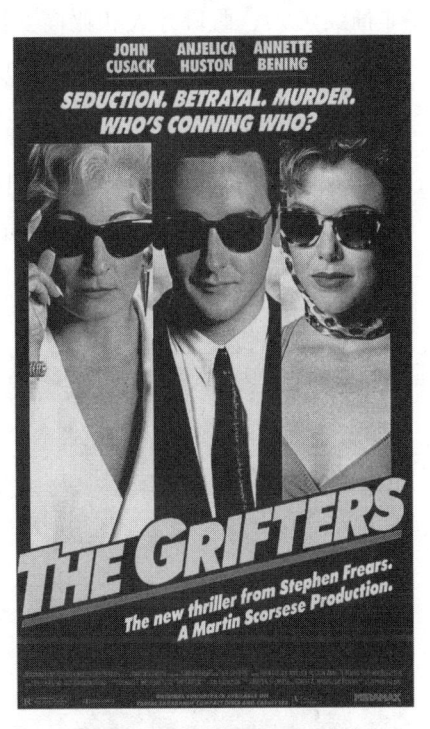

图 7-6 漂亮的人并不见得必然是好的
这里呈现的照片是《致命赌局》（The Grifters）中的明星，一部讲述利用其外表吸引力去欺骗他人的职业骗子的影片。电影里的这些人物是虚构的，但是许多惯骗的确有着高吸引力，这使他们更容易欺骗受害者——这些受害者错误地假定"美的就是好的"。

的评判大体上具有一致性，但要识别出形成这些评判的具体因素（例如哪些因素让吸引力高、哪些因素让吸引力低）却并不容易。

在尝试发现这些线索的过程中，社会心理学家使用了两种完全不同的方法。一种方法是去识别一群被认为具有吸引力的个体，然后确定他们的共同之处。坎宁安（Cunningham，1986）要求男性大学生对年轻女性的照片进行评定。他们要将那些被认为最有吸引力的女性分为两类，如图 7-7 所示。一类具有"儿童特征"，都长着一双大眼睛、小巧的鼻子和下巴。像梅格·瑞恩（Meg Ryan）和埃米·亚当斯（Amy Adams）这样的女性就被归到了这一类，她们被认为是"可爱的"（Johnston and Oliver-Rodriguez，1997；McKelvie，1993a）。另外一类有吸引力的女性具有成熟的特征，她们都有突出的颧骨、上扬的眉毛、大大的瞳孔并笑容可掬，安吉丽娜·朱莉（Angelina Jolie）就是这样的例子。在时尚模特身上能够发现这两种面孔类型，她们通常是白种人、非裔美国人、西班牙人和亚裔女性（Ashmore et al.，1996）。尽管相关证据较少，但同样的分类似乎也适合男性，有高吸引力的男性看起来或是"可爱的""男孩气的"，或是成熟、阳刚的。

另一种方法是由朗格卢瓦（Langlois）和罗格曼（Roggman）（1990）提出的。他们先选出几张面孔照片，接着利用计算机数字技术把这些面孔合成一张人脸。每一张

图 7-7　有吸引力的两种女性类型：可爱的或成熟的
外表吸引力的研究表明，两种类型的女性被评定为最有吸引力，一种是可爱的——具有孩童般的特征，大眼睛，小巧的鼻子和下巴，例如埃米·亚当斯。另外一种是成熟的面孔——突出的颧骨，上扬的眉毛，大大的瞳孔并笑容可掬，例如安吉丽娜·朱莉。

第七章 人际吸引、亲密关系与爱情　313

照片上的图像被分隔成许多微小的方块，每个方块都被转换成一个代表特定形状的数字。然后，这些数字在两个或更多照片中被平均化，最终再将这些数字转换合成一张人脸。

你可能会想，通过平均化创造出来的面孔是否在吸引力上也会趋于一般。恰恰相反，相比合成过程中使用的那些个人照片，最终合成的面孔会被认为更有吸引力（Langlois et al., 1994; Rhodes and Tremewan, 1996）。进一步来讲，用于平均化处理的面孔越多，最终合成的面孔也越漂亮，如图 7-8 所示，当你用多达 32 张面孔图片进行合成时，"你最终将会得到一张非常漂亮的面孔"（Judith Langlois，引自 Lemley, 2000, p.47）。（如果你访问这个网站：http://campaignforrealbeauty.com/flat4.asp?id=6909，你会发现它很有趣，这个网站向我们展示了漂亮的面孔是如何通过技术得到提升的。）正如这个网站所示，当广告商和美容专家通过这样的方式来"提升"面部效果时，广告和大幅海报中出现的面孔所具有的吸引力就远高于现实中的了！

为什么合成的面孔特别有吸引力？可能是因为合成面孔的方式在很大程度上同我们在认知中形成的对男女面孔的图式一样或相近。也就是说，我们基于自己对许多不同形象的经验形成了一些图式，而一个合成的面孔比起任何特定的面孔来说都更接近于那种图式。如果这个分析正确，那么其他种类的合成图像也应该有很大的吸引力。但是研究证明对于合成的狗或鸟的图片而言却并非如此（Halberstadt and Rhodes, 2000）。这可能是由于我们知觉人类与知觉其他生物是不同的，从历史上讲，我们辨别

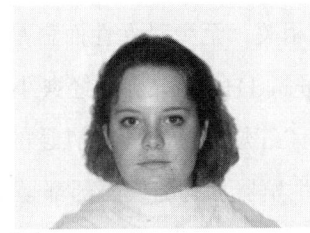

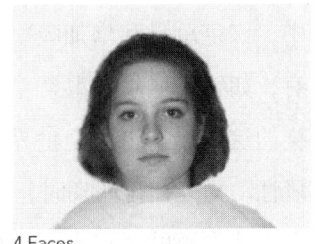

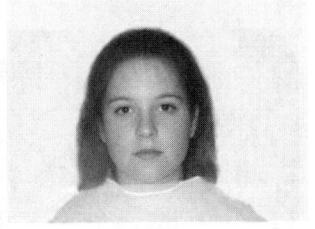

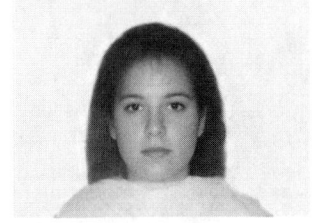

2 Faces　　4 Faces

8 Faces　　16 Faces

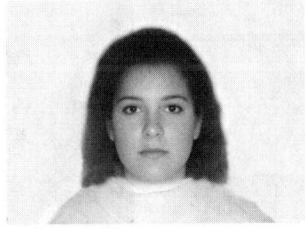

32 Faces

图 7-8　将多张面孔进行平均化处理会产生一张更有吸引力的脸
当一些不同面孔的电脑图像合成为一张面孔时，这种平均化后的合成面孔比起那些用来平均化的原始面孔更有吸引力。随着用于平均化处理的面孔数量的增加，合成面孔的吸引力也在增加。

潜在的朋友、敌人或配偶的重要性比辨别狗和鸟重要得多。

除了面部特征的细节外，情境也会影响人们对吸引力的知觉。正如米奇·吉莱（Mickey Gilley）在有关酒吧里寻求浪漫情境的歌曲中所唱的那样，"每当酒吧快打烊，女孩都变得更漂亮"，事实上，夜愈深，男孩或女孩都会让异性感到更有吸引力（Nida and Koon，1983；Pennebaker et al.，1979）。而临近打烊时，人们对于同性别陌生人的评价并没有提高，所以酒精的影响（酒精可能会损害判断力）并不能解释这种效应（Gladue and Delaney，1990）。更确切地说，当一些人牵手离去，备择的异性对象越来越少，这种情境会使人们对那些留下的人产生更积极的评价。

红色真的性感并且有吸引力吗？

当考古学家挖掘开已经尘封了几千年的埃及墓穴时，他们经常会发现化妆品，其中有口红和胭脂，它们都是红色的（如图7-9）。事实上，在许多古代和现代的文化中，红色总是和增加吸引力相关，至少对女性而言是这样。这种看法在文学作品中也有，如纳撒尼尔·霍桑（Nathaniel Hawthorn）的经典小说《红字》（*The Scarlet Letter*），同样的这种看法也和全世界的"红灯区"有关。有趣的是，除了人类之外，许多灵长类雌性动物处在排卵期时，其生殖器、胸脯或面部都呈现红色，这时的它们是最性感的，至少从生殖的观点来看是性感的。这些观察促使社会心理学家们猜测，红色可能的确有着特殊的意义，能增加女性对男性的吸引力。从某种程度上讲，美丽不仅仅来源于面孔或身体，也可能与其他因素有关，周围环境线索看来就是。

埃利奥特（Elliot）和尼斯塔（Niesta）（2008）提供了相应的研究证据。这些社会心理学家做了几个研究，让男性被试和女性被试看陌生人的照片，照片被呈现于红色背景或其他颜色（白色、

图 7-9 红色真的能增加女性的外表吸引力吗？
古代和现代的许多文化都认为：嘴唇上、脸上甚至衣服上的红色能增加女性的外表吸引力。社会心理学家最近的研究表明这种观点很可能是正确的。

灰色或绿色）背景中，照片中的人穿着红色的衬衣或其他颜色的衬衣（蓝色），然后让被试评价这些人的吸引力和性感程度。这些研究的结果都清晰地表明，红色的确显著提升了对（照片中）陌生女性的评价。而且，这种效应发生在男性被试中，对女性被试却不起作用（如图7-10）。例如，相比白色背景，女性陌生人的照片是红色背景时，男性被试会认为她们更有吸引力。然而对女性被试而言，背景颜色对于吸引力的评定没有显著影响。所以，正如埃利奥特和尼斯塔所说，对男性而言，红色的确是浪漫的，而且在他们有关爱（至少是吸引力）的语汇中有着特别的意涵。

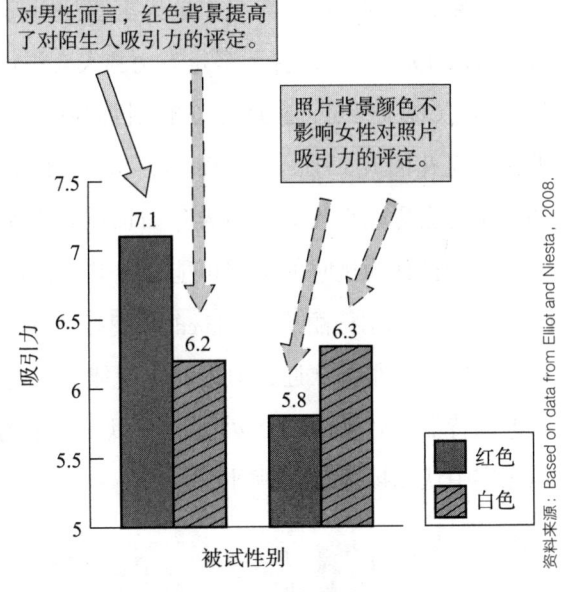

图 7-10 红色的确有浪漫含义的证据

相比呈现在白色背景下的陌生女性照片，当男性看到一个红色背景中相同的照片时，会认为她们更有吸引力。这种效应在女性被试中没有发现，她们对陌生人吸引力的评定不受照片背景颜色的影响。

资料来源：Based on data from Elliot and Niesta, 2008.

外表的其他方面和行为对吸引力的影响

当第一次见到某人时，我们通常会很快知晓我们对他们的反应是积极的或是消极的——换句话说，如在第三章讨论的那样，我们根据一些细节形成对他人的第一印象，喜欢或不喜欢的感觉经常是这些最初印象的一部分。除了面部特征之外，还有其他特定因素影响我们最初的人际吸引水平吗？其中一个因素是体格或体形。尽管与不同身材有关的刻板印象经常是误导性的或错误的，许多人还是会倾向于把一个圆润的身材与性情温顺、性格随和及缺乏自律相联系。相应地，一个坚实、强壮的身体会被认为不仅身体健康，而且充满活力，一个瘦骨嶙峋的人会被认为充满智慧，具有内省人格特征（Gardnerand and Tuckerman，1994）。最近超重或肥胖人数的日益增多使得这些刻板印象受到广泛关注。许多文化（尽管不是全部）中的人们都有强烈的"反肥胖"的态度，这让超重的人在许多生活领域都处于不利地位，例如约会、职业发展等（例如，Crandall and Martinez，1996）。

不同的外显行为也会引发刻板印象，进而影响人际吸引。不考虑性别和实际年龄，走路轻快的人比走路老态的人更容易引起人们的积极反应（Montepare and Zebrowitz-McArthur，1988）。一个握手坚定有力的人会被认为是外向的、善于表达的，这些都是积极特质（Chaplin et al.，2000）。人们对那些有活力的人（Bernieri et al.，1996）、处事谦逊而非傲慢无礼的人（Hareli and Weiner，2000）有积极反应。也许最让人惊讶的是，一个人的名字也会影响别人对他的人际知觉和喜欢程度。名字可能对一个人有利，也可能不利，一个被认为过时的名字可能会对其主人造成不利影响。例如，你会对叫格特鲁德（Gertrude）、米尔德丽德（Mildred）、奥托（Otto）或德尔伯特（Delbert）的人作何反应？这些名字曾经很受欢迎，但现在你可能会认为叫这些名字的人很守旧或有其他不受人欢迎的特征（Macrae et al.，2002）。所以，名字的确关系重大，很多准父母在从数以百计的名字中认真挑选时意识到了这一点。

要点

- 两个人之间最初的接触通常是建立在接近性基础上的——在物理空间上接近彼此。
- 进一步地，空间上的接近性带来重复曝光，而重复曝光会引发积极情感并增加吸引力（纯粹曝光效应）。
- 对他人的吸引常常受到人们外显特征的强烈影响，尤其是他们的外表吸引力。
- 我们经常假定"美的就是好的"，明显是因为我们想要与有吸引力的人建立关系，所以就把积极的人际特质投射到他们身上。
- 纵观人类历史，很多文化都相信，红色的确是"性感的"，它提升了女性的吸引力。
- 除了外表诱人，许多其他的表面特征如体格、体重、行为风格甚至名字等也会影响最初的人际评价。

第3节　基于人际互动的因素：相似性和相互喜欢

尽管合群需要、接近性、重复曝光和外表这些因素在人际吸引上能够发挥重要的作用，但这些因素所揭示的仅只是冰山之一角。一些影响吸引力的重要因素只有在我们与他人互动交流获得更多关于他们的信息后才会显现。其中有两个因素是最有影响力的：我们与他人的相似度和他们喜欢我们的程度。

相似性：物以类聚

早在两千多年前，亚里士多德（前330）就写过关于友谊的文字，他认为相似性通常是这种重要人际关系的基础。然而，直到弗朗西斯·高尔顿爵士（1870/1952）通过获取已婚夫妻的相关数据证明了配偶在很多方面具有相似性时，"相似性假设"才得到实证支持。在20世纪的前半叶，另外一些研究也发现：朋友或配偶之间相似性高于随机水平（例如，Hunt，1935）。因为这些研究的性质属于相关研究，所以这些结果既可以解释为相似性导致了相互喜欢，也可以解释为相互喜欢导致了相似性，即随着时间的推移，互相喜欢的人们变得更加相似。但在一项堪称经典的社会心理学研究中，纽科姆（Newcomb）（1956）发现相似的态度可以预测学生之间的喜欢程度。他在研究中推断，如果在人们认识之前就测量其态度倾向，并且发现越是态度相似的人，认识之后彼此喜欢的程度就越深，就可以得出相似性引发相互吸引的结论。为了检验这种假设，他研究了转学的学生，这些学生在来到同一所大学之前从未见过面。在入学之前，纽科姆通过邮寄信件的方式测量了他们对一些问题的态度，涉及家庭、宗教、公共事务以及种族关系等。然后在学生入学之后每周都对他们彼此的喜欢程度进行评估。结果表明：最初越是相似的学生，到学期末相互喜欢的程度就越高。这项研究强有力地证明了相似性导致吸引，而不是因为吸引才导致相似。纽科姆的最初发现在后来的许多研究中得到了证实（Byrne，1961b；Schachter，1951），正如亚里士多德等人所推测的那样，研究结果倾向于证实相似性假设：两个人越是相似，他们就越倾向于喜欢对方。

这个结论似乎是合乎情理的，但是"相异相吸"又是怎么一回事呢？有时候，难道我们没有发现与我们不同的人也很有吸引力吗？非正式的证据表明有可能是这样的。你可能也注意到过，很多方面截然不同的夫妇也有幸福的婚姻关系（如图7-11）。许多电影也演绎着社会背景或生活迥异的人们相互喜欢的主题。有关这个主题的深入研究揭示了什么？总的来说，主要的结论是清晰的：相对于差异性来说，相似性才是吸引力强有力的基础。

在这个问题的早期研究中，相异相吸经常会被称之为**互补性**，即差异互补。例如

图 7-11　会有相异相吸吗？有时候的确有，但还是有潜在的相似性
尽管相异相吸在小说中是很常见的，但相似性能更好地预测吸引。即使看上去差异很大的两个人也可以彼此吸引（像图中呈现的夫妇一样），他们通常也有很多的共同点，只是这些共同点在短暂、浅表的观察中没有被看到。

有研究表明，支配性的个体会被顺从性的个体所吸引，健谈的人会被沉默的人所吸引，施虐者会被受虐者所吸引，等等。这种性格互补的想法会被对方强化（如认为对关系中的双方都有好处），因而为吸引提供了很好的基础。令人惊奇的是，直接检验这种观点的研究未能支持互补性是人际吸引决定因素这个结论，甚至支配与顺从方面的研究结果也未能支持该结论（Palmer and Byrne，1970）。然后，针对态度、价值观、人格特质、坏习惯、智能、收入水平的研究，甚至是有关一些小的偏好方面（如在电影院里选择左手通道还是右手通道）的研究，都一致发现相似性才是导致吸引的缘由（Byrne，1971）。当然，这也可能有例外（如图 7-11），但总的来说，吸引似乎更多源于相似性而非互补性。

其中一个例外发生在男女交往的情境中。确切地说，当一人有支配性的行为，而另外一人就会以顺从性的方式去回应。相比后一个人模仿前一个人的行为（都是支配性行为），这种特殊类型的互补会带来更强烈的相互吸引（Tiedens and Fragale，2003）。因此，相异可能产生吸引，至少在男女交往中的支配性与顺从性方面是这样的。然而，对于其他种类的人际交往（如，一个沉默寡言、反应迟钝的人与一个伶牙俐齿、喜欢挑剔的人交往），这种对立风格不仅不能产生吸引，甚至会完全不相容，从而可能导致拒绝和回避而不是喜欢和吸引（Swann，Rentfrow，and Gosling，2003）。总而言之，多种强有力的证据一致表明：在大量情形下及多种类型的关系中，相似性应该是吸引的基础，而非互补性（对立）。

相似性—相异性：对于吸引的一致预测者

很多早期研究**相似性—相异性效应**（similarity–dissimilarity effect）的工作都是关注**态度相似性**（attitude similarity），但这一术语其实不仅仅包括态度的相似性，而且包括信念、价值观和兴趣的相似性。最初关于这个主题的实验室研究包括两步：首先，评估被试的态度；其次，让这些被试接触持有这种态度的陌生人，并对陌生人进行评价（Byrne，1961b）。研究结果始终显示，被试对那些与自己相似的陌生人的喜欢程度远远胜过不相似的人。相比那些与我们不相似的人，我们不仅更喜欢与我们相似的人，并且倾向于认为他们更聪明、更有见识、更有道德感，适应性也更好。你可能对本章前面讨论过的情感问题有些疑问，但相似性确实能唤起人们的积极感受，而相异性则会唤起人们的消极感受。

涉及不同人群、程序和主题的大量研究表明，人们会以一种令人惊奇的精确方式对相似性—相异性做出反应。吸引是由**相似比**（proportion of similarity）所决定的。也就是说，用两个人表达的相似观点的话题数量除以他们所交流的话题的总体数量，结果放入一个简单的公式里，可以预测双方的吸引程度（Byrne and Nelson，1965）。当相似比越高时，双方喜欢的可能性就越大。没人确切地知道态度信息是如何被加工成最终结果的，但人们似乎会自动使用某种认知上的加法和除法，巧妙地得出积极或消极的情感体验。

态度相似性对吸引力的影响是很大的，不管人们表达自己观点的话题数目有多少，也不管话题是多么重要或多么琐碎，它都会产生效果。无论男女，也不管年龄、教育或文化上的差异，这种效果都是真实存在的（Byrne，1971）。吸引力的一般水平和相似比的影响可能会随着性格因素而变化，但基本相似比效应是保持不变的（Kwan，1998；Michinov and Michinov，2001）。

对这一发现有效性的最大挑战是罗森鲍姆（Rosenbaum）（1986）提出来的，他认为把比例作为自变量是不可能把相似性的效应从差异性的效应中分离出来的。罗森鲍姆依据自己收集的数据提出了**排斥假说**（repulsion hypothesis）来代替相似性—相异性效应。这一假说的基本观点是，相似性的信息对吸引力没有影响；人们仅仅是对相异的信息作出了拒绝。后来有研究证明这种观点是错误的（Smeaton et al.，1989），但是排斥假说也揭示了一部分真相。具体而言，在很多情况下，相异的信息会比相同数量的相似信息对吸引的影响效应更强一些（Chen and Kenrick，2002；Singh and Ho，2000；Tan and Singh，1995）。这和另外一个更一般的发现相一致，即消极信息对我们许多方面认知的影响作用要大于积极信息。这一发现被鲍迈斯特（Baumeister）等人概括为"坏比好更强大"，至少在社会认知方面确实是这样（Baumeister，Bratslavsky，Finkenaurer & Vohs，2001）（见第二章）。

除了态度和价值观外，研究者也调查过很多其他类型的相似性—差异性，在每种情况中，人们都更喜欢那些和自己相似的人而不是相异的人。这些情形包含吸食大麻（Eisenman，1985）、宗教倾向（Kandel，1978）、自我概念（Klohnen and Luo，2003）、成为一个"早起的人"和"晚睡的人"（Watts，1982）、发现同样有趣的笑话（Cann et al.，1985）等。关于相似性效应的研究中，最有趣的研究之一涉及外表吸引力，因此我们接下来要讨论这个问题。

人们寻求外表吸引力的相似性吗？匹配假设的重新审视。

假设有人给你一杯魔法药水，你可以用它使任何你所希望的人爱上你，你将会选择什么类型的恋人？许多人会选择他们认为的最有吸引力的人，即那些外表吸引力极高的人。当然了，这种药水或法术是虚构的，大多数人都意识到我们一般不可能拥有我们理想中的情人。我们也知道：潜在的情人越有吸引力，他们就越可能被他人找到，从而越可能会拒绝我们的追求，特别是当我们和大多数人一样相貌平平的情况下。这就是我们所熟知的**匹配假设**（matching hypothesis）——尽管我们渴望得到非常有吸引力的恋人，但一般而言，我们还是会选择那些跟我们外表吸引力相当的人。这个观点由伯奇德（Berscheid）等人首次提出，他们发现，相比吸引力差异较大的情侣，吸引力上相似的情侣更有可能会继续约会（Berscheid et al.，1971）。很多年过去了，但很少有后续研究证据支持外表吸引力匹配这个合理观点。事实上，一些研究表明：总的来说人们是不匹配的，人们总是追求最好的，总想设法得到最有吸引力的伴侣（例如，Kalick and Hamilton，1996）。

最近，范斯特拉滕（van Straaten）等人的研究为匹配假设提供了强有力的证据（van Straaten et al.，2009）。这个研究让陌生男女进行简短接触，这跟日常生活里学生之间产生喜爱之情的情境一样。研究者录制下他们的接触过程，然后由观察者来评定两个被试的吸引力大小。此外，也会评定每一个被试为了给对方留下好印象而付出的努力大小。最后，让被试评定自己想跟对方约会的意愿。

如果匹配假设是正确的，那么可以做出推测，相比于吸引力差别很大的情况，当搭档被试的吸引力接近时，他们会投入更多的努力来给合作搭档留下好印象。然而，同伴的吸引力越大，被试想要和其约会的意愿就越强烈（记住，根据匹配假设，我们更喜欢有吸引力的同伴，但我们会尽力追求跟我们吸引力相匹配的同伴）。这些推测在男性群体里得到了验证，当他们与对方相似而不是差异很大的时候，他们投入很大的精力跟对方建立关系。然而对女性而言，这种模式没有出现（如图7-12）。这并不奇怪，因为有研究者已经发现女性通常不会表现出对一个潜在的浪漫情人的兴趣，所以她们"表现矜持"，不管是否与搭档相似，她们都没有尽力去给对方留下好印象。

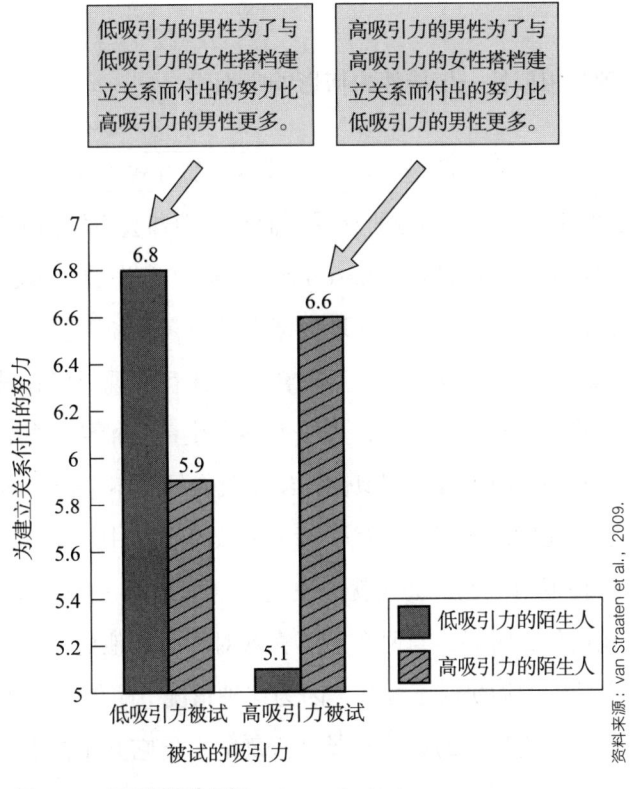

图7-12 匹配假设的证据

研究中，被试与一个异性陌生人互动。录制他们的行为，由观察者来评定每一个被试为了给对方留下好印象而付出的努力程度，当男性在外貌上与搭档接近而不是差异很大时，他们付出的努力更多。同样的效应并不适用于女性，她们更不情愿参加公开建立关系的行动（图中仅仅呈现男性数据）。

资料来源：van Straaten et al., 2009.

总之，这些结果表明：尽管我们做梦都想拥有具备无与伦比魅力的伴侣，但我们还是尽最大努力去获得与我们的吸引力相当者的青睐。这不会让我们美梦成真，但的确可以成就我们相互渴望的亲密关系，为我们创造更好的生存和发展机会。

大量研究结果表明：相似性是吸引力的重要决定因素。但是为什么会这样呢？为什么我们喜欢和我们相似的人而不喜欢跟我们不同的人？这是个关键的问题，下面我们来具体探讨。

解释相似性—相异性为何影响吸引力

上面那个问题换一个稍微不同的方式再问一下，为什么相似性会引发积极的情感（也就是说各种相应的感受）而相异性却会引发消极的情感呢？一种古老的解释是**平衡理论**，它由纽科姆（Newcomb）（1961）和海德（Heider）（1958）分别独立提出。这个理论认为：人们自然而然地会把自己的喜好和厌恶用一种对称的方式组织起来（Hummert et al., 1990）。当两个人互相喜欢，并且发现他们在某些特殊的方面具有相似性，这就会建立一种平衡状态，该平衡会产生一种情绪上的快乐。当两人互相喜欢却发现他们在某些方面不具有相似性，结果就会导致不平衡。不平衡会引发一种情绪上的不愉快，它会促使个体努力寻找平衡——或是使其中一个人改变从而创造出相似性，或是忽视这种不相似性，甚或就是决定不喜欢对方——个体会通过这些方式来努力重建平衡。无论什么时候，当两个人不喜欢对方时，他们的关系中就变成了无平衡。这并不会伴有特别的愉快或不愉快，因为这种情况下个体并不特别在意他人和自己的相似或差异。

平衡理论的这些解释是正确的，但它并不能解释为什么相似性这么至关紧要。所以我们需要进一步的解释。你为何会在意某人在音乐偏好、对上帝的信仰或其他方面与你不同？费斯廷格（1954）的**社会比较理论**可以作为对这个问题的一种解释。简单地说，你将自己的态度和信念与他人比较，因为你评判自己是否正确与正常的唯一标准就是看看别人是否认可你。这虽然不是最佳方式，但却是我们最常使用的一种方式。比如说，如果你是唯一一个相信全球迅速变暖以至于明年海洋将淹没许多海岸线的人，那么你的看法更可能是不正确的。没人会愿意认为自己是错的，所以我们需要求助他人以获得共识，即让他人认可支持我们观点的证据。当你知道别人跟你持有同样的态度和信念，这种感觉会很好，因为这样的信息至少表明了你的判断是正确的、能联系现实等。与你相左的观点则暗含了对立，它会带来负性感受，除非这种相左观点来自群体外的成员，对于这些人我们本来就不期待他们会有相同的观点（Haslam, 2004）。

互相喜欢或讨厌：喜欢那些喜欢我们的人

每个人（至少几乎是每个人）都希望被人喜欢，我们不仅喜欢被人积极评价，而且乐意接受这样的评价，即使知道这种评价不准确或者即使它仅仅是一种虚伪的奉承。旁观者能客观感知这种奉承的虚假程度，而被讨好的人更可能认为这种奉承的描述是准确的，即使这种描述并不完全诚恳（Gordon，1996；Vonk，1998，2002）。只有奉承太过明显时才会失效（参见第三章）。

研究结果有力地证明了其他人喜欢我们的程度依赖于我们喜欢他们的程度（例如，Condon and Crano，1988；Hayw，1984）。总的来说，适用于社会生活许多方面的互惠原则对吸引力也同样适用。总之，我们倾向于喜欢那些喜欢我们的人，而不喜欢那些认为我们在他们在乎的领域都不合格的人。

我们对他人有何期望？构想理想的交往同伴

到目前为止，我们已经谈到了很多导致个人喜欢或讨厌他人的因素。现在，请思考另外一个相关的问题：我们对他人有何期望？换句话说，假定你可以任意设计和你有特定关系（诸如恋人、同事或是一起运动的伙伴等）的完美之人的特征，你最希望这些人具有哪些特征？换言之，这些想象出来人的哪些特征会让你非常喜欢（喜欢程度甚至可能超过你在现实中遇到的任何人）他们。这个问题已经由社会心理学家提出来了（例如，Kurzbaum and Neuberg，2005），一定意义上为接下来将要探讨的关系这一主题起到过渡作用。

虽然许多研究者探讨了这个问题，但其中最有启示意义的研究之一是由科特雷尔（Cottrell）等人做的研究（Cottrell，Neuberg & Li，2007）。研究者首先让大学生分别就31项积极人物特征对他们理想中人物的重要程度进行评估，由此"创造出一个理想化的人"。这些特征包括可信度、合作性、宜人性、外向性（直率的、爱社交的）、情绪稳定性、身体健康状况和外表吸引力。结果明确显示，可信度和合作性被认为是最重要的特质，其次是宜人性（善良的、让人感觉温暖的）和外向性（直率的和爱社交的）。这些最初的发现表明：的确有很多特征是人们希望其他人拥有的。然而，他们并没有解决另外一个问题：这些理想特征会随着关系的不同而变化吗？换句话说，我们希望朋友、同事、爱人或雇员所具备的理想特征会有所不同吗？

为了找到答案，研究者要求男生和女生想象以下来自不同群体以及和他们有不同关系的理想的成员——工作项目团队的成员、期末考试学习小组成员、高尔夫球队队员、女大学生联谊会会员、男大学生联谊会会员、亲密朋友、职员。针对每项任务或关系，他们要评定理想人物的75种不同特征的重要程度，结果如表7-1所示。首先，在这七种关系中，可信度和合作性均被视为最重要的特征，宜人性紧跟其后，其次是外向性。正如你可能期望的那样，其他特征的重要与否是依关系类型而定的。比如，聪明被认为对于策划小组成员和学习小组成员很重要，但对男大学生联谊会和女大学生联谊会会员则不太重要。类似地，幽默被认为对于亲密朋友最重要，但对于员工、工作项目组成员和学习小组成员来说就没有那么重要了。总体来说，以上研究结果说明了两点。首先，有一些特征（信任度、合作性、宜人性、外向性）在我们评价任何人时都非常重要，无论我们与之建立的是何种关系。其次，我们对其他特征重要性的评价（更重要或者更不重要）会有差别，这取决于我们同其他人建立的关系类型。

总体而言，尽管我们不能完全解释为什么我们会喜欢或不喜欢某些人，但有一点是很清晰的，即我们的反应在某种程度上是可以预测的。这些反应受许多因素的影响，其中包括我们和他人的相似度、他们对我们的喜欢程度、我们与他们交往的频率、他人所拥有的关键特征。从社会心理学视角来看，人际吸引变得不再那么神秘，而是更容易被理解和预测，这正是社会心理学家想达到的境地。

表7-1　我们对他人有何期望？这依赖于情境

特征	工作项目团队	学习小组	高尔夫球队	女大学生联谊会	男大学生联谊会	亲密朋友	职员
可信度	7.35	6.87	7.74	7.45	7.33	7.68	7.78
合作性	6.39	5.93	5.70	6.51	6.29	6.79	6.28
愉悦性	6.36	5.65	5.38	6.99	6.50	7.14	6.76
吸引力	2.84	2.68	3.17	6.36	5.24	4.73	3.74
智力	7.67	7.74	5.52	6.04	5.97	6.51	7.39
幽默	5.17	4.48	5.02	6.61	6.92	7.53	5.49
财富	3.43	2.17	3.70	4.82	4.92	3.94	4.45

如表所示，一些特征（可信度、合作性和愉悦性）在多种关系（项目团队成员、职员、朋友等）的理想人选中都被视为重要的特征。然而，其他特征的重要性会随着关系的不同而发生改变。比如，吸引力在女大学生联谊会中被认为很重要，但在工作项目团队和学习小组中并非如此。（对各种特征的较高评价都用黑体标出，表明被试认为其非常重要）

资料来源：Cottrell et al.，2007.

要点

- 决定一个人对另一个人产生吸引力的因素包括了态度、信念、价值观和兴趣上的相似性。
- 尽管相异相吸（互补性）的观点一直广为流行，但在现实中很少见到。
- 尽管相异性比相似性对吸引产生的影响作用更大，但我们对两种情况都会作出反应，态度相似性所占的比例越大，双方相互产生的吸引力就会越大。
- 相似性的有利作用可以在外表吸引力上找到，新近的证据支持匹配假设——该观点认为我们实际上倾向于选择吸引力与我们相近的人作为伴侣。
- 几种理论视角（平衡理论、社会比较理论、进化视角）为相似性对吸引力的强有力影响提供了解释。
- 我们尤其喜欢那些喜欢我们的人，非常讨厌那些不喜欢我们并给予我们负面评价的人。
- 我们期望他人拥有什么样的品质取决于具体情境。

第4节 亲密关系：社会生活的基础

一定意义上说，人际吸引是许多关系形成的基础。如果可能，我们倾向于跟喜欢的人在一起，发展友谊、爱情或其他长期关系。但在其他一些情境下，关系并不是以这种方式自愿发生的。我们与家庭成员（父母、兄弟姐妹、祖父母等等）有着长期关系，这种关系从一出生就存在了，并且持续一生——不管我们喜欢与否。还有的关系与我们的工作、职业或教育有关。大部分人都有同事和老板，其中有些是他们喜欢的，有些是他们想要避开的。不管这些关系是自愿结成的还是生来就有的或外部强制的结果（我们工作的地方），在社会生活中它们都会起着关键的作用。

社会心理学家已经充分意识到了关系在我们日常社会中的重要作用，并将越来越多的注意力转向理解相关的基本问题：关系是怎样形成的？为什么会形成？关系如何发展？关系起着什么样的作用？有时关系为什么会以一种不愉快甚至对个人而言是毁灭性的方式结束，诸如离婚、冲突、身体暴力？接下来，我们会展现关于这些问题的社会心理学研究发现（例如，Adams，2006；Arriaga et al.，2006）。我们先讨论家庭关系和友谊，然后探讨恋爱关系，其中包括爱的本质。很快我们就会发现，爱是一个涉及不同维度的过程，浪漫之爱尽管最引人注目，但也仅仅是爱的几种类型之一。在开始讨论这些关系的实质和影响因素之前，我们想要强调这些关系受到其所处的文化背景的强烈影响。为说明这层意思，让我们先看看全世界都存在的两种基本关系：婚姻关系和亲子关系。

不同文化中的人对婚姻有着不同的期望。举例来说，就婚姻中配偶的角色、义务和职责而言，一夫一妻制文化与一个人可以同时和几个配偶结婚的文化有着非常不同的界定。同样，就亲子关系中的责任而言，美国和许多其他西方国家的文化里更强调父母的责任，父母经常在子女成年很久后仍然照顾子女，给子女提供帮助（如图7-13）。相反，当父母年老或生病的时候，孩子们不需要去照顾父母，将父母安排在疗养院生活就成为可以接受的承担赡养义务的方式。而在另一些文化里，孩子若没有照

嗯，用这一招可以阻止孩子们搬回家了。

图7-13 亲子关系：责任在跨文化中的巨大差异
在某些文化里（比如美国），期望父母去帮助和支持子女，即使在子女成年之后——尽管有的人不喜欢（如这个卡通画所示）。相反，在其他文化里，孩子们被期望在父母老后照顾父母。

看年迈的父母，则会受到强烈的声讨，被认为忘恩负义，没有责任心，甚至更严重的谴责。所以，文化因素显然在决定重要社会关系的属性上发挥着强有力的作用。有了这个基本认识之后，我们再来关注一些重要的关系类型以及相关研究成果。

家庭成员的关系：我们最初的和持续最久的亲密关系

在 20 世纪 50、60 年代，电视上的情境喜剧经常用一种讨人喜欢的方式表现家庭关系：妈妈是体贴的，爸爸是智慧的，兄弟姐妹相处融洽（有时也是令人烦恼的）。祖父母、姨婶、叔伯和兄弟姐妹们自由、开放地与亲戚分享经验和建议，并相互支持。几乎没有家庭能够达到电视上所展现的理想状态，但有一件事很确定，和家庭成员的关系终其一生都是非常重要的。随着我们的成长和步入不同的人生阶段，这些关系也一定随之发生变化，但仍然是构成我们社会存在的稳定基础。朋友也是如此，许多人在童年或青少年时期发展的友谊伴其一生，即使相距万里，他们仍然保持联系，交流各自的想法。让我们更进一步看看这些基本的关系以及它们所带来的好处和代价。

和父母亲的关系

亲子间的互动是非常重要的，通常因为这是一个人与另外一个人接触的最初阶段。当我们来到这个世界上，准备与他人互动时（Dissanayake，2000），因为个体间差异和家庭间差异，每个人互动的特点会有所不同。正是这些细节对我们后来的人际交往有重要的影响。

在生命第一年里，婴儿可能做出的行为非常有限，但他们对面部表情、身体动作和人们发出的声音是非常敏感的。照顾婴儿的人通常是母亲，她对婴儿的反应也同样敏感（Kochanska et al.，2004）。母婴接触过程中，两个个体之间的互相交流会强化彼此的这种行为（Murray and Trevarthen，1986；Trevarthen，1993）。成人对使用各种方式和婴儿的交流都表现出兴趣，比如参与到与婴儿的对话中，使用夸张的面部表情等。反过来，婴儿也会通过努力表现出适当的言行来表达对成人的兴趣。这种相互交流会给双方都带来一种积极的教育体验。

亲子互动具有持久的重要性：影响依恋风格

发展心理学家最早对早期亲子关系进行了研究。这些早期关系会影响整个人生的人际行为模式，这一事实引发社会心理学家开始更密切地关注儿童早期发生的事情如何塑造贯穿终生的社会关系。基于对母婴关系的认真研究，鲍尔比（Bowlby）（1969，1973）提出这样一个概念——**依恋风格**（attachment style），即个体在人际关系中的安全感强弱。他假设婴儿在其早期与成人的互动中有两种基本的态度。第一种是对自己的态度，即自尊。看护者的行为和情绪反应给婴儿提供了这样一种信息，即他/她是一个有价值的、重要的、被人喜爱的个体；或者是另外一个极端，他/她是没有价值的、不重要的、不被人喜爱的。第二种基本态度和他人有关，包含了他对其他人的一般期望和信念。这种态度被称为**人际信任**（interpersonal trust）。它主要取决于看护者是否被婴儿知觉为值得信任、可依靠、可信赖的或相对不值得信任、不可靠、不可信赖。研究结果表明，我们在获得语言技巧之前就形成了这种对自我和他人的基本态度。

在这两种基本态度的基础上，婴儿、儿童、青少年和成年人与他人的关系模式大体可以归为几类。如果你认为自尊是一个维度，人际信任是另外一个维度，那么人们可能会在两个维度上得分都很高，或者在两个维度上得分都比较低，或者在其中一个维度上得分高，另一个维度上得分低。这就会形成四种依恋风格，现具体描述如下：

- **安全型依恋风格**的人在自尊和人际信任上得分都很高。安全型依恋的个体在生活中能够很好地形成持久、忠诚和令人满意的关系（Shaver and Brennan，1992）。
- **恐惧—回避型依恋风格**的人在自尊和人际信任上得分都很低。这类个体通常无法形成亲密关系，或是形成不愉快的人际关系（Mikulincer, 1998; Tidwell et al., 1996）。
- **焦虑型依恋风格**的人自尊水平低，人际信任水平高。具有这种依恋模式的个体渴求亲近（有时很强烈），他们很乐意与人建立关系。他们习惯于依附于他人，但认为迟早会被拒绝，因为他们认为自己是没有价值的（Lopez et al., 1997; Whiffen et al., 2000）。

最后，**回避型依恋风格**（我们前面简要提到过）的人具有很强的自尊心，但人际信任感却很低。这种依恋风格的个体坚信自己值得拥有良好的人际关系，但是不信任他人，所以他们害怕真正的亲密。他们认为自己不想或不需要同他人建立亲密关系（Carvello and Gabriel，2006）。

这些不同的依恋风格能强烈影响个体与别人的关系。例如，那些有安全型依恋风格的人更可能与人建立一种积极而长期的关系，然而，有恐惧—回避型依恋风格的人经常回避这样的关系，或只有失败的人际关系。依恋风格尽管形成于人生早期，但不是终身不变，他们可能随着生活经验而发生改变。例如，令人痛苦的离婚或关系破裂经历会降低个体的自尊，削弱其安全感。但是，一般而言这些依恋风格通常长期保持稳定（Klohnen and Bera，1998），因此对生活的许多领域都有着强烈的影响。例如，相比有安全型依恋风格的青少年，不安全型依恋风格的青少年在校表现更差，很少有朋友，经常变成"局外人"。非安全型依恋风格的人与配偶有冲突时通常会体验到巨大的压力（Powers et al.，2008）。或许最糟糕的是，非安全型依恋的那些人（尤其是恐惧—回避型依恋风格的人）更可能自杀（Orbach，2007）。在探讨恋爱关系时，我们会提到依恋风格的影响，因为依恋风格在恋爱情境中发挥着关键作用。

其他家庭成员的角色

除了母亲（或看护者）之外，其他家庭成员也会跟婴儿和年幼的儿童进行交流。研究已经揭示了爸爸、妈妈、祖父母和其他人的重要性（Lin and Harwood，2003；Maio et al.，2000）。因为这些人的人格特质是有差异的，所以孩子们就会受到各种各样不同的影响（Clark et al.，2000）。例如，一个孤僻的、不可靠的妈妈所带来的消极效应可被一个开朗的、可信赖的祖父给予部分补偿。当年轻人在发展他们对信任、情感、自尊、竞争和幽默等方面的态度时，每次交流都可能起到潜在的重要作用（O'Leary，1995）。当一个老人与一个年轻人玩游戏时，年轻人在其中学习到的不仅仅是游戏本身，也包括如何在社会情境中与人交流、如何遵从一套规则、如何表现出诚实或欺瞒、如何应对不同意见等。所有这些都会影响到孩子与其他成人或同龄人的交流方式（Lindsey et al.，1997）。

兄弟姐妹之间的关系

我们中大约有 80% 的人成长于至少有一个兄弟姐妹的家庭，兄弟姐妹之间的关系有助于我们学习人际间的交往行为（Dunn，1992）。研究发现，小学生中那些没有兄弟姐妹的孩子相比有兄弟姐妹的孩子会不那么受同学欢迎，容易具有攻击性或被具有攻击性的同学欺负。这可能是因为与兄弟姐妹的交往给人提供了一种有用的人际交往经验（Kitzmann et al.，2002）。与父母和孩子之间的关系不同，兄弟姐妹之间的关系通常同

图7-14 兄弟姐妹间的关系：通常是融洽的（尽管不总是这样）
尽管兄弟姐妹间的竞争一定存在，但是他们之间的这种竞争关系远不及他们共享的童年经验和相互的真诚喜欢重要（这是一个包括了五个兄弟和一个妹妹的家庭，他们按照年龄顺序站在一起，左边最大，右边最小，他们享有完美的相互支持的社会关系）。

时包含了喜爱、敌意以及竞争（Boer et al., 1997）。我们很熟悉类似这样的表达："妈妈总是最爱你"或"他们为你做的总是比为我做的多"，尽管很少有父母承认他们有这样的偏爱。

我们大多数人都经历过（或看到过）兄弟姐妹间竞争的这些事，我们也听过许多成人会抱怨发生在很久之前的兄弟姐妹间的竞争。然而事实上，绝大部分兄弟姐妹相处得很好。虽然存在例外，但总体上兄弟姐妹间的竞争最后都被共享的记忆和彼此的关心所淹没（如图7-14）。

友谊：在家庭之外建立的关系

在童年早期，我们大部分人会与拥有共同兴趣的同伴建立非正式的友谊。这些关系的产生通常基于时空接近性（我们在同一个学校、同一个班级，住在同一个小区）或者是对父母间友谊的延续。这样的关系通常会因为相互的兴趣和积极体验而维持下来，有时会发展成为很牢固的社会联结。

亲密友谊

许多童年时的友谊会消逝。不过，有些开始于童年时期的关系会发展成亲密友谊（close friendship），这种亲密友谊包含了各种日臻成熟的相互交往。这样的友谊能持续几十年——有时候会持续终生（见图7-15）。

图7-15 长期的友谊：终生的朋友
许多形成于童年时期的友谊消逝了，但有一些会持续几十年甚至终生。

这些长期的友谊有几个重要特征。例如，许多人在和大范围的人群交流时倾向于表现出抬高自我的行为（比如吹牛），但当他们与长期交往的朋友交流时就会表现得谦逊（Tice et al., 1995）。朋友之间很少互相撒谎，除非这个谎言会使朋友感觉好一些（DePaulo and Kashy，1998）。朋友们会用"我们""咱们"这样的称呼而不是"她和我"、"他和我"（Fitzsimmons and Kay，2004）。

这种亲密的友谊关系一旦建立起来，就会促使两个人投入更多的时间在一起，在各种情境中互相交流、自我表露、互相提供情感支持（Laurenceau et al., 1998；Matsushima and Shiomi，2002）。我们会因为密友的慷慨、体贴和诚实珍惜他们——和他们在一起会让我们感觉很放松，并且让我们做回自己（Urbanski，1992）。但是友谊也存在文化上的差异。例如，日本大学生认为最好的朋友应该是能够相互让步、为人随和、不吹嘘、非常体贴、不轻易发怒的人（Maedaand Ritchie，2003）。美国大学生对亲密朋友的描述也类似，但是他们也会珍视那些直言不讳并且活跃的朋友。

性别和友谊

相比于男性，女性报告自己拥有更多的亲密朋友（Fredrickson，1995）。女性也比男性更重视亲密性（Fehr，2004）（比如自我表露和情绪支持）。

拥有亲密朋友会带来很多益处，但当你失去一个朋友或不得已分开的时候，会感到很痛苦。比如，大学毕业可能会导致友谊关系中断，两个人必须适应分离带来的情感威胁。和没有面临毕业的学生相比，那些高年级的毕业生（尤其是女生）在和亲密朋友交流时会表现出更强烈的情绪卷入（Fredrickson，1995）。友谊的重要远非只在大学岁月中，它甚至能够影响商业领域专业人才的社会地位（Gibbons and Olk，2003）。

相似性是友谊的基础吗？

前面我们提到，相似性是人际吸引的一个重要基础：人们在各个方面（态度、人格、兴趣、价值观）越相似，他们就越倾向于喜欢对方。相似性也是友谊的基础吗？为了弄清楚这一点，塞夫霍德（Selfhout）等人研究了日益熟悉并在建立友谊的人们（Selfhout, Denissen, Branje & Meeus, 2009）。这些研究中的被试是欧洲某所大学的大一学生，在新生介绍会上他们完成了几个关键人格特征的测量（"大五"人格的维度——外向性、宜人性、经验开放性等等）。针对这五个人格维度，他们评定了自己和他们遇到的其他学生。接下来的连续几个月中，他们每月做一次类似的问卷。该问卷提供了被试之间的**实际相似性**和**知觉相似性**（他们认为他们相似的程度）。此外，同伴评定也被包括进去。最后，学生们也提供了他们友谊发展的信息——他们在研究中和其他被试发展成朋友的程度。

关键问题是，人格的实际相似性和知觉相似性哪一个能更好地预测友谊的形成呢？尽管许多前期的研究表明实际相似性发挥着重要的作用，但其他研究也表明，确定实际相似性需要花费很长时间，通常是个不确定的过程，而知觉相似性能很快发展起来，在关系建立的初期就能发挥作用。研究结果支持了后者。事实上，实际相似性不能预测谁会成为朋友，然而知觉相似性可以很好地预测这种结果。对正在开始变得熟悉的人们而言，知觉相似性对于友谊的形成似乎比真实相似性更重要。

要点

- 我们最初的关系是在家庭内部建立起来的，在这些关系情境中，我们形成了自己的依恋风格（由自尊和人际信任的不同水平组合而成）。
- 这些依恋风格影响其他关系的属性，在许多生活领域中发挥着重要作用。
- 其他家庭关系包括兄弟姐妹之间的关系以及孩子与其他亲戚之间的关系。

- 家庭之外的友谊开始于童年期，最初仅仅基于接近性和双方父母间的友谊等因素而建立。随着日渐长大，有可能形成亲密友谊，包括一起消磨时光、在各种场合相互交流、彼此提供社会支持以及自我表露。
- 尽管个体之间实际相似性在人际吸引中是个重要的因素，但研究结果表明：当个体开始变得熟悉起来时，知觉相似性在友谊形成的早期阶段发挥着更重要的作用。

浪漫关系和爱情的奥秘（仅部分破解）

虽然不是每个人都同意爱是个人幸福的唯一必备要素，但多数人都认可爱是最重要的成分之一。无数的歌者、小说家和诗人都对此深以为然。但是确切地说，爱是什么？它在浪漫关系中发挥着什么作用？它是怎么发展的？它是自然地从其他关系中发展而来，还是当"正确"的两个人相遇时出现的某种特殊情感，就像不经意间被没有任何预兆的"闪电"击中？既然爱在社会生活中如此重要，社会心理学家就试图解释这些问题以及其他关于爱情的秘密。虽然他们现在还没有找到这些问题的完整答案，但他们的研究为探索爱的本质及其影响提供了重要的新洞见。以下要呈现的事实可能会让你感到有些惊讶，因为从科学角度研究爱所得到的答案与诗人、哲学家或流行歌手给出的答案有很大区别。我们将首先讨论爱，然后探讨爱在浪漫关系中的作用。

爱的本质

爱情在歌曲、电影和小说里一定是最流行的主题之一。大多数人都认为，爱对我们的生活以及个人幸福起到关键作用。在许多文化中（但不是全部），爱是一种大家都熟悉的体验，最近的民意调查表明：几乎四分之三的美国人说他们正沉浸在"爱"中。从某种意义上说，爱是一种基本情绪反应，和悲伤、高兴、恐惧类似（Shaver et al., 1996）。事实上，爱有助于人们进行心理调适。社会心理学家的研究表明：恋爱会提高个体的自我效能感和自尊（参见第四章）——这是心理健康和幸福的两个重要成分。那么，爱究竟是什么？

我们可以从人们被问及爱的含义时自发给出的定义中找到一些爱的含义的线索。当被问到"爱是什么"，以下是很常见的一些答案（Harrison, 2003）："爱是给予对方最后一片你至爱的食物""爱是当你看到爱人刚刚醒来睡眼惺忪时依然觉得漂亮""爱像升降机，你可以乘着它升到顶层或降至底层，但最终你将会选择在哪一层降落"。你可能有自己的回答，你的答案也可能与这些答案十分不同。

奇怪的是，直到20世纪70年代，社会心理学家才尝试系统地研究爱。那时有人（Rubin，1970）编制了一套爱情的测量工具，也有人（Berscheid and Hatfield，1974）提出了爱的心理学理论。从那时起，爱情就成了社会心理学家感兴趣的主要研究课题之一。基于此类研究结果，我们现在相当清楚的知道什么不是爱。爱情不仅仅是扩展到身体接触的亲密友谊，也不仅仅意味着浪漫或对另外一个人的性兴趣。尽管具体的细节似乎因文化不同而存在差异（Beall and Sternberg，1995），但我们有理由相信，我们称之为爱的基本经验是相对普遍的（Hatfield and Rapson，1993）。接下来我们将概述基于研究得出的爱情在认知和情绪方面的特点。

激情之爱

阿伦（Aron）等人指出：许多人会坠入爱河，但似乎并没有人会"陷入友谊"中（Aron et al.，1989）。与吸引或浪漫不同，激情之爱（passionate love）包含着对另外一个人极其强烈并常常是梦幻般的情绪反应。激情之爱通常开始于一种对他人瞬间的、无法抵抗的、奔腾澎湃的可以吞噬一切的积极反应，这种反应似乎超出了个体的控制，如同无法预测的事件。几十年前，获奖无数的一部电影《一扫而空》捕捉到了爱的真谛（图7-16）。事实上，爱情经常会突然发生，似乎来势汹涌，一个陷入爱情的人会被爱迷住，而很少考虑其他事情。

性吸引是激情之爱的必要组成部分吗？迈耶斯（Meyers）和伯奇德（Berscheid）(1997)认为的确如此。但性吸引只是我们爱上一个人的必要条件而非充分条件。即使没有爱情你也可能对他人产

图7-16 激情之爱：被炙热的情感战胜
20世纪70年代早期（2002年又被翻拍）拍摄的一部电影，名字叫"一扫而空"（Swept away）。它描述了两个人在乘船游览时相识，开始时强烈厌恶对方。在他们被困在一座荒岛上以后，他们很快陷入一种激情之中，这种激情战胜了所有的约束、拘谨及他们之间因财富和受教育水平差异而产生的主要障碍。

生性兴趣，但是如果缺乏性吸引力你不可能会坠入爱河（Regan，2000）。调查表明大学生很认同该观点（Regan，1998）。对许多人来说，爱情使性更容易被接受，使性行为更具有浪漫性（Goldenberg et al.，1999）。这就是为什么人们更容易接受这样的描述——两个人是在"做爱"，而不是简单地像处于发情期的动物一样交配。

除了性之外，激情之爱也包括强烈的情绪唤起、渴望身体上的接触以及一种希望别人如你爱他一样强烈地爱你的体验。爱与被爱都是积极的体验，但是同时也伴随着担忧，比如害怕某事的发生会终止这种关系。哈特菲尔德（Hatfield）和斯普雷彻（Sprecher）（1986b）开发了一个量表来测量激情之爱的各种因素（激情之爱量表），量表有诸如"对我来说，____ 是最完美的浪漫恋爱伴侣"或"如果 ____ 离开我，我将感觉到深深的绝望"这类条目。

尽管一些事情听起来好像只会发生在电影里，但是大多数人都表示体验过对陌生人的一见钟情（Averill and Boothroyd，1977）。让人有点伤感的是，通常只是其中一人单方面陷入爱情，他们的感情并没有得到对方的回应，这就是大家熟知的单恋（unrequited love）。这种一厢情愿的爱最常见于那些具有矛盾依恋风格的人身上（Aron et al.，1998）。在一项大型的调查研究中，大约有60%的调查对象说过去的两年内他们曾经经历过这种类型的爱情（Bringle and Winnick，1992）。

哈特菲尔德（Hatfield）和沃尔斯特（Walster）（1981）两位社会心理学家研究爱情已经很多年了，他们认为激情之爱需要具备三个基本要素：首先，你需要有一个激情之爱的观点或概念——你必须对爱情是什么有一个基本的认知并且认为爱情确实存在（Sternberg，1996）。其次，必须存在一个合适的爱情对象。"合适"意味着那些外表具有吸引力的异性并没有结婚——在不同文化或同一文化内的不同群体中，合适的含义是存在差异的。第三，个体必须处在一种生理上的唤醒状态（性兴奋、恐惧、焦虑或其他），这可以被解释为恋爱情绪（Dutton and Aron，1974；Istvan et al.，1983）。综合在一起，这三种成分就构成了激情之爱的基本成分。

爱情的起源是什么？

没有人确切地知道这个答案。爱情可能仅仅是特定文化下的个体在某些生命阶段所体验到的一种令人愉悦的幻想，就像我们在孩童时期相信存在圣诞老人或仙女一样。另外一种解释认为这可能同我们祖先的生活方式有关。我们的祖先学会直立行走，他们捕猎肉食，收集可以食用的蔬菜并把他们运回住的地方（Lemonick and Dorfman，

2001）。他们乃至整个种群能够生存下来，依赖于成功的繁衍（Buss，1994）。当一对异性产生性爱吸引，并且他们乐意投入他们的时间和精力去喂养和保护他们的后代，繁衍成功的可能性就更大。欲望和人际承诺这两个重要的特征可能具有生物基础。我们有性的欲望、我们希望与自己的配偶和孩子建立紧密的联系，因为这些动机具有生存适应的意义（Rensberger，1993）——它们能帮助我们的种群繁衍和发展壮大。对我们的祖先来说，配偶双方的关系不仅仅是性伴侣。如果他们喜欢和信任对方，并且能够很好地分配诸如狩猎、照顾孩子这样的任务，这显然对他们的生存是有益的。总而言之，将自己与配偶和孩子结合在一起对人类成功延续极其重要。正因为如此，今天的人类依然遗传了性的追求、恋爱、成为相爱的伴侣这些内容。一夫一妻制可能是建立在脑化学物质基础上（Insel and Carter，1995），很多年轻人说他们都期望和自己深爱的人建立一个一夫一妻制的关系（Wiederman and Allgeier，1996）。文化可以通过宗教的教化和民法的约制来影响性欲和承诺，也会影响我们的歌谣和故事对爱情和婚姻的表达方式（Allgeier and Wiederman，1994）。

几种类型的爱

尽管激情之爱是一个普遍现象，但因为它太过强烈，并且无法抗拒，所以难以作为一种持久的情绪状态存在。实际上有其他形式的爱可以持续得更久。哈特菲尔德（1998）描述了**伴侣之爱**（companionate love），即"我们对那些与我们的生活紧密相关的人的感情"。不同于激情之爱，伴侣之爱是建立在两个人的非常亲密的友谊基础之上，他们之间有性吸引力，同时也有很多共同之处，他们关心对方的幸福，并且表达对对方的喜爱和尊重（Caspi and Herbener，1990），也许它不像激情之爱那么令人激动，也不像小说或故事那样有趣，但是它的确可以维持一段美满而长久的关系。

斯滕伯格（Sternberg，1986）提出的**爱情三角形理论**（triangular model of love）对爱的含义提出了另一种解释，如图7-17所示。该理论认为，每一种爱情关系由三个基本成分组成，不同类型的夫妇在这三个成分上表现出不同的水平（Aron and Westbay，1996）。一种成分是**亲密**（intimacy）——即两个人感觉到的亲密程度和将两人结合在一起的强度。从本质上来说亲密就是一种伴侣之爱。那些亲密程度高的伴侣会很关注对方的福祉和快乐，他们会珍重、喜欢、依赖和理解对方。第二种成分是**激情**（passion），这建立在浪漫关系、外表吸引力和性欲的基础上，换句话说，就是激情之爱。男性比女性更可能强调这个成分（Fehr and Broughton，2001）。第三种成分是**承诺**（decision/commit-

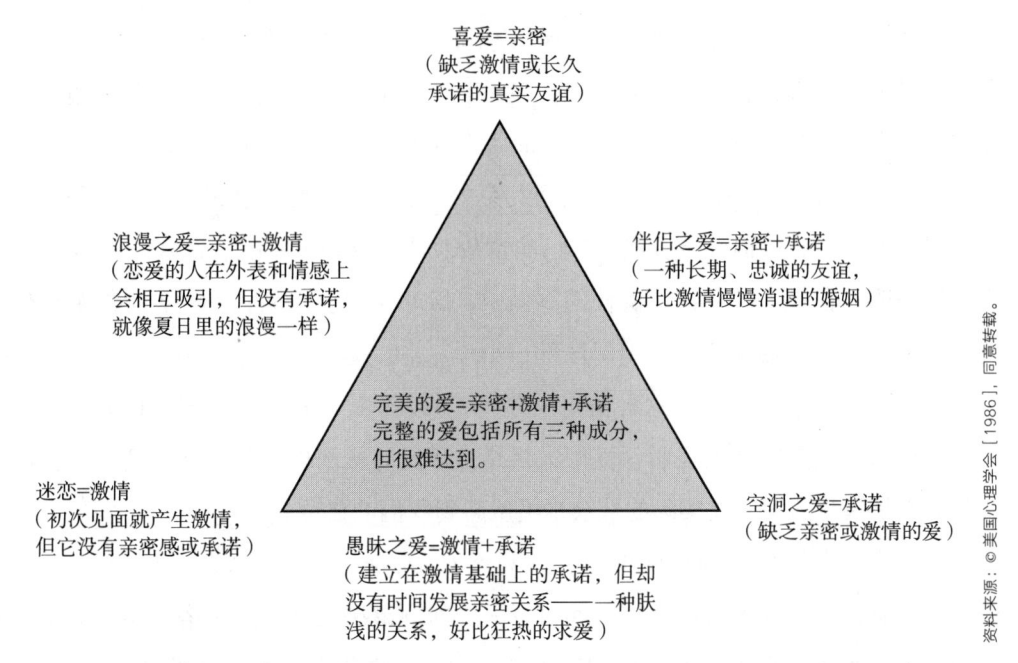

图 7-17 斯滕伯格的爱情三角形理论

斯滕伯格认为爱情有三个基本成分：亲密、激情和承诺。就一对夫妻来说，爱情可以建立在这三个基础中的任何一个之上，也可以建立在任何两者结合的基础之上，或在所有三个基础之上。这些不同的可能性产生了七种关系模型，其中包括理想的爱（完满的爱），这种爱情中三种成分都比较强烈而且均衡。

ment），它代表着认知性因素，比如你喜欢某人，且想要和他在一起，同时你做出了一个希望维持长久关系的承诺。当这三种成分都很强烈并且均衡的时候，就会形成**完美的爱**（consummate love）。这是一种理想形式，但很难达到或维持。

尽管关于吸引力的研究长期以来都强调外在吸引力对喜欢的影响，然而最近这种吸引力对爱的影响作用有些被忽视了。在西班牙，将近 2000 名 18 至 64 岁的被试参与了有关外表吸引力、恋爱以及斯滕伯格所提模型中三种成分的调查研究（Sangrador and Yela，2000）。研究结果表明，外表不仅对激情很重要，而且对亲密和承诺也很重要。此外，吸引力在关系的后期和开始时一样重要。用这些西班牙心理学家们的话来说："漂亮的人才会被爱"。这种对外表的关注可能不是明智之举，但是这些调查表明我们至少应该承认外表吸引力影响关系这个事实。

嫉妒：对关系（恋爱关系和其他关系）的内部威胁

嫉妒经常被描述为"绿眼魔鬼"，这样说还是有道理的。嫉妒感——担心我们深切关心的恋人或其他人可能把他们的感情或忠诚转移到另外一个人身上，这会令人深感悲伤。绝大部分人都会认为嫉妒跟恋爱关系有关，但它也可能发生在其他情境中。问题的本质在于你所重视的与另外一个人的关系受到了来自竞争对手的威胁（例如，DeSteno, 2004）。除此以外，嫉妒在三角恋关系中可能有着最强烈和最危险的作用：一个人会因为他或她的伴侣可能喜欢上自己的情敌而产生嫉妒（Harris, 2003）。事实上，官方统计表明，在一大部分谋杀女性的案例中，嫉妒是主要因素，女性更可能被现任或前任有嫉妒心的伴侣谋杀（美国司法部，2003）。但是确切来说，为什么会发生嫉妒？是遗传因素"导致"我们的这种情绪反应吗（Buss et al., 1992）？抑或其他因素？事实上，现在越来越多的证据表明，嫉妒大都是自尊受到威胁的结果。换句话说，我们体验到嫉妒是因为预期的或实际的社会拒绝威胁到我们的自尊。

德斯迪诺等人所做的研究证明了这一观点（DeSteno, Valdesolo & Bartlett, 2006）。这些研究者在研究中安排被试与搭档一起执行一个问题解决任务。这个搭档实际上是研究者的助手，她赞美真被试的工作，对她微笑（实验中所有的参与者都是女性），提供许多鼓励。结果助手和被试结成一种令人愉快的工作搭档关系。然后这种关系受到来自竞争对手的威胁——又有一个人进入房间，因为迟到而道歉。然后这三个人（两个助手和一个被试）开展另外一项工作，在这项工作中，研究人员通知他们可以配对或单独工作。那就意味着一个人将要出局，她可能不得不单独工作。在诱发嫉妒的实验条件下，与被试合作得非常好的搭档（实验者助手）选择与新来的竞争对手一起工作。研究的控制条件并非专门为减少嫉妒而设计，这种条件下搭档突然想起来有另外一个约会，不得不离开。这种条件下研究者的助手也是结束了和被试令人愉快的搭档关系，但是以一种不太可能诱发嫉妒的方式。

这些程序结束后，两种条件下的被试（嫉妒组和非嫉妒组）填写完成了嫉妒量表和自尊量表。研究者预期：和控制组的被试相比，那些被暴露在嫉妒诱发条件下的被试将体验到强烈的嫉妒情绪。实验结果验证了研究人员的预期。此外，更重要的是，这些嫉妒的情绪根源于自尊的降低（通过问卷测量其外显自尊，通过内隐联想测验[IAT]测量其内隐自尊，参考第四章）。事实上正如图7-1所显示的那样，嫉妒的产生主要是自尊的降低导致的。

所以嫉妒似乎主要根源于自尊受到威胁，每当我们关心的人（恋人、工作伙伴、好朋友）准备抛弃我们投奔竞争对手时，自尊威胁就发生了。正如我们将在第十章看到的那样，这样的感觉不仅仅令人不快和郁闷，而且有时候会导致针对他人的公然暴

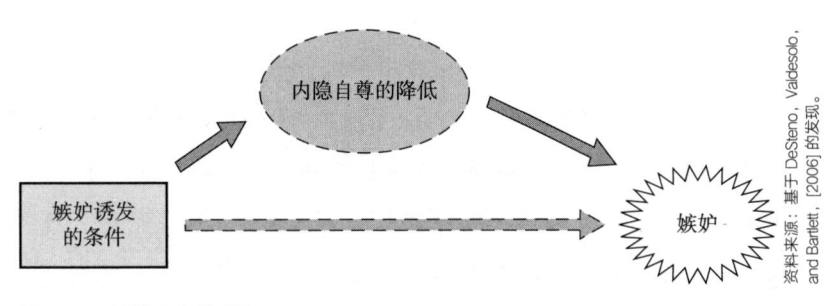

图7-18 嫉妒和自尊威胁

研究结果指出嫉妒最初来源于自尊受到威胁（上面的粗箭头）。这些威胁包括我们关心的人（恋人、工作同伴等）可能抛弃我们投奔竞争对手。

资料来源：基于DeSteno, Valdesolo, and Bartlett, [2006] 的发现。

力行为，尤其在强调保护个体"荣誉"的文化里。这个"绿眼怪物"真的是个怪物，能够造成严重的威胁，不仅威胁到个人的幸福，而且威胁到我们的安全甚至生命。

当然，我们应该注意到，嫉妒仅仅是浪漫关系结束的一个原因。浪漫关系结束还有许多其他原因，例如，伴侣发现他们没有多少共同之处、彻头彻尾的厌倦、紧张持久的冲突等（Salvatore et al., 2011）。无论分手的原因是什么，它都是令人痛苦的，对想要分手的人来说都是很艰难的。有什么能够帮助他们度过这道难关吗？令人惊奇的是，确实有。我们将在专栏"互联世界中的社会生活：分手很难，但可以得到帮助"里展开详细讨论。

互联世界中的社会生活

分手很难，但可以得到帮助

多年前，名为"分手很难"的唱片热卖（尼尔·斯达卡在1962年所唱）。尽管多年过去了，世界发生了翻天覆地的变化，但是歌词依然熠熠生辉：结束一场恋爱真的很难（Vangelisti, 2006）。同时，分手是许多人都非常害怕的一件事。他们不愿意破坏另外一个人的希望，比如告诉他们他想分手了或不再爱他们了。过去，大部分人是面对面来处理这种令人痛苦的事。他们将鼓起勇气，告诉他们的前任恋人他们之间的关系结束了。这是许多人处理这种情形的方式，但是现在，他们也可以通过邮件完成这件事情（比如，发一个信息说"我们结束了"，或者是通过社交网络，不幸的是后者可能导致他们对搭档的拒绝被广泛公开）。

此外，有越来越多的人在使用另外一种方式：有网络公司可以为你处理这件事。比如一个著名的"Au Revoir 分手服务"（Au Revoir 是法语里的"再见"）。这个公司可以以你的名义处理分手。他们做广告说他们将扮演一个中介去传递你的感情，带来一段关系的终结，所以你可以避免这种情形带来的令人痛苦的情绪后果。其他公司提供同样的基础服务——例如，有一个专门为那些在网上相识的人们设计的 ibreak.net 网站，以同样的方式处理网上分手。

如果你想要结束一段关系，但又不想直接这么做，那么以上方法是一种合理的方式吗？也许是，但是不同的人会有不同的看法。心理学家艾利森·阿诺德（Alison Arnold）的专长是帮助人们解决人际问题，他一针见血地指出："分手的消息不应该通过文本或邮件来传递，文本传递分手是懦弱的表现。"然而，其他人感觉通过文本信息、社会网络、分手服务等间接方式处理分手是可以接受的。

关于这个主题的研究才刚刚开始，但是已经报道了一些发现。比如斯普雷彻等人要求男生和女生评定哪几种结束关系的策略是富有同情心的，能够显示出对前任伴侣的体贴和关心（Sprecher, Zimmerman & Abrahams, 2010）。结果表明，面对面的方式被评定为最具有同情心，因为它能够强调在这段关系中获得的好处，避免因为分手而责备对方，设法避免前任伴侣带着糟糕的情绪离开。另一方面，被评定为最没有同情心的方式如下：使用即时讯息去罗列分手的理由，通过邮件、文本信息告诉有负面情绪的前任即将到来的分手信息，或要求第三方（包括网络公司）去把分手消息告诉对方。

从这些研究证据来看，许多人认为使用科技手段来结束一段恋情不是最友好或最体贴的方式。正如艾利森·阿诺德所说，这不是许多人喜欢的接收此类信息的方式。但考虑到直接面对伴侣所带来的痛苦，许多人仍将使用这种方式。

要点

- 正如人际吸引和友谊一样，爱情的吸引也受到多种因素的影响，例如物理空间上的接近程度、外貌和相似性。此外，爱情也包括了性吸引力和渴望被他人完全接受的愿望。
- 我们的祖先之所以能够成功繁衍，不仅得益于男女之间的性吸引，也得益于配偶之间以及父母和孩子之间的紧密联系。
- 激情之爱是爱的一种类型，指一个人对另外一个人突发的山呼海啸般的情绪反应。另外一种爱的类型是伴侣之爱，类似于亲密的友谊，包括关心、相互的喜欢和尊重。斯滕伯格的爱情三角形理论除了包括这两个成分外，还要加上第三个成分——决心或承诺——指的是认知上对爱的决定和对关系的诺言。
- 嫉妒是一种强烈的情绪反应，研究结果发现嫉妒是由于自尊受到威胁所引发的，当我们害怕我们深爱或关心的人抛弃我们去投奔竞争对手时，就会体验到自尊威胁。

挑选理想伴侣：男性和女性的标准有差异吗？

我们在伴侣身上寻找什么？有关吸引力的研究表明：相似性可能发挥着重要的作用，关于激情之爱的研究表明身体上的吸引力也是很重要的。还有其他重要因素吗？男性和女性在寻找潜在恋爱对象或终身伴侣时，对对方的特质要求一样吗？针对这些问题的研究表明，有一些因素很重要，但男性和女性对这些因素的重要程度看法不同，（例如，Geary et al., 2004; Li et al., 2002）。

外表吸引力的作用

从进化决定论的角度看，年轻和漂亮应该被赋予很大权重，因为这些特征和生育潜能相关，年轻人以及我们发觉有吸引力的人通常比老年人和没有吸引力的人更健康，所以男性和女性都会喜欢具有这些特征的恋人。一般而言这是对的。但是，目前的研究证据表明，即使到现在，男性仍然比女性更重视这些特征。换句话说，男性在选择恋人的过程中对外表和年轻程度的重视程度明显大于女性（Scutt et al., 1997）。整体情况比这个还要复杂，下面我们来具体阐述。

未来可能自我和伴侣偏好

你的理想伴侣是什么样子？不管其他情况，比如不管你是在外工作或选择做一个操持家务者，你想要的理想伴侣一样吗？也许不是。事实上，这正是伊格利（Eagly）等人最近针对这个问题开展的研究告诉我们的结果（Eagly, Eastwick & Johannesen-Schmidt, 2009）。他们推测，如果个体期望追求家庭之外的事业，他们可能想找一个具有操持家务必要技能的人成为伴侣。然而，如果他们期望自己成为一个操持家务者，他们可能喜欢找一个能养家糊口的人。换句话说，他们期望在自己和伴侣之间分配任务，至少在一定在程度上是这样。所以人们期望自己在社会中扮演的角色能够在很大程度上影响他们有关伴侣选择的决策。事实上，尽管这个结果可能存在一定的性别差异，但是伊格利和同事们认为人们对未来角色的期待这一因素比性别因素更能影响个体对未来伴侣的选择。

为了研究这些可能性，研究者要求男性和女性被试去展望未来他们拖家带口后主要是挣钱养家者还是操持家务者。然后要求被试指出一些伴侣特征对他们的重要程度，衡量水平从不相关到必不可少。这些特征中有一些与成为一个好的挣钱养家者相关（有抱负、勤奋），其他特征和成为一个好的操持家务者密切相关（渴望拥有家庭和孩子、厨艺好、好管家）。

研究结果表明，个体期望担当的角色可以影响他们选择伴侣时对对方某种技能和特质的重视程度。对男性和女性而言，当被试期望成为一个养家糊口的人时，他们更加重视潜在配偶料理家务的技能而非养家的技能。然而，当他们自己期望成为一个操持家务者时，他们更加重视潜在配偶的养家技能而非料理家务的技能（见图 7-19）。换句话说，他们寻找的是能够乐意和自己分担家庭关键任务或责任的某个人。此外，研究也发现了一些这方面的性别差异，不管他们期望自己扮演什么角色，女性比男性更看重好的养家技能或品质，除此之外，女性表达了对年长男性的偏爱，而男性表达了对年轻女性的偏爱。

当今性别角色已经发生了巨大变化，但依然存在的这些性别差异是怎样产生的呢？从进化视角来看，女性很少关注男性是否年轻和是否有吸引力的原因可以被一个事实所解释，那就是女性有一个有限的生育年龄，而男性从青春期到老年都有生育能力。对史前时期的女性来说，通过选择一个有能力的保护者照顾她以及后代，就能增加生育的成功率（Kenrick et al., 1994; Kenrick et al., 2001）。

针对当代男性和女性的许多研究都表明，即使到今天，伴侣偏爱依然和进化理论的预测相一致。例如，针对荷兰 20—60 岁男女两性的研究发现，男性偏爱外表吸引力比自己高的女性，女性更喜欢在收入、教育、自信、智力、支配力和社会地位等方面比自己高的男性（Buunk et al., 2002）。这些偏好经常导致一个年轻的有吸引力的女性和一个年龄大的富有的男性结成夫妻，在电影里或现实生活中都是如此（Gallo and Byrne, 2004）。此外，有关婚恋依恋的性别差异的元分析结果也可以被进化理论所解释。这项研究发现，男性比女性更可能回避长期关系，相反，女性却对结束浪漫关系表现出更当他们期待自己成为操持家务者时，男性和女性都更看重潜在伴侣的养家技能。

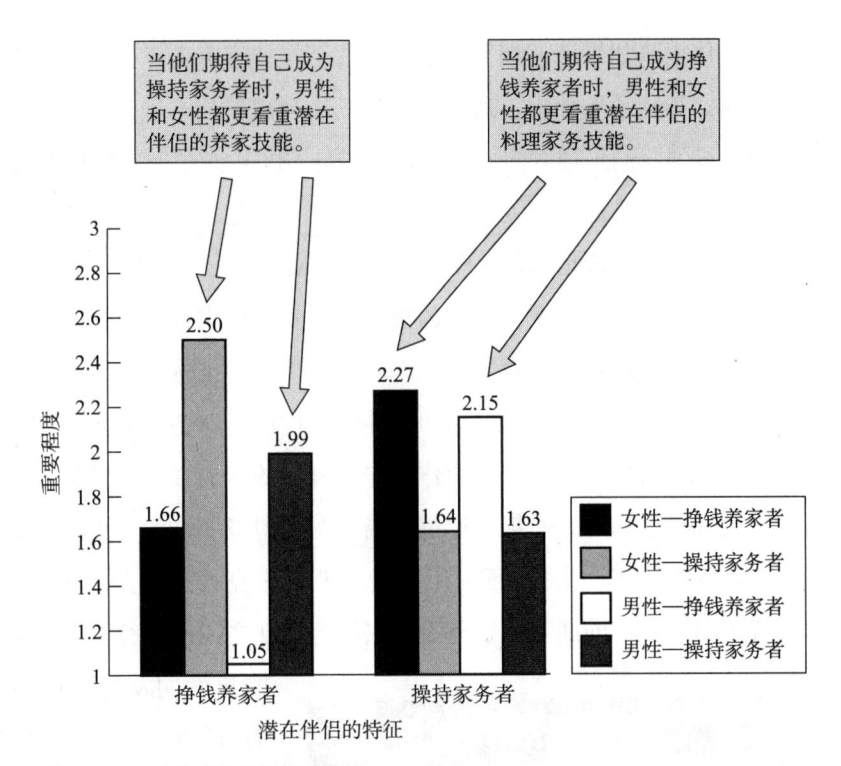

当他们期待自己成为挣钱养家者时，男性和女性都更看重潜在伴侣的料理家务技能。

图 7-19 未来家庭角色和择偶偏好

对男性和女性而言，他们希望未来伴侣具有的特征因自己期待承担的未来家庭角色（挣钱养家者、操持家务者）而变。当被试望成为一名养家糊口的人时，他们更加重视潜在配偶料理家务的技能和相关特质，而非养家的技能和相关特质。然而，当他们自己期望成为一名操持家务者时，他们更加重视潜在配偶的养家技能而非料理家务的技能。因此，期待的未来角色强烈影响我们对潜在伴侣的选择。

高水平的焦虑（aDel Guidice，2011）。

尽管相关的研究结果和对性别差异的进化论解释是很有说服力的，但是仍然没有被普遍接受（参见 Miller et al.，2002）。文化因素是重要的，研究结果表明男女两性都更偏爱富有和健康的伴侣（Miller et al.，2002）。事实上文化价值比遗传因素更有解释力（Hanko et al.，2004）。知道了这样的解释，再来看下面的历史就会很有趣了：华盛顿和杰斐逊尽管有很多其他的选择，他们最终还是都娶了富有的寡妇（Wood，2004）。

这种"择偶游戏"是充满竞争还是可能涉及合作呢？

正如前面我们在讨论外表吸引力时提到的，几乎每个人都希望恋人具有外表吸引力。此外，基于他们将来期望成为的角色，人们通常寻求可以弥补他们自己技能和特征不足的伴侣；如果他们期望成为主要的养家者，那么他们会找一个操持家务技能高一些的伴侣,如果他们期望自己成为一个操持家务者,那么他们就想找一个能够很好养活他们和孩子的伴侣。这表明找到一个理想伴侣的确是具有高度竞争性的活动:为了成功得到我们想拥有的恋人,我们不得不以某种方法淘汰和击败潜在的竞争对手。

当然,这一点在很大程度上是正确的。但另一方面,在寻求理想伴侣这件事上也有合作的空间。这是为什么呢?阿克曼(Ackerman)和肯里克(Kenrick)(2009)认为我们可以基于以下事实做出这样的推论,即女性追求伴侣时比男性更重视挑选,她们通过设置障碍来疏远不中意的伴侣。相反,男性对挑选的重视弱一些,但在追求女性上更专注——尤其是在发现理想的异性时。在使用这些一般策略的过程中,男女两性都可能发现来自朋友的帮助和合作是非常有用的。例如,女性朋友可能互相帮助以避开她们没有兴趣的人。而男性通过表扬朋友和塑造朋友的"形象"来帮助他们俘获中意女子的芳心。在一系列研究中,阿克曼和肯里克找到了支持这些预测的证据。女性报告说她们经常帮助朋友终止与不感兴趣的男性之间的来往。男性说他们经常帮助他们的男性朋友得到他们中意的伴侣。总体而言,在"择偶游戏"中,女性比男性使用了更多的合作行为(这与以前的研究结果一致),但是男女都会使用合作和竞争。结论是,男女两性在努力得到有吸引力的恋人的过程中都使用了大量策略,竞争仅仅是其中之一。

秘密恋情:迷人,但是危险

你曾经卷入到一段你想要但不得不保密的恋情中吗?(如图7-20)造成这种情况的可能原因很多,例如,父母亲或其他人不同意你与恋人交往,恋情中一方或双方都脚踩两只船,或有现实规范反对这种关系的存在。比如,许多大学禁止教师和学生谈恋爱,许多企业禁止同事之间、主管与他们的下属之间的恋情。然而,不论出于什么原因,秘密

图7-20 秘密恋情:迷人,但是通常很危险
如图所示,人们设法隐藏他们的身份,是因为他们正处在一种秘密恋情中吗?我们无法分辨,但可以确定的是:关于秘密恋情所造成影响的研究表明,尽管这种关系有时是迷人的,但这种关系以及对牵扯其中者的健康而言是代价高昂的。

恋情并不少见。

显然，这种关系在一定程度上说是很迷人的：许多人喜欢在他们的生活中增加一点神秘和危险，通过一段秘密恋情就能获得这些体验。但是这样的关系对身处其中的人是有益的吗？研究结果表明秘密恋情的代价可能是非常大的。为了调查秘密恋情的影响，雷米勒（Lehmiller）（2009）征募了数百对卷入秘密恋情中的夫妇（主要是通过网络方式收集资料）。通过问卷测量了这些被试卷入到秘密恋情中的程度。此外，还测量了他们对关系的承诺感、对他们与伴侣的相处造成限制和阻碍的程度、他们个人的身心健康等。结果表明，想要保持秘密恋情意味着对这段恋情承诺的降低以及伴侣之间认知互依性的减少；他们在某些重要方面无法亲近。此外，卷入秘密恋情中的人们也报告了这种恋情对他们身心健康的负面影响，保持秘密恋情的压力导致他们在很多方面付出巨大的代价。

在另外一项补充研究中，雷米勒（2009）发现秘密恋情会降低人们对关系的承诺，导致对这种关系的消极感受以及自尊和个人健康水平的降低。基于这些发现，雷米勒（p.1465）得出一个清晰的结论："保持一段秘密恋情的代价远大于伴随这种关系的神秘感或兴奋感所带来的好处。"由此可见，偷吃"禁果"一定会留下苦涩的味道。

要点

- 结束恋情通常是很难的，结果，越来越多的人正在借助科技（邮件、文本信息、网络服务）来完成这个痛苦的过程。
- 我们要选择具有什么特点的伴侣？研究结果指出，这在很大程度上依赖于我们期望自己将来在生活中扮演的角色——挣钱养家者还是操持家务者。
- 配偶选择经常涉及为了获得最中意的异性而展开的竞争，但是新的研究证据发现，男女两性在配偶选择过程中也经常与他们的朋友进行合作，女性朋友间相互帮助对方终止与不喜欢的异性的联系，而男性朋友间相互帮助对方得到理想的另一半。
- 秘密恋情令人激动，但是一般来说似乎对关系本身和置身其中的人们造成了负面影响。

总结与回顾

- 人际吸引指的是我们对他人做的评估——我们对他人所形成的积极或消极的态度。人类有强烈的**合群需要**，即用合作的方式与他人互动交流的动机。这种需求的强度会随着个体和情境的不同而存在差异，但即使是那些声称没有这种需求的人们也被证明他们是具有这种需求的。积极或消极情感状态会通过直接或间接的方式影响人际间的吸引力。直接效应是指该情绪情感就是由被评价对象引发的。间接效应是指当情绪本身来源于别处，而某人和这种情绪建立了联系，那么我们对这个人的评价和态度就会受到这种情绪的影响。

- 情绪的间接（关联）效应被广告商和政治家所应用，他们深知，把产品或候选人与积极情绪联系起来会影响人们购买产品的决策或给候选人投票的行为。两个人之间最初的接触通常是建立在**接近性**基础上的——在物理空间上接近彼此。进一步地，空间上的接近性带来重复曝光，而重复曝光会引发积极情感，增加吸引力（纯粹曝光效应）。

- 个体对他人的吸引力受到他们外显特征的强烈影响，尤其是他们的**外表吸引力**。我们经常假定"美的就是好的"，明显是因为我们想要与有吸引力的人建立某种关系，所以就把积极的人际特质投射到他们身上。纵观人类历史，许多文化都认为，红色的确是"性感的"，它提升了女性的吸引力。

- 除了外表吸引力之外，许多其他的外显特征也会影响最初的人际评价，包括体格、体重、行为风格、名字及其他表面特征。决定一个人对另一个人产生吸引力的因素包括了态度、信念、价值观和兴趣等维度上的相似性。尽管相异相吸（互补性）的观点一直广为流行，但在现实中很少见到。尽管相异性比相似性对吸引产生的影响更大，但我们对两种情况都会作出反应，态度相似性所占的比例越大，双方产生的吸引就会越大。相似性的有利作用可以在外表吸引力上找到，新近的证据支持**匹配假设**——该观点认为我们倾向于选择吸引力水平与我们相近的人作为伴侣。

- 几种理论视角（**平衡理论、社会比较理论、进化视角**）为相似性对吸引力强有力的影响效应提供了解释。我们尤其喜欢那些喜欢我们的人，非常讨厌那些不喜欢我们并负面评价我们的人。

- 我们最初的关系是在家庭内部建立起来的，在这些关系情境中，我们形成了自己的**依恋风格**（由**自尊**和**人际信任**的不同水平组合而成）。这些依恋风格影响其他关系的属性，在许多生活领域中发挥着重要作用。其他家庭关系包括兄弟姐妹之间的关系，以及孩子与其他亲戚之间的关系。家庭之外的友谊开始于童年期，最初仅仅基于接近性和双方父母间的友谊等因素而建立，随着日渐长大，有可能形成**亲密友谊**，包括一起消磨时光、在各种情境中相互交流、彼此提供社会支持和自我表露。尽管个体之间实际相似性在人际吸引中是个重要的因素，但研究结果表明：当个体开始变得熟悉起来时，知觉相似性在友谊早期阶段发挥着更重要的作用。

- 正如人际吸引和友谊一样，爱情的吸引也受到多种因素的影响，例如物理空间上的接近程度、外貌和相似性。此外，爱情也包括了性吸引力和渴望被他人完全接受的愿望。我们的祖先之所以能够成功繁衍，不仅得益于男女之间的性吸引，也得益于配偶之间以及父母和孩子之间的紧密联结。**激情之爱**是爱的一种类型，指一个人对另外一个人突发的山呼海啸般的情绪反应。另外一种爱的类型是**伴侣之爱**，类似于亲密的友谊，包括关心、相互的喜欢和尊重。斯滕伯格的爱情三角形理论除了包括这两个成分外，还要加上第三个成分——**决心或承诺**——指的是认知上对爱的决定和对关系的诺言。

- 嫉妒是一种强烈的情绪反应，研究结果发现嫉妒是由于自尊受到威胁所引发的，当我们害怕我们深爱或关心的人抛弃我们去投奔竞争对手时，就会体验到自尊威胁。

- 结束恋情通常是很难的，结果，越来越多的人正在借助科技（邮件、文本信息、网络服务）来完成这个痛苦的过程。

- 我们要选择具有什么特点的伴侣？研究结果指出，这在很大程度上依赖于我们期望自己将来在生活中扮演的角色——挣钱养家者还是操持家务者。配偶选择经常涉及为了获得最中意的异性而展开的竞争，但是新的研究证据发现，男女两性在配偶选择过程中也经常与他们的朋友进行合作，女性朋友间相互帮助对方终止与不喜欢的异性的联系，而男性朋友间相互帮助对方得到理想的另一半。秘密恋情令人激动，但是一般来说似乎对关系本身和置身其中的人们造成了负面影响。

关键术语

爱情（love）：一种情绪、认知和行为的结合体，在亲密关系中常常发挥关键作用。

爱情三角形理论（triangular model of love）：斯滕伯格对爱情关系的概念化。

安全型依恋风格：该风格的特征是高自尊水平和高人际信任水平，这是最成功也是最理想的依恋风格。

伴侣之爱（companionate love）：我们对那些与我们的生活紧密相关的人的感情。

承诺（decision/commitment）：在斯滕伯格的爱情三角形理论中，这是认知过程，决定你爱上另外一个人且承诺保持这种关系。

重复曝光效应（Repeated exposure effect）：扎伊翁茨发现与任何一个稍微消极的、中立的或积极的刺激频繁接触都会导致对该刺激积极评价的增加。

单恋（unrequited love）：通常只是其中一人单方面陷入爱情，他们的感情并没有得到对方的回应。

合群需要：用合作的方式与他人互动交流的动机。

回避型依恋风格：该风格的特征是具有较强的自尊心，但缺乏人际信任，这是一种矛盾、不安全型依恋风格。这种依恋风格的个体感到自己值得拥有亲密关系，但又会因为对潜在同伴的不信任而受到挫败。由此造成他倾向于在关系发展的某个节点上拒绝他人以避免自己成为被拒绝的那个人。

激情（passion）：在斯滕伯格的爱情三角形理论中，夫妻关系中的性动机和性兴奋。

激情之爱（passionate love）：一种常常会对另外一个人表现出的梦幻般的强烈情绪反应，当体验到这种情绪时，人们通常视其为真爱的信号，但是对局外的观察者来说似乎是一种迷恋。

焦虑型依恋风格：这种依恋风格的特征是自尊心低，但却有很高的人际信任感，这是一种矛盾、不安全型依恋风格。这种依恋风格的个体强烈渴望与他人的亲密关系，但又感觉到自己没有价值，容易被别人的拒绝所伤害。

接近性（proximity）：与他人物理上的接近。

恐惧—回避型风格：该风格的特征是自尊低，缺乏人际信任，这是一种最不安全、最缺乏适应性的依恋风格。

排斥假说（repulsion hypothesis）：罗森鲍姆提出的具有争议的假设，认为相似的态度不能提升吸引力，但相异的态度却可以降低吸引力。这个假设是不正确的，但是相异的态度引起的消极效应比相似态度引起的积极效应更强烈。

匹配假设（matching hypothesis）：尽管我们渴望得到非常有吸引力的浪漫伴侣，但我们一般而言还是会重点追求与我们外貌吸引力水平相当的人。

平衡理论：由纽科姆和海德分别独立提出。这个理论认为：人们自然而然地会把自己的喜好和厌恶用一种对称的方式组织起来。

亲密（intimacy）：在斯滕伯格的爱情三角形理论中，两个人感觉到的亲密感——他们结合在一起的程度。

亲密友谊（close friendship）：两个人大多数时间都在一起度过，在不同情境下相互交流，相互提供情感支持。

人际信任（interpersonal trust）：依恋风格的态度维度，相信他人通常是值得信任的、可依靠和信赖的，反之则认为他人通常是不值得信任的、不可依赖和信赖的。

社会比较理论：将自己的态度和信念与他人比较，评判自己是否正确与正常的唯一标准就是看看别人是否认可你。

态度相似性（attitude similarity）：两个个体拥有同样态度的程度。

外表吸引力（physical attractiveness）：外表的美貌程度。

完美之爱（consummate love）：在斯滕伯格的爱情三角形理论中，这是指一种由亲密、激情和承诺组成的完美的理想爱情。

相似—差异效应（similarity–dissimilarity effect）：研究一致表明，人们会对与自己相似的人产生积极反应，对与自己不同的人产生消极反应。

相似比（proportion of similarity）：即两个个体间某些方面相似的数目除以相似和相异数目之和得出的数量指标。

依恋风格（attachment style）：在人际关系中体验到的安全程度。通过婴儿和看护者之间的交流互动，婴儿获得有关自尊和人际信任的基本态度时，这种不同风格就初步形成了。

第八章

社会影响：改变他人的行为

本 章 大 纲

- **从众：群体对行为的影响**

    我们从众的程度有多大？比我们想象的要大得多

    阿施的从众研究：社会压力——不可抗拒的力量？

    谢里夫关于似动现象的研究：规则如何出现

    影响从众的因素：影响我们"附和"程度的因素

    从众的社会根源：为什么我们经常选择"附和"

    从众的消极作用：为什么好人有时候也会做坏事

    为什么有时我们选择不附和：权力、基本动机和渴望独特性的影响

    情绪与社会影响：情绪感染

    从众倾向是否存在性别差异？

    少数派的影响：多数派是否总占上风？

- **顺从：有求常应**

    顺从：基本的原则

基于友谊或喜欢的策略：奉承

基于承诺或一致性的策略："登门槛"和"虚报低价手法"

基于互惠的策略："留面子"策略和"不只是这些"策略

基于稀缺的策略："欲擒故纵"策略和"最后期限"策略

互联世界中的社会生活：网络诈骗犯使用社会影响策略——网络约会者要小心了！

- **象征性社会影响：我们是如何受他人影响的，即使他人不在场**

- **服从权威：如果命令你去伤害一个无辜的陌生人，你会这样做吗？**

实验室里的服从

破坏性服从：它为何发生

破坏性服从：拒绝它的影响

在很久之前还没有互联网的时候，诈骗者本人通常亲自出马实施他们的诡计：他们以某种方式诱导潜在受害者交出财富和所有物给他们（骗子）。但是现在，骗子们不用见到他们的潜在受害者了，因为骗子可以通过电子途径接触受害者，依靠具有迷惑性的电子邮件信息来引诱受害者落入设置好的陷阱。你是否曾经在打开收件箱时发现了一条似乎来自银行的信息——这条信息要你去"确认"安全密码和其他个人信息？如果是这样，那你要当心了！你可能成了**网络诈骗**的目标。网络诈骗是指一种获得信息的诈骗手段，它能使发信息的人进入你的网上账户，而那可能是你毕生的积蓄！然而，即使你没有收到那样的消息，你也可能成为网址嫁接诈骗的受害者。网址嫁接诈骗是一种侵犯你隐私的更加可怕的手段，同时还能偷走你的钱。网址嫁接诈骗不需要你去点击伪造的邮件链接，它只是简单地把你的浏览器导向看起来像你来往的银行、公共事业公司或其他的安全地址，让你觉得进入了真实的网站。因此，网址嫁接诈骗就达到了他们的目的——骗取你的钱财。

但这并不是骗子把网络变成他们私人赚钱场所的唯一方式。你是否曾收到过一封自动发送的邮件说你获得了一项彩票抽奖的大奖？或者说你的电脑遭到了病毒入侵，会受到破坏——除非你购买"有关"公司的软件才可能受到保护。如果是这样，那么你已经体验到了其他危险但有创造性的诈骗方式，罪犯们设法利用网络来获得利益（这意味着你的损失）。事实上，最近沙尔库马尔·贾因（Shaileshkumar P. Jain）、比约恩·丹尼尔·桑迪（Bjorn Daniel Sundin）和詹姆斯·雷诺（James Reno）就大规模实施过我们刚才描述的骗局，他们把消息发给成千上万毫无戒心的接收者，警告他们说他们的电脑已经被"恶意软件"感染，并提供给接收者解决问题的软件，如"错误纠正"或"磁盘清理"——作用很小或没有作用，但要花费30—70美元。很多人掉进了这个陷阱，骗子从60个不同国家的受害者那里获资超过1亿美元。最近人们才知道是他们设下的骗局，这些骗子将会坐牢——如果他们被抓到的话。

所以，互联网的确是一个惊喜，并且像你一样，大家每天都在使用它。但是它也带来了一种以前没有的风险，给骗子提供了新的"网络"途径侵入我们的生活，让我们在不知不觉中成为受害者。

为什么我们要以这些令人不安但却是事实的例子作为开头？因为我们想呼应那个在第一章中就提到的主题，即我们的社会生活确实被科技深深地影响着。即使是本章的主要话题——**社会影响**（social influence，它非常接近社会心理学的核心议题），也不可避免地受到这种影响。什么是社会影响？一般定义是指一个人或多个人试图改变他人甚至更多人的行为、态度或情感（Cialdini，2000，2006）。诈骗者（包括上文提及的网络行骗者）致力于改变潜在受害者的行为，以便从这些人身上获得他们想要的东西——钱、贵重物品或私密的个人信息。但是人们施加社会影响的原因有很多种，不仅仅是为了欺骗他人。有些时候他们运用社会影响去帮助其他人（例如帮助他们戒烟或坚持节食）。或者——利他性少一些——他们会尝试让人帮个忙，购买某种产品，或投票支持某个候选人——其目的是多种多样的。实施社会影响的方式也是各种各样的，从直接的个人请求到精明的商业广告再到政治竞选（见图8-1）。无论目的是什么，社会影响总是涉及一个人或多个人试图引发他人行为做出某种改变。努力改变他人态度的方式包括说服，这个话题我们在第五章已经讨论过了。我们将通过请求这种直接的改变他人行为的方式称之为顺从（或谋求顺从）。这包括详细和具体的请求，人们对这样的请求可以回答"行""不行"或者"也许可以"。通常来说，改变他人行为的努力也会涉及利用规则和指导原则的影响作用，这些规则告诉人们在既定的情境中什么样的行为才是适当的和必需的。这些规则可以是很正式的，比如车速限制、游戏和运动规则、着装规范（如果它们还存在的话！）；也可以是非正式的，比如"不要在公共场合盯着陌生人看"这类一般的规则。这种影响被称为从众，是社会生活的重要组成部分。最后，改变也可能因为他人直接的命令或指令而产生——**服从**。在这章中，我们将探讨社会影响的各种形式（说服在第五章中已讨论过）。

为了全面了解社会影响的特点与作用，我们将按以下顺序进行介绍：首先，我们将探讨社会心理学家研究社会影响时首先考察的现象之一，即**从众**（conformity）。从众是指由于受到群体压力的影响从而大体上表现出群体或社会可接受的合适的行为方式。然后，我们接着探讨**顺从**（compliance）——直接试图以特定方式去改变其他人的行为（Cialdini, 2006；Sparrowe et al., 2006）。

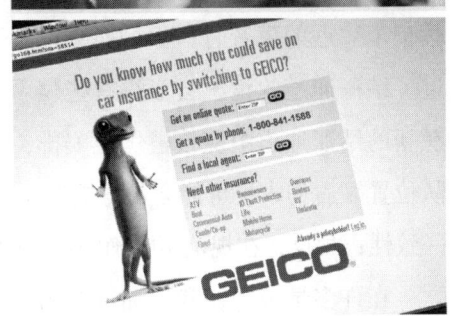

图 8-1　社会影响：众多策略、众多目标
每天我们都试图去影响他人，同时也受到他人的影响，影响有多种形式，从汽车销售员的销售（顶部图片）到政治演讲（中间图片），再到巧妙的广告（底部图片）。

再次，我们考察社会影响中最有趣的一种形式——这种影响发生在其他人不在场，或者并不直接影响我们行为的情况下（例如，Fitzsimons and Bargh, 2003）。我们把这种影响称为**象征性社会影响**（symbolic social influence），这种影响源于我们对他人的心理表征，而不是真实存在的他人和外显行为。最后，讨论完这种间接形式的社会影响，我们会考察一种截然相反的社会影响——**服从**（obedience），即个体要求另一个人或另一些人按自己的要求做事。

第 1 节 从众：群体对行为的影响

考试期间，某位同学的手机忽然大声响了起来，这位同学会怎么做？

当你驾车行驶时，你看到了一辆救护车正在从后面靠近你，你会怎么做？

在超市已经有很多人排起了长队等候缴费的收款台旁，一个新的结账窗口突然开放，谁会第一个去新的收款台？

在上述这些情境中，人们很可能表现出各种各样的行为方式。但是你或许可以准确地预测出他们将采取的行动。对于那个手机忽然响起来的同学而言，他会马上将手机调为静音，而且他可能会向教室中那些坐在他旁边的同学表示歉意。当你听到一辆救护车靠近的声音时，你可能会把车开到道路的右边或者完全停下来，直到救护车通过。结账通道的情况会变得有些棘手。按道理，那些在原来结账通道中排队靠前的人在新的结账通道中应该被优先安排，但实际上这并不太可能。那些在原结账通道中排队位置靠后的人更可能会获得优先权。在规范更加明确的情境中，人们会表现出更多的一致性；相反，在规范不明确的情境中，人们往往不易判断什么才是"正确"的行为。

在许多情境中，我们都可以相当自信地预测出别人和我们自己的行为。这说明来自"一致性"（这种一致性要求我们在既定的情境中表现出社会预期的行为）的压力是相当有力并且普遍存在的。换句话说，"一致性"是指你的所作所为应该与要求我们如何做的规范相一致。这些规则往往被称为**社会规范**（social norms），它们对人们的行为产生极大的影响。你在结账窗口排队的情境中之所以体会到行为的不确定性，就是因为该情境中的社会规范并没有像其他情境中的社会规范那样明确：人们对于原先队伍中到底是前面的人还是后面的人可以优先到新的结账窗口，并没有形成明确的社会规范。

在一些情况下，社会规范被陈述得十分明确和具体。例如，一般而言，政府通过成文的章程和法律来行使其职能；象棋以及其他一些游戏往往有着非常具体的规则；

许多公共场所（如路边、停车场、机场等）的标记也会相当详细地描述所期待（不）出现的行为（如，"停！"；禁止游泳；禁止停车；请勿踩踏草坪）。再举一个例子，如今越来越多的餐馆开始在账单上列出顾客应该付的小费比例（如 15%、17%、20%，等等）。在某种意义上，这些数字建立了与小费相关的社会规范，而实际上，研究结果（Setter et al., 2011）表明这种方式是非常有效的：当这些内容呈现在账单上时，比起没有这些内容，顾客会支付更多的小费。

在其他一些情况下，规范可能并没有被明确说出来，是含蓄的，并且这种规范实际上可能已经在以一种完全非正式的方式发展。例如，"不要在音乐会上发出噪音"、"求职面试时努力保持自己的最佳状态"等，这些都是我们所熟知的未公开声明的规范。然而，不论社会规范是明确的还是含蓄的，是正式的还是非正式的，有一点需要明确的是：**大多数人在大多数时间都会遵从这些规范**。例如，当自己国家的国歌在运动场或者其他公共场所响起时，几乎每个人都会站起来，而不论他们的个人政治信仰是什么。同样地，去餐馆就餐的人几乎都会给服务员一定的小费。事实上，社会规范如此强而有力，因此大多数人都会支付大约 15% 的小费给服务员，而这个比例与服务员提供的服务质量并无关系（Azar, 2007）。

乍看之下，这种强烈的从众倾向（在各种各样的情境中人们都会根据社会或者群体的规范来决定自己的行为举止）令人反感。毕竟，这确实限制了个人的自由。实际上，这些从众行为有着牢固的基础：如果没有从众行为，人们将很快发现他们将面临社会混乱的局面。试想一下，如果人们不遵从诸如"自觉排队等候"的社会规范，那么在电影院、体育场或者超市的结账窗口将会发生什么？再想一下，如果司机和行人都不清楚并且不遵守交通规章，将会产生什么样的危险？此外，在许多情境中，一致性都发挥着巨大的作用。如果你曾在某个视交规如无物或者仅仅将交通规章看作一种建议的国家驾车行驶，你就会明白这意味着什么：当人们不遵守社会规范时，行为变得不可预测——有时，这往往是非常危险的！（见图 8-2）

人们从众的另一个原因是为了让自己"看起来不错"——为了给他人留下一个积极的印象。例如，在工作中许多员工都表现出从众的假象——努力表现出自己与组织的价值观、目标一致的假象，尽管事实上不是这样的（Hewlin, 2009）。比如说，他们经常说一些他们并不相信的事情，压抑与组织不一致的个人价值观，并且对和自己有关的一些事情保密。他们可能会觉得这样做并不愉快，但是从职业生涯发展的角度来看，这样做却是必要的。而且当他们对当前开展的事情（包括他们自己的工作）投入

图 8-2 从众：使生活变得可以预测

当那些指导人们如何行动的规范不存在或被人们忽视的时候，混乱就会产生。轻视交通规则的国家为我们提供了一个清晰的例证，也证明了为什么有时候从众是十分有用的。

很少并想要离职时，他们就会更愿意这样做——因为这样能够保证他们得到更好的推荐信！简而言之，人们往往将从众作为一种自我展示的策略去使用。这个过程我们在第四章描述过。

我们从众的程度有多大？比我们想象的要大得多

从众是社会生活中的一种常见现象：我们会与朋友穿相同款式的衣服，听类型相似的音乐，看相同的电影，读同样的书籍和杂志。总而言之，比起有诸多不同之处，当我们与朋友和家人有更多相似性的时候，我们会觉得更舒服。但我们是否认识到这种方式对我们产生了多大程度的影响？研究结果表明我们并不了解这一点。相反，我们认为自己就像站在羊群中间那样独特！其他人可能会从众，但我们自己呢？完全不会！在美国，我们认为自己是独立的个体，我们在处理自己的事情时不会受到他人行为或者选择的影响。许多经典的实验都提供了证据来说明这种现象（稍后我们会为大家呈现几个实验），在这些实验中，那些发生了从众行为的个体往往会否认他们受到了别人的影响，即使这种影响再明显不过。

普罗宁（Pronin）等人的一项研究提供了更直接的证据表明我们总认为他人比自己

更容易受到从众压力的影响（Pronin，Berger and Molouki，2007）。他们推论：人们之所以低估社会影响对他们自己的行为产生的作用，是因为人们在试图解释这些从众行为时往往聚焦于内部的信息而不是外部明显的行为。我们在第三章著名的行动者—观察者差异中发现，相比于他人的想法和感受，我们对自己的想法和感受往往更加了解。所以在推测我们和他人受从众压力影响的程度时，我们认为社会影响对他人行为的塑造作用大于对我们自己行为的塑造作用。例如，我们"认为"自己之所以穿流行款式的衣服是因为喜欢，而不是因为其他人也在穿这样的衣服。但是当我们对他人的相同行为进行判断时，我们会认为他们就是随大流中的那只"羊"。普罗宁和他的同事们将此现象称之为**内省错觉**（introspection illusion），它是指从众的发生经常是无意识的，在我们内省范围之外（或是没有被注意到）。

为了验证这种推论，他们进行了几项研究。在其中一项研究中，被试会阅读一系列与学生生活相关的建议，并被告知这些建议是否得到了同类学生团体的认可。然后让被试就是否支持每个提议进行投票。这种方式能够测量被试对同类群体建议的从众程度。然后让学生就团队意见对他们自己行为的影响程度进行评估，并让他们评估其他学生的行为（比如，投票行为）受团队意见影响的程度，其他学生的答案已告知被试。被试所认同的建议的数量与学生群体认可的相当一致，这说明他们都表现出同等的从众程度。但是，当让他们去评估自己以及他人的从众程度时，结果却差异明显：研究中的被试认为他人的从众程度比自己更加严重（见图8-3）。而与此形成对比的是，被试认为他们更多的是受到提议内容的影响而不是已有团队意见的影响。

简而言之，尽管我们在许多情境中都表现出了从众行为（出于好的目的），但我们都低估了他人的行动对我们从众行为的影响程度。我们需要补充说明的是，在诸如美国这样个体主义文化盛行

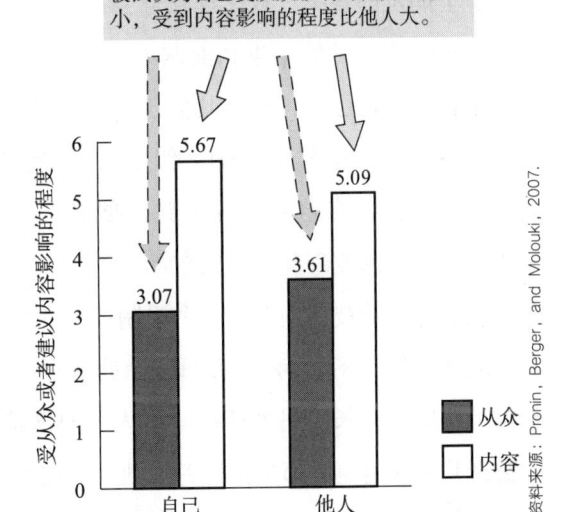

> 被试认为自己受从众影响的程度比他人小，受到内容影响的程度比他人大。

图8-3　我们比其他人更少受到从众影响的错觉

被试报告说他们比其他人（陌生人）更少受到群体判断的影响。事实上，他们也如其他人那样做出了从众行为（他们对各种问题的评价与其他被试有着高度的一致性）。尽管这是客观事实，但他们还是认为其他人比自己表现出了更多的从众。

资料来源：Pronin, Berger, and Molouki, 2007.

的国家，这种情况更加严重。在这样的文化中，个体更倾向于认为自己是羊群中的一头独狼。但是在像日本这样的集体主义社会中，从众行为并没有负面意义，而且人们会很愿意承认自己的从众行为，因为从众被认为是一件好事！

考虑到从众行为的重要性和普遍性，我们会因为社会心理学在20世纪50年代之前几乎没有怎么关注这一现象而感到惊讶。在那时，所罗门·阿施（1951）（我们曾在第三章介绍了阿施进行的印象形成的研究）进行了一系列与服从有关的实验并有重大的发现。阿施的实验无疑是社会心理学的"经典"研究。事实上，该实验在某些方面仍然具有现代性，所以我们在此对该实验进行描述，以说明我们为了避免与他人不同（因而显得格格不入）而付出的努力。

阿施的从众研究：社会压力——不可抗拒的力量？

假设在一场重要的数学考试之前，你发现自己数学家庭作业一道题目的答案与你朋友的答案不一样，而这一类的题目会在接下来的考试中出现。你会怎么办？也许你不会在意。现在试想一下你得知第二个朋友的答案也与你不同。而且更糟糕的是，他与第一个朋友的答案一致。现在你会有什么感受？此时你的焦虑大大增加了。接下来，你发现第三个人的答案也和前两人一致。这个时候，你发现自己有大麻烦了。你会接受哪个答案？自己的，还是其他三人的？考试将要开始，你得快点做决定。

生活中总是充满这样的两难困境——比如我们会发现自己的判断、行为、结论与其他人的不同。在这种情况下我们要怎么办？阿施（Solomon Asch，1951，1955）所做的研究让我们深刻理解了自己的行为。

阿施为他的被试创造了一个强制性的社会情景，被试的任务是回答一系列与知觉有关的问题，如图8-4所示。在每一个问题中，被试需要回答三条做比较的线段中哪一条与标准线段一样长。另外还有一些人（通常是6—8个）也会参与到实验中，但是真正的被试并不知道他们都是实验者的助手。在可以明显确定正确答案的关键试验中（18个问题中的12个），同谋者给出的答案显然是错误的；他们一致选择了错误的线段，认为其与标准线段相匹配。而且，他们都是在真正的被试回答之前就给出了答案。因此，在这些需要做决定的实验中，正如所描述的那样，阿施的被试面临着一个典型的两难情景，他们应该附和其他人的观点还是坚持自己的判断？这个判断看上去很简单，但他人一致给出的答案不同于自己认为正确的答案，这一事实确实会让被试感到疑惑。实验结果很明显：阿施研究中的大部分被试都选择了从众。根据一系列不同的研究发现，实验中 76% 的人至少有一次选择跟随群体的错误答案。总的来说，他们同意错误答案的概率是 37%。相反，在面临同样的问题时，控制组中只有 5% 的被试犯同样的错误。

当然，从众反应存在着很大的个体差异。有 25% 的被试从来不会屈从于群体压力（关于这类人稍后会详加说明）。另一个极端是，一些人则一直顺从于大多数人的意见。甚至当阿施问他们的时候，一些被试回答说："我是错误的，他们是对的。"他们对自己的判断缺乏信心。然而，大多数人会认为其他人给出的答案是因为产生了视错觉，或者是因为他们仅仅顺从于第一个人的回答的缘故。但是轮到被试自己做回答时，他们也跟随了群体答案。他们知道其他人是错误的（至少说大概是错误的），但是他们却不能做到反对其他人的答案。

在进一步的研究中，为了研究破坏群体一致性对从众的影响，阿施（1959，1956）让其中一个同谋者的答案不同于其他人给出的答案。在这个实验中，这个人给出正确的答案，成为真正被试的"同盟者"；在另一个实验中，这个人选择了既不同于其他人，也不同于真正答案的选项；在第三个实验中，与大多数人的选择比起来，他选择的答案错得更加离谱。也就是说，在后面两个实验中，这个人的答案既与大多数人不同，也与真正被试不同。结果表明：从众行为在三种实验条件下都减少了。让人惊讶的是，当持不同意见者选择的答案比较极端（错得更加离谱）时，个体的从众行为减少得更为明显了。总的来说，这些研究说明了群体一致性是从众行为产生的关键，一旦它被打破，不管打破的程度如何，对群体压力的抵制都变得更加容易了。

关于阿施的研究还有一个方面值得注意。在阿施后续的研究中，他重复了实验的基本过程，但做了一个重要的改变：被试不需要大声地说出答案，而是把自己的答案写在一张纸上。正如你预想的，从众行为明显减少了，因为被试没必要展现出他们与其他人的不同。这个结果表明了公开从众

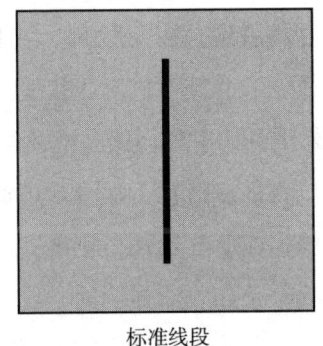

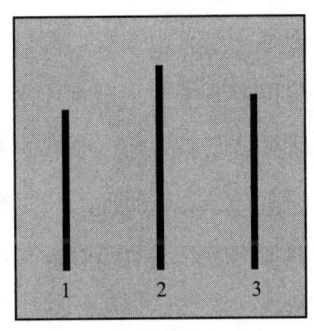

标准线段　　　　比较线段

图 8-4　阿施的线段判断实验

阿施实验中的被试被要求回答一个判断问题。他们的任务是判断比较线段（1、2 或 3）中的哪一条和标准线段的长度是一样的。为了研究从众行为，要求被试在听完其他人的答案之后，大声地报告出自己的判断，而其他被试都是阿施的助手。在某些情况下，这些助手都给出了错误答案，这会让被试感受到从众的强大压力。

（按我们周围的人所说所做的那样去说、去做）和私下接受（真正有与别人一样的感觉和想法）的重要差异。由此看来，我们公开遵从社会规范并不意味着我们改变了自己的观点（Mass and Clark，1984）。公开从众和私下接受的区别是很重要的，在本书中，我们将从几个方面对此进行探讨。

谢里夫关于似动现象的研究：规则如何出现

多年前，另一位社会心理学的奠基人穆扎弗·谢里夫（Muzafer Sheriff，1937）为我们提供了社会影响中关于私下接受的明确例证。在谢里夫感兴趣的很多问题中，有两个问题是最重要的：（1）在社会群体中，规则是怎样形成的？（2）一旦这些规则形成了，它们（规则）会对行为产生多大的影响？为了弄清楚这些问题，他利用了一个有趣的现象：**似动现象**（autokinetic phenomenon）。似动现象是指在完全黑暗的房间里呈现一个单一的、静止的光点，大多数人都会感知到光点在移动。这是因为在黑暗的房间里，没有关于物体距离和位置的明确线索。这种情况下被感知的移动就是似动现象。

谢里夫（1937）意识到他可以利用这个现象来研究社会规则的形成。因为光点的移动无法准确估计，不同的个体感知到的光点移动的距离不同。因此当把被试和其他人聚到这个房间中，让他们报告光点的移动距离时，他们会受彼此的影响，最后达成一个关于移动距离的统一共识。某种意义上，这个共识即是社会规则。当同样的被试接下来被单独安排到一个房间时，他们报告的光点移动距离的估算仍然与群体所定的规则一致。由此我们可以清楚地看到，社会影响的作用仍在持续。这个结果反映出实验中被试受规则影响作出了改变，并且他们真正接受了群体规则，这是一种私下接受或者承诺。毕竟当他们不再处于群体中时仍然会继续遵从这个群体规则。

谢里夫的研究同样解释了在很多情境下社会规则产生的原因，特别是在模棱两可的情境中。原因之一是我们强烈希望自己是"正确"的，即以恰当的方式行事，而社会规则能帮我们达到这个目标。正如我们强调的，这是社会影响的关键所在。另一个原因是我们希望被别人接受和喜欢，这个过程有时会涉及"表面从众"，休林（Hewlin）（2009）做过此方面的研究。这两个因素联合起来能确保社会影响产生强大的力量，常常对我们的行为产生强烈影响。

阿施的研究对很多社会心理学的研究起到了促进作用，因为许多研究者都在试图考察从众的本质特点，以确定它的影响因素和局限性（例如，Crutchfield，1955；Deutsch and Gerard，1955）。这些研究至今仍在继续，并且在不断帮助我们深入理解是哪些因素影响了从众这一社会影响的重要形式（例如，Baron et al.，1996；Bond and Smith，1996；Lonnqvist et al.，2006）。

影响从众的因素：影响我们"附和"程度的因素

阿施的研究证明从众是由强大的压力所致，但同时也反映出并不是在所有情境中从众的程度都一样。这是为什么呢？换句话说，到底是什么因素决定了个体屈服于从众的压力或者抗拒它的程度？研究发现许多因素都在其中起作用，这里我们将讨论其中一些主要因素。

凝聚力和从众：被我们所喜欢的人影响

对我们从众倾向（即遵循具体情境下起作用的规则）有着强烈影响的一个因素是**凝聚力**（cohesiveness）。凝聚力是指我们被一个特殊的社会群体所吸引并想成为这个群体一员的程度（例如，Turner，1991）。一个群体越具有凝聚力，我们就越倾向于遵循这个群体的规则（规定）。这一点不足为奇：我们越想成为一个群体中的成员，越想被群体中的其他成员所接受，我们就越会避免做一些区别于其他群体成员的事情。所以有声望的兄弟会和姊妹会在想成为他们成员的人中唤起高水平的从众效应（见图 8-5）。

图 8-5 凝聚力：从众压力的放大镜
我们越是被所属群体或想要归属的群体吸引，我们就越有可能遵从这个群体的规范，特别是在我们不确定自己是否能被该群体所接受的时候。比如，发誓要进入广受欢迎的姊妹会或兄弟会的人会高度遵从这些群体的规范。

当然，举止和外观上看起来像其他人，也是一个赢得认可的好办法。因此，简而言之，我们越喜欢其他人，越想成为他们群体中的一员，对是否赢得他们的认可越不确定，我们就越倾向于从众（Crandall，1988；Latan and L'Herrou，1996；Noel et al.，1995）。换句话说，凝聚力和想要被别人认可的意愿是强化我们从众倾向的因素。

从众和群体的规模：为什么人数越多越容易屈从于社会压力

另一个对从众行为有重要影响作用的因素是群体的规模。阿施（1956）和其他早期的研究者发现从众程度会随着群体人数的增加而增加，但是上限仅是3到4人，一旦超出这一上限，从众程度会保持不变甚至下降（例如，Gerard et al.，1968）。但是，近来更多的研究结果并没有验证这个早前关于群体规模大小的研究（例如，Bond and Smith，1996）。相反，近来的研究发现当群体人数在8个甚至更多的时候，从众行为会随着群体人数的增加而增加。简而言之，群体规模越大，越多的群体成员表现出相同的行为方式，我们就越会倾向于从众，即做出和其他人一致的行为。

描述性社会规范和强制性社会规范：规范是如何影响行为的

正如我们已经看到的，社会规范在本质上可以分为正式和非正式两种，就像那些印刷在大型标志上的不同规则和一些例如"不要把购物车放在超市外停车场中"的非正式标语。然而，这并不是区别不同规范的唯一方式，另外一种重要的区分是**描述性规范**（descriptive norms）和**强制性规范**（injunctive norms）（例如，Cialdini et al.，1991；Reno et al.，1993）。描述性规范是指对一个特定情境中大多数人行为方式的简单描述。它通过在特定情况下提供给我们普遍有效或恰当的行为信息来影响我们的行为。相反，强制性规范会具体强调应该做什么，即在特定情况下什么行为是被允许的，什么行为是不被允许的。例如，考试禁止作弊就是一个强制性规范，因为作弊行为在伦理上是不对的。事实上虽然还是有一些学生违反了这个规范，但这并不意味着就改变了他们应该遵守这个规范的道德要求。总的来说，这两种社会规范都对我们的行为产生重要影响（例如，Brown，1998）。

在很多情境中，人们明显违反了一些强制性规范（例如在高速公路上超速行驶、插队到别人前面）。所以一个关键的问题是：准确说来，强制性规范在什么时候会影响行为？人们在什么时候遵守这些规范？**规范性焦点理论**（normative focus theory）给我们提供了一种解释（例如，Cialdini et al.，1990）。这个理论认为：只有当行为发生时规范

图 8-6 为什么人们有时候甚至会违反强制性规则：千万不要像这样开车！

人们违反强有力且清晰的强制性规则（指明人们被期望如何做或应该怎样做）的一个理由是他们不认为这些规则适用于自己。这或许就是许多人开车时发短信、在 GPS（Global Positioning System，全球定位系统）上看视频或是化妆的一个原因。他们知道"一般而言"这样的行为是许多人不赞同的，而且也是危险的，但是他们确信自己可以处理好这种多任务的挑战，所以他们认为这些规则不适用于自己！

对涉及其中的个体很重要的情况下，规范才会影响人们的行为。

换句话说，只有当人们考虑到这些规范，并且认为这些规范与自身的行为相关时，他们才会去遵守这些强制性规范。这种观点已经得到很多研究的证实（例如，Reno et al.，1993；Kallgren et al.，2000）。一个普遍的原则就是，当我们考虑到这些规范并且认为它们与我们的行为有关的时候，规范就能从根本上影响我们的行为。相反，当我们并不重视这些规范，而且认为这些规范与我们的行为没有关系时，它们的影响作用就很弱，甚至不存在了（见图 8-6）。这也就是为什么有时候某些人甚至会违背一些强制性规范，他们认为这些规范并不适用于自己。

从众的社会根源：为什么我们经常选择"附和"

正如我们所见，很多因素都影响着从众的发生与从众的程度，但这并不能改变一个关键点：即从众是社会生活中的一个基本事实。大多数人都服从于群体或者社会规范，而且大部分时间里人们都服从于群体或者社会规范。这是为什么呢？为什么人们会遵从这些社会规范而不是反抗它们？关于这个问题的答案涉及人类的两个重要动机：一是渴望被他人喜欢或者接受，二是希望自己是正确的，这两者都是为了正确地理解社会世界（Deutsch and Gerard，1955；Insko，1985）。另外认知过程也会让我们在做出从众行为后认为从众是完全合理的（例如，Buehler and Griffin，1994）。

规范性社会影响：渴望被他人喜欢

我们怎样才能让其他人喜欢自己？这是社会生活中的一个永恒话题。正如我们在第三章和第七章中所讨论的，很多策略都是十分有效的。一个最有效的策略就是尽可能让自己看起来和其他人一样。从小我们就知道，同意我们周围人的意见或表现得与其他人一样，会得到其他人的喜欢。当我们表现出的行为与他人一致的时候，父母、老师、朋友和其他人就会对我们加以表扬和赞同（见第五章中态度形成的讨论）。我们从众的一个重要原因就在于：我们学会从众是因为这样做可以帮助我们获得我们迫切需要的他人的赞同和接受。这种从众的基础就是**规范性社会影响**（normative social influence），因为它涉及通过改变自己的行为来迎合他人的期待。

渴望正确：信息性社会影响

如果你想知道你的体重，你可以去称重器上测一下。如果你想知道一间房间的大小，你也可以直接量一下。但是你如何确定自己的政治观点或者社会观点的正确性呢？或者你怎么知道哪种发型是最适合自己的？这些问题的答案不是通过简单的物理测试或者一些测量工具就能得到的，但我们还是想知道这类问题的正确答案。解决这种困境的方法很简单：参考其他人对此类问题的回答。我们参照他人的观点和行为来作出判断（参阅第五章中探讨的他人在我们态度形成中的重要作用）。这种对他人的依赖也是增强我们从众倾向的强大力量。其他人的行为和观点为我们建构了现实社会，我们利用这些信息来指导自己的行为和观点。这种从众的基础就是**信息性社会影响**（informational social influence），它是基于我们倾向于将其他人作为我们获得社会生活各个方面信息的来源。

研究证明，正是因为我们对于正确行事的动机太强烈，因此信息性社会影响成为从众的一种强有力的动力源泉。然而，正如你可能预料到的那样，与我们对自己的决策能力有信心的时候相比，当我们不确定什么是正确的观点或行为时，信息性社会影响更容易被验证（例如，Baron et al.，1996）。

当我们不确定何种观点或者行为正确的时候，这种社会影响的作用到底有多大呢？研究结果令人感到震惊：这种影响十分巨大。因为这种影响有时候会使我们做出消极行为，产生有害的社会后果，所以现在我们将详细地讨论这一部分。不过在讨论之前，我们需要明确的是从众的作用有时候还是积极的。例如，当遇到紧急情况的时候（如火灾），我们模仿他人的行为就能脱离险境——如跟着别人走最近的安全通道。

从众的消极作用：为什么好人有时候也会做坏事

在此之前，我们发现从众倾向（遵从社会规范）能够产生积极作用。大多数人在大多数时候都会遵守大部分社会规范，这一事实有助于我们预测社会关系：我们知道自己与他人被期待的行为，并且在假定他人会按照这些期待行事的基础上去行动。开汽车的人会行驶在道路的正确一侧（无论在特定社会中这意味着哪一侧），并在红灯前停下；人们在商店等待服务时会自觉排队。但我们要注意的是，从众确实有着消极作用。事实上，最近社会心理学家的研究结果显示，迫于压力去从众以及我们对压力的屈服倾向，有时候会导致非常不利的后果。此刻，我们所讨论的大概是关于从众消极影响的最具吸引力的研究——菲利普·津巴多（Philip Zimbardo）开展的一项著名研究。该研究展现了众多现象中有关社会角色的各种规范的强大影响力。

好人是否也会做坏事呢？答案当然是肯定的。古往今来，有很多人在大多数时候扮演着好邻居、好父母、好朋友和好配偶等角色，对其他人表现出善意和关心。但在有些情况下，他们会丧失这些积极品质，表现出一些对我们甚至对他们来说不可原谅的行为。对社会心理学家而言，关键问题是：这是为什么？是什么原因导致好人变坏了呢（至少有时候）？对此没有唯一的答案。本章后面将讨论**服从**，服从是一种有时会导致好人做坏事的社会影响形式。现在我们来关注社会心理学中一个非常著名的研究为我们提供的答案，这个研究就是广为人知的津巴多监狱实验。接下来我们看看这个独特又著名的实验是如何操作的：

> 试想在一个宁静的星期天，你听到了敲门声。当你去应门的时候，你发现面对的是一些警察。他们不容分说就把你逮捕了，把你带去拍照，按指纹，盘问你（尽管被试知道他们是自愿参与这个社会心理学实验的，但当事情发生时他们仍然感到很震惊）。然后，你被蒙上眼睛，带去一个你并不知道确切位置的监狱。到监狱后，他们脱下你所有衣服，给你换上让人难受的松松垮垮的监狱服和很紧的尼龙帽。你所有的个人物品都被没收了，一个特定的号码代替了你的名字。你被关在了一个仅有一些必需品的空空的房间。狱警则穿着统一的服装，戴着统一的太阳眼镜，携带着警棍、口哨以及其他标志权威的物品。

> 作为犯人，在严厉惩罚的威胁下你只能服从一系列的规则。你必须在休息期间和每晚熄灯之后保持安静，你只能在饭点的时段进食。你只能用其他犯人的编号来称呼他们，对狱警你要称呼"尊敬的狱警长官"。还有，你做任何事情（从阅读、写作到去厕所）都要征得狱警的同意。

在这样一种环境下，你会怎么办？顺从？反抗？变得暴怒？抑或是绝望？愤恨？如果你的角色是狱警，而不是犯人呢？你会尊重这些犯人还是会侮辱他们？这些都是津巴多和他的同事在斯坦福监狱实验中想要研究的问题。实验地点就在斯坦福大学心理学大楼的地下室，所有扮演狱警和犯人的人都是给予报酬的志愿者。事实上，志愿者都是被完全随机分配为狱警或犯人的。

这个实验的主要目的是要检验这些被试是否表现得像个真正的狱警或犯人。也就是说他们是否会遵从这些角色所确定的规范。答案很明显：他们确实这样做了。犯人在最开始的时候会进行反抗，但是慢慢地他们就会变得低落和消沉。狱警则会变得越来越野蛮和残酷。他们不断地骚扰犯人，强迫犯人相互取笑，分配犯人做困难且毫无意义的工作。他们抹杀了犯人的人性，认为犯人不如自己，而且"没有人性"。最后，这些被试行为的巨大变化致使实验不得不在开始6天后停止。然而最初的计划是持续两个星期。

我们从这个发人深省的研究中能学到什么？实验的计划者津巴多被视为"监狱的看守人"。他指出这个实验发现了人类行为的关键点：人们所处的情境（而不是他们的人格特质）在很大程度上决定了他们的行为。确实如此，人们在很多方面都存在差异，但是当把他们放在一个像这样的强权环境中时，他们行为上的差异也就消失殆尽了。津巴多（2007）认为正是这种对于环境压力的屈服（包括从众压力）才是邪恶行为产生的原因。正如他所说："我们都倾向于认为好坏之间的界线是不可跨越的，那些做坏事的人在线的另一边，而我们是不可能越过这条线的。但是我的研究反驳了这个观点，好坏之间的界线是可以跨越的，原因是站在好人这边的人并不能被完全证实（真的是一个好人）……"换句话说，根据津巴多的说法，当处在一个错误的环境中时，我们中的绝大多数人（甚至也包括那些被认为是好的正派人士）也可能会实施暴行。

津巴多并不是完全支持个人英雄主义，他承认虽然某些人在强权情境下或者从众压力下有能力进行反抗（我们马上会提到能够解释其中原因的研究），但是我们中的大多数人是没有这种能力的。情境的压力经常超过了我们的反抗能力，并且它也是符合我们的价值观的。（正如我们之后将看到的那样，一些因素可以降低情境"压力"对我们的影响，所以我们可以反抗这种影响和从众的压力）（例如，Galinsky et al., 2008）。几年前，津巴多把他的实验和 2005 年发生在伊拉克 Abu Ghraib 监狱的虐囚事件联系起来。在这个事件中，美国士兵对伊拉克囚犯进行侮辱和身体虐待。津巴多对于这次事件的解释和斯坦福实验的解释是相同的：士兵们发现在此情境中的主导规则迫使他们认为"犯人低人一等"，且在这样的情境中，士兵们都是匿名的，所以他们可以通过把犯人当玩物来缓解他们的无聊。

如果津巴多的观点是正确的，那么遵循普遍接受的规范和社会角色赋予的要求的倾向的确会在有些时候导致好人去做邪恶的事情。但也要注意，最近更多的研究，包括另一个著名的监狱实验（这个实验由社会心理学家和 BBC 共同实施）为我们提供了一些较为乐观的结果（Reicher and Haslam, 2006）。在这个研究中，志愿者同样被置于一所监狱中，他们被随机分配为做狱警或犯人。同样地，狱警有权力支配犯人（比如他们可以把不服从的犯人关在单独的房间里以示惩罚）。总的来说，这个 BBC 监狱实验虽然在很多方面和津巴多的实验类似，但存在一个重要差异。

例如，研究者会对所有犯人和狱警解释说他们的角色分配是基于之前心理测试的结果（研究中所有的志愿者在选为被试前都被训练有素的心理学家评估过）。然后，他们被告知，狱警可以"晋升"犯人成为新的狱警。但事实上，只有一个犯人被晋升为狱警。由此我们可以清楚地知道，原本那些狱警仍是狱警，原本那些犯人仍是犯人，他们的角色身份并没有进一步改变。三天过后，所有的狱警和犯人都被告知，经过仔细的观察发现，实际上狱警和犯人两个群体之间并不存在差异。但是，马上让被试改变角色是不现实的，因此在接下来的实验中，被试的身份将维持不变。然而，从某种意义上来说，实验中角色分配本就是不合理的。

这些实验设计上的差异显著影响了实验结果。与斯坦福监狱实验不同的是，在 BBC 实验中的狱警和犯人都不是被动地接受他们的角色。相反，狱警并不认为他们的权力大于犯人。同样，犯人也有着相似的认同，他们也确实采取行动去争取与狱警相同的权利。这一次，他们成功了，"监狱"中建立起了一种民主的体制，在这种体制下的狱警和犯人有着平等的权利（见图 8-7）。但是，当这个新的体制失效时，两组角色都倾向于接受一种严厉的独裁体制，在这种体制下，犯人只能绝对服从，对不公平也不能有任何反抗。

这些发现得出了一个重要结论：社会规范及其产生的社会结构并不一定会使人们

图 8-7 从众：有时会使好人做坏事——尽管并非总是这样！
在最近一个重复津巴多的斯坦福监狱经典实验的研究中，志愿者同样被安置在一所"监狱"中，扮演狱警和犯人的角色。首先，他们表现出与他们角色相一致的行为，但是狱警马上拒绝服从自己角色所赋予的规范，犯人形成了有凝聚力的集体认同，开始反抗存在的权力组织。

接受不公平。相反，个体是否接受那些不公平的角色（或者规范）取决于个体在多大程度上认同这些角色；如果认同感低，他们就可能进行反抗并寻求社会变革，而不是简单的顺从这种悲惨的命运。正如一位社会心理学家提到的那样（Turner，2006），这就是社会变革发生的原因：人们决定去挑战现存的社会结构而不是接受它。正如发生在20世纪50—60年代的美国平权运动和20世纪70—80年代的女权运动。大量的人去挑战了社会"现状"，引起了重要的社会变革。总的来说，社会规范和社会角色对于从众的影响是强大的，但是我们仍将在以后讨论顺从时再次重申，这种影响力并非不可抗拒。在某些恰当的条件下，人们会去挑战现存的社会秩序和强加的规范，主动寻求社会的变革。像特纳（Turner，J.C.，2006，p.45）指出的那样：社会心理学家意识到社会结构并不是坚如磐石；相反，"未来是建立在现存社会基础之上的"，且改变和稳定在社会生活中都是普遍存在的。

为什么有时我们选择不附和：权力、基本动机和渴望独特性的影响

我们此前的讨论可能会让你觉得从众压力如此之大，以至于我们几乎不可能去反抗它，但是赖歇尔（Reicher）等人（Reicher and Haslam，2006）的BBC监狱实验研究表明还是有例外存在，个体——或群体中的个体会对从众压力进行反抗。这也确实发生在阿施的实验中，正如你想的那样，大多数被试并不是一直屈从于社会压力，有时候即使与大多数人意见不同，他们还是坚持自己的观点。如果你还需要关于反抗从众压力的例子，请环顾你的身边，你会发现当许多人都与社会规范保持一致的时候，有些人却不是这样。大多数人也并不是遵从所有的社会规范，他们会选择遵从大部分规范，但也会反抗其中一少部分规范。例如，一些人选择不穿裙子或留着长发，不管现在的流行风格是怎样的。同样，一些人选择持有非主流的政治观点或社会观点，即使面对强大的从众压力也会坚持下去（见图8-8）。所以，从众压力并非不可抗拒。为什么我们有能力去反抗从众压力呢？许多因素在其中起作用，但现在我们关注的是在最近的研究中确定的几个因素，比如打破从众一致性、保持个性、独立的想法和行为。

图8-8 从众压力很强大——但一些人还是会设法反抗

大多数人在大多数时候会遵从大多数的社会规范。但少部分人会完全遵从，还有些人会站出来拒绝"附和"，例如持有保守政治观点的大学生，尽管他们在校园内普遍不受欢迎。研究发现可以帮助解释为什么他们能够抵抗如此强大的社会压力。

权力是反抗从众的盾牌

权力，这个词可能会使人们的脑海中出现那些真正有权力的人的画面：政治领导、将军、巨头公司的主管。这些人比起我们似乎享有更多的自由，因为他们制定规则（至少他们可以改变规则），并且他们可以塑造环境而不是被环境改变。但这就能使他们免受（或者对抗）社会影响吗？一些社会心理学家认为确实可以。例如，凯尔特纳（Keltner）等人（Keltner, Gruenfeld and Anderson, 2003）认为对大多数人的思想、表达和行为有影响的限制因素似乎并不能影响有权力的人。下面将解释为什么会出现这种现象。

首先，有权力的人极少依靠他人来获得社会资源。结果就是他们不会关注来自他人的威胁或是以某种方式限制自己的行为。其次，他们一般不会从他人的角度看问题，所以他们较少受他人影响。相反，他们的想法与行为更多地受他们自身的内在特质所影响；换句话说，他们的特质与偏好更具有一致性，他们的所想所做比大多数人更为真实。总而言之，情境信息对他们态度、意愿、行为和创造性表达的影响很小。

这是真的吗？加林斯基（Galinsky）等人（Galinsky, Magee, Gruenfeld, Whitson &

Liljenquist，2008）的研究表明确实是这样。研究者在一系列相关研究中发现，比起那些权力很低的人，当人们具有权力，甚至仅仅是在启动条件下想到权力时，他们更不会对其他人的行为和判断产生从众行为。在其中一个研究中，被试被要求去想象他们比其他人更有权力的情境（高权力组）或其他人比自己更有权力的情景（低权力组），第三种条件下的被试不需要按照前两种方式思考和权力有关的事情。随后他们需要完成一个冗长乏味的组词任务，这是一个没人会觉得有趣和享受的任务。然后，被试需要对此任务进行评价。在评价之前，他们得知另外10名学生对此任务的每一个方面都评价很高（基线组被试没有收到这个信息）。

研究者预测，和被启动低权力的被试相比，被启动高权力的被试会认为任务更加没趣，换句话说，他们对权力的感知将会影响他们被其他人的判断所左右的程度。相反，没有进行权力启动的控制组被试会受他人观点的影响，因此认为任务更加有趣。

正如你从图8-9中看到的那样，研究结果证实了研究者的预测。高权力组比低权力组的人认为任务更加乏味和无趣。而且高权力组被试的评分与没有得知其他学生评价的基线组被试评分一样低。总的来说，虽然权力会造成腐败，但也让有权力的人从情境的控制中解脱出来，让他们反抗那些在大多数时候影响我们的从众压力。实际上，我们有时候会羡慕那些有权力的人可以忽视规则，并认为他们的特立独行正是证明他们值得拥有权力的进一步证据。

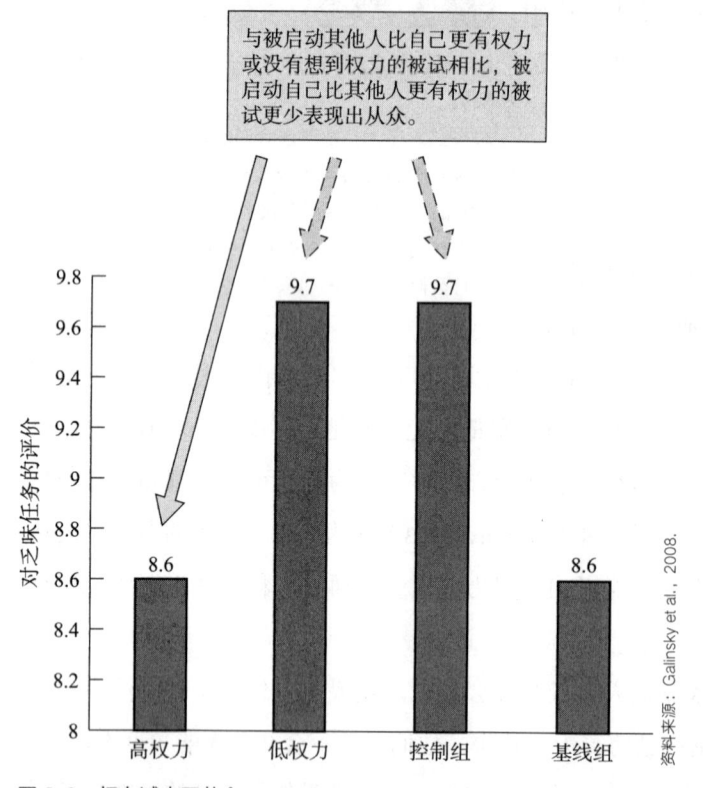

图8-9 权力减少了从众
被要求回忆自己比其他人更有权力的情境（高权力组）的被试，比回忆其他人比自己更有权力（低权力组）或没有想到权力（基线组）的被试更少受到他人对枯燥任务评价的影响。

性别动机和不从众：为什么想得到心仪配偶的渴望会抵抗从众压力（至少在男性中如此）

正如我们之前指出的，人们有充分的理由去从众：赢得社会的认同、正确理解不熟悉的情境、给他人留下美好的印象。有了这些强烈的动机，人们在大多数时候选择从众也就不足为奇了。但是人们不去从众的动机又是什么呢？我们以与他人不同甚至相反的方式去想或做的理由是什么呢？人们这样做的一个可能原因是，他们想做他们自己认为正确的事，而不是可接受的或是权宜的事。然而，除此之外还有其他动机去拒绝"附和"——保持独特性。格利斯科维西斯等人（Griskevicius，Goldstein，Mortensen，Cialdini & Kenrick，2006）认为其中的一个动机可能是为了吸引心仪的配偶。他们认为，对于男性而言，抵抗群体压力会增加男性的吸引力，并帮助他们赢得渴望的浪漫伴侣。这是因为性别刻板印象中认为男性是有魄力的、独立的，可这些特质不一定适合女性。另外，一项针对女性的调查显示，有吸引力的男性具有的特质有魄力、果断、独立和冒险精神，而这些都与拒绝从众有关。相反，男性在他们认为具有吸引力的女性身上没有报告出相同的特质。所以女性没有足够的理由去借助不从众来提升自己的吸引力。

在一系列巧妙的研究中，格利斯科维西斯等人的发现明确支持了这个解释。具体来说，他们发现，当激起被试吸引心仪对象的动机时（让他们想象自己遇见了一个人，并且自己被对方深深吸引），男性在既可以表现从众也可以表现独立的情境中表现出了更少的从众行为。相反，当女性的吸引心仪对象的动机被激发，她们表现出了更多的从众行为。我们可以推测，在女性看来，与独立和有魄力相比，似乎变得顺从对男性更有吸引力（因为它与性别刻板印象相符合）。某种意义上说，男性和女性都表现出对性别刻板印象的顺从，特别是在约会情境中。对男性来说这意味着更少的顺从，对女性却不是。所以这个研究并没有证明从众倾向的性别差异，而是仅仅证明了人们都倾向于去迎合性别刻板印象，因此人们会选择在各种情境中从众或不从众。简而言之，这个研究和相关的研究都表明只有在有充分理由的情况下人们才选择去从众，否则他们也会有强烈的动机不去从众——拒绝附和群体，尤其是在拒绝附和群体使他们处于有利地位或者使他们与性别刻板印象保持一致的时候。我们在此看到，迫使我们从众的社会压力虽然强大，但也不是不可抗拒。

渴望变得独特而不去从众

你还记得普罗宁和他的同事（2007）的研究吗？该研究表明大多数人认为自己比他人更少地从众。一定程度上说，这并不让人惊讶，因为我们都愿意相信自己是独特的个体（Snyderand Fromkin，1980）。我们的穿衣、谈吐和行为在大多时候确实和其他人相似，但在其中一些方面我们仍能保持独特性。这种保持独特性的渴望能够成为我们抵抗从众压力的一个因素吗？英霍夫（Imhoff）和厄尔布（Erb）(2009)这两位社会心理学家提供的证据表明它可以让我们抵抗从众。他们认为，人们有变得独特的动机，即我们需要独特性，当它受到威胁时（当人们觉得自己有不能保持独特性的风险），我们会积极主动的反抗从众压力以维护我们的独特性（见图 8-10）。

为了检验这个假设，研究者让被试参加关键人格特质的问卷测试。然后研究者对一些被试提供了反馈，即他们在这些人格特质上处于平均水平，另外一些被试没有收到反馈。第一组被试的独特性受到了威胁，研究者预期他们会表现出对从众的反抗。从众程度通过被试对主流观点的附和程度来测量。该主流观点涉及选择附近湖泊作为度假地的意愿。其中一半被试获知的主流观点将该湖泊作为度假地的极佳选择。另一半被试认为它不是一个好的选择。被试会怎样做？如果要保持独特性就应该更少从众，所以那些知道自己关键特质处于平均水平的人比起那些没有被告知此信息的人更加不容易附和主流观点。实验结果支持了这个假设，当保持独特性的动机受到威胁时，个体会变得较少从众，即他们拒绝采纳大多数人支持的观点。

图 8-10　渴望变得独一无二，不从众的原因之一
虽然在许多情境中，我们绝大多数人在很多时候都会从众（如左图所示），但是我们仍然想保持我们的独特性，我们相信在某些方面我们是独一无二的（如右图所示）。

总的来说，很多因素都会影响拒绝从众的行为，所以它的发生并不是一种意外，也不是因为个体要如莎士比亚所说的那样"坚信自己是正确的"。因为从众源于多样的归因和动机，当然独特性也是如此（第五章对维持独特性的态度有更多的介绍）。这是鼓舞人心的，因为这表明从众通常是安全的、便捷的，甚至是有效的适应社会生活的方式，与此同时，个体还有空间保持独特性和个性。情绪是否在社会影响中起着重要作用？因为有证据显示该作用是存在的，请看以下专栏："情绪与社会影响：情绪感染"。

情绪与社会影响

情绪感染

试想你的一位朋友突然进入房间，她的脸上充满喜悦之情——快乐、微笑，并且表现出极大的热情。你想让她解释一下为何会如此兴致高昂，但在这么做之前你能想到自己会受到她的情绪感染，开始发觉自己的情绪状态也有所提升并且开始感到快乐了吗？由于我们经常会受到他人情绪或情感的影响，所以你很可能有过类似的体验。如果你曾因为在电影中看到主人公伤心的场景而哭泣，因在电影或表演中看到某个角色快乐而充满喜悦，就说明你对这些情绪反应有过切身的体会（见图 8-11）。

图 8-11 情绪感染：社会影响的基本形式
当我们接触到他人的情绪时，我们经常可以体验到相似的感受和情感，这就是情绪感染。有时，我们却体验到与他人相反的情绪和感觉，即我们所熟知的反向感染效应。我们与他人的相似性通常是影响我们做出何种反应的一个强有力的决定因素。

社会心理学家将这种情绪从一个人传递到另一个人的效应称之为**社会感染**，并将之视为另一种基本的社会影响形式。情绪或者情感具有感染性的事实的确很清楚，可为什么会发生这种现象呢？究竟是什么机制在起作用，使得一个人的情绪可以影响他人的情绪（即使本人无意要产生这样的影响）？

关于该主题的初步研究强调了一个基本过程：即当我们观察他人的情绪时，我们倾向于从生理方面回应他人的感受（例如，Hatfield et al., 1994）。如果他人高兴，我们便会微笑；如果他人悲伤，我们便会紧皱眉头。这些影响都是自动发生的，导致的结果便是我们开始感受到与他人类似的感受。当然，这在一定程度上是正确的。但这项研究并未解释另一个有趣而重要的事实：当我们观察到他人的情绪时，有时候我们并不会体验到与他们相同的情绪，而是其他一些非常不同的情绪。例如，当你目睹自己学校的团队被别的团队打败时，你很可能不会感到开心。相反，你可能会对别的团队成员表现出的愉快反应感到失望，甚至是愤怒。德语中有一个单词用于描述这种反应——Schadenfreude——意思是指建立在别人悲伤或失望基础上的带有恶意的快乐体验。你曾体会过这样的情感吗？你很可能有过类似的体验，除非你是一个圣人！当他人战胜了我们，我们期望成为"输得起的人"，但有时候，称赞这样的优雅行为总比实际做到要容易。

我们有时会体验到与他人相同的情绪，而有时又会体验到与他人相当不一样的情绪。这样的事实说明情绪感染不是一种简单的"自动模仿"，认知过程也一定在其中起作用。我们不仅注意到了他人的情绪，也会对此进行解释。比如，帕金森（Parkinson）和西蒙斯（Simons）(2009) 提出，有时我们会将他人的反应作为一种信息源，通过解读他人的反应从而了解我们应该有什么感受。比如，当他人在决策过程中表现出了诸多的焦虑和兴奋时，我们会推断出该决策非常重要，我们可能会感受到相似的反应。观察到他人的反应后产生的情感与自动体验到相同的情感是不同的。研究者已经通过一项日记研究找到了支持该假设的证据。在该研究中，被试在做出各种决定时不仅要报告他们自己的情绪感受，还要报告他们生活中的一位重要他人（比如配偶或伴侣）的情绪感受。研究结果表明：他人的反应会使我们产生自动的情绪反应并影响对情境（以及感受）的评估。

另外，有些研究指出，保持与他人相似的情绪对我们自己的反应有着重要作用（Epstude and Mussweiler, 2009）。如果我们感知到自己和他人相似，那么通过社会比较的过程，我们就有可能体会到他人表现出的情绪。如果我们感知到自己与他人不同，那么我们可能会体验到相反的情绪感染，产生与他人不同甚至是完全相反的情绪。为了检验这些预测，研究者们进行了一项研究。在该研究中，主试诱导被试进行相似点或不同点的联想（这一诱导过程是这样实现的：让被试查看一些图片，并描述图片之间的相似点或不同点）。然后让被试听一盘录音带，录音带中是一个与被试同性别的演员阅读的一篇文章；该演员要么使用略带悲伤的语调阅读，要么使用略显欢快的语调阅读。最后，让被试评估他们自己的情绪。研究假设是，那些产生相似性联想的被试会觉得演员与他们很相似，而且，相比于听了悲伤录音的被试，听了欢快录音后被试会感觉更高兴；然而，那些进行相异性联想的被试，结果则刚好相反。研究结果验证了这两个研究假设。

总的来说，我们自己的感受和情绪经常会受到他人的影响，而且，即使他人没有对我们施加影响的主观意图，这种情况也会发生。因此，情绪感染是一种广泛存在的基本的社会影响方式，而它也可能在社会生活的诸多方面发挥重要的作用。

从众倾向是否存在性别差异？

看看下面这段话，出自世界历史上最有权势的统治者之一英国女王维多利亚："我们女人不是最适合做管理者的——并且如果我们是好女人，我们一定不喜欢这些男性化的职业……"（1852年2月3日的信）。这句话与许多相似的言论表明，女人并不喜欢掌权——她们更喜欢跟随而不是领导他人。反过来，这种思想说明女性相比于男性更可能从众。举一个支持该论点的非正式的例子，相比于男性，女性在穿衣和发型上更可能追随时尚。大体而言，很多人都认可这样的一个事实。但一般而言，这是否意味着女性就真的更可能从众呢？对从众的一项早期研究（例如，Crutchfield，1955）似乎支持这样的观点，但近期更精细的研究得出了不同的结论。

例如，伊格利（Eagly）和卡利（Carli）（1981）对145个不同的研究进行了元分析，这些研究共涉及超过20000名被试。研究结果表明，两性在从众方面确实存在差异，但非常小，女性受社会影响比男性稍稍多一点。所以，如果这种性别差异确实存在，那么这种差异比之前通常认为的要小很多。

但故事并未就此结束。有研究更进一步澄清了这些细微差异何时可能存在以及为什么存在——如果这些差异确实存在的话。关于从众的性别差异何时存在，有人认为似乎是当人们不确定怎么做或对自己的判断没有把握时，男性和女性都更容易从众。认真分析研究从众的许多研究可以发现，男性比女性更熟悉研究中的情境和材料。结果呢？男性更确定接下来该怎么做，并表现出较少的从众行为。该推断的直接证据来源于西斯特朗克（Sistrunk）等人的研究，他们发现当男性和女性对实验情境和材料的熟悉度相同时，他们之间从众行为的差异就消失了（Sistrunk and McDavid, 1971）。

接下来探讨"为什么"从众行为存在性别差异，答案似乎涉及两性之间社会地位的差异。在过去，某种程度上说甚至在当今社会，许多社会团体中男性都比女性拥有更受尊敬的工作和岗位。而且在社会地位和社会影响易感性之间存在一种关系：社会地位较低的个体更可能产生从众行为（Eagly, 1987）。所以，如果从众行为存在性别差异，这种差异似乎与社会地位、性别角色等社会因素有关，而不是因为任何两性之间固有的内在的基本差异。当然，这些因素（比如女性的社会地位、性别角色、刻板印象）都在不断地发生着改变，而且最近的调查显示，在美国很大一部分投票人都很乐意将他们的选票投给一位女性总统候选人（Eagly, 2007）。

总的来说，与人们曾经的期望相反，女性并非比男性更容易受到从众压力（或社会影响）的影响。事实上，从众的性别差异是非常小的。当同时考虑到判断的自信程度（由对情境的熟悉程度所决定）和社会地位等因素时，这种性别差异就完全消失了。因此，我们再一次看到社会心理学家如何采用细致、科学的研究方法帮助我们澄清并提炼那些关于重要社会问题的"常识"（正如第一章中强调的那样）。

少数派的影响：多数派是否总占上风？

前面我们提到个体能够也经常反抗群体压力。单独的反对者或者少数派也会坚持己见，拒绝从众。但在这种情境下就不仅仅是反抗这么简单了；另外，有这么一群人，他们属于群体中的少数，但他们会扭转群体中多数人形成的主流观点或行为，而不是接受社会影响。历史为我们提供了很多这样的例子：伽利略、巴斯德、弗洛伊德等一些科学巨匠的理论最初面临着大多数人的一致反对。但随着时间的推移，这些名人经受住了考验，最终赢得了人们对他们理论的广泛接受。

最近，环境学家为我们提供了更多少数派影响多数派的例子。最初，这些少数派的环保主义者被视为持有奇怪观点的彻底激进分子。但是他们逐渐成功转变了大多数人的观点，他们的观点今天已被人们普遍接受。例如，燃烧矿石燃料（像我们车用汽油）等原因导致的全球气候变暖的现象已经得到很多人的重视（见图8-12）。

但是，少数派什么时候能成功地影响多数派呢？研究发现这种情况最容易发生在某些特定的情况下（Moscovici，1985）。首先，少数派的成员必须在反对多数派的意见上保持一致。如果他们左右摇摆，或者产生分歧，他们的影响力就会减弱。其次，少数派成员要避免看上去是死板或教条的（Mugny，1975）。少数派不要对同一观点进行一遍又一遍陈述，而要表现出一定的灵活性，否则他们就会缺少说服力。第三，在一般社会背景下，少数派有着重要的作用。如果少数派所持有的理念和当前社会潮流相一致（如在一个提倡节约的时代下提出节约的观点），那么这种理念对于多数派的影响力要明显大于与当前潮流不一致的理念。当然，即使以上所有条件都具备，少数派仍然面临着艰难的斗争。但是历史和研究结果（例如，Kenworthy and Miller，2001）都表明少数派在有些时候还是可以成为主流的。举例来说，在美国独立战争初期，只有一小部分人想在英国人的统治中获得独立解放，但是这种少数派的观点逐渐盛行起来，并最终建立了一个在充满斗争的几个世纪以来被视为典范的新兴国家。

图 8-12　少数派有时也能取胜

在 20 世纪 60 年代，环保主义者被视为激进派。但是现在他们的观点已经被全世界很多人广泛接受了。这里展示的是阿尔·戈尔（Al Gore）被授予诺贝尔和平奖，以嘉奖他为对抗全球变暖所作出的努力。

要点

- 社会影响是社会生活中的普遍现象，它是指人们对他人多方面（行为、态度、信仰）的影响。

- 大多数人在绝大部分时间里会服从社会规范。也就是说，他们会表现出强烈的从众倾向。
- 阿施是第一个系统研究从众行为的人，他的经典实验表明大多数人都会服从来自一个匿名群体的社会压力。很多因素决定了从众是否发生，或在多大程度上发生。这些因素包括凝聚力（即群体对于个体的吸引力）、群体的规模和特定情境下起作用的社会规范的类型（描述型规范或强制型规范）。
- 当规范与我们有关时，它们会在很大程度上影响我们的行为。
- 两种重要的动机影响着我们的从众倾向：想要被他人喜欢的愿望和想要正确行事的愿望。这两种愿望体现在两种截然不同的社会影响类型中——规范性社会影响和信息性社会影响。
- 当一个人或多个人的情绪影响另一个人或另一些人时，就发生了情绪感染。情绪感染会导致受影响的人们产生相似或相反的反应，这取决于影响者和受影响者之间的相似程度。
- 一些因素有助于不从众——拒绝和群体成员一致。这些因素包括吸引心仪的配偶，这可能使男性表现出不从众行为、力量以及与众不同的愿望（这和男性的性别刻板印象一致）。
- 社会影响的作用是强大而广泛的，它在我们不确定自己的决策是否正确时作用更大。
- 从众压力常造成有害的影响，甚至使好人干坏事。津巴多的监狱实验就清楚地阐明了这一点。
- 当我们看见他人表现出各种情绪，我们也会有相似的感受——这就是情绪感染的作用。然而，如果他们和我们在一些重要的地方不相似，我们可能会出现相反的情绪感受，如他们感到快乐，而我们感到悲伤。
- 从众的性别差异比我们想象的要小，并且这种差异似乎只在特定的情境中才存在。
- 在一些情境下，少数派也能改变多数派的态度或行为。

第 2 节　顺从：有求常应

设想一下你请某人帮你做一件事；你会采取什么方法让这个人同意呢？经过片刻思考，你很快就会想到有很多的策略可以让对方顺从——让他人答应你的请求（例如，Gueguen，出版中）（图 8-13 列出了一种不常见的方法）。这些策略都有哪些？哪种策略最有效？这就是我们即将讨论的问题。但在这之前，我们先介绍一种基本框架，便于我们理解这些策略的本质以及它们为什么会起作用。

"我们需要你在周五走之前完成这项工作。"

图 8-13　顺从：让他人答应你的要求
我们都会用多种策略（并且受到这些策略的影响）使他人顺从我们，即让他人按我们的想法去做事。上图表现的策略虽不常见，但是它表明有许多的方法可以使他人顺从我们！

顺从：基本的原则

几年前，一位著名的社会心理学家罗伯特·恰尔迪尼（Robert Cialdini）认为弄清顺从最好的方法是研究那些被他称之为**顺从专家**（compliance professionals）的人。这些人的成功（财富或其他方面）依赖于他们能够让人顺从自己的能力。谁是这样的人呢？销售员、咨询师、政治说客、资金筹集者、政治家、骗子、谈判专家等等都是这样的人。恰尔迪尼研究这些人的方法很简单：他暂时隐藏自己的真实身份，同时参与到各种各样需要说服他人的工作中。换言之，他参与了咨询、直销（上门）、筹集资金以及其他一些与顺从有关的工作。基于这些一手资料，他发现虽然使人顺从的技巧有很多种，但它们在一定程度上都遵循了六种基本原则（Cialdini，1994，2008）：

友谊或者喜欢：一般而言，我们会更容易答应朋友或喜欢的人提出的要求，而不是陌生人或不喜欢的人提出的要求。

承诺或者一致性：一旦我们自己承诺了某个立场或行动，我们会更容易答应与承诺相一致的要求，而不是那些不一致的要求。

稀缺：一般来说，我们重视并试图获取那些稀有的或者是难以获得的结果或事物。因此，我们更容易顺从那些关注稀缺性的要求，而不是与稀缺性无关的要求。

互惠：我们更愿意答应曾经帮助过我们或对我们做出过让步的人的要求，而不是那些没有这样做过的人的要求。也就是说，我们感到有义务去回报他人。

社会确认：一般而言，我们更容易顺从那些与我们相似的人也会产生的行为（或思想），因为我们想要做出正确的行为，而确保正确的方式之一就是像他人一样思考和行动。

权威：一般而言，我们更愿意答应那些有合法权威的人（或者是仅仅看上去如此）的要求。

根据恰尔迪尼（2008）所说，这些基本原则是那些专家（以及我们自己）使他人顺从的基础。现在我们来看一下基于这些原则的顺从策略。

基于友谊或喜欢的策略：奉承

在第三章讨论印象管理的时候，我们就已经谈到通过利用他人对我们的喜欢来提高顺从的策略，这些策略是为了给他人留下好印象。然而，印象管理策略也可以成为我们恭维他人的手段：让他人喜欢我们，这样他们就更愿意接受我们的请求（Jones, 1964; Liden and Mitchell, 1988）。

哪种恭维技巧最有效呢？通过对这一领域已有研究的回顾（Gordon, 1996），我们认为奉承（flattery）——通过一些方式赞扬他人——是最有效的。另一种技巧是自我推销（self-promotion）——告诉他人我们过去取得的成就或优秀的品质（如"我是个有条理的人"或"我是个很好相处的人"；Bolino and Turnley，1999）。其他一些有效的技巧也可以改善自我形象，提供一些积极的非言语线索、对目标人物提供一些小支持，等等（Gordon，1996；Wayne and Liden，1995）。由于我们在第三章详细讨论过这些技巧，这里不再赘述。顺便说一句，用来进行印象管理的策略也可以成功地提高他人的顺从行为。

另一种让他人更喜欢我们从而提高他人答应我们要求的概率的方式是**偶然的相似性**（incidental similarity），即提示别人注意我们与他们之间细微的令人惊讶的相似之处。在最近的几项研究中，伯格（Burger）等人（Burger, Messian, Patel, del Pardo & Anderson, 2004）发现，当被试与陌生人同名或同一天生日的时候，他们更容易答应陌生人提出的小请求（给慈善机构捐款）。显然，他们之间这种细微的相似性增加了被试对这个陌生人的喜爱程度或情感接纳，从而使被试更容易接受这个人的请求。

基于承诺或一致性的策略："登门槛"和"虚报低价手法"

当你去本地商城的美食区时，有没有遇到过一些人向你提供免费食物的情况？如果遇到过，他们为什么这样做？答案很简单：他们知道一旦你接受了这份小小的、免费的食物，你就会更愿意在他们的店面上买一些东西。这是**"登门槛"**（foot-in-the-door）策略的基本思想。基本上，这种策略是先诱使目标人物同意一个最初的小要求（接受免费的样品），然后再提出一个更大的要求，这个要求才是他们真正的目的。许多研究结果表明这种策略是有效的，它成功地诱发了人们更多的顺从行为（例如，Freedman and Fraser，1966）。为什么会这样呢？因为"登门槛"策略是基于一致性原则的：一旦我们答应了一个较小的要求，我们会更容易接受随之而来的更大的要求，因为拒绝这个更大的要求与我们先前的行为是不一致的。例如，设想一下你要向你朋友借从这一学期开始的课堂笔记。你可能先借某一门课程的笔记。抄完之后，你就会提出一个更大的要求：借其他所有课程的笔记。如果你的朋友答应了，这很可能是因为拒绝你的要求会和他之前的行为不一致（例如，DeJong and Musilli，1982）。然而，"登门槛"不是唯一的基于承诺或一致性原则的策略。另一种策略叫**"虚报低价"**（lowball procedure）。汽车推销员就经常使用这种策略，他们一开始为顾客提供很好的协议条款。然而，在顾客接受协议之后，销售人员因为一些变故（例如销售主管不同意先前达成的协议）而不得不更改协议条款，而变更后的协议就对顾客不那么有利了。当然，顾客最理性的反应应该是掉头就走，不买了。然而，他们更多时候是同意变更并接受这个并不满意的安排（Cialdin et al.，1978）。在这样的案例中，最开始的承诺很难让个人拒绝，即使最初让他们同意的条件改变了，他们也很难拒绝。

伯格和科尼利厄斯（Cornelius）（2003）的研究为最初承诺在成功运用"虚报低价策略"中的重要性提供了清晰的证据。这些研究者给住在学校宿舍的学生打电话，问他们是否愿意给专为贫困生设立的奖学金基金捐助5美元。在"低价策略"的条件下，研究者首先告诉被试，捐助者可以得到本地一家果汁店提供的免费冰沙券的优惠。如果被试同意捐助，研究者就告诉被试冰沙券刚刚用完，不能再提供给他们了。紧接着询问被试是否仍然愿意捐助。在另一条件下（阻碍条件），也告知被试可获得冰沙券，但在他们做出首次回答之前就告诉他们冰沙券用完了。也就是说，这种条件也类似"低价策略"条件，只是被试没有做出首次的承诺。在第三种条件下（控制组），只询问被试是否愿意捐助，而不提供有关冰沙券的信息。结果表明，"低价策略"条件下的被试答应捐助的人数比例显著高于其他两种条件下的被试。

这些结果说明，"虚报低价"策略的应用的确是基于承诺的原则。只有当被试做出了首次的公开承诺——接受最初的要求，这种策略才会起作用。因为当他们做出首次的承诺之后，他们感到不得不坚持下去，即使后来导致他们最初做出承诺的条件已不存在了。的确，这是获得顺从的一种微妙但有影响力的策略。

基于互惠的策略："留面子"策略和"不只是这些"策略

互惠是社会生活中的一个基本原则：我们通常都是"以其人之道，还治其人之身"。如果他人给予我们帮助，那么我们认为自己也该帮助他人。这不仅被视为是公平正义的，也是获得他人顺从的基本策略。在这些策略中有一种与"登门槛"策略相反的策略。人们不是先提出一个小要求，再提出一个大要求，而是先提出一个大要求，在遭到拒绝之后，转而提出一个小要求，这个较小的要求才是人们想要的。这就是**"留面子"策略**（door-in-the-face technique）（因为第一次拒绝似乎为请求者关上了一道门），几项研究表明这种策略是相当有效的。例如，在恰尔迪尼等人（Cialdini, Vincent, Lewis, Catalan, Wheeler & Darby, 1975）进行的一项著名的实验中，研究者在街上拦住大学生并提出一个很大的要求：询问学生是否愿意在接下来的2年里每周花2小时的时间义务做失足少年的辅导员。你可以猜到，没有人愿意。当研究者紧接着提出一个更小的要求——询问同一个学生是否愿意花 2 小时带失足少年去动物园,这一次有 50% 的人同意了。而在控制组中,当研究者直接向被试提出这个较小的要求时,只有不到 17% 的被试同意这个要求。

最近的研究发现这种策略也在网络情境中起作用,就像在面对面的情境中一样。格古恩(Gueguen)(2003)建立了一个网站帮助那些在战争地区被地雷伤害的儿童,他联系了超过 3600 个人并邀请他们访问这个网站,有 1607 个人这样做了。在网站中,他们要么被提出一个很大的要求(留面子条件):他们是否愿意在接下来的 6 个月里每周花 2 小时增强对这个问题的意识?相反,控制组的被试只是邀请他们访问可以捐款给这些孩子的页面。研究者预测只有很少的人会同意大的要求,其实只有两个人同意了。但关键的问题是:那些拒绝了第一个要求的被试中会有更多的人去访问捐助网页并捐款吗?详细情况请见图 8-14。"留面子"这一组的被试中访问捐助页面并捐款的人数显著多于控制组中这样做的人数。因此,这种策略在网络空间里也能发挥作用。

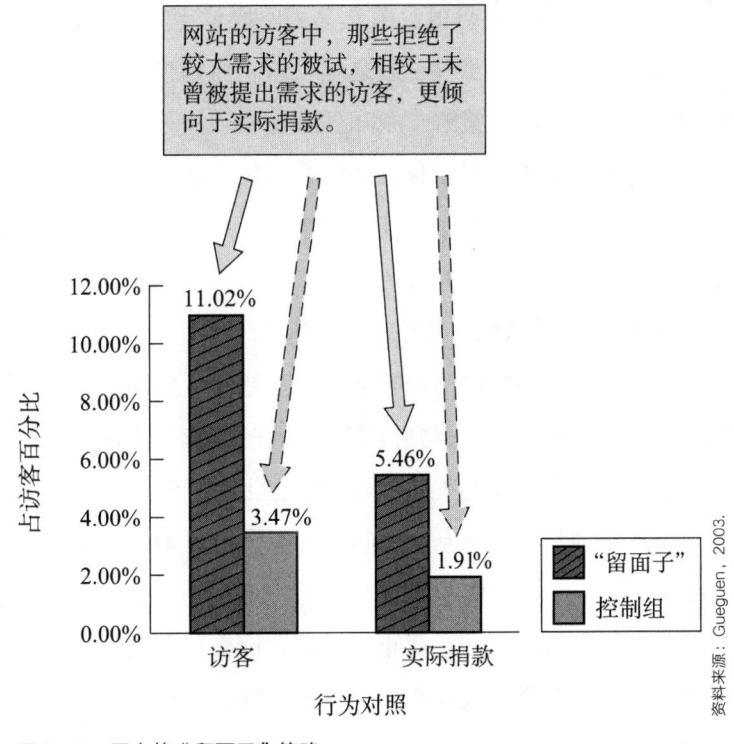

图 8-14 网上的"留面子"策略

在访问关于帮助交战区被地雷伤害儿童的网站的被试中,那些拒绝了较大要求的被试在之后的研究中更可能访问为儿童捐款的网页,他们比没有被提较大要求的被试(控制组)更易做出实际的捐款行为。

另一种获得顺从的策略是**"不只是这些"策略**（that's-not-at-all technique）。这种方法指的是，在目标人物回答是否接受最初的要求之前，就给目标人物提供额外的好处来提升他们接受要求的动机（如打折、额外赠送礼物等）。例如，各种产品的电视广告总会为消费者提供额外的赠送品——如"免费的"餐刀或"免费的"烹饪书，以此诱使消费者拿起电话订购（见图 8-13）。若干研究证实了这些非正式观察的结果，表明"不只是这些"策略是行之有效的（例如，Burger, 1986）。为什么会这样呢？这种策略能够有效的一个可能原因是其借助了互惠原则：这种策略下的目标人物将对方给予的额外优惠视为一种让步，因此他们认为自己也应该做出相应的妥协。这样导致的结果是：人们更容易接受对方最初提出的要求。

基于稀缺的策略："欲擒故纵"策略和"最后期限"策略

生活中有这样一个普遍规律：一个事物越是稀缺以及越难获得，它就越显得比那些俯拾皆是的事物有价值。因此，相比数量丰富的事物，我们愿意付出更多的努力、花更大的代价去获得那些稀缺之物。这个原则也是顺从策略的基础。最常见的一个策略便是**"欲擒故纵"策略**（playing hard to get）——这种策略常用在恋爱关系中。人们用这种策略来表明他们对目标人物没有多大兴趣。例如，一个人表现出很难追求的同时可能暗示着目标对象有很多竞争对手。当这种策略起作用的时候，可以点燃追求者的激情（例如，Walster et al., 1973）。

然而，"欲擒故纵"策略不仅适用于恋爱和约会情境。一些研究结果表明求职者有时也会采取这种策略吸引潜在雇主的注意，以增加雇主提供职位的机会。求职者运用这种策略让潜在雇主意识到他还有其他的工作可供选择，因此他是一个不可多得的人才。事实上，研究者发现这个策略还是很有效的（Williams et al., 1993）。

商场常使用另一种基于"物以稀为贵"原则的策略。广告商用**"最后期限"策略**（deadline technique）宣称特卖会将在某一天结束，以暗示此后价格会上涨。很多时候，这种时间限制都是假的：截止日期之后价格不会上涨，当商品没有售出去时，价格反而会下降。但是很多人在看到类似的广告后，信以为真并冲向商店购买商品以免错失良机。因此，当你在商场看到类似"分秒必争"的提示时，你要小心了：这可能只是一种销售策略。

总之，获得顺从的策略很多，这些策略可以让他人按我们的意愿行事。但请记住这种作用是双向的：我们影响他人的同时，他人也在影响我们。因此，明智的做法是记住埃里克·霍弗（Eric Hofer）（1953）的话："我们也会被我们所影响的人影响，因此夸大这种影响力并不容易。"（人们在许多情境中寻求顺从，最近得到很多关注的是网络约会。请见专栏"互联世界中的社会生活：网络诈骗犯使用社会影响策略——网络约会者要小心了！"）

要点

- 人们可以通过很多策略使他人顺从，即让他人答应你的各种要求。很多策略背后的原则对于社会心理学家来说都是耳熟能详的。
- "登门槛"和"虚报低价"这两个广泛应用的策略都是基于承诺或一致性的。相对而言，"留面子"和"不只是这些"两种策略是基于互惠原则的。
- 研究结果表明，"留面子"策略在面对面的情境和网络世界中都在起作用。
- "欲擒故纵"和"最后期限"策略基于稀缺性原则——即稀缺的或难以获得的东西就是有价值的。

互联世界中的社会生活

网络诈骗犯使用社会影响策略——网络约会者要小心了！

网络约会的广告通常展现的都是一对幸福的夫妻，通过他们的服务这对夫妻开始了美妙的婚姻关系（见图8-15）。这样的夫妻确实存在，实际上很多人都认为网络约会服务满足了人们重要的需求。但是要小心——有些人企图借助网络约会服务这个平台，利用一些社会影响策略欺骗那些毫不知情的人（Johnson et al., 2007）。例如，有一个发生在安妮特（Annette）身上的真实案例，这位年轻女性通过一个知名的网络约会服务网站——eHarmony.com——寻找她的理想配偶（这个案例被报道在elAMB.org，该网站专用于揭露网络骗局）。安妮特很快就找到了一个合意的对象：一位来自加利福尼亚的41岁的工程师约翰（John），他是一名基督徒，在尼日利亚工作，并和他女儿海莉（Hailey）住在一起（elAMB.org，2010.6.27）。在几个月的时间里，安妮特和约翰交流频繁并逐渐和他建立了令人心醉神迷的网络亲密关系。唯一的问题是当约翰（原以为他相当富有）回美国和安妮特见面时，遇见了一系列的阻碍。首先，他的行李在机场被扣留了，里面包括了他全部的旅行支票。这意味着他没有足够的钱为他自己和他女儿支付机票费用。安妮特会给他电汇1300美元吗？安妮特想到"他可能真的需要这笔钱，况且这笔钱金额不大"，于是就给了他。但这只是个开始。约翰了解到要贿赂海关才能拿回行李，这又要花费几千美元。这时最糟糕的事发生了：约翰的女儿被绑架了，需要赎金赎回。安妮特还会再帮助他吗？

结果安妮特借给了约翰超过40000美元的钱。她直到没钱可以再借出时才停止再借。她的家人对她的行为感到震惊，因为安妮特是一个冷静沉稳的人，她怎么成了这场骗局的受害者呢？那个约翰根本就不存在，关于他的一切信息都是为了这场骗局而编造的。

答案是复杂的，它涉及许多顺从的原则。约翰先提出较小的要求，在安妮特答应之后，再提出较大的要求，这就是典型的"登门槛"策略。他也利用了安妮特的内疚感，他在信中写道："如果你不借给我钱，就意味着你不喜欢我。"他通过

图8-15 网络约会服务：虽有潜在的好处，但有着真实的风险
网络约会的广告通常展现的都是一对幸福的夫妻，通过他们的服务这对夫妻开始了美妙的婚姻关系。这样幸福美满的结局的确存在，但是要小心——有些人通过网络约会服务这个平台将你引诱到陷阱里，即当你足够信任他们时就为他们送钱。你从未见过对方——事实上，他也不是如简介上描述的那样——而你再也追讨不回你的钱了。

向安妮特暗示，如果她不及时帮助他，他就不能离开尼日利亚去见她，由此向安妮特施压。正如你所见，诈骗犯喜欢用这些行之有效的顺从策略在网络约会中欺骗受害者。

安妮特的例子是真实的案例，但这只是众多案例中的一个。网络约会中的诈骗犯擅长用一些社会心理学家所熟知的策略使受害者顺从。这意味着当你在使用网络约会服务时一定要小心。因为你的损失不仅仅是经济上的；许多人报告道，汇钱给自己的"梦中情人"帮助他回美国，而换来的是在机场等着那个永远也不会出现的人，结果痛彻心扉。你如何能避免这种经历呢？下面就给出了一些可以遵循并被消费者保护协会采纳的指导方针：

- 对那些甚至尚未谋面就对你表达爱意的人保持警惕。就像我们在第七章讲的那样，爱意会随着时间升温——它不仅仅是因为某人的一张照片和几封邮件就能实现的。
- 迅速逃离那些向你借钱的人、提不适当问题的人以及询问密码之类机密信息的人。
- 警惕那些想加快关系发展，以至于让你感觉不舒服的人。
- 警惕那些对具体问题做出模糊回答的人，或者那些前后言行不一致以及将自己描述得过于完美令人难以置信的人。
- 同样要警惕那些突然经历一系列悲惨事件并责怪他人或责怪一些不能受他控制的力量的人。
- 如果你们的网络约会关系持续了几周或几月，也不要被因此而来的安全感所蒙蔽；因为这些诈骗犯是在打持久战，他们知道要使受害者心甘情愿的给钱可能会花很长时间。

这意味着你要完全避免网络约会服务吗？当然不是。网络约会服务可以帮助人们找到合意的伴侣。这些指导原则强调的是你在网络约会以及其他网络行为中都要小心谨慎、保持警惕。总之，小心那些在本章中提到的社会影响和说服策略。

第 3 节　象征性社会影响：我们是如何受他人影响的，即使他人不在场

当他人在场并试图对我们产生影响时，我们可能受其影响，这不足为奇。他们有很多策略让我们按照他们的意愿说话、思考或行动。但是越来越多的证据显示，当他人不在场或没有试图改变我们的行为、思想时，他们仍能对我们产生影响。虽然证据是新近发现的，但其基本原理不是。在或许是第一本社会心理学教科书中，弗洛伊德·奥尔波特（Floyd Allport）（1924，p.32）将影响定义为："真实的、想象的或隐含的他人对个体的思想、情感及行为方式的影响。"当然，他人并没有造成这些效应：是我们造成的。我们关于他人的心理表征，如他人的需要、偏好，我们与他们的关系，以及我们认为他们会如何评价我们或我们当前的行为，这些都会对我们产生重大影响，即使我们没有意识到（例如，Bargh et al., 2001）。例如，在一项著名的实验中（它最早引发了人们对这一主题的兴趣），鲍德温（Baldwin）等人发现，当给研究生呈现他们系主任愁眉不展的面孔的阈下刺激时，他们对自己研究想法的评价更加消极（Baldwin, Carrell & Lopez, 1990）。也就是说，虽然系主任的面孔图像呈现时间很短，以至于研究生没有意识到自己看见的图像内容，但是系主任的消极面部表情还是影响了学生对自己研究想法的评价。

我们关于他人的心理表征是如何影响我们的行为和思维的呢？这可能涉及两个机制，且这两个机制都与我们想达成的目标有关。首先是他人在一定程度上出现在我们的头脑中（即使我们没有意识到他人的出现），这会激活我们头脑中的关系图式，即与我们有关系的人和这些关系本身的心理表征。当这些关系图式被激活后，与这些关系相连的目标也会随之被激活。如果我们想到一个朋友，相互帮助这一目标可能就被激活；如果想到的是我们的父亲或母亲，那么希望他们感到骄傲的这一目标就被激活了。这些目标反过来又影响我们的行动、思维和对他人的评价。例如，一旦"帮助他人"的目标被激活，我们会更愿意对他人施以援手；如果是保持迷人的身材这一目标被激活，那么我们会抵制美味甜点的诱惑。

其次，关于他人的心理表征也可能会激发与这个人相关的目标——此人希望我们达到的目标。这种目标激活会进一步影响我们完成各项任务时的表现和为实现这些目标所做出的承诺（例如，Shah，2003）。例如，当我们想到自己的父亲时，我们知道他希望我们在学校表现良好，因此我们关于这个目标的动机可能会增强，并且可能会更加努力地学习以达到这一目标，尤其是当我们与父亲关系亲密时。

也就是说，如果我们的头脑中一定程度上浮现出有关他人的心理表征，就会激活我们与他人关系的特点、我们在这段关系中寻求的目标以及他人想要我们达到的目标。这些被激活的想法和知识结构会进一步强烈影响我们的行为。

尽管许多不同的研究都发现了这样的影响，但菲茨西蒙斯（Fitzsimons）和巴奇（Bargh）（2003）的研究是其中最具启发性的。在这个研究中，研究者让机场的旅客尝试去想一个好朋友或同事，然后写下这个朋友或同事姓名的首字母，并回答关于这个朋友或同事的一系列问题（如描述他的外貌、和他认识的时间长短、他的年龄等等）。最后，研究者询问被试是否愿意帮助研究者完成一个长的问卷。研究者假设，那些想到朋友的被试更愿意帮助研究者。因为想到朋友会激活被试帮助他人的目标（我们经常为朋友提供帮助）。结果和预测的一样，想起朋友的被试比想起同事的被试更愿意提供帮助。请注意，这里不是要求被试去帮助朋友，而是帮助研究者这个陌生人，但是我们仍然可以看到，对于朋友的想象影响了人们的行为。

这些研究结果以及日益增加的其他研究结果（例如，Shah，2003）都表明，只要他人出现在我们的心理表征中（在我们的思想中），即使他们不在场，并没有试图想要影响我们，我们仍然会受到他人的强烈影响。

要点

- 网络约会对一些人来讲是有效的，但有些诈骗犯通过一些社会影响策略在约会网站寻找粗心大意的人。因此，对网络约会关系保持谨慎就显得尤其重要。
- 某些人即使没有出现在我们面前，他们也会通过我们关于他们以及我们与他们关系的心理表征来影响我们。这就是象征性社会影响。
- 这种社会影响通常涉及我们与他人之间关系的目标，或是与他人有关的目标。
- 如果我们的头脑中一定程度上激活了有关他人的心理表征，这会激活我们在与他们的关系中寻求的目标、他人自己追求的目标以及他人想要我们达到的目标，进而对我们的行为造成强烈影响。

第4节 服从权威：如果命令你去伤害一个无辜的陌生人，你会这样做吗？

你的老师、老板、父母等一些权威人物是否要求过你去做一些你不愿意做的事情？如果有过，那么你早已熟悉社会影响的另一种主要类型了——**服从**——它指的是一个人直接命令另一个人或一群人按某种特定的方式行动。服从不如从众和顺从那么常见，因为即使人们拥有权力，他们也更倾向于用一种不太明显的方式对他人产生影响，即通过请求而不是直接命令的方式来影响他人（例如，Yukl and Falbe，1991）。当然，服从并不罕见，它会发生在一些情境中，如学校、军事基地等。服从于权威人物并不会让人感到惊讶，权威人物通常拥有有效的手段来强制执行他们的命令。让人出乎意料的事实是，那些没有权威的人也可以诱使他人对自己高度服从。斯坦利·米尔格拉姆（Stanley Milgram）在他的一系列著名研究中得到了有关服从的清晰证据，尽管这些研究颇具争议性（1963，1965a，1974）。

实验室里的服从

在米尔格拉姆的实验中，他想考察的是人们是否会服从一个相对来说较无权力的陌生人的要求，这个要求是让他们去伤害一个完全无辜的人。米尔格拉姆的研究兴趣来源于一些悲剧性事件。在这些事件中，看似正常、遵纪守法的人们却服从了类似的命令。例如，在第二次世界大战中，德国士兵经常奉命折磨、残害那些手无寸铁的人。事实上，纳粹建立了恐怖而高效的死亡集中营来根除犹太人、吉卜赛人和其他一些在他们看来属于低等的种族或者那些威胁到他们"种族纯净"的种族。

为了深刻理解这些事件的本质，米尔格拉姆设计了一个巧妙但令人不安的实验场景。实验者告诉所有来参加实验的被试（全部为男性）这个实验的目的是为了研究惩罚对学习效果的影响。被试被安排两人一组，一名被试作为"学习者"，他需要完成一个关于记忆的任务（当听到一对词组中的第一个词时，被试需要说出与之配对的第二个词。被试之前会对这对词进行记忆）。另一名被试作为"老师"，需要把这些词组读给学习者听，当学习者出现错误的时候（没有回答出第二个词），他需要对这名学习者实施电击以示惩戒。这些电击通过图 8-16 的设备进行传送，如图所示，这个设备带有 30 个有编号的开关，从 15 伏特（第一个开关）到 450 伏特（第 30 个开关）。图中的两个人（一个是真正的被试，一个是实验助手）通过从帽子里抽签的方式分配角色。正如你猜想的那样，这种抽签是提前设计好的，真正的被试永远担任的都是老师这一角色。实验者告诉被试，学习者每犯一次错误，作为老师的被试就要对其实施惩罚，更为关键的是，学生每犯一次错误，老师就要增加电击强度。这意味着学生犯错的次数越多，他们接受的电击强度就越大。这里需要强调的是，这些信息是假的，实验助手（学习者）**在整个实验过程中都未受到任何电击**。整个实验中唯一一次真正的电击是按钮 3 产生的微弱电流，这只是为了让被试相信实验中电击设备的真实性。

在实验中，学习者（按照预先的实验设计）多次犯错，因此被试很快就发现自己陷入了两难处境：他们是否要施行令人痛苦的电击以继续惩罚对方？还是拒绝这种要求？如果他们犹豫了，实验者会迫使他们继续："请继续"；"该实验需要你继续进行下去"；"你有必要继续这个实验"；"你没有其他选择，必须进行下去"。

因为这些被试都是自愿的，并且在实验之前已经被支付过被试费，所以你可能觉得大多数的人都会拒绝实验者的要求。但实际上，**65% 的被试表现出了完全的服**

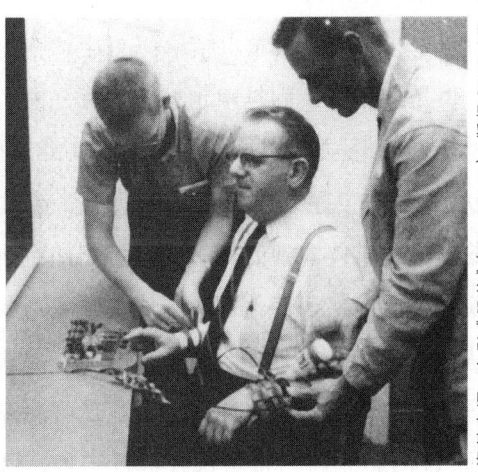

资料来源：电影《服从》(*Obedience*)，版权 Stanly Milgram (1968)，Alexandra Milgram (1993)。

图 8-16 实验室中的服从研究
左侧图片展示的是米尔格拉姆在他著名的破坏性服从实验中所用的仪器。右侧图片展示的是实验者（右前）和被试（后侧）将电击板装到学习者（中间）手腕上的情境。

从——他们完成了整个电击过程直到 450 伏特的电压水平。虽然有很多被试提出抗议并要求结束实验，然而在实验者的要求下，大部分人屈服并继续完成了实验。的确，当学习者甚至因为受不了电击而捶打墙壁以示抗议（在 300 伏特的水平时），之后再也不做出回答，好像已经晕厥了一样时，被试仍然对其施加电击。实验者告诉被试，将学习者的沉默当作回答错误来处理。这样看来，很多被试认为自己正在对一个早已失去知觉的人施加电击。

米尔格拉姆（1965b，1974）在进一步的研究中发现，即使在人们认为可能会降低服从程度的条件下，仍然得到了类似的结果。当把实验从原先的耶鲁大学校园搬到临近城市的一栋并不豪华的商务大楼里时，被试的服从水平也没有实质性的改变。同样的，即使在同伴抱怨电击带来的痛苦并祈求获得缓解时，大部分被试仍旧服从命令。最令人吃惊的是，即使要求他们抓住受害者的手并将其强制放在电击板上，也大约有 30% 的被试服从了这一要求。这些令人毛骨悚然的结果不是局限在某一单一文化中，不同国家都报告了类似的结果（如，约旦、德国、澳大利亚），在儿童和成人中也有类似的结果（例如，Kilham and Mann，1974；Shanab and Yanya，1977）。因此，米尔格拉姆的发现在很多方面都具有警示作用。

心理学家和大众都认为米尔格拉姆的实验是令人忐忑不安的。他的研究似乎表明普通人在权威人物的要求下，即使有些不情愿，也倾向于做出伤害无辜陌生人的行为。从某种意义上说，它呼应了津巴多的"斯坦福监狱实验"和一些近期研究的结果（Zimbardo，2007）。

这时，你可能会做出结论："好吧，在 1960 年，人们服从了一个身穿白色实验服的人。但是如今，人们越来越精明老练，他们不会坚持服从实验者的要求，他们会拒绝将实验进行下去。"这是个令人感觉舒适的想法。但事实上，一名研究者（Burger，2009）最近重复了米尔格拉姆的实验。他对实验进行了改进以避免被试遭受米尔格拉姆的实验被试体验到的那种压力。例如，他对被试进行筛选，以确保他们没有医学上的疾病（这些疾病使他们对压力的危害后果更加敏感）。此外，如果学习者抗议（150 伏特时），即使被试同意继续进行实验，实验者也会停止实验，以避免给被试造成更多的压力。伯格（Burger）这样做是因为在米尔格拉姆的实验中，几乎所有被试都在电击电压达到 150 伏特后依然选择进行实验。另外，这个实验中同时包括了男性被试和女性被试，而在米尔格拉姆的实验中只有男性被试。

实验结果怎样呢？几乎和米尔格拉姆 45 年前发现的结果一样。如图 8-17，很高比例的被试（66.7%的男性被试，72.7%的女性被试）在超过150伏特时（在这个点，受害者做出抗议并要求停止实验）依然选择进行实验，这次的实验数据和米尔格拉姆报告的实验数据相似。而且，即使一个实验者助手拒绝继续进行实验，这也没有增加被试想要停止实验的愿望——有54.5%的女性被试和68.4%的男性被试选择继续进行实验，尽管他们看见另一被试拒绝将实验继续进行下去。

这些实验结果告诉我们什么呢？在米尔格拉姆设计的情境中，人们很难抵抗服从的压力（抵抗这种压力如此困难以至于人们向这种压力屈服了），即使这意味着要伤害一个无辜的人，而且这个无辜的人没有做出伤害他们的事。这些压力是什么呢？是什么因素影响了人们在类似情境中的服从倾向呢？这就是我们下面将要讨论的问题。

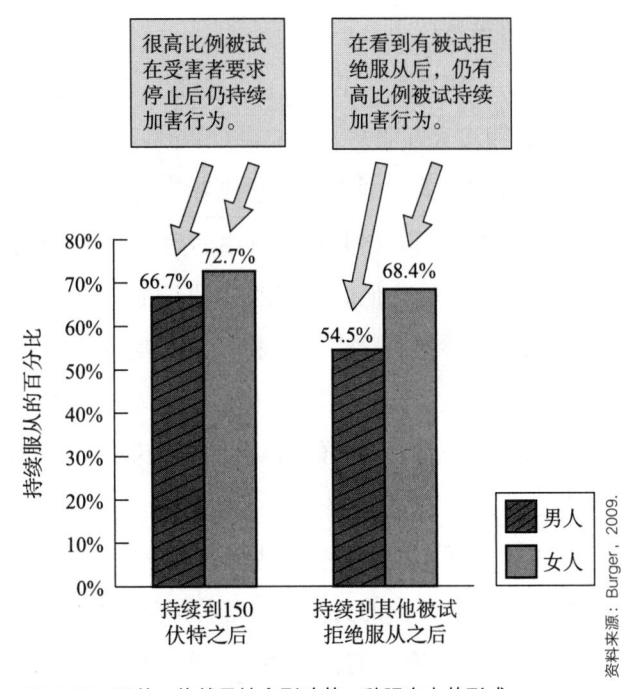

图 8-17 服从：依然是社会影响的一种强有力的形式
在最近的一项重复米尔格拉姆的著名实验的研究中，有很高比例的男女被试服从了实验者的要求，对无辜者施加了电击。即使在受害者要求停止实验（150伏特时），以及被试看见有另外一个被试（榜样）拒绝服从时，被试依然选择继续进行实验。

资料来源：Burger, 2009.

破坏性服从：它为何发生

正如我们先前提到的，米尔格拉姆的实验研究之所以如此令人忐忑不安的原因之一是它与现实事件息息相关，这些现实事件涉及对无辜受害者的残暴行为，例如纳粹谋杀了成千上万的犹太人和其他民族的人，1994年胡图政府在卢旺达施行的种族屠杀，使80万图西人在不到3个月的时间里被杀害，以及20世纪早期土耳其军队对上百万亚美尼亚人的大屠杀。这里我们再次提出这个疑问：这些破坏性服从为何会发生？这些实验中的被试以及实验室外的悲惨情境中的人们为何会屈从这种社会影响？社会心理学家确定了在其中起作用的几种影响因素，这些因素共同产生了使大多数人很难抵制的一系列情境压力。

首先，在很多情境下，权威人物的存在减轻了服从者行为的责任。"我只是按照命令行事"，很多人在服从了残酷命令后以此作为辩解。在现实生活中，这种责任的转移可能是内隐的，人们通常认为掌权者（如军官或警官）要对所发生的事负责任。这就像发生在伊拉克阿布格莱布监狱中的虐囚事件一样，当美国士兵（不论男女）被录下他们虐囚的录像后，他们辩解道："我只是服从命令……我是被命令这么做的，好的士兵都是服从命令的！"在米尔格拉姆的实验中，这种责任的转移是外显的。被试在实验开始前就被告知，实验者（权威人物）会对学习者的健康负责，被试不需要负责任。从这一点来看，人们的服从行为就不那么令人吃惊了，毕竟，他们推卸掉了自己的责任。

其次，权威人物总具有一些标明身份地位的标记或象征。他们会穿着特殊的制服，佩戴徽章，有着特别的头衔等。这些标记都提醒着人们一个社会规则——"服从掌权者"。这是一个强有力的社会规则，当人们面对它时，大多数人会发现很难拒绝服从。毕竟，我们不想做错事，而服从权威人物的命令通常可以帮助我们避免出错。在米尔格拉姆的实验中，实验者穿着一件白色大袍，这意味着他是一位博士或是其他的权威人物。因此如此多的被试服从他的要求也就不足为奇了（例如，Bushman，1988；Darley，1995）。

再次，权威人物所提要求的逐步升级也可能促进服从的发生，这些要求若不是逐步升级，则可能被拒绝。命令者最初要求做出的是相对温和的行为，如仅仅是拘捕他人。而随后要求做的是一些更危险或者令人厌恶的行为（见 Staub，1989）。例如，警员或士兵最初可能只接到命令去审讯或威胁潜在的受害者。逐渐地，这些要求升级为要求他们去毒打、折磨甚至杀害那些手无寸铁的公民。从某种意义上说，权威人物用的是"登门槛"策略，从小的要求开始，然后提出更大的要求。同样，在米尔格拉姆实验中的被试最开始也是被要求对受害者实施微弱而无害的电击，随着实验的进行，这个惩罚的强度逐渐增加到会对人体产生伤害的水平。

最后，在许多情境中，这些破坏性服从事件的发展都非常迅猛：示威变成骚乱，逮捕变成大规模的殴打和谋杀等等，这些过程都转变得很突然。这些事件的节奏之快以至于人们没有时间去反思和进行认真的思考：人们被要求服从命令，人们（几乎是自动地）也确实服从了命令。这种现象也出现在米尔格拉姆的实验中，在进入实验的短短几分钟内，被试就面临着要给学习者施加强电击的要求，这种快节奏可能也会提高服从性。

总体来说，米尔格拉姆的实验中产生的高水平服从现象并不难理解。从社会心理学角度对实验情境以及现实生活情境的分析而得出的这些因素共同发挥作用，这让人们难以拒绝他人的命令（总结见图 8-18）。可想而知，这将导致的结果对那些毫无还击之力的无辜者来说是场灾难。

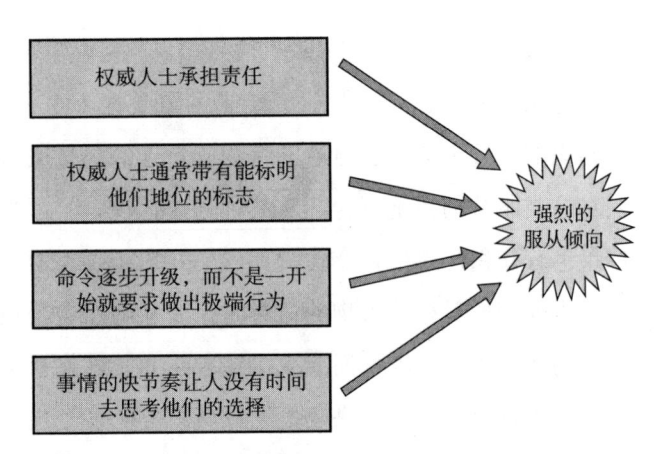

图 8-18　服从权威：发生的原因
如图所示，这些因素结合起来让人们很容易服从权威的要求，即使这些要求涉及伤害他人，或者违背自己的道德标准。

破坏性服从：拒绝它的影响

既然我们已经探讨了影响服从权威的因素，现在我们提出另一个与之相关的问题：如何拒绝这种类型的社会影响呢？以下几个策略可能会有所帮助。

第一，当人们接到权威人物的命令时，要记住是人们自己而不是权威人物对行为后果负责。在这种情况下，服从倾向会剧烈下降（例如，Hamilton，1978；Kilham and Mann，1974）。

第二，可以向个体清楚表明，在某些情况下，对破坏性命令的完全服从是不恰当的。这方面的一种有效方法是给被试树立不服从的榜样（即拒绝服从权威人物命令的人）。一些研究结果表明这种方法可以减少盲目服从（例如，Rochat and Modigliani，1995），尽管伯格（2009）研究发现并非总是有效。

第三，人们会发现，当他们质疑权威人物的专业性和动机时，他们会更容易抵抗来自这些权威人物的影响。这些权威人物真的能判断什么合适、什么不合适吗？驱使他们下达命令的动机是什么——是有益于社会的，还是只求一己之私？独裁者总是辩称他们那些冷血无情的命令是出于关心他们的臣民，是以臣民的利益为出发点的，如果大多数人都在一定程度上质疑这些命令背后的动机，那么这些独裁者的权力就会削弱，甚至可能丧失。

第四，仅仅知道权威人物的命令会导致盲目服从这件事本身也是有帮助的。一些研究结果表明（例如，Sherman，1980），当人们学习了这些社会心理学的研究结果后，他们经常能够意识到这些研究结果的重要性（Richard et al.，2001），并且在考虑了这些新知识的情况下会改变自己的行为。对于破坏性服从而言，了解这一过程能够增加人们对这类服从的拒绝行为。从某种程度上说，了解米尔格拉姆实验中那些令人不安的结果也有其积极的社会价值。

当人们面对权威人物的命令时，服从的压力是很大的，但这也并非不可抗拒。在适当的条件下，可以抵消或减少这种压力。就像在生活中的其他领域里一样，我们都可以做出选择。当然，决定拒绝权威人物的命令也会让人们面临重重危险：这些权威人物通常掌控着大量的武器、军队以及警察。但历史上充满了鼓舞人心的事例，在这些例子中，那些勇敢无畏的人们奋起反抗权威人物的淫威和根深蒂固的制度，尽管他们长期受到打压，但最终还是夺取了胜利的旗帜（见 Turner，2006）。美国的独立战争就是在这样的情况下开始的：一小部分缺乏优良武器装备的人们决定坚决反抗英国这个当时世界上最强大的殖民国家。独立战争的胜利成了世界上各国人民的榜样，并改变了历史。从这个事例以及其他类似的事例中我们可以看到：权力并不是永恒的，胜利总是属于那些为了自由和民主而战的人，而不属于希望控制其他人生活的那些人。

要点

- 服从是一种社会影响形式，它是指一个人命令另一个人或更多的人做某事，而这些人也确实遵照命令行事。从某种程度上说，它是一种最直接的社会影响形式。
- 米尔格拉姆的实验表明大多数的人会服从来自一个权力相对较小的权威人士的命令，即使这些命令要求他们去伤害他人。
- 最近一项重复研究的结果类似于米尔格拉姆的实验获得的结果。
- 这种破坏性服从在现实生活的暴行中发挥着作用，这种服从是由很多因素引起的。这些因素包括：将责任转移到权威人物身上；权威人物的外在标志提醒着人们"服从权威"这一社会规范；要求的逐步升级（与"登门槛"策略类似）；以及事件进展的快节奏。
- 一些因素可以降低破坏性服从的发生率。这包括：提醒人们需要承担服从命令所造成的后果；提醒他们有时服从是不合理的；对权威人物的动机提出质疑；告知人们社会心理学家在这一领域的研究结果。

总结与回顾

- **社会影响**是生活中的普遍现象，它是指人们对他人多方面（行为、态度、信念）的影响。大多数人在绝大部分时间里都会服从**社会规范**。也就是说，他们表现出强烈的**从众**倾向。阿施是第一个系统研究从众行为的人，他的经典实验表明大多数人都会服从来自一个匿名群体的社会压力。很多因素决定了从众是否发生或在多大程度上发生。这包括**凝聚力**（群体对于个体的吸引力）、群体规模和特定情境下社会规范的类型（**描述型规范**或**强制型规范**）。当规范与我们有关时，它们会在很大程度上影响我们的行为。

- 两种重要的动机影响着我们的从众倾向：想要被他人喜欢的愿望和想要正确行事的愿望。这两种愿望反映在两种截然不同的社会影响类型中——规范性社会影响和信息性社会影响。

- 当一个人或多个人的情绪影响另一个人或另一些人时，就发生了情绪感染。情绪感染会导致受影响的人们产生相似或相反的反应，这取决于影响者和受影响者之间的相似程度。

- 一些因素有助于不从众——拒绝和群体成员一致。这些因素包括吸引心仪的配偶，这可能使男性表现出不从众行为、力量以及与众不同的愿望（这和男性的性别刻板印象一致）。社会影响的作用是强大而广泛的，但它在我们不确定自己的决策是否正确时作用更大。从众压力常造成有害影响，甚至使好人做坏事。津巴多的监狱实验就清楚地阐明了这一点。

- 当我们看见他人表露出各种情绪，我们也会有相似的感受，这就是**情绪感染**的作用。然而，如果他们和我们在一些重要的地方不相似，我们可能会出现相反的情绪感受，例如他们感到快乐，而我们感到悲伤。

- 从众的性别差异比我们想象的要小，并且这种差异似乎只在特定的情境中才存在。在一些情境下，少数派能使多数派改变他们的行为或态度。

- 人们可以用很多策略使他人**顺从**，即让他人答应你的各种要求。很多策略背后的原则对于社会心理学家来说都是耳熟能详的。"**登门槛**"和"**虚报低价**"这两种应用最广泛的策略都是基于承诺或一致性的。相对而言，"**留面子**"和"**不只是这些**"这两种策略是基于互惠原则的。研究结果表明，"留面子"策略在面对面的现实情境和网络世界中都在起作用。"欲擒故纵"和"最后期限"策略是基于稀缺性原则的——即稀缺的或难以获得的东西就是有价值的。网络约会对一些人是有效的，但有一些诈骗犯在网络约会中使用一些社会影响策略来欺骗约会者。因此，在网络约会时一定要小心谨慎。

- 某些人即使没有出现在我们面前，他们也会通过我们关于他们以及我们与他们关系的心理表征来影响我们。这就是**象征性社会影响**。这种社会影响通常涉及我们与他人之间关系的目标，或是与他人自己有关的目标。

- 如果我们的头脑中一定程度上激活了有关他人的心理表征，这会激活我们在与他们的关系中寻求的目标、他人自己追求的目标以及他人想要我们达到的目标，进而影响我们的行为。

- **服从**是一种社会影响形式，它是指一个人命令另一个人或更多的人做某事，而这些人也确实遵照命令行事了。从某种程度上说，它是一种最直接的社会影响形式。米尔格拉姆的实验表明大多数的人会服从来自一个权力相对较小的权威人士的命令，即使这些命令要求他们去伤害他人。最近一项重复研究的结果和米尔格拉姆的实验获得的结果相似。这种破坏性服从在现实生活的暴行中发挥着作用，这种服从是由很多因素引起的。这些因素包括：将责任转移到权威人物身上；权威人物的外在标志提醒着人们"服从权威"这一社会规范；要求的逐步升级（与"登门槛"策略类似）；事件进展的快节奏。

- 一些因素可以降低破坏性服从的发生率。这包括：提醒人们需要承担服从命令所造成的后果；提醒他们有时服从是不合理的；对权威人物的动机提出质疑；告知人们社会心理学家在这一领域的研究结果。

关键术语

"不只是这些"策略（that's-not-at-all technique）：获得顺从的一种策略，在目标人物回答是否接受最初要求之前，就给目标人物提供额外的好处来提升他们接受要求的动机。

从众（conformity）：一种社会影响形式，个体通过改变他们的态度或行为来与社会规范保持一致。

登门槛策略（foot-in-the-door）：一种使他人顺从的策略，要求者先提出一个较小的要求，在对方答应后，再提出一个较大的要求（这个较大的要求才是要求者想要达到的目的)。

服从(obedience):一种社会影响形式,一个人直接地要求另一个人或更多的人表现出某些行为。

规范性焦点理论(normative focus theory):该理论认为,只有当行为发生时规范对涉及其中的个体很重要的情况下,规范才会影响人们的行为。

规范性社会影响(normative social influence):一种社会影响,基于人们想要被其他人喜欢和接受的渴望。

留面子策略(door-in-the-face technique):一种获得顺从的策略,先提出一个较大的要求,被拒绝后再提出一个较小的要求(这个较小的要求才是要求者的目的)。

描述性规范(descriptive norms):指出特定情境下大多数人如何做的规范。

内省错觉(introspection illusion):我们相信,社会影响对我们自己行为的塑造作用小于它对他人行为的塑造作用。

凝聚力(cohesiveness):我们被一个社会群体吸引并想成为这个群体中一员的程度。

强制性规范(injunctive norms):强调什么是应该做的,即指出在特定情况下什么行为是被允许的,什么行为是不被允许的。

社会规范(social norms):规定个体在具体情境下该如何行动的规则。

社会影响(social influence):一个人或更多人想改变其他人行为、态度或感觉的努力。

顺从(compliance):一种社会影响形式,包括一个人对其他人的直接要求。

似动现象(autokinetic phenomenon):黑暗房间里,单个的静止光点被感知到在明显地运动。经常被用来研究社会规范的产生和社会影响。

象征性社会影响(symbolic social influence):由我们对他人或者我们与他们关系的心理表征而造成的社会影响。

信息性社会影响(informational social influence):一种社会影响,基于人们对正确行事或获得正确认知的渴望(如,拥有对社会世界的正确认知)。

虚报低价策略(lowball procedure):一种获得顺从的策略,在一项协议得到对方的同意后再更改协议,降低该协议对对方的吸引力。

欲擒故纵策略(playing hard to get):通过宣扬某人或某物的稀缺性和获取难度来提高人们顺从性的一种策略。

最后期限策略(deadline technique):一种增加人们顺从的策略,指的是告诉目标群体他们只在有限的时间内才可以获得优惠或得到某物。

第九章

亲社会行为：帮助他人

本章大纲

- **为什么人们会提供帮助：亲社会行为的动机**

    共情—利他主义：助人使人愉悦

    缓解消极状态：助人行为或能降低不愉快感

    共情喜悦：助人是一种成就

    为什么好人有时会首先完成任务：竞争利他主义

    亲缘选择理论：通过帮助与我们有共同基因的人来帮助自己

    防御性帮助：帮助外群体以减少他们对内群体的威胁

- **应对突发事件：旁观者会帮忙吗？**

    突发事件下的助人：冷漠还是行动？

    人多就保险吗？有时可以，但并不总是如此

    理解旁观者效应：决定是否提供帮助的五个关键步骤

- **提高或降低助人倾向的因素**

影响助人行为的情境（外部）因素：相似性和责任

见证亲社会模范

玩亲社会电子游戏

感恩：它如何增加进一步的帮助

情绪与亲社会行为：心境、振奋的感觉与助人

共情：助人的重要基础

抑制助人行为的因素：社会排斥、黑暗、对时间和努力赋予经济价值

互联世界中的社会生活：通过互联网帮助他人——基瓦的例子

- **被帮助的效果：为什么感知到的动机很重要**
- **最后的思考：亲社会行为和攻击性行为对立吗？**

我们相信，收看电视上的晚间新闻或者仅仅是阅读报纸上的新闻标题就会让我们严重质疑人的本性与行为。绝大多数的报道聚焦于负面事件与消极趋势：战争暴行、犯罪、虐待、仇恨、自然灾害（例如墨西哥湾漏油事故所造成的破坏）……这些专题报道的主题令人感到不安，并且似乎引导人们得出这样的结论：社会生活很危险，充满了负面事件。事实上，这只是整体情况的一小部分。对于我们大多数人来说，在大部分时间里，社会生活中充满了小的善举，有些是我们自己做出的，有些是他人对我们做出的。而且，在突发情况下，至少有一部分人践行着帮助他人的英雄行为。所以，助人、善良、慷慨和自我牺牲并不罕见；事实上它们是社会生活的一部分，和媒体经常强调的社会的黑暗面同样普遍。

想看一些例子吗？那么请看下面这些小的善举和见义勇为的例子：

来自密歇根州哈珀伍兹（Harper Woods）的唐娜·德尔菲诺·杜高（Donna Delfino Dugay）记得她在 11 岁时，有一天父母带着全家去海滩。唐娜的母亲带了野餐盒分发食物（炸鸡和土豆沙拉）。在分发食物时，她的母亲注意到了附

近一名男子在垃圾桶边徘徊。她毫不犹豫地装满一盘食物端给了那个陌生人。那位陌生男子虽然没有说一句话，但高兴地接受了食物，并对她的母亲充满感激地微笑。几年以后，唐娜问母亲是否记得这件对唐娜产生了重大影响的事情，她的母亲回答说"一点印象也没有"，因为她的母亲对类似这样的小小善举已经习以为常。

来自佐治亚州玛丽埃塔（Marietta）的戴维·胡特马赫（David Hutmacher）由于生病工作缺勤了很多天。当他在12月1日收到薪水时，只拿到通常薪水的一小部分。他很担心，因为圣诞节就要来了，而他和妻子的收入只能勉强维持他们的日常开销——他们几乎没有剩余的钱来与他们的两个女儿一起庆祝节日。然而，两周后，戴维收到了另一份薪水。这是他通常的薪水再加上他上次被扣除的那一部分薪水。当他试着弄清楚事情的原委时，他得知其他所有的员工（为他）奉献了他们剩下的假期，所以他可以得到那部分额外薪水。戴维说："我哭了，这真是一件善事。"

一天，伦敦下着很大的雨，弗雷德·帕克赫斯特（Fred Parkhurst）从一个坐在雨中长凳上的老妇人身边经过。他询问她是否有事，老妇人回答说她有些累了，需要休息几分钟。在那一刻，他问她是否愿意帮他拿一会儿伞。他把伞递给老妇人然后走开了，再也没有回来——他以这种方式帮助一个陌生人很开心。

一天下午，当乔·奥特里（Joe Autrey）站在纽约地铁站台上等车时，看见另一个乘客摔倒在地上，那位乘客显然是癫痫发作。这位20岁的名叫卡梅伦·霍洛普特（Cameron Hollopter）的男子躺在了站台上，此时奥特里冲了过去，将一支钢笔插进他的嘴里以防止他咬到自己的舌头。但这件事情并未就此结束。这个年轻人挣扎着他的双脚但还是落进了轨道里，此时一辆列车正在靠近。奥特里没有犹豫；他跳到轨道上并试图让这名男子回到站台。混乱中，列车开向他们，霍洛普特胡乱挣扎着。奥特里做了他唯一能做的：他努力让霍洛普特脸朝下并告诉他："不要动，否则我们都会死！"列车直到越过他们两节车厢后才停了下来——两人都没受伤。当列车离开之后，所有旁观的乘客都为奥特里的英雄举动欢呼……

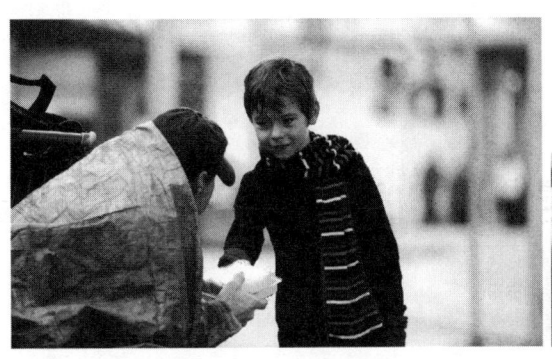

图 9-1　亲社会行为：社会生活的一个重要组成部分
虽然媒体倾向于关注社会生活中的消极面（犯罪、暴力、偏见等），但是积极的一面——亲社会行为——不应该被忽略。相反，它是我们日常生活的一个重要组成部分。

也许你从来没有在海滩上将一盘食物递给过一个饥饿的人，或将你的雨伞留给一个坐在雨中无处避雨的老妇人，或者在地铁轨道上救过人。然而，我们确信你以各种方式帮助过他人，并且在你需要帮助的时候同样受到过他人的帮助（见图9-1），事实上，亲社会行为（prosocial behavior）——个人帮助他人的行为（通常对助人者没有即时的利益）——是社会生活中很普遍的现象。我们特地在一开始就强调这样的事实，皆因助人行为确实是社会生活中很重要的一部分。然而，这一现象引出一个非常有趣的问题：为什么人们会经常在没被要求的情况下帮助他人呢？而且通常他们要付出相当大的代价。这种行为背后的动机是什么？还有，人们什么时候会助人，什么时候又不会助人呢？换句话说，哪些因素影响了社会生活中这种非常积极的行为呢？

在本章里，我们将考察所有这些问题以及其他的一些问题。具体来说，我们对亲社会行为的讨论如下。首先，我们考察助人行为背后的基本动机——简而言之，为什么人们经常以相当大的代价帮助他人。其次，我们探讨突发情境下的助人行为——为什么人们有时会参与前面所描述的英雄行为，或者更令人不安的是，为什么他们不参与。再次，我们探讨影响助人行为的情境因素，既关注增加助人倾向的因素也关注阻止或者降低我们助人倾向的因素。最后，我们考察助人行为对助人者及受助者的影响。

第 1 节　为什么人们会提供帮助：亲社会行为的动机

为什么人们会帮助别人？想要努力理解亲社会行为的本质，需要回答这个非常基本的问题。正如我们很快会看到的，很多因素能够决定一个人是否以及在多大程度上会做出亲社会行为。情境因素是很重要的，同时许多个人因素（如性格）也对亲社会行为有影响，我们在后面会着重讨论这些因素。现在我们来探讨一个基本问题：助人行为背后的动机是什么？以下这些因素似乎发挥着重要作用。

共情—利他主义：助人使人愉悦

亲社会行为的一种解释涉及**共情**（empathy）。共情是指能够感受到他人的情绪状态、同情他人，以他人的角度看待问题（例如，Eisenberg, 2000; Hodges et al., 2010）。换句话说，我们帮助他人因为我们间接体验着他人的不愉快感受，并想帮助他们摆脱消极感受。这种行为是无私的，因为它没有牵扯到外部因素，但是从某种意义上来说又是自私的，因为这种助人行为同样也帮助了自己：它使人感觉良好。基于以上的基本观察，巴特森（Batson）等人提出了**共情—利他主义假说**（empathy-altruism hypothesis）（Batson, Duncan, Ackerman, Buckley and Birch, 1981）。该假说认为至少有某些亲社会行为是只受到了渴望帮助困境中的他人这一动机驱使（Batson and Oleson, 1991）。这种助人动机是很强的，以至于有些人情愿承受不快、危险甚至冒着生命威胁去帮助他人，对他人的同情超越了所有其他顾虑（Batson et al., 1995; Goetz et al., 2010）。

事实上，研究结果表明共情包含三个不同的成分：情感成分，即**情感共情**，包括分享他人的情绪和感受；认知成分，包括准确地感知他人的想法和感受（**共情准确性**）；共情**关怀**，包括对他人幸福感的关心（例如，Gleason et al., 2009）。这个区分很重要，因为这三个不同成分与亲社会行为的不同方面相联系，长期影响也并不相同。就共情准确性的影响而言，它在社会适应中扮演了一个重要角色——决定了我们能够在多大程度上与他人相处融洽。

在与此话题相关的丰富信息的一项研究中，格利森（Gleason）和他的同事们（2009）假设青少年的共情准确性越高——即他们的所谓"日常读心术"（准确地理解他人的想法和感受）能力越好，他们的社会适应能力也就越好：他们会有更多的朋友，更会被同龄人喜欢，友谊质量更高，更不可能成为霸凌或社会排斥的受害者。基本上，研究人员推断共情准确性会帮助学生恰当地对他人进行回应，这会进一步带来更好的人际关系，促进社会适应（见图9-2）。在研究中，通过给被试观看一个学生与老师互动的录像带来评估被试的共情准确性。录像带停止在特定的时间点，被试写出他们所认为的其他人的想法与感受；准确性通过比较他们的回答与录像带里人的真实想法与感受来评判。

研究结果表明，共情准确性越高的学生在前面所列出的社会适应的所有维度（朋友数量、同伴接纳程度等等）上表现越好。总而言之，高水平的共情准确性——清楚地理解他人的感受和想法——对他们与他人和谐相处的能力贡献巨大。当然，我们应该即刻进行补充说明，与他人和谐相处的人可能会变得更善解人意，这也许是与很多人愉快互动的结果。我们提到这种可能性并不是因为我们觉得这种可能的解释更为准确，主要是为了提醒人们建立因果关系一直是一个困难和棘手的任务，即使是像这样优秀的研究。

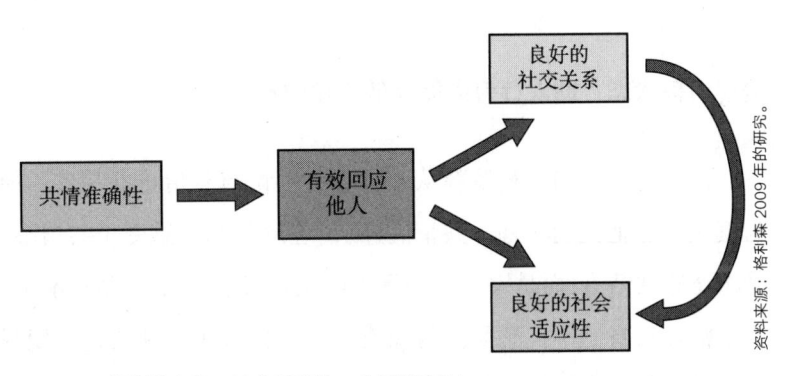

图 9-2 共情准确性：社会适应的一个重要方面

最近的研究表明，共情准确性——准确理解他人的感受与想法的能力（有时被称为"日常读心术"）在社会适应中起着重要作用。共情准确性水平高的青少年拥有更多的朋友，更会被同伴接受，并且相比不擅长此道的青少年来说，不太可能受到伤害。相比之下，那些共情准确性水平低的人容易在社会适应中出现问题。

资料来源：格利森2009年的研究。

共情会降低吗？如果会，为什么？

总结讨论之前，我们应该提到最新的证据，该研究表明美国大学生的共情水平在降低（Konrath et al., 2011）。当前大学生报告的共情水平低于几十年之前的大学生。虽然总体的下降幅度很小，但是在共情的两个方面表现明显：共情关怀（对他人的感受和幸福感的关心）和共情视角采择（能够以他人的视角看待问题）。为什么共情水平会降低？如同康拉特（Konrath）（2011）注意到的，许多因素可能起到作用。比如，增加暴力在媒体甚至在学校的曝光率可能会严重降低共情。同样地，在学校和其他情境中更强调建立个人的自尊，可能降低关注他人与他人需要的倾向。成千上万人观看的电视真人秀节目倾向于强调类似于"胜者为王"或"把自己放在首位让其他人去见鬼……"这样的信息。最有趣的也许可能是社交媒体导致了这种共情水平降低的趋势。脸书、推特和其他社交媒体减少了人们之间的面对面交流，形成的朋友关系是在线的而不是当面的，这可以进一步减少对他人的共情的感觉，因为如果在我们和他们"接触"的时候只是把他们当作在线表征而不是有血有肉的人，就更容易忽略他们的需求和感受。

当然，目前所有这些解释仅仅是有趣的，其可能性尚未得到证实。不管确切的原因是什么，共情水平的确在下降，并且这种趋势可能对各种亲社会行为的发生率和范围具有重要影响。

缓解消极状态：助人行为或能降低不愉快感

助人行为的另一种解释从某种意义上说与共情正好相反：即人们提供帮助不是因为真正关心他人的幸福（共情关怀），理解他们的感受（共情准确性），并分享这些感受（情感共情），而是因为这些行为能减轻我们自己的负面情绪。换言之，我们助人是为了消除自身的不良感受。得知或者看到他人正受到伤害会使我们感到痛苦。为了减轻这种痛苦，我们会去帮助他人。

对亲社会行为的这种解释被称作**消极状态释放模型**（negative-state relief model）（Cialdini et al., 1981）。研究表明，不管旁观者的消极情绪是由突发事件引起，还是由与突发事件无关的事引起，这都并不重要。也就是说，你可能因为得到一个差成绩或者看到一个陌生人受伤而沮丧。不管在哪种造成消极情绪的情况下，你做出一个亲社会行为，主要是为了改善自己的消极情绪（Dietrich and Berkowitz，1997；Fultz et al.，1988）。在这种情况下，消极情绪导致亲社会行为，共情并不是必要的原因（Cialdini et al.，1987）。

共情喜悦：助人是一种成就

对他人有积极影响会使自己感觉良好，这通常是事实。这个事实引发了**共情喜悦假设**（empathic joy hypothesis）（Smith et al.，1989），该假设认为助人者享受被他们帮助的人表现出的积极反应。例如，你记得当你给你在意的人礼物时，看着他们微笑并表现出愉悦情绪时是多么幸福的感受吗？这是一个共情喜悦的例子。

这个想法隐含的意思是，对提供帮助的人来说，知道他/她的行为将会对受助者产生积极影响是非常关键的。如果助人完全是基于情感共情或者共情关怀，那么对助人行为效果的反馈则是无关紧要的，因为我们知道我们"做了好事"就应该足够了，这种情况下不一定会发生共情喜悦。为了验证该预测，史密斯（Smith）（1989）要求被试观看一段录像，在录像里一个女学生说她因为感到孤独和痛苦而可能退学。这位学生被描述成与被试很类似（高共情）或不类似（低共情）。在被试观看了录像之后，他们有机会为这位女学生提供一些建议。有些被试被告知他们会收到有关他们提供的建议的效果反馈，而另一些则被告知他们不会知道那名学生最终如何决定。实验发现，仅仅是共情并不足以引发亲社会行为，而只有被试是高共情的并且能够收到被帮助者对他们行为效果的反馈时，被试才会助人。

为什么好人有时会首先完成任务：竞争利他主义

到目前为止所描述的三种理论模型（总结见图 9-3）提出参与亲社会行为的人的情感状态（感受）是至关重要的因素。所有的三种解释基于这样的假设：人们从事助人行为要么因为他们想要减少别人的消极感受，要么因为助人行为让他们自己感觉更加愉快——这与对消极情绪和感受的关注正好相反。竞争利他主义从另一个角度对亲社会行为进行了更进一步的解释。这个观点认为，人们帮助他人的一个重要原因是这么做可以提高他们自己的地位和声誉，并且，这样做最终给他们带来大量利益，那些利益超过从事亲社会行为的成本。

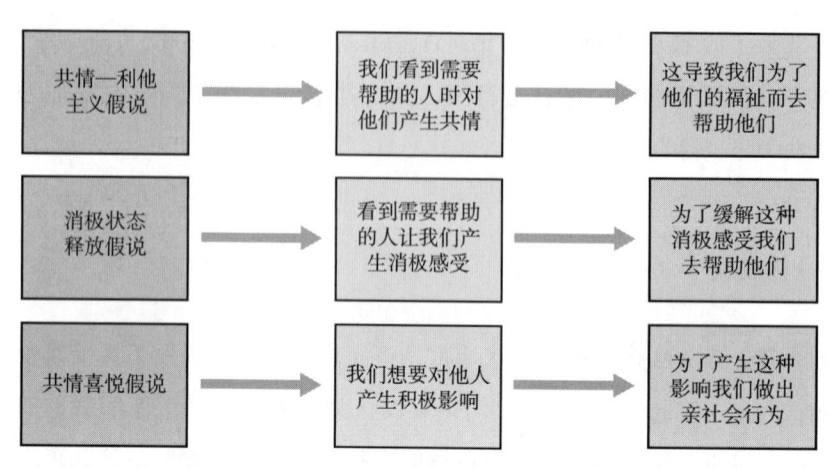

```
共情—利他        →    我们看到需要        →    这导致我们为了
主义假说              帮助的人时对              他们的福祉而去
                     他们产生共情              帮助他们

消极状态        →    看到需要帮助        →    为了缓解这种
释放假说              的人让我们产              消极感受我们
                     生消极感受                去帮助他们

共情喜悦假说    →    我们想要对他        →    为了产生这种
                     人产生积极影响            影响我们做出
                                              亲社会行为
```

图 9-3　亲社会行为的动因：三种不同的观点

亲社会行为——助人行为的起因是什么？这里总结的观点来自不同社会心理学家提供的解释

为什么帮助他人会提高地位？因为帮助他人通常是要付出成本的，这就向他人表明参与这种行为的个体拥有理想的个人品质；他们绝对是团体或者社会中需要的人。对于参与亲社会行为的人，收益同样可能是可观的。高社会地位能获得很多优势，参与亲社会行为的人可能因为他们善良和体贴的行为得到很好的酬劳。例如，你可能听说，很多为学校捐出大量钱财的校友在回到母校时被当作明星对待，整栋建筑可能以他们的名字命名——在我们其中一人工作的大学里确实存在这种情况（见图9-4）。研究结果证实，许多亲社会行为背后的动机是体验社会地位的提高——特别是那些获得公众认可的亲社会行为（例如，Flynn et al., 2006）。所以，总的来说，体验社会地位的提高似

图 9-4　为什么校友有时会送给母校厚礼：竞争利他主义行为

根据竞争利他主义理论，人们之所以参与亲社会行为有时是因为这么做可以提高他们的社会地位。这样的结果可以在许多大学校园里见到，许多建筑或者整个大学以提供了大量捐款的人命名。T. 布恩·皮肯斯（T.Boone Pickens）（图中间者）是俄克拉荷马州大学的毕业生，最近为大学捐赠1亿美元。但是请注意：我们不是暗指这是他如此大量捐款的唯一或主要的原因。事实上，我们确信捐赠行为很大程度上是出于他对俄克拉荷马州大学强烈的责任感和他个人的善良。

乎是帮助他人的一个很重要的动机。

亲缘选择理论：通过帮助与我们有共同基因的人来帮助自己

亲缘选择理论（kin selection theory）（Cialdini et al., 1997; Pinker, 1998）为我们理解亲社会行为提供了另外一种视角。从进化的角度来看，一切生物（包括人类）最主要的目标是把自己的基因传给下一代。这种观点得到了很多研究的支持，这些研究发现，总体来说我们更可能帮助那些与我们血缘关系更密切的人而不是那些没有血缘关系的人（例如，Neyer and Lang, 2003）。例如，伯恩斯坦（Burnstein）等人（1994）所做的一系列研究中，主试询问被试在突发事件下他们会选择帮助谁（Burnstein, Crandall and Kitayama, 1994）。结果证实了研究者的预测，被试更愿意帮助那些关系很近的亲属，而不是血缘关系疏远的亲戚或者没有血缘关系的人。此外，与亲缘选择理论一致的是，他们更愿意帮助年轻的亲属，因为相比于年老的亲属，年轻人还有很多生育的机会。例如，假设要在一个年轻的可以生育的女性亲属和一个过了绝经期的女性亲属中做出选择，年轻的亲属更容易获得帮助。

从以上研究结果可以看出，有充分的证据支持亲缘选择理论。但是，也许你已经意识到一个基本问题：我们并不只是帮助在血缘上有关系的人；相反我们经常帮助那些与我们没有血缘关系的人。为什么我们会这么做？根据亲缘选择理论的解释，由于这样做不会帮助我们为后代传递基因，所以是无效的，并不是具有适应性的行为。**互惠利他主义**对此提供了答案——该观点认为我们可能愿意帮助与我们没有血缘关系的人，是因为帮助往往是相互的：如果我们帮助他人，他人也会帮助我们，所以我们会最终受益并且我们生存的概率也会间接地增加（例如，Korsgaard et al., 2010）。

防御性帮助：帮助外群体以减少他们对内群体的威胁

正如在我们对偏见的讨论（第六章）中提到的，人们通常把社会分成两类：自己的内群体和外群体。与其他群体相比，人们往往感到自己的群体与众不同，并在很多方面存在优势。然而，有时外群体获得成功会威胁到自己群体的优势地位，这一点可能成为助人的动机之一吗？最近的研究表明的确可以，因为应对外群体威胁的方式之一是帮助他们——尤其是通过造成他们依赖于所提供的帮助的方式，从而将他们看作无能力者或能力不足者（例如，Sturmer and Snyder，2010）。换句话说，有时候人们帮助别人（特别是帮助那些不属于他们内群体的人）是作为化解这些人威胁的一种手段。这样的行为被称作**防御性帮助**（defensive helping），因为这样做主要不是为了帮助受助者，而是用巧妙的方式"压倒他们"，以此减少他们对内群体优势地位的威胁。在这种情况下，助人行为不是出于共情，即对受助者快乐或幸福体验的积极反应，而是出于一个更自私的动机：保护自己团体的特殊性和地位。

纳德勒（Nadler）等人为这一假设提供了确切证据（Nadler, Harpaz-Gorodeisky & Ben-David, 2009）。他们告诉一所学校的学生，另一所学校的学生在某个认知能力测试上的得分显著高于他们自己的学校（这对他们自身群体的优越性造成了较大的威胁），而第三所学校的学生得分与他们自己学校得分相同（这对他们自身所在群体优越性的威胁较低）。当有机会帮助这两个学校的学生时，被试为对他们构成较大威胁的学校提供了更多的帮助，原因可能是为了减少这个竞争对手对他们地位的威胁。

这些发现强调了这样一个事实，帮助他人可以源自多种不同的动机。像其他的社会行为一样，亲社会行为是复杂的，不仅仅体现在形式和影响因素方面，还体现在行为的潜在动机方面。不过，无论这些行为的确切原因是什么，很明显，助人是社会生活中相当重要和普遍的一部分——助人者与受助者都能从中受益良多。

要点

- 亲社会行为背后可能存在几种不同的动机。**共情—利他主义假说**认为，因为共情，我们帮助那些需要帮助的人，从而我们体验到对他们的共情关怀。
- 共情实际上包括三个不同的部分——情感共情、共情准确性、共情关怀。这三部分都可以成为帮助他人的基础。
- **消极状态释放模型**提出人们帮助他人是为了缓解和减少他们自己情绪上的不适。
- **共情喜悦假说**认为，助人者的帮助行为源于受助者接受帮助（如礼物）时的积极反应和感受，以及由此引发的助人者的积极感受。
- **竞争利他主义理论**提出，我们帮助他人作为提升我们自己地位和名誉的方式——此类提升在一些重要方面受益于助人行为。
- **亲缘选择理论**认为，我们倾向于帮助与我们有血缘关系的人，因为这可以增加基因传递给后代的可能性。
- 助人行为的另一个动机是减少外团体对于自己内团体的威胁，被称为**防御性帮助**。

第2节 应对突发事件：旁观者会帮忙吗？

突发事件到来时，人们通常会冲上去提供帮助——如同这一章开始时讨论的地铁事故。但是我们也经常看到突发事件周围的旁观者什么也不做；他们在受害者受到伤害甚至死亡的时候没有采取任何行动。怎样解释人们行为上这种戏剧性的差异呢？让我们看看社会心理学家在这个重要问题上有哪些发现。

突发事件下的助人：冷漠还是行动？

考虑一下这样的情形：假设你正在结冰的街道上行走，突然不小心滑倒了。你因此受了伤，再加上光滑的冰面，使你根本无法站起来。假设（1）这地方人迹罕至，只有一个人在你附近并看到你发生的意外；（2）这一街区人潮涌动，有12个人可以看到发生的事故。常识告诉我们，旁观者越多，我们就越有可能获得帮助。在第一种情况下，你可以指望的只有一个人以及这个人是否帮助你的决定。在第二种情况下有12个旁观者，你的受助几率似乎更大，因为他们中至少有一人（可能更多）会表现出亲社会行为。所以，人多真的保险吗？突发事件中的目击者越多，受害者就越有可能得到帮助吗？这种说法听起来合理，但社会心理学家研究表明，它可能是错的——大错特错！

约翰·达利（John Darley）和比布·拉塔内（Bibb Latané）最先提出这种说法可能是错误的。这两位社会心理学家在得知著名的纽约凶杀案后进行了深入思考。在这个悲惨的案件中，一位叫姬蒂·吉诺维斯（Kitty Genovese）的年轻女子受到一名男子的攻击，很多人可以看到和听见正在发生的一切；他们所做的只是透过公寓的窗口看着这一切发生。攻击者持续袭击了受害者很长时间，甚至离开后又回来继续袭击，然而，没有一个人打电话报警。当这一起谋杀案被媒体报道后，人们纷纷推测现在的人已经变得越来越自私和冷漠了，至少生活在大城市的人是这样。然而达利和拉塔内提出了一个更基本的问题：常识告诉我们在突发事件中（例如这一谋杀案），目击者越多，受害者就越有可能得到帮助。为什么姬蒂的案件不是如此？在努力探索这一现象的过程中，达利和拉塔内提出了几种可能的解释并在研究中进行了检验，上述研究已成为社会心理学的经典案例。他们的观点及据此开展的研究对这个领域后来的研究产生了持久的影响。让我们详细描述一下这些研究工作。

人多就保险吗？有时可以，但并不总是如此

达利和拉塔内试图解释为什么没有人向姬蒂提供帮助或者报警。他们考虑了很多可能的解释，然而那个对他们来说最有可能的解释却非常简单：也许没有人帮助是因为所有旁观者假定别人会这么做！换句话说，所有看到或听到事情经过的人相信他们什么也不做是可以的，因为其他人会处理好这个情况。达利和拉塔内把这种现象称为**责任分散效应**（diffusion of responsibility），并且根据这个原则假定，突发事件的旁观者越多，受害者越不可能得到帮助。毕竟，越多的潜在帮助者，每个人感受到的责任就越少，并且互相之间假定"别人会这样做"。然而，我们需要补充说明，如果需要帮助的人看上去属于目击者的内团体成员，他们更有可能得到帮助（Levine et al., 2005）。

为了验证这个推论，他们设计了一个精巧的实验。在实验中，一名男生遇到了紧急事件（当然是虚假的）。他忽然癫痫发作，开始窒息，显然需要帮助。被试之间可以通过对讲机进行联系。被试被分为三组：一组被试相信自己是唯一知晓这一突发事件的人；一组被试知道自己是三个旁观者之一；第三组被试则知道自己是五个旁观者之一。助人行为通过两种方式进行测量：（1）在每一组中，被试尝试进行帮助的人数比例；（2）紧急事件发生到被试做出助人行为所用的时间。

实验结果证明达利和拉塔内关于责任分散效应的预测是正确的。被试知道旁观者越多，做出亲社会反应的比例就越低（帮助受害者；见图9-5），并且他们提供帮助之前等待的时间越久。应用这个效应很容易解释前面在冰上滑倒的例子，相比起12个目击者在场，你更可能在只有一位目击者在场的时候得到帮助。

多年以来，对亲社会行为的后续研究已经发现还有许多其他因素影响人们对突发事件的应对。例如，库特斯曼（Kuntsman）等人的研究表明受害者和助人者的种族可能会影响助人行为，黑人受害者很少得到白人旁观者的帮助，特别是当白人旁观者是高厌恶型种族主义者时（对黑人存在消极偏见）（Kuntsman and Plant, 2009）。我们在后面会讨论人们不提供帮助的可能原因，但是这里需要注意的是，潜在助人者和受助者的团体成员身份能够在很大程度上影响受助者被帮助的可能性。总的来说，旁观者效应显然是社会生活中有关陌生人之间帮助行为的一个重要的基本发现，并且是常识所不能预测的。

理解旁观者效应：决定是否提供帮助的五个关键步骤

亲社会行为的研究已经超出了最初对旁观者数量的关注，拉塔内和达利（1970）认为，人们实施亲社会行为的可能性是由目击者在突发情境下迅速做出的一系列决策所决定的。确实，这样的

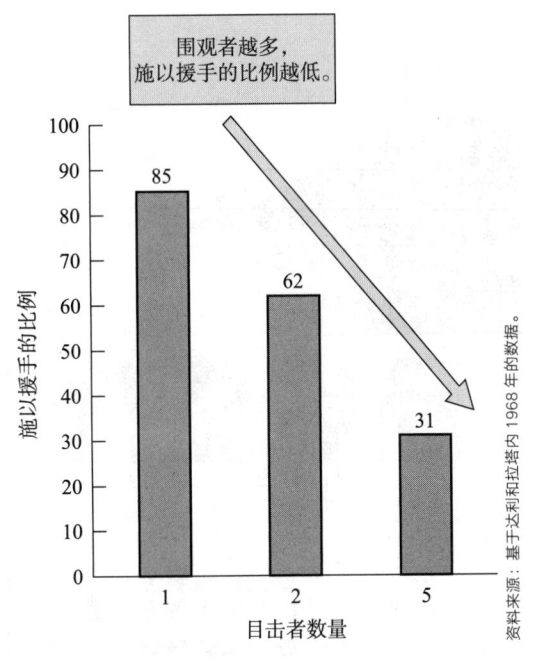

围观者越多，施以援手的比例越低。

施以援手的比例：
- 1名目击者：85
- 2名目击者：62
- 5名目击者：31

目击者数量

资料来源：基于达利和拉塔内1968年的数据。

图9-5 责任分散和突发事件中的帮助
突发事件的目击者越多，他们帮助受害者的可能性越低。这说明了责任分散效应在这种情况下的强大抑制作用。

决策需要迅速做出，否则在很多情况下会为时已晚！（回忆一下，乔·奥特里快速决定尝试着把一个跌倒在铁轨上的陌生人推向安全的地方，并在他们很明显不可能在火车驶来前离开时，他又迅速地让他平躺。）

我们可以坐在舒服的椅子上并且迅速盘点着旁观者应该做什么。姬蒂遇害时的目击者应该立刻报警，或者应该对施暴者大声喊叫、或者尝试出手阻止侵害。的确，在2001年9月11日，被劫持飞机上的乘客显然联合起来做出了反应，阻止恐怖分子完成他们撞击美国国会大厦的计划（见图9-6）。他们为什么这么做？或许正如莱文（Levine）和他的同事们（2005）注意到的，因为他们可以直接看到对方并相互影响。相反，当旁观者没有在突发情况下助人，正如达利和拉塔内所用的场景，他们无法直接看到对方，这似乎是他们没有做出助人行为的一个重要原因。

达利和拉塔内（1968）利用类似的方式进行了一项实验室实验，在这个实验中，身处小卧室里的学生本来应该冲出房间去帮助一位明显需要急救的同伴，但是他们没有这么做。为什么呢？一种解释认为，当我们遇到突发状况时经常会感觉情况比较复杂，并且很难解释。在行动之前，我们必须首先弄清楚发生了什么以及我们应该怎样

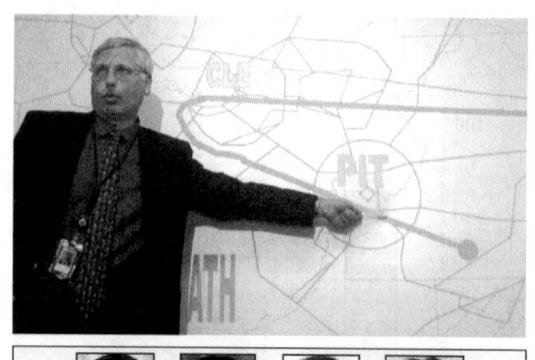

图 9-6 当旁观者对紧急事件做出反应时：联合航空 93 航班

美联航 93 航班的乘客紧急采取行动：他们制服了四名试图劫持飞机并将其撞向华盛顿一座公共建筑的劫机者。然而，它却在宾夕法尼亚州的一个乡村地区坠毁，机上的人全部遇难。在这次紧急事件中采取行动的乘客被全世界人民视为英雄。

做。这需要一系列的决策，并且在每一个决策的相应步骤中，很多因素告诉人们也许不需要提供帮助。下面就来看看相关的决策步骤和在每个步骤中的影响因素。

1. 是否注意到一些不同寻常的事件正在发生。突发事件显然是一些出乎意料的事件，并且没有确定的方法去预测它会如何发展或谋划出最好的应对方式。当我们听到窗外传来尖叫，观察到一位同学正在咳嗽以至于不能说话，或者观察到我们飞机上其他的一些乘客拿着武器时，我们通常正做着其他的事情或者正想着别的问题。如果我们睡着了，在深思，或专注于其他事情，我们可能因此无法发现一些不同寻常的事件正在发生。93 航班的乘客看见了这些劫机者的武器，从机长那里得知飞机已经被这些人劫持。此外，他们从手机获悉其他的袭击（如对世界贸易中心的袭击），所以他们知道一些非常可怕的事情已经发生，这让他们更加容易采取行动。

2. 正确地把某一个事件解释为突发事件。即使注意到了事件的发生，我们也只是得到了有限而不全面的信息，不知道究竟发生了什么事情。大多数时候，吸引了我们注意力的事情往往并不是紧急事件，所以不需要立刻采取行动。无论何时，只要潜在的助人者没有完全弄清楚正在发生什么，他们便会倾向于退缩并等待进一步的信息。毕竟，将不是突发事件的情况当作突发事件回应，会带来巨大的尴尬。很可能在姬蒂被谋杀的清晨，即使她的邻居们听到了尖叫并且知道一个男人和一个女人正发生着纠纷，他们也不能清楚地确定到底发生了什么。这也可能是一个女人和她男友在大声的争论，或者是一对夫妻在相互开玩笑，这两种可能性的确比一个陌生人刺死一个女人的可能性更高。通过模糊的信息判断自己目击了一起严重的事故还是只是看到了一些琐事，大多数人都倾向于后者，因此没有采取任何行动（Wilson and Petruska，1984）。

这表明，责任扩散理论并非是很多目击者的存在会抑制助人行为这一现象的唯一解释，还可能是因为，错误地解释情境而导致的不合理行动会使助人者陷入尴尬境地。在一群陌生人面前犯这么严重的错误可能会使陌生人认为你的过激反应非常愚蠢。当人们不确定发生着什么，他们往往倾向于退缩并什么也不做。

处在一群陌生人中间的个体犹豫不决并什么也不做的倾向是基于众所周知的**人众无知现象**（pluralistic ignorance）。因为没有一个旁观者知道到底发生了什么，都依赖他人提供线索。如果他人不反应，那么每个人都不大可能做出反应。人们会在多大程度上避免对可能的紧急事件做出不合适的反应，拉塔内和达利（1968）的研究提供了一个生动的说明。他们让学生独自或者与另外两人一组在房间里填写调查问卷。几分钟后，实验者悄无声息地通过通风口向实验房间吹入烟雾。当被试是独自一人在房间里时，大多数人（75%）停止了他们正在做的事情，离开房间并报告这一问题。然而，当有三个人在房间里时，只有38%的人对烟雾做出反应。甚至在烟雾变得很浓以至于视线模糊的时候，还是有62%的人选择继续做问卷，并没有对浓烟作出任何反应。有他人在场会明显抑制个人作出反应，似乎人们宁愿冒死亡风险也不愿让自己看起来像一个傻瓜。

相比陌生人组成的团体，这种抑制效应在朋友组成的团体中会小得多，因为朋友之间更有可能相互交流正在发生的事情（Rutkowski et al.，1983）。在小镇上这种抑制效应也会小很多，因为大家都彼此认识；而在城市里就不一样了，因为城市中彼此基本上都是陌生人（Levine et al.，1994）。同我们预期相符的是，酒精能够降低对别人反馈的焦虑，减少对做错事的担忧。因此，那些喝了酒的人更倾向于帮助他人（Steele et al.，1988），这一发现也是违反直觉反应的。当然，酒后的某些行为也是不好的。

3. 确认提供帮助是你的责任。在很多情况下，该由谁来提供帮助是比较明确的。消防员要负责着火的大楼，警察要负责车祸事故，医务人员要处理伤口和疾病（见图9-7）。如果责任不明确，人们倾向于认为那些担任领导角色的人必须承担责任——例如，跟孩子在一起的成年人，跟学生在一起的老师。正如我们前面指出的，当只有一位旁观者时，他/她通常选择承担责任，因为没有其他替代者。

4. 确认你有知识或技能提供帮助。即使旁观者进展到步骤三，认为自己有责任进行帮助，除非他知道如何帮助，否则亲社会反应也可能不会发生。一些突发事件处理起来非常简单，差不多每个人都掌握必要的帮助技能。如果有人在冰上滑倒，大部分旁观者都有能力帮忙扶起那个人。但如果是你看到有人把车停在路边，打开车盖仔细查看汽车出了什么故障，你可能就不知道如何

图9-7 提供帮助是谁的责任
当人们感到有责任对突发事件提供帮助时，他们通常会立即采取行动——比如这里出现的救生员。如果帮助的责任不够明确，或者，旁观者不确定做什么——他们常常什么也不做。

提供直接的帮助了，除非你懂得一些汽车知识并知道汽车如何运转，否则你能做的最多是打电话寻求帮助。

当突发事件需要特殊技能时，通常只有部分旁观者有能力提供帮助。例如，只有擅长游泳的人可以帮助溺水者。面对突发医疗事件时，有专业知识的护士比历史学教授更可能提供帮助（Cramer et al., 1988）。

5. 最终决定是否提供帮助。即使旁观者已经通过了前面的四道决策关卡，除非他/她最终决定参与助人行为，否则帮助也不会发生。助人的最后一步可能被潜在的对消极后果的担忧（通常是现实的恐惧）所抑制。事实上，潜在助人者会权衡助人的积极面与消极面，好像在做一道"认知代数题"（Fritzsche et al., 2000）。在我们后面的讨论中，你也会注意到，助人行为主要的奖励来自助人者自己的情绪和信念，但是潜在的代价是多方面的。例如，如果你干预姬蒂所受的袭击，你可能会被刺伤。在帮助滑倒者时，你自己也可能会滑倒。一个人寻求援助也许只是他实施抢劫或者更严重犯罪的一种伎俩。

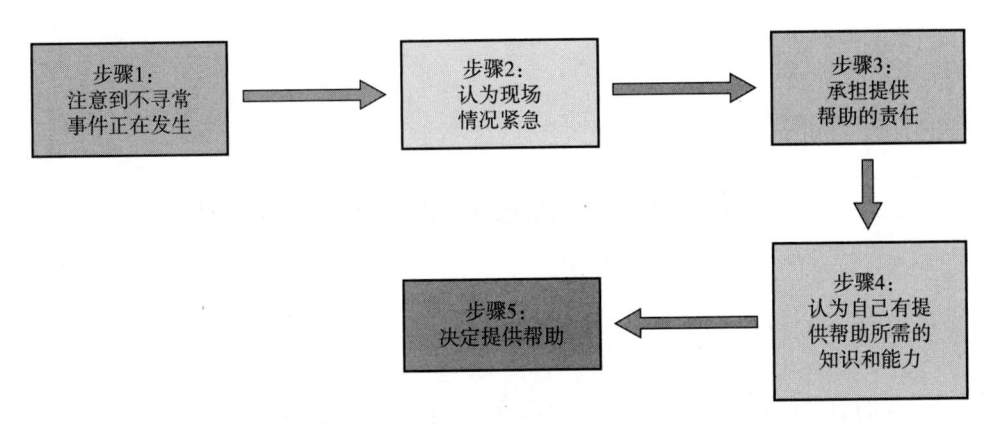

```
步骤1:                步骤2:                步骤3:
注意到不寻常    →    认为现场       →    承担提供
事件正在发生         情况紧急            帮助的责任
                                              ↓
        步骤5:              步骤4:
        决定提供帮助   ←    认为自己有提
                             供帮助所需的
                             知识和能力
```

图 9-8 对突发事件提供帮助的五个步骤

如图所示，决定对突发事件中的受害者提供实际的帮助取决于 5 个步骤。只有这些步骤都通过了才会有实际的帮助行为发生。(基于拉塔内和达利[1970]的结论)

总之，在紧急情况下决定是否提供帮助不是一个简单的、瞬时能够完成的决策过程。相反，它要经历几个决策的步骤，只有这些步骤都通过了，真正的助人行为才会发生（图 9-8 总结了这些步骤）

要点

- 当突发事件发生有人需要帮助时，旁观者可能会也可能不会做出亲社会的反应，他们可能是冷漠的（什么也不做），也可能是英勇的。
- 部分是因为**责任分散效应**，在突发事件中，目击的旁观者越多，其中的个人越不太可能提供帮助，在帮助之前考虑的时间越长（旁观者效应）。
- 这种情况存在于陌生人之间的帮助行为中，但是不太可能出现在人们属于同一团体的情况下。
- 面对紧急事件，旁观者是否提供帮助取决于五个关键的步骤。

  第一，对旁观者来说，注意并意识到一个不寻常的事件正在发生至关重要。

  第二，旁观者必须将现场情况正确解释为突发事件。

  第三，旁观者必须决定承担起提供帮助的责任。

  第四，旁观者要有必要的知识和技能来提供帮助。

  最后，旁观者必须决定采取行动。

第3节 提高或降低助人倾向的因素

我们前面提到，社会心理学家对亲社会行为的研究兴趣始于这样一个问题：为什么突发事件中的旁观者有时会提供帮助而有时却什么也不做？对于这一问题，我们已经考虑过了一个重要因素：旁观者数量。现在，我们来探讨影响人们助人倾向的其他几个方面的因素。然后，我们会探讨影响助人行为的一些内部因素（如情绪、个性特征）。

影响助人行为的情境（外部）因素：相似性和责任

所有受害者得到帮助的几率相同吗？或者其中一些受害者比别人更容易得到帮助？此外，社会影响是否影响个体的助人倾向？——例如，其他潜在助人者的行为是否影响当事者的助人行为呢？社会心理学家对这些问题及其相关问题提供了有趣的见解。

帮助我们喜欢的人

我们现在讨论的大多数研究都集中在帮助陌生人，因为很明显大多数人都会在家庭成员和朋友有需要时帮助他们。但是当需要帮助的人变成陌生人的时候就不那么明显了。例如，假设你看到一起突发事件，受害人是一个陌生人。相比于受害者与你有很多不同（例如年龄更大，和你不是一个群体），如果这个人和你有许多相似的地方（例如年龄相仿、国籍相同或者其他方面与你相似），你是否更有可能提供帮助呢？详细研究的结果给出了肯定的答案——与那些和我们不同的人相比，我们确实更有可能帮助那些和我们相似的人（Hayden et al., 1984; Shaw et al., 1994）。这是为什么呢？

霍奇斯（Hodges）及其同事（2010）的研究结果部分回答了这个问题，即他人与自己的相似性可以增加我们对他们的共情关怀，也能让我们更好地理解他们的经历。研究比较了三组被试：新手妈妈、怀孕的女性、没有怀孕经历的女性。三组被试都观看了描述新手妈妈的录像，在录像中她们描述着自己成为新手妈妈角色的体验。然后让被试填写共情关怀量表（如，他们看录像后受到多少触动）、共情准确性量表，并用自我报告法测量他们理解录像中人物的能力。我们知道，新手妈妈与录像中的女性是最相似的，怀孕女性与录像中女性的相似性会差一点，那些没有怀孕经历的女性与录像中女性的相似性最低。如果相似性能够影响共情水平，那么这三组被试（新手妈妈、怀孕女性、从未怀孕的女性）将在所有三个测试中均表现出差异。然而，如果相似性只影响共情的某些方面，他们应该只会在某些结果上存在差异，这正是被研究所证实的结果。与录像中人物的相似性影响共情关怀，但是对共情准确性没有显著的影响（见图9-9）。所以尽管相似性是影响共情的一个重要因素，但似乎主要影响了共情的情感成分，而非认知成分（即共情准确性）。

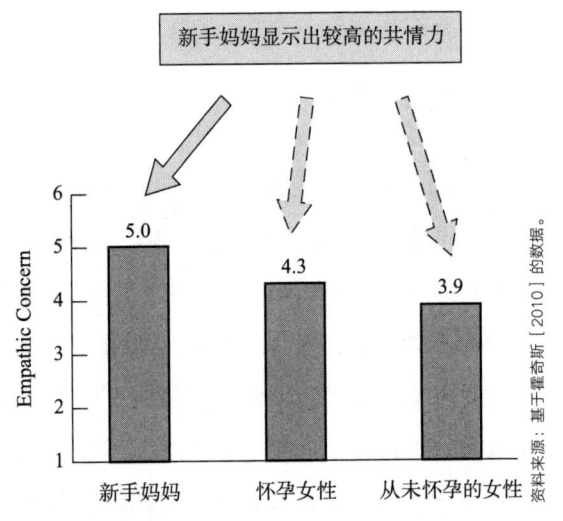

图 9-9 相似性，共情和帮助

研究结果表明，与他人的相似性通过增加共情关怀来增加我们的帮助意愿。然而，相似性并不能提高共情准确性。

资料来源：基于霍奇斯［2010］的数据。

帮助那些无能为力的人

如果有一天清晨你正走在人行道上，路过一个躺在路边神志不清的人，你会帮助他吗？你知道助人会受到我们讨论过的所有因素的影响——包括是否有其他旁观者在场和人际间的吸引力。但是这里还有一个其他的考虑。为什么这个男人躺在这里？如果他的衣服又破又脏，并且旁边的一个大纸袋里还装有一个空酒瓶，你会如何认定他的处境呢？你可能会认为他是一个无药可救的酒鬼，因为喝醉而倒在了路边。相反，如果他穿着一件昂贵的西服并且在他的额头上有一个严重的伤口？这些线索可能导致你认为他是一个在去上班的路上遇到抢劫的受害者。基于你对一个男人神志不清地躺在人行道上的原因的推断，相比身边有酒瓶的人，你更可能去帮助头上有伤口的男子。总的来说，我们不太可能去帮助那些该为自己的问题负责的人（Higgins and Shaw, 1999；Weiner, 1980）。穿职业装的男子并不是主动选择被攻击的，所以我们更倾向于帮助他。

见证亲社会模范

我们知道，在突发事件中，那些无动于衷的旁观者将会抑制其他人的助人行为。但是，同理，一个乐于助人的旁观者将会起到强大的**社会模范作用**，会引导其他旁观者也投入到助人行为中。有一个现场实验证实了模范的力量，实验中，一位年轻女子（实验助理）因为爆胎把车停在路边。如果司机在此前的行驶途中看到过有人帮助另一个汽车出了故障的女子，他们会更倾向于停车帮助这名女子（Bryan and Test，1967）。甚至一个或多个帮助模范象征性的存在都可以提高亲社会行为。你参观博物馆时是否在门口看到过一个大的玻璃捐款箱？博物馆为了增加捐款常常会提前放一些钱在箱子里（包括几张大面额的钞票——10美元或20美元），这项策略是有效的：很多人路过捐款箱时想"别人已经捐了，也许我也应该捐"，然后他们就真的从口袋或钱包里掏出钱捐款。

玩亲社会电子游戏

接触有助人行为的人（无论是真实的还是象征性的）能够增强个体的助人倾向，这一点并不让人感到意外。正如我们在第八章提到的，他人的行为常常能够强烈地影响我们的行为，特别是当我们不确定什么样的行为才属于最好或者最合适的行为的时候。不过，通过电子游戏这种很不同的途径接触亲社会行为会有什么效果呢？正如我们将在第十章看到的，很多这样的游戏本质上是攻击性的——他们在游戏中包含了针对各种目标的攻击。但是，与之相反，一些游戏涉及亲社会行为：不同角色在游戏中相互帮助支持（见图9-10）。是否玩这样的游戏会增加参与类似行为的倾向呢？几个最近提出的理论（如 Bushman and Anderson，2002；Gentile and Gentile，2008）认为很可能是这样，并给出了一些重要的理由。例如，玩亲社会电子游戏可能启动亲社会思维和图式等与帮助他人相关的认知框架。随着时间的推移，反复接触这类游戏可能形成有利于做出亲社会行为的态度、与亲社会行为相一致的情绪（如与帮助他人相关的积极情绪）和其他能够促进亲社会行为的思维方式的持久改变。

近期越来越多的研究证明这种效应确实存在，其影响作用很大，并具有持续性（例如，Gentile et al.，2009）。例如，在格雷特梅耶尔（Greitmeyer）和奥斯瓦尔德（Osswald）（2010）做的一系列研究中，参与者玩的电子游戏分为亲社会（如 Lemmings）、攻

图 9-10 玩亲社会电子游戏的影响

最近的研究表明，玩不同角色之间相互帮助支持的亲社会电子游戏（例如，Lemmings）可以增加亲社会行为倾向。其效果似乎是持久的，而不仅仅是短期的。相反，玩攻击性电子游戏（例如，Crash Twinsanity）倾向于减少亲社会行为，增加攻击行为（见第十章）

击性（如 Lamers）和中性（如 Tetris）三类。然后让他们处于一个可以自发帮助他人的情境中：实验者假装无意把一把铅笔撒落在了地板上，然后观察被试的行为反应。正如预期的那样，那些玩亲社会游戏的人中多数人（57%）帮助实验者捡起铅笔，而玩中性游戏（33%）或攻击游戏（28%）的人只有少数人提供帮助。在后续研究中，玩亲社会游戏或中性游戏的被试再次面临帮助另一个人的机会：这次是需要被试帮助制止一名男助理对女实验者的骚扰行为。同样，玩亲社会游戏的被试中多数人（56%）提供了帮助，玩中性游戏的参与者中只有 22% 的人选择这样做。最终，为了探究亲社会游戏增加亲社会行为的潜在机制，研究人员进行了另一项研究，让被试们报告他们玩电子游戏的时候在想些什么。正如预测的那样，那些玩亲社会游戏的人比玩中性游戏的人报告了更多关于帮助别人的想法。所以，和前面提到的理论模型一致，玩亲社会游戏通过影响参与者的想法影响了实际的助人行为。

同样地，其他的研究也提供了相关证据（例如 Gentile et al., 2009），其中一项纵向研究发现被试玩亲社会游戏的时间长短与其后几个月内的助人行为存在关联。和预期相一致，他们玩亲社会游戏越多，就越有可能在几个月后报告说参与了如"帮助遇到困难的人"这样的行动。这些发现说明玩亲社会游戏不仅仅具有短期效应，而且具有长期效应。

总之，电子游戏通常被批评为浪费时间并对玩游戏的人有负面影响，但实际上它本身是中性的。根据内容的不同，它们既可以促进有害的攻击性行为（见第十章），也可以促进有益的亲社会行为。显然，是游戏的内容性质——而不是游戏本身——对社会生活至关重要。

感恩：它如何增加进一步的帮助

人人都想被感激，这与帮助他人相联系，通常意味着受助者直截了当地说"谢谢你"。虽然有些参与亲社会行为的人倾向于匿名，但大多数人希望他们提供的帮助能被公开地有礼貌地感谢。事实上，正如我们前面提到的，一些人要求用他们名字命名学校、医院或建筑物以承认他们的帮助（以经济捐赠的形式）。因此感激——受助者表达的谢意——被证明可以增加后续的帮助，这一点并不奇怪。助人者和捐助人似乎在说"感谢我"，"然后我会再做一次"。研究结果支持了这种效应，当助人者因为他们提供的帮助而被受益人感谢时，他们会更愿意再次帮助受益人——甚或去帮助其他的人（McCullough et al., 2001）。

但是具体来说，为什么表达感激之情会促进进一步的亲社会行为呢？根据格兰特（Grant）和吉诺（Gino）（2010）的研究，存在两种明显的可能性。首先，感谢可能增加自我效能感——让助人者感到自己是有能力的和足够胜任的，他们的行动是有效的（是在积善行德）。第二，它或许会增加助人者的自我价值感，让他们从别人身上感受到自己的价值。那么，哪一个更重要呢？格兰特和吉诺的研究指出后者更重要：表达感激通过增加助人者的自我价值感促进助人行为。在他们的研究中，格兰特和吉诺要求被试通过提修改建议的方式帮助另外一个学生完善他的求职信（和工作申请一起寄来的）。在一种情况下，被帮助的人表达了感谢，说"我只是想让你知道我在我的求职信里收到了你的反馈。非常谢谢你！我真的很感激"。在另一种情况下，受助者没有表达这样的感激，仅仅只是说"我只是想让你知道我在我的求职信里收到了你的反馈"。在两种情况下，这个人再次请求帮助修改第二封求职信。正如预期的那样，因为助人而被感谢的被试中有更高比例的人同意再次提供帮助（55% vs.25%）。此外，感激同时增加自我效能感和自我价值感，但是——这也是关键所在——只有自我价值感的增加和后续帮助行为有关。这些发现在其他研究中被重复验证，包括一个关于大学志愿募捐

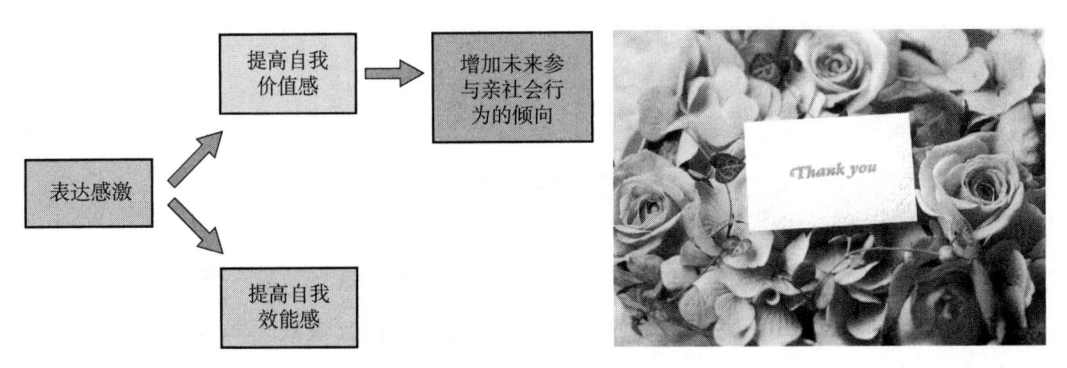

图 9-11　表达感激之情：为什么能提高亲社会行为

研究发现受助者表达感激之情可以增加助人者再次帮助同一个人（甚至其他人）的概率。感恩增强了助人者的自我效能感和自我价值感，但是只有后者能进一步促进未来的助人行为。这是在你被他人帮助后总应说"谢谢你！"的又一个理由。

者的研究。研究中，有的人被融资项目的管理者感谢，有的没有被感谢，然后那些被感谢的募捐者表现出了更多助人行为——他们比没有被感谢的人多打了50%的电话。和早期的研究结果一样，这进一步说明感谢的这种效应是通过增加自我价值感（而不是通过增加自我效能）影响了后续帮助行为。

总体看来，似乎感激通过一种非常直接的方式增加了助人行为——通过使那些因提供帮助而被感谢的人感受到他们受别人尊重，特别是被那些从他们的亲社会行为中获益的人所尊重。很显然，感谢别人不仅仅是你获得帮助后要做的礼貌和正确之举——它也是增加他们在你需要时再次帮助你的概率的一种有效策略（见图9-11）。

要点

- 相比那些与我们不同的人，我们更有可能帮助那些与我们相似的人。这导致我们帮助外团体成员的倾向降低。
- 比起我们不喜欢的人，我们也更有可能去帮助我们喜欢的人，我们也更有可能帮助那些不用为他们当前所处困境负责的人。
- 见证亲社会模范可以增加助人行为；玩亲社会电子游戏也有同样的效果。
- 亲社会电子游戏通过引发亲社会思维、构建与助人相关的认知框架等效应增强随后的助人倾向。
- 感恩主要是通过增强助人者的自我价值感的方式增加了亲社会行为。

情绪与亲社会行为

心境、振奋的感觉与助人

假设你想要另一个人帮忙，你会选择在什么时候？在他/她心情很好的时候还是他/她心情悲伤或者愤怒的时候？答案显而易见：大多数人知道其他人——包括他们自己——相比心情差的时候更可能在心情好的时候做出亲社会行为。但是研究结果表明情况要更加复杂。

积极情绪与亲社会行为

许多巧妙的研究已经在研究好心情与助人行为之间潜在的联系。总的来说，这些研究表明人们更愿意在他们的情绪被一些最近的经历所振奋时帮助一个陌生人——例如，刚看完喜剧（Wilson，1981）、在公用电话的硬币返回槽中发现钱（Isen and Levin，1972）、在一个阳光明媚的日子里外出游玩（Cunningham，1979），或者意外收到一个小礼物（Isen，1970），甚至空气中令人愉悦的香味都可以增加亲社会行为（如 Baron，1990；Baron and Thomley，1994）——百货商店对此很清楚，这就是他们常常在不同的区域喷洒令人愉悦的香味的原因，他们希望借此增加顾客们的消费。

然而，在某些特定情况下，积极的心情却会降低个体做出亲社会行为的可能性（Isen，1984）。这是为什么呢？因为好心情可以使我们低估各种情境特别是突发事件的严重性。甚至遇到一个明显的危机事件，如果提供帮助比较困难（Rosenhan et al.，1981）或者可能破坏他们此刻的好心情，心情好的人有时候比心情一般的人更少提供帮助。

消极情绪与亲社会行为

如果积极心情会增加助人行为，那么消极心情会减少助人行为吗？一些研究结果支持这种观点（Amato，1986）。然而，与积极的情绪影响一样，在特定条件下，消极的情绪也会对助人行为产生促进作用。例如，如果助人行为能够带来积极的感受，心情不好的人事实上比那些心情一般甚至心情愉悦的人更有可能帮助别人，因为他们希望使自己感觉更好，而帮助别人恰好可以达到这一目标（Cialdini, et al., 1982）。这一发现与我们前面谈到的消极状态释放模型是一致的。如果消极心情不是特别强烈，如果危机事件是明确的而不是模棱两可的，并且如果帮助行为是有趣的、令人满意的，而不是枯燥而收效甚微的，此时消极情绪更有可能增加亲社会行为（Cunningham at al., 1990）。

振奋的感觉与帮助他人

当我们看见另一个人参与到帮助行为中时，这可能对我们的情绪有强烈的影响，它可以引发振奋的感觉，使我们感到鼓舞和对人性的乐观。它会增加我们参与亲社会行为的倾向吗？最近的证据表明的确可以。史奈尔（Schnall）等人开展了一系列相关的研究（Schnall, Roper & Fessler, 2010）。在研究中，有的被试观看一个令人振奋的视频电影，其中播放了别人的亲社会行为；有的被试观看一个中性的视频剪辑（有关海洋的题材）；有的被试观看一个喜剧录像带（欢乐条件）。欢乐条件是作为一个考察看到他人亲社会行为可能只是增加了积极情绪的控制条件，正如我们上面所提到的，积极情绪本身往往可以提高助人倾向。

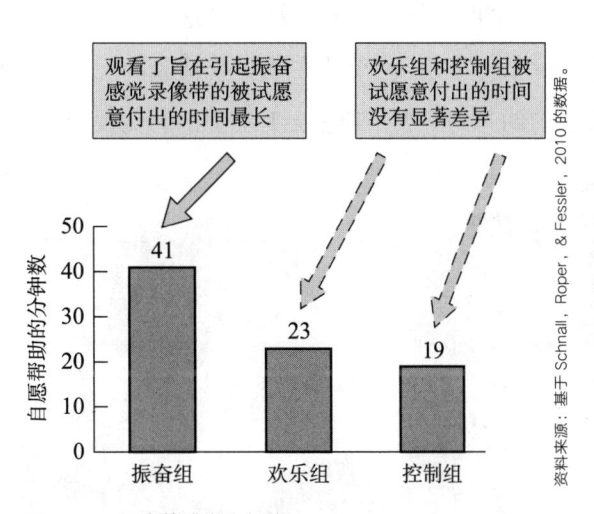

在观看录像之后，被试有机会参与助人行为。例如在一个研究设计中，他们被询问是否会帮助实验者完成一份无聊的调查问卷。帮助行为的测量指标是被试愿意献出多少时间来完成这份问卷。研究者预测，那些观看旨在引起振奋感觉的录像带的被试将会自愿贡献更多的时间，研究结果正是如此（如图9-12所示）。事实上，这种条件下的被

图 9-12 振奋的感觉和帮助
个人观看一个旨在引起振奋感觉的录像带（振奋、鼓励的感觉）之后比那些观看幽默录像或者海洋视频的人参与了更多的帮助行为。

资料来源：基于Schnall, Roper, & Fessler, 2010 的数据。

试愿意贡献的时间是其他条件下被试的两倍。欢乐条件（观看一个滑稽喜剧演员）不能增加帮助行为这一事实说明振奋的感觉确实不仅仅意味着积极的情绪。这类研究的寓意很清晰，与探究亲社会电子游戏影响的研究结果十分契合。显然，参与亲社会行为的倾向可以通过接触同样参与这类行为的他人而增加。简而言之，善良是"会蔓延的"，并可以通过见证他人的亲社会行为而受到鼓舞。

共情：助人的重要基础

虽然许多因素都被证明会影响亲社会行为，但是，面对同样的情境时个体的反应并不相同。有些人更乐于助人，而且这种差异在各种情境中都可以发现。在影响助人行为的个人因素中，体验到对他人的共情是最重要的因素。共情是指关注他人或是指向他人的情感反应，它包括怜悯、同情和关心（例如，Batson and Oleson, 1991）。正如我们前面提到的，共情包括几种成分：对另一个人情绪状态的情感和认知反应与从他人角度看问题的能力（Batson et al., 2003）。一个共情的人体验到另一个人的感受，像是理解他/她自己一样理解为何会有这种感受（Azar, 1997；Darley, 1993；Duan, 2000）。例如，如果一个人感到尴尬，对这个人共情就会经历（产生共鸣的）同样的尴尬（Stocks et al., 2011）。个体在体验共情倾向上的差异似乎是相对稳定的。例如，一个亲社会的幼儿到青少年期也会有类似的行为反应（Caprara et al., 2000；Eisenberg et al., 2002）。因此，个人特质或倾向是决定会否帮助他人的一个重要因素。

情感成分（情感共情）是共情很重要的一部分，12个月大的婴儿看到别人痛苦时似乎自己也可以体验到痛苦（Brothers, 1990；见图9-13）。同样的现象也可以在其他灵长类动物身上观察到（Ungerer et al., 1990），并可能存在于其他很多动物物种中（Azar, 1997）。例如猫和狗常常讨厌去兽

图9-13 共情：出现于生命早期
甚至连婴幼儿也表现出共情——例如，当他们看到另一个婴幼儿痛苦并哭泣时，他们自己也会跟着哭。

医诊所。为什么？可能是因为他们听到其他动物因为痛苦或者恐惧哭叫，他们对这些宠物产出了共情。这虽然是一种推测，但似乎是合理的——毕竟宠物同样经历着社会生活！

共情的认知成分似乎是人类特有的品质，并且只有在我们度过婴儿期之后才会发展出来。共情认知包括考虑他人观点的能力，有时被称为**观点采择**——"站在别人角度考虑问题"的能力。社会心理学家已经确定了三种不同的观点采择类型（Batson et al., 1997）：(1) 你可以想象另一个人如何感知一个事件以及他由此产生的感受，也就是采取"想象成他人"的视角。采用这个视角的人体验到的是单纯的共情，会激发他做出利他行为。(2) 你可以想象如果自己在那种情境下会有什么样的感受，即采用"想象成自己"的视角。采用这种视角的人同样也会体验到共情，但是他们的行为会受到个人利益的驱动，从而干扰了亲社会行为。(3) 第三种类型的观点采择包括幻想——对虚构角色的共情。由此，个体就会对书、电影或者电视节目中的某个人（或动物）的快乐、悲伤、恐惧产生情绪反应。当看到小鹿斑比（Bambi）发现他的母亲被枪杀时，很多儿童（和成人）可能都会哭泣；当看到西方的邪恶女巫威胁多萝西（Dorothy）说"你只不过是一只小狗"时，许多小孩也会因害怕而蜷缩起来。

跨群体共情与助人

跨越群体边界会发生共情吗？是否相比于自己社会群体内部的成员，对外群体成员产生共情更加困难？如果是这样，这是否可以解释为什么人们通常不去帮助外群体成员这一现象（当他们面对突发事件或者其他原因需要帮助时）？有一些研究结果证实了这一推测（例如，Pryor et al., 2004; Stuermer et al., 2006）。

由施蒂默尔（Stuermer）等人（2006）开展的研究为这些发现提供了非常明确的证据（Stuermer, Snyder, Kropp & Siem, 2006）。在这项研究中，来自德国的两组男性学生（一组有德国文化背景，另一组有穆斯林文化背景）共同完成一个任务。任务中，他们得知有人正身处困境：刚来到这个城市，没有钱，也没有地方住。被试被告知这个人来自自己所在的群体或者来自另外一个群体。在了解完这个陌生人的困难后，研究人员测量了被试对这个人产生的共情以及提供帮助的可能性。研究人员预测共情会激发帮助行为，但是这种效应在群体内会比群体间更强烈。换句话说，共情会促进对内群体成员的帮助，但是对外群体成员，这种效应较弱甚至不存在。研究结果恰好证明了这一点。

整体而言，这些结果表明共情的确会增加亲社会行为，但是这种效应在群体内比群体间更为明显。

共情如何发展？

共情是如何发展的？人类对他人痛苦的反应存在很大的个体差异。有些人愿意冒生命危险去帮助另一个人，而另一些人却乐于把痛苦强加于人，并享受不断羞辱受害者所带来的乐趣。和大多数个体特征的差异一样，这种差别很可能是个体间的生物学差异和生活经历的差别共同造就的。

哪些类型的经历可能会增强或抑制共情能力的发展呢？安全型依恋能够促进个体对他人需求的共情反应（Mikulincer et al., 2001）。此外，父母是共情方面的表率，通过这种方式强烈地影响着孩子，父母可以向孩子展示对他人福祉的关心，对他们的困难或负面情绪做出回应（如悲伤、痛苦等）。孩子确实通过观察父母在日常生活中的言行举止学到很多（Bandura, 1986）。此外，他们也向学校里的其他孩子和老师学习（Ma et al., 2002）。

由于基因差异或者社会生活经历的不同，女性比男性表现出更高水平的共情（Trobst et al., 1994）。这是否说明女性更乐于助人？研究结果表明的确如此，但不是在所有的情况下。例如，针对英雄主义行为（个体在非常危险紧急的情况下亲身参与解救受害者的行为）的元分析研究结果表明，参与这类行为的男性远远多于女性。就美国的卡耐基勋章得主（因为自愿冒着很大生命危险去拯救或者试图拯救另一个人的生命而获得奖励的人）而言，男性也是明显多于女性。另一方面，在参与者会承担风险的其他许多情境中（也包括英雄主义在内），女性又多于男性。其中包括肾脏捐赠者、（美国）和平队志愿者、世界医生组织志愿者。值得注意的是，在大屠杀中冒着生命威胁拯救犹太人的非犹太人当中，女性人数超过男性的2倍以上（Anderson, 1993; Becker and Eagly, 2004）（见图9-14）。

图9-14 亲社会行为：没有性别界限
艾琳娜·森德勒（Irena Sendler）在2008年5月去世时将近100岁了，在第二次世界大战期间，她从纳粹手中解救了超过2500名犹太儿童，偷偷将他们带出了华沙的犹太人区，而被关在这些地方的犹太人基本上都不免于被处死。由于上述英雄事迹，她最近被波兰政府表彰，她还曾被提名为2007年诺贝尔和平奖的候选人。森德勒女士只是众多参与类似营救行动的妇女之一；事实上，比男性多得多的女性冒着生命危险从纳粹手中营救了犹太人。

所以女性比男性更有同情心这个事实似乎在很多情况下让女性做出了更多的帮助行为。

要点

- 情绪对助人倾向产生强烈的影响。积极情绪增加助人倾向，消极情绪减少助人倾向。
- 另外，振奋的感受——被他人的善良或者帮助行为鼓舞——增加我们的助人倾向。
- 积极和消极情绪状态都既可以促进亲社会行为，也可以抑制亲社会行为，取决于情境中的特定因素和需要提供的帮助的性质。
- 共情是帮助行为的一个重要促进因素。这种效应在群体内比群体间更为明显。

抑制助人行为的因素：社会排斥、黑暗、对时间和努力赋予经济价值

对潜在的助人者来说，从事亲社会行为在一定程度上涉及一种信念：他们认为自己是某个群体的一员，在这个群体或者社会里，人们会互相帮助、支持，善待他人。这种信念可以促进个体对他人的共情，同时我们已经知道，共情是一种促进助人行为的强大力量。但是，当人们感觉自己已经被排除在外后（即社会排斥）会发生什么？近来特文格（Twenge）等人提出了一种可能，当我们感到被排斥后，那种让我们感觉与他人亲近并促进助人行为的情绪反应可能会减少甚至消除（Twenge, Baumeister, De-Wall, Ciarocco & Bartels, 2007）。被社会排斥是一种痛苦的体验，会消耗掉人们大量的情感资源：他们忙于处理自己被拒绝和遗弃的感觉，以至于没有情感资源对其他人产生共情关注！

以上推理得到特文格等人（2007）最近一系列相关研究的支持。在其中一些实验中，研究者告诉一部分被试，他们在一项人格测验中的结果表明他们可能在未来的生活中比较孤单，由此让被试感到被排斥。相反，研究者告诉另一部分被试，测验结果表明他们将在未来拥有良好的人际关系。另外两个对照组中的被试要么没有被告知有关他们未来社会生活的信息，要么被告知他们可能在未来经历意外事件（与社会排斥无关的负面结果）。

助人倾向的测量是询问参与者愿意为一个帮助贫困学生的基金捐出实验报酬的金额。结果很清楚：那些被告知未来将拥有良好人际关系的人比那些被告知可能被排挤的人捐出了更多的金钱。两种控制条件（不幸组、没有反馈组）下并没有体验到能抑制共情的情绪的被试，也同样比那些在社会排斥情境下的被试捐得多。

在进一步的研究中，特文格等人（2007）发现，当人们感到社会排斥时，他们会对社会关系采取谨慎的态度。他们想要与他人建立良好的关系，但是因为他们最近被拒绝过，他们不愿意将自己暴露在进一步被排斥的风险中。因此，他们不太可能对他人产生共情体验，也不太可能通过亲社会行为赢得新朋友和社会支持。这表明，排挤有时会产生持久的影响，因为它有效地阻止了经历排斥的人建立他们迫切希望拥有的新的社会关系。的确，社会排斥——它并不罕见——不光减少了有这种经历的人的助人倾向，可能对其本人也非常有害。

黑暗：匿名的感觉降低帮助他人的倾向

黑暗常与放纵行为联系起来——处在黑暗之中时，人们通常会做出他们在公开场合不愿意做出的举动（见图 9-15）。这是为什么呢？其中一个原因是他们感受到了匿名性，觉得其他人看不到他们或无法评价他们的行为。如果亲社会行为有时是因为其能够被他人看见并且获得认可才会做出，那么黑暗应该能减少或消除这一动机。换句话说，在黑暗中，或者当人们认为环境为他们提供了匿名性的时候，人们应该不太可能帮助别人或参与其他形式的亲社会行为。

社会心理学中有关**去个体化**（降低自我意识来鼓励疯狂的冲动行为）的经典研究（见第十二章对本研究的讨论）表明，这种推理是正确的。当人们觉得匿名时，他们会

图 9-15 "黑暗掩护"下发生了很多事情——但不是亲社会行为

研究结果表明黑暗（或者任何激发匿名感的情境）可以减少亲社会行为的发生。

做出在其他情况下不会做出的行为。然而，这里起作用的可能不仅仅是匿名感：当人们处在一个大群体中时，他们更可能服从组织规范，做其他人正在做的事情（Postmes and Spears，1998），所以匿名感可能是这种情境下的一个重要特征。但是，黑暗本身是否能够促进这种匿名感？这种匿名感是否会进一步减少亲社会行为？钟（Zhong）等人报告的证据表明确实如此（Zhong, Bohns & Gino, 2010）。在一个巧妙的研究中，研究人员让被试处于一个略微昏暗的房间或者明亮的房间里去完成一个任务：在数字矩阵中找到总和为10的两个数字。他们获知如果他们做得非常好，可以获得额外的10美元。被试记录他们自己的分数，然后这些分数将与他们的实际分数进行比较。钟（Zhong）和同事们预测在昏暗房间里的被试比明亮房间里的被试更有可能夸大他们的分数（即不诚实），事实上确实如此。在昏暗房间里完成任务的被试中有50%的人夸大了他们的成绩，然而在明亮房间里的被试仅仅有24.4%的人这样做了。昏暗房间里被试的实际表现和明亮房间里的被试并没有差异，所以似乎是昏暗降低了人们的亲社会倾向。当房间的灯光没有变化，而是让被试戴或不戴墨镜（由此操纵被试的匿名性）时，得到了同样的研究结果。在这项研究中，那些戴着墨镜的人更有可能采取自私的行动，为自己争取尽可能多的奖励，给同伴的更少。

对时间赋予经济价值能够减少亲社会行为

正如我们在这一章看到的，许多因素通过不同的方式影响着助人倾向。情感因素也扮演一个角色（共情、当前心情、振奋的感觉），而且认知因素（我们准确地感知他人的感受，所以理解他们对帮助的需要）也很重要。一个额外的认知因素可能是我们感知到的帮助他人的经济代价：在帮助他人的时间里不能进行其他活动，包括那些能增加收入的活动。我们越是以这种方式考虑问题（如付出时间的经济成本），就越不可能参与亲社会行为。德沃（DeVoe）和普费弗（Pfeffer）（2010）两位研究者最近的研究证实了这一点。当人们想到时间的经济价值，他们可能更不愿意奉献出时间去帮助他人。

当然，某些职业恰恰是在训练它们的从业者用这种方式思考问题。例如，医生根据他们执行的程序向病人收费，律师（以及会计师等其他专业人士）根据他们的时间收费。事实上，许多律师在处理自己代理的客户案件时以一小时的十分之一即6分钟为单位进行收费。就像图9-16中的律师，他们倾向于对他们的时间进行详细的记录。这是否使他们不太可能参与亲社会行为呢？德沃和普费弗（2010）的研究结果表明确

"听，如此安静的时刻你就真的会见计时器在飞转。"

图 9-16 对时间赋予经济价值会减少我们帮助他人的意愿：计时收费的影响

如图所示，律师以十分之一小时为单位（6 分钟为一段）向他们的客户收费，非常详细地计算他们花在客户案件上的时间。研究结果表明从经济角度考虑时间可能减少帮助他人的意愿。简而言之，关注于"计时收费"可能会导致人情味迅速枯竭！

实如此。在一项研究中，研究者让还没有练习计算他们时间的经济价值的三年级法律专业学生完成一份问卷，询问他们志愿奉献时间给他们关心的组织的意愿。当他们毕业并参加工作 5 个月后，再一次完成同样的问卷，结果同研究人员预测的一样，参与工作后的律师相比他们是学生的时候愿意奉献的时间更少；此外，甚至在通过统计方法控制掉他们最初的意愿后，结果依然如此。

为了进一步检验以上结论，研究者也开展了其他研究。让一组被试（非法律专业的学生）详细地记录自己在各项活动中花费的时间（计费的实验条件），另外一组被试不需要记录（非计费的实验条件），然后询问他们愿意奉献多少时间去做志愿者方面的事情。研究结果再次表明，关注时间及其效用的计费实验条件下的被试相比控制条件下的被试愿意奉献的时间更少。其他一些研究也得出了同样的结论。其他研究者（例如，Leboeuf and Shafir）开展的研究表明，我们越是赋予时间以经济价值，我们就越不可能将它奉献去帮助他人。看来，当我们以每小时的十分之一为单位去收费时，人情味就枯竭了！（助人行为在互联网时代是否比之前展现出更多不同的形式？有关这个问题的信息，请参阅"互联世界中的社会生活：通过互联网帮助他人——基瓦（Kiva）的例子"。）

互联世界中的社会生活

通过互联网帮助他人——基瓦的例子

亲社会行为经常发生在面对面交流的两个人之间。例如，一位年轻的母亲走在火车车厢的通道上，向其他乘客解释说她和她的女儿们想回家，但没钱了，询问是否有人愿意帮助她们。许多乘客从自己的口袋或钱包里拿了钱给她。她是诚实的吗？火车上的乘客不能肯定——但他们想提供帮助，并可能通过帮助体验着积极的感受。

但你如何才会帮助你从未见过的人，或者通过帮助让他们能够自助？许多人并不希望得到施舍；他们只是想通过努力工作为他们自己和家庭获得更好的生活机会，方法之一就是开始自己的事业，但是他们需要启动资金。简而言之，他们想成为企业家，但是他们需要帮助。

这就是互联网援助。近年来，一个被称作基瓦（Kiva）的组织已经成立，专门来完成这个目标——帮助发达国家的人借贷（不是赠与！）少量的钱给发展中国家的人，这样他们就可以成为企业家。这个组织的工作方式如下：一个潜在的放贷人在网址 www.kiva.org 上登录并浏览需要小额贷款的人，然后他/她选择其中的一个或多个，通过信用卡提供少量贷款（最低25美元）。然后被称为行业合作者的当地组织支付贷款给企业家，他们还保护放贷人应对货币价值的变化，这种变化可能会减少他们收到的还款。企业家们然后开创他们的业务（通常只有几百美元）并用他们的部分利润偿还贷款。他们将这些资金还给行业合作者，然后行业合作者转给放贷人。放贷人根据自己的意愿处理这部分资金，可以选择继续贷款或者撤回。

这里有一个企业家如何使用她收到的资金（仅仅几百美元）的例子。她叫潘多·路易斯（Pando Luisi），27岁，住在非洲的坦桑尼亚（见图9-17）。她想用新的贷款将她的快餐店（用以前的贷款开张的）改造成一个咖啡馆并扩大她送货上门的化妆品生意。她以前的生意是成功的，新的生意也欣欣向荣。到目前为止，她的月收入超过了200美元，这在坦桑尼亚属于比较高的收入。正如潘多指出的，如果没有从基瓦这个网络贷款网站（旨在利用富人的资源帮助有需要的人）获得贷款，她不可能做到现在这样。

图9-17 基瓦：帮助人们来自助

基瓦帮助发展中国家的人们开始经商从而生活得更好。它利用世界各地放贷人提供的资金为这些企业家提供小额贷款。一个这样的企业家——坦桑尼亚的潘多·路易斯——通过贷款开了她的快餐店。她即时偿还贷款，并得到了另一笔贷款来开咖啡馆并拓展她送货上门的化妆品销售业务。

基瓦的工作是否真的能增加相互不认识并可能今后也不会见面的人之间的帮助行为？针对该网站成效的研究表明，它的确非常有效。这项工作属于公益创业的一个案例，公益创业是指个人开展他们自己的事业，或者帮助别人开始创业，参与者主要不是为了获得经济利益，而是想要为这个世界做一些好事——帮助更多的人生活得更好（如，Brooks, 2008）。总的来说，基瓦在帮助很多生活在贫穷国家的人们过上更富有和幸福的生活方面是卓有成效的。

虽然帮助别人的行为自人类社会诞生以来就存在，而且已经是社会生活的一部分，但是今天它可能以过去的人无法想到的方式进行。就基瓦的例子而言，大多数生活变得富裕的人将永远无法见到帮助他们的人，但他们非常感激从遥远地方获得的帮助！

要点

- 积极和消极的情绪状态都可以增强或抑制亲社会行为，取决于情境中的特定因素和帮助的性质。
- 共情是助人行为的一个重要决定因素。它在不同团体间的效应要小于同一团体内。社会排斥通常减少亲社会行为，因为社会排斥的体验降低了对他人感同身受的能力。
- 几个因素可以降低帮助他人的倾向，包括社会排斥、黑暗、为时间赋予经济价值。

第 4 节 被帮助的效果：为什么感知到的动机很重要

在我们需要帮助的时候得到帮助是件美好的事情，并且被帮助的人经常产生强烈的感激之情。但总是如此吗？人们总是对接受帮助反应积极吗？如果你曾经收到一个你不想要的礼物，或者有人坚持要在你的确不需要的时候帮你一个忙，你就已经感受到人们对获得他人帮助的反应并不总是积极的。事实上，他们有时会产生负面情绪，比如对欠助人者人情这种状态不满（见图 9-18）。

相关研究证实了这一事实。有研究发现，受到他人帮助的人有时候会对这些帮助给予消极回应而不是积极回应。为什么会发生这样的事情？部分原因在于获得的帮助使他们的自尊受损，这尤其容易发生在受助者比助人者地位低下的时候。在这种情况下，接受帮助使他们意识到他和助人者之间地位的差别（例如，Penner et al.，2005）。例如，在几项研究中，纳德勒（Nadler）和哈拉比（Halabi）（2006）让被试——以色列的犹太人和以色列的阿拉伯人——处于从内群体或者外群体获得与没有获得帮助的情境中。研究人员预测，通常属于较低地位群体的人不愿意接受来自高地位群体的帮助，尤其是当他们试图获得平等并提高自己的地位时。具体地说，他们预测那

图 9-18 帮助总是产生积极的反应吗？
正如这位宠物的主人刚刚发现的，亲社会行为并不总是会得到受助者的感恩与致谢。相反，就像是上面这条鱼，它们可能没有积极回应，而且"咬了喂养（帮助）它们的手。"

些地位比以色列犹太人低的以色列阿拉伯人对来自以色列犹太人的帮助会有消极反应，特别是当他们感知到那样的帮助暗示了他们依赖于高地位团体从而威胁到他们对平等的追求的时候。实验结果与预期一致：低地位组（以色列阿拉伯人）在几个方面都反应消极（体验到更多的负面情绪，对外群体、助人者以及主动提供的帮助给予低评价）。诸如此类的研究让人明白这样一个关键点：被他人帮助并不总是一种积极体验，事实上，在某些情况下，被帮助还可能被受助者看做是一件坏事（DePaulo et al.，1981；Nadler et al.，1983）。

另一方面，对帮助的更积极的反应通常发生在受助者相信帮助是出于助人者的积极情感而做出的（Ames et al.，2004）或者源于助人者的自主动机。相反，当帮助或多或少属于被迫做出时——源自受控动机（如，若不提供帮助自己会"难堪"；或者他们的工作及角色需要他们去提供帮助）——被帮助的人的反应可能更少是积极的（Weinstein and Ryan，2010）。事实上，受助者和助人者在这种情况下都不会有积极感受。

温斯坦（Weinstein）和瑞安（Ryan）（2010）的研究很清楚地证明了这种效应（Weinstein and Ryan，2010）。在他们的一项研究中，被试（大学生）有一个机会去帮助一个需要帮助的实验者。在自主性帮助的实验条件下，被试可以自主决定是否去帮助。在受控性帮助条件下，暗示被试他们或多或少有帮助的义务。另外还有一个控制条件，其中的被试没有帮助他人的机会。随后被试完成了积极情感、自尊和活力（主观幸福感

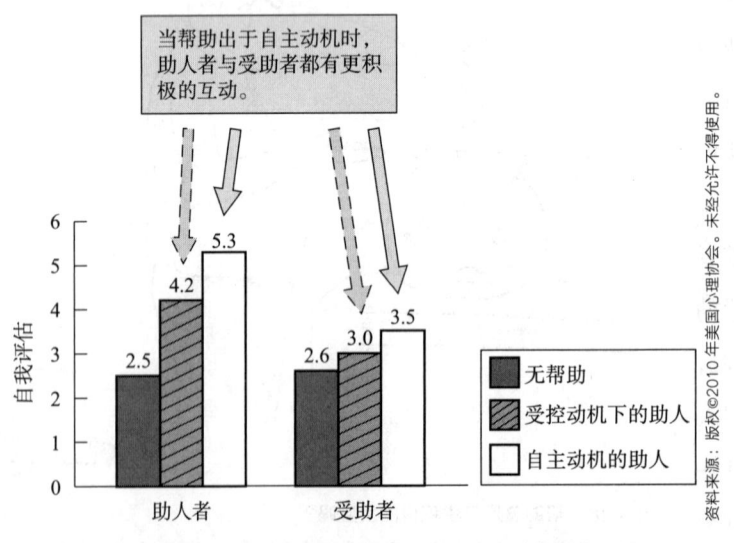

图 9-19　帮助的动机：它们强烈地影响着助人者与受助者的反应

如图所示，相比源于受控的（即外部的）动机，当帮助源于自主（即内部的）动机时，在助人者与受助者中能产生更积极的反应。

的重要方面）的测验。研究人员预测，和受控帮助条件以及无帮助条件相比，自主性帮助条件下的助人者与被助者都会有更多的积极感受和反应。正如你在图 9-19 看到的，研究结果证实了这些预测。简而言之，助人行为背后的动机似乎在确定帮助者与受助者对于帮助行为的反应上是至关重要的。与助人由情境或外部因素支配与控制相比，当帮助行为是出于自愿时——源于助人者的内部动机——帮助者与受助者都能体验到更多的积极感受和积极反应。所以，当你帮助别人时，要努力确保你的帮助行为是因为你想做而做的；相反，如果你帮助是因为你觉得这个是被要求的或者因为你有义务帮助他们，那么你们双方都不太可能感觉很好。

要点

- 接受帮助并不总是让受助者产生积极反应。事实上，在某些情况下，受助者更可能体验到对帮助者的怨恨和不想要的负债感。
- 决定受助者对帮助如何反应的一个重要因素是助人行为背后的动机。如果它源自于内部动机（如一种真正想要去帮助的愿望），可能导致积极感受和反应。相反，如果它源于外部动机（如助人者感到有义务提供帮助），反应往往不好。
- 类似的影响同样出现在助人者身上：与某种外部条件引起的帮助动机相比，当帮助行为源自于内部的自愿的动机时，助人者对助人行为的反应更为积极。

第 5 节 最后的思考：亲社会行为和攻击性行为对立吗？

乍看上去，帮助和伤害当然是对立的。紧急救援受害者、捐款给慈善机构、志愿帮助被墨西哥湾漏油事件伤害的野生动物、给迷路的人指引方向——类似的数不清的助人行为在很多方面和攻击性行为相反。社会心理学家将攻击性行为定义为以某种方式有意地伤害其他人（见第十章）。但帮助和攻击真的是对立的吗？如果你随机访问 100 人，给他们画一条线，让他们把助人行为和攻击行为摆放在线上，几乎所有人都会将这些行为分置于线的两端。

但令人吃惊的是，社会心理学家苦苦思索了好多年后发现，亲社会行为和攻击性行为在很多方面并不是对立的。事实上，二者重叠的部分比你想象的要多。首先，我们来考虑一下二者的动机。你可能简单地认为，助人是为了使受助者得到好处，而攻击是为了伤害受害者。但是再仔细地思考一下：正如我们在本章中所看到的，有时候人们助人的主要目的不是为了帮助受助者，而是为了提高自己的地位，承担相应的责任，或是赢得好名声。简而言之，他们并不一定要使受助者受益。当然，使受助者受益的动机在共情为基础的助人行为中确实存在；但是多数情况下，它并不是主要的动机。

现在再来考虑攻击性行为。它总是为了要伤害受害者吗？也许吧，但考虑一下这种情况：一位体育教练对一位运动员的训练不满意，对他发火，命令他"绕着操场跑10圈"并罚他晚上在房间里关禁闭——不准参加聚会或者和朋友在一起。这些看上去带有攻击性的行为（至少可能从接受者的角度来看）是为了伤害运动员吗？根本不是。教练是为了帮助运动员进步——或者至少变得更积极。还可以举出许多类似的例子，通过这些例子我们想说的是：亲社会行为和攻击性行为背后的动机是有重叠部分的，并不能被轻易区分开来。在这个角度讲，它们不是极端对立的。

想象特定行为可为亲社会行为和攻击性行为。你可能会猜测二者是直接对立的。亲社会行为是在帮助接受者，而攻击性行为是在伤害他们，因此二者属于不同种类的行为。但是现在想象以下场景。一个年轻女人将一根尖尖的针扎进另一个人的肉里，这个人疼得直叫。她的行为有攻击性吗？也许是，也许不是。如果她是在为所谓"受害者"的身体文身呢——她被要求这么做，并且已经付过钱了。因此，当这些行为看上去具有攻击性的时候，他们实际上可能很少或者根本没有对"受害者"造成伤害。并不是所有攻击性行为和亲社会行为都以这种方式重合，但有些确实是。这表明这两种社会行为并不是完全相反的。

现在再考虑一下两种行为的结果。从定义上看，攻击产生了伤害，助人产生了益处，但是并非总是如此。例如，有人拿着尖刀切开了另一个人的身体，这是攻击性行为吗？表面上看，它可能是的。但是如果做这件事的人是一个技术高超的外科医生，正在试图挽救别人的生命呢？短期的结果似乎有害（"受害者"大量出血），但是长期结果是有益的：病人恢复健康。同样，亲社会行为可以在短期内似乎有益但是在长期内伤害接受者。我们不需要的帮助可能会瓦解我们的自尊和自信，因此短期的受益变成了长期的伤害。

最后，我们来看看一些最近的发现：攻击性行为和亲社会行为有时被同一个人用来获得声望和地位（例如，Hawley et al., 2007）。有些研究表明，如果有攻击性行为的人把这种行为与亲社会行为结合，可能对他人有很强的吸引力，而不是仅仅使人惊恐。这样的人是坚韧而武断的，但也拥有使他们展现魅力和助人一面的社会技能；并且他们知道什么时候隐藏粗暴的一面。霍利（Hawley）和她的同事们（2007）称之为"坏朋友的魅力"（具有攻击性但是拥有技能使自己达到重要目标的人的吸引力）。研究也发现，将粗暴和亲社会行为相结合是有魅力的，而且这种情况并不少见。

正如你可以看到的，助人和攻击问题远比它们乍看上去复杂得多。它们背后的动机、行为本身以及行为的结果都很复杂，并且重合之处多得让人难以想象。这其实并不奇怪，因为所有的社会行为都是复杂的；通常，它有来源迥异的动机，有各种各样的形式，还会有形形色色的结果。所以助人和攻击的确在某些方面是非常不同的，但是并不像常识所理解的那么不同。

总结与回顾

- 几种不同的动机都可能是**亲社会行为**（prosocial behavior）的基础。**共情利他主义**（empathy-altruism hypothesis）提出，因为感同身受，我们帮助那些需要帮助的人是因为我们体验着对他们的共情关怀。**共情**（empathy）实际上包括三种不同的成分：情感共情、共情准确性和共情关怀。所有这三种成分都可以成为帮助他人的基础。**消极状态释放模型**（negative-state relief model）提出人们帮助他人是为了缓解和减少他们自己情绪上的不适。**共情喜悦假设**（empathic joy hypothesis）认为，助人者之所以会去帮助别人，是因为预期自己会享受受助者在得到帮助后（如收到礼物）的积极感受和反应。利他竞争主义认为，我们将帮助他人作为增加自己地位和名誉的方式——因此在一些重要方面受益于助人行为。**亲缘选择理论**（kin selection theory）认为我们帮助与我们有血缘关系的人是因为这会增加我们的基因传递给后代的可能性。

- 助人行为的另一个动机是减少外团体对自己团体的威胁，被称为**防御性帮助**（defensive helping）。当突发事件发生有人需要帮助时，一个旁观者可能会也可能不会做出亲社会行为——反应可能是冷漠的（什么也不做），也可能会见义勇为。其部分原因在于**责任分散**（diffusion of responsibility），越多的旁观者作为突发事件的目击者在场，他们提供帮助的可能性就越少，提供帮助之前拖延的时间也越长（旁观者效应）。旁观者效应容易出现在陌生人之间的帮助行为中，不太可能出现在内团体成员之间的帮助行为中。

- 面对突发事件时，旁观者是否提供帮助取决于在五个关键步骤中所做的决策。首先，旁观者必须注意到并意识到不同寻常的事情正在发生。其次，旁观者必须正确地将情境解释为一个危机事件。第三，旁观者必须决定承担起提供帮助的责任。第四，旁观者必须具备相关的知识和技能来提供帮助。最后一步，旁观者必须决定采取行动。相比和我们不同的人，我们更有可能帮助和我们相似的人。这导致我们更不愿意帮助外团体成员。

- 比起我们不喜欢的人，我们也更有可能帮助那些我们喜欢的人和那些不是因为自己的原因导致需要被帮助的人。帮助行为会通过见证亲社会榜样增加，也可以通过玩亲社会电子游戏增加。亲社会电子游戏通过引发亲社会思维、构建与帮助有关的认知框架等效应来增加后继的帮助行为。感恩增加亲社会行为，主要通过增强助人者的自我价值感起作用。情绪能够强烈影响个体的助人倾向。积极情绪增加助人倾向，而消极情绪减少这种倾向。此外，振奋的感觉——被他人的善良或者助人行为所鼓舞——能够增加我们自己的助人倾向。

- 积极和消极情绪状态都可以增强或抑制亲社会行为，取决于情境中的特定因素和帮助的性质。共情是助人行为的一个重要决定因素。这种效应在群体内比群体间更为明显。**社会排斥**（social exclusion）通常会减少亲社会行为，因社会排斥的体验降低了个体对他人感同身受的能力。有几个因素能够减少助人倾向：社会排斥、黑暗、以经济价值看待我们的时间。

- 接受帮助并不总是让受助者产生积极反应。事实上，在某些情况下，受助者更可能体验到对帮助者的怨恨和不想要的负债感。决定受助者对帮助如何反应的一个重要因素是助人行为背后的动机。如果它源自于内部动机（如一种真正想要去帮助的愿望），可能导致积极感受和反应。相反，如果它源于外部动机（如助人者感到有义务提供帮助），反应往往不好。类似的影响同样出现在助人者身上，和某种外部条件引起的帮助动机相比，当帮助行为源自于内部的自愿的动机时，助人者对助人行为的反应更为积极。虽然人们很容易认为亲社会行为和攻击行为是直接对立的，详细考察这两种社会行为的几种形式后会发现，这种想法是不正确的。

关键术语

防御性帮助（defensive helping）：为外群体成员提供帮助以减少他们对自己内群体地位或者独特性的威胁。

共情（empathy）：面对他人的情绪反应，包括同感、同情、关心等感受。

共情—利他主义假说（empathy-altruism hypothesis）：假设一些亲社会行为的动机完全来自于渴望帮助有需要的人。

共情喜悦假设（empathic joy hypothesis）：认为助人者回应受害者的需求是因为他们想要有所成就，而且助人行为本身能够带来回报。

亲社会行为（prosocial behavior）：助人者在没有即时利益的情况下帮助他人的行为。

亲缘选择理论（kin selection theory）：认为一切生物（包括人类）最主要的目标是把

基因传给下一代；个体实现这个目标的方法是帮助与他们共享基因的人。

人众无知现象（pluralistic ignorance）：指的是因为没有一个旁观者回应突发事件，无人可以确切知道发生了什么，因而每个人都依赖他人对情境做出解释。

社会排斥（social exclusion）：个人觉得他们被排除在某些社会团体之外的感受。

消极状态释放模型（negative-state relief model）：认为亲社会行为是由于旁观者渴望减少自己的消极情绪或感受。

责任分散效应（diffusion of responsibility）：突发事件的目击者越多，受害者得到帮助的可能性越低。这是因为每个旁观者都认为别人会这样做。

第十章

攻击：本质、原因及其控制

本章大纲

- **有关攻击的理论：探寻攻击行为的根源**

  生物因素的作用：我们生来就具有攻击性吗？

  驱力理论：伤害他人的动机

  现代的攻击理论：社会学习的观点和攻击的综合模型

- **人类攻击的影响因素：社会的、文化的、个人的和情境的**

  攻击的基本来源：挫折和挑衅

  情绪与攻击：唤醒起作用吗？

  攻击的社会原因：社会排斥和媒体暴力

  攻击的文化因素："荣誉文化"、性嫉妒、男性角色

  人格、性别和攻击

  攻击的情境决定因素：高温和酒精效应

- **霸凌：针对某人的反复侮辱**

  为什么人们会做出霸凌行为

霸凌者和受害者的特征

减少霸凌的发生：一些积极的措施

互联世界中的社会生活：网络霸凌

- **攻击的预防和控制：一些有用的技巧**

  惩罚：甜点还是威慑

  自我调节：控制攻击的内在机制

  宣泄："发泄情绪"真的有帮助吗

  通过维护自尊减少攻击

佛罗里达州奥兰多市一名 18 岁的男孩菲利普·阿尔珀特（Phillip Alpert）在与他女朋友的一次争吵之后，决定以一种非常特别的方式"回敬"：他将女友的一张裸照发到网上，并且发送给她的数十位朋友和家人。他所做的仅此而已，但结果却出乎他的意料：他被逮捕，并且被指控向儿童散布色情图片。在大多数地方这都被定为重罪，他完全无法辩解，因此他很快被定罪并且被判 5 年缓刑。更为严重的是，他将被登记为一名性侵者。阿尔珀特现在知道了，他的生活将从此不同于以往。他作为性侵者的记录将一直被保留到 43 岁，他已经被大学开除，没有缓刑执行长官的事先批准不能离开他居住的地区。

通过电子媒介伤害他人所导致的上述结果非常严重，而杰茜卡·洛根（Jessica Logan）的结局更加糟糕。当杰茜卡与她男朋友分手后，对方把她的裸照（有一些是她之前给他的）发给了她的那些高中女同学。她们便发动了一场批判她的运动，在私下里和网上都称她为"妓女和荡妇"。杰茜卡的妈妈注意到，她的女儿为此承受着巨大压力，以至于开始逃学了。当言语和网络侮辱进一步加剧时，她有一天回到家里……结束了自己的生命。她的母亲现在尝试起诉校方，宣称他们本应该保护她的。网络安全专家帕里·阿夫塔卜

（Parry Aftab）解释道，杰茜卡和她的男朋友都触犯了法律，无论是通过她的电子邮箱发送裸照还是将它们发到网上。随后，阿夫塔卜悲哀地补充道："和杰茜卡一样，很多孩子成为便捷的手机信息交流和互联网风险的受害者……"

你是否为此类事情感到不安？我们当然会。并且它们不是孤立的事件；事实上，近来的调查表明，超过 40% 的青少年被卷入各种"艳照门"（发裸露性照片到网上），几乎有 50% 的青少年曾经接收到含有此类照片的短讯，并且有 15% 的男性青少年在分手后将其前女友的照片发送给其他人。为什么我们要提到这些事实和上面的悲剧性事件呢？因为我们想要说明一个非常基本而且重要的观点：尽管人们经常做出攻击行为（aggression）——策划以某种方式伤害他人的行为——我们目前所生活的这个彼此联系着的现代世界为实现这一目标提供了新的方式。过去，攻击包括了对他人实施面对面的攻击（言语上的或身体上的），或者通过诸如散布关于他人的恶毒谣言的间接方式来达到伤害他们的目的。但是现在，人们有许多新的、致命的方式去伤害他人。色情短信就是这种能达到伤害他人名誉的方式之一，但通过网络传播其他方面的令人尴尬的图片和"诽谤活动"也能达到同样的目的。

总之，许多人认为我们目前生活的社会对羞辱他人的接受度比以前更高。你曾看过《美国偶像》（American Idol）这档电视节目吗？如果看过，你就会了解到在那些早期就被淘汰的选手身上发生的事：他们经常在百万观众面前遭到无情的嘲笑（见图 10-1）。现在存在专门用于羞辱陌生人的网站（例如：PeopleofWalmart.com，这个网站曝光了沃尔玛超市里穿着毫无吸引力的衣服或者做出不雅动作的购物者）。因此，我们确实生活在一个新时代，由来已久的伤害他人的欲望能找到许多新的发泄方式。当然，许多传统的攻击方式——从恐怖行动到连环谋杀再到种族屠杀——依然是人类历史长河中伴随我们的令人不安的一部分现实。

鉴于攻击和侵犯行为的普遍性及其危害，社会心理学家试图努力获得对攻击行为根源（其本质和原因）的深入理解。他们开展研究的最终目的是想用不断增长的知识发展新的技术，再用这些新的技术降低不同情境下的攻击行为（例如，Anderson et al., 2010; Baumeister, 2005）。在本章中，我们将总结社会心理学家几十年精心研究而获得的知识，现叙述如下。

首先，我们将阐述有关攻击的几种理论观点，不同理论观点对攻击本质或来源的

图 10-1　我们是否生活在一个能够接受羞辱他人行为的世界
在《美国偶像》这类广受欢迎的电视节目中，被淘汰的选手通常被主持人、嘉宾和观众嘲弄。简言之，他们在亿万观众面前被嘲笑。许多人认为此类行为（攻击的一种形式）在目前比过去更加普遍了。

看法截然不同。然后，我们将考察导致人类攻击行为的几个重要因素。这些因素包括：基本社会因素，现实生活中或在媒体上出现的其他人的言行；文化因素，如有些社会规范鼓励通过攻击来回应侮辱个体尊严的行为；人格因素，某些人格特质的人群有爆发攻击的倾向；情境因素，如高温、酒精等。在考察完这些因素后，我们将把注意力转移到霸凌（由一人或多人对特定人员造成的反复霸凌）这样一种常见但令人困惑的攻击形式上，儿童和青少年就经常面临这种攻击。最后，我们将阐述多种用以防止和控制攻击行为的技术。

第 1 节　有关攻击的理论：探寻攻击行为的根源

你最近搭乘过飞机吗？如果有过，你就会明白，尽管乘机流程比以前简洁，但还是会在安检时耗费很多时间，并有些令人紧张不安。事实上，在最近的一次旅行中，我们三位作者中的其中一人将他的睡袋放在安检线上安检。你猜出了什么问题？他在安检前忘记将水瓶中的水倒空了，结果是检查员收走了瓶子。在过去，这样严格的安检（包括身体扫描）并不属于飞行必须的一部分，为什么现在有了呢？你肯定知道答案：恐怖主义——对无辜民众实施攻击行为。"9·11"事件对美国人以及其他国家的民众就是一个提醒，即总是有些人无时无刻不想着伤害那些他们根本就不认识也从未伤害过他们的人。当然，这就提出了一个基本问题：为什么人类会以如此野蛮的方式攻击他人？社会心理学家以及其他思想家对这个问题进行了深入的思考，并提供了许多种解释。我们将阐述几个颇有影响力的理论，并以社会心理学家新提出的理论作为结尾。

生物因素的作用：我们生来就具有攻击性吗？

最早或许也是最著名的对人类攻击行为的解释认为，人类的攻击性归因于生物因素，是我们这一物种的基本特性。这一理论最著名的支持者是弗洛伊德（Freud），他认为攻击来源于我们所有人都具有的死本能（thanatos）。根据弗洛伊德的理论，这种本能最初的目的就是自我摧毁，但是它很快就转向外界、转向了他人。获得诺贝尔奖的动物行为学家洛伦茨（Lorenz）也持有相近的观点，他认为攻击主要来源于人类固有的斗争本能，这种本能确保只有强壮的男性将得到配偶，并将其基因传给下一代（Lorenz, 1966, 1974）。

最近，大部分社会心理学家都反对这样的观点。理由如下：（1）人类攻击他人的方式有很多种，从孤立他人到当面的暴力行为，这么多种类的攻击行为怎么能都归因于基因因素呢？（2）攻击行为的发生频率在不同的社会中有着显著差异，它可能在某些社会中比在其他社会中更易发生（例如，Fry, 1988）。社会心理学家不禁发问："如果攻击行为是由基因决定的，怎么会在不同群体间存在这么大的差异呢？"

然而，随着心理学中进化论观点的发展，这种状况有所改变。虽然大多数社会心理学家仍旧反对人类的攻击行为主要来自与生俱来的因素（比如，基因），但一些人也认可这种可能性的存在，即基因因素确实在人类的攻击行为中起着一定的作用。例如，接下来的推理就是从进化论（详见第一章对该理论的讨论）的角度展开的。在过去的进化史中（从某种程度上说，即使到现在还是这样），正在寻找心仪配偶的男性发现，与其他男性的竞争是很难避免的。通过成功的攻击行为来赶跑竞争对手就是避免这种竞争的一种有效方式。因为擅长这种攻击行为的男性才可能成功地保护自己的配偶并将自己的基因传给后代。这可能导致男性对其他男性攻击行为的基因得到发展。相反，男性不会对女性具有相似的攻击倾向。事实上，男性对女性的攻击会受到抑制，因为女性倾向于拒绝对她或社会公众有攻击行为的男性做配偶，这样的配偶会使自己及自己的伴侣遭受不必要的危险。最终结果就是，男性对女性的攻击倾向低于对其他男性的攻击倾向。与男性不同的是，女性可能对男女两性有着同等程度的攻击倾向，甚至对男性的攻击多于对女性的攻击。

一些研究发现与上面的推理是一致的。例如，男性对同性的攻击多于对女性的攻击（尽管家庭暴力通常是男性对女性实施攻击）。相反，同样的差异对女性来说并不存在（或者差异不显著）（例如，Hiltonet et al., 2000）（正如我们将在本章后面所了解的那样，攻击行为的性别差异并不像许多人认为的那样大，Hawley et al., 2007）。除此之外，最近格瑞斯科维西斯（Griskevicious）及其同事的研究表明，当激活男性的求偶动机时（通过阅读一篇遇见一位有吸引力女性的故事）——这些被试确实变得对同性更加具有攻击性，这与他们赶走潜在竞争者的目标是一致的。而且，当其他男性可以观察到他们的行为反应时，这种攻击更易发生；当女性出现时，这些被试没有变得更具攻击

图 10-2 遗传因素对攻击行为有一定的影响吗？攻击有助于获得地位，地位通常能够吸引心仪的异性
一些研究发现支持了遗传因素能够影响人类攻击倾向的观点。成功的攻击行为有时有助于攻击者获得地位，进一步增加他们在一些潜在伴侣眼中的吸引力。（图中展示的女粉丝表现出对有攻击性的男运动员的崇拜）

性，这样做就避免了失去潜在配偶的可能性（许多女性认为，在公众场合表现出攻击性的男性是令人恐惧的，而不是有吸引力的）。这样的发现使一些社会心理学家得出结论，认为生物或基因因素确实在人类的攻击行为中起着一定的作用，因为这种攻击行为和获得某些方面的地位紧密相关，进一步也与是否能够成功得到有吸引力的配偶有关（Griskevicious et al., 2007）（见图 10-2）。然而，正如在第一章中所说的，一种行为受基因因素的影响，并不意味着这种行为一定会发生，也不意味着这是"人类天性"的一部分。它仅仅意味着存在做出攻击行为的可能性，而这种可能性（至少在一定程度上）是由生物因素决定的。

驱力理论：伤害他人的动机

当社会心理学家拒绝接受由弗洛伊德和洛伦茨提出的关于攻击的本能观点时，他们提出了另一种理论来解释攻击行为，认为人类的攻击主要是由于外部因素的驱动使其去伤害他人。这种解释在许多攻击**驱力理论**中都有所阐述（如，Berkowitz, 1989; Feshbach, 1984）。这些理论提出，外部情境（特别是挫折）激活了伤害他人的强烈动机，而这一攻击的驱动力导致人们做出这种攻击行为（见图 10-3）。攻击行为能被下列将要讨论的几种因素所激发（如，他人的挑衅），甚至能够被房间里的武器所驱动（Anderson, 1998）。

到目前为止，这些理论中人们最熟知的是挫折—攻击假设（Dollant et al., 1939）。我们会在下节详细讨论该假设。这里我们只想说明，这种理论认为挫折（妨碍我们达到目标的任何事物）导致了以伤害他人或某物为首要目标的动机的激活，其意欲伤害的人或物被感知为挫折的来源（Berkowitz, 1989）。此外，这种理论认为挫折是导致攻击最为重要的、或许是唯一的原因。虽然现在社会心理学家认识到这种理论是错误的，

图 10-3　攻击的驱力理论：伤害他人的动机

攻击的驱力理论认为攻击行为由驱力从内部推动去伤害他人。而这些驱力来自外部事件，如挫折。这一理论已经不再被大多数社会心理学家所认可，但是其中的一个观点——挫折攻击假说——仍然影响着当下的研究和很多人关于攻击原因的信念。

但是在这个圈子之外，它仍然被广为认可。例如，你可能有时候会听朋友说"他是如此沮丧，以致后来发飙了"，或是"她非常有挫折感，所以她就发泄到了室友身上"，在这一章我们会解释为什么这些说法往往是错误的。

现代的攻击理论：社会学习的观点和攻击的综合模型

与以前的理论观点不同，现代关于攻击的理论（例如，Anderson and Bushman，2002；Berkowitz，1993；Zillman，1994）没有聚焦于单一的因素（如本能、驱力、挫折）并将其视为产生攻击的主要原因，而是汲取心理学各领域最新进展，深入分析在攻击行为的发生中发挥作用的各个因素。社会学习理论（例如，Bandura，1997）就是这样的一个理论，它有着令人信服的观点：人类并非生来就具有一系列的攻击倾向，攻击是习得的，就像需要通过一定的方法途径来习得其他复杂的社会行为一样。这些途径包括直接经验或者是观察他人的行为（比如社会榜样——现实生活中那些表现出攻击性的人或是影视中的角色，甚至是游戏中的角色，Anderson et al.，2010；Anderson and Bushman，2001；Bushman and Anderson，2002）。因此，根据个体以往的经验和所处的文化，他可以学到：(1) 伤害他人的众多方法；(2) 哪些人或群体是合适的攻击目标；(3) 哪些报复行为从当事人的角度看是正当的；(4) 在什么样的情境或背景中，攻击是被允许的，甚至是被赞成的。简而言之，社会学习的观点认为在某种既定的情境下，个体是否表现出攻击行为取决于多种因素，它包括个体过去的经验、过去或当前攻击行为后的收获、影响个体判断攻击行为的适当性和潜在影响的态度和价值观。

基于社会学习的观点，研究者提出了一个新的理论框架——**攻击的综合模型**（general aggression model，GAM）（Anderson and Bushman，2002），该理论提供了一个对人类攻击行为更为完整的解释。根据这种理论，可以将一系列最终导致攻击行为的众多因素归为两类：(1) 与当前情境相关的因素（情境因素）；(2) 与卷入者相关的因素（个体因素）。归入到情境因素的变量有：挫折、来自他人的挑衅（侮辱）、他人的攻击行为（现实中或者媒体中的攻击性的榜样），以及任何导致个体感觉不舒服的事情——从令人难受的高温到牙医使用的钻具，甚至是极度枯燥乏味的演讲。归入到个体因素（人群中的个体差异）的变量包括：使个体具有攻击倾向的特质（如易怒）、对暴力的态度和信念（如，认为暴力是可以接受的、合理的）、易把他人的行为感知为敌意的倾向，以及掌握特定的攻击技能（如，知道如何去打斗或是如何使用各种武器）。

根据攻击的综合模型（GAM），这些情境变量和个体变量会在三个基本过程中产生影响，从而引发出蓄意的攻击行为。这三个过程分别是：唤醒——它可以提高生理上的唤醒或兴奋；情绪状态——它可以激发敌对情绪并表现出来（如，愤怒的面部表情）；认知——它促使个体产生敌对思维或者持有和攻击有关的信念与态度。个体根据自己对当前的情境和限制因素（如，警察的存在、意向目标人物具有多大的威胁性）的解释（评估），他有可能采取经过深思熟虑的行为，如抑制愤怒，也有可能采取冲动的行为，这就可能导致公开的攻击（见图10-4，这一理论模型的整体框架结构）。

布什曼和安德森（2002）扩展了这一理论，并用它来解释为何直接暴露在高频率攻击环境（本人卷入的攻击行为、他人的攻击行为、影视作品或游戏中的攻击行为）的个体会变得更加具有攻击性。反复暴露在那些刺激下会强化与攻击有关的知识结构——与攻击相关的信念、态度、图式和脚本（见第二章）。而当这些有关攻击的知识结构得到强化以后，它们就更有可能被情境和个体变量激活，从而启动攻击行为。

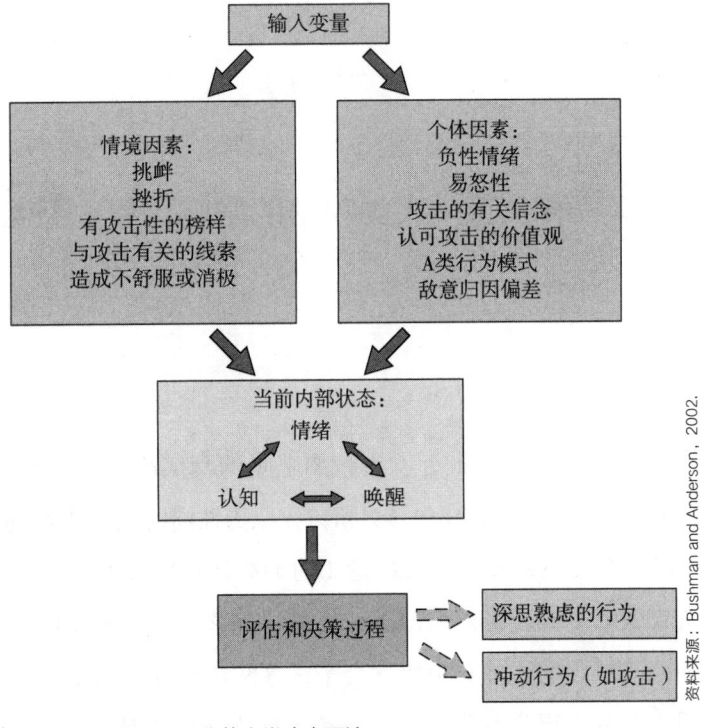

图 10-4　GAM：现代的人类攻击理论
正如这幅图所展示的，攻击的综合模型（GAM）认为人类的攻击有很多原因，输入变量有情境和个体因素变量，这些变量影响个人当前的认知、情绪和唤醒状态，而这些内部的状态加上其他一些因素（如评估和决策过程）决定了人是否表现出攻击行为，以及表现出怎样的攻击行为。

资料来源：Bushman and Anderson, 2002.

毫无疑问，GAM 理论比攻击的早期理论（如，著名的挫折——攻击假设；Dollard et al., 1939）更加复杂。另外，因为这一理论全面反映了各个领域的最近进展——越来越认识到人们的想法对其实际行为的决定性影响作用——所以它比早期理论更有可能对人类攻击行为的本质提供一个正确的解释。当然，这本来就是科学进步的应有之义。

要点

- 攻击是指故意对他人施加伤害。虽然大多数社会心理学家拒绝接受人类的攻击行为由基因决定的观点，但是持进化观点的理论家认为，基因在人类攻击行为中起着一定的作用。
- 驱力理论认为人类的攻击主要是由外部因素引起的伤害他人的驱力所引发的。这种理论中最著名的例子是挫折—攻击假设。
- 现代的攻击理论（如攻击的综合模型）意识到了纳入各种诱发因素的重要性，如个体差异、情绪状态尤其是认知过程。

第 2 节　人类攻击的影响因素：社会的、文化的、个人的和情境的

这里列举一件最近发生在酒吧里的真实事件。职业篮球运动员查尔斯·巴克利（Charles Barkley）（见图 10-5）和另一位男性同时进入当地的一间酒吧。巴克利高 6 英尺 6 英寸（约 1.98 米），重 252 磅（约 114 千克）。他们俩走向吧台，巴克利点了杯酒，在看似没有受到挑衅的情况下，那位男子拿起一杯水泼向巴克利。巴克利该如何做？水不会造成伤害，并且很快就会干；这两位是互不相识的陌生人，而且可能再也不会相见。另外，巴克利是镇上的一个陌生人，而向他泼水的男子可能有众多朋友在现场，并可能帮助他；换句话说，这可能是针对巴克利的陷阱——有时职业运动员会遇到竞争对手的粉丝。因此，对巴克利来说，理性的做法是另找其他的方法以避免麻烦，对吗？你认为他的真实反应是什么？巴克利毫不犹豫地举起冒犯者，将他扔出了酒吧的

前窗。

在相似的情境下你会如何做？你会像他一样失控、反应强烈吗？或者采取危险性小的行为，比如离开该情境。这取决于许多的因素：你像巴克利一样强壮有力从而可以轻而易举地对付冒犯你的人吗？你是否喝了很多酒？在场的人员——朋友、陌生人或者警察？你心情的好坏？社会心理学家的研究表明以上因素和一些其他因素都会起作用。换句话说，攻击行为不是只受一种或少数几种因素影响，而是像攻击的现代理论所认为的那样（例如，Anderson and Bushman，2002；De-Wall et al.，2009），攻击行为的产生受社会、文化、个体和情境条件的影响。我们现在就来回顾其中的一些重要因素，即增加人们卷入某些形式攻击行为的概率的因素。

图 10-5 查尔斯·巴克利：对挑衅做出强烈反应的著名运动员

你会挑衅这位著名而强壮的运动员吗？除非你想将自己置于危险的境地。当一位陌生人在酒吧惹恼巴克利后，巴克利举起冒犯者，将对方扔出了酒吧的前窗！

攻击的基本来源：挫折和挑衅

就像其他的社会行为模式一样，攻击也是对我们周围所发生事情的反应。换句话说，就是对他人一些言行的反应。在这里我们将讨论攻击发生的几种情境。

挫折：没有得到自己想要的（或所期望的）可能导致攻击

设想一下，你让 20 个你认识的人各自说出一个导致攻击的最重要因素，结果会怎样？他们很有可能回答是"挫折"。如果你叫他们定义挫折，很多人会这样说："就是在某种特定情境下，我想得到或期望得到某样东西，却受到某人或某事的阻碍而没有得到所产生的一种感受。"这种把挫折视为攻击产生的重要原因的想法，至少部分是来源于著名的**挫折—攻击假说**（Dollant et al.，1939）。最初的挫折—攻击假说做出了两个绝对的论断：（1）挫折总是导致某种形式的攻击；（2）攻击总是来源于挫折。简言之：遭受挫折的人总会采取某种形式的攻击行为；反过来，所有的攻击行为都是由挫折造成的。像这样自信大胆的论断非常具有吸引力。然而，这并不代表它就是正确的。事实上，现有的证据已经证明了挫折—攻击假说的两个论断都过于强调挫折作为攻击的决定因素的重要性。当个体遭受挫折的时候，并不总是以攻击行为作为反应；相反，他们会做出许多不同的反应，可能是悲伤、失望或抑制，也可能通过直接尝试消除挫折的来源来对抗挫折。总之，攻击肯定不是挫折的自动化反应。

其次，我们也可以很清楚地知道，并不是所有的攻击都来源于挫折。人们进行攻击的原因有很多种，攻击可以是对很多不同因素的反应。例如，杰茜卡·洛根的同学们为什么在她男友公开她的裸照后对其进行排山倒海式的辱骂？她的同学们遭到任何形式的挫折了吗？杰茜卡是造成这种感受的缘由吗？或许不是。毫无疑问，除了挫折，还有其他许多因素在攻击的产生中都起着作用。

考虑到这些基本事实，几乎没有社会心理学家还会接受挫折是攻击的唯一或是最重要原因的观点。相反，大部分人都认为挫折只是众多有可能导致攻击的因素之一。我们要补充的是，在某些特定的情形下——特别是在不合理或是不公正的情形中，挫折在诱发攻击上起到强大的决定作用（例如，Folger and Baron，1996）。例如，如果一个学生认为他在一次考试中应该得到一个好成绩，但是结果却很差，而且无法解释这一原因，他就会得出结论：自己受到了不公平的对待——他的公平需求受到了阻挠。可能出现的结果是：他产生了敌意性的想法，体会到强烈的愤怒，对感知到的挫折来源（本例中的老师）采取报复行动。

直接挑衅：当攻击（甚至是取笑）酿成攻击

世界上的一些主要的宗教都认为：当别人激怒我们的时候，我们应该"转过脸去"——也就是说，在我们被他人烦扰或是激怒的时候应该尽量忽视这些行为。然而，事实上，研究发现这种观点是说着容易做着难。他人身体或言语上的**挑衅**（provocation）是最可能使人产生攻击行为的原因。当我们承受着他人某种形式的攻击行为（我们视为不公正的评价、讽刺性言语或是身体上的攻击）时，我们倾向于进行报复，把受到的攻击如数还给对方，有时甚至还得更多，特别在确信对方是故意伤害我们的时候。

什么样的挑衅会是引发攻击行为的最大推动力呢？已有的证据表明，贬低他人（当着他人的面表达出傲慢和蔑视）具有强大的激发作用。尖锐而不公正的指责，特别是对人不对事的抨击是一种强有力的挑衅形式。当我们面对这些指责时，大部分人认为想要抑制愤怒是很困难的，所以就会立即或稍后采取报复行动（Baron，1993b）。让很多人做出恼怒反应的另外一种挑衅行为是取笑（teasing），取笑是指通常以开玩笑方式进行的涉及个体缺陷和瑕疵的挑衅性言语（例如，Kowalski，2001）。取笑可以是温和的、幽默的评价（如，"嘿，你刚从电动搅拌机里出来的头发真有趣"），也可以是造成伤害的绰号或评论。研究发现，个体越是把取笑归因为对方具有敌意动机——想要使自己难堪或激怒自己时——他就越有可能做出攻击反应（Campos et al.，2007）。

另外，研究者的发现表明，他人行为威胁到我们的地位或社会形象时会引发攻击行为。例如，在一项研究中（Griskevicius et al.，2009），研究者让被试（女性和男性大学生）描述最近直接攻击他人的主要缘由。有很大比例的人（48.3%的男性、45.3%的女性）说他们的地位或声誉受到损害是他们发起攻击行为的主要原因，因为这威胁到他的自我认同（见第四章）。总的来说，他人意欲伤害我们的行为（尤其是这些行为被解释为出于敌意动机）是导致我们做出攻击行为的强有力的原因。

情绪在激发攻击行为方面也扮演着重要角色吗？你的第一反应或许是"当然！人们会在感到受挫或愤怒时具有攻击性，而不是在感到愉悦或轻松自如时"。但事实上，真实的情境远比这复杂，我们将在下面的专栏中详细说明。

情绪与攻击

唤醒起作用吗？

认为强烈的情绪是产生攻击行为的基础这一观点，看似很有道理，从直觉上看也是显而易见的。但是仔细思考一下：攻击行为的所有实例中都涉及了强烈的情绪或情感吗？事实并非这样。例如，对自己恨之入骨的人进行伤害前，人们会等待很长的一段时间，以找到能够最大程度伤害对方同时使自身危险最小化的恰当时机。正如古老的意大利谚语所言："复仇这道菜唯有冷了才最适合端上来。"这句话说的是，复仇的最好时机是在情绪平静之后，因为在冷静时会制定更加有效的策略！另一个例子是：雇佣刺客（暗杀特定目标的职业杀手）就很容易达到以上目的，这些杀手专门收费完成杀人任务。像许多电影里演的那样，他们不认识暗杀目标，对他们也没有愤怒之情；但他们就是专干这行的，最出色的杀手会冷酷地完成他的任务，不会受任何情感包袱的影响。

"攻击来源于或总是涉及强烈的情绪"这种简单的观点中还有其他复杂的因素。情绪研究领域的专家基本上都认为，情绪包括两个基本维度：积极—消极维度（快乐—悲伤）以及激活水平维度（高—低）。这就提出了一个有趣的问题，即情绪在攻击中的作用：高水平的唤起会促进攻击吗（即使情绪的唤起与攻击行为没有任何直接的联系）？例如，设想你正驾车去机场接一位朋友，路上另一个人超车，差点让你发生了交通事故。你吓出了一身冷汗，心怦怦直跳，血压升到了顶点，幸运的是没发生事故。现在你来到了飞机场，停好车，急匆匆赶往候机室，因为你已经迟到了。当要通过安检门的时候，你前面的一个人慢吞吞地打开行李箱，缓慢地向前移动。而且，他没有将携带的液体放在分开的小包里，因此，检查员现在要将他们一一分类，而你在一旁焦急的等候。很快，你被这个人激怒了并自言自语道："真是个蠢蛋，像这样的人为什么不待在家里？他的愚蠢害我错过班机了。"如果可以的话，你会想把他推到一旁去赶飞机。

现在关键的问题是：你是否认为之前差点发生的交通事故和你因为另外一位旅客行动缓慢而对他极度愤怒二者之间有关呢？去机场路上的被超车事件引起了你的情绪唤醒，而这一唤醒是否会转移到机场内发生的那一幕上呢？越来越多的证据表明确实会这样（Zillmann，1988；1994）。在某些情形下，唤醒水平的提高——不管它来源于哪里——都会提高个体对挑衅、挫折或者其他因素做出攻击反应的可能性。事实上，在很多实验中，被试参加竞争的游戏（Christy et al.，1971）、练习（Zillmann，1979），甚至只是听了某些类型的音乐（Rogers and Ketcher，1979）都可以成为唤醒水平提高的来源，而这将会提高被试之后的攻击水平，为什么会出现这种情况呢？**激发转移理论**（excitation transfer theory）提供了一个非常有趣的解释（Zillmann，1983；1988）。

该理论认为因为心理上的唤醒很有可能消散得很慢，所以当人们从这一情境步入下一情境时，这些唤醒可能还有部分保留着、持续着。具体到上面的例子中，你在差点发生车祸的情境中所经历的唤醒在你到达机场安检处时仍然部分保留着。这时，你又遇到了烦人的小事，而这一唤醒就会加剧你对此烦恼的情绪反应。于是很有可能出现这样的结果：你变得非常愤怒而不是轻微的烦躁。激发转移理论认为这种效应在当事人对这些剩余的唤醒存在没有察觉的时候最有可能发生，因为唤醒上的少量提高是很难察觉的（Zillmann，1994）。事实上，激发转移理论有助于我们理解一些悲剧性事件的发生，如阿布·格莱布（Abu Ghraib）监狱的囚犯遭到美国士兵的霸凌，也有助于我们理解为什么人们在了解事情真相后反应强烈（Breen and Matusitz，2009）。

激发转移理论还认为这种效应在以下的情形中也很有可能发生：当事人虽然认识到了剩余的唤醒，但却把这一唤醒归因于当前情境下的事件（Taylor et al., 1991）。例如，在机场发生的事件中，如果你感受到了唤醒水平的提高，却把它归因于那位旅客的行为而不是差点使你发生交通事故的超车司机，你的愤怒就会增强（见图 10-6）。总之，情绪和攻击之间的关系比我们想象的更复杂。

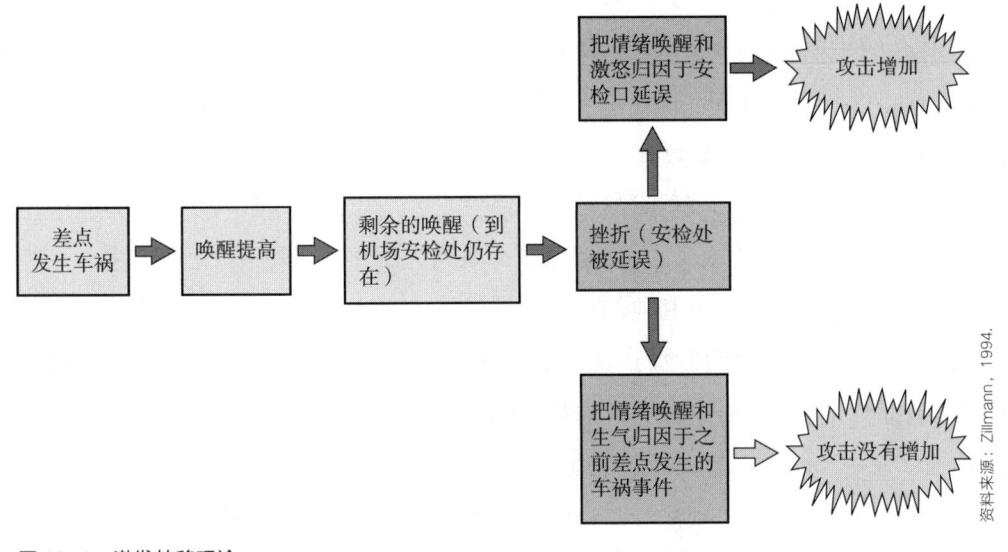

图 10-6　激发转移理论

这一理论认为某一情境中产生的情绪唤醒会持续一段时间，并且会增强个体在之后不相关情境中的情绪反应。例如，差一点发生车祸会增强之后在安检处被耽搁后的恼怒情绪反应。

资料来源：Zillmann，1994.

攻击的社会原因：社会排斥和媒体暴力

被他人排斥是什么样的感觉？当然，这是不愉快的体验，我们大多数人都想避免这种情况的发生。排斥不仅意味着我们无法感受社会交往的好处，它也会对我们的自我形象造成负面影响。毕竟，如果人们不想和我们在一起，这表明我们有着不受欢迎的特质而不是令人喜欢的特质。被他人拒绝会增加我们攻击他们的可能性吗？被拒绝后攻击对方可以帮我们"找回平衡"，但是另一方面，具有攻击性的人之所以遭到群体的排斥或被他人拒绝，正是因为他们的攻击性行为。然而，研究发现，尽管是这样，社会排斥依然是攻击行为发生的强大推动力（例如，Leary et al.，2006）。遭到他人的拒绝或排斥会增加被排斥者的攻击行为，这反过来又会使他遭到更多的排斥——一个永久存在的恶性循环。但是这为什么会发生？是排斥引发的情感痛苦导致对排斥源的"痛斥"吗？这看似是一个合理的解释，但是检验这一观点的研究并没有证实这一观点。另一种可能的解释是他人的拒绝激发了**敌意认知思维模式**（hostile cognitive mindset）——它激活了我们脑中的认知结构，使我们将他人模棱两可或中性的行为知觉为带有敌意性质，也让我们知觉到攻击在社会交往中是普遍的、在反应上是适宜的（正如攻击综合模型所阐述的那样，Anderson and Bushman，2002；Tremblay and Belchevski，2004）。进化理论也表明排斥会引发敌意认知思维模式或偏见。过去，人类需要通过与他人合作求生存，因此遭到群体的排斥是一件严重和危险的事。这也表明他人对我们的排斥行为会被解释为非常具有敌意性。

为了检验这个推理，并确定敌意认知偏差是否是社会排斥影响攻击行为的潜在原因，德瓦尔（DeWall）等人（2009）进行了一系列的研究。在其中一个研究中，一些被试了解到实验中的伙伴拒绝和他们一起合作，另一些被试了解到他们的伙伴因一些自己掌控不了的原因而不能和他们一起合作。为了找出是否是排斥引发了敌意认知偏差，两组被试都要完成残词补全任务，这些残词可以组成具有攻击意义或不具攻击意义的词（如，"r_pe"能够组成 rape 或 ripe）。研究者预测那些遭到拒绝的被试会将残词补全为更具攻击意义的词，该预测与实验发现的结果相一致。在随后的一项研究中，被试完成一项人格测试，然后告知他们的分数表明他们未来会独自一人（也就是他们会遭到他人的拒绝），或者他们未来会在一段有意义的关系中与他人保持紧密联系。接着让被试读一个故事，这个故事中主人公的行为是模棱两可的。然后，让他们用带有敌意性质的形容词（如，生气、敌意、讨厌、不友好等）来评估符合故事中主人公行为的程度。研究者预测，了解到他们将来会遭到社会排斥的被试会产生敌意认知偏差，并会导致他们将陌生人模棱两可的行为评估为具有敌意性。研究结果再一次证实了这种预测。最后，为了确定敌意偏差是否能够增加攻击性，两组被试都有机会攻击出现在故事中的陌生人；他们被告知这个人正在找一份实验助手的工作，且这个岗位急需用人，让被试评估这个人对于此职位的合适性。当然，负性的评价会使这个人得不到此职位。研究者预测获知在未来会经历社会排斥的被试对求职者的评价会显著低于那些获知未来会有丰富社会生活的被试。实验结果再一次证实了假设。

总之，这项研究以及其他的几项研究都表明，社会排斥确实会产生敌意认知思维模式或偏见（见图10-7）。简言之，他人的排斥的确是产生攻击行为的一个很强的先行诱发因素，这是因为排斥会使我们将他人的行为感知为来自于敌意动机和伤害我们的欲望。的确，排斥会使人感到受伤害，会造成情感上的痛苦，但在遭到排斥的人具有高攻击性（不仅对排斥他的人具有攻击性，对其他人也如此）这件事上，似乎是认知因素而不是情感因素起着主要的作用。

图 10-7 社会排斥：有伤害性，可以导致攻击
被他人拒绝或排斥是一种痛苦的体验。研究结果表明，这种体验会导致一种敌意性的认知倾向，让我们将别人的行为感知为出自敌意动机，即使他们并非如此。这反过来又会进一步增强被拒绝个体的攻击性。

媒体暴力：电影、电视、电子游戏的潜在危害

你最近在电影院看过的电影是什么？里面有攻击或暴力的成分吗？电影里的角色攻击和试图去伤害他人的频率有多高？例如，回想一下几年前取得巨大成功的一部电影《阿凡达》（Avatar）。毋庸置疑，它令人感到兴奋刺激，但它不也包含大量的暴力成分吗？事实上，电影银幕中有着大量的暴力成分（见图10-8）。的确，一项针对电影、电视节目及其他媒体内容的系统调查发现，暴力在大众媒体中很普遍（Anderson and Bushman，2001；Reiss and Roth，1993；Waters et al.，1993）。

社会心理学家已经对上述问题进行了数十年的研究：这些镜头的暴露是否会提高儿童或成人的攻击性？事实上，数百个研究已经对这一可能性进行了验证，而结果非常清楚：在一个许多人都能接触到暴力内容的国家，暴露在媒体暴力下确实可能是造成暴力水平提高的原因之一（例如，Anderson et al，2003；Anderson and Bushman，2009；Paik and Comstock，1994）。事实上，在总结相关研究发现的基础上（Anderson et al，2004），这一领域的顶级专家在美国参议院举办的媒体与暴力听证会上提供了证据，并就这一问题进行了如下总结：

（1）研究证明暴露于含有暴力内容的电视、电影、电子游戏、音乐的个体更可能表现出攻击行为。

图 10-8 媒体上的暴力：比以往任何时候都多？
尽管几十项研究都表明接触媒体上的暴力内容能够增强观看者的攻击性，但像《阿凡达》这样近期取得巨大成功的电影还是充斥着暴力的画面。

（2）以上效应在性质上可以是短期的，也可以是长期的。

（3）这些效应非常重要——就像很多医疗效应对医生诊疗的重要性（如，阿司匹林对心脏病的效应）。

换句话说，研究传媒暴力效应这一领域的社会心理学领军人物同意这些效应的真实性、持续性和重要性。这些效应对于维护社会和每年数百万暴力行为受害者的安全和福祉有着很重要的指导作用。许多其他不同类型的研究都支持了这些结论。如，在短期的实验室研究中，那些观看暴力电影和电视节目的儿童或成年人比起那些观看非暴力内容节目的人表现出了更多的攻击行为（例如，Bushman and Huesmann，2001）。这一类型的研究最早是由艾伯特·班杜拉（Albert Bandura）及其同事在20世纪60年代早期进行的，这一时期社会心理学在很多方面还是一门新的、迅速发展的科学。为了解决这个问题，班杜拉团队的研究（例如，Bandura et al.，1963a，1963b）设计了一种巧妙的方法。他们录制了自己的电视节目以代替真实的电视节目，在自制的电视节目中，一位成人示范者用不寻常的方式攻击一个很大的充气玩具（Bobo doll）。例如，这位成人坐在玩具上，反复击打玩具的鼻子，用玩具棒打它的头，在房间里用脚踢它。幼儿园的孩子观看这个"节目"或另外一个该成人没有表现出攻击行为的节目。

在观看完两个节目的其中一个后，孩子们进入放有很多玩具的房间，其中某些玩具正是暴力节目中成人攻击玩偶时所用到的。这些孩子被允许自由玩耍20分钟，研究人员在这一过程中仔细观察他们的行为，看他们是否会表现出与暴力节目中的成人相似的行为。研究结果十分清楚：那些观看了包含成人攻击行为的节目的孩子，表现出很强的模仿攻击行为的倾向（见图10-9）。相反，观看了无暴力行为成人（他只是安静地坐在房间的一角，没有攻击充气玩具）的孩子没有做出相似的暴力行为。班杜拉和他的同事推论，孩子从观看"节目"中学到了新的攻击方式。同样的，从观看真实的影视节目中，孩子能学到攻击他人的新方式，并了解到攻击是一种可接受的行为方式。

其他关于媒体暴力的研究所用的是纵向研究方法，在这一方法中需要对被试进行长达数年的研究（例如，Anderson and Bushman，2002；Huesmann and Eron，1984，1986）。这些研究所得出的结论也很明确：年幼时观看暴力电视或电影越多的个体，在少年期和成年后表现出的攻击水平就越高。例如，他们因为暴力犯罪被捕的可能性会更高。这些发现在很多国家得到印证，比如澳大利亚、芬兰、以色列、波兰和南非（Botha，1990）。因此，这些效应是具有跨文化普遍性的。另外，这些效应不仅仅适合于电视节目和电影，涉及暴力的新闻节目、流行音乐歌词（例如，Anderson et al.，2003）或是暴力电子游戏（Anderson，2004；Anderson and Bushman，2001）都会产生这些效应。

暴力电子游戏这类媒体资源成为最近一系列研究的对象，因为游戏很受欢迎，全世界数以百万计的人们都在玩它（每天经常会花几小时）。大量的研究想要证明打暴力电子游戏产生的效应是否和观看暴力影视节目产生的效应相似，这些研究得出了一致的结果，在一定意义也给我们敲响了警钟。例如，最近有一项元分析考察了所有能够收集到的探究暴力电子游戏效应的有效研究（Anderson et al.，2010），得出的结论是，

图 10-9　班杜拉的波波玩偶"Bobo Doll"实验：电视暴力效应的早期证据
在这项著名的研究中，儿童观看一个"电视节目"，节目中的成年示范者在攻击一个充气娃娃（玩具）或者是安静地坐在那里。随后，当研究者向儿童提供一个与这些玩具玩耍的机会时，发现儿童会模仿攻击性示范者的（攻击性）行为。这些发现表明，媒体中的暴力行为可能会导致观看者表现出类似的攻击性行为。

玩这样的游戏会增加攻击性认知（与伤害他人有关的思想）、攻击性情绪（敌意、愤怒、复仇情绪）以及大量的攻击行为。此外，玩攻击性的电子游戏会减少对他人的同情，降低做出亲社会行为的倾向。这种效应在东方（如亚洲）国家和西方（如欧洲、北美）国家都存在，并且具有持续性，会持续增强人们的攻击性认知、情绪以及行为。确实，在短期的实验研究和长期的纵向研究（对相同的被试进行几个月和几年的跟踪研究）中都发现了该效应。在回顾了大量的研究证据后，安德森（Anderson）等人（2010，p.171）得出了令人不安的结论："电子游戏本身并无好坏之分，但是人们会从中学习，所以内容很重要。"当人们习得其中的暴力内容，可能会产生大量实质性的令人不安的社会影响。

　　研究者关注的另一个问题涉及暴力性电子游戏的影响：它为什么深受大众欢迎？最初的猜想是暴力内容使它广受欢迎；人们发现暴力（尤其是处在电子游戏这样一种安全的环境背景中）使人兴奋快乐，因此人们购买并玩游戏。这种观点如此令人信服，以至于被视为暴力性电子游戏广为流行的一个解释（见图10-10）。但事实真是如此吗？普日比斯基（Przybylski）等人（2009）的研究发现事实并非如此。认知评价理论（Ryan and Deci，2000，2007）认为，事实上并不是游戏中的暴力（如"Grand Theft Auto"）

图 10-10　人们为什么玩暴力电子游戏？
研究结果表明，和流行的想法相反，人们之所以玩暴力电子游戏并不是因为这类游戏的暴力内容，而是因为享受玩游戏带来的自主感和胜任感。这种效应在高攻击性特质的人身上表现得尤为明显。

使游戏具有吸引力，而是游戏中的自主感和胜任感使其具有吸引力。换言之，人们喜欢玩暴力电子游戏是因为游戏使玩家产生了一种控制感（独立行动），也因为游戏通过训练玩家的技能或能力为他们提供体验胜任感的机会。为检验这个推理，研究者让网络论坛上讨论视频游戏的成员在玩各种游戏时评定他们的胜任感和掌控感（如"我在游戏中体验到自由"，"这个游戏为我提供了有趣的选择"）。另外，也让他们评估游戏的乐趣，他们对游戏的入迷程度，以及对游戏续集的兴趣（如，"我将会买这个游戏的续集"）。最后，三位评定者根据游戏中的暴力内容将不同的游戏分为不同的等级。等级 1 表示游戏没有暴力内容（例如，"Tetris"）；等级 2 表示游戏有抽象的暴力内容（例如，"Super Mario"）；等级 3 表示有客观的暴力内容（例如，"Civilization"）；等级 4 表示有奇幻的暴力内容（例如，"Starfox"）；等级 5 表示有现实的暴力内容（例如，"God of War 2"）。

结果表明，游戏对自主和胜任需要的满足程度与游戏的娱乐性、对游戏的入迷程度、购买游戏续集的意愿强度有关，但与游戏的暴力内容无关。因此，游戏的流行并不是与它的暴力内容有关，而是与其他的因素有关。在后续的研究中，同样的研究者考察了高暴力倾向的个体是否更偏爱、享受、沉迷于含暴力内容的游戏（相对不含暴力内容的游戏而言）。研究中，被试要么玩暴力游戏，要么玩非暴力游戏，然后评估他们将来玩这种游戏的可能性。研究发现，高攻击特质的个体更偏好暴力性的游戏，而低攻击特质的个体更偏爱非暴力性的游戏。然而，关键的一点是，当控制了游戏对他们自主需要和胜任需要的满足程度之后，高、低攻击特质被试之间的以上差异就消失了。这再一次表明不是游戏本身的暴力性使其广受欢迎，即使是对那些高攻击特质的人来说。

总之，普日比斯基和其同事的研究结果表明，尽管高攻击特质的个体确实偏爱暴力性的游戏，但不是暴力性的内容，而是游戏能够给玩家提供的体验自主感和胜任感的机会使得游戏广受欢迎。这就表明，只要提供了体验自主感和胜任感的机会，不含有暴力内容的游戏也会和含有暴力内容的游戏一样受欢迎。因此，游戏玩家可以在不受暴力性内容给他们带来负面影响的同时，享受游戏给他们带来的益处。现在，要是游戏开发商将这个可能性付诸实践就好了……

媒体暴力效应：它为什么会发生？

你可能一直在思考一个最基本的问题：为什么经常观看媒体中暴力行为（有很多种类）的人，其攻击性会提高呢？最近，布什曼和安德森（2002）提供了一个非常有吸引力的答案，他们认为如果用这一章前面提到的攻击综合模型来解释，媒体暴力效应现象就很容易理解了。我们前面提到过，这一模型认为个人因素和情境因素都可以影响个体的内部状态——他们的情绪、想法和唤醒；而内部状态反过来又会影响个体对当前情境的评估和回应方式：攻击还是不攻击。布什曼和安德森认为反复接触媒体暴力会强烈地影响对攻击的认知，并逐渐形成敌意预期偏见，即强烈预期别人会表现出攻击性，这会进一步导致个体更具有攻击性。毕竟他们随处都可以感知到别人的挑衅，即使这些挑衅实际上并不存在。该推理已经得到了相关研究的证实（例如，Bushman and Anderson，2002），这说明综合攻击模型（GAM）和它所描述的暴力产生过程在媒体暴力的效应中确实发挥了很重要的作用。

媒体暴力效应：去敏感化作用的神经学证据

为什么经常观看媒体中暴力行为的人攻击性会提高？对暴力的**去敏感化**这一因素也很有可能发挥着重要作用。也就是说，因为观看大量的包含暴力内容的电视节目、电影和电子游戏，个体对暴力行为及其后果可能就不那么敏感了（Anderson et al.，2003）。研究发现上述效应确实存在，而且这一效应会提高媒体暴力观看者的攻击性（例如，Funk et al.，2004）。例如，克拉厄（Krahe）等人（2011）测量了那些自我报告经常观看媒体暴力（电影、暴力游戏）的个体的皮肤电（测量生理唤醒的方法），也测量了那些较少观看暴力电影（有时观看涉及暴力内容的电影，有时看悲伤的电影）的个体的皮肤电。正如预期的那样，相对于很少接触暴力内容的被试而言，经常接触暴力性内容的个体对暴力电影有着较少的生理唤醒。很显然，经常观看暴力性的内容降低了个体对暴力性场景的情绪反应。然而，就这种去敏感化而言，给人印象最深刻的证据也许是来自于用社会神经科学方法进行的研究。

实际上，巴塞洛（Bartholow）等人（2006）进行的研究就是利用这种方法的一个很好的例子。在这一实验中，被试先报告自己过去玩暴力和非暴力电子游戏的频率，然后让被试参加一个带有竞争性的反应时任务。在任务中，如果对方（虚构的人，不存在）输了，被试就可以决定给对方令人不愉快的爆炸声的强度。在玩这个竞争性游戏之前，被试先看一组中性图片（如一个骑自行车的男人）和一组暴力图片（如一个人用枪指着另外一个人的头部）。当他们在看图片的时候，脑部活动都被记录下来。研究者分析了其中P300这种特定的脑活动。P300是一种事件相关电位的潜伏期，指的是当对某些特定类型的信息进行加工时所发生的脑部活动的变化。以前的研究表明P300这一指标能够用来评估输入的激发情绪的刺激被大脑加工和归类的程度。按照推测，如果个体因为过去经常玩暴力电子游戏而导致他们对暴力图片去敏感化，那么他们看暴力图片的时候，他的 P300 活动就会减小。事实上，当那些过去经常玩暴力性游戏的被试观看暴力性图片时，他们的 P300 活动显著小于那些报告过去玩非暴力性游戏的被试。这一发现说明暴露于媒体暴力的个体确实会发生去习惯化（去敏感化）的效应。其他的一些发现（例如，Bartholow et al., 2006）又证明了去敏感化的程度可以预测个体对他人表现出攻击的可能性。

总之，我们可以看出，观看电影、电视或是电子游戏的暴力内容会通过各种方式提高个体对他人进行攻击的倾向。其一，就像我们前面所看到的，反复暴露于暴力材料下会降低个体对此类事件的情感反应，也就是个体把这些都感知为平淡无奇的事情。其二，它强化与攻击有关的信念、期望和认知过程。换句话说，因为反复接触涉及暴力的电影、电视节目或是电子游戏，个体就会形成强有力的与攻击相关的知识结构，这一结构可以反映和攻击有关的信念、期望、图式和脚本，并将它们整合在一起。当这些知识结构被不同事件激活后，人们就会以攻击性的方式去感受、思考和行动，从一定意义上说这些做法正是他们所习得的。

无论潜在的作用机制是什么，关于这一话题四十多年来的研究足以证明：过多接触媒体暴力会危害我们的社会。那为什么今天的电视上、电影里和电子游戏中还是有如此多的暴力内容？不幸的是，原因在于暴力内容有市场——人们觉得暴力激动人心、其乐无穷。此外，广告商深信这一点，所以他们"把钱投到能够发挥作用的地方"（Bushman, 1998）。总之，这是优先考虑经济收益的又一个例子。在社会中，我们应该知道如何来应对媒体暴力：如果目标是降低暴力，我们就应该减少传媒中呈现的暴力内容。但是只要人们仍然愿意付钱去看涉及暴力内容的电视剧、电影或是买含有暴力内容的电子游戏，这一目标就很难实现。但是我们是本性乐观的人，我们永远怀有希望。

要点

- 与著名的挫折—攻击假设相反，并非所有的攻击都来源于挫折，同样，挫折并不一定导致攻击。只有在非常有限的情形下，挫折才是诱发攻击行为的强有力因素。
- 他人的挑衅是诱发攻击行为的强有力因素。甚至轻微的取笑也能诱发攻击，该效应的强度存在文化差异。

- 如果某一情境中产生的高唤醒水平延续至另一些情境中，并被错误地解释为新情境引起的愤怒，那么这一唤醒就会增强攻击性。
- 许多研究发现，观看媒体中的暴力内容会提高观看者的攻击性，这是由多种因素造成的，如观看暴力内容启动了攻击性的想法，削弱了对攻击的抑制，并对暴力去敏感化。
- 玩暴力电子游戏会增强个体的攻击性认知、情绪及蓄意行为，也会降低我们对他人的同情和亲社会行为。
- 人们喜欢玩暴力电子游戏并不是因为其中的攻击性内容，而是因为它能满足人们的胜任需要和自主需要。

攻击的文化因素："荣誉文化"、性嫉妒、男性角色

虽然他人的言行经常引发攻击行为，文化因素（如既定文化中的信念、规范、期望）也可以引发攻击行为，这就表明在某些情境下攻击行为是合理的，甚至是必须的。社会心理学家在最近的一系列有关**名誉文化**（Cultures of honor）的研究中注意到了这一事实。名誉文化中有一种很强的规范认为：当自己的名誉受到他人侮辱时，用暴力进行还击是合理的。有很多美国西部片都以此为主题，在这些电影里，主人公认为自己的名誉受到玷污，他们必须与他人用枪进行决斗；在亚洲电影中也可以看到这一现象：那些看上去有神奇力量的武士也是为名誉进行战斗。

这些文化规范从何而来？科本（Coben）和尼斯比特（Nisbett）（1994；1997）认为这些规范的产生可能起源于这样一种事实：有些地方的人和财富来源主要是那些很容易被盗的财产（如牛或是奴隶）。所以宣布自己无法容忍偷盗行为和其他对自己名誉进行侮辱的行为就变得很重要。而结果就是，这使得对他人侮辱自己名誉的行为进行暴力反击变得合理，并成为社会规范，得到大家的普遍接受。

最近的一些研究认为这些准则绝非只存在于过去，它们在当今世界的很多地方依然存在（例如，Vandello and Cohen, 2003）。例如，在一个研究中，研究人员发现在下面的情形中欧裔美国棒球投手更可能击中对方球手：对方的另外一名击球手击出了一个全垒打，或者是自己的队友被棒球击中。因为在这种情形下，他们觉得自己的名誉受到了侮辱（Timmerman, 2007）。在很多情形下，文化信念会宽恕攻击行为，甚至是要求个体对冒犯自己名誉的行为进行暴力反击，而这一影响在性妒忌方面表现得更为明显。

性嫉妒

出轨（无论是真实发生，还是他人想象）在每个社会中都会发生，甚至在那些严格限制男女非正式接触的社会中也会发生。但即使出轨没有发生，**性嫉妒**（怀疑或害怕不贞的发生）也是产生攻击行为强有力的推动力（例如，Kaighobadi et al., 2009；Kaighobadi et al., 2008）。在名誉文化中，女性的出轨行为被认为是男性名誉的最大侮辱（例如，Baker et al., 1999），而这些行为也会遭到异常激烈的反应，参与其中的女性和男性都会受到严厉的惩罚。

性嫉妒与对不忠诚伴侣的攻击相关，这一点并不令人惊讶。事实上，在美国，针对女性非致命的攻击行为有20%都是由其亲密伴侣实施的（每年有600,000起攻击案例）（司法统计局，2003）。此外，女性被杀案中有30%是其亲密伴侣所为（司法统计局，2007）。虽然性嫉妒并没有在所有这些案件中都起到关键作用，但是大部分都是由性嫉妒引起的。从某种意义上说，性嫉妒和攻击之间的这种连接没有出乎人的意料：嫉妒是一种很强烈的情绪，它经常与背叛、愤怒紧密联系在一起。另一方面，攻击亲密伴侣（我们深爱的人）是令人迷惑不解的一件事。人们是怎样克服心中强有力的约束去攻击和自己有着亲密情感联结的人？

从进化的角度说，男性和女性都存在性嫉妒，但产生嫉妒的内在原因不同。对男性来说，性嫉妒可能主要源自对后代并非自己亲生（而是竞争对手所生）的担忧。与此不同，女性的性嫉妒与她需要伴侣提供生活资源和支持有关。事实上，男性的性嫉妒聚焦于伴侣的性不忠，而女性关注的是伴侣情感上的不忠（男性将对伴侣情感上的支持转向其他女性）（Buss, 2000；Thomson et al., 2007）。然而，新近的证据表明，这两者之间的差异并不像先前所认为的那样泾渭分明，事实上，男女两性都会因两种形式的不忠而体验到性嫉妒（Eagly and Wood, 出版中）。

进化论进一步认为，为了减少性嫉妒以及避免性嫉妒通常引起的愤怒，男性通常会做出**配偶阻滞行为**，即避免伴侣出轨的一系列行为。这包括严密监视伴侣、威胁出轨后会给予惩罚、关心和爱对方、公开宣告对方已经"名花有主"以及赶跑和威胁潜在的情敌。伴侣越是年轻和有魅力，男性越倾向于做出以上行为（Starratt et al., 2007）。

进化论如何解释对亲密伴侣实施的攻击，以及更加致命的暴力行为呢？有一个假说认为，这是因为父子关系的不确定性——男性无法确定孩子（遗传上）肯定是自己亲生的。这就导致了一个悲剧性可能行为，即除去不忠的配偶及其后代。虽然这个假设在本质上还存在争议，但可以解释男性为什么在伴侣威胁要结束关系时（这证明了对对方出轨的怀疑）最有可能杀掉亲密伴侣这一现象。

无论造成性嫉妒和攻击之间很强关联性的真实原因是什么，可以确定的是，嫉妒确实是引起攻击的强烈推动力，而且暴力也来自于嫉妒或威胁到男性荣誉的其他因素，许多文化都会允许这种攻击的存在，尤其是在荣誉文化中（例如，Puente and Cohen, 2003; Vanandello and Cohen, 2003）。很明显，文化的因素在攻击的发生以及对它的感知和评价中都起到了关键性作用。

男子气概的危险性：男性的性别角色和公开攻击

不同的文化对"男子气概"的定义截然不同，但纵观全世界，"男子气概"都不是只包括身体的成熟（充分发育以及性的成熟）。一个人过渡到成年期，需通过特殊的仪式，而这时他的社会地位也快速提高。不幸的是，这种地位会受到挑战，甚至于失去。例如，当被问到一个人如何失去他的"男子气概"，许多人列出了一长串的因素，如"不能维持家计""让他人失望"或"在他的妻子或朋友面前丢脸"。相反，人们发现很难找出使女性失去其女子气概的方式，这些方式或许更极端（如做变性手术）。如果"男子气概"指的是地位的提升以及其他的一些好处（在很多文化中都是这样），那么当"男子气概"受到威胁时，就会出现保护或挽回它的行为，正如你所料，这就可能涉及攻击行为。另外，在许多文化中，身体攻击本身就是文化界定的男性角色的一部分。因此，当"男子气概"受到挑战时会发生什么？波森（Bosson）等人预测的结果是，那会增加身体攻击（Bosson et al., 2009）。为了证实这个猜想，他们让男性被试编制绳索或编制女性模特的头发。第一项任务相对自然，但是第二项任务就使男性的"男子气

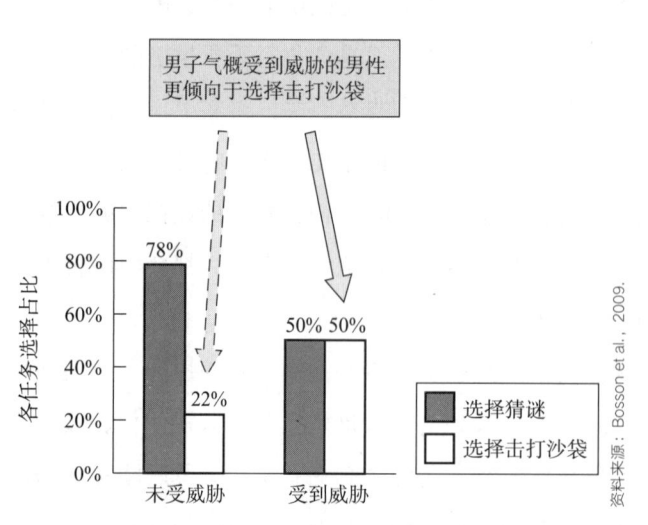

图 10-11 男子气概受到威胁：攻击行为的一个原因

男性完成编制女性模特头发的任务会在中等程度上威胁到其"男子气概"，他们在后面的任务选择中有强烈的倾向选择击打任务，而不是解谜题任务。与之相反，编制绳索的男性（"男子气概"没有受到威胁）更有可能选择解谜题任务。

概"受到中等程度的威胁；毕竟，编头发不是大多数男性的典型行为。在完成了以上任务后，要求被试击打沙袋，并记录他们的打击力度。正如所猜想的那样，编头发的被试打击力度显著大于那些编绳索的被试。

在后续的研究中，让曾经编绳索或给假模特编头发的男性被试在以下任务中做选择：击打沙袋或做谜题。研究者猜测，那些"男子气概"受到威胁的被试会选择击打任务，结果见图 10-11，我们可以看到："男子气概"受到威胁的被试中有 50% 选择了击打任务，而未受威胁的被试中只有 20% 选择了击打任务。也就是说，当男性的"男子气概"受到威胁时（即使程度很轻），他也会选择攻击性的任务，以此减少或消除他们所经历到的威胁。因此，我们再一次看到文化因素（在本例中是指男性性别角色的文化定义）通常在攻击行为中起着重要作用。

要点

- 名誉文化中存在一种强有力的规范，它要求个体用攻击行为对威胁自己名誉的人进行报复，这些规范至今依然存在，能帮助我们理解不同地区攻击行为发生频率的差异。
- 性嫉妒是造成亲密伴侣间攻击行为的一个主要原因。
- 进化论认为，男性因为伴侣性出轨行为而产生嫉妒情绪的原因在于父子关系的不确定性，女性因为伴侣感情出轨而产生嫉妒情绪的原因在于他们需要伴侣帮助自己抚养孩子。
- 男子气概比女子气质更不稳定，男子气概可以因为很多事件而丧失（例如，不能维持家计）。这意味着，男性在男子气概受到威胁后可能会做出攻击行为，以找回或保护自己的男子气概。研究结果支持了这一观点，也突出了文化对性别角色的界定对攻击行为的重要影响。

人格、性别和攻击

一些人比另一些人更易攻击吗？日常的观察表明的确如此。一些人很少发脾气或参与攻击行为，而另一些人总是发脾气，并伴有潜在的严重后果。事实上，最近的研究（Carre et al., 2009）表明，我们甚至可以通过他人的面部特征准确预测他的攻击性！在这项令人惊讶不已的研究中，实验被试观看陌生男性的照片，然后评估他的攻击性。

图 10-12 脸型能够预测一个人的攻击倾向吗？
令人惊讶的是，研究发现人们可以从他人的脸部特征准确预测他们的攻击性。具体而言，一个人的脸部宽度和高度之比越高，我们会预测他们的攻击性越高，而且他们实际的攻击性确实更高。图中右边这个人的脸部宽度－高度比更高。

通过一个特殊的实验游戏（在给不给对手分数中做选择）测量之前照片中呈现的陌生男性的攻击性，结果与前面被试对这些陌生人攻击性的评估结果一致。他们用哪一个面部特征进行评估的呢？答案是陌生人脸部的宽度和高度之比。这个比例越大，被试预测陌生人的攻击性越高。确实，脸部宽度与高度之比和真实的攻击性显著相关。为什么会出现这样的结果呢？从进化的观点来看，或许是因为宽度与高度比大的人看上去更凶猛，因此能够驱赶走潜在情敌（见图 10-12）。不论理由是什么，可以明确的是，面部特征是攻击性的一个预测指标，而且个体特征与攻击的发生有关。

TASS 模型：特质在不同的情境中敏感性不同

在日常交流中，我们谈论人们具有独特的特质。例如，我们会说"她非常友好""他很懒惰""她真的很聪明"。正如我们在第三章中讨论的基本归因错误，即我们认为他人的特质和特征在很大程度上决定了他人的行为。然而，社会心理学家持有不同的观点。他们认为情境因素同样重要，并认为社会行为是由情境因素和个人特质或特征之间复杂的相互作用而驱动的（例如，Kammarath et al.，2005）。TASS（the traits as situational sensitivities model）就是对这方面进行详细解释的理论。这个理论认为许多方面的人格都以阈限的方式起作用：只有当情境的因素足够强大时，才能激发人格特质使其对行为产生影响。（与之相反，关于个性如何影响行为的传统模型认为，在模糊或"弱"情境——没有明确规定个体应该如何行动——之下，个性因素会对行为的产生有强烈的影响）。

TASS 模型对攻击做出下列预测：只有当情境的因素足够强烈，激活了人的攻击倾向（有时也称作攻击特质）时，这种倾向才会影响攻击行为。对高攻击特质的人来说，即使是很轻微的挑衅也会激发攻击行为；相反，对于低攻击特质的人来说，只有很强烈的挑衅才会引发攻击行为。玛莎（Marsha）和布朗（Brown）（2006）报告了支持这种观点的证据。他们先测量了大批学生的攻击特质，然后让他们进入三种不同的情境，分别是没有来自他人的挑衅、来自他人的中等挑衅、来自他人的强烈挑衅。然后，给三组被试提供攻击这个人的机会（如果对方在一个竞争性的反应时任务中失败了，被试可决定给这个人突发噪音的强度）。研究者预测，对于那些高攻击特质的个体来说，即使是中等强度的挑衅也会引发强烈的攻击反应；然而，对于那些低攻击特质的人来说，中等水平的挑衅不引发或引起较少的攻击反应，只有强烈的挑衅才会引起过度的攻击。实验结果验证了该预测。高攻击特质的个体在受到他人中等程度的挑衅时（对他们的文章给出中等程度的消极评价），也会"暴跳如雷"。相反，低攻击特质的个体，对中等程度的挑衅表现出较少的或不表现出攻击反应，但是当他们受到强烈挑衅时（对他们的文章给出不公正的消极评价，如"这是我读过的最糟的文章"），会做出激烈的攻击反应。

这个研究结果和其他的许多研究都表明，就像性情和特质与其他许多社会行为存在联系一样，人的性情和特质确实和攻击性有着联系，并影响着攻击行为。但我们不确定性情和特质是否是攻击反应的原因。似乎可以确定的是，如果它们确实影响攻击性，也不是以直接的方式发挥影响作用，而是与情境因素一起交互作用，共同影响攻击行为。

A 型行为模式：为什么 A 型人更可能攻击

你是否认识这样的人？你可以把他描述为：(1) 喜欢竞争；(2) 总是匆匆忙忙；(3) 特别急躁和好斗。如果他真的如你所描述的一样，这个人就表现出心理学家所称的 **A 型行为模式**（type A behavior pattern）(Glass, 1977; Strube, 1989)。在这个连续体的对立面是那些没有表现出这些特征的人。这些人并不体现出高竞争性，他们更加放松，并不总是赶着时间，甚至当面对强烈的挑衅也能够保持冷静。这些人的行为被称为 **B 型行为模式**（type B behavior pattern）。

根据上面所提及的这些特征，似乎我们只能预测 A 型人在很多场合会比 B 型人表现出更高的攻击性。事实上，几个实验结果表明确实如此（Baron et al., 1985; Carver and Glass, 1978; Beaman et al., 1993）。

其他研究也发现 A 型人确实对人具有敌意；他们攻击他人不仅仅是因为这是一个达到目的的有效途径，比如赢得体育比赛或是进一步拓展自己的职业，还因为与 B 型人相比，他们还更有可能参与**敌意性攻击**（hostile aggression）行为——这种攻击的首要目标是对受害人造成伤害（Strube et al., 1984）。这样看来，A型人比B型人更有可能参与如虐待儿童或配偶（Strube et al., 1984）的事件。相反，A型人并不比B型人更多参与**工具性攻击**（instrumental aggression）行为——进行攻击不是为了要伤害受害人，而是为了其他目的，如获得对有价值的资源的控制权，或是获得他人对自己表现出"顽强"风格的赞赏。

自恋、自我威胁和攻击：总想高人一等的危险代价

你了解纳西瑟斯（Narcissus）的故事吗？他是希腊神话中的一个角色，由于陷入对自己水中倒影的爱而无法自拔，最后为了能够触摸到水中的自己而溺水身亡。他的名字成为了过分自爱的同义词（也就是自恋）。自恋是指对自己的优点和成就持有过分膨胀的看法。研究发现这一特质与攻击有着重要的联系。尤其是，研究发现当这些自恋者（他们会同意以下言论——"如果我统治这个世界，它将变得更加美好"；"我比其他人更有能力"）的自我受到威胁（即他人表现出伤害他们膨胀的自我形象的言行）时，他们会表现出高水平的攻击（例如，Bushman and Baumeister, 1988; Thomaes et al., 2008）。这些发现给当前许多学校试图以不同方式增强学生自我价值感（许多学校都在使用）的策略提出了一个问题。事实上，将学生的自尊提高到一个不切实际的水平，可能会增加他们对那些威胁其膨胀自我的事件的敏感性！例如，自恋者甚至会对他人很轻微的挑衅做出激烈的反应，因为他们认为自己比其他人好得多，这也就使得他们把别人的温和批评知觉为对自己膨胀的自我形象的强烈诋毁。麦卡洛（McCullough）等人研究了后面的这种可能性（McCullough, Fincham & Tsang, 2003）。

这些研究者认为，因为自恋者的自我膨胀，他们与非自恋者相比会更经常地把自己感知为侵犯行为的受害者。为了验证这一预测，他们进行了一个实验：先让大学生完成自恋的测试，然后让他们写14天的日记，在日记里记录下在这些天里自己受到他人某种方式侵犯的次数。正如预测的那样，在自恋上得分高的个体在日记中也记录下了更多的受侵犯次数。自恋的某些方面——剥削他人或有资格受到他人的优待（如，强烈同意这种说法："我坚持认为应该得到属于我的尊重"）更加能够预测以上结果。最近，研究者做了更进一步的研究（例如，Thomaes et al., 2009），发现帮助修复自恋者受损自我的行为会降低攻击行为。我们将在后面讨论攻击的预防和控制时详细阐述这个研究。我们在此仅强调下面的观点：虽然以各种不同的方式提高学生的自我价值感

会得到许多好处，但往往会适得其反。如果自尊的提升策略用过头了，使他们不切实际地高估自己（如，自恋），当其自我价值感受威胁时会增加他们的攻击倾向（见图10-13）。显然，这是未来一个很值得深入研究的课题。

攻击的性别差异：真的存在吗

男性比女性更有攻击性吗？民间都同意这一说法，这方面的科学研究也认为这一非正式的观察结论是正确的：当被问到是否参加过任何一项的攻击行为时，多数情况下男性比女性所报告的发生率都更高（Harris，1994）。然而，进一步的调查发现，在攻击倾向性上，性别的差异状况却变得很复杂：一方面，男性总体上比女性更有可能进行攻击，也更有可能成为攻击的目标（Bogard，1990；Harris，1992，1994）。而且，这种差异性在人的毕生都存在，甚至在人七八十岁时仍然存在（Walker et al.，2000）。另一方面，在不同情境下，这种性别差异的大小却可能变化很大。

图10-13 自恋：指的是过分喜欢我们自己的优点，也是导致攻击的原因之一
研究发现表明，当自恋者膨胀的自我意象受到威胁后，他们会猛烈抨击他人，变得富有攻击性。

首先，与存在挑衅的情况相比，不存在挑衅时攻击的性别差异很明显。也就是说，当男性和女性都没有受到任何方式的挑衅时，男性对他人进行攻击的可能性显著高于女性（Bettencourt and Miller，1996）。而当两者都处在被挑衅的情境中时，尤其是当这种挑衅很强烈时，攻击性上的性别差异就不存在了。

其次，攻击中表现出来的性别差异大小会随攻击种类的不同而不同，甚至在一些攻击类别中会出现女性比男性攻击性更高的情况。研究发现男性比女性更有可能参与各种形式的直接攻击，这些攻击（如身体攻击、推挤、往别人身上扔东西、吼叫、进行侮辱性评论；Bjorkqvist et al.，1994）明显是直接针对目标的。有趣的是，在攻击规模上的性别差异似乎在减少（Odgers et al.，2007），女性的直接攻击行为（包括暴力行为）的比率也在增加（Graves，2007）。

同样的，尽管人们以前普遍认为男女间接攻击行为（这种攻击行为中攻击者有意隐藏自己的身份，使受害者不知道攻击者是谁，在一些情况下，受害者甚至很难发现自己已经成为蓄意伤害的目标）上存在着巨大的性别差异，但这种差异在降低，实际上这种差异也可能消失了（例如，Richardson and Hammock，2007）。间接的攻击方式包括：散布攻击目标的恶毒谣言、在攻击目标背后说坏话、捏造事件使他们陷入麻烦，等等。研究结果发现，虽然间接攻击的性别差异在孩童身上存在（Bjorkqvist et al.，1992；Osterman et al.，1998），但这种差异可能不会持续到成年期（Richardson and Hammock，2007）。

再次，最近的一些发现指出，无论男女，其攻击性表现有时会令他的社会表现"加分"，可以提升其社会地位和人际吸引力（Hawley et al.，2007），这尤其适用于那些把攻击和高水平的强化人际关系行为（如，高的社交技巧、高水平的外向性）结合在一起的人。这些人们将高水平的攻击行为和亲社会行为、增强人际关系的行为结合在一起，看起来似乎展示出他们高度的外向性。结果他们经常获得有价值的奖励（例如，高社会地位、别人的赞赏），并在同辈中很受欢迎。这种情况被霍利及其同事描述为"坏行为的光明面"，在男女两性中出现的频率相当。而这一事实也说明了，过去可能高估了攻击性的性别差别。我们在第九章中讨论攻击和帮助（亲社会行为）对立这一流行但不正确的观点时，对这一有趣的研究进行了详细的阐述。

总而言之，攻击的性别差异确实存在，不过，这种差异性比人们的普遍看法在程度上要小很多，且似乎在逐年降低。我们希望差异降低的原因是两性的攻击行为都在下降，但是已有的证据表明，这是因为女性的攻击行为增多了，与此同时男性依然保持着较高水平的攻击行为，我们会继续关注其未来的发展情况。世界上的各个社会都在发生着变化，攻击的性别差异可能会以我们无法预测的方式受到影响。

要点

- 个体特质和情境因素交互作用于攻击行为；只有当情境因素（如挑衅）超过了阈限，个体特质才会影响攻击行为。但是，当情境因素非常强烈和清晰时（如强烈挑衅），个体差异就消失了。
- 表现出 A 型行为模式的人比表现出 B 型行为模式的个体更加易怒，更加具有攻击性。
- 高度自恋的人对自己的价值有过度膨胀的认识，当他人威胁到自己的自我价值感时，他们会以高水平的攻击行为回敬。与他人相比，高度自恋的人经常将自己知觉为侵犯行为的受害者，这也有可能导致他们提高自己的攻击水平。
- 总体而言，男性比女性更有攻击性，但这种差异和情境紧密相关，当面对强烈的挑衅时，这种差异就不存在了。男性更有可能进行直接的攻击，而女性则更有可能采取间接的攻击方式。

- 那些将攻击和增强人际关系的技巧结合起来的男性和女性都很受欢迎。这一现象也说明攻击的性别差异比我们过去认为的更小、更为复杂。

攻击的情境决定因素：高温和酒精效应

攻击通常受到社会因素和个体特质的强烈影响，也会受到相关的情境因素和它发生的背景因素的影响。这里，我们将讨论可能影响攻击的众多因素中的两个：高温和酒精。

愤怒的热度：温度与攻击

火冒三丈、火爆脾气、怒气冲天……这类词汇表明温度（或许也包括其他令人不适的因素）和人类的攻击之间存在某种联系。事实上，很多人报告说在闷热潮湿的天气里（见图10-14），他们经常特别容易脾气暴躁和发怒。气候和人的攻击行为之间真的有联系吗？社会心理学家对这一问题已经进行了超过30年的研究。在此期间，无论是研究方法还是所得到的结果都变得越来越成熟。

对这一主题进行的最早研究（例如，Baron，1972）是一些在严格控制的实验室条件下开展的实验研究，其中温度作为自变量被系统性地改变。例如，被试有可能被安排进舒适愉悦的条件（温度控制在70到72华氏度[21-22℃]之间），或者处在很不舒服的高温条件下（温度在94到98华氏度[34-36℃]之间），此后为这些人创造出能够攻击

图10-14 漫长而酷热的夏天：真的会影响攻击吗？
有关令人不适的温度对攻击行为影响的研究表明，二者确实存在着关联。与处在令人惬意的凉爽环境相比，处在令人不适的高温环境下的个体更有可能做出攻击行为。这是否可以解释夏季的几个月里为什么会频频发生暴力滋事的案件？一些证据表明确实如此。

他人的条件（事实上，他们只是认为自己可以伤害某一个人，由于伦理上的考虑，实验者有必要保证伤害不会真正发生）。结果非常出人意料：不论是否被挑衅，高温都降低了人的攻击性，对于这一发现最初的解释是：高温造成了很大的身体上的不适，被试关注于如何逃避高温，这就造成了他们攻击行为的减少。毕竟，攻击很有可能招致受害者不友好的反击，而这又会延长自己的痛苦。

上面的解释似乎是合理的，在高温中，人们会变得昏昏欲睡，并且趋向关注如何减少自己的不舒适感，而不是想着如何去报复他人。然而，这些早期的研究有一些很严重的缺陷，使得这一解释的可信度降低。例如，在实验中，被试只是暴露在高温下几分钟，而在现实生活中，人们在高温下待的时间可要长得多。所以，在接下来的实验中研究者应用了一些其他的方法（例如，Anderson, 1989; Anderson and Anderson, 1996; Bell, 1992）。研究者调查了长期的温度记录和警察局里各类攻击犯罪记录，判断这类犯罪的发生频率会不会随着温度的升高而增加。下面是由安德森等人开展的一个设计精细的研究（Anderson et al., 1997）。这些研究者收集了美国 55 个城市长达 45 年（1950—1995 年）的年度平均温度记录。同时，他们还得到了以下三种犯罪的犯罪率信息：暴力犯罪（严重的袭击、杀人）、财产犯罪（抢劫、偷车）和另一种经常被认为在本质上有很强的攻击性的犯罪：强奸。然后，他们对数据进行分析，看温度是否和这些犯罪有着关联。总的说来，温度高的年份确实出现了更高的暴力犯罪率，但是它并没有引发更高的财产犯罪率和强奸犯罪率。在排除了其他会影响攻击性犯罪的因素（如，贫穷、人口的年龄分布）后，这一结论依然成立。这一发现和其他相关研究发现（例如，Anderson et al., 1996）都表明温度确实与攻击有关。

这个研究做得非常精细，但是，它不能够完全解决一个核心的问题，温度和攻击之间的这种关系存在什么约束条件吗？换言之，随着温度无限制地上升，攻击是否也会无限地增加？还是仅仅到一个温度点，超过这一个温度点，随着温度的上升攻击性反而降低？正如你可能已经想起来的一样，这正是有关该主题最初的实验研究的结果。

洛特恩和科恩（Cohn and Rotton, 1997; Rotton and Cohn, 2000）进行了补充实验，对这一问题进行了仔细的研究。这两个研究者推论：如果人们在感受非常不舒服时（如，温度异常高的时候），确实会设法降低这种不舒服。因此温度和攻击的关系将是傍晚比中午更强。为什么呢？因为傍晚的温度处在峰值以下。换言之，一个具体的优化分析将揭示出白天温度和攻击之间是曲线关系，而在傍晚则是直线关系。这正是他们所发现的结论。

总而言之，研究说明温度和攻击确实具有这样的关系：当人感觉到热时，他们变得易怒，更加有可能对他人进行攻击——尤其是当他们受到挑衅时。例如，拉里克·蒂默曼（Larrickk Timmerman）等人通过对57293次棒球联赛的分析发现，击球手被球打到可能性的增加与温度有关，尤其是当击球手的队员在先前曾被对方的击球手打到时，这一关系更加明显（Larrickk Timmerman et al., 2011）。因此，高温和挑衅的结合增加了攻击行为的发生。然而，这种关系是有一定限度的，因为有以下事实的存在：当人长期处在高温环境后，他们会感觉到非常不舒服，他们会变得昏昏欲睡并且关注如何减少自己的不舒服，而不想攻击他人。除了这种极端的情况，"愤怒的热量"是非常有道理的，当温度上升时，人可能更加容易发火，以致造成严重的社会后果。在如今全球气候变暖的背景下，我们将比过去更加频繁地面对户外令人不舒服的高温，因此我们确实应该考虑高温对我们可能的影响。

酒精和攻击：的确是一种危险的结合

人们普遍认为喝酒以后会变得更有攻击性。酒吧和夜店经常发生的暴力事件也为这种想法提供了证据。酒精确实时常出现在这些场所，然而，其他因素也许应该为那些打架或更糟的事件负责：如竞争中意的伴侣、拥挤甚至是烟雾也会使很多人恼怒（Zillmann et al., 1981）。系统的研究得出的酒精和攻击之间关系的结论有些什么呢？有趣的是，研究结论认为酒精确实与攻击行为有着千丝万缕的联系。

一些实验发现喝了一些酒（足够让他们喝醉）的被试比没有喝酒的被试在行为上更具有攻击性，对挑衅的反应也更强烈（例如，Bushman and Cooper, 1990；Gustafson, 1992）。例如，詹科拉（Giancola）和同事（2009）在研究中让男性和女性被试喝含酒精的饮料（根据体重，男性喝的酒精量是体重的0.1%，女性为0.09%）或不含酒精的饮料（在饮料中滴了几滴酒精，以使它和含酒精的饮料闻着一样）。然后，被试和一个对手玩一个游戏，两人就反应时进行竞争（比较谁的反应快）。配对的两位参与者都要为对方设置电击，而输掉比赛的那一方将遭到电击（实际上，那个竞争者是不存在的）。首先，对手设置了很轻微的电击（在得到被试同意的前提下，他们受到了这个电击）。然后，对手设置了最高强度的电击。被试将会如何反应呢？如图10-15所示，就为对手设置电击强度这点而言，男性比女性更具攻击性，但是酒精增加了男女两性的极端攻击性（被试为对手设置了最强的电击）。虽然酒精促进攻击的效应在男性中大于女性，但在男女两性中都存在这一效应。

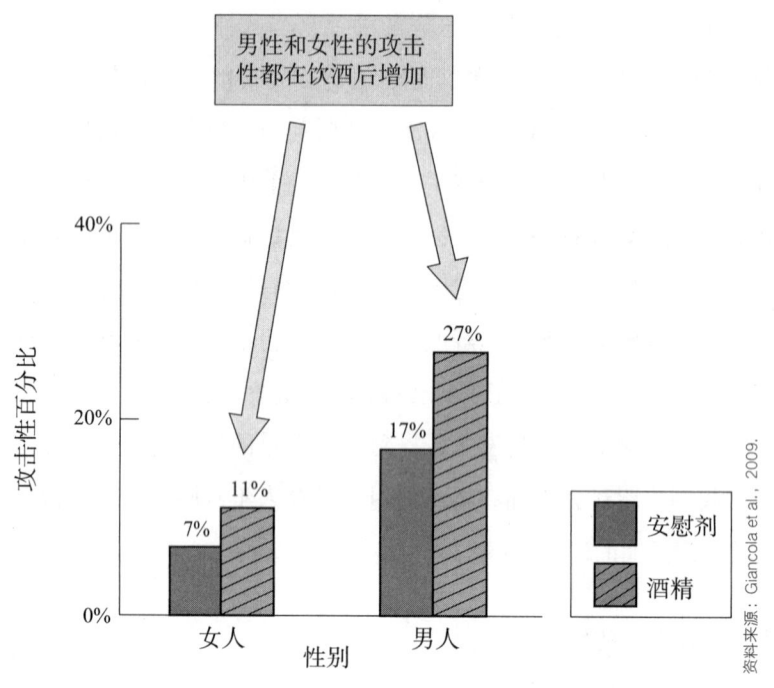

图 10-15　酒精：有证据表明会增加两性的攻击性

尽管女性在完成反应时竞赛任务时的攻击性低于男性，但喝酒之后男女两性的攻击性都增加了。

图中标注：男性和女性的攻击性都在饮酒后增加

资料来源：Giancola et al., 2009.

　　但是酒精为什么会产生这样的效应呢？它只是简单地消除了对冲动性和危险性行动的抑制吗？还是它使人们对挑衅更为敏感，所以他们更有可能表现得富有攻击性（例如，Gantner and Taylor, 1992）？换言之，酒精是否使人们对挑衅的攻击反应阈限降低了？所有这些可能性都是合理的，因为它们都得到了证据上的支持。然而，最近的研究认为酒精对攻击的效应至少部分是来源于认知功能的削弱，而这又会导致社会感知功能的削弱。特别需要说明的是，有几个研究发现（例如，Bartholow et al., 2003）酒精会损害高级的认知功能，如对刺激和记忆的评估。而这就使得个体难以评估别人的意图（有敌意的还是没有敌意的），同时也更难评估自己的各种行为（包括攻击）会产生怎样的后果（例如，Hoakrn et al., 1998）。例如，喝了酒的人在面对他不喜欢的人所发出的积极信息时，他对这些信息的加工能力会下降。这就意味着：如果这些人对他们进行挑衅，然后道歉，他们因为喝了酒就不能仔细加工这些信息，所以忽略了道歉，从而表现出攻击行为。虽然目前这只是推论，但该推论与有关酒精效应的其他研究发现是一致的（例如，Bartholow et al., 2003）。

要点

- 高温通常会提高个体的攻击性，但限于某一温度以下。温度超过某个节点后，温度上升，攻击性反而会下降。
- 喝酒可以提高两性的攻击性，这可能是因为酒精降低了个体加工某些信息的能力。

第3节 霸凌：针对某人的反复侮辱

你在学校时知道有过霸凌行为的发生吗（一些学生频繁地欺负另一些学生，给他们的生活带来了痛苦）？不幸的是，霸凌行为很常见。几乎每个人都经历过或看见过霸凌（bullying）的发生——这种行为指的是一个人反复攻击那些没有或少有能力回击的人（Olweus，1996）。换言之，在霸凌关系中，一人是攻击的一方，另一人是接受攻击的一方。对霸凌的最初研究认为这种关系主要发生在儿童和青少年期，其实在其他环境中这种现象同样很普遍，如工作场所和监狱（例如，Ireland and Archer，2002；Neuman and Baron，待发表）（见图10-16）。确实，研究发现监狱里50%的人每星期至少可以看到一次霸凌的场景（Ireland and Ireland，2000）。所以，在这一部分我们将会讨论许

图10-16 霸凌：攻击者对没有能力保护自己的受害者实施的行为
霸凌行为在校园里的孩子间经常发生，也发生在工作场所，粗暴的老板有时会欺负某些员工。

多不同场景下发生的霸凌研究。

为什么人们会做出霸凌行为

关于霸凌行为的一个最基本的问题是：它为什么会发生？为什么有些个体会选定目标后对其实施一次又一次的恐吓？这一问题虽然没有明确的答案，但是有两个动机看起来起了关键作用：对他人进行控制的动机和成为"强硬"组织中的一员从而获取较高地位的动机（例如，Olweus, 1999; Roland, 2002）。罗兰（Roland）（2002）开展的研究明确发现了这两个动机。该研究中，两千多名挪威儿童回答了一些问题，这些问题旨在测量他们对他人行使权力的愿望、成为强势群体中一员的愿望和他们不高兴或抑郁的倾向（之前的研究指出感觉到抑郁是霸凌的一个因素，因为霸凌使得霸凌者感觉更好）。而霸凌的数据则通过询问儿童霸凌其他儿童的频率（从不、有时、每星期一次、每天）得到。这些霸凌的自我报告总体上与老师的评价是相符的。

结果呈现出很有意思的性别差异：对男孩来说，获得权力的愿望和成为强势群体成员的愿望与霸凌行为显著相关，然而抑郁程度却和霸凌行为没有相关；对女孩而言，这三种动机都与霸凌相关。这就意味着，对女孩来说，攻击那些没有能力进行报复的个体可以作为缓解自己抑郁情绪的一种方式。当然还有其他因素能够影响霸凌，但是上面提到的动机是促成霸凌行为最重要的原因。

霸凌者和受害者的特征

霸凌者总是霸凌者，受害者总是受害者吗？人们的常识认为，这两种角色是相对固定的。然而事实上，很多研究得出的结果却表明他们的角色是不固定的。很多人在一种情境中是霸凌者，在另一情境中却可能是受害者，反之亦然。所以我们需要考虑一下三者所组成的各种组合：纯霸凌者（总是而且只是霸凌者）、纯受害者（总是并且只是受害者）、霸凌—受害者（根据情境的不同，在霸凌者和受害者之间转化）。

但是，除了我们之前阐述过的获得权力和成为强势群体中一员的动机外，是什么让人开始变成霸凌者？对霸凌行为的深入研究发现，霸凌者认为其他人会按照自己的意图行事，以及霸凌者长期养成的性格因素是其中的两个原因（Smorti and Ciucci, 2000）；相反，受害者会认为他人遇到这种情况，至少会部分地像自己一样行事，因为他们认为自己是按照外在的事件情形（包括了别人对待自己的方式）进行反应的。

另一个不同是：霸凌者（还有霸凌的受害者）的自尊低于其他人，所以他们需要通过攻击他人来建立自尊。另外，霸凌者倾向于用无情的、操控的方式来对待生活和别人（例如，Andreou，2000；Mynard and Joseph，1997）。他们认为其他人是不可信的，所以失信于他人和不公平的占他人的便宜是合理的（如，别人警戒松懈时攻击他人）。

最后，霸凌者和霸凌—受害者认为对霸凌最好的反应是进行攻击。他们比其他人更相信高的攻击性能够带来别人的尊重（Ireland and Archer，2002）。

减少霸凌的发生：一些积极的措施

霸凌会给受害者带来毁灭性的打击，事实上很多例子中，那些遭到同班同学反复霸凌的受害者最后选择了自杀（O'Moore，2000）。而同样的情况也经常发生在监狱里，那些受到囚犯同样残忍对待的人往往会认为唯有一死才能摆脱霸凌。这些令人沮丧的事实使我们提出下面的问题：我们能够做什么来减少甚至消除霸凌呢？研究者通过很多研究项目来寻求答案，其中一些研究项目涉及几个国家的整个学校或是整个监狱系统，研究结果还算是比较振奋人心的。以下就是这些主要发现的概要。

- 首先，霸凌问题应该引起相关人员的认真严肃对待，包括老师、父母、学生、囚犯、看守、同事和上级（如果霸凌发生在工作场所）。
- 如果霸凌发生了，代表权威的人（如老师、监狱看守、上级）应该多加关注并且立场鲜明地反对霸凌。
- 必须给潜在的受害者提供如何应对霸凌的直接方法：必须告诉他们当霸凌发生时该如何去做和该向谁求助。
- 外界帮助对确定霸凌的原因和制定出减少霸凌行为的方案很有用。

重视以上几点的计划产生了令人鼓舞的结果。总而言之，我们似乎有理由保持乐观，只要霸凌行为能够被认真对待并且采取相应的措施，它是可以减少的。（霸凌只发生在面对面的情境中吗？或者也发生在网络空间中？对这个话题的讨论请见"互联世界中的社会生活：网络霸凌"）

互联世界中的社会生活

网络霸凌

如上所说，霸凌是一个人对另一个人或一些人的反复攻击（例如，Scheithauer and Hayer, 2007）。一般来说，对霸凌的研究主要考察了学校的学生之间的霸凌和工作场所职员之间的霸凌。但事实上，越来越多的研究证据表明，霸凌也会发生在网络聊天室中，通过电子邮件的方式，或者发生在其他网络情境中。网络霸凌可以有很多不同形式，如侮辱、排斥、勒索（Newman and Murray, 2005）。像面对面的霸凌一样，网络霸凌也是很常见的，并在不断上升。最近，卡策尔（Katzer）等人的研究证明了这些观点。

这项研究的对象是德国学校的学生（平均年龄 14 岁），让他们完成霸凌 / 受害问卷以及其他的一些测验（如，他们父母的教养方式）。研究结果比较丰富，也令人不安。首先，大部分的学生经常经历网络霸凌（一月超过一次）。例如，24.7% 的学生报告在聊天时遭到过侮辱，36.2% 的学生报告有其他的聊天者打断他们的对话。将近有 10% 的学生报告他们在聊天时遭到排斥，超过 16% 的学生报告他们遭到聊天者的诽谤。将近 4% 的学生说他们在聊天时遭到勒索，12% 的学生报告他们在聊天时被其他聊天者取笑。而且，这些事件更可能发生在某些学生身上，与在面对面的情境中（如学校）某些人经常遭到他人霸凌一样，只是在这个例子中是通过网络的方式而不是面对面。

一些特征可以预测谁更易成为受害者。例如，不受欢迎的学生、在聊天室爱撒谎的学生更易成为受害者。和那些远离聊天室的人相比，那些进入聊天室并被认为是"危险"的人更易成为受害者。而且，毫不奇怪，那些在学校容易成为受害者的人在网络聊天室里也容易成为受害者。

基于这些研究发现，作者提出了一些使学生免受网络霸凌的建议。首先，学校应该组织一些活动使学生提防这些危险，并为他们提供报告网络霸凌的途径。其次，应该警告学生小心网络上一些"危险的地方"，以使他们避开那些容易让他们沦为受害者的网络环境。其次，"网络警察"（也许是学生们自己）应该监管访问量大的网络聊天室，并为受害的学生提供帮助。最后，或许可以用"虚拟帮助者"（在未暴露真实身份的情况下帮助受害者）的形式为网络霸凌的受害者提供网络帮助。

总之，这项研究所传达的意思是清楚的：像其他形式的攻击一样，霸凌也发生在那些十几二十年前根本就不存在的情境中。影响面对面攻击形式的因素，可能也在这种间接的、给人带来巨大痛苦的攻击形式中起着一定的作用。

要点

- 霸凌是指对某人实施反复攻击的行为，而这个人因为各种各样的原因不能保护自己免于这样的虐待。霸凌出现在很多场所，包括学校、工作场所和监狱。很少有儿童是单纯的霸凌者或是受害者，更多的是扮演两种角色。霸凌者和霸凌—受害者比没有卷入霸凌的个体表现出更低的自尊水平。

第4节 攻击的预防和控制：一些有用的技巧

在这一章中，我们希望你能够记住并学到的观点是：攻击并非无法避免或是无法改变。相反，因为攻击源于认知、情境因素和个性特征间的复杂交互作用，所以它是能够被预防和降低的。在头脑中有了这种乐观的态度后，我们将探讨几种方法，当这些方法被恰当应用时，能够有效地减少人类攻击行为发生的频率和强度。

惩罚：甜点还是威慑

在世界上的大多数社会中，**惩罚**（punishment）——给人厌恶的结果——是降低攻击的主要手段。对那些参与攻击的人处以大量的罚金，把他们关进监狱里，甚至在一些国家这些人会因为攻击行为而遭到隔离或是身体上的惩罚（见图10-17）。在很多的

图 10-17 惩罚:有效遏制攻击的方法?
很多社会会对攻击行为进行惩罚(例如罚款、坐牢及其他更严厉的手段)以求遏制这种行为,这种方法有效吗?有关这个复杂问题的研究证据并没有得出一致的结论。

案例中,这些人都被关在监狱中一段时间,而在一些地方的极端案件中(如连环杀人案),当事人可能会遭到死刑的惩罚——对罪犯的合法处决。为什么如此多的社会都要惩罚攻击行为?主要原因有两点(例如,Darley et al., 2000)。

首先,一种广为接受的观念认为:在社会中表现出不合理的攻击行为的个体理应受到惩罚。他们对他人和社会造成了伤害,应为自己的罪行进行补偿。持有这种观点的人认为攻击者受到处罚的量应该与他造成伤害的严重程度相匹配(如,打断别人胳膊受到的惩罚在强度上应该弱于长期伤害别人或杀害别人受到的惩罚)。另外,量刑的大小还应考虑到可使罪行减轻的可能情况。如,攻击时是不是出于一个"好"的动机。比如,是否是为了自我防卫或是保护家人。

其次,惩罚那些表现出攻击行为的人是为了阻止他们将来再做出同样的行为。基于这样的理由进行惩罚,暗示了应该对罪行被发现的容易程度加以仔细考量和关注。如果攻击行为很不容易被发现(如,采取隐蔽的、暗地里的方式来伤害他人),它们就应该被重重地惩罚,因为只有这样才能阻止当事人再次采取相同的行动(因为当事人认为自己能够不被发现,所以很有可能再次行动)。同样,公开惩罚比秘密惩罚在阻止再次犯罪上更有效,特别是在那些将当众受辱视为严重消极结果的文化中。

对某一具体的攻击行为或是其他的违法犯罪行为给出恰当量刑的决策过程中,上面两种观点中的哪一种更重要呢?卡尔史密斯(Carlsmith)等人的研究认为,从总体上看第一种看法占统治地位(Carlsmith, Darley & Robinson, 2002)。所以在不同的背景下,大部分人都认为惩罚的量应该与罪行的严重程度相当。

用惩罚减少攻击行为的理由还有一种,那就是有一些惩罚至少在一定程度上可以消除对社会有危害的人(如,把他们关进监狱)。通过这种方式,也就保护了那些将来可能受到伤害的人。这种看法有没有根据呢?事实上,统计数据显示,当人进行了某种形式的暴力犯罪后，他们很有可能再犯同样的错。如果真是这样，那么把这些人从社会中移除确实可以防止他们对其他人再做出同样的攻击行为（然而，他还有可能对其他囚犯进行攻击）。这是支持对犯有攻击罪的人判处长期徒刑的又一个理由，然而这点很少被审判者和检控官所提及。

关于惩罚的另一个重要却简单的问题是：惩罚有效吗？它真的能够降低某些人参与伤害他人的攻击行为吗？目前的研究结论比较一致：惩罚确实能够减少攻击行为，但是，要满足下面四个基本条件：（1）惩罚必须是及时的，它必须尽快地出现在攻击行为之后；（2）惩罚必须有必然性，攻击行为被惩罚的可能性要尽可能高；（3）惩罚必须是强烈的，强到足够让潜在接受者感到非常难受；（4）惩罚必须被接受者知觉为公正的、罪有应得的。

不幸的是，在很多国家的犯罪审判系统中，并不能满足以上条件。在大部分社会里，对攻击行为的惩罚通常要延迟几个月甚至是几年。同样，很多的罪犯逃过了被捕和定罪，所以惩罚的必然性很低。量刑本身就随着地区的不同甚至是法院的不同而有很大的差异。而且惩罚经常被认为与罪行不一致，量刑被认为是不公正的、不适当的。所以，在这种情况下，那些被惩罚的人就会认为这些惩罚是对自己的挑衅和攻击——我们从前面已经知道，挑衅是攻击的强有力的诱发因素。考虑到这些事实，我们对惩罚的威慑力——甚至是严厉的惩罚——在阻止暴力犯罪上没有效用就不难理解了。使惩罚有效的条件还未具备，这可能是因为很多法律系统在本质上有缺陷。所以，我们得出结论：那些认为通过对攻击和犯罪行为进行严厉惩处就能够阻止类似行为再次发生的看法是盲目乐观的。但是，你还须明白，其他减少攻击行为的技术，包括几种基于社会认知原则的方法却有效得多。

自我调节：控制攻击的内在机制

从进化的角度来看，至少在某些情境中，攻击可被视为一种适应性行为。例如，通过攻击的方式驱赶走潜在的竞争对手，以获得中意的伴侣。因此，尤其是对男性来说，对他人强烈的攻击倾向能够产生一些有益的结果。另一方面，在人类社会中共同生活通常要求人们抑制自己的攻击行为。因为对别人的每一次挑衅都做出攻击反应是不适宜生存的，并会严重扰乱社会生活。因此，我们有理由相信人本身具有一些内在的机制，以帮助我们抑制愤怒和过激行为（例如，Baumeister，1997，2005）。我们将这些机制统称为自我调节（或自我控制），指的是控制自身行为（包括攻击）的能力。

不幸的是，这种自我调节通常要求人们做出认知上的努力，因此，这种控制机制失效的原因之一是我们没有足够的认知资源。换言之，攻击行为的发生是因为我们将认知资源放在其他的一些任务上，以至于我们没有足够的剩余资源用于执行这重要但要求很高的控制功能。事实上，一些研究结果表明，自我控制像其他资源一样，会因为其他任务对认知资源的消耗而减少（例如，Baumeister et al., 2007；De Wall et al., 2007）。在一个研究中，当被试用尽了他的自我控制时（如，抵抗甜甜圈的美味诱惑），他们比那些没有用尽自我控制的被试更具有攻击性。

然而，令人振奋的是，其他的一些研究发现表明对攻击冲动的控制并不一定需要认知资源的参与（例如，Mauss et al., 2006）。事实上，当个体对自己能够控制情绪持有积极态度时，他们能毫不费力的抑制攻击行为——仅仅是因为他们对施加这样的情绪控制持有信心。此外，个体对攻击行为的自我调节中还涉及一种**亲社会思维**，如考虑到帮助、照顾他人（见第九章）。当遭到挑衅或处于容易引发攻击的情境中时，越是有亲社会思维的人，他们越不可能表现出攻击行为（Meier et al., 2006）。

那么，这些有趣的发现对我们有什么帮助？它为我们提供了一条减少人类攻击的有效途径——或许非常有效——即加强能够控制攻击行为的内在管理机制。因为我们每个人都拥有这种机制，因此主要的任务就是使它们变得更强大，并且不被其他需要认知资源的任务压倒。如何使对攻击的内在约束得到加强呢？这可以通过几种不同的方式。如，设置非攻击性的榜样，这些榜样即使面对很强的挑衅也抑制了自己的攻击行为（例如，Bron and Richardson, 1994），给人们提供增强内在约束的训练。另外，也可以训练个体识别认知资源通常在什么时候正在被消耗，因为在这种情况下最容易发生不适当的攻击行为。

宣泄："发泄情绪"真的有帮助吗

当我们三位作者中的一人（罗伯特）还是小孩时，他的祖母通过下面的这句话来缓解他的怒气："亲爱的，让它发泄出来吧……不要把它憋在心里，这对你不好。"也就是说，这位祖母坚信**宣泄假说**（catharsis hypothesis）——这个假设认为个体如果将内心的愤怒、敌意用无害的方式发泄出去，他们卷入更危险的攻击方式的可能性就会降低（Dollard et al., 1939）。

这是真的吗？大多数人相信这是真的。例如，新闻栏目记者（包括"Dear Abby"）经常倡导人们应该将他们的攻击性情绪和想法表达出来，以达到降低攻击性的目的。这种观念造就了生产供人们"摆脱"攻击冲动的玩具或游戏这样一种小型产业（见图10-18）。但是社会心理学家有关宣泄的系统研究对这种观点提出了质疑。人们对宣泄有效性的普遍信念是不合理的。相反，所谓的发泄活动，诸如观看、阅读、想象攻击行为，或者以攻击的方式"玩乐"（打沙袋），更可能增加后续的攻击行为，而不是减少它（例如，Bushman，2001；Bushman et al.，1999）。安德森（2003）的研究清楚地证明了这一事实。

图10-18 宣泄：真的管用吗？
很多人都相信，通过相对安全的活动（例如击打沙袋）释放攻击性冲动能够减少公然的攻击行为。然而，事实上研究结果表明，这些活动更有可能增加个体的攻击性而不是降低攻击性。

这些研究者推论，如果宣泄真的有作用，那么听含有暴力性歌词的歌曲会使人们将攻击性的想法或情绪发泄出来，因此他们的敌意会降低，攻击性想法会变弱。然而，如果宣泄不起作用（基于前面的研究，研究者并不认为它会起作用），那么听含有暴力性歌词的歌曲可能会增加敌意和攻击认知。为了检验这两种相互矛盾的预测，研究者进行了一系列研究。在研究中，先让被试听两种类型的歌曲（暴力或非暴力），然后测量他们当时的情绪（敌意或友好）和攻击性认知（如，在攻击性词语和模糊性词语间被试感觉到多少相似性，选取的这些词语既有攻击性含义也有非攻击性含义，如小巷、警察；被试从电脑屏幕上读出攻击性和非攻击性词语的速度）。这些研究结果是一致的：在听了暴力性歌曲后，其敌意情绪和攻击性想法都增加了，因此宣泄的确不起作用。

为什么宣泄不起作用呢？原因如下：首先，当人们想到自己受到别人的不公对待并想着伤害这些人的方式的时候，愤怒是会增加的；其次，观看暴力场景、听暴力性歌曲，或仅仅是思考复仇和其他攻击性活动，都可能激起更多的攻击性想法和情绪。反过来，这些攻击性想法、情绪会使人们对真实的社会交往活动产生误解，以至于将他人模糊的行为理解成敌意行为（前面讲到的暴力性电子游戏效应就印证了这一点）。宣泄的结果是使攻击增加，而不是像宣泄假说宣称的那样会降低攻击性。最后，即使宣泄有作用，这种作用也只是短暂的；不论是什么事情激起人们的愤怒，它都可能再次发生，因此宣泄的任何好处都只能是暂时的。

宣泄假说有一定的合理性吗？或许只有这一点是正确的：表达出愤怒会使人们在情感上感觉好受些。任何一个打过自己枕头或朝司机愤怒喊叫（即使他根本听不见）过的人都会体验到这种效果。但是研究结果表明，这种效应不会真正降低人们卷入攻击行为的长期倾向。实际上，既然压力缓解让人感到愉悦，宣泄情绪的长期效应或许是强化攻击冲动，而不是弱化攻击冲动。

总之，社会心理学家的系统研究表明，"常识"信念对宣泄效果的看法（以及弗洛伊德和其他人针对宣泄效应的建议）是站不住脚的。因此我们应该抵制那些新闻专栏记者的劝导，并且不要相信宣泄是掌控自己愤怒和攻击的有效手段。

通过维护自尊减少攻击

你能想起我们前面对自恋（一些人对自我价值持有的膨胀而不恰当的看法）的讨论了吗？那么你就会想起这些人在自我价值受到威胁时（一些事打击了他们过度膨胀的自我意象）很可能对他人进行猛烈回击（Thomaes et al., 2008）。考虑到许多学校都把增强学生的自尊作为一项重要目标，这很可能导致学生变得越来越自恋。如果真是如此，这就提出了一个有趣的问题：有什么方法可以降低高自恋人群的攻击性吗？根据推测，通过一些方式保护和巩固高自恋人群的自尊也许可以防止他们卷入攻击行为，因为这样就会降低特定事件对他们膨胀自我意象的威胁程度。托马斯（Thomaes）及其同事（2009）就进行了一项研究检验这个推测。他们首先测量了12—15岁学生的自恋水平，再把他们分为两组，完成一项会巩固或不会巩固他们自尊的任务。通过让学生写下他们最重要的个人价值以及看重这些价值的理由这一方式来巩固他们的自尊。这种方式之所以能巩固自尊是因为这提供了让学生进行**自我肯定**（self-affirmation）的机会。相反，另一情况下（写出他们最不重要的价值）就不会产生这种效果。有关被试攻击行为的真实信息通过同学的评价获得。结果发现，在没有巩固自尊的条件下，高自恋学生比低自恋学生对同学表现出更多的攻击性。而在巩固自尊的条件下，高自恋学生表现出的攻击性和低自恋学生没有显著差异。

这些发现再次表明了我们想要表达的主要观点：攻击不是不可避免的，即使是对那些有攻击特质的人来说。在恰当的条件下，我们是可以通过有效的干预措施避免攻击行为的（这会让攻击者及潜在的受害者都受益）。

要点

- 如果能够满足几种特定的条件，**惩罚**是降低攻击的一种有效方式。但是，这些条件很难被满足。
- **宣泄假说**基本上是错误的。参与激烈的活动可能会缓解个体的消极情绪，但这只是暂时的，通过宣泄这种明显"安全"的攻击形式并不会降低个体之后的攻击性。
- 可以通过内在自我调节过程约束攻击。然而，如果这些过程需要的认知资源被消耗了，攻击行为更有可能发生。
- 通过巩固自尊的方法可以有效降低高自恋人群的攻击性，因为这样就会避免他们因为自尊受到威胁而做出攻击行为。

总结与回顾

- **攻击**是指故意对他人施加伤害。虽然大多数社会心理学家拒绝接受人类的攻击由基因因素决定这一观点，但是持进化观点的理论家认为，基因因素在人类攻击行为中起着一定的作用。**驱力理论**认为人类的攻击主要是由外部因素引起的伤害他人的驱力所引发的。这种理论中最著名的例子是**挫折—攻击假说**。现代的攻击理论（如**攻击的综合模型**）意识到了纳入各种诱发因素的重要性，如个体差异、情绪状态，尤其是认知过程。

- 与著名的挫折—攻击假说相反，并非所有的攻击都来源于挫折，同样，挫折并不一定导致攻击。只有在非常有限的情形下，挫折才是诱发攻击行为的强有力因素。相比之下，他人的**挑衅**是诱发攻击行为的强有力因素。甚至轻微的取笑也能诱发攻击，该效应的强度存在文化差异。如果某一情境中产生的高唤醒水平延续至另一些情境中，并被错误地解释为新情境引起的愤怒，那么这一唤醒就会增强攻击性。

- 许多研究发现，观看媒体中的暴力内容会提高观看者的攻击性，这是由多种因素造成的，如观看暴力内容启动了攻击性的想法，削弱了对攻击的抑制，对暴力的去敏感化。玩暴力电子游戏会增强个体的攻击性认知、情绪及公然的攻击行为，也会降低我们对他人的同情和亲社会行为。人们喜欢玩暴力电子游戏并不是因为其中的攻击性内容，而是因为它能满足人们的胜任需要和自主需要。

- **名誉文化**中存在这样一种强有力的规范，它要求个体用攻击行为对威胁自己名誉的人进行报复，这些规范至今依然存在，能帮助我们理解不同地区攻击行为发生频率的差异。性嫉妒是造成亲密伴侣间攻击行为的一个主要原因。进化论认为，男性因为伴侣性出轨行为而产生嫉妒情绪的原因在于父子关系的不确定性，女性因为伴侣感情出轨而产生嫉妒情绪的原因在于她们需要伴侣帮助自己抚养孩子。男子气概比女子气更不稳定，男子气概可以因为很多事件而丧失（例如，不能维持家计）。这意味着，男性在男子气概受到威胁后可能会做出攻击行为，以找回或保护自己的男子气概。研究结果支持了这一观点，也突出了文化关于性别角色的界定对攻击行为的重要影响。

- 个体特质和情境因素交互作用于攻击行为；只有当情境因素（如挑衅）超过了

阈限，个体特质才会影响攻击行为。但是，当情境因素非常强烈和清晰时（如强烈挑衅），个体差异就消失了。表现出 **A 型行为模式** 的人比表现出 **B 型行为模式** 的人更加易怒，更加具有攻击性。高度自恋的人对自己的价值有过度膨胀的认识，当他人威胁到自己的自我价值感时，他们会以高水平的攻击行为回敬。与他人相比，高度自恋的人经常将自己知觉为侵犯行为的受害者，这也有可能导致他们提高自己的攻击水平。

- 总体而言，男性比女性更有攻击性，但这种差异和情境紧密相关，当面对强烈的挑衅时，这种差异就不存在了。男性更有可能进行直接的攻击，而女性则更有可能采取间接的攻击方式。那些将攻击和增强人际关系的技巧结合起来的男性和女性都很受欢迎。这一现象也说明攻击的性别差异比我们过去认为的差异更小、更为复杂。

- 高温通常会提高个体的攻击性，但会止步于某个温度值。温度超过某个节点后，温度上升，攻击性反而会下降。喝酒可以提高两性的攻击性，这可能是因为酒精降低了个体加工某些信息的能力。

- **霸凌**是指对某人实施反复攻击的行为，而这个人因为各种各样的原因不能保护自己不受这样的虐待。霸凌出现在很多场所中，包括学校、工作场所和监狱。很少有儿童是单纯的霸凌者或是受害者，更多的是扮演两种角色。霸凌者和霸凌—受害者比没有卷入霸凌的个体表现出更低的自尊水平。

- 如果能够满足几种特定的条件，**惩罚**是降低攻击的一种有效方式。但是这些条件很难被满足。**宣泄假说**基本上是错误的。参与激烈的活动可能会缓解个体的消极情绪，但这只是暂时的，通过宣泄这种明显"安全"的攻击形式并不会降低个体此后的攻击性。可以通过内在自我调节过程约束攻击。然而，如果这些过程需要的认知资源被消耗了，攻击行为更有可能发生。通过巩固自尊的方法可以有效降低高自恋人群的攻击性，因为这样就会避免他们因为自尊受到威胁而做出攻击行为。

关键术语

A 型行为模式（type A behavior pattern）：一种行为模式，主要表现为高竞争性、高时间紧迫感和敌意。

B 型行为模式（type B behavior pattern）：一种行为模式，主要表现为缺乏与 A 型行为模式相联系的特征。

霸凌（bullying）：他人或者其他群体选中某个个体目标进行反复攻击的行为。其中目标人物（受害者）通常比实施攻击的人（霸凌者）弱小。

惩罚（punishment）：当个体做出特定的行为后，给予令其厌恶的结果。

挫折—攻击假说（frustration-aggression hypothesis）：该假设认为挫折是影响攻击的一个强有力因素。

敌意性攻击（hostile aggression）：这种攻击的首要目标是对受害人进行某种形式的伤害。

攻击（aggression）：对一个试图逃避伤害的生物体进行有目的的伤害行为。

（攻击的）驱力理论（drive theories [of aggression]）：这一理论认为，攻击源于唤醒了伤害他人动机的外部条件。其中最有名的是挫折—攻击假设。

攻击的综合模型（general aggression model, GAM）：解释攻击行为的一个现代理论，认为攻击行为是由影响唤醒水平、情绪状态和认知的各种因素所引发。

工具性攻击（instrumental aggression）：这种攻击的首要目标不是为了伤害他人，而是为了达到其他目的（例如，获得宝贵的资源）。

激发转移理论（excitation transfer theory）：这一理论认为，某一情境中产生的唤醒水平会持续一段时间，并会强化随后情境中产生的情绪反应。

名誉文化（cultures of honor）：该文化中有一种很强的规范，认为当自己的名誉受到他人侮辱时，用暴力进行还击是合理的。

取笑（teasing）：针对目标的缺陷和瑕疵的激怒人的言语。

TASS 模型（TASS model）：该模型认为，人格特质在不同情境中的敏感性不同，许多人格特质都以阈限的方式起作用：只有当情境因素唤起了个体的人格特质后，人格特质才能影响个体的行为。

挑衅（provocation）：他人发起的意在激起个体攻击性的行为，这些行为通常被知觉为心怀恶意。

网络霸凌（cyberbullying）：发生在聊天室和其他网络环境中的霸凌行为（针对具体目标人物的反复攻击行为）。

宣泄假说（catharsis hypothesis）：该假说认为，给愤怒的人提供相对安全地表达攻击冲动的机会，会降低个体做出更有危害性的攻击行为的倾向。

自我肯定（self-affirmation）：指的是通过肯定个体在其他领域（有别于受到威胁的领域）的能力来应对自我概念受到的威胁。

第十一章

群体和个体：归属的结果

本 章 大 纲

- **群体：我们何时加入，何时离开**

  群体：其主要特征

  加入群体的得与失

- **他人在场的影响：从任务表现到身处人群中的行为**

  社会促进：他人在场时的表现

  社会懈怠：让其他人来做这份工作

  身处人群中的效应

- **群体中的协调：合作还是冲突？**

  互联世界中的社会生活：通过电脑沟通与他人合作

  合作：为了共同目标与他人共事

  回应并且解决冲突：一些有用的技巧

- **群体中的感知公平：它的性质及其影响**

  判断公正的基本原则：分配公平、程序公平和事务性公平

情绪与群体：某个群体的成员何时会感知到另外一个群体在反对他们

- **群体决策：如何发生以及所面临的陷阱**

  群体决策的过程：群体怎样达成共识

  群体决策的缺陷

- **群体情境下的领导角色**

当乔治·W. 布什（George W. Bush）的财政部长亨利·保尔森（Henry Paulson）和美联储主席本·伯南克（Ben Bernanke）极力说服美国参议院议员同意7000亿美元的紧急救助计划时，人们才开始真正意识到2008年的经济危机。伯南克警告说，如果没有大量的资金救助和刺激消费，经济会崩溃。在他发出这个警告之前，各方都判断这次的经济危机是20世纪90年代中期的房屋抵押贷款和银行系统所导致的，在那期间，包括个人及组织在内的大量玩家都参与了这次导致经济危机的事件。这其中包括美国证券交易委员会，它是调控银行投资行为的主要政府机构，还有房地美（Freddie Mac）和房利美（Fannie Mae），它们都是半官方机构，促成了大量次级抵押贷款。

另外一个重大的危机是英国石油公司漏油事件，它给美国的经济带来了巨大的影响。这场危机始于2010年4月20日墨西哥湾深水地平线油井的一场爆炸，大约三个月以后，也就是7月15日，这个油井被封闭了，尽管仍然不确定封闭油井是否会导致石油从海床下的钻探管渗漏。除了英国石油公司的主要责任以外，还有很多证据指向矿产管理局的长期玩忽职守和不负责任。

以上每个案例中都有一位个体代表吸引了公众的注意力。在经济危机中，高盛公司的CEO劳埃德·布兰克费恩（Lloyd Blankfein）试图为公司的行为辩护；同样，英国石油公司的CEO托尼·海沃德（Tony Hayward）作为公司的发言人也试图这样做。这两场灾难分别发生之后不久，出现了如图11-1所示的后果，这两名CEO似乎让公众产生了更多的愤怒，而这些愤怒不是他们可以平息的。

图 11-1　个体决策和群体决策：哪一个导致了灾难？
是这些机构的领导（CEO），还是群体及其决策导致了经济危机以及石油污染危机？

作为公众（以及受害者），当灾难发生后，人们倾向于去指责作为个体的 CEO。部分原因在于这些 CEO 是组织最明显的代言人——并且几乎很确定他们在这些事件中发挥了一定作用。此外，考虑到目前 CEO 获得的高额报酬，这可能会看起来公平一点。不过也有很多人认为群体比个人更容易做出导致灾难的决策。在这一章，我们将通过相关研究探讨"个体和群体谁更会做出冒险（或糟糕）的决定"。或许个体和群体都应该（或必然）对创造引发这两场危机的情境负责任。本章我们也将探讨个体在群体中的行为是否与他们独自一人时的行为不同，这种可能性非常重要，因为如果个体的行为真的会被群体过程所影响，那么理解群体生活将对预防这类灾难的发生起着至关重要的作用。当事情出错时——灾难性的错误——正如他们在经济危机和石油泄漏危机中所做的那样，非常有必要理解群体决策的优缺点。

由于群体在我们的生活中不可或缺——虽然成为一个群体的成员有时候也包含着负面的影响——所以我们试图去理解加入群体的代价和好处。我们可以考虑一下加入群体的几个潜在的障碍，如果是一个关系紧密的团体，也就是群体成员之间有着强有力的联结，加入这样的群体一般都很难，甚至还可能引发一些风波，而这些风波是我们想要避免的。并且，假若我们加入了群体之后呢？我们会发现有些群体规则我们不喜欢，并且当一个人新加入一个群体时，地位很可能会很低，这让我们很难去改变这个群体的规则。此外，新加入成员的行为表现会被团体中的老成员所评判，导致新成员体验到被评判的焦虑感。有一些冲突几乎存在于所有群体中，管理这样的冲突也是需要付出很多努力的，因此，人们有时候会问自己在一个群体中付出的努力是否要高于从其中所得到的回报。实际上，一些群体确实需要大量的时间投入。但是有些好处只有通过归属于群体才能获得。因此，我们首先讨论为什么人们加入并且留在一个群体中。我们实际上能离开群体吗？还是群体深刻地塑造了我们？

归属于群体是不是我们进化史的一个基本组成部分？没有一个个体可以了解所有必需的信息，以在所有问题上独立作出最佳决策，特别是在当今这个科技如此发达的世界。也许我们不得不依赖其他人来获取集体性知识和共享的信息，并且，也许与群体保持连接对我们作为一个物种的生存来说是至关重要的。布鲁尔（Brewer）和卡波雷尔（Caporael）（2006）认为群体成员之间的相互依赖是生存的首要策略，群体提供了个体和栖身之地之间非常重要的缓冲区。因此，这样的社会合作对我们的生存是非常重要的。

这种进化的视角对于此时此地我们对待群体的态度有什么样的影响？沙克特（Schachter）（1959）总结说人类任何强烈情绪的唤起都倾向于激发人们去拿这种反应跟其他人比较。这表明，人类复杂的情绪生活实际上可能是人类需要归属于群体的原因之一。实际上，在最危险或者不确定的情况下，我们似乎最需要我们的群体。在这些情况下，为了心理上的安全感，我们会提高对自己所属群体的认同度（Hogg, 2007）。事实上，对人类幸福感的最佳预测因素是与他人的联结程度（Diener and Oishi, 2005; Lyubomirsky et al., 2005）。

是否所有群体对我们同样重要？有些群体是我们出生就决定了的，例如我们的家庭或者族群。其他群体是我们自己选择的，例如，我们选择加入的兄弟会或者姐妹会、工作单位和运动队。有些群体是临时的，其存在是为了完成特定的目标，例如完成一个团队项目。其他一些群体更持久并且较少与特定的目标相联系（例如，成为大学学生组织的某个成员）。人们加入工作单位等群体明显是为了他们提供的好处（例如薪水）。尽管是为了物质上的好处，人们也会形成职业上的认同，这种认同对于他们相当重要，因此许多人对自己被雇佣的组织有着强烈的认同（Ashforth et al., 2008; Haslam, 2004）。事实上，如果你问人们"你是谁"，很多人都会回答他们的职业："我是一个学生"或"我是一个心理学家、工程师、会计师……"你会像图11-2中所示的人们一样，对自己的职业、单位及其成就有着强烈的自豪感么？

对另一些群体来说，成为群体成员并没有明确的物质利益，然而这些群体与我们的身份有着很大的关联性（例如，同伴群体或者友谊群体）。事实上，当我们的生活发生变化，例如从高中升到大学，我们需要离开原来的群体，这是一个让人倍感压力

图 11-2 你会强烈认同你的职业吗？
这些照片展现了强烈认同他们的工作群体及其成就的人。研究表明这些认同雇佣他们的组织的人表现出对组织更大的忠诚，并且表现出更积极的组织公民行为，这种行为超越了"责任的召唤"。

的过程（Iyer et al., 2008）。因此，我们与群体之间有着情感联系——我们喜欢群体，喜欢待在群体中，并且经常与其中的成员产生强有力的纽带联结。也许关键点就在于此：加入群体并待在群体里感觉完全自然——我们真的想要归属于某个群体，并且自由地选择加入！而且，当我们失去与群体的联结之后，一旦有机会我们会很努力地恢复与群体成员的联结，即使只是通过脸书（Sheldon et al., 2011）。

现在我们讨论另外一些问题：是否存在不同类型的群体？我们何时以及为什么加入群体？什么因素会影响我们退出群体的时机？接下来，我们会检验最基本的群体影响：单纯他人在场的影响。我们将会看到，即使我们与他人并不属于同一个正式的群体，他人的在场也能影响我们在许多任务中的表现以及我们的其他重要行为。第三，我们会简要地了解群体合作和冲突的本质——为什么这些情况会发生以及它们产生的影响。在这之后，我们将讨论与此密切相关的一个问题，即群体中感知到的公平。最后，我们将讨论群体决策以及在这个过程中发生的不可预料的危险。

第 1 节 群体：我们何时加入，何时离开

什么是群体？当我们看见一个群体的时候，我们是否能知道这是一个群体？看图

11-3，你觉得哪张图中展示的是一个群体？你可能认为右边图片中是一个群体，而左边图片中只是一群排队的人的集合。这可能是因为你对"群体"这个概念的定义与很多社会心理学家对群体的定义一样——一个**群体**包含一群认同自己为这个彼此联结的团体的一部分的人，并且他们认为自己的群体与其他的群体是不同的（Dasgupta et al., 1999；Haslam，2004）。

不同类型的群体中，感知到的群体联结的基础是不同的（Prentice et al., 1994）。在**共同纽带群体**（common-bond group）中，群体成员面对面交流，群体中的个体相互联结。运动队、朋友群体和工作群体都是共同纽带群体。与之相反的另外一种群体是**共同身份群体**（common-identity group），是通过共同的身份类别联结在一起的，而不是靠成员彼此之间的联结，常常缺乏成员间面对面的交流。在国家、语言、大学和性别这样的群体中，我们甚至不认识群体中的所有个体或者其中的大部分人，但这些都是我们强烈认同的群体，而这种认同并不是来自于个体成员之间具体的联系。正如你将在本章了解到的那样，这两种类型的群体对人们来说都很重要。

不同群体在**整体性**（entitativity）上存在很大差异，整体性是指群体被认同为一个协调一致的整体的程度（Campbell, 1958）。整体性的最低程度，可以仅仅为同一时间正好在同一地点的一群人，相互之间没有交流；而整体性的最高程度，表现为有着共同姓氏、历史和认同的一个亲密群体，譬如家庭。如表 11-1 所示，当人们被要求自由地给不同类型的群体命名时，对于高整体性和低整体性群体的区分非常一致（Lickel et al., 2000）。被评价为高整体性的群体也倾向于被评价为重要的。被感知为高整体性的

图 11-3　是什么让一群人成为群体？
左边图片展现的是一群人，这群人碰巧出现在同一个地方，他们并不是群体的一部分。右边图片展现了一个真正的群体，群体的成员以协作的方式互相交流，并且有着共同的目标和结果。更重要的是，他们都认为自己是这个群体的一部分。

群体也被感知为有着跨时间的稳定性，尽管群体中某些特定的成员会有变化。与之相反，低整体性的群体通常不被认为有着这样的连续性（Hamilton et al.，2008）。

表11-1 群体的整体性和重要性相关吗？

正如你所看到的，群体在被感知到的整体性（也就是在多大程度上被感知为一个独特的群体）上存在很大差异。一些群体有着高水平的整体性，而其他的群体则没有（1=非群体，9=高整体性群体）。群体成员感知到的群体重要性与整体性有着高度的相关。

群体类型	整体性	对自我的重要性
家庭	8.57	8.78
朋友／恋人	8.27	8.06
宗教群体	8.20	7.34
音乐群体	7.33	5.48
锻炼群	7.12	6.33
工作群体	6.78	5.73
族群	6.67	7.67
共同兴趣群体	6.53	5.65
国家	5.83	5.33
班级	5.76	4.69
性别群体	4.25	3.00
地区	4.00	3.25
身体特征	3.50	2.50

资料来源：Lickel et al.，2000.

　　什么因素决定了我们是否（或者多大程度上）把一个群体视作一个整体？整体性高的群体具有以下几个特点：（1）即使不在面对面的情境下，成员也会经常相互交流（譬如通过网络）；（2）群体在某些方面对群体成员是重要的；（3）群体成员有着共同的目标；（4）在一些重要的方面，成员之间是相似的。群体在这些维度上的特征越明显，就越容易被其成员和非成员视为协调一致的整体——真正的群体能够也经常对其成员产生巨大的影响。

　　高整体性的群体比那些低整体性的群体更容易让人产生类型化的印象（Yzerbyt et al.，2001）。和低整体性的群体相比，人们甚至用不同的语言来描述高整体性的群体

（Spencer-Rodgers et al.，2007）。具体来说，能被用抽象的语言描述说明高整体性的群体是长久存在的，它们具有与其他群体显著不同的特征；而低整体性的群体则没有多少明显的特质，成员也很少具有共同的属性。也许，更让人惊奇的是，群体规模的大小与整体性无关，无论是小群体还是大群体都可能被人们认为具有高整体性。导致群体高整体性的因素可能是资源共享、成员互惠、认可群体权威和遵守群体规范等一些行为特征，而不是群体的结构特征（Lickel et al.，2006）。

群体：其主要特征

在我们讨论群体是以何种方式影响我们的思想和行为之前，我们先考虑群体的几个基本特征——**地位、角色、规范和凝聚力**，这些基本特征几乎存在于每一个群体当中。

地位：群体中的等级

当美国总统或者任何其他国家的领导人走进一个房间后，每个人都会起立，没人在总统坐下之前就座。这是为什么？虽然总统跟我们一样是美国公民，但是他在这个群体中却占据了特殊的位置。很多群体都有这样的等级，成员有着不同的地位——他们在群体中有排名。有时候是"官方地位"，例如总统。有时候这种地位区分并不明显，仅靠加入群体时间的早晚来区分，相对那些新加入的成员，老成员有着相对较高的位置。人们通常很在意自己在一个群体中的地位，因为这与一系列有利的结果相关，例如尊重、其他成员的顺从以及物质的利益（例如工资）等。

进化心理学家特别重视在群体中获取的地位。他们指出，在包括人类在内的很多物种中，高地位能给享有它的人带来很多重要优势（Buss，1999）。然而，人们怎样才能获得更高的社会地位？身高等体质特征可能会起作用——个子高的男性和女性有着一样的优势，特别是在工作领域（Judge and Cable，2004）。与个子矮的人相比，个子高的人有着更高的自尊——他们简直是"被仰视"。元分析发现，个子高的人薪水更高，被认为有着更多的技能，更容易被提拔为领导者（Judge and Cable，2004）。在每年的总统选举中，身高甚至可以预测哪位候选人能当选美国总统。事实上，人们感知到的已经当选总统的人的身高比他们当选之前要高，落选的人则被感知为比结果公布前更矮（Higham and Carment，1992）！而且实际上，所有总统的平均身高要远远高于整个国家国民的平均身高。这可能会随着具体情况而发生变化，比如女性当选总统时，但即使如此，女总统的身高也会高于女性的平均身高。

与个体行为相关的因素也会影响地位的获得。那些被看作群体典型成员的人，即带有群体核心特征的人，通常更容易被赋予高地位或者被选举为群体的领导人（Haslam and Platow，2001）。在一个群体中待的时间长或者资历高的人也能在群体中获得更高地位，因为这在一定程度上表明他拥有更多群体的智慧或者知识（Haslam，2004）。

一旦一个人在群体中获得了较高地位，他的表现就会与地位低的人不同。古诺特（Guinote）等人发现，与地位低的成员相比，地位高的成员行为更加"有个性与多变化"（Guinote，Judd and Brauer，2002）。的确，对新加入群体的成员来说，服从群体规范的意识更加强烈（Jetten et al.，2006）。从包括教授群体和学生群体在内的许多地位不同的群体样本中能够发现，与地位低的成员相比，地位高的成员更少遵从规范。如图11-4所示，当问及人们"有多易受群体的影响"时，那些在专业组织中作为前辈的社会心理学家比那些刚加入组织的学者报告的服从更少。地位低的群体成员可能需要确保自己被群体接受，所以把自己描绘成愿意接受群体影响的个体。事实上，群体中缺

> 在各种类型的群体中，低地位成员比高地位成员报告出更多的顺从性。

[柱状图数据：
- 社会心理学家：低地位成员 5.31，高地位成员 3.06
- 学生和讲师：低地位成员 5.11，高地位成员 3.98
- 二年级和三年级学生：低地位成员 5.33，高地位成员 3.50
- 低年级和高年级学生：低地位成员 4.58，高地位成员 3.38
纵轴：自我顺从]

资料来源：Jetten et al., 2006.

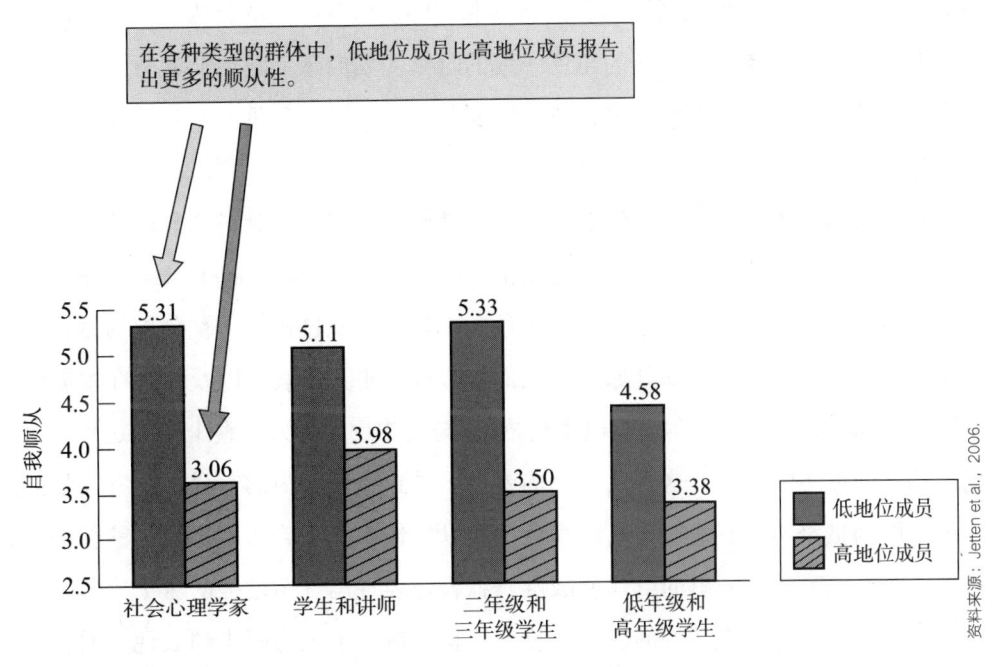

图 11-4 地位影响顺从

正如你所看到的，在各类被试样本中，与那些刚加入群体或者资历浅的成员相比，那些地位高或者资深的成员更少服从群体规范。高地位赋予成员以自由。

乏地位的新来者在他们没能屈服于高地位的人时，更可能受到惩罚（Levine et al., 2005）。毫无疑问，群体中地位的差异是生活中的一个重要方面。

角色：群体中的功能区分

想象你加入的或者曾经加入的一个群体——可以是运动队、姊妹会或者兄弟会，然后思考这么一个问题：在群体中，每个人履行的职能是一样的吗？你的答案可能是否定的。不同的人执行不同的任务并且为群体完成不同的目标。有些时候，**角色**是被分配好的，例如一个群体会选择不同的人来担任领导、财务主管或者秘书。其他时候，个体逐渐获得特定的角色，即非正式分配。无论角色是怎样获得的，在很多群体中，有些人通常作为"很好的倾听者"，照顾其他成员的情感需求，有些人则充当"执行者"。

人们内化其社会角色的程度对于人们的心理健康有着重要的作用，社会角色与个体的自我概念的重要方面相联系。事实上，很好地扮演一个角色能够让人们感觉到他们的行为很好地反映了他们真正的自我。在一项研究中，研究者首先测定学生主要的自我认知，然后再给他们随机分配某一特定角色去完成班级工作（Bettencourt et al., 2006）。实验中作为"创意者"角色的行为和"唱反调"的人的行为是完全不同的。结果表明，当自己的特质与担任的角色一致的时候，人们感觉到他们的行为反映了真实的自我，体验到更多的积极情绪，他们比那些自我特质与角色不一致的人更能享受实验任务。

正如我们在第八章中所提到的那样，一项模拟的监狱实验对"分配的角色何时以及为什么影响我们的行为"这个问题提供了新的解答（Reicher and Haslam, 2006）。成人参与者被随机分配为犯人或者狱警的角色，在整个实验过程中，被分配为狱警角色的人不能认同他们的角色，部分原因是他们担心会被犯人喜欢，以及担心在实验结束之后别人会如何看待他们（实验被电视转播）。与之相反，犯人在整个实验过程中对自身角色的认同度不断提高。这种认同上的差别会导致他们行为的差异么？答案显然是肯定的。因为狱警不认同他们自己的角色，所以他们不能正确地利用自己的权力，最终被另一个有着高度认同感的群体所战胜。狱警还表现出逐渐增强的压力反应——自我报告出更高的倦怠和更强烈的皮质醇反应，该反应属于压力的生理表现。而犯人则没有出现这样的压力反应（Haslam and Reicher, 2006）。被分配为犯人角色的人与其他犯人的认同感逐渐增强，形成反抗的规范，并且在整个研究过程中抑郁程度不断降低。

所以，角色虽然不能自动决定人们的行为，但是当它们被内化，确实能够影响我们如何看待自己、我们的自我认同和行为。一旦人们认同一个角色，如在下文中所见，其对应的角色规范（和我们相似的人的恰当行为方式）将引导我们的行为甚至情绪。

规范：游戏的规则

群体通过规范强烈地影响成员的行为，**规范**（norm）是指那些指导我们怎么做的隐性规则，虽然我们已经在第九章讨论过规范对行为的影响，在这里我们将要讨论不同的规范如何在不同群体中发挥作用，以及当我们违反规范的时候会发生什么。

你是否思考过不同规范可能会影响我们的情绪？有时候这些是明显的**情绪规则**，也就是对于适合表达的情绪的期待（Hochschild，1983）。例如，在图 11-5，许多雇主希望服务提供者（出纳员、餐厅服务员和空乘人员）能一直对顾客保持微笑，不管顾客是多么的令人讨厌或者粗鲁。在这种情况下，展现积极情绪的这种规则只适用于这类对雇员的规范。如果一个人被雇佣为丧礼承办员，他需要与丧亲的家庭以一种"真诚"的方式交流，当试图表达同情时，要保持表情严肃。不过，也许要融入一个群体不仅仅意味着需要被告知如何在情绪上去表现。还有可能是，微妙的情绪体验规范指导人们学习如何成为一个好的群体成员。

威金斯（Wikins）（2008）对教会新基督徒进行了一项有趣的研究，这项研究揭示了情绪规范如何影响群体成员资格的获得。她发现，新成员在一开始并不觉得参加教

图 11-5　有些角色或者群体有情绪规范：必须开心！
有一些社会群体被告知或要去学习他们应该如何感受，这些规范可能是明确的规则：麦当劳的雇员和空乘人员被告知他们必须时刻对顾客保持微笑。这些规则也可能是微妙的，学习成为一个好的团体成员意味着你需要表现得比你加入群体之前快乐。

堂的课程和会议是令人开心的，但是随着时间的推移以及与群体其他成员之间交流的增多，这些新成员学会了控制自己对其他人的情绪，并学会了一种新的情绪词汇；新成员被鼓励公开谈论他们在加入基督教之前的自我，并把这种自我描述为不开心的、忧心忡忡的，把加入基督教之后的自我描述为开心的。这项研究的大多数参与者报告说，一开始不得不被迫投入到学习新的信仰实践，但是做了这些之后，他们开始觉得自己获得了一种"真正的基督自我"，其中不带有负面的情绪。根据这项研究，要维持这种新的身份并且完全被这个群体接受，感到愉悦是很必要的。对这些参与者来说，由于快乐等同于道德之善，所以感到幸福对于一个好的团体成员来说是很必要的。

一种适用于不同文化、不同群体的重要规范是**集体主义**（collectivism）和**个体主义**（individualism）。在集体主义群体内，规范就是即使会损害到个人利益也要保持群体成员的和谐。在这种群体内，成员要避免不一致和冲突。相反，在个体主义群体内，规范就是要求个体从群体中脱颖而出，要与其他人不同，个体多样性和不同的意见都是被鼓励的。因此在个体主义文化群体中更能看到对于规范的忽视。当然，人们对于作为某一群体成员的重视程度也是不同的。很多研究发现，当成为一个群体的成员对于个体自我概念有着重要意义的时候（我们高度认同），我们就容易服从群体的规范；我们不认同群体时，我们就会忽视规范，甚至做出相反的行为（Jetten et al., 1997; Moreland and Levine, 2001）。那么，在个体主义或者集体主义文化群体内，那些具有高度认同感和低认同感的人会怎么对待那些背离他们群体的人呢？

这个问题在霍恩西（Hornsey）等人的一系列研究中得到了解答（Hornsey, Jetten, McAuliffe & Hogg, 2006）。首

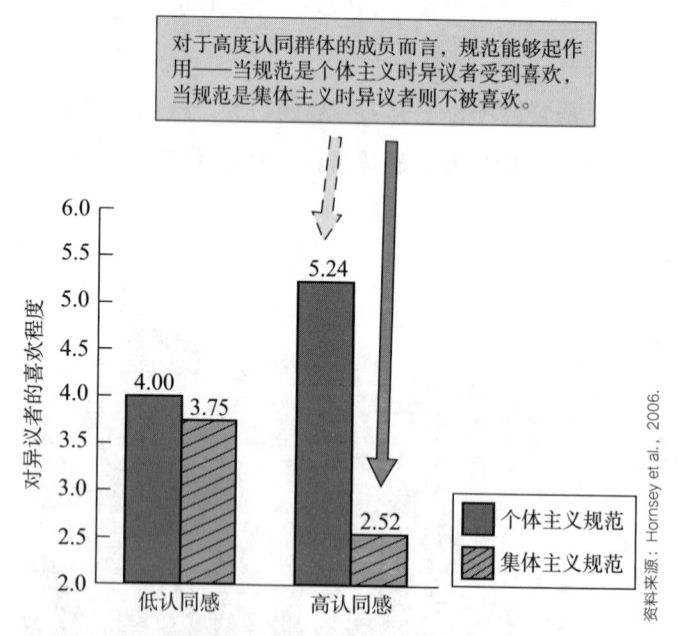

> 对于高度认同群体的成员而言，规范能够起作用——当规范是个体主义时异议者受到喜欢，当规范是集体主义时异议者则不被喜欢。

图11-6 对于有异议者的反应：取决于群体规范

当群体规范是集体主义和避免冲突时，持异议者会受到那些对群体有着高度认同感的成员的消极评价。相反，当群体规范是个人主义时，那些对群体有高度认同感的成员会宽容持异议者的观点。群体认同低的成员对异议者的评价不受群体规范的影响。

资料来源：Hornsey et al., 2006.

先，那些被选来参加实验的被试对他们的大学有着或高或低的认同感。"学生文化"的规范分两种：集体主义文化下，文化规范更看重学生去追求能满足整个集体的利益的目标，而不是学生的个人目标。而个体主义文化下，文化规范则强调实现个人的目标比实现集体的目标更重要。然后测量被试对于一个学生背离其他大多数同学的观点这一事件的态度反应。在图11-5中，我们可以看到，在那些对于自己群体有高度认同感的被试中，当规范为个体主义时，背离者会受到喜欢；而当规范为集体主义时，背离者则不被喜欢。在那些对于自己群体有着较低认同感的被试中，规范的类型则不影响被试对背离者的评价。

凝聚力：团结的力量

想象一下有这么两个群体：在第一个群体中，成员之间非常喜欢彼此，成员的目标与群体的目标高度一致，并且成员都不可能再找到一个如此这般满足自己需求的群体，他们已经形成了群体认同，因此他们更倾向于合作来完成任务。第二个群体的情况正好与之相反：成员非常不喜欢彼此，没有共同的目标，并且积极地寻找其他更能满足自己需要的群体。他们缺少共同的认同，更不可能成功地一起完成任务。这两个群体在经历和表现上存在差异的原因就是心理学家所说的**凝聚力**（cohesiveness）——将

（"让我们面对现实吧，你是不可能融入这个组织的"）

资料来源：纽约时报，2000年12月18日。

图11-7 有凝聚力的群体很难加入！
如同这条狗所得到的教训，它想要加入一个有凝聚力的猫的班级，纵然不是不可能的，也是很困难的——至少对一条好狗来说就是如此。

成员维持在群体内部的力量（Ellemers et al., 2004）。

有凝聚力的群体有团结一致的意识：他们把自己看成是同质的、支持性的群体成员，与群体成员合作，致力于实现群体的目标而非个体的目标，有着更强的道德感，并且在一些任务上的表现比那些没有凝聚力的群体更好（Hogg, 2007; Mullen and Cooper, 1994）。如图11-7所示，群体外成员很难被有凝聚力的群体所接受——他们可能不能很好适应群体规范。

外群体的存在或者其他形式竞争威胁的存在反而能够增加群体凝聚力和群体内部成员对群体的承诺（Putnam, 2000）。事实上，一个国家在战争期间对群体领袖的支持会急剧提高（Landau et al., 2004）。还有一个不那么明显的效应，就是感知到自己所属的群体与其他群体区分性不强会引起成员采取保护内群体独特性的情绪和行为。近期的研究发现，担心不能与英裔加拿大人之间保持文化差异的法裔加拿大人赞同魁北克从加拿大独立出去（Wohl et al., 2011）。同样的，担心被虚构的"北美联邦"（也就是与他们的超级邻居美国）合并会导致他们的加拿大人身份丧失的英裔加拿大人更赞成限制美国媒体在加拿大的转播，并且表示他们会给那些认为加拿大与美国走得太近的候选人投票（Wohl et al., 2011）。正如图11-8所示，你的群体在未来可能遭受到的威胁越大，就越能激励成员采取增强内群体联结的行动（Wohl et al., 2010）。

感知到群体将来会陷入威胁 → 集体焦虑 → 采取行动增强凝聚力

资料来源：Wohl et al., 2010; Wohl et al., in press.

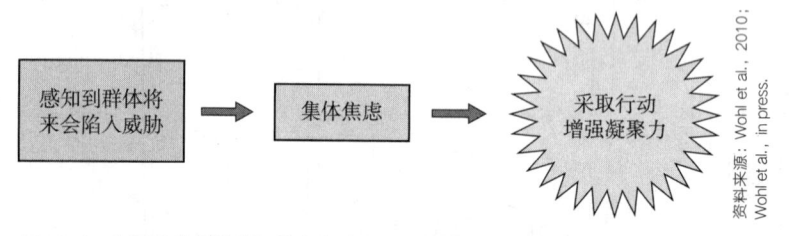

图11-8 如果你的群体将要处在危险中，提高群体联结的行动将增多
设想在未来你的群体将陷入某种危险——危险可能来自于另外一个国家、你的学校可能被龙卷风摧毁或者仅仅回想一下历史上试图消灭你所在群体的事件——就会引发致力于加强群体团结的举措。这种对于危险的感知引发了一种集体焦虑情绪，这种焦虑进而导致人们倾向于采取行动提高群体凝聚力。（例如，和群体内其他成员结婚、教育只有内群体成员的学校的孩子、投票给能够保护内群体的政治候选人。）

> **要点**
>
> - 群体是我们生活中不可缺少的一部分，进化心理学家认为群体是人类生存所必需的。
> - 有不同类型的群体：共同纽带群体是指个体成员之间相互联结；共同身份群体是指成员通过一个整体的身份类别而相互关联。
> - 群体是由那些自认为和被认为在某种程度上凝聚为一个整体的人群所组成的。群体被感知为一个协调一致的整体的程度叫作整体性。
> - 群体的基本要素包括地位、角色、规范和凝聚力。
> - 个体在群体中获得地位的原因有多种，包括生理特性（如身高）、行为的差异（如服从群体规范）等。那些群体中的创始成员或者长者地位更高。
> - 角色对于我们行为的影响是深刻的，尤其是当我们把角色内化为我们身份的一部分时。
> - 一些群体中存在关于我们应该如何表达情绪的规范或者明确的情绪规则。
> - 违反群体规范会影响群体的其他成员对我们的评价，尤其是那些对于群体有着高度认同感的成员。规范可分为集体主义和个体主义。
> - 群体的另一个重要特点就是他们的凝聚力水平，即能影响人们维持群体成员身份的所有因素。感受到群体面临的威胁将导致增强群体凝聚力的行动。

加入群体的得与失

如果要你想想你属于多少群体，你肯定会对这个名单的长度大吃一惊，尤其是当你同时考虑到共同纽带（面对面）和共同身份（社会分类）群体时。我们大多数人都努力加入至少几个群体并维持其群体成员的身份，虽然某些人所属的群体会更多。既然我们为了加入群体付出那么多努力，并且加入群体的好处这么多，那么为什么我们有时候会选择退出一个群体呢？特别是从一些我们加入了几个月、几年甚至几十年的群体退出，我们需要承受巨大的压力。接下来我们将要讨论心理学家有关我们加入群体的原因和退出群体时的心理过程的一些发现。

加入群体的好处：群体为我们做了什么

有时候，人们为了加入一个群体付出巨大努力：在很多群体中，成员身份只能通过邀请而获得，而要获得邀请可不是那么容易的！更让人惊讶的是，一旦人们获得批准加入，他们都会坚持追随这个群体，即使这个群体遭遇了困难。举个例子，你可以想想那些体育迷们，当他们支持的团队处在一个惨淡赛季，甚至当整个团队被嘲笑为"史上最烂"，他们是如何对他们的团队保持忠诚的。什么原因能够解释这种想要加入以及留在社会群体中的强烈欲望呢？

首先，我们通过归属不同的群体获得自我认知（Tajfel and Turner，1986），我们的群体成员身份能够告诉我们自己是怎样的人或者想要成为怎样的人，因此群体成员的身份对于我们的自我概念是非常关键的。结果呢？一旦我们属于了某个群体，我们就很难去想象不属于这个群体时的生活，因为成为群体的一员可以通过界定自我的方式让我们的生活变得更有意义。的确，被群体所拒绝是很痛苦的体验，哪怕是被一个我们刚刚加入的群体所拒绝。仅仅在网络群体中受到排斥也会马上降低人们的控制感和自尊，甚至在排斥发生了45分钟之后，这种效应依然存在，这些不利的影响在具有高社会焦虑和害怕被拒绝的个体身上表现得更明显（Zadro et al.，2006）。

另外一个归属于群体的明显好处是群体能帮我们实现个人目标。其中一个重要的目标是获取威望。当一个人被一些特定类型的群体所接受时，如精英学校、高级的社交俱乐部、大学生运动队，人们的自尊感会得到提升。这种从加入某个群体并认同该群体获得的自尊提升到底有多重要？正如你所能预见的，人们越追求自我提升——提升自己的社会形象，群体的重要性就越大，人们对群体的认同也就越强烈（Roccas，2003）。

人们也会被那些符合自己目标的群体所吸引，即使这个目标只是暂时性的。假设你想要去冒险并且尝试一些新事物，或者与此相反，你想感到安全并保持谨慎。这些倾向如何影响你加入群体的选择呢？你是更喜欢一个相对高权力的组织（有能力发挥作用并且完成任务）还是相对低权力的组织呢？研究发现，我们倾向于选择那些与我们当前目标匹配的组织（Sassenberg et al.，2007）。

加入群体还有一种好处就是群体能够帮助我们完成那些我们单独不能完成的目标（如社会变革）。那些遭受压迫的群体中的成员如何去获得平等的权利呢？这类群体应对所遭受歧视的一种办法是迅速转向自己的群体并提高对群体的认同度（Branscombe et al.，1999）。由于人们认识到他们感受到同样的委屈，他们能够产生一种**政治化集体认同**（politicized collective identity），以群体的名义进行权利抗争。如图11-9所示，通过团结在一起，这些遭受歧视的受害者获得了社会影响力，并且成功获得了更好的待遇（Simon and Klandermans, 2001）。很明显，我们通过从属和认同各类群体能够获得很多（个人和集体的）好处。

被群体接受的代价

许多群体为加入组织设置了障碍：他们只希望某些人加入，并且要求加入者有着加入这个群体的强烈动机。高昂的入会费、为证明自己适合群体所付出的巨大努力、长时间的见习期都是严格控制会员资格的常见方式。

图 11-9 促进社会变革：人们加入群体的一个原因

人们加入群体的一个潜在好处是社会变革，例如，通过团结在一起，同性恋权利组织能够一起尝试去改变针对同性婚姻的法律。

社会心理学家提出了这么一个问题：艰难的入会过程会给成员的群体承诺带来什么影响？为了获得会员资格而缴纳高额的费用是不是为了从认知上为我们之后所花费的时间和精力找个理由，以使我们日后更不可能认为加入这个群体是个错误？

我们要提高对群体的投入，因为我们已经为加入这个群体付出了物质和心理上的高昂代价，这个想法乍一想很奇怪。在一项经典的实验中，阿伦森（Aronson）和米尔斯（Mills）（1959）解释了为什么会出现这种情况。为了模仿不同的入会仪式，参加实验的学生被要求在群体成员面前大声朗读非常令人尴尬的材料或者轻微令人尴尬的材料，或者不朗读任何材料。正如我们在第五章所了解的，根据费斯廷格的认知失调理论，当人们的态度和行为不一致时，人们会觉得不舒服。当我们为了加入群体付出很多努力时，我们对群体的态度需要往积极的方向转变，以证明我们的努力和付出是值得的。因此，在经历了复杂的群体入会仪式之后，当了解到群体不那么具有吸引力，我们对于群体的承诺反而增加了。正如这些研究者所预测的那样，群体的入会过程越困难，人们之后就越会喜爱这个群体，学生朗读的材料越尴尬，随后就越会认为这个无聊的群体具有吸引力。

成员身份的代价：群体分裂的原因

群体在可以帮助我们达成目标、提高地位、形成自我概念的同时，还让我们付出了相应的代价。首先，群体成员的身份经常会限制个人的自由。群体成员被要求按照一定的方式去行动，如果成员不这么做的话，群体可能会对成员实行制裁，甚至最终会开除成员。例如，在美国，军官对政治公开发表声明被认为是不合适的，即便是那些高级将军这样做也会受到强烈的谴责。2010年，巴拉克·奥巴马总统因为斯坦利·麦克里斯特尔（Stanley McChrystal）将军对政府官员的批评而解除了其阿富汗指挥官的职务。

群体也经常对成员的时间、精力和资源有要求，而且成员必须服从这些要求，否则就要放弃其成员身份。例如，一些教会要求他们的成员捐出收入的10%给教会，希望留在这个教会的成员非遵从不可，否则就会面临被开除的结局。最后，群体有时候会采纳一些成员不赞同的观点和政策，而成员必须保持沉默，如果仗义执言，则可能受到强烈制裁或者有被开除出群体的风险。

退出某些群体可能会是对个体造成持续影响的重要一步。为什么个体会采取这种最终的行动——离开那些自己曾经高度重视的群体？涉及政党和教会群体的一系列研究（Sani，2005，2009）提供了一个有趣的观点。当个体对某群体产生认同感时，群体其他成员会被纳入自我之中，从而变成"我们"（Aron & McLaughlin-Volpe，2001）。当人们在一定程度上把自己和他人视为同一类人时，他们就会选择退出一些之前加入的不再符合"我们"定义的群体。当成员认为一些子群体已经发生巨大改变，他们不再能被看作"我们"的一部分时，人们就会选择退出，群体就可能会分裂。这就类似于，当一个群体中不同派系的**意识形态**（ideology，一个群体的哲学和政治价值观）变得迥然不同时，成员不再认为他们是这个群体的一部分，也不能与群体的其他人员共享同一社会身份。

萨尼（Sani，2005）为我们提供了英国国教会成员的意识形态种类作为证据。1994年，当第一批女性被任命为牧师时，数百名反对这种意识形态变化的神职人员决定离开教堂，这些人反对改变500年来只接受男性入会的传统（见图11-10）。为什么他们觉得有必要采取这么激烈的行为呢？毕竟，他们都在这个教会中任职了大半辈子，他们的身份已经和教会紧密地联系在了一起。

为了调查是什么原因导致成员中的这种巨变，研究者让一百多位英国国教会的牧

图 11-10 群体变化：女性可以成为英国教会的牧师

20年前，第一批女性被任命为英国国教会的牧师时，一些群体成员无法容忍这种意识形态上的改变，于是离开了教会。但另一些人认为对女性牧师的承认加强了他们的群体认同感。

师和执事来表达对于任命女性作为牧师这种新政策的看法，觉得这个新政策在多大程度上改变了教会，他们在多大程度上认同英国国教会，这个改变给他们的情感带来多大程度的困扰，以及他们是否认为他们的意见（如果他们反对这个政策的改变）应该被听取。结果表明，那些离开教会的神职人员之所以这么做，是因为他们认为这个政策改变了基本教义，这个教会已不再是当初他们所加入的那个组织了，也不能再代表他们的观点了。此外，他们强烈地感觉到没有人重视他们的意见，他们不得不选择退出。如图11-11所示，他们感知到的对于群体认同感的破坏引起了沮丧的情绪，这降低了他们对于群体作为整体性的感知，也降低了他们对于教会的认同感。这些过程导致了**分裂**（schism）——群体分裂成不同的派系以至于不能再作为一个整体存在了。对于那些感到被迫离开的成员，他们体验到的沮丧情绪反映了重要身份的丧失，如同丧亲之痛。

群体这种潜在的分裂危险不仅仅局限于宗教群体。相反，萨尼（Sani, 2009）发现类似的分裂也同样发生在其他群体中——政党、社会运动团体。事实上，分裂可能发生在任何基于共同的信念和价值观的群体中。当群体的改变让成员开始觉得他们不再认同这个群体的时候，就注定了最后的结果：有些成员会退出群体，因为他们相信，这个群体已经不是他们当初加入的那个群体了。

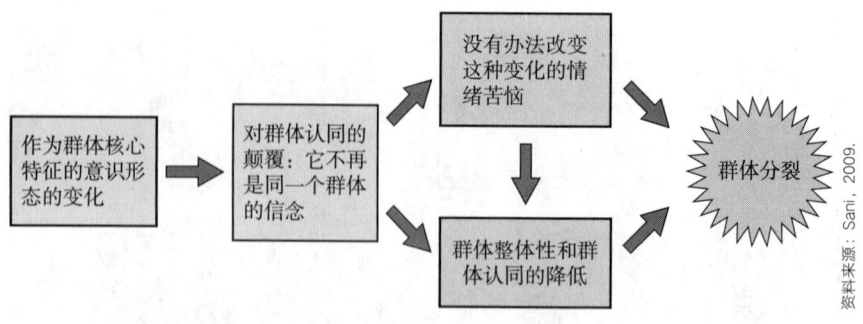

图 11-11 为什么群体有时候会分裂

有研究表明,当成员认为这个群体产生了巨大的变化,已经不是当初加入的那个群体,而且他们认为反对已经于事无补的情况下,群体就会发生分裂。

要点

- 加入群体可以给予成员重要的利益,包括提高自我认知、加速达成重要目标、提升地位以及拥有政治性集体身份以实现社会变革等。
- 不过群体成员身份也会带来巨大的代价,例如个人自由的丧失,以及群体对成员个体时间、精力、资源的高要求。
- 想加入排他性强并且有威望的群体的渴望让个体甘愿去承受痛苦的和危险的入会仪式。然后,人们为了证明他们加入这个群体的努力是值得的,会表现出对于这个群体的积极态度。
- 当人们发觉群体的意识形态发生改变,以至于不能再反映其基本价值和信念的时候,他们会退出这个群体。当群体分成不同的派系时,一些成员会经历沮丧的情绪,感觉到不再认同群体,也不再把群体看作当初加入的那个有凝聚力的团体了。

第 2 节 他人在场的影响:从任务表现到身处人群中的行为

事实上,我们的行为受我们所归属群体的强烈影响,这并没有让人觉得惊讶。毕竟,群体中已经有一些既定的规范会告诉我们作为一个成员该怎么做。也许更让我们

图 11-12　他人在场的影响
仅仅是他人在场，即使完全是个陌生人，也常常会对我们的行为产生强烈影响。我们从懒散地把脚放在沙发上，转变为一个更能让社会接受的姿势。

惊讶的是这样一个事实，即使我们不是一个正式群体的成员，我们也会因他人在场而受到巨大影响。也许基于个人经验，你已经很熟悉这种影响了。例如，假设你单独在房间学习，你也许按照你觉得舒服的姿势坐着，包括把脚放在桌子上。但是当一个陌生人进入这个房间时，所有的这些都会发生改变。你大概会抑制你独处时可能会做的一些事情，并且可能会改变行为的很多方面——即使进入房间的这个人你并不认识，也没有过直接交流（见图11-12）。因此我们往往会单纯地受到他人物理上在场的影响。这类影响体现在许多方面，但我们这里关注两个特别重要的类型：他人在场对于我们在不同任务中表现的影响，以及身处大量人群中对我们的影响。

社会促进：他人在场时的表现

　　有时候，我们是单独完成某一任务。例如，你一个人在自己的房间学习。但在另一些情况下，我们在单独执行自己任务的时候也有其他人在场。例如，你也许在一个咖啡馆学习，或者在你的宿舍学习，而你的室友也在学习。他人的在场会对我们的行为产生什么样的影响呢？为什么观众会对我们的行为产生影响？

　　设想一下你不得不在班上发表一次演讲——并且你正在为这次重要的演讲做准备（你分数的多少基本取决于你怎么做）。你自己一个人不停地练习这次演讲。最终，这个重要的日子到了，你走上讲台，发现台下那么多观众在等着听你的演讲，你会怎么做？大多数人都会记起在他人面前演讲的那种紧张感（我现在仍然记得我第一次在大学班级中的演讲）。当这个时刻来临，有些人甚至会感到窒息，而其他的一些人觉得自己有在观众面前闪亮登场的能力。不同研究证明了其他人的在场确实会影响我们的表现——有些时候是积极的，有些时候是消极的。

四十多年以前，扎伊翁茨（Zajonc）、海因加特纳（Heingartner）和赫尔曼（Herman）（1969）做了一个很有趣的实验，他们让蟑螂走迷宫。这对于社会心理学家来说就够奇怪的了，但是这些研究者还给蟑螂迷宫增加了一个有趣的环节：他们在离迷宫足够近的地方建造了一个透明的塑料盒，以便其他蟑螂观众能够看到这些蟑螂被试爬迷宫。通过这种设计让那些在迷宫中的蟑螂知道它们被关注着，让它们意识到观众的存在。

结果证明，那些被其他蟑螂所关注的蟑螂比那些没有观众的蟑螂在迷宫中跑得更快。扎伊翁茨和他的同事（1969）致力于研究的这个社会现象叫**社会促进**（social facilitation，也就是他人的在场对于我们表现的影响）。虽然作为社会心理学家，我们主要研究的是人类的行为，而不是蟑螂，但是为什么扎伊翁茨和其他研究者会设计出这么一个动物实验呢？

扎伊翁茨（1965）认为他人在场只会促进已经学会了的反应，而会抑制那些较少练习的反应或者是新习得的反应。为什么呢？他指出他人在场提高了我们的生理唤醒水平（让我们的身体更有能量），因此，优势反应就会得到促进。这表示当我们被唤醒时，我们能够更好地聚焦于已知的和练习过的事物。但是当我们在处理新问题、复杂问题时，生理唤醒反而会带来一些麻烦。这就是**社会促进的驱力理论**，如图 11-13 所

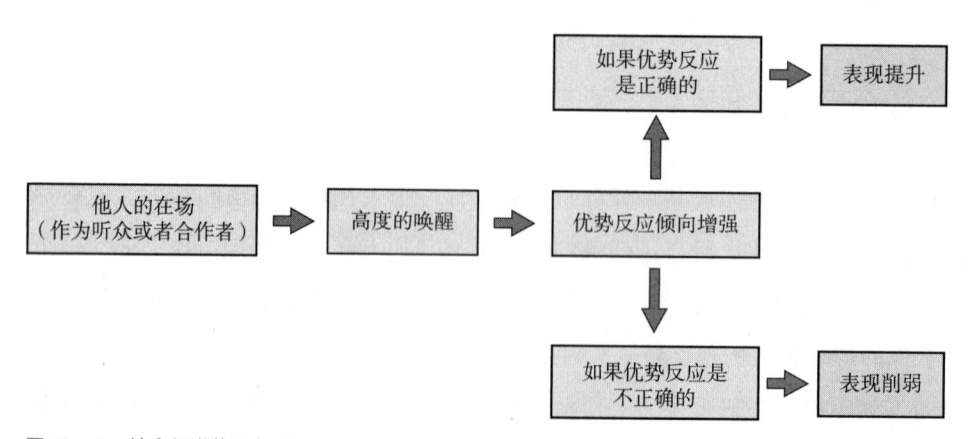

图 11-13 社会促进的驱力理论
根据社会促进的驱力理论（Zajonc，1965），其他人的存在（不论是观众还是合作者）会提高唤醒水平，从而加强了做出优势反应的倾向。如果这些优势反应是正确的，那么表现就会提升；如果优势反应是错误的，表现就会被削弱。

示，它关注的是唤醒或驱力对行为的影响。当人们在执行擅长的任务时（在这种情况下，人们的优势反应是正确反应），他人的存在能促进人们的表现。当人们在执行不擅长的任务时，例如我们还在学习中的技能的时候（这种情况下，人们的优势反应是错误反应），他人的存在则会对其表现产生干扰。

然而，另外一些研究者认为人们的表现受到他人在场的干扰是因为他们担忧自己的表现会被评价。科特雷尔（Cottrell）、瓦克（Wack）、赛克拉克（Sekerak）和里特（Rittle）（1968）研究了这种**评价忧虑**（evaluation apprehension）。事实上，他们的实验发现，当观众的眼睛被蒙住或者流露出对于被试的表现没有兴趣时，社会促进效应就不会发生，这一发现支持了评价忧虑在其中起作用的观点。但是扎伊翁茨认为潜在的评价忧虑并不是社会促进发生的必要条件，所以他才设计了蟑螂实验。我们假设其他蟑螂不会去评价行走在迷宫中的蟑螂的能力，因此，至少对于一部分物种而言，我们可以放心地说，社会促进并不需要评价忧虑的存在。

观众能否让我们分心？

有些观点认为其他人的存在（观众或者是合作者）会让我们分心，而这会导致认知超载（例如，Baron，1986）。因为表现者要在任务和观众之间分配注意力，认知负荷的增加使人们倾向于限制自己的注意力，以更好地关注重要线索或刺激，同时忽略一些不重要的信息。该观点即**干扰冲突理论**（distraction conflict theory），得到了一些研究结果的支持。那么表演者在有观众时所增加的唤醒水平，和变窄的注意力聚焦范围，哪一个更重要呢？

赫瑟林顿（Hetherington）、安德森（Anderson）、诺顿（Norton）和纽森（Newson）（2006）用这些观点来理解他人在场对于人们进食的影响。在不同分心条件下测量男性被试的热量摄入。和朋友一起吃饭或者边看电视边吃饭可以增加饮食，因为朋友和电视都是分心物，这样可以导致人们的注意力更加聚焦于食物，从而促进进食表现（如更多的热量摄入）。相反，在陌生人面前吃东西则较少分心，因此没有将注意力更多地聚焦于食物，也不会有热量摄入的增加。这种认知观点的优势之一在于它解释了动物和人类在什么时候以及为什么会受到对个体具有不同分心作用的观众的影响。动物（甚至是蟑螂）也同样会经历注意任务和注意观众之间的冲突。

> **要点**
>
> - 仅仅是他人在场（如一个观看者或者合作者）就会影响到我们在很多任务中的表现。这类影响作用叫作社会促进。
> - 社会促进的驱力理论认为其他人的存在具有唤醒作用，它既可以促进也可以降低人们的表现，这取决于人们在特定环境下的优势反应的正确与否。
> - **评价忧虑**的观点认为：观众在场会干扰人们的表现是因为人们对于他人评价的担忧。
> - **干扰冲突理论**认为他人的在场引起了注意任务和注意观众之间的冲突。这会导致唤醒水平的提高和注意聚焦范围的缩小。
> - 最近的研究支持观众让个体的注意聚焦范围变窄的观点。社会促进的唤醒观点和认知观点都能帮我们解释为什么动物和人类都会发生社会促进。

社会懈怠：让其他人来做这份工作

你也许曾经看到过施工队中有些人在很努力地工作，而另一些人则站在一旁什么都不做。当面临一个像图 11-14 划船那样的任务的时候，是不是每个人都会全力以赴并且付出相同的努力？也许不是。一些人会竭尽全力，另一些人则可能只是假装在努力地划船，而事实上并没有那么努力。

这种现象常在**叠加性任务**（additive tasks）中出现，叠加性任务即每个成员的贡献被合并作为团体总成果的任务。在这样的任务中，一些人会认真工作，而另一些人则会游手好闲，比他们单独一个人时做的更少。社会心理学家把这种现象称为**社会懈怠**（Social Loafing）——指个体在参加集体工作时付出的努力程度低于他们单独完成工作时的努力程度（Karau and Williams，1993）。

社会懈怠在很多任务情境下都会发生。例如，在一项关于这个问题的早期研究中，威廉姆斯和哈金斯（Harkins）（1979）告诉男同学在一个特定时刻尽可能地用力鼓掌，让他们认为研究者的目的是为了了解人们在社会情境下会制造出多大的噪声。为了让被试避免受到其他被试噪声的影响，被试都戴上耳机，耳机中的音量都维持在同一水平。并且他们看不到其他被试，只是被告知有多少人会一起参与实验。他们分别在两人组、四人组和六人组中进行这个实验。结果表明虽然随着群体人数的增多，总的噪声量会提高，但是每个被试所制造的噪声量减小了。换句话说，随着群体人数的增多，每个被试付出的努力程度减少了。

这种效应相当普遍，在许多不同的任务中都会出现，例如认知任务、需要体力的任务（Weldon and MUS-tari，1988；William and Karau，1991）。每个曾经在餐厅当过服务员的人都知道，随着人数的增多，人们给小费的金额就会相应减少，这就是为什么在有6个或更多人参加的派对上，餐厅会规定小费最低标准的原因。

如果问学生学校里是否会发生社会懈怠，学生很有可能会觉得"这问题真傻"。恩格尔哈特（Englehart）(2006)认为社会懈怠可以解释学生的参与度和班级规模之间的关系，班级规模越大，每个学生的参与度越低。同样，社会懈怠也发生在学生的团队项目中。普赖斯（Price）等人确定了影响学生在团队项目中社会懈怠的几个心理因素（Price, Harrison & Gavin, 2006）。第一，如果人们认为自己对于群体来说可有可无，那么他们更容易产生懈怠。第二，群体氛围越公平，人们越不会产生懈怠。是什么因素决定了可忽略性和公平性这两种感知呢？当人们拥有与任务相关的大量知识和技能时，他们就会更加觉得自己对于群体是必要的。因此，给群体成员提供任务相关的帮助实际上可以起到减少懈怠的作用。此外，人们对群体中其他成员的不熟悉感也会让他们感知到自己可有可无，从而越容易出现懈怠。那么，怎样才能减少社会懈怠呢？

图 11-14 是不是每个人都在做自己分内的工作？当一群人像这样在合作完成某一任务时，他们有可能没有付出相同的努力，有些人可能很努力地工作，而有些人则会做得少些，还有一些人可能就根本不做，只是假装努力工作。这种群体内的社会懈怠现象会减少群体的总产出。

减少社会懈怠：一些有用的技巧

减少社会懈怠最有效的方法就是让每个参与者的成果或者努力很容易被识别（Williams et al., 1981）。在这种情况下，人们不会在一旁袖手旁观让其他人做事，社会懈怠就会减少。当人们相信自己的贡献很重要，每个群体成员的良好表现都会促进理想结果的达成时，人们也会更努力地工作（Sepperd and Taylor，1999）。因此合作完成一项任务——如合作写一篇文章——当每个作者的任务明确之后，效率会提高，当每个人觉得自己负责的那部分内容的写作独一无二时，效率会更高。

其次，增加群体成员对于良好任务表现的承诺也会减少群体的社会懈怠（Brickner et al., 1986），需要努力工作的压力会抵消懈怠的诱惑。第三，提高任务的重要性和价值也能减少社会懈怠（Karau and Williams, 1993）。第四，当给人们提供了行为标准时——无论这种标准是其他人的工作量还是他们自己之前的表现，人们也会更少表现出社会懈怠行为（Willams et al., 1981）。一项针对市场营销班级学生的有趣研究发现，在合作的项目中，群体成员都能给彼此提供这样的反馈，从而减少社会懈怠。总的来说，这些措施都能有效减少社会懈怠这样一种以牺牲他人为代价的偷懒行为的诱惑。

身处人群中的效应

你现场观看足球或者篮球比赛时有没有遇到过人群朝着裁判尖叫辱骂、扔东西，或者另一些人们不会在其他场合采取的暴力行为？可能我们当中大多数人都不会碰到这种事，这种极端事件很少发生。但有趣的是，这是人们对群体行为的一种刻板印象，特别是在体育赛事中。英格兰足球迷因**足球流氓**（hooliganism）而出名，就因为在英格兰队比赛时经常发生严重骚乱事件（Stott et al., 2001）。这种在人群中的效应（倾向于发生野蛮、毫无控制的行为）被称作**去个体化**（deindividuation），因为这些行为至少一部分来自于这么一个事实：当人们处于一个大型群体中时，他们会失去自己的个性而表现出和其他人一样的行为。更准确地说，去个体化是被用来表示一种心理状态，这种心理状态的特点就是在外部条件作用下（例如是一个大群体中的一名匿名成员）个体自我意识的弱化和个体身份的隐匿。

最初关于去个体化的研究（Zimbardo, 1976）似乎表明，在群体中做一个匿名者会让人们感到不必为其行为负责，这样就鼓励了失控的反社会行为。但最近更多的证据表明去个体化会引发更多的规范化的行为。当我们是群体中的一员时，我们会更愿意去遵守群体的规范，而不管这个规范是什么（Postmes and Spears, 1998）。例如，在运动场上，那种情境下的规范认为朝着对手喝倒彩是合适的，因此，很多人，特别是那些有高度认同感的球迷就会这样做。在过去，"英格兰足球流氓"似乎就是一种社会规范。但是最近有证据表明，对警察进行社会心理干预后，这些规范能够发生改变（Stott et al., 2007）。因此，近年来，在越来越多的足球比赛中，英格兰队的球迷不再把

图 11-15　人群：遵从规范是善还是恶？
群体有时候会做一些个体在单独时连想都不敢想的事情。可能是极具破坏力的事情（如左图所显示的那样）；或者是具有亲和力的事情（如右图所示）。这取决于凸显的群体规范的性质。对群体中其他人的认同感能够影响我们的行为，鼓励我们去遵从在群体中起作用的特定规范。

自己定义为足球流氓了，他们把那些试图惹事的球迷边缘化，因此没有暴力事件再次发生。

总而言之，作为大型群体中的一分子，经历去个体化并不一定就会导致消极或者有害的行为，它只不过增加了群体成员遵守群体规范的倾向。这些规范可能表现为在戴安娜王妃死后群众聚会时所表现出来的尊重和哭泣，或者2007年黑堡弗吉尼亚理工学院发生了校园枪击案之后人们自发的守夜。也可能是为了统一目标而合作，如在2010年海地地震之后，人们合作救援那些倒塌建筑物下的受难者，或者在基督复活节聚会上的祷告和一起欢唱愉快的歌。当人们在一个大型群体中时，如图11-15所示，他们所表现出来的行为（或好或坏）取决于群体规范。

要点

- 当人们合作完成**叠加性任务**时（成员的贡献会被合并在一起），通常会发生**社会懈怠**行为（即每个成员的产出会减少）。这种懈怠行为在成人和儿童的体力任务、认知任务和语言任务中都会发生。

- 减少社会懈怠行为的方式有几种：通过增加个体结果的可识别性和独特性，不要让个体觉得自己在群体中可有可无，给每个成员的表现提供反馈，增加个体对于任务成功的承诺等。

- 当我们处于一个大型群体中时会发生**去个体化**，即对自我感知和道德感的弱化。因此人们基于群体中起作用的规范采取行动。这些起作用的规范因凸显的群体身份认同的差异而不同。这些规范可能促进反社会行为，也可能促进亲社会行为。

第3节　群体中的协调：合作还是冲突？

合作（cooperation）即双方受益的相互帮助，常见于为达成共同目标的群体中。正如我们在本章开头所讨论的那样，通过合作，人们可以达成单独一个人所不能完成的目标。但令人惊讶的是，合作并不经常发生在群体中。有时候同一群体中的不同个体认为他们各自的利益是互不相容的，他们不但不合作，反而还会对着干，这样会对双方都产生消极的影响，这就是所谓的**冲突**（conflict），它可以被定义为个体或者群体感知到他人采取的行为或者将要采取的行为与自己的利益并不相容的过程（DeDreu，2010）。冲突的确是个过程，基于自己的经验你应该知道，它逐步升级的过程让人难受，从单纯的不信任到生气，再到最终采取行动去伤害他人。接下来让我们了解社会心理学家对这两类行为模式的认识。（关于任务中的合作以及避免引起冲突的陷阱这些信息，请参阅如下部分"互联世界中的社会生活：通过电脑沟通与他人合作"。）

互联世界中的社会生活

通过电脑沟通与他人合作

在工作中，通过互联网与你不熟悉或者完全不认识的人交流已经变得越来越普遍（Brandon and Hollingshead，2007）。与不熟悉的人合作项目总会让人担忧合作的结果，尤其是当你认为这类项目需要人们之间相当高的信任和合作时。为了让学生准备好在此类环境中学习，一些大学要求学生与上同一个课程的其他学校的学生合作完成项目，所有的工作都需要通过互联网完成。

现在假设你被指派了这样一项任务。你和你们学校的另外一名学生被指派与另一个学校的两名学生一起合作写一篇论文,这两个学生你从来没有见过。你跟你自己学校的另外一名同学简单见了一面,她告诉你她相信你完全可以通过互联网很好地与其他人合作,并且教授要求你必须这样做。

社会嵌入(social embeddedness)是促进良好合作的重要因素,它是指了解对方名声的一种感知,通常是通过认识他们的人得知(Riegelsberger et al., 2007)。尽管你本校的另一个队友正好从高中得知其中一个异校队友的信息,但大家都不了解另外一个队友。除了你的本校队友相信那个异校队友具有团队合作的精神以外,你似乎处在一种完全不了解即将和你一起工作的人的黑暗之中。

由于社会嵌入性很低,你们都不可能很好地相信虚拟中的队友。交流完全是打字——发短信——至少一开始是这样的。你怀疑如果不能看到对方的脸,要怎样判断队友对一个想法的反应?研究发现,通过视频交流的人比仅仅通过声音交流(例如,电话)的人更可能发展出信任的关系。当然,这两种方式都比单纯的文字信息更能促成相互信任(Green, 2007)。

自然而然地,只通过文字交流时你会非常谨慎,有些你说的内容可能会被误解,也很难评估你对其他人工作的评论会产生什么影响。克鲁格(Kruger)等人发现,非同步交流形式(asynchronous forms of communication)的明显好处在于能够让交流双方被对方准确理解(Kruger, Epley, Parker & Ng, 2005)。非同步交流形式是指人们有一段时间思考如何回应对方的交流形式,例如电子邮件和手机短信这类文字交流形式。在他们的研究中,一对朋友被分开,并且告诉他们任务是分辨他们朋友的二十个陈述是严肃的还是有讽刺意味的。对于另外一些按照朋友配对的被试,这些陈述是通过短信或者电话表达的。语气是一种非言语表达,能够帮助识别讽刺的含义,由于这些在文字条件下是缺失的(发短信的人未能意识到这个关键点),发短信的人认为别人能理解他们,但事实上别人并不能。所以,信息发送者认为不管采用哪种交流方法他们都能够被同等程度的理解,但是信息接收者并没有意识到文字信息中的讽刺含义(例如,讽刺含义在文字交流中比在声音交流中更难被识别出来)。

人际线索对被试间建立信任感非常重要,但是它在以电脑为媒介的交流中缺失了。里肯伯格(Rickenberg)和里夫斯(Reeves)(2000)做了一个实验,他们使用了只展现出最简单人际线索的卡通角色。即使没有真实的人类元素，这样的线索也能增加信任感，尽管这种信任缺乏合理基础。

由于你只能使用文字交流，除了担心人际线索的缺乏，你和你的同校同学还担心与异校同学之间关于论文内容有分歧，毕竟，你们的老师在课堂上强调了不一样的内容。由于这可能导致冲突——合作的对立面——所以如果出现了这样的分歧，可能会导致虚拟团队解体。

幸运的是，两周以后团队开始使用网络电话（Skype）进行一周一次的视听会议。这种变化似乎是真正的进步，因为可以通过网络电话更有效地交流分歧，这可以让你们解决关于论文内容的分歧。随着时间的推移，你和你的队友变得更加信任你们之间虚拟的联结，你们很可能会一起完成很多很好的任务，你们都获得了 A 的成绩！如果你在未来不得不通过网络与其他人一起完成任务，那么图 11-16 中的人所采取的方式可能也适用于你。

图 11-16 使用 Skype 还是不使用 Skype：这是一个问题
越来越多的人通过网络工作和社交。现在，以前要面对面进行的活动可以用网络电话或者其他视频会议软件代替，这可以让所有的正式人际线索在远程交流中呈现。

合作：为了共同目标与他人共事

通常来说，合作对人们是非常有利的。但是为什么群体中成员不能总是合作呢？有一个答案是显而易见的：因为人们追求的有些目标无法共存。比如几个人应聘同一份工作或者几个男性同时追求一名女性就不可能合作共赢，因为只有一个人可以达成目标。社会心理学家称这种状况为**负面的相互依赖**（negative interdependence）——在这种情况下，如果有一方达到了自己想要的目标，其他人就不能达到自己想要的目标（DeDreu，2010）。同样，如果我想要看上去"与众不同"，我也不会和他人合作，因为这意味着不得不与其他人分享荣誉（与本书的其他两位作者正好相反！）。

但在很多其他情况下，合作也不一定发生。社会心理学家研究这类情况，以便确定影响人们合作与否的因素。通常处于冲突中的人们意识不到妥协是可行的。请思考如下案例，假设我们想一起度假，你说你想去瑞士，我说我想去夏威夷，如果每个人都不愿损失，这个冲突可以得到解决么？是的，它可以被解决。冲突调解者都知道，如果要解决这种冲突——不是单纯地一方向另外一方认输——我们必须得搞清楚双方需求的本质到底是什么。现在假设你的真实目的是看到一些山（瑞士有，很多其他地方也有），假设我的真实目的是去海边并且在温暖的海水里游泳。一旦知道双方这种潜在的目的，只需要一点想象力，这个冲突就可以解决了。在这个案例中，我们可以去希腊——去爬山并且去爱琴海的海滩！当然，并非所有的社会冲突都可以通过这个方法解决，但是确实很多冲突可以用这种方法解决。现在让我们去回顾一下关于社会困境的经典研究，社会困境中通常缺乏合作，并且经常导致所有参与方都得不到好结果。

社会困境：可以合作，但往往选择不合作

社会困境（social dilemmas）是指在情境中每个人可以通过采取自私的行为来增加其个人的收益，但是如果所有人都这么做的话，每个人的收益都会减少（Komorila and Parks，1994；VanLange and Joireman，2010）。关于这一困境的经典案例就是众所周知的囚徒困境——两个被警察抓获的嫌疑犯所面临的困境。他们可以选择合作（如保持沉默或者不招供）或者竞争（如出卖另一个人）。如果两个嫌疑犯合作的话，他们会获得最大的收益。如果相互竞争的话，每个人则都会遭受损失。如果一个人选择合作，而另一个人选择了竞争呢？在这种情况下，选择竞争的人会获得适当的收益，而选择合作的人则会遭受损失，社会心理学家运用这种情境来考察影响人们信任并合作或者不信任并竞争的因素（Insko et al.，2001；Rusbult and Van Lange，2003）。

通过减少竞争的好处来增加合作行为是合理的。一种方法是加重社会困境中对不合作行为的惩罚。但是这么做的话可能会改变人们对于这种情境的感知：从单纯信任他人到只考虑私人利益。人们在信任他人时的合作行为会高于权衡自我利益的时候。那么，对不合作行为的惩罚究竟在多大程度上会损害到人们接下来的合作行为（正好和惩罚的初衷相悖）呢？

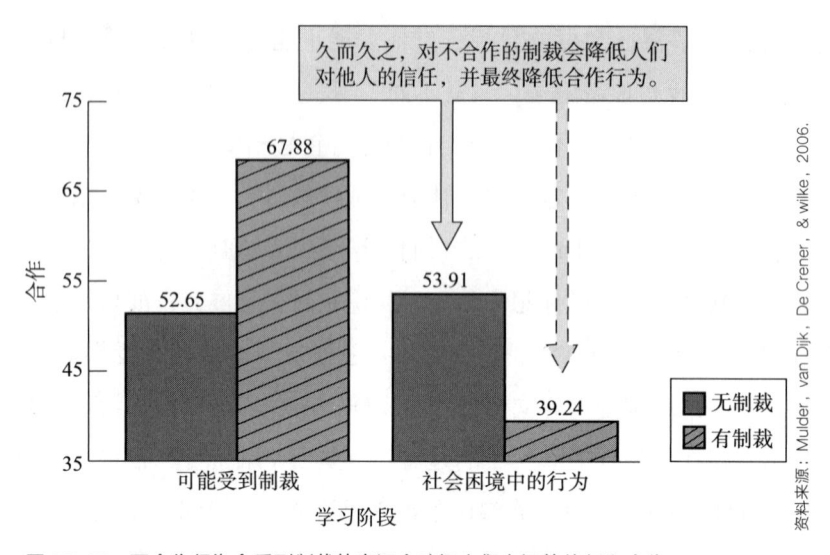

图 11-17　不合作行为会受到制裁的意识会破坏人们之间的信任和合作

首先，如图中左边所示，当人们意识到不合作会受到制裁时，人们就会选择和他人合作。然而，如图中右边所示，对于不合作会受到制裁的意识会在随后的社会困境中引发更少的合作行为，因为它破坏了人们对他人的信任。

　　马尔德（Mulder）等人进行的一项实验解释了这个问题，他们首先告诉被试之前研究中的其他被试也会一起参与接下来的游戏（Mulder, van Dijk, De Cremer & Wilke, 2006）。所有被试都会被告知有这样一个情境，群体中的四个成员要决定把筹码留给自己还是捐给群体。成员捐给群体的筹码价值会加倍，然后平均分给成员。在其中有个提供信息的阶段，因此可以操控对群体成员不合作行为是否进行惩罚这个变量。关键的变量操纵是惩罚系统——捐赠筹码最少的两个人会受到惩罚——是否会运行。随后再让被试参与到另一个没有惩罚机制的社会困境游戏中，这样就可以考察之前针对不合作行为的惩罚机制对被试的后续影响。

　　正如你在图 11-17 中看到的，人们在之后的社会困境中作决策时，此前处于拥有惩罚机制的情境的人们接下来的合作行为会更少，因为人们对于同伴会做出合作行为的信任降低了。所以，随着时间的推移，制裁对合作有着与我们的初衷相悖的作用。事实上，近期的研究表明，想象法律仅仅是一个制裁系统可能会让人们认为其他人是竞争性的，是不可被信任的，这会导致人们在囚徒困境中做出更富有竞争性的选择（Callan et al., 2010）。

回应并且解决冲突：一些有用的技巧

大多数对冲突的定义强调了利益的不相容性。但是当双方并不存在真正的利益冲突时，冲突也会发生，仅仅是因为双方认为利益冲突是存在的（DeDreu and Van Lang, 1995）。事实上，对于人们行为原因的错误理解——**错误归因**（faulty attribution）——就可能会引起冲突（Baron, 1990）。

当其他人误解了你的行为，你感觉如何？假设无论你多么努力，你都无法改变他的看法，你会努力让他看清真相还是会选择放弃，认定无论你如何努力都无法改变他的想法？不同族群的成员在感觉到被他人误解时会做出不同的反应。在伦（Lun）等人的一系列研究中，通过实验操纵让个体被其他群体成员理解或误解时，研究者测量他们的左前额叶的脑电波（Lun, Oishi, Coan, Akimoto & Miao, 2010）。当被误解时，预期欧裔美国人会感觉到被挑战并且会直面误解他们的人，预期亚裔美国人会退出这样的情境，能够反映这类动机的脑区活动在不同情境下也会存在差异。如图 11.18 所示，研究结果验证了以上假设。当被误解时，欧裔美国人的反映接近动机的脑区活动增强，而亚裔美国人表现出此类脑区活动的抑制。与之相反，当被理解时，亚裔美国人的脑区活跃度会很高，而欧裔美国人不会表现出此类的激活。

群体冲突经常在缺乏资源的情况下发生，这种时候群体成员必须相互竞争来获取有限的资源，从任务冲突开始，很快就会演变成关系冲突（De-Dreu, 2010）。想象一下你们兄弟俩被告知你们必须打扫干净车库，并且你们被告知，谁先

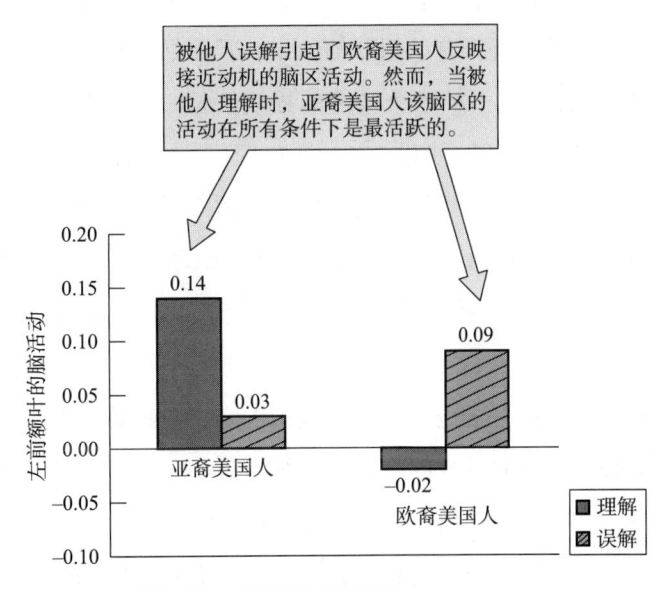

> 被他人误解引起了欧裔美国人反映接近动机的脑区活动。然而，当被他人理解时，亚裔美国人该脑区的活动在所有条件下是最活跃的。

图 11-18 当被其他人误解时的脑区活动

这里展示的是亚裔美国人和欧裔美国人在被他人理解或误解时的左前额叶的脑电波，这个脑区的激活被认为是反映了接近动机。所以当欧裔美国人感觉到被误解时，他们是准备好去面对的，而亚裔美国人却不太可能这样做。事实上，当亚裔美国人被误解时，他们表现出一种回避动机。

完成自己的那一半任务就可以在周末使用父母的车。你们俩不能都使用这辆车——一种你们都渴望的资源——所以冲突很有可能就会发生！你可以轻易想象出你们首先会因为谁先使用吸尘器而发生冲突，很快就会演变成互相责骂或者其他行为，这些行为最终会伤害你们之间的关系。所以，各种各样的社会因素都会在产生和加剧冲突中起作用。由于冲突的代价都很大，人们通常会积极地尽快解决它们。什么方式最有效？有两种方式特别有用：**协商**（bargaining）和**超级目标**（superordinate goals）。

协商：通用的过程

到目前为止，解决冲突最常见的方法是**协商**或者谈判（bargaining / negotiation）（Pruitt and Came vale, 1993）。在这个过程中，对立的双方交换信息、还价、让步，无论是通过直接的方式或者代理的方式。如果过程顺利，双方会达成一个可接受的解决方案，这样冲突就解决了。相反，如果协商失败了，会导致代价高昂的僵局，冲突也会加剧。那么，哪些因素能够决定最终的结果呢？

首先，决定协商结果最明显的因素是双方所用的策略。许多策略都意在实现一个重要的目标：降低对方的预期（如，期望或者目标），这样该个体或群体就会被说服自己无法获得自己想要的结果，转而勉强接受不那么有利的结果。达成这种目标的技巧包括：（1）从一个极端的提议开始——这个提议对于提出意见的一方是有利的。（2）"弥天大谎"技巧——让对方确信其中的盈亏平衡点远比想象中高，因此他们要付出更多。例如，当价格被降低时，做二手车买卖的人会声称他们要亏钱，其实这不是事实。（3）让对方确信你还可以去其他地方得到更好的条件（Thompson, 1998）。

第二个关系着交涉结果的重要因素是协商双方的整体定位（overall orientation）（Pruitt and Carnevale, 1993）。进行协商的人可以通过以下两个角度进行讨论。首先他们可以把协商看成是一个你死我活的情境，在这个情境中一方的获益必然伴随着另一方的损失。协商过程同样也可以被看作一个潜在双赢的情境，在这个情境中双方的利益并不一定就是不相容的，双方的利益都可以最大限度地得到满足。

从长远来看，这种方式会产生更有益的结果——也经常被用来调解国际冲突，例如巴以冲突或者北爱尔兰新教徒和天主教徒之间的冲突。一旦这种和平协议达成一致，就是众所周知的**整合性协议**——这个协议与简单的分裂或者一方屈从另外一方相比能够给双方带来更大的利益。这很像我们前文提到的那个选择度假地点的例子，当双方充分地交流他们潜在的需求，就可以找到一个同时满足双方需求的方案。这种被称为

桥接（bridging）的技巧就是许多可以获得整合性协议的技巧之一（表 11-2）。能够达成整合性协议（即提供比简单折中更好的结果）的策略有很多，下面总结其中的几种策略。

表 11-2 达成整合性协议的策略

很多策略都有助于达成整合性协议，这些协议能够达成比简单折中更好的结果，概括如下。	
扩大利益	增加可用资源以保证双方都能达到各自的主要目的
非特异性补偿	一方获得想要得到的，而另一方在其他方面得到补偿
互助	各方在次要问题上做出让步，来交换在主要问题上的妥协
桥接	没有满足双方最初的诉求，但发展出一个新的方案来满足双方的主要利益
削减代价	一方获得想要的，同时以某种方式减少另一方的代价

通常，协商者认为对另外一方展现愤怒可以有利于自身的利益（例如，让另外一方做出更大的让步）。然而，在协商中表达愤怒的合适性存在着文化差异，所以必须小心使用这个策略。在有关这个问题的一系列研究中，亚当（Adam）等人发现在协商中表达愤怒可以从欧裔美国人那里获得更大的让步，从亚裔美国人那里获得的让步却很小（Adam，Shirako & Maddux，2010）。这些研究者认为，上述差异源自于不同的文化规范。通过直接操纵相应的文化规范，让两种文化群体都认为在协商中表达愤怒是合适的，那么这两个文化群体都会对明显表达出愤怒的一方做出让步。因此，包括表达愤怒在内的不同谈判策略的有效性似乎也和具体文化规范有关。

超级目标：我们处在同一条船上

正如我们在第六章看到的，群体中的成员在冲突中通常把世界分成两个对立的阵营——"我们"和"他们"。人们认为自己群体的成员（我们）不同于其他群体的成员（他们），通常比对方群体成员优秀。这种夸大自己群体与对方群体之间的差异和贬低局外人的做法在冲突的发生中起着非常重要的作用。幸运的是，这种倾向能够通过引入**超级目标**（superordinate goals）而削弱。这些超级目标是双方共同追寻的目标，能够把双方的利益结合在一起而不是分隔开来（Sherif et al., 1961）。当对立的双方看到他们共享同一超级目标时，冲突就会显著减少，合作行为会增加。

要点

- **合作**（即与他人一起协作来达到共同的目标）在社会生活中普遍存在。然而，在合作可能发生的时候，合作并不一定会发生，因为在包括**社会困境**在内的一些情境中个体可以通过背叛他人来增加自己的利益。
- 以电脑为媒介交流的群体很难发展合作关系，因为缺少面对面交流时的人际线索。
- **负面的相互依赖**——一方获得自己想要的结果而另外一方不能获得——会降低合作的可能性。囚徒困境等社会困境就是这样一种情况，合作可以让双方都获益，但是合作却很少发生。
- 对于不合作行为的制裁可以改变人们对他人的信任程度，从而改变人们之间的合作可能性。
- 当个体或群体感知到他人的利益和自己的利益不相容时，冲突通常就开始了。错误归因等社会因素也会导致冲突。
- 不同种族的成员在被误解时会产生不同的反应，欧裔美国人会准备好面对误解，而亚裔美国人在这种情况下会选择回避。
- 可以通过很多方式减少冲突行为，但是**协商**和**超级目标**是两个最有效的方法。

第4节 群体中的感知公平：它的性质及其影响

你是否曾经遇到这样的情况：感到你从群体中获得的比你应得的要少？如果确有其事，你可能对这种不公平、不公正的事情感到生气和愤慨（Cropanzano, 1993; Scher, 1997）。你会采取行动来纠正这种情况，努力得到你认为自己应得的吗？或者你会担心可能的报复（Miller et al., 2009）？社会心理学家设计了一些实验来理解（1）影响个人判断自己是否受到公平待遇的因素；（2）人们如何回应，即他们如何应对这种感知到的不公平（Adams, 1965; Walker and Smith, 2002）。下面我们来讨论这两个问题。

判断公正的基本原则：分配公平、程序公平和事务性公平

判断我们在与他人的关系中是否被公平对待是个相当棘手的问题。第一，我们不具备全部需要的信息来做出准确的判断（van den Bos and Lind，2002）。第二，即使我们做出了准确的判断，但感知到的公平往往存在于旁观者眼中，因此会受到多种形式的偏见的影响。尽管存在着这些复杂性，关于群体情境下感知公平的研究表明，我们主要通过关注三个不同方面或者规则来做出判断。

首先是**分配性公平**（distributive justice），涉及我们自己和他人的所得。根据公平原则，群体成员的收入所得应该和他们的贡献相对应：付出的努力、经验、技能以及对群体的贡献越多的人，得到的收入也应该越多。例如，我们期望那些为了群体目标的实现做出较多贡献的人获得的奖励要多于那些做出较少贡献的人。总之，我们通常依照人们的贡献和收入之间的比例来判断是否公平（Adams，1965）。

当人们关注自己的分配结果时，这不是对于公平性的全面判断。除此之外，人们还关注分配奖励过程的公平性，这就是**程序性公平**（procedural justice）（Folger and Baron 1996；Tyler and Blader，2003）。我们基于以下几个因素来进行判断：（1）分配过程以同样的方式适用于所有人的程度；（2）有机会纠正分配过程中出现的错误；（3）决策者能够避免受到自己利益的影响。

很多研究证明了这些因素能够影响我们对于程序公正性的判断（Tyler and Blader，2003）。例如，在一项调查中，当人们觉得权威人士对他们持有偏见时，或当人们觉得自己缺少"发言权"时（如不能抱怨或者自己的意见没有被聆听），人们就会报告出更多的程序不公平（Va Prooijen et al.，2006）。在一项关于被解雇者的大型研究中，那些感觉决定谁被解雇的程序并不公正的人表现出更多的敌意以及想要报复组织部门的意图（Barclay et al.，2005）。

我们也会根据结果和过程的信息呈现给我们的方式来判断公平性，这就是所谓的**事务性公平**（transactional justice）。有两个因素在判断中至关重要：明确合理的分配依据的示明程度（Bies et al.，1988），被告知这些分配结果时决策者对我们的友好和尊重程度（Greenberg，1993；Tyler et al.，1997）。

总的来说，我们通过几种不同的方式来判断公平性：我们受到的奖励（分配公正）、分配的程序（程序公正）以及我们被告知这些分配结果的方式（事务性公平）。

这三种公平形式都对我们的行为产生了较大的影响。

在很多情况下，我们会提出这样一个疑问："我是否被公平对待了？"我们没有得到关于分配结果和程序性、事务性方面充分的信息。我们不知道其他人得到了什么奖励（如他人的薪水），我们也不知道分配过程中是否遵循了所有的程序。我们在这样的情境中该怎么办？一项元分析（Barsky and Kaplan，2007）表明，我们把自己的感受作为信息的来源，根据自己的感受来进行判断，"如果我感觉好，那它一定是公平的"或者"如果我感觉不好，那这个分配就是不公平的"。（更多关于群体中情绪和对感知到的不公平反应之间的关系，请参阅以下专栏"情绪与群体：某个群体的成员何时会感知到另外一个群体在反对他们"。）

情绪与群体

某个群体的成员何时会感知到另外一个群体在反对他们

通常来说，一个群体的成员不得不和另外一个群体的成员相互交流并且相处。合作可能是合并——有些成功了（例如迪士尼和皮克斯），有些就没有那么成功了（例如奔驰和克莱斯勒），它要求两个组织的员工（通常是之前的竞争者）友好相处。

这类群体合并可能会引起两个群体成员的威胁感。与那些地位较高的群体成员进行社会比较，会让地位较低群体的成员，特别是那些高度认同原来群体的成员感到很有压力（Amiot et al.，2007）。对于之前地位较高群体的成员来说，如果合并看起来减少了他们的独特性或者感觉到被地位较低的群体拖了后腿，这样的威胁体验会产生不良的互动后果（Boen et al.，2010）。这两种情况下，两个合并群体的成员可能不能认同新的组织，对另外一个群体的成员表现出敌意，并且会更加偏袒自己原来的群体成员（Gleibs et al.，2010）。

这样的潜在负面情绪不仅仅出现在公司兼并中。由于人们很在意其他人的评价，每当群体成员感知到另外一个群体的成员可能在拒绝他们，都会引起负面情绪以及尴尬的社会互动，甚至引起群体之间的冲突（Vorauer，2006）。

首先让我们考虑一下，当担心如何与低地位群体或者少数派交流时，高地位的群体或者多数派会如何反应。在一些情况下，存在的**元刻板印象**（有关一个群体被另外一个群体如何看待的信念）是负面的。这可能导致对互动的焦虑，并且导致对少数派成员的鲁莽举动，从而损害发展友谊的可能性（Shelton et al., 2006）。

例如，在沃若尔（Vorauer）等人所做的研究中，预期与加拿大原住民讨论社会问题的加拿大白人觉得自己会被认为带有偏见、思想封闭（Vorauer, Hunter, Main & Roy, 2000）。这种元刻板印象的激活影响了他们与加拿大原住民的实际交流，这种影响作用的差异取决于加拿大白种人对加拿大原住民的偏见程度。偏见水平高的加拿大白人更可能相信这种元刻板印象会被应用于他们自身，所以当预期与少数派成员交流时，与低偏见的加拿大白人相比，他们感受到更大程度的威胁。低偏见的加拿大白人相信加拿大人会认为他们不同于其他的加拿大白人，当一些社会情境让低偏见加拿大人的这种假设没有得到验证时，会发生什么？

为了回答这个问题，沃若尔（2003）首先让偏见程度不同的加拿大白人与其他内群体成员讨论与偏见相关的问题，并告知他们有一个加拿大白人或者加拿大原住民的观察员，这个观察员会观看并评价他们的讨论录像带。如你在图 11-19 所看到的那样，当被试被要求预测观察者会如何评价他们时，低偏见的被试更容易受到伤害，并且认为相对于加拿大白人自己会被加拿大原住民评价为更有偏见。在

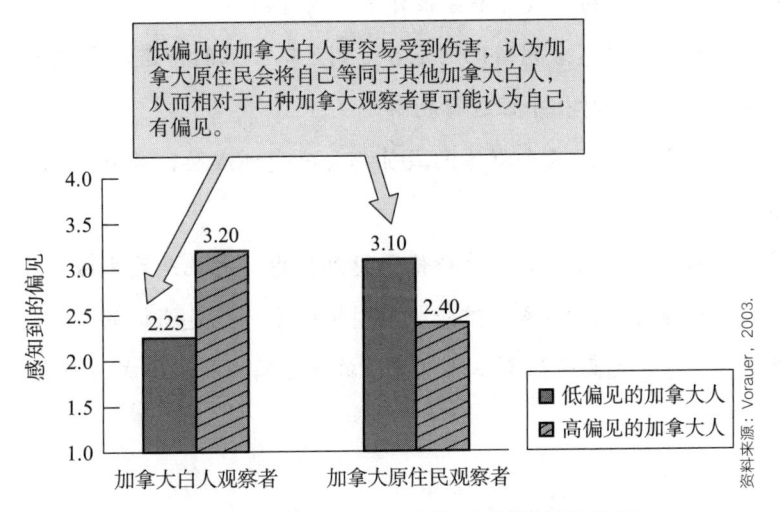

图 11-19　你认为你会像群体其他成员一样被视作是带有偏见的吗？
如图所示，与其他加拿大白人一起讨论偏见相关话题的加拿大白人认为，与被加拿大白人评价相比，他们会被加拿大原住民评价为更有偏见。

这种情况下，被视作"与你的群体成员一样"对低偏见的加拿大白人来说是有威胁性的。

其他涉及主流群体和少数派群体的研究发现，族群之间的行为会被元刻板印象的激活所影响。例如，和预期与非裔美国人讨论个人关系相比，当预期与非裔美国人讨论种族问题时，被激活了元刻板印象的美国白人坐得离非裔美国人更远（Goff et al., 2008）。所以群体情境中的情绪会影响交流的进行。

是否只有主流群体或者高地位群体害怕被少数派群体拒绝，并且因此表现出疏远？巴洛（Barlow）等人所做的一项有趣的研究表明，少数派群体有时候也会表现出这样的担忧（Barlow, Louis & Terry, 2010）。在他们的研究中，亚裔澳大利亚人，特别是那些高度认同他们族群的人，当感知到土著澳大利亚人在拒绝他们时，会表达出更高的群体间焦虑感，回避土著澳大利亚人，并且反对澳大利亚政府就历史问题对土著人道歉。

要点

- 个体希望受到所在群体的公平待遇。公平性可以通过结果（**分配性公平**）、过程（**程序性公平**）或者被对待的方式（**事务性公平**）进行判断。
- 人们也许没有充分的信息来判断他们是否受到了不公正的待遇。当这类信息缺失时，人们会用他们的感受来对公平性进行判断。
- 当两个不同群体合并时，两个群体的成员都会感受到威胁，并且对他们原来的群体表现出偏袒。
- 群体成员可能对于其他群体如何看待他们感到焦虑，也就是**元刻板印象**——有关其他群体如何看待自己所在群体的信念。元刻板印象可能是消极的。当这样的元刻板印象被激活，它可能对高地位群体和低地位群体之间的交流造成消极影响。

第5节　群体决策：如何发生以及所面临的陷阱

群体中最重要的活动之一就是群体**决策**——从若干可能的行为方案中选出一种。政府部门、公司和其他一些组织的重要决定都是由群体做出的。这是为什么？如同我们在开篇所讲述的经济危机和石油泄漏危机那样，人们似乎认为群体的决策会优于个人。毕竟，群体可以群策群力，避免个人的偏见和极端决定。但是这种关于群体决策的观点是否正确呢？群体所做的决定是否真的比个人做的决定要好呢？

在致力于解决这些问题的过程中，社会心理学家关注了三个主要问题：（1）群体怎样做出决策来达成共识？（2）群体做出的决策是否与个人做出的决策有差别？（3）群体为什么有时候会做出灾难性的决策？

群体决策的过程：群体怎样达成共识

当群体开始讨论一个问题时，成员不会从一开始就表现出完全一致的观点。相反，他们会带着不同的观点进入决策任务中（Brodbeck et al., 2002；Larson et al.；1998）。然而，经过一段时间的讨论，群体通常就会达成一致的决定。这个过程是怎么完成的，成员们最初的观点是否能预测最后的决策呢？

群体决策的质量：是否或多或少有点极端？

很多假设认为，相对于个人而言，群体更不可能做出极端性的决策。这种观点正确吗？很多证据表明群体做决定时比成员单独做决定时更容易采取极端的立场。在不同类型的决策和不同情境中，群体都明显表现出从最开始的观点转向更极端的观点的倾向（Burnstein，1983；Rodrigo and Ato，2002）。这就是**群体极化**（group polarization）现象。它的主要作用可以；概括为：不管讨论前群体的倾向和偏好是怎样的，这种偏好会在群体商议中得到强化。因此，群体会比个人做出更极端的决定。这一领域最初的

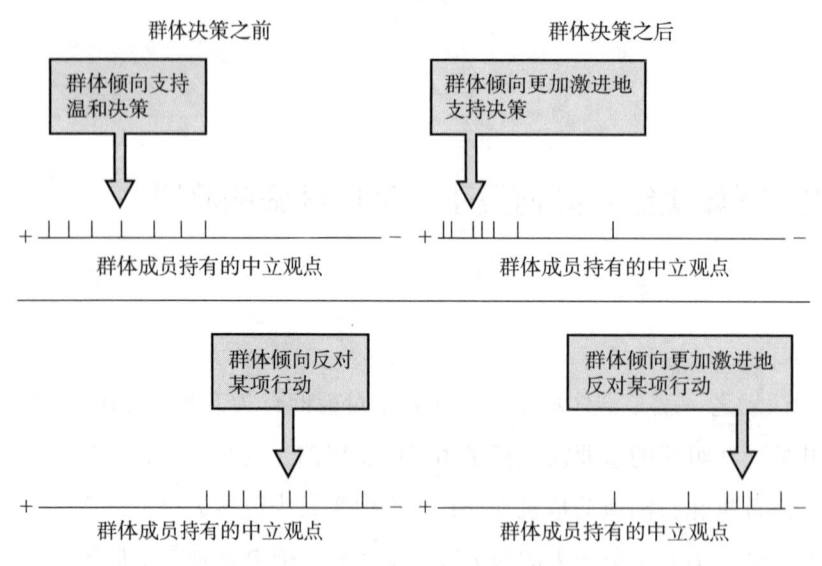

图 11-20　群体极化：它是怎样发生的

如图所示，群体极化涉及群体决策倾向的变化，群体决策之后的观点比之前的观点在同一个方向上变得更为极端。因此如果群体开始只是轻微地偏向于某种观点，在讨论后，群体往往会更加极端地青睐于它。这种变化在很多情境中是相当危险的。

研究（Kogan and Wallach，1964）表明，群体在讨论重要的事情时会做出更加冒险的决定，这种变化叫作风险偏移（risky shift）。但后续的研究发现：这种偏移并不总是朝向更加冒险的方向，只有当群体最开始的倾向是冒险时，风险偏移才会发生。当群体最开始的偏好是谨慎小心时，偏移则会朝向更加保守小心的方向。

如 11.20 所示，为什么群体在讨论过程中会逐步形成更极端的观点和决策？这其中涉及两个主要因素。首先，社会比较（social comparison）在其中发挥了作用。当所有意见都被考虑时，我们如果想要突出自己的观点，那么所持有的观点要比其他群体成员"更好"。"更好"也就意味着自己的观点甚至要比群体整体的偏好更典型（Turner，1991）。例如，在自由主义者群体中，更好意味着"更自由"。在保守主义者群体中，更好意味着"更保守"。

第二个因素是，群体讨论中多数的论据都支持群体最初的偏好。由于听取了这些论据，成员的观点就会随之发生改变，趋向于大多数人的意见。因此，随着支持群体最初偏好的讨论增多，成员就越确信他们观点的正确性（Vinokur and Burnstein，1974）。为了论证这个观点，近期研究者发现，如果在讨论之前大家都不知道其他群体成员的观点，就会考虑到不同方面的论据，群体决策质量会提高（Mojzisch and Schulz-Hardt，2010）。

群体决策的缺陷

群体决策走向极化是一个非常严重的问题，这会干扰成员做出正确的决策。不幸的是，这不是产生消极影响的唯一过程（Hinsz, 1995）。其他重要的过程包括：（1）群体思维；（2）群体无法分享和利用只有少数成员提供的信息。

群体思维：当凝聚力给群体带来危险时

前文我们讨论过群体的高凝聚力对于群体的好处：它可以增加成员对群体的承诺，让这些群体更加令人满意。但像其他很多事情一样，好事过头也会变成坏事。当凝聚力达到一定程度时，就会产生**群体思维**（group think）。这是指决策群体的成员高度一致地支持某一决定的强烈倾向，它假设群体是不会发生错误的，成员会受到来自其他成员的压力而支持群体的决定，并且拒绝接受不支持群体决定的信息。研究表明一旦群体思维出现了，群体就很难改变他们的决定，即使最终的结果证明这个决策是错误的（Haslam et al., 2006）。

考虑一下美国三位总统（肯尼迪、约翰逊和尼克松）关于升级越南战争的决定。每次升级都增加了美军的伤亡人数，但在保证南越作为一个独立国家而存在这一目标上却没有任何进展。同样，乔治·布什总统和他的内阁选择发动伊拉克战争，然后增加驻伊部队官兵人数，没有考虑到他们认为萨达姆拥有大规模杀伤性武器这一假设是错误的。根据提出群体思维概念的社会心理学家贾尼斯（Janis）（1982）的观点，群体思维——它让高凝聚力群体中的成员不愿意去考虑其他替代方案——促成了以上事件的发生。

为什么群体思维会发生？研究发现（Kameda and Sugimori, 1993; Tetlock et al., 1992）有两个关键因素在其中起作用。其一是群体成员高水平的凝聚力以及这样一个事实——处在领导者"核心集团"中的支持性群体成员对最终的决策产生了过高的影响（Burris et al., 2009）。其二是有力的群体规范。这些规范表明群体是绝对可靠的，拥有高的道德水平，因此群体不再就这个问题进行讨论。一旦群体做出了决策，唯一有效的反应就是尽可能地支持这个决定。与此影响密切相关的就是拒绝外来的批评，来自外界的批评被视为带有怀疑和消极的动机。结果呢？这些批评大多数被忽略了，甚至增强了群体的凝聚力，因为成员会联合起来抵御外来人员的攻击。

霍恩西（Hornsey）和伊马尼（Imani）（2004）曾经报告过这种拒绝外来人员批评的情况。他们要求澳大利亚大学生阅读实验中编造的对澳大利亚人的评论，这个评论可能是积极的（"当我想到澳大利亚人时，我觉得他们很友好、很热情……"）或者消极的（"当我想到澳大利亚人时，我觉得他们是种族主义者……"）。这些评价可能是来自另外一个澳大利亚人（群体内成员），或者是来自一个其他国家并且从来没有在澳大利亚居住过的人（缺乏经验的群体外成员），或者是一个曾经在澳大利亚生活过的人（有经验的群体外成员）。然后让被试评价这些评论者，评价评论者的看法在多大程度上具有建设性。

霍恩西和伊马尼（2004）推测：当评论比较消极的时候，属于外群体的评论者比内群体的评论者得到更低的评价，他们的评论受到的评价也会更低。有经验的群体外成员和无经验的群体外成员受到的评价没有差异，因为有经验的群体外成员终归不属于澳大利亚人这一群体。当评论积极时，这些现象就不会发生。毕竟，不管表扬来自哪里，人们都乐于接受。

事实也确实如此，当陌生人的评价积极时，不管这个人是不是澳大利亚人，被试对评论者及其评价的评估都没有区别。一旦做出了消极的评价，不管他是否在澳大利亚生活过，非澳大利亚人和他的评论都会受到更负面的看待。此外，当表达对内群体的批评时，和只在内群体成员面前批评相比，在外群体成员面前批评会被认为更加严重（Hornsey et al., 2005）。

无法分享每个成员的独特信息

群体决策中产生偏见的第二个潜在来源是，群体并不总是能整合资源，共享每个成员的独特信息和观点。事实上，研究（Gigone and Hastie, 1997; Stasser, 1992）指出群体中共享资源或者信息的情况比较少见。结果是：群体做出决策依靠的只有群体分享的信息（Gigione and Hastie, 1993）。如果这些信息能够得出最好的决策时，也不存在问题。但是考虑一下当能够得出最好决策的信息并没有被所有成员所共享的时候会发生什么？在这种情况下，群体成员仅仅只考虑到他们已经拥有的信息，这也许会妨碍他们做出最好的决策。因此，群体中存在不同的意见是至关重要的：它可以引导群体成员考虑未被共享的信息，这可以提高决策质量（Schulz-Hardt et al., 2006）。

头脑风暴：群体中创意的产生

群体在一起从事创造性任务会比个体单独完成任务时产生更多的解决方案（Adarves-Yorno et al.，2007）。但是它们是更好的方案么？**头脑风暴**（brainstorming）是指人们作为一个群体相遇并产生新想法的过程。群体的头脑风暴通常被假定会比群体成员们单独工作时产出更多的创造性成果（Stroebe et al.，1992）。但是，与这种假定相反，头脑风暴并不比个体在单独工作时在总体上产生更多的创造性想法。为什么理论上这么好的一个想法没有在实践中得到验证呢？

达刚仕（Dugosh）和保卢斯（Paulus）（2005）探究了头脑风暴的认知和社会性这两个方面，特别是想法曝光的影响。这一点非常重要，因为普遍认为头脑风暴的好处在于群体成员能够知晓其他成员的创造性想法。这些研究想考察接触其他成员的普通或独特的想法是否会导致被试产生同样质量的想法，以及在头脑风暴中人们是否会进行社会比较。有些研究发现，"表现匹配"可能会降低产出想法的动机（如，那些智力低下的人会迎合自己应该产出低的规范）。然而，芒克斯（Munkes）和迪尔（Diehl）（2003）认为这种社会比较应该会导致竞争，从而能够提高想法的质量。

达刚仕和保卢斯（2005）为了验证这个想法进行了一项研究，在实验中让一些被试相信他们所获知的想法是从电脑的"点子库"中挑选出来的，其他被试却被告知这些想法是与他们相似的人想出来的。首先，接触到大量想法的确会提高被试提出想法的数量。而且，与那些相信自己接触到的想法来自电脑的被试相比，那些相信自己接触到的想法源自其他人的被试产生了更多高质量的想法——可能是因为这些被试觉得自己需要像"其他人"一样有创意。

内梅特（Nemeth）等人指出，不同的争论和竞争性意见对于激发有创意的想法有着重要作用（Nemeth，Personnaz，Personnaz & Goncalo，2004）。在研究中，研究者给被试两种不同的指导语，或是只听不能发表评论的传统指导语，或是鼓励被试讨论想法的优缺点的指导语。总之，鼓励讨论的指导语比传统的指导语产生了更好的结果。因此缺乏对新观点的批判这一头脑风暴的核心原则对于想法产生的激发作用要小于那些由争论引起的认知刺激。

> **要点**

- 大家普遍认为，群体能比个人做出更好的决策。但是研究发现群体往往会受到**群体极化**的影响，导致群体做出更为极端的决策。有两个原因能解释这个现象：成员希望自己持有的观点更具有代表性，这也意味着观点更加极端；还有一个原因是，在群体讨论中人们会被其他成员的论点说服，因此他们就会朝着那个方向不断地调整自己的观点。
- 另外，群体会受到**群体思维**的影响，这是高凝聚力群体的一种倾向，他们假设群体不会做错事情，而且与群体意见相矛盾的观点应该被拒绝。
- 与来自群体内部成员的批评相比，群体更容易拒绝那些来自群体外部的批评。同样，和在群体内部成员面前受到批评相比，在其他群体面前受到批评会更让群体感到忧虑。
- 群体成员很难分享到只有部分成员所拥有的信息。相反，群体的讨论主要集中于那些所有成员都拥有的信息。因此，这样的决策反映的只是群体中共享的信息。预防这种倾向的一种方法是，保证群体成员在讨论之前不知道其他成员的看法和信息。
- **头脑风暴**是指在群体中产生创意并且对这些创意不加批评。但是这种创意的质量并不会比个体独立产生的想法更好。不过，对这些想法的讨论确实会刺激产生更多的创造性想法。

第6节 群体情境下的领导角色

领导——这能让我们联想起一些画面，一个英雄人物领导他的追随者去追求一些美好的事物：胜利、繁荣或者是社会公正。但是，准确来说，到底什么是领导？一些不同领域的研究者思考这个问题数十年了，目前已经有了一些结果。研究者普遍认为领导力包含影响力——通过确立一个集体努力的方向来影响群体中的其他人，并且在朝这个方向努力的过程中激励大家的行动（Turner, 2005; Yukl, 2006; Zaccaro, 2007）。与这个定义一致的是，成为一个领导者包括发挥影响力——改变群体其他成员的行为和想法，以便他们能够团结一致来达成群体的共同目标。

社会心理学研究领导力已经有很多年了（Haslam et al.，2010）。下面，我们主要讨论这些研究发现的三个最重要的方面：（1）为什么是某些个体而不是其他个体成为领导；（2）何时最有可能出现非传统类型的领导者；（3）领导怎样影响团体成员对于他们表现的满意度。

为什么一些人成为领导，而另外一些人没有？这些人天生就是领导么？事实上，一些著名的领导者就是一出生就担当这样的角色（例如，女王伊丽莎白一世）。其他人显然不是：亚伯拉罕·林肯（Abraham Lincoln），纳尔逊·曼德拉（Nelson Mandela），阿道夫·希特勒（Adolf Hitler），比尔·盖茨（Bill Gates），巴拉克·奥巴马，坦白来讲，这些人都出身于普通的家庭。尽管领导者倾向于代表他们社会中的大多数人（Chin, 2010），在美国，这意味着他们通常是白人、异性恋、信奉新教的男性。为了解释来自这个群体的具体哪个人能成为领导者，早期的研究者建构了**伟大人物理论**（great person theory）——一种认为领导者拥有能够将自己与其他人区分开的特质的观点——这些特质将他们与追随者区分开来。

早期被设计来检验这种观念的研究都不够令人鼓舞，尽管研究者努力过，但是他们并不能列出所有伟大领导者都有的关键特质（Yukl, 1998）。尽管获取的变量间的关系一直很弱——通常只能解释少于 5% 的差异——领导者和非领导者之间确实在某些变量上存在差异：领导者比非领导者稍微更聪明一点、更具社交技巧、对新的经验保持开放，并且更外向一点（Haslam, 2004; Hogg, 2001）。当然，我们并不能从这样的研究中得知是这些特质导致个体成为领导者，还是担任领导者的经历促进了这些特质的发展。

因此，如果我们不能轻易地从他们所拥有的特质中区分领导者和追随者，也许我们可以根据特质区分有影响力的领导者和没有影响力的领导者。但也并非如此。有一项预测美国总统领导影响力的研究发现，被历史学家评价为有影响力的领导者比被评价为没有影响力的领导者更聪明，更少卷入到丑闻中去（Simonton, 2009），但是情境的特征似乎更能预测领导的影响力（他们都是战争期间的总统——战争期间的国民凝聚力更强，并且有需要优先完成的既定目标）。

在某种意义上说，如果没有追随者就没有领导者。在现代的领导力理论中，追随者的重要性被考虑在内。例如，领导力方面的专家（Hackman and Wageman, 2007; Turner, 2005）认为，领导者和追随者是领导关系中基本的两个部分，所有关于领导力的理论都应该注意到这两方面都起到很重要的作用，他们互相影响。基于这个原因，近期的研究会考虑是否在某些环境（或者时代）中某类人更容易成为领导者，在其他环境中另外一类人更容易成为领导者。

2008年，在与当时的参议员希拉里·克林顿竞争之后，巴拉克·奥巴马被选举为美国总统（见图11-21）。这里值得注意的是，他们都来自于"非典型的领导群体"，并且他们都在国家遇到危急的时候被推出来。这正好就是瑞安（Ryan）和哈斯拉姆（Haslam）（2005）所预测的非常规领导者被选中的情境。在一项关于指派女性担任CEO的研究中，哈斯拉姆等人研究发现，当机构处于危机并且很可能失败时，女性领导者会被委派担任这个职位，当机构运转良好并且失败的风险较低时，男性更容易被委派担任这个职位（Haslam, Ryan, Kulich, Trojanowski & Atkins, 2010）。在一项关于伦敦证券交易所列出的重要公司的董事会成员任命的档案研究中，瑞安和哈斯拉姆（2005）发现，当男性被委派时，公司的股价比其被任命之前更加平稳。然而，女性只有在公司股价长期低迷的情况下才会被任命为董事会成员。这些研究都发现，非传统的群体成员只有在出现**玻璃悬崖**（glass cliff）时才会被指派到领导的位置上去，也就是当整个机构都处在危机中从而领导岗位也被认为岌岌可危的时候。这个研究表明，一个人是不是"领导的料"更多取决于时机而不是个人因素。

在增强群体成员对群体及其表现的满意度方面，领导者起了什么作用呢？研究发现，对于很多群体来说，拥有一个作为群体典型（而不是与群体成员不同）的领导

图11-21 来自于非典型群体的领导者：更容易在危急或者困难的情况下被选中
巴拉克·奥巴马和希拉里·克林顿都是非传统的政治候选人群体的成员，他们被选择是因为在不稳定或危机情况下他们能够造就成功的结果么？

者能够预测成员满意度（Cicero et al.，2007）和感知到的领导影响力（Fielding and Hogg, 1997）。为什么领导属于群体的典型成员有这么重要的作用？吉斯讷（Giessner）和范尼彭伯格（van Knippenberg）（2008）指出这是因为它促进了群体成员对领导者的信任。有时候领导者不得不做出一些让成员觉得消极的决定，或者与他们自身的利益不相符的决定。甚至，有时候领导者的决定可能会导致群体目标的失败。被视作群体典范的领导者会被认为更有可能采取符合群体利益的行动，并且这种对领导者意图的信任让群体成员能够承受不好的结果。吉斯讷和范尼彭伯格发现，甚至当被试知道他们的领导做出的决定导致他们无法达成一些重要的目标，被视作群体典范的领导由于被认为值得信任，他们与非典型的领导者相比更容易被原谅。

要点

- 研究领导的学者长期以来都在寻找区分开领导者和非领导者的人格特质。有证据表明领导者比非领导者更加聪明并且更加善于交际。尽管特质有着直觉上的吸引力，但其实它只能解释领导者和非领导者之间很少的变异，并且不能把二者区分开，也不能把有影响力的领导者和没有影响力的领导者区分开。
- 非传统的领导者更可能在危机期间出现——这意味着他们会发现自己处于**玻璃悬崖**，这种状况下更可能失败，因为他们试图领导的情境包含更大的风险。
- 被视作是群体典范（而不是与群体成员不同）的领导者会让群体成员有更高的满意度，让成员感知到更有影响力。与非群体典范的领导者相比，被视作群体典范的领导会获得更大的信任，这种信任让群体成员能够承受不好的结果，并且原谅领导者的错误。

总结与回顾

- **群体**是一群觉得自己组成了一个统一单元的人的集合。群体在人类的进化史上发挥了重要作用。在**共同纽带群体**（common-bond groups）中，成员倾向于与彼此之间联结，在**共同身份群体**（common-identity groups）中，成员倾向于通过共同的身份类别联系在一起。群体被认同为一个协调一致的整体的程度是群体的**整体性**。

- 群体的基本成分包括**地位**、**角色**、**规范和凝聚力**。人们获得高地位（群体内的位置或等级）的原因有很多，包括生理特征（身高）、加入群体的时间长短、他们能够代表群体的程度以及他们各方面的行为。人们会在一定程度上内化他们的社会角色，这些角色会成为人们自我概念的一部分，对人们的行为和健康有着重要的意义。被指派在模拟监狱中扮演犯人或者狱警（例如：BBC 监狱实验）导致了行为的改变，这些人认同了这些角色，并且按照这些角色的规范来表现。群体规范——关于何为合适行为的潜在规则——能够影响我们的情绪表达和体验。**个人主义**和**集体主义**的规范能够影响我们对群体内部不一致的容忍度。凝聚力——使人们愿意留在群体中的因素——能够产生群体成员之间的稳固感。对群体未来丧失相对其他群体的独特性的担忧会鼓励人们采取行动增强内群体凝聚力。

- 加入群体可以给予成员重要的利益，包括提高自我认知，加速达成重要目标，提升地位，以及拥有政治性集体身份以实现社会变革等。但群体成员身份也会带来巨大的代价，例如个人自由的丧失，群体对成员时间、精力、资源的高要求。想加入排他性强并且有威望的群体的渴望让个体甘愿去承受痛苦和危险的入会仪式。为了加入群体所经历的这些仪式通常会增加成员对这个群体的承诺。

- 当人们觉得群体发生了改变以至于不能再反映其基本价值观和信念的时候，他们会退出这个群体。当群体遭遇**分裂**——分成不同的派系时——一些不得不离开的成员会经历沮丧的情绪。

- 仅仅是他人在场（如一个观众或者合作者）就会影响到我们在很多任务中的表现，这类影响作用叫作**社会促进**。社会促进的驱力理论认为其他人的存在具有唤醒作用，它既可以促进也可以降低人们的作业表现，这取决于人们在特定环境下的优势反应的正确与否。**干扰冲突理论**认为他人的存在引起了对于任务和观众的注意冲突。这会导致唤醒水平的提高和注意聚焦范围的缩小,这可以解释许多物种中的社会促进现象。**评价忧虑**的观点认为:观众会干扰我们的作业表现是因为我们对于他人评价的担忧。

- 当人们合作完成任务时,**社会懈怠行为**(每个成员的产出会减少)有时候就会发生。可以通过很多方式减少这种社会懈怠行为:增加个体结果的可识别性,增加个体对于任务和任务重要性的承诺,让成员确信他们对于群体都有独特贡献。

- 大型人群被刻板地认为会做出**流氓行为**——暴力和反社会事件——这是由于**去个体化**会削弱个体意识。与这个观点相反的是,群体中的匿名性确实会引起更多的规范化或者服从的行为,但是在一些群体中起作用的规范可以被改变,这样暴力就会减少。去个体化会增强攻击行为或者亲社会行为,这取决于在特定群体情境下起作用的规范的性质。

- **合作**(即与他人一起来达到共同的目标)在社会生活中普遍存在。然而,在合作可能发生的时候,合作并不一定会发生,因为在包括**社会困境**在内的一些情境中个体可以通过背叛他人来增加自己的利益。对不合作行为的制裁会降低人们对他人的信任程度,从而削弱人们的合作意愿。

- **冲突**开始于个体或群体感知到他人的利益和自己的利益不相容。不同文化群体的成员在被误解时会产生不同的反应。可以通过很多方式减少冲突行为,但是**协商和超级目标**可能是两个最有效的方法。

- 个体希望受到所在群体的公平待遇。公平性可以通过结果(**分配公平**)、过程(**程序性公平**),或者被对待的方式(**事务性公平**)进行判断。当人们感觉到自己遭受不公平待遇时,他们通常会采取措施来维护公平。**元刻板印象**——有关其他群体对自己所在群体的看法的消极信念——可能抑制或者破坏群体成员之间的社会交流。

- 研究发现,群体往往出现**群体极化**,这会导致群体比个体做出更为极端的决策。有两个原因能解释这个现象:成员希望自己持有的观点更具有代表性,这也意味着观点更加极端;以及,在群体讨论中人们会被其他成员的论据说服,因此他们就会朝着那个方向不断地调整自己的观点。另外,群体会受到**群体思维**的影响,这是高凝聚力群体的一种倾向,他们假设群体不会做错事情,并且与群体观点相矛盾的观点应该被拒绝。与来自群体内部成员的批评相比,群体更容易拒绝那些来自群体外部的批评。群体成员通常很难分享到只有部分成员所拥有的信息，这可能会导致有偏差的决策。
- **头脑风暴**指人们在群体中产生创意。人们倾向于相信头脑风暴比人们单独工作更加有效。研究发现这并不一定是正确的。事实上，讨论中的异议和争论都倾向于产生更加有创造性的想法。
- **伟大人物理论**认为领导者和非领导者之间有特质差异。这种说法在很大程度是不对的。非传统的领导者倾向于出现在危难时期，也就是**玻璃悬崖**——这种状况充斥着更多失败的风险。被视作是群体典范（而不是与群体成员不同）的领导者会带来群体成员更高的满意度，让成员感知到更有影响力。与非群体典范的领导者相比，被视作群体典范的领导会获得更大的信任，从而让群体成员认为他们更有影响力，并且在失败时他们更可能获得原谅。

关键术语

玻璃悬崖（glass cliff）：当女性和少数群体由于其管理危机的才能而被视作更好的领导者时，当情况包含更多的危险时，他们更容易被选举为领导。

超级目标（superordinate goals）：冲突双方所共同追求的目标，这将他们的利益绑定在一起，而不是将他们分开。

程序性公平（procedural justice）：对在群体成员之间分配奖励的程序是否公平的判断。

冲突（conflict）：个体或者群体感知到其他人已经采取或者即将采取与他们利益相冲突的行为。

地位（status）：个体在群体中的位置或者等级。

叠加性任务（additive tasks）：群体的产出是个体成员产出之和的任务。

规范（norms）：群体中关于个体应该如何表现的规则。

非同步的交流形式（asynchronous forms of communication）：与面对面交流不同，诸如电子邮件以及其他形式的文字信息交流能够让人们可以在回复之前有一段时间思考如何回应。

分裂（schism）：由于成员意识形态的不合，群体分割为几个不同的部分。

分配性公平（distributive justice）：是指个体对他们受到奖励份额的公平性的判断，他们受到的奖励应该与他们对群体和社会关系所做出的贡献相称。

负面的相互依赖（negative interdependence）：如一方获得想要的结果则另外一方就不能获得的状况。

干扰冲突理论（distraction conflict theory）：这个理论认为社会促进是由于同时注意在场的他人和正在执行的任务所导致的冲突而产生的。

共同纽带群体（common-bond groups）：成员有面对面交流且彼此相互联结的群体。

共同身份群体（common-identity groups）：缺少面对面交流，成员是通过共同的身份类别联结在一起的。

合作（cooperation）：群体成员一起工作来达成共同目标的行为。

集体主义（collectivism）：在集体主义群体内，规范就是即使会损害到个人利益也要保持群体成员的和谐。

决策（decision making）：整合现有信息以从几种可能的行动方案中选择一种的过程。

角色（roles）：处于群体中特定位置的个体被期望表现的一系列行为。

流氓行为（hooliganism）：暴力和反社会事件。

凝聚力（cohesiveness）：维持成员继续留在群体内的所有因素。

评价忧虑（evaluation apprehension）：对于其他人评估的担心，这种担心会提高唤醒水平，从而导致社会促进效应。

情绪规则（feeling roles）：对于表达的合适情绪的期待。

去个体化（deindividuation）：在外部条件作用下（例如是一个大群体中的一名匿名成员）个体自我意识的弱化和个体身份的隐匿。

群体（group）：一群感知到自己被联结到一个整体的人的集合。

群体极化（group polarization）：在不同类型的决策和不同情境中，群体都明显表现出从最开始的观点转向更极端的观点的倾向。

群体思维（groupthink）：高度有凝聚力的群体的成员所产生的一种倾向，假定他们的决定不可能是错误的，所有的成员都必须强烈支持群体的决定，所有反对信息都应该被忽略。

社会困境（social dilemmas）：一种情境，该情境中个体能够通过某种途径增加个人利益，但群体中的每个人都这么做的话，每个人的收益都会受到损失。

社会嵌入（social embeddedness）：因为你了解某个人的名声或者认识这些人的熟人而产生的一种了解这个人的感觉。

社会懈怠（social loafing）：个体在参加集体工作时付出的努力程度低于他们单独完

成工作时的努力程度。

事务性公平（transactional justice）：根据分配者对分配结果解释的合理程度以及对被分配者的尊重和友好程度进行的判断。

头脑风暴（brainstorming）：人们作为一个群体相遇并产生新想法的过程。

协商（谈判）（bargaining / negotiation）：指一种过程，在这个过程中，对立的双方交换信息、还价、让步，无论是通过直接的方式或者代理的方式。

意识形态（ideology）：一个群体的哲学和政治价值观。

元刻板印象（meta-stereotypes）：关于自己群体被其他群体如何看待的信念，通常是消极的。

整体性（entitativity）：是指群体被认同为一个协调的整体的程度。

政治化集体认同（politicized collective identity）：意识到共同面对不公时，参与到一种力量中为自己所处的弱势群体去抗争。

第十二章

社会心理学：应对逆境和创造幸福生活的指南

本章大纲

- **社会逆境产生的一些基本原因和应对方法**

  孤独：缺失人际关系的生活

  人际关系的破裂与建立

- **个人健康的社会层面**

  肥胖症：为什么它的根源既是社会性的也是生物性的？

  互联世界中的社会生活：互联网网站可以帮助人们减肥吗？

  压力：降低其不良影响的社会策略

- **使法律体系更加开放、公平和有效：法律的社会层面**

  社会影响和法律体系

  偏见和刻板印象对法律体系的影响

- **个人幸福：它是什么以及如何获得**

  一般来说人们有多幸福？

  影响幸福的因素

财富：个人幸福的重要要素？

幸福是拥有你所想的，还是享受你所拥有的？

幸福的好处

我们可以增强个人幸福吗？

情绪与个人幸福：可能会过度幸福吗？

苦难造就伟大……

威廉·卡伦·布赖恩特（Wiliam Cullen Bryant，1842）

正如这句引言所说，生活并不总是容易的。相反，它远非易事，并且充满了各种逆境——挫折、失望、阻碍与失败：重要考试得了低分、一段感情的破裂、亲人健康方面的坏消息、没有获得重要的晋升机会……这些例子不胜枚举。

另一方面，生活中也有许多积极的事件与经历——那些在我们享受巨大幸福和达成重要目标时的兴奋：当我们获得一项荣誉、得知一些意外的好消息、遇到一些让我们激动的人时——更甚之，当他们也喜欢我们时！所以说，事实上，生活是一个拥有高潮和低谷的"大杂烩"，还同时有着许多介于二者之间的情感。有人说，大多数人寻求并渴望幸福，他们想要克服所经历的逆境，去享受幸福而有意义的人生。实现这一目标的过程从来不易，大部分人会遇到很多问题和阻碍。社会心理学能否帮助我们应对这些挫折并且使我们成为健康快乐的人呢？我们相信它可以。事实上，我们相信社会心理学家在这方面所获得的知识是无价的：如果谨慎运用，它可以帮助我们将逆境转化为力量、成就和满足。

当然，我们无法通过简单而单一的策略达到这些目标——确保可以减少生活中的困难（或者至少是困难所造成的负面影响），同时增强生活中的成功和喜悦。但是社会心理学家的研究帮助我们更深入地洞察个人逆境形成的原因和后果，并提出了在通往丰富、充实的人生道路上克服逆境的重要方法。在本章中，我们总结其中的一些贡献。换句话说，我们将概述社会心理学（及其探究社会生活的科学方法）中可以帮助我们达成关键个人目标的一些重要方法。为了完成这项复杂而充满挑战性的任务，我们将按如下步骤进行。首先，我们会考察社会生活中逆境的一些重要来源，这包括了造成社会逆境的孤独、社会隔绝以及人际关系的失败。社会心理学家们所做的研究为我们认识这些痛苦经历的原因和后果提供了重要的视角（例如，Jetten et al., 2009），也为我们按照步骤应对孤独和建立持续而相互满意的人际关系（友谊、爱情）提供了希望。

其次，我们将讨论个人健康的社会层面，首先聚焦于肥胖症的社会原因和压力所产生的消极影响，尤其关注可以减少这些消极影响的社会技术。良好的个人健康是一段快乐美满生活的核心，并且正如你们将看到的，社会心理学对于帮助人们达到这个目标做出了许多贡献（例如，Cohen and Jenicki-Deverts, 2009）。然后，我们又讨论了社会心理学对于一个重要的实践目标所做出的贡献：使法律体系更加开放、公平和有效。美国以及其他国家现存的法律体系对人类做出了一些假设，可这些假设实际上却是错误的，是完全错误的！例如，它假定陪审员们可以按照要求忽略被告的种族、外表吸引力及其他特点。可是他们做得到吗？研究发现表明"很可能做不到"。那么警察辨认嫌疑人时呢？他们真的可以识别那些犯了不同罪的人吗？也许吧，但是社会心理学家的研究表明辨认嫌疑人程序只有在某些特殊情况下才有效。社会心理学家们对这类问题的研究目标很明确：帮助法律体系更好地保护和促进人们"生活、追求自由和幸福"的权利。

最后，我们探讨那些考察个人幸福的原因和结果的社会心理学研究。哪些主要因素在提高或降低人们的幸福感？财富会带来幸福还是减少幸福？幸福仅仅是让人感到舒适，还是它实际上带给拥有它的人一些真正的优势？人们如何做才能获得真正的幸福？结果可能会让你感到惊讶，因为这些问题的答案很可能不是你所猜想的那样。我们要探讨的另一个问题是：人们有可能过度幸福吗？就幸福和生活满意度而言是否存在"过犹不及"？如果你认为不存在，你将会惊讶地发现答案其实是**存在**，至少在某些情况下和某些方面是这样。

总之，我们相信这一章所呈现的信息主要有两个目标。首先，它整合前面章节所呈现的社会心理学家积累的一系列知识，展现这类知识如何推动人类福祉。第二，它会强调一些不仅仅是社会心理学感兴趣的事实：它对个人和社会也有着巨大的潜在价值。简而言之，这是一个能够帮助我们更好地追求和建立幸福美满生活的领域。

第1节 社会逆境产生的一些基本原因和应对方法

你是否曾经感到过真正的孤独，即彻底的孤单，身边没有关心你的人，或者没有可以寻求帮助、指导甚至仅仅是交谈一会儿的人？如果有，欢迎加入我们，因为大多数人在生命中的某些时刻都曾感到过孤独。我有这种感觉是当我在国外一个城市做访问学者时，我并不太懂当地的语言。结果就是，当学校关闭时我却不能使用我的电子邮箱（因为只有在工作时间才可以使用），我只能数着时间等待校园再次开门，然后我才可以继续与自己的家人朋友联系——即我自己的社会支持网络。

幸运的是，对我们大多数人而言，孤独是一种暂时的状态。我们从属于许多不同的群体，我们马上可以发现，这不仅仅能够让我们避免感到被孤立，它也同时对我们的生理和心理健康有益（Jetten et al., 2009）。当然，对于另一些人来说，社会孤立是一种选择；他们不喜欢与他人建立紧密联系的生活方式（Burger, 1995），所以，他们并不会感觉被剥夺了社会联系。然而有一些人被隔离且感到孤独并不是一种自主的选择，而是因为他们没有成功地与他人建立联系——或者他们曾经有，但这些联结被某些原因所割裂（离婚、爱人的逝去）。也就是说，他们经历了非自愿的孤独，社会心理学家将这种状态描述为拥有比理想状态更少的令人不满的人际关系引起的情绪和认知反应（Archibald et al, 1995）。孤独是一种非常普遍的人类经历，在世界上许多文化里都会发生（Goodwin et al., 2001；Rokach and Neto, 2000；Shams, 2001），正如我们可以看到的，它也的确是社会逆境的一种重要来源（见图12-1）。那些经历过孤独的人都知道，感到孤独确实让人很难受或者受伤害，并且更甚之：它可以影响到个体的心理和生理健康。显而易见，这是一个值得我们重点关注的话题。

孤独：缺失人际关系的生活

孤独（被社会隔离）的消极后果有哪些？社会心理学家的研究结果帮助我们深入理解这些影响的本质。

图 12-1 孤独：非自愿的孤独
有些人选择独来独往是因为他们喜欢这样，但绝大多数人却不是自愿选择孤独的，因为他们缺少与他人的亲密关系。孤独的人常常感到紧张、不开心、孤单寂寞。

孤独的后果

那些感到孤独的人倾向于将自己的休闲时间花费在独自游玩的活动上，他们极少拥有重要的人际联系，仅仅只有点头之交的朋友和熟人（Berg and McQuinn，1989）。孤独的个体感到受到冷落并且认为与所遇到的人们没有共同点（Bell，1993）。即便一个孩子只有**一个**朋友，那也足以减少这些反应（Asher and Paquette，2003）。孤独让人不快乐，这些负面的感受包括压抑、焦虑、不幸福、不满、对未来的悲观、自责和害羞（Anderson et al.，1994；Jackson et al.，2000；Jones et al.，1985）。在他人看来，孤独的个体往往适应不良——如果可以的话，我们更愿意远离他们（Lau and Gruen，1992；Rotenberg and Kmill，1992）。更糟糕的是，孤独与健康不佳、较短寿命有关（Cacioppo et al.，2003；Hawkley et al.，2003）。比如，在一项研究中，耶滕等人追踪研究了大一新生数月，从他们进校前到他们进校后的一段时间（Jetten，Haslam，Pugliesse，Tonks & Haslam，2010）。学生填写了一系列有关个体健康的量表（例如，抑郁量表），并且报告了在他们进校前加入了多少团体。结果表明，从属的团体越多，他们就越不容易产生抑郁情绪。简而言之，从属于多个团体可以帮助他们缓解大一新生一般都会遭受的巨大压力。

另外一些有关老人的研究（Jetten et al.，2011）表明，那些从属于越多团体的老人，或者说**认为**自己从属团体越多的老人，往往自我感觉越健康。总之，不属于任何团体（即没有社会性联结）是孤独的一个重要成分，它显然对于个人健康有着很强的负面影响。

为什么有一些人会孤独？

与所有其他类型的复杂的社会行为一样，孤独的原因是很复杂的。这些原因是一系列因素的结合：遗传因素、依恋风格（例如，回避型或者拒绝型风格；见第七章），缺少与同龄人的早期社会交往的机会。一项探索遗传因素对孤独的可能影响作用的有趣研究中，麦圭尔（McGuire）和克利福德（Clifford）（2000）对9至14岁的儿童的孤独感进行了行为遗传学的调查。被试包括亲生兄弟姐妹组、共同生长在收养家庭的非亲生兄弟姐妹组、同卵与异卵双胞胎组。数据一致表明，孤独有一部分是来源于遗传因素。例如，同卵双胞胎之间的孤独感比异卵双胞胎之间更相近，这就表明基因越相似，在孤独感方面也越相似。

但是孤独同时也会受到环境的影响，因为生长在同一个收养家庭的无血缘关系的兄弟姐妹之间的孤独感比随机组合配对的孩子之间的孤独感更加接近。正如研究人员所指出的那样，孤独具有遗传性并不能解释它是如何运作的。例如，相关的基因可以影响抑郁或是敌对的感觉；如果是这样，孤独的差异可能是源于人际行为差异造成的被拒绝程度的不同。也就是说，并没有所谓的孤独"基因"，而是遗传因素和社会行为因素共同作用使得别人远离你！

另外一种孤独的来源（我们之前有所提及）就是依恋风格（Duggan and Brennan，1994）。恐惧回避型或轻视回避型（见第七章）的个体害怕亲密关系，从而避免建立亲密关系（Sherman and Thelen，1996）。这类人对他人没有足够的信任从而不愿冒险去与他人亲近。大体上说，不安全依恋与社会焦虑和孤独感相关（Vertue，2003）。与孤独感有关的第三个因素是无法发展出社交技能，这就有着多种原因（Braza et al.，1993）。一方面，儿童通过与同龄人交流学习人际交往的技能。结果就是，那些参与学前教育或是有机会与许多同龄伙伴玩耍的孩子在小学里更受欢迎（Erwin and Letchford，2003）。当缺乏适当的社交技能的时候，一名儿童可能会产生自我妨碍行为，比如说回避他人、戏弄取笑之类的言语攻击行为，甚至是身体攻击。这些行为就会导致他/她无法被他人接纳为玩伴，从而埋下了孤独的种子（Johnson et al.，1991；Ray et al.，1997）。影响孤独感的因素如图12-2所示。

如果不采取一定的干预措施来提高社交技能，建立和维持人际关系的困难通常会持续整个童年和青春期，直至成年期——它们并不会简单地随着时间的推移而"消逝"（Asendorpf，1992；Hall-Elston and Mullins，1999）。为了减少孤独感，经常需要采取积极的

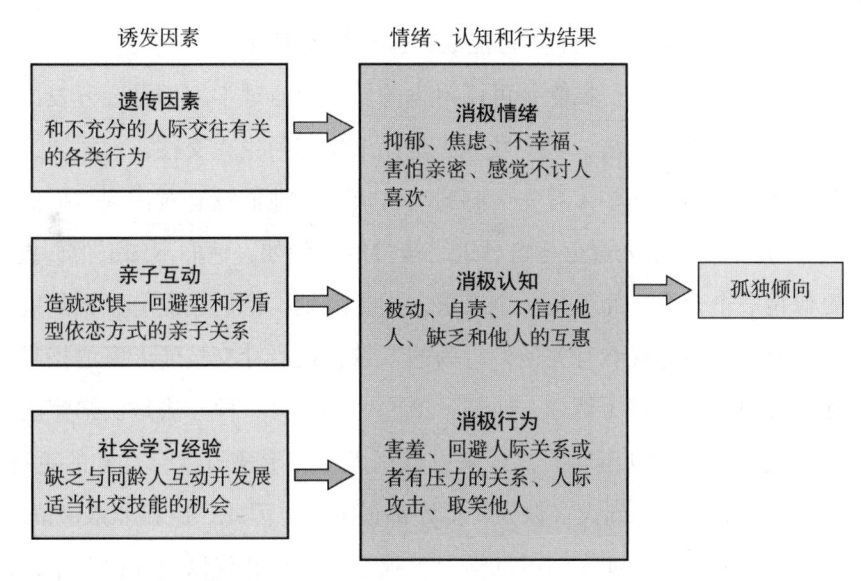

```
诱发因素                          情绪、认知和行为结果

┌─────────────────┐             ┌─────────────────────┐
│   遗传因素      │             │    消极情绪         │
│ 和不充分的人际交往有关 │ ──────→ │ 抑郁、焦虑、不幸福、 │
│   的各类行为    │             │ 害怕亲密、感觉不讨人 │
└─────────────────┘             │ 喜欢                │
                                 └─────────────────────┘
┌─────────────────┐             ┌─────────────────────┐              ┌──────────┐
│   亲子互动      │             │    消极认知         │              │          │
│ 造就恐惧—回避型和矛盾 │ ──────→ │ 被动、自责、不信任他 │ ──────→    │ 孤独倾向 │
│ 型依恋方式的亲子关系 │          │ 人、缺乏和他人的互惠 │              │          │
└─────────────────┘             └─────────────────────┘              └──────────┘
┌─────────────────┐             ┌─────────────────────┐
│  社会学习经验   │             │    消极行为         │
│ 缺乏与同龄人互动并发展 │ ──────→ │ 害羞、回避人际关系或 │
│ 适当社交技能的机会 │           │ 者有压力的关系、人际 │
└─────────────────┘             │ 攻击、取笑他人      │
                                 └─────────────────────┘
```

图 12-2 影响孤独的因素
如图所示，长期的孤独倾向源于一些不同因素：遗传因素、某些依恋风格和早期的社会学习经验。

措施，社会心理学家已经发现了一些相关措施。

无论原因是什么，孤独和社会隔离确实是社会逆境的重要来源。正如社会心理学家耶滕等人（2009）所指出的，"……我们是群居的**社会性动物**……对于人类来说，群体成员身份是我们需要具备的不可或缺的一部分，有利于创造丰富充实的生活。"

减少孤独感

那些在社会交往中表现不好的人们通常知道他们自身有这个问题（Duck et al., 1994）。他们知道自己不开心、不满意、不受欢迎（Furr and Funder, 1998；Meleshko and Alden, 1993），可是，他们往往不知道原因。有没有一些有效的途径可以减少这个问题和由此造成的痛苦呢？

孤独一旦发展起来，它显然不可能通过改变基因或是更正早期的亲子关系来改变个体的过去经验。然而，还是有可能获得全新的更有适应性的社交技能，即和他人相处的更有效的方式。社交技能包括准确"读懂"他人的能力——去了解他人的想法或感受（社会知觉）、建立良好第一印象的能力（印象管理）、控制情绪的能力以及适应新的社会情境的能力（例如，Ferris et al., 2006）。许多人通过在家里、学校或是其他场所的交流逐渐学习社交技能。但是出于种种原因，有一些人似乎无法获得这些基本的技能，后果之一便是他们更可能成为孤独的受害者。

幸运的是，社交技能是可以习得的，社会心理学家们已经开发出了帮助人们学习这些技能的许多方法。有一种方法是让个体与陌生人交往，然后通过录像让当事人观看自己的行为。许多人看完会感到非常惊讶：他们没有意识到他们的行为让"别人泄气"，并且使得别人避免与自己进一步接触。例如，他们不知道他们提出请求时听起来更像是一个命令，而不是一个恳求。相类似地，他们也没有意识到别人想说话时被自己打断了。通过观看有关他们行为的录像，接受社交技能专家的指导，他们能够学会在各方面做得更好（例如，Hope et al., 1995）。另一种方法是认知疗法，这是为了让人们通过治疗学会以不同的方式来思考别人，并形成对社会互动的更符合实际的预期。例如，他们会认识到大多数人对批评都很敏感，因此，应该非常谨慎地使用批评。

总的来说，正如人们可以学习工程学、餐桌礼仪以及如何开车，他们也可以学习社交技能和如何以更有效的方式与其他人互动。提高社交技能是减少孤独感的一个重要步骤，因为这些技能使得互动双方更加愉快，这也可能正是孤独的人所缺少的维持一段长期关系的起点。当然，想要改变长期以来的思想和行为模式是非常不容易的，但重要的是，他们是**可以**被改变的，并且导致人们过上孤独绝望生活的因素也在一定程度上是可以改变的。

人际关系的破裂与建立

像已有证据所揭示的那样，如果孤独不利于我们的身心健康（Hawkley et al., 2010），那么建立和维持与他人的社会关系的重要性远高于大多数人所能意识到的程度，这里的社会关系是指感到与朋友、恋人、亲人和邻居等他人保持联结。我们在第七章已经探讨了影响人们相识和建立关系的因素。在此，我们关注的是哪些因素能够让已经建立的关系随着时间的流逝而加强、加深或者伴随着痛苦情绪而分离、破碎。由于它们对大多数人的生活来说都很重要，我们将在一定程度上聚焦于恋爱关系和婚姻，这两种关系是我们生命中除了亲人关系之外持续时间最长且可能是最重要的关系。不过请注意，我们并非要暗示这两种关系是唯一满足人们与他人联系或者是建立清晰社会认同这两种需要的关系类型。举例来说，参加宗教组织的个人被要求在远离社会环境下生活，还可能会禁止他们结婚（如天主教会的牧师和修女）。这些人通过他们与教会的关系以及在其中所承担的角色来满足自己的需求，即便他们不加入其他群体也并没有形成恋爱关系或婚姻。还有一些人通过他们的工作或所从属的组织来获得认同，并且通过这种方式来满足他们感觉与社会联系的需要。保持人际联结是一种基本需要，这往往涉及群体成员身份；这些联系**不**必要采取恋爱关系或是婚姻的形式——远没有那个必要。再次澄清这一点很重要，我们现在之所以要讨论恋爱关系和婚姻，是因为对于世界上大多数人，这些关系确实在他们的生活及幸福追求中扮演着重要的角色。但请牢牢记住，这些并**不**是人们生活中唯一重要的社会关系，人类能在许多不同的人际联结和社交网络中获得满足。

什么使得人们在关系（包括婚姻这种长期的关系）中获得幸福？

即便是在今天，当许多人可以不通过正式的婚姻形式来维持一段长期关系时，对很多人来说幸福的婚姻依旧是他们一项重要的目标，即便他们从来没有成功过。并且，许多人也会在生命的某些时刻完成结婚这个仪式（如图12-3）。可悲的是，一半甚或以上的婚姻以失败告终，许多其他长期的恋爱关系也是同样的。那些没有通过正式结婚仪式生活在一起多年甚至是几十年的伴侣们也可能分开，对于他们来说，关系的破裂也令人痛苦，并带来创伤。显然，知道哪些因素有利于恋爱关系的存续和幸福以及哪些因素会破坏恋爱关系的存续有助于提高人们的幸福感。许多研究都聚焦于这个问题，因为当涉及孩子时（生孩子是很多人进入长期关系或者选择结婚的一个关键原因），人们会在恋爱关系中感到压力，经常被激怒，分手也

图12-3　婚姻：从幸福的开端到……？
大多数人在生命的某个时候都会结婚，然而在许多国家（包括美国），一半以上的这些关系都以离婚或分手结束。为什么？这些比率又是如何改变的呢？社会心理学家们所做的研究可以提供一些有用的答案。

是毁灭性的。

有助于恋爱关系（和其他关系）维系的一个重要因素是**承诺**——一种保持关系的强烈渴望，无论什么力量都不会打破这种关系。这样的承诺可能涉及对孤独的恐惧："如果他/她离开我，我该怎么办呢？"恐惧起到了一定的作用，但其有效性不如基于一段持续关系的**积极**奖赏而形成的承诺（Frank and branstatter，2002）。在一段长期关系中，许多问题可能会随着时间的推移而出现：财政问题、家庭相关的问题、孩子的问题，还有（正如我们在第七章中讨论的）嫉妒所造成的问题。但除了这些问题，研究结果还表明，有一些在走入婚姻前就存在的因素可以预测婚姻是否以及在多大程度上会成功或失败。我们现在探讨这些因素。

相似性与假定相似性

在第七章中我们注意到相似性在吸引力中起着重要的作用。那它是否也在婚姻等长期关系中发挥作用呢？从20世纪30年代开展的经典研究开始（Terman and Buttenwieser，1935a，1935b），几十年以来的研究表明它确实有作用。总体而言，这些研究强调了相似性在关系的长期维系和幸福中的重要性，并拓展了我们对相似性影响的理解。例如，一项从订婚起到成婚后的长达20年的纵向研究表明，那些存续下来的婚姻关系的伴侣在生活的很多方面都是很相似的（态度、价值观、生活目标；Caspi et al.，1992）。而且，这样的相似性不会随着时间推移变化太多。总之，人们倾向于与自己相似的人结婚，随着时间的流逝，他们会保持这种相似性，甚至会变得更加相似。不仅相似的人会结婚，而且在幸福的婚姻中，伴侣们主观上认为他们之间的相似性实际上高于他们客观的相似性；他们表现出高度的**假定相似性**（assumed similarity；Byrne and Blaylock，1963；Schul and Vinokur，2000）。进一步看，真实相似性与假定的相似性对关系满意度都有所贡献。有趣的是，约会的情侣们比已婚夫妇的假定相似性程度更高，这或许反映了浪漫幻想的原理。后面讨论到恋爱关系中的积极幻想时，我们会回到这个问题。

性格因素

拥有一个幸福、持久的婚姻也与特定的人格特质有关。也就是说，有些人比其他人更能保持积极的人际关系，因此他们也是婚姻伙伴的更好选择。例如，**自恋的人**觉得自己比其他大多数人都要优秀，这些人往往会寻求别人的赞美并且缺乏同理心（美国精神病学协会，1994）。自恋者对一段关系的承诺更少（Campbell and Foster，2002）。相似性规则的一个例外便是两个自恋者不可能发展出一段快乐的关系（Campbell，1999）。其他预测一段成功关系的重要人格倾向是与人际行为和依恋风格有关的人格特质。因此，依恋方式为焦虑型或恐惧—回避型的个体往往比安全型和疏离型的个体对关系更不满意（Murray et al.，2001）。

我们可以预测爱情（和关系）是否能持续吗？内隐过程的作用

相似性、个性特征、承诺等这些因素在长期关系的稳定性和双方的幸福中起到一定的作用。然而，现代社会心理学的一个重要主题是，内隐或潜意识的加工强烈影响我们的认知和行为（见第二章和第四章）。它们也在长期关系中起作用吗？换句话说，那些我们无法准确报告的感觉会影响爱情、友谊、婚姻的发展吗？越来越多的证据表明它们可以。例如，在最近的一项研究中（Lee，Rogge and Reis，2010）研究人员要求恋爱关系中的一方提供对方的姓和另外两个与对方有关的词语。例如，一个宠物的名字或一个与他们关键特征相关的词（例如，**聪明**、**强壮**）。之后参与者观看了一个显示三种不同类型词语的显示器：即积极词汇（例如，**假期**、**和平**），消极词汇（例如，**悲剧**、**批评**），和与其伴侣相关的词汇（被试自己提供的）。然后，他们被要求当靶词出现时按键盘上的空格键，而非靶词（干扰词）出现则不按空格键。一种条件下，靶词（例如，**和平**和**礼物**这类词）以及与伴侣相关的词是积极刺激，不好的词（例如，**死亡**、**事故**）是非靶词——它们是干扰词。在另一种条件下，靶词（例如，**死亡**、**事故**）是消极刺激，而与伴侣相关的积极词汇却是干扰词。根据假设，参与者对他们对象持有更积极的态度时，当他们在完成将伴侣相关词汇和积极词汇作为靶目标的任务时表现得更好，而在完成将伴侣相关词汇和消极词汇作为靶目标的任务时表现得更差。此外，这项任务所揭示的内隐的感觉可以预测这段关系的未来结果：这种内隐感觉越积极，这段关系终结的可能性越小。研究结果支持了这些预测。参与者对伴侣的内隐态度或感觉越积极，他们的关系越不可能被打破。事实上，这些内隐感觉比他们在研究开始时自己所报告的关系强度更能预测他们关系的走向（见图12-4）。总之，那些我们甚至无法知晓的微妙和内隐的感受可以预测我们的关系，因此，发现并了解它们对我们来说是非常有益的，它能在未来的暴风雨来临前给我们明确的警告！

```
┌─────────┐      ┌─────────┐      ┌─────────┐
│ 单词分类 │  →   │参与者对他们│  →   │ 关系终结 │
│任务的表现│      │伴侣的内隐情感│    │ 的可能性 │
└─────────┘      └─────────┘      └─────────┘
```

资料来源：基于 Rogge, Lee and Reis, 2010 年的研究数据。

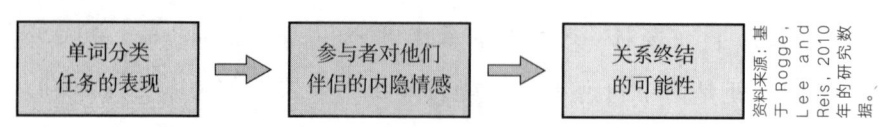

图 12-4 预测爱情（和关系）是否能持续

最近的研究结果表明，对伴侣的内隐感情（人们不能轻易地用语言表达的无法意识到的感受）比他们有意识或明确报告的关系强度更能预测他们关系的未来走向。

关系如何破裂——以及如何使其更牢固？

大多数人在一段婚姻关系刚开始的时候都抱有很高的期望，并对伴侣有着非常积极的看法。然而，在美国和许多其他国家有超过一半的婚姻以离婚告终（McNulty and Karney, 2004）。尽管告知了这些统计数字，未婚受访者依旧估计自己离婚的可能性只有 10%（Fowers et al., 2001）。换句话说，人们希望他们的婚姻能成功，尽管多数人的婚姻还是失败了。那么，为什么这么多的恋爱关系和婚姻关系会失败呢？正如你可能猜测到的那样，答案是复杂的，并且涉及许多不同的因素。

伴侣之间的问题

一个原因是人们未能理解一段关系的现实。那就是，没有配偶（包括自己）是完美的。不管他人在浪漫的幻想中呈现出怎样理想的特质，很显然，最终都会发现他们的缺点和优点一样多。例如，我们失望地发现，伴侣或配偶之间的**真实**相似性低于假定相似性（Sillars et al., 1994）。同样地，随着时间的推移，伴侣的消极人格特征（例如，自私、脾气坏、长期马虎）可能会变得越来越不可容忍。曾经似乎是可以接受的人格和行为轻微缺陷，则会变得令人讨厌和厌烦（Felmlee, 1995; Pines, 1997）。如果你最初喜欢一个人是因为那个人与自己不同，甚至是特立独行的，那么你最终很可能会醒悟过来（Felmlee, 1998）。

夫妻之间的一些问题是普遍存在的，也很可能是不可避免的，因为任何一种亲密关系都涉及某种程度的妥协。当你一个人生活时，你可以做一切你想做的，这也是许多人选择保持单身或在一段关系结束后选择不进入另一段关系的一个重要原因。然而，当两个人在一起的时候，他们往往要决定晚餐吃什么、谁做饭、什么时候做、怎么做。相似的决定还包括是否看电视、看什么节目、在晚餐后洗盘子还是第二天再洗、在哪里安装恒温器、现在做爱还是找个其他时间做，类似这些需要做的决定以及妥协是无穷无尽的。因为双方都有自己的需求和喜好，在渴望独立和亲密之间会产生无法避免的冲突（Baxter，1990）。因此，98.8%的已婚夫妇报告说他们有过分歧，大多数夫妇还报告说每月至少发生一次严重的冲突（McGonagle et al.，1992）。因为分歧和冲突在本质上是不可避免的，那么如何处理这些冲突则变得至关重要。

感知到的爱（或者至少是认可）依成功与否而定

另一个妨碍许多长期关系的问题是，长期关系中的一方或双方越来越将对方对自己的爱或认可与外在成功联系起来。外在成功包括事业、工作或学业上的成就。换句话说，只有当对方成功时我们才认为他们是善良可爱的，才表达对他们的认可（Murray et al.，2004）。这种信念会严重腐蚀哪怕很恩爱的关系。更为糟糕的是，这种看法可能在低自尊人群中更为流行。这个观点在默里（Murray）等人的研究中得到清晰的证明（Murray，Griffin，Rose and Bellavia，2006）。他们要求173对情侣（已婚或同居）完成一项问卷调查，测量了他们的自尊与关系满意度。此外，这些伴侣还完成了持续21天的日常活动日记，（每天）报告他们个人的成功、个人的失败、感到被伴侣拒绝的程度、认可的程度。核心的问题是想看看这些参与者是否在他们认为经历了失败的日子比经历成功的日子里报告了更少的来自对方的认可（或更多的拒绝）。另一个相关的问题是低自尊个体是否比高自尊个体更容易察觉到这种消极结果。研究结果验证了研究者的假设。那些低自尊的人在他们职业生涯（比如，事业、工作或学业）感到失败的日子中体会到更少的认可和关爱。然而，高自尊个体并没有报告这样的影响。

总之，对于低自尊的人，工作或学校的个人失败会影响伴侣关系，使他们感到不被对方接受。很显然，这样的影响作用大到一定程度，对于关系幸福感而言可能是毁灭性的。

建立稳固的关系：使之长久并幸福

既然我们已经讨论了关系为什么会失败，那我们可以回到之前所考虑的一个问题：是什么造就了成功的关系？正如我们已经看到的，在一段关系中的伴侣之间的高相似性、个体的某些特质（如，安全型依恋风格）以及对伴侣的积极情感（内隐或者外显）都是促进因素。从某种意义上说，这些因素也是使人们进入一段关系的原因。在这里，我们要解决一个问题：一旦关系建立，伴侣们如何做才能巩固他们之间的关系，让这段关系得以成长和发展，而不至于淡化和结束？

然而，并不存在达到这些目标的简单的"必胜"法则，社会心理学家的研究提供了一些重要的建议，我们现在回顾这其中最重要的一些成果。

知道什么行为能增强关系

建立一段牢固和令人满意关系的一个重要因素是非常基础的：有关哪些行为可以建立关系以及哪些行为不可以建立关系的知识。这听起来是如此的简单，以至于你的第一反应可能是："难道不是所有人都知道什么有利于关系的建立，什么不利于关系的建立吗？"事实上，研究证据表明人们在这方面存在很大的个体差异（例如，Turan and Horowitz, 2007）。例如，有些人意识到察觉对方的情绪并询问这些感受会有助于建立关系，而另一些人则意识不到这一点。当有些人认识到"无视街上的其他人"对于**亲密关系无关紧要**，有些人则认为这与对伴侣的情感和需求保持敏感一样重要。图兰（Turan）和维卡里（Vicary）（2010）的研究表明，事实上，能够更好地认识到哪些行为有利于建立关系以及哪些行为不利于建立关系的个体会对自己的人际关系更满意，并且他们更容易挑选到自己需要时能给予支持的伴侣。

与能建立关系的行为有关的知识紧密相关的是获得支持性伴侣的动机。同样地，人们在这个维度上的个体差异也很大，而那些看重伴侣支持性的人也倾向于选择这种伴侣，往往也拥有更加成功的人际关系。依恋风格会影响个人对可以增强关系的行为的掌握程度。那些在焦虑依恋（他们害怕失去他们的伴侣或被拒绝）得分较高的个体会更慢地学习到什么行为有助于建立关系以及哪些行为倾向于破坏关系。简而言之，正如非正式的知识所示，现有的研究证据表明建立成功和持久的关系需要付出相当大的努力。首先，个人必须增加他们对自身及对方的哪些行为有利于巩固这段关系的理解，然后他们必须付诸实践。幸运的是，这样的知识是可以学习获得的，并且研究结果认为大部分人都可能拥有快乐的关系，只要他们愿意付出必要努力去获得。

变得更积极，还是更具有建设性？

哪种方式对于建立稳固关系更有利：聚焦于建立伴侣间的**积极情感**，诸如赞扬他们、表达对他们的信心、将伴侣的任何消极行为归因为不可控因素，还是聚焦于处理重要的问题，即使这意味着对伴侣不够积极？在过去，大多数的证据表明建立积极的情感是至关重要的。那些互相称赞且对对方持有积极期待的伴侣的确比不能积极对待对方的伴侣（比如，常常互相指责；Murray et al., 1996）更能建立一段成功的关系。然而，最近的研究结果表明，事实上积极行为也有可能存在"物极必反"的情况。换句话说，在一定程度上，对伴侣表达积极情感和欣赏可以增强关系，但这些有用的行为也可能做过头。事实上，麦克纳尔蒂（McNulty）(2010)的研究表明那些持续表达积极预期、对对方进行积极归因并且总是原谅对方消极行为的夫妇往往随着时间的推移出现关系满意度的显著下降，而那些采用相对**平衡**策略的夫妇（即**有时**表达对伴侣的低预期，**有时**拒绝原谅对方，**有时**将对方的消极行为归因为缺乏敏感性等内部原因而不是不可控的外部原因）则不会出现如此程度的关系满意度的下降（见图12-5）。

这些差异是相对的；随着时间的推移，"蜜月效应"逐渐消失，因此大多数夫妻对关系的满意度有所下降，但不同夫妻间的差异是真实存在的，而且很显著。更重要的是，满意度的下降更多地存在于那些专注积极关系的夫妇，而不是那些没

图 12-5 夫妻应当总是积极对待对方吗？
在过去人们普遍认为（基于研究结果）要想建立强大稳固的亲密关系，夫妻之间应该总是表达积极的情感和想法（例如，对彼此的积极期望）。然而，最新的证据表明，一个可以帮助夫妇解决重要问题的更平衡的办法实际上可能更好。

有这样做的夫妇，尤其是当他们面对严重的问题，生活事件需要他们共同来解决问题而不只是让彼此感觉良好或快乐的时候。为什么会这样？也许是因为当夫妇仅仅专注于积极情感时，他们的高期望与现实之间的反差特别明显；当他们的高期望落空时，如果不能继续表达积极预期和进行积极归因，他们会感到更加痛苦。那么，夫妻双方是不是要一直专注于在他们的关系中建设积极的情感？现有证据表明，一般来说这是有用的。但如麦克纳尔蒂（2010，p.170）指出的，"面临严重问题的夫妇可能会受益于激励他们直接解决这些问题的思想和行为"，这包括那些曾经让人不悦的破坏关系的行为，如责备伴侣的消极行为、拒绝原谅对方。简而言之，要想获得幸福的亲密关系，平衡理想和现实才是王道。

只给予你所获取的——还是你的伴侣所需要的

大多数人都认同爱应该意味着像关心自己一样关心伴侣。但这总是对的吗？事实上并不是。虽然很多关系始于这种认识，双方互相承诺会永远爱护和珍惜彼此（"我永

远爱你；我会永远让你快乐"），对许多夫妇，这些将被**社会交换**或**互惠**逐步取代："我会为你付出，但只有当你给我对等的回报时。"回报不必涉及相同的活动（例如，它不必是"你今晚做菜，我就明天做"）。更重要的是，每个人都希望从对方那里得到等价于他们自己付出的**某种**回报。这种关系模式与**共享关系模式**形成鲜明的对比，后者要求每一个人都应该尝试去满足对方的需求，而不是寻求双方关系中利益的平衡。

你认为哪一种关系模式可以建立更牢固的亲密关系？如果你认为是共享关系模式（或规范），那你是正确的。事实上，最近的研究结果（Clark et al., 2010）表明，虽然大多数人把共享关系模式或规范当作理想，但它却常常会随着时间的推移而消退。此外，共享关系模式被交换关系模式（也就是指双方提供的利益应该是平等或是平衡的）取代的程度越大，这段关系的满意度就越低。并且，这种倾向于利益交换而不是共同获利的模式更容易出现在安全型依恋的人群中，而不是发生在回避或焦虑型依恋的人群中。

这些关于建立更稳固和满意的关系的研究成果所传递的信息是明确的：尽可能地努力保持照顾对方需求的理想目标，但不要陷入要实现与对方所提供的利益相平衡的处境。这可能是对爱（和关系）开始走向结束的重要预警。

如果可以的话，请你保持爱的幻想。大多数夫妇开始他们的关系时，对于他们所选择的伴侣都有着非常积极的情感；毕竟，他们是相爱的！另外，他们常常对对方抱有非常积极的信念——这些信念往往被夸大了。换句话说，他们认为彼此具有更积极的特质，更接近完美，但是实际并不是这样的。这样积极的幻想会导致灾难，导致对配偶失望透顶吗？虽然一些早期的研究表明可能是这样的，但最近的证据却得出了相反的结论：那些对对方持有理想化看法的夫妇比不这么做的夫妇发展出更满意和更幸福的关系（例如，Miller et al., 2003）。然而，或许更为重要的是，保持这种幻想能帮助强化这段关系（例如，Miller et al., 2003）。一项纵向研究对新婚夫妇进行了 13 年的追踪。这项研究分四个阶段进行：婚后 2 个月、1 年、2 年以及大约 13 年。在每个阶段，研究人员都对参与研究的 168 对夫妇进行了面对面的访谈，测量他们配偶行为的宜人性，评估他们配偶的总体宜人性，以及他们对配偶的爱。令人愉快的行为包括表达认可或赞扬，比如说"我爱你"、接吻、拥抱和依偎在爱人身边。令人讨厌的行为包括：大叫、突然发怒、提高声音、批评或抱怨爱人所做的一些事、对配偶表现出厌烦和没有兴趣。

在这项研究的第一阶段，参与者在日记中记录他们伴侣的这些日常行为。在这个阶段以及之后的阶段中，他们又需要评估伴侣所展现出的宜人特征（开朗、愉快、友

好、快乐、随和、耐心）的程度。积极幻想的测量是指通过人们所知觉到的对方的宜人性（特质评定）在多大程度上超过基于对方的宜人行为和讨厌行为（像日记中所报告的那样）推断得出的宜人性。结果表明，夫妇双方所持有的积极幻想越强烈（即感知到比实际情况更多的宜人性），他们报告更加相爱，并且在整个研究期间（13年）恩爱的下降程度更低。总之，关于配偶的积极幻想对幸福婚姻的预测远远超出了"新婚"时期（见图12-6）。

图 12-6 幻想：长久关系的凝固剂？
越来越多的证据表明，人们对他们伴侣的积极幻想程度越高，即感知到他们比实际上更优秀，这段关系就更加牢固。从这个意义上说，对伴侣的积极幻想是持久和相互满意的关系的基础之一。启示：尽量保持这种积极幻想，因为这样做可能会加强你们之间的关系。

因此，在某种意义上，认为伴侣比事实上更加完美可以有力促进持续的爱和幸福。同样地，这对如何保持关系持续和成功的启示是明确的：保持那些幻想，它们会使你度过艰难的时刻。此外，向伴侣传达积极的期望和信念可能会鼓励他们尽力符合这些"光环"，从而真正成为一个比现在更好的伴侣！请注意，这并不意味着**不可以偶尔提供负面的反馈**；正如麦克纳尔蒂（2010）的研究所指出，它可能在对伴侣的积极情感和幻想的道路上走得太远。最重要的是寻求一种良好的平衡：在继续维持早期的"炽热"关系的同时，适应亲密生活中夫妻遭遇的逆境和不可避免的摩擦。这样的平衡有助于巩固关系，长远来看使他们相互满足。

要点

- 孤独感发生于当一个人没有获得他或她所渴求的满意关系时。
- 孤独的一个消极后果就是抑郁和伴随而来的焦虑。
- 孤独似乎源自不同的因素，包括遗传因素、不安全依恋风格以及缺少早期与同龄人交往的社会经验。
- 孤独的人们可以通过一些治疗来增强他们的社交技能，比如观看自己在与他人交往时的视频，从而了解到他们的行为是如何"推开别人"的。

- 关系的增强或失败有许多原因。它们增强是因为伴侣之间互相相似，具备某些特定的个人特质，或者对对方都有着积极的内隐情感。
- 关系的失败源于夫妇之间所产生的问题，或者当他们对对方抱有过度的积极情感因此无法面对重要的问题。
- 当伴侣之间采取交易模式而不是共享模式来对待这段关系时，或是无法保持对彼此的一些积极幻想时，关系也会失败。
- 当伴侣们避免这些陷阱并发展出均衡的关系，他们之间的关系往往随着时间的推移会更加牢固和加深。

第2节 个人健康的社会层面

战胜社会逆境是走向幸福生活的重要一步。然而，获得和维持良好的健康对于获得幸福来说也很重要。任何一个患过重病的人都知道，与健康有关的问题使得我们很难（如果不是不可能）专注于个人成长和进步以达成重要的人生目标。很显然，许多影响个人健康的变量都在我们的直接控制之外：遗传因素、暴露在致病的微生物环境下、我们的生活条件等等。然而，另外的重要因素涉及生活的社会层面。我们与他人的互动、他人对我们的影响以及我们在与他们的交往中所遇到的问题，都应该包括在影响个人健康的因素之中。

社会心理学家早就意识到社会生活对个人健康的重要作用，而且他们的研究不仅阐明了这些因素的影响，同时也就如何通过关注这些因素提高个人健康水平提出了建议。有关社会生活和个人健康之间交互作用的研究在许多层面上都存在差异（例如，Jetten et al., 2009），但在这里我们关注两个问题，这两个问题清楚地展现了社会因素在健康中的重要性，并且也展现了社会心理学家发现的知识可以如何帮助我们实现和保持高水平的个人健康。这两个问题是：(1) 社会因素在席卷全球的流行性肥胖中所起的作用；(2) 社会因素在压力产生以及有效应对压力中所起的作用。

肥胖症：为什么它的根源既是社会性的也是生物性的？

在全球范围内，**肥胖**（远远超过个体理想的健康体重）人群所占的比例正在大大增加（见图12-7）。事实上，据估计美国有66%的人的体重超过了他们的理想值（要被列为真正的肥胖者，个人必须超过理想体重至少20%或者BMI指数超过30及以上。）但你根本不需要统计数据来证明这个事实：你仅仅只需要去附近的购物中心或剧院去观察一下人群。你很快就会有自己的证据来表明美国人（和其他国家的许多人一样）正在变成"超大型"。鉴于肥胖很显然会危害个人健康（它会增加罹患心脏病、骨科疾病和许多其他疾病的风险），两个关键问题凸显出来：哪些因素（特别是社会因素）和这个问题的日益严重有关？如何可以扭转这个趋势？

你可能已经熟悉了在日益严重的肥胖问题中起作用的遗传因素和环境因素。关于遗传因素，很显然，因为我们祖先所面临的时好时坏的生存条件，我们倾向于高效存储额外的热量。这意味着，如果我们吃得过多（很多人倾向于这样做），我们就会增重；我们的身体只是"打开"了高效率存储热量的系统。环境因素也发挥了重要作用。近年来，许多食品的份量都急剧增加（Ritzer，2011）。你有没有从餐馆带过吃不完的食物回家？这在过去是极其罕见的，但现在则相当常见，主要是因为份量在变大。此外，许多快餐连

BMI（身体质量指数）指数大于30（kg/m²）所占总人口的百分比

排名	国家	百分比
1	美国	30.6%
2	墨西哥	24.2%
3	英国	23.0%
4	斯洛伐克	22.4%
5	希腊	21.9%
6	澳大利亚	21.7%
7	新西兰	20.9%
8	匈牙利	18.8%
9	卢森堡	18.4%
10	捷克	14.8%
11	加拿大	14.3%
12	西班牙	13.1%
13	爱尔兰	13.0%
14	德国	12.9%
15	葡萄牙	12.8%
16	芬兰	12.8%
17	冰岛	12.4%
18	土耳其	12.0%
19	比利时	11.7%
20	荷兰	10.0%
21	瑞典	9.7%
22	丹麦	9.5%
23	法国	9.4%
24	奥地利	9.1%
25	意大利	8.5%
26	挪威	8.3%
27	日本	3.2%
28	韩国	3.2%
	加权平均值	14.1%

图12-7 全球肥胖流行：是否有着社会根源？
虽然肥胖率的增加与生物和遗传因素有关，但越来越多的证据表明社会因素也发挥了重要作用

锁店都增加了他们出售的商品的份量。三十年前，一瓶可口可乐或百事可乐只有八盎司重，而现在，却升级为一升装（约32盎司）。同样地，麦当劳的汉堡包之前既小且薄，仅含250卡路里的热量；而现在，大多数人购买的双层芝士汉堡或巨无霸汉堡含有440或540卡路里。由于人们倾向于吃掉他们全部的食物，而不管它多大，这可能也是肥胖率上升的一个原因（参见图12-8）。

除此之外，社会因素起到重要作用，这是我们要探讨的核心。首先，人们不会像过去那样走那么多的路。在城市里，对犯罪的恐惧已经阻止了许多人步行去商店和其他地方。此外，人们去哪都开车，而不是步行，这样减少了热量的消耗，当然也增加了空气污染。同样，大型商场将许多商店整合在一个地方，停车场就设置在门外。在过去，人们不得不步行许多街区到不同的商店购物，并且常常乘坐公共交通去目的地，因为停车相当困难。现在，大多数人都在商场或购物中心购物，那里面的商店都聚集在一起。校车往往倾向于停在每一栋房子前，从而使得孩子与过去相比有更少的锻炼机会。这意味着现在人们在燃烧更少热量的同时却在消费更大分量的食物。因此造成腰围不断增加的结果就不足为怪了！此外，新鲜水果和蔬菜等低热量的健康食品相对于快餐店提供的高热量食物往往更加昂贵。这就是肥胖在贫穷和弱势群体中比在富裕和受过良好教育的人群中更加普遍的一个原因。

图12-8　汉堡包：过去和现在
肥胖率增加的一个原因是餐馆所提供的食物的分量大大地提高了。把1960年代的汉堡包（左图）与今天所出售的（右图）相比。差异是相当惊人的！

另一个社会因素涉及宣传高热量的食物和零食的媒体活动。谁能抵抗电视广告、广告牌和杂志上的诱人食物？似乎越来越少的人因此摄入热量，并导致体重增加。

还有一个因素是坐下来一起吃饭的习俗正在迅速消失。取代共同就餐的是，越来越多的家庭成员在不同的时间吃东西，且经常在外用餐。这会导致一种情况，即人们一整天都会吃零食；毕竟没有理由为了家庭聚餐而保留胃口！研究结果表明，我们的身体机制要适应这种饮食方式很困难，所以这又是另一个导致肥胖增加的社会因素。

最后，想一想关于体重的社会规范："瘦"是绝对"流行"的，并且大多数人报告说他们想要减肥。然而，尽管拥有这种态度，肥胖者的数量仍在继续增加。如此，超重的人可能自我安慰说事实上肥胖的人不止自己一个。实际上，一个组织（美国全国促进接受肥胖人士协会）已经出现，部分是为了抵制针对超重的污名化。和其他类似的组织一样，这个组织为许多社会中流行的强烈的"反对肥胖"污名提供一个庇护所，并且他们还传递了以下信息：既然这么多人都已经肥胖了，我们就应当接受它并将目光转移到其他也许更重要的问题上。

总之，许多社会因素在最近几年许多国家所存在的肥胖趋势中扮演着重要角色。如果社会因素会导致肥胖，那么社会心理学家就推理，它们也可以被改变，这也许可以阻止体重"上升"的浪潮。有些行动已经开展。例如美国第一夫人米歇尔·奥巴马最近发起了一场与儿童肥胖症做斗争的运动。它涉及改变在校儿童的食物（见图12-9），同时也强调增加运动，并建议限制主要针对儿童的高热量食品的广告投放。另外，法律目前要求许多城市的餐馆在菜单上标明食物的热量。这个想法是，如果人们知道食物的热量，即使是如沙拉这种所谓的低热量的食物的热量，他们可能会做出更健康的选择。这是一个利用社会影响力

图12-9　米歇尔·奥巴马参与应对儿童肥胖问题的运动
美国第一夫人米歇尔·奥巴马已经发起了一场应对日益严重的儿童肥胖问题的运动。虽然这个项目中的许多措施都是关注健康饮食，但还有一些则表明越来越多的人认识到社会因素对肥胖的影响。

技术来应对日益增长的肥胖的方法。虽然这样的努力都才刚刚开始，但认识到肥胖具有重要的社会、生物和膳食原因是向正确方向迈出的一步，并应当允许应用社会心理学知识和研究成果来应对这一重要问题。（互联网能帮助人们减肥吗？有关这个问题的一些令人惊讶的结论，请参阅"互联世界中的社会生活：互联网网站可以帮助人们减肥吗？"）

互联世界中的社会生活

互联网网站可以帮助人们减肥吗？

在过去，当超重比较罕见时，想要减肥的人将这个目标（以及自己超重这个问题）看作隐私。他们在书店或通过邮寄购买的节食书籍都使用棕色的包装纸加以包装！或者他们加入特定的组织（如**体重监督者**），他们往往会对自己的家人和朋友隐瞒此事。然而现在，超重似乎是一种常态而不是例外，许多人更愿意公开承认这个问题，并四处寻求帮助。其中一个他们常常使用的工具便是互联网，现在许多网站免费提供减肥的建议。

虽然这些网站在内容和质量方面不尽相同（参见图12-10），大多数都会建议人们注重健康（低脂肪）饮食，增加运动量（通常是通过略微改变行为），例如爬楼

图12-10 减肥网页
近年来，互联网上出现了许多提供免费减肥建议的网站。有用吗？我们当然不能肯定，但一些研究结果表明，如果这些建议遵循基本原则旨在有效地改变行为方式，它们可能是有帮助的。

梯而不是乘自动电梯，将车停得越远越好而不是停得尽可能靠近商场。此外，他们经常提供个人日志的空间，人们可以用它来记录自己的体重、训练和欲完成目标的进程。在一般情况下，这些网站所提供减肥和塑身的建议并没有不同寻常或"神奇"。但越来越多的证据表明，他们可能是相当有效的，也许是因为他们提供一些个人的信息，如比较性信息（"和其他使用这个网站的人相比我做得怎么样？"）和进程反馈。事实上，一些研究结果似乎证实了这些基于互联网的减肥计划项目的价值。

例如，最近发表在《医学网络研究杂志》（Journal of Medical Internet Research）上的一项研究使用了一种非常直接的研究设计。那些访问这个为研究所设计的网站的人首先要通过一个"资格筛选"过程，这个阶段给他们提供了需要通过节制饮食和增加运动减掉的体重的信息。那些在这一阶段减去了9磅及以上的人才被允许继续参与研究。这些人被分配到三种不同的体重项目中的一项：第一种是自我指导（没有外界的帮助），第二种是每月与健康顾问会面一次，最后一个则是完全依赖网络的。互联网的帮助集中在监测他们的体重，获得他们节食、运动和具体目标的信息。这一组的被试通过公告板进行互动，并继续使用与研究第一阶段相同的基本策略（节食、运动）。

结果表明，那些定期访问了网站的人体重增加最少；在其他两种条件（自主减肥、与健康顾问每月交流）下的被试体重增长更多。当然，我们对这项研究的了解还不足以对其进行仔细的评估，但它似乎与能有效改变行为的心理学原则相一致：选择具体的目标、提供如何实现这些目标的信息，并经常对有关进展情况进行反馈。

互联网的减肥网站所提供的这类帮助确实可能在一定程度上帮助个人控制自己的体重，并由此提高他们的个人健康和生活的整体质量，这些目标当然值得去实现!

我们应该注意的是，社会心理学家对控制体重问题的研究也很有启发性，还有些令人鼓舞。例如，鲍迈斯特（Baumeister）等人的研究表明，肥胖症与**自我控制**相关，自我控制即完成那些对自己好的事情（如坚持节食）同时避免做对自己不好的事情（例如继续暴饮暴食）的能力（Baumeister，Heatherton and Tice，1994）。当然，那些希望能控制自身体重的人们能够从这项研究中受到很多启发。

要点

- 实现并保持良好的个人健康是获得幸福美满生活的重要一步，所以社会心理学家们长期以来一直对影响健康的社会因素感兴趣。
- 一个日益严重的对个人健康的威胁是肥胖症，这个问题也在世界范围内不断增加。虽然肥胖肯定涉及生物和遗传因素（例如，我们倾向于在"条件好的时候"以脂肪的形式储存额外的热量），它同时也涉及许多社会因素。
- 由于社会条件的变化，人们更少步行，不像过去那样经常在家里聚餐，餐饮的热量也在增加，主要是餐馆所提供的食物分量不断增加。
- 许多网站给想减肥的人提供免费的咨询，一些网站确实能提供有用的信息。然而，人们应当谨慎小心，因为他们基本上不受任何政府管控和保障。

压力：降低其不良影响的社会策略

你有没有感觉到你正处在被生活中的消极事件淹没或被压力击垮的边缘？如果是这样，你对**压力**（stress）已经很熟悉了。压力是指我们对那些威胁或可能威胁我们生理或心理机能的事件的反应（Lazarus and Folkman, 1984; Taylor, 2002）。不幸的是，压力已经成为现代生活的一部分，是我们大部分人都无法逃避的。为此，也因为它会危害身心健康，压力已经成为心理学一项重要研究主题，社会心理学家对这项工作做出了重大的贡献。我们现在来回顾一下这类研究的主要发现，请特别注意这些发现与社会心理学主要原理之间的联系。

压力的主要来源及其对个人健康的影响

哪些因素会造成压力？不幸的是，涉及的因素很多；许多条件和事件可以成为我们的压力源。然而其中最重要的是和我们与他人关系有关的重大压力生活事件（例如，一位挚爱的亲人的死亡或一场痛苦的离婚）。这些事件以及由此产生的巨大压力如何影响健康？答案很清楚：这种影响是毁灭性的。事实上，现有的证据表明，压力大的人比压力小的人更可能患有严重疾病，总的来说压力是导致许多疾病的关键因素之一（Cohen, 1998; Cohen and Janicki-Deverts, 2009; Holmes and Rahe, 1967）。

我们应该补充的是，虽然某些重大生活事件（如爱人的离世）令人悲痛和烦恼，但它们并不是我们生活中遇到压力的唯一社会原因。事实上，日常生活中的小苦恼（常常被称为**麻烦**）也很重要，它们用很高的出现频率来弥补其相对较低的强度。拉扎勒斯（Lazarus）等人所做的研究表明这样的日常琐事是压力的重要来源（例如，DeLongis et al., 1988；Lazaru et al., 1985）。这些研究人员设计出一种烦心事量表（Hassles Scale）来测量个人在过去的一个月里被这些日常的"麻烦"事件所影响的程度。量表中的条目包含了广泛的日常事件，例如有太多的事情要马上完成、乱放或丢失东西、麻烦的邻居，以及与金钱有关的问题。虽然这些事件与之前所探讨的生活事件相比显得比较渺小，它们却似乎是相当重要的。当将烦心事量表的得分与心理症状的主观报告进行比较时，获得了很高的正相关（Lazarus et al., 1985）。总之，人们报告日常琐事所造成的压力越多，他们的心理健康水平越低。

压力如何影响健康？

我们希望现在你相信压力在个人健康中扮演着重要角色。但是，这些影响是如何发生的呢？虽然确切的机制仍有待确定，但越来越多的证据表明，这一过程似乎是这样的：通过耗尽我们的资源，引发负面情绪，导致生理失衡，扰乱我们复杂的内部化学激素。尤其可怕的是，它可能会干扰我们**免疫系统**的有效运作。免疫系统是我们的身体用来识别和消灭潜在有害物质和入侵者（如细菌、病毒和癌细胞）的机制。当正常运作时，免疫系统就没有什么令人惊奇的：每一天它都会移除或消灭我们健康的潜在威胁。不幸的是，长期处于压力环境下似乎会破坏这个系统。长期处于压力状态可能降低淋巴细胞（抵抗感染和疾病的白细胞）的循环水平，并促进皮质醇激素（可以抑制我们免疫系统的一种物质）的分泌（Kemeny, 2003）。

一个有关压力如何影响健康的模型表明，压力会直接或间接地影响我们。直接影响刚刚已经有所介绍（例如，对我们的免疫系统和其他身体功能的影响）。间接影响涉及我们所选择的生活方式——与健康相关的行为（例如，需要时我们是否会积极求医）以及与健身相关的行为（例如，我们选择的饮食、锻炼）。当然这个模型可能没有包括压力影响我们健康的所有途径，但它对这种影响作用发挥效果的几种方式提供了一个有用的概述。

应对压力的社会策略：社会支持的好处

既然压力是生活中不可分割的一部分，我们面临的主要任务就不是试图消除或避免它，而是如何有效地应对：减少它带来的消极影响，同时解决其根源问题。你可能已经熟悉了一些有效的应对压力的方法，如改善你的身体素质（例如，Brown，1991）并健康饮食，这可以提供控制体重之外的额外好处。保持稳定的体重是一个非常重要的结果。由于我们已经探讨过这个话题，在此，我们会专注于另一个策略来达到这个目标，它与社会心理学和社会生活密切相关：寻求**社会支持**，即从他人那里获得情感和其他方面的支持。更具体地说，社会支持指的是一个人被别人喜爱、关心、重视和尊重的感知和体验，也是相互帮助的社会网络的一部分（Taylor et al.，2010）。

当你感到压力时，你会做什么？许多人求助于朋友或家人，寻求他们的建议、帮助和同情。研究结果表明，这是一个非常有效的维护个体健康的方法（House et al.，1998）。事实上，研究发现获取社会支持可以降低心理压力，包括抑郁和焦虑，并帮助个体更好地适应长期的高水平压力——那些长期存在的压力（例如，Taylor，2007）。仅仅是与那些你喜欢的人待在一起就有帮助；甚至连猴子在感到压力时也会寻求与其他猴子接触（Cohen et al.，1992）。基于相似性效应你可能会猜到，渴望社会支持的人倾向于通过各种方式来寻找与自己相似的人（Morgan et al.，1997）。你甚至都不必通过接触另一个人来获得这样的益处：研究结果表明养宠物也可以帮助减少压力（例如，Allen，2003）（见图 12-11）。

在一个有趣的研究中（Allen et al.，2001），研究者随机安排一部分独居的股票经纪人从动物收留中心那里收养一只猫或狗，而另一些没有做这样的安排；这些股票经纪人之前都表示工作压力非常大，并且都患有高血压。研究结果表明，宠物是社会支持的有效来源，降低了收养者的压力。事实上，当处在高水平的压力状态时，那些拥有宠物的实验组被试的血压上升程度仅仅是控制组被试的一半。为什么宠物能够有效降低压力？一种可能性是，他们提供了无条件的社会支持：它们无条件地爱他们的主人。不管真正的理由是什么，养宠物似乎都可以成为应对压力的一种有效方

图 12-11　宠物可以减少压力
正如照片中所示，对许多人来说，与宠物交流是他们降低压力的一种重要方式。

法，至少对那些喜欢养宠物的人来说是这样的。

相反，缺乏可靠的社会支持网络实际上会增加一个人死于疾病、事故或自杀的危险。相比那些婚姻幸福的人，离异或分居的人在免疫系统某些方面会出现功能削弱的现象（Kiecolt-Glaser et al., 1987, 1988）。最近的研究结果表明，社会支持并不总是可以有效降低压力。例如，当我们非常担心被别人评价时，他人给我们提供的社会支持无法抵消掉他们给我们造成的巨大压力（例如，Taylor et al., 2010）。但总体而言，得到社会支持显然对健康很重要。事实上，最近的研究结果表明，向他人提供社会支持对自身的健康也同样重要。在一项研究中（Brown, Nesse, Vinokur and Smith, 2003），研究人员区分并比较了给予和接受社会支持对于846名老年已婚人士健康的影响。首先，研究人员测量参与者受到和给予他们的配偶和其他人（朋友、亲戚、邻居）社会支持的程度，然后跟踪这些人5年内的死亡率。那些报告给他人提供很多支持的参与者在5年内的死亡率远远低于那些很少甚至没有给予他人支持的参与者。相反地，获得配偶或其他人社会支持的程度对死亡率并没有影响。总之，这些研究结果表明，"给"要比"得"更好，尤其对于个人健康而言！不管怎样，由社会心理学家所提供的证据都表明，社会条件（例如，他人给予的高水平支持和认可）在减少高强度压力对个人健康的负面影响方面大有帮助。

要点

- **压力**是一种不再有能力应对的被彻底淹没的感觉。
- 压力对个人健康产生负面影响，一部分是因为它会破坏免疫系统，另外也因为它会导致我们采取不太健康的生活方式。
- 减少压力的策略很多，并广为人知（例如，健身、健康饮食）。
- 应对压力的其他方式涉及社会生活层面，如从家人和朋友那里获得**社会支持**。虽然这并不总是有效的，但它却常常有助于减少压力和保障个人健康。所以，取得并保持与他人的联系吧！这样做对你的健康和幸福都有益。

第 3 节　使法律体系更加开放、公平和有效：法律的社会层面

图 12-12　司法公正真可以做到一视同仁吗？
虽然我们希望法律是一视同仁的——即完全的公正和平等——但社会心理学家的研究发现这个理想比大多数人所认为的更难达到。

司法公正可以做到一视同仁吗？世界各地的许多法院大楼前都竖立着图 12-12 这样的雕像，这象征着司法机构的理念：法律面前人人平等，所有人都将获得法律上公正的对待。然而，在读完这章之后，你很可能会意识到这只是一个令人向往的理想，很难在现实社会中真正实现。正如我们在前几章讨论中讲过的（例如，第二章和第六章），我们很难（即使不是完全不可能）忽视他人的言语、行为或个人特质，也很难摆脱多年以来形成的看待他人的观点、信念和刻板印象。因此，尽管我们可能希望得到不偏不倚的绝对公正，但我们必须意识到这对于我们的司法系统来说是一个很高的要求！为了尽可能实现这个目标，许多社会心理学家认为我们首先必须了解在司法系统或者一些案件中可能存在的错误来源和偏见，并且把这些知识教授给司法系统中的关键人物，比如律师、法官和警察（例如，Frenda et al., 2011）。一旦我们了解了可能的危害，我们就可以采取措施纠正这些问题，即便不是完全消除，起码也要做到尽量减少这种偏差。这样的话，法律就可以变得更为公平和公正。这些潜在的陷阱是什么？我们如何去找到从而减少它们？让我们看看相关研究的发现。

社会影响和法律体系

从某种意义上说，大多数法律程序（审判、讯问犯罪嫌疑人）都涉及社会影响因素。例如，在审判过程中，律师试图说服陪审员或审判长此人有罪还是无罪。在讯问嫌疑人的过程中，警察往往会试图去引导个人主动坦白——或至少是说出全部真相。显然，社会影响是这些活动的一个主要因素，并且也被律师、警察和法律体系的其他参与者广泛认可。这也就是为什么辩护律师经常要求他们的客户出庭时一定要穿着保守和整洁，因为这样做可以帮助他们给陪审员留下更好的印象，并对审判结果产生微妙的影响，得到更有利自己的审判结果。

在一个案件受审之前，社会影响也能起到重要的作用。虽然它可以以许多不同的方式呈现，但在这里我们所关注的是一个特别有意思的方面，并且涉及社会心理学如何帮助法律体系变得更加公平和公正这个基本主题：社会影响在目击者指认嫌疑人过程中所起的作用。

目击者指认嫌疑人：细微的社会压力是如何导致严重错误的

警方常用的一种帮助辨认嫌疑犯的技术就是**列队辨认**（lineup），这个程序是让目击者在多名犯罪嫌疑人当中进行辨认，在一个案件中可能有一个或更多的犯罪嫌疑人，目击者被要求指认任何一个他们认出的罪犯。目击者可能看到的是真人，也可能是他们的照片。虽然这些程序的目的是获得真相——让目击者来辨认真正的罪犯——但他们显然容易受到与社会影响有关的几种类型的偏见的影响。

例如，思考一下呈现犯罪嫌疑人的方式。在**按次序辨认**（sequential lineups）程序中，嫌疑人被一个一个单独呈现，然后目击者进行辨认。相反地，在**同时辨认**（simultaneous lineups）的程序下，所有的犯罪嫌疑人同时出现，然后目击者被要求指出哪一个（如果有的话）是罪犯。许多研究结果表明，按次序辨认的程序更好，因为它在某种程度上降低了目击者做出严重错误判断（即把无罪的人指认出来）的可能性（Steblay et al., 2001）。

也许关于列队辨认程序最令人不安的研究就是指导语对证人的影响——可以被看作一种社会影响的微妙形式。完全中立的指导语就是简单地要求他们指出谁是罪犯，并且不提罪犯是否在这些人当中。相反地，有误导性的指导语会暗示罪犯就在这一列嫌疑人中间，证人的任务就是要把他找出来（例如，Pozzulo and Lindsay, 1999）。这样的

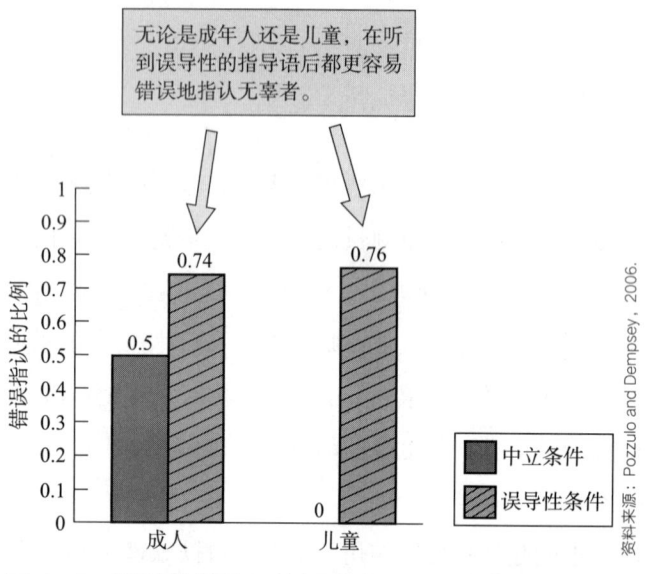

图12-13 给证人的指导语：社会影响在司法体系中的微妙作用

如图所示，被告知罪犯就在已经展示的人中间时（实际并没有），儿童和成人都更可能错误地将无辜者指认为罪犯。如果没有提供这样的指导语，他们犯这样严重错误的可能性就会降低。

图中文字：无论是成年人还是儿童，在听到误导性的指导语后都更容易错误地指认无辜者。

数据（错误指认的比例）：
- 成人：中立条件 0.5；误导性条件 0.74
- 儿童：中立条件 0；误导性条件 0.76

资料来源：Pozzulo and Dempsey, 2006.

指令对目击者产生了一种微妙的社会影响：他们可能会对指认罪犯感到有压力，即使一列嫌疑人当中没有出现他们看到的人。

波祖洛（Pozzulo）和登普西（Dempsey）（2006）的研究表明这种危害是非常明显的。他们让儿童和成人共同观看一个事先编排好的犯罪短片，短片中一位妇女的钱包被偷。两组被试都能看到一组犯罪嫌疑人的照片，照片同时呈现，都与真正的罪犯相似。这项研究主要是关于指导语的。在一种条件下（中立指导语），被试被告知罪犯可能在其中，也可能不在。在误导性指导语的条件下，诱导被试相信罪犯就在这一组照片里。而事实上真正的罪犯照片并没有被呈现，那么关键的问题是：有误导性的指导语是否会引导被试错误地辨认，把一个无辜的人说成是有罪的？事实确实如此。正如图12-13所示，无论是成人还是儿童，都在听到有误导性（那些让人相信罪犯已经呈现了）的指导语后，更有可能错误地指认无辜者。

这些结果表明，社会影响在警察的列队辨认程序中确实存在，因此应该采取严格的程序来避免这些影响。对目击者的指导语应该中性并且不能仅仅只呈现罪犯，而且无论何时都应当尽可能地使用按次序辨认程序，而不是同时辨认程序。社会影响是一个强大而又微妙的过程，要抗拒它很困难。按照上面的建议做，可以增加目击者在这种世界各地普遍使用的程序中辨认的准确性，即帮助辨认出真正的罪犯，从而减少将人们所热议的那些无辜的人指认为罪犯的可能性。

偏见和刻板印象对法律体系的影响

如果司法公正真是一视同仁，像我们此前所描述的理想状况一样，那么它应当完全不受种族、性别、族群背景和其他因素的影响。换句话说，法官和陪审团的决定应当是完全基于证据的，被告的特质将没有任何影响。在读了本书中关于社会认知、态度和偏见的章节后，你很可能会意识到，这是一个很难达到的目标。作为人类的一员，我们每个人进入法律诉讼等任何一种社会情境中时都会带着复杂的态度、信念、价值观以及对于不同群体的刻板印象。这些认知过程会和特定案件中的信息共同作用，从而影响我们作为陪审员的决定。这种影响有多普遍？我们要怎么做才能消除这种影响？这些是我们接下来将要讨论的问题（例如，Levine and Wallach，2001）。

被告和陪审员的特征是如何影响司法程序的

让我们先从被告（被审判的人）的特征开始讨论。研究发现，种族、性别、族群背景以及所有这些因素都会影响陪审团的决定和其他结果。在美国，非裔美国人的被告一般会处于不利地位。例如，他们比白人更可能被判谋杀罪，被判处死刑，因此在死囚中所占的人数比例往往过高（Sniffen，1991）。

然而，被告的种族并不是唯一可以影响司法程序的特征。他们的外貌（吸引力）、性别和社会经济地位也很重要。例如，在很多案件中，如果被告长得迷人，或者是女性，或者有较高的社会经济地位，都不容易被判重刑（Mazzella and Feingold，1994）。外表吸引力是其中被研究最多的因素，无论是在真实或模拟的审判中，长得好看的人相对不太好看的人占尽优势，例如他们更容易被判无罪、获得轻判、博得陪审员们的同情（Downs and Lyons，1991；Quigley et al.，1995；Wuensch et al.，1991）（见图 12-14）。除了种族和外表吸引力，另一个明显特征——性别——也在法律诉讼中起着重要作

图 12-14 被告的长相：不应该产生影响却的确有影响的因素

司法系统在理想情况下应该是一视同仁的，但研究表明，在法律诉讼期间有吸引力的被告（上图）对陪审团甚至是法官来说都具有重要优势。他们是不太可能被认定有罪的，即便被定罪，也会得到温和的判决。

用。一般来说，女性被告往往比男性被告更容易获得陪审团和法院的宽容对待，但这也取决于具体的犯罪类型。例如，在涉及人身侵犯时，女性被告实际上比男性被告更有可能被判有罪，也许是因为女性攻击行为更被认为是一种不可接受的行为（Cruse and Leigh，1987）。陪审员的性别也很重要。例如，男女陪审员在对待性侵犯的案件上就表现出一致的差异，男性通常比女性更容易将强奸理解为两相情愿的性互动（Harris and Weiss，1995）。舒特（Schutte）和霍希（Hosch）（1997）分析了 36 项对假想的强奸案或虐童案的研究结果，发现女性比男性更倾向于认为被告有罪。

可以减少这类司法程序中的偏见吗？

到目前为止，这一部分内容似乎给人们这样一种印象：陪审员甚至法官的判断都会受到很多因素的影响，而这种情况是我们不希望发生的。但请不要绝望：虽然我们已经讨论过的因素确实会影响结果，但越来越多的证据表明，这些影响作用可能不会像之前认为的那样大，并且它们可以（至少在相当大的程度上）被克服，可以通过改进某些司法程序或采用心理学家发展出的优化后的证人辨认技术达到这一目的（例如，Fisher et al.，2011）。

也许在这方面最令人鼓舞的证据来自博思韦尔（Bothwell）等人的研究（Bothwell, Piggott, Foley & McFatter, 2006）。考虑到过去对偏见和刻板印象的研究，研究者们认为这些认知因素在自动化和潜意识层面起作用；它们会影响行为，但往往不易觉察，并不明显。并且持这种观点的人往往很严肃地表明自己**毫无偏见**！这说明，这类偏见更可能会影响他们的私人判断而不是作为陪审员的公开决策。换句话说，虽然特定的陪审员可能对不同种族或族群有着微妙的负面看法，但这些观念更可能出现在他们的私人判断和想法中，而不会影响他们作为陪审员的实际决策。陪审团审议的过程往往漫长而仔细，这可能有助于削弱微妙的无意识偏见的影响，从而使司法过程更加公平。

为了检验这个假设，博思韦尔等人（2006）进行了一项研究，他们邀请了学生和有可能在真实司法案件中成为陪审团的人来参加研究，请他们阅读实际法律案件中一个有关性骚扰的案例，该案中一名主管要求下属提供性服务。主管和下属（控诉方）的种族是不一样的，所以他们一方是黑人一方是白人；性别也是一个研究的变量，所以主管和下属一方是男性一方是女性。参与者阅读材料中的主人公是这些组合中的其中一个（例如，一位黑人男性主管和一位白人女下属；一位白人女主管和一位黑人男下属）。然后请被试评价控诉人的责任以及受害者应该从公司获得多少补偿金。这些研究的结果表明，种族和性别偏见产生了显著的影响。例如，相比上级主管是白人而言，当上级主管是黑人时，控诉方会被认为对自己的遭遇负有更多的责任。同样地，控诉方应当获得的赔偿金也会相应更少。私下里，被试认为，当主管是黑人时，下属更应该提前有所戒备，不能去这个人的酒店房间喝一杯。

在作出个人的决定和判决后，陪审员一起举行了一次模拟审判来讨论对受害者的赔偿。结果有趣而令人鼓舞：在模拟试验结束时，种族和性别的影响在很大程度上消失了。换句话说，虽然这些变量的影响在实际的审议之前的确存在，但在审议过程中就基本上被消除了。例如，如图 12-15 所示，在个人判断的条件下，和被告的主管是白人的情境相比，当其是黑人时，被试判给性骚扰受害者更少的赔偿金。然而，经过讨论之后，这种差异完全消失了。

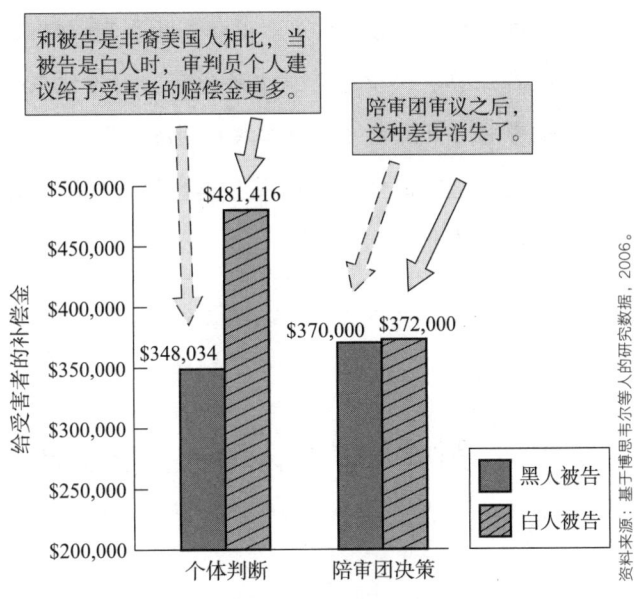

图 12-15 法官在司法审判中克服了偏见吗？
当被试做出个人（私人）建议时，和被告是黑人相比，被告是白人时，被试会建议给予性骚扰受害者更高的赔偿。然而，经过陪审团审议，这种差异以及反映种族和性别偏见的其他差异就消失了。这些研究结果表明，陪审团的审议可能有助于降低偏见对单个陪审员的影响，这些偏见与被告的种族、性别和外表吸引力相关。

这些研究和其他那些相关研究一样（例如，Greene and Bornstein, 2003），表明正义当然不可能完全做到一视同仁，但司法程序至少在有时还是可以克服被告以及陪审员的个人特征对审判造成的影响。因此，虽然我们现有的体制还远远不够完美，但也没有一些专家所担心的那么糟糕。在各种情况下，社会心理学家所提供的知识确实有助于完善系统，使它更加公平、公正和准确，这也的确是一个重要的目标。

要点

- 要使法律体系更公平、公正和保护基本人权，就必须考虑到这会涉及许多社会思想与社会行为这一事实。
- 例如，法律体系往往涉及社会影响：律师在无意间希望影响陪审员，警察在无意间希望通过多种方法影响被告。这种影响在**列队辨认**程序中很常见。
- 偏见也在法律诉讼中起着重要的作用，因为被告的种族、年龄和外表吸引力常常会深深地影响陪审团对他们的看法和判决结果。
- 幸运的是，陪审团仔细审议现有证据的过程还是会倾向于减少这种影响，尽管不是在所有的情况下。

第4节　个人幸福：它是什么以及如何获得

个人幸福是我们大多数人的一个重要生活目标。我们都希望获得幸福，对自己的生活感到满意，但这具体意味着什么呢？经过数十年对个人幸福的本质、原因和影响的研究，大多数社会心理学家都认可由四个维度构成的评判标准：整体生活满意度（总体感觉生活幸福）；对重要生活领域的满意度（对工作、关系和家庭感到满意）；积极的情感（经常体验积极的情绪和心情）；消极情感（不经常或很少体验到消极情绪）（Diener，2000）。总之，幸福似乎依赖于某些基础，根据我们生活中具备这些基础的程度，它们强烈影响着我们的幸福感以及在生活中的意义感和充实感（Krause，2007）。对个人幸福的研究往往集中关注这几个维度，但因为它们之间高度相关，研究人员经常使用简短和简单的量表来测量幸福水平，人们只需要回答一些比较直白的问题，例如"总体而言，你对生活有多满意或多不满意"（Weiss et al.，2008）。对**个人幸福**的研究有什么发现？我们现在将概述其中一些重要的发现。你可能会再一次感到惊讶，因为能够增进人们幸福感的因素可能和许多人预想的存在很多方面的差异。

一般来说人们有多幸福？

让我们从一个最基本的问题开始：大部分人在生活中有多幸福？换句话说，大多数人报告的主观幸福感水平如何？令人惊讶的是，尽管世界各地人们的生活条件有着巨大的差异，他们可能在生活区域、生活水平、性别、年龄、健康程度方面存在差异，但大多数人都报告说他们比较幸福。事实上，大型调查的大约80%受访者都表示他们非常幸福和满足（Diener et al., 2006；欧洲价值观研究组与世界价值观调查协会[European Values Study Group and World Values Survey Association], 2005）。怎么会这样呢？在不同环境中过着不一样生活的人们怎么会都很幸福呢？正如我们现在所看到的，答案似乎确证了幸福确实有很多不同的来源，并且人类是非常善于保护这些来源的——因此其个人幸福水平可以出于不同的原因而提高（Diener et al., 2010）。此外，正如我们在本书中指出的几点，人们在很多情境下都倾向于看到事物的积极面，变得积极乐观（例如，Diener and Subh, 1998）。既然大多数人报告自己比较幸福，那我们来看看哪些因素有助于产生幸福感。

影响幸福的因素

是什么让人们对他们的生活感到满意，不管他们生活在发达国家还是贫穷、物资匮乏的国家？以下是社会心理学家研究的一些发现。第一，快乐的人比不快乐的人体验到更高水平的积极情绪和较低水平的消极情绪（Lyubomirsky et al., 2005）。据心理学家芭芭拉·弗雷德里克森（Barbara Fredrickson）的研究，高水平的积极情绪会使得人们的思维、感受和行为方式有助于拓宽和建立自己的情感、生理和社会资源（例如，Fredrickson, 2001；Fredrickson and Joiner, 2002）。其次，与他人（亲密朋友、家人、爱人）良好的社会关系似乎是促进幸福的一个重要元素。这种亲密的关系存在于世界各地的不同文化中，无关乎个人财富多寡（见图12-16）。事实上，在贫困的社会中，亲密的家

图12-16　亲密的家庭关系：幸福的一个重要因素
研究结果表明，与家人、朋友和其他人的亲密关系是个人幸福的一个重要来源。无论人们自己的富裕程度和他们所处的社会环境如何，这样的关系无处不在。

庭关系对幸福感的贡献可能更大，在富裕的社会中，人们经常搬家，他们可能因为换了新工作或其他原因搬家后住得离他们的亲戚或亲密朋友几百甚至几千英里远。

还有研究（Diener et al., 1999）发现，其他因素也可能影响个人的幸福水平。其中一个因素是拥有追求幸福的目标和资源（个人资源、经济资源等）。许多研究表明，那些拥有具体目标的人比没有这种目标的人更快乐，尤其是有切实机会实现目标并且感觉（不管真实与否）他们正在进步的人（Sanderson and Cantor, 1999）。

"好吧，"我们几乎可能听到你在说，"幸福有很多不同的来源。但是财富呢？**它**不让人感到快乐吗？""毕竟，有钱人可以拥有他们想要的任何东西，并且过上自己喜欢的生活"这是一个广为流传的假设，并且提出了我们接下来将要详细研究的一些复杂问题。事实上，经济学家们一直认为，一个国家的财富（国内生产总值）应该是衡量一个国家幸福程度的主要指标。但这是正确的吗？让我们看看社会心理学家就这个有趣的问题有什么发现。

财富：个人幸福的重要要素？

金钱等同于幸福吗？许多人（不只是经济学家）似乎都认同这个观点。他们想当然地认为财富可以买到提升幸福感的物品和条件。毕竟，如果你能拥有你想要的任何东西，过想过的任何生活，不就应该感到幸福吗？这些想法看上去是合理的，但有关财富和幸福关系的研究表明，他们之间的关系非常复杂。总的来说，最近的研究结果（Diener et al., 2010；Kahneman et al., 2003）表明，财富和幸福之间有联系，至少是在收入水平的某些节点以下，但它们之间的关系远没有人们所想的那样紧密。例如，在全球范围内，家庭收入和人均国民生产总值都与整体幸福感相关，但主要是在低收入水平的国家。想想看，如果你还在担心如何能给你的孩子获得食物，那么缺钱可能会使你不快乐；没有钱，你都不能满足你自己或那些你关心的人的基本需求。然而，收入水平较高的国家，收入与幸福的相关性并不强：人们已经满足了所有的基本需求，还能拥有一些奢侈品，因此财富的增加不能进一步提高他们的幸福水平或生活满意度。总之，无论是在个人还是社会层面，财富对人们的幸福水平有一定的影响作用，但它的作用远比人们想象的要小。

此外，还有一点很重要，财富与积极情感**这一**幸福的重要组成要素**无**关。事实上，迪纳（Diener）和他的同事（2010）报告指出，财富与社会生活和幸福并没有明确的联系。原因之一在于受他人尊重和在紧急情况下拥有可以依靠的朋友和家人（即我们在第四章所讨论的"社会资本"）和财富多寡并没有关系。事实上，许多拥有很高社会财富（国内生产总值）的国家却有着相对较差的社会保障措施，其国民也拥有较低水平的积极情感（见表 12-1），而积极情感这些因素通常来源于较强的社会联系（见 Putnam，2000）。正如迪纳等人（2010，第 60 页）所指出："有些在经济方面做得很好的国家在社会心理建设上表现一般，而一些在经济发展方面地位中等的国家却是这方面的明星……它们的社会心理建设欣欣向荣。"

那么财富为什么并不必然带来个人幸福？社会心理学家的补充研究揭示了这个令人费解的问题。首先，想想博伊斯（Boyce）等人的研究（Boyce et al.，2010）。他们发现，财富本身并不重要，相反，个体对自身财富相对他人而言的多寡判断是最重要的。人们似乎更关心他们的收入（财富）与其他人相比的水平，而不是财富的绝对值水平。当个人被要求报告在他们的社会中有多少人比他们的收入更低或更高，这些相对判断的结果事实上是与生活满意度高度相关的。另一方面，绝对收入则与生活满意度无关。所以，我们似乎关心的是做得比别人好，而不仅仅是使自己变得富有，在这里我们再次看到了社会比较的重要，它甚至对我们的主观幸福感也起到关键作用。这就是为什么即使一些国家的生活水平普遍提高了，而生活在其中的人们却不一定感到更幸福，因为他们与之比较的人的收入水平也在上升。举例来说，美国最近几十年的人均收入水平（剔除通胀因素）增长超过了 50%，但人们并没有感到更幸福。事实上，他们报告比在"以前的好日子"时更不幸福，实际上那个时候他们更贫穷！因此，正如一个俗语所说："水涨船高"，但它并不会使船上的人更快乐。

此外，财富可以给我们提供更多我们想要的物质，也可以带来更多的舒适，但它却可以带走一些重要的东西：尽情享受生活中小乐趣的能力。当人们习惯于享受"最好"，并能拥有他们想要的一切时，他们可能会慢慢变得习惯于这些好处，从而不再给他们带来享受。霍尔迪巴克（Quoidbach）等人已经在一个有趣的研究中证实了这种效应（Quoidbach et al.，2010）。他们给予这项研究的参与者（加拿大的大学生）一块巧克力，然后观察他们吃它时的反应。在收到巧克力之前，有人看到了加拿大币的图片，他们被启动联想到财富并渴望财富，而其他人看到的是一张与钱无关的中性照片。观察者为被试在吃巧克力时的愉悦程度打分，从 1（完全不享受）到 7（非常享受），并记录他们花了多少时间。结果清晰明确：那些看了钱的图片并被启动思考财富的被试比看中性照片的被试更少地享受巧克力，吃得也更快。这些研究结果表明，虽然金钱可以提供许多我们想要的东西，它实际上也可能会降低我们享受生活乐趣的能力。如果是这样的话，那么金钱不会自动带来个人幸福就并不让人感到惊讶了！

表 12-1 财富 = 幸福吗？

如图所示，收入排名很高的国家（例如，美国）并不一定在国民的社交满足感（受到他人尊重、与朋友、家人关系良好等）或积极情绪方面排名更高。因此，财富不会自动带来幸福。

国家	收入	社交满足感	积极情绪
美国	1	19	26
意大利	18	33	67
韩国	24	83	58
印度	61	85	63
坦桑尼亚	89	58	52

来源：基于 Diener, Ng, Harter and Arora, 2010 的研究数据。

幸福是拥有你所想的，还是享受你所拥有的？

关于个人幸福的另外一个基本话题提出了一个有趣的问题：幸福是拥有你想要的东西（那些你生命中所渴望的），还是享受你所拥有的东西？霍尔迪巴克及其同事的研究（2010）认为，事实上，拥有我们想要的东西可能不能真正增加我们的幸福感，因为一旦拥有了，就可能会降低享受它们的能力。但其他研究结果似乎表明，这两者对幸福都是很重要的。换句话说，幸福既来自拥有我们想要的，也源于享受我们所拥有的。拉森（Larsen）和麦吉本（McKibben）（2008）已经对这个问题进行了研究，参与者报告了他们所拥有的（物质财富方面），和他们对这些东西的享受程度。这些信息被用来预测他们的生活满意度（个人幸福的重要组成部分）。结果是明确的：拥有你想要的东西，和享受你所拥有的东西都能够影响幸福感。这些研究发现说明，物质财富或占有物质财富都和幸福没有紧密联系，相反，幸福来自我们对所拥有物质财富的评判，即感恩财富、享受财富。

可悲的是，许多人在获得财富后似乎失去了这样的能力。他们继续相信如果他们获得了**更多的东西**（新的汽车、新的和更大的房子、更多的衣服来填满他们的衣柜、为工作室增添一个工具、一件珠宝、一件艺术品），他们将最终获得所追寻的幸福（见

图12-17）。但事实上，如果他们获得这些财富，他们的快乐体验是短暂的，他们很快就会专注于**下一个**目标以完善他们的幸福。真的，这是一个非常可悲和令人沮丧的循环，这正是我们希望大家通过阅读本章可以避免的！

幸福的好处

幸福当然会感觉很好——这是我们大多数人在大数时间（如果不是全部时间）最喜欢的状态。但它能带来的好处是否不止于此？幸福和对生活满意是否还会赋予个体其他好处？越来越多的证据表明，答案是**肯定的**。快乐的人一般体验到许多与高水平生活满意度相关的实实在在的好处（Lyubomirsky et al., 2005）。就工作而言，主观幸福感高的个体更容易获得到更好的工作成果，包括更高的生产率、更高的工作质量、更高的收入、更快速的升职和更高的**工作满意度**（Borman et al., 2001; Weiss et al., 1999; Wright and ropanzano, 2000）。他们也比不快乐的人拥有更多和更高质量的社会关系：更多的朋友、更令人满意的恋爱关系和强大的社会支持网络（例如，Lyubomirsky et al., 2005; Pinquart and Sorensen, 2000）。此外，快乐的人往往更健康，不良身体症状更少，并能在患病时更有效地应对（Lyubomirsky et al., 2005）。

和高水平幸福感相关的其他健康方面的好处包括增加对感冒和流感病毒的抵抗力（Cohen et al., 2003），更好应对疼痛的能力（Keefe et al., 2001），抑郁症发病率较低（Maruta et al.,

图12-17 拥有你所想的，还是享受你所拥有的？哪一个更能带来快乐？
社会心理学家的研究表明，拥有自己想要的东西并不能带来幸福。相反，既拥有我们想要的，同时也感恩我们所拥有的，才会产生高水平的快乐。这也是许多拥有很多物质和巨额财富的人并不快乐的原因：他们不断扩大自己"欲望"的名单，但在获得它们时只感受到些许的快乐。

2000），手术后恢复更快（Kopp et al., 2003）。也许最引人注目的是，他们似乎活得更长（Maruta，2000）。例如，在最近的一项研究中，徐（Xu）和罗伯茨（Roberts）（2010）在加利福尼亚一个大社区抽取了一个非常大的样本来探讨主观幸福感和寿命的关系。他们研究了所有的死亡原因，特别是在28年间的自然死亡的原因。整体生活满意度、积极感受、消极感受和重要生活领域满意度的数据都可以获得，因为研究中的被试都参加了一个全国范围内的纵向公共健康普查。

结果是令人信服的：所有个人幸福的组成要素（生活满意度、重要生活领域满意度、较高积极情感、较低消极情感）都与寿命有关。换句话说，在这些因素中得分越高的人，在研究过程中死亡的可能性就越低，他们的寿命更长。有趣的是，这些发现在年轻人和老年人中间都适用，尤其是在健康的成年人中。感到幸福不仅使我们的生活更加愉快，它还能延长这种美好。很显然，这是我们所追求的东西，也引导我们进入下一个议题：如何增加幸福感？

我们可以增强个人幸福吗？

对幸福的初步研究似乎表明一个人的幸福水平是相对稳定的：由于幸福很大程度上受到遗传因素的影响，人们天生具有幸福或不幸福的稳定倾向，并且这些都是难以改变的。换句话说，有些人即使在非常困难的生活环境中也会感到快乐，而其他人即使他们拥有财富和物质资源依旧会感到不快乐。支持这一观点的研究表明，主观幸福感随着时间的推移保持稳定（Eid and Diener, 2004）。此外，对双胞胎的研究表明，幸福水平受遗传因素的影响（正如我们前面提到的）。例如，同卵双胞胎往往比异卵双胞胎或其他较密切相关的家庭成员的幸福程度更相近（Tellegen et al., 1988）。第三个证据来自这样一种观点，即人的一生中情绪状态（包括幸福在内）虽然会有起伏波动，但总是围绕着某个比较稳定的水平。因此，在经历引发情绪的事件后（例如，彩票中奖、受到老板的严厉批评），人们的情绪状态倾向于回到稳定的基本值（例如，Fredrick and Loewenstein, 1999），这个规律似乎也适用于幸福以及当前的情绪或情感。

虽然遗传因素在幸福中确实起着重要作用，然而，越来越多的证据乐观地表明，幸福是可以改变的。幸福感因人而异（Diener and Lucas, 1999；Diener et al., 2006），决定幸福感的因素主要有三类：前面所提到的基本点、生活环境和意向性活动（Lyubomirsky et al., 2005）。遗传因素大约只占50%（Lykken and Tellegen, 1996；Tellegen et al., 1988），外部生活环境因素大约占 10%（Diener et al., 1999）。这表明幸福感在很大程度上（大约 40%）取决于个人的思想和行为，因此可以改变。针对意向性活动的干预能够对幸福感产生持续的影响。例如，研究已经证实，比较简单的行为干预（如要求参与者经常运动或是善待他人）和一些认知干预措施（如让人安静下来去算算自己遇到过的好事）可以对幸福感产生持久的影响（Lyubomirsky et al., 2005；Seligman et al., 2005）。总之，越来越多的证据表明我们可以通过干预意向性活动（指人们在日常生活中所想的和所做的事情）来增加我们的幸福水平。以下是一些可以增加个人幸福感的方法：

- **开始一个良性循环**。体验积极的情绪似乎可以说是开启"循环"的一种方式。积极情绪有助于我们采取有效的方式应对生活中不可避免的问题，而这反过来又能产生更为积极的情绪。在许多任务中，最难的一步可能是开始：一旦你开始体验积极的感觉，它可能会迅速变得越来越多。

- **建立亲密的个人关系**。虽然没有一个单一因素给予你个人幸福，很明显最重要的因素之一是我们拥有和朋友、家人及爱人之间良好的相互支持的关系，确信有人关心我们，并会在我们需要时出现。发展和维护良好的关系需要付出大量的努力，可能需要加入若干群体，但其收获会让我们觉得这种努力很值得。事实上，这可能是个人能做的唯一最重要的提升自己幸福感的事情。所以，开始思考那些对你很重要的人，以及你如何能让他们幸福，这可能会大大提升你的生活满意度。

- **培养能增进幸福感的个人技能**。幸福的人拥有很多获得快乐的个人特质。这包括友善和开朗（外向）、宜人（即接近他人时相信自己会喜欢和信任对方）和情绪稳定。所以你要找出你在这些维度上的水平，然后开始进行相应地努力，最好是有来自亲密朋友的帮助。

- **停止做适得其反的事**。因为每个人都想得到幸福，我们都会采取许多措施来增强积极情绪。其中一些（如这里所提到的）是有用的。其他一些方法（例如，滥用药物、担心一切事情、试图变得完美、设定自己不可能达到的目标）是没有用的。他们暂时可能会起作用（见第十章），但从长远来看，它们并不会增进你的个人幸福。所以现在开始从你的生活中消除这些吧！也许你很快就会成为一个幸运而幸福的人！（幸福显然是一个理想的状态，但人们可能会**过度**开心吗？过度的幸福会有严重的"消极"作用吗？有关这种可能性的信息，请参阅专栏"情绪与个人幸福：可能会过度幸福吗？"）

情绪与个人幸福

可能会过度幸福吗？

幸福肯定是大多数人追求的目标之一。如前所述，它给人们的成功、成就、人际关系和健康等带来了重要的好处。但是人们可能会过度幸福吗？最初，你可能会想回答："不！幸福越多越好！"但是一个基本的生活原则是，有时好事过了头反而成了坏事。例如，你有没有听过"聪明反被聪明误"这种说法，它表达了一种重要观点：一般而言好的特征或条件如果好过了头，结果会使他们产生消极结果，而不是积极的结果。另一个例子：人可能会过度自信，然后去从事超出了他们能力的任务或活动，并陷入严重的麻烦。

这种现象是否也适用于个人幸福？令人惊讶的是，有足够的理由表明确实适用。首先，由大石（Oishi）等人提出的一种有关幸福感对工作绩效影响的理论（**最优幸福感水平理论**）认为积极情绪和多种任务绩效之间存在曲线关系（Oishi et al., 2007）。这一理论认为，对于任何特定的任务，存在一个主观幸福感的最佳（即最好）水平。它还表明，对于任何任务或生活领域，有一个幸福感（在当下的情境中指的是积极情绪）的最佳水平，它和最好绩效的获得有关。在达到这一点之前，许多不同的任务的绩效会随着幸福感水平的增加而提高，但超过它，绩效反而会下降。

研究结果为这一预测提供了强有力的支持。研究涉及成千上万的被试，其中的成就涉及职业成功、收入和受教育程度等领域。研究发现，这些成就随着主观幸福感的提高而增加，但只是在主观幸福感达到一个特定的水平之前，超过这个量值之后，幸福感水平进一步增加，成就水平反而会下降。正如你所猜测的那样，具体的关系模式随着所探讨的任务和生活领域的变化而变化。例如，虽然收入水平、教育程度和职业成功与积极情绪是一种曲线关系，然而生活满意度、社会关系二者与积极情绪的关系却不同：它们随着积极情绪（或幸福）的增加而进一步增加。大石等人（2007）对这些不同的关系模式进行了如下解释。涉及与成就相关的任务（例如，事业成功、教育）时，非常高水平的积极情绪可能导致个体自满，从而造成动机和努力水平的下降（Baron et al., 印刷中）。因此，当个体的积极情绪水平非常高时其绩效会下降。相比之下，对于个人关系，高水平的满意度可能有助于促进更幸福的关系，并削弱寻求其他伴侣的愿望。无论确切的原因是什么，现有的证据已经表明，涉及成就的任务（在创业活动中发挥关键作用），积极情绪（代表幸福感）和绩效之间的关系是曲线型的，而不是线性的。

为什么很强的主观幸福感会导致许多任务上的绩效下降？存在几种可能性。例如，高水平的主观幸福感可能与错误的认知有关，如我们在第二章所研究的：盲目乐观、过度自信及计划谬误（错误的认为在给定的时间内可以完成比实际上要多的任务）。此外，它可以诱导启发式思维（见第二章），这有时会阻止个人意识到新环境中的重要信息。高水平的主观幸福感也会导致自满情绪：当人们对生活感到非常满意时，他们就没有理由再去努力。另外，当人们已经很满意时就会"松懈"。研究证据表明，所有这些影响都真实存在，并在广泛发生。例如，创业者感到幸福的人格倾向越强，他们在经营新项目时的成就就越大，但仅仅只增加到一定的水平；超过这个水平，他们的成就（和他们企业的业绩）就会下降。这些下跌似乎源于这样的事实：体验到积极情绪的强烈人格倾向（即一种大部分时间都很开心的倾向）会干扰任务表现的基本过程：动机、知觉和认知的某些方面。最后，就个人健康而言，非常高的主观幸福感水平可能会导致人们认为他们可以"摆脱"那些对健康有危害的事物，认为他们可以过度吃喝、从事危险的活动等等，并能"侥幸成功"。这种错觉非常有害，并且会削弱主观幸福感对个人健康的促进作用。这些原因和其他原因，导致非常强的主观幸福感可以既有积极作用，也有消极作用。总之，越来越多的证据表明，在主观幸福感方面，确实有可能过犹不及。作为一个快乐的人通常是有益的，并能帮助人们过上成就斐然的满意生活，即使这种趋势存在适用范围。当它的作用被夸大时，幸福有可能会展示出真实和严重的"不利面"。

要点

- 每个人都在追求**个人幸福**，而对这一主题进行的系统研究表明，它包括四个基本组成部分：整体生活满意度、特定生活领域满意度、较多的积极情绪和较少的消极情绪。
- 在世界各地，尽管人们的财富、生活水平、性别或年龄存在差异，但大多数人都报告说他们很幸福，也许是因为人类善于在生活中寻找幸福的源泉。幸福的一个重要来源是与朋友和家人的亲密关系，即成为社交网络的一部分。其他因素包括有具体的生活目标并去实现它们。

- 令人惊讶的是，财富（个人层面和社会层面）与幸福感的相关并不强，与积极情绪的相关性更弱。
- 并不是财富本身让人快乐，**相对**富有（知道自己比别人富有）才让人快乐。此外，关注金钱或财富似乎降低了体验（享受）愉快经历的能力。
- 总体来说，拥有想要的一些事物并享受和珍惜所拥有的事物会让人更幸福。
- 个人幸福一方面来自遗传因素，但环境条件也有很强的影响，所以人们可以采取许多方式来增加自己的幸福感。
- 令人惊讶的是，似乎人们也可以感到过度幸福——幸福的极端水平可以产生过度的乐观和自信，从而降低人们在生活中许多重要任务中的绩效。总之，似乎存在幸福的最优水平。

总结与回顾

- 当一个人没有获得自己所渴望的满意关系时，就会产生孤独感。孤独的一个消极后果是抑郁和可能伴随而来的焦虑。孤独似乎源于许多不同的因素，包括遗传因素、不安全的依恋风格、缺乏早期与同龄人交往的社会经验。孤独的人往往能从旨在提高他们社交技能的治疗中受益，如观看自己与他人互动时的视频，从而了解到他们的行为是如何"推开别人"的。

- 关系加强或失败有多种原因。关系会增强是因为伴侣之间彼此相似，有某种特定的个人特质，并对对方都有积极的内隐情感。当夫妇之间出现问题，或一方对另一方抱有过度积极的期待以致无法面对重要问题时，关系就会失败。当伴侣之间采取交易模式而不是共享模式来对待这段关系时，或是无法保持对彼此的一些积极幻想时关系也会失败。当伴侣避免这些陷阱并发展了一段平衡的关系，这段关系往往会随着时间的推移变得更加牢固和深入。

- 实现并保持良好的个人健康是获得幸福美满生活的重要一步，因此社会心理学家一直对影响健康的社会因素感兴趣。一个日益严重的对健康的威胁就是肥胖症，这个问题在全世界范围内不断增加。虽然肥胖肯定涉及生物和遗传因素（例如，我们倾向在"条件好的时候"以脂肪的形式储存额外的热量），它同时也涉及许多社会因素。由于社会条件的变化，人们走路的时间少了，像过去那样的家庭聚餐少了，餐饮的热量也在增加，主要是餐馆所提供的食物分量不断增加。许多网站提供减肥的免费建议，一些网站确实能提供有用的信息。然而，人们应该谨慎小心，因为他们基本上不受任何政府的管控和保障。

- **压力**是一种不再有能力应对的被彻底淹没的感觉。压力会对个人健康产生负面影响，部分是因为它会破坏免疫系统，也会导致我们采取不健康的生活方式。

- 降低压力的策略很多，并且广为人知（例如，健身、健康饮食）。另外一些处理压力的方式涉及社会生活层面，如获得朋友和家人的**社会支持**。虽然这并不总是有效的，但它却对减少压力和保障个人健康大有帮助。因此，取得并保持与他人的联系吧！这样做可能对你的健康和幸福都有好处。

- 要使法律体系更公平、公正、保护基本人权，就必须考虑到它涉及很多社会思维和社会行为这一事实。例如，法律体系往往涉及社会影响：律师在无意间希望影响陪审员，警察在无意间希望通过多种方式影响被告。这种影响在**列队辨认程序**中很常见。

- 偏见也在法律诉讼中起着重要的作用，因为被告的种族、年龄和外表吸引力常常会严重影响陪审员对他们的看法和判决结果。幸运的是，陪审团仔细审议现有证据的过程还是会倾向于减少这种影响，尽管不是在所有情况下。

- 每个人都在追求**个人幸福**，而对这一主题进行的系统研究表明，它包括四个基本组成部分：整体生活满意度、特定生活领域满意度、较多的积极情绪和较少的消极情绪。

- 在世界各地，尽管人们的财富、生活水平、性别或年龄存在差异，大部分人都报告说他们很幸福，也许是因为人类善于在生活中寻找幸福的源泉。幸福的一个重要来源是与朋友和家人的亲密关系，即成为社交网络的一部分。其他因素包括有具体的生活目标并去实现它们。令人惊讶的是，财富（个人层面和社会层面）与幸福感的相关并不强，与积极情绪的相关甚至更弱。并不是财富本身让人快乐，相对富有（知道自己比别人富有）才会让人感到快乐。此外，关注金钱或财富似乎降低了个体体验（享受）愉快经历的能力。总体来说，拥有想要的一些事物并享受和珍惜所拥有的事物会让人更幸福。个人幸福一方面来自遗传因素，但环境条件也有很强的影响，所以人们可以采取许多方式来增加自己的幸福感。令人惊讶的是，似乎人们也可以感到过度幸福——幸福的极端水平可以产生过度的乐观和自信，从而降低人们在生活中许多重要任务中的绩效。总之，似乎存在幸福的**最优**水平。

关键术语

个人幸福（personal happiness）：指的是主观幸福感，包括整体生活满意度、特定生活领域满意度、较多的积极情感以及相对较少的消极情感。

共享关系模式（communal approach）：一种长期关系的类型，其中关系双方努力去满足对方的需求，而不是寻求双方获得利益的平衡。

工作满意度（job satisfaction）：个人对于工作所持有的态度。

孤独（loneliness）：基于渴望亲密关系而又无法获得产生的一种不愉快的情绪和认知状态。

列队辨认（lineup）：这个程序是让证人在多名犯罪嫌疑人当中进行辨认，指认任何一个他们认出的罪犯。

社会支持（social support）：利用他人提供的情感和认知资源作为应对压力的一种方法。

压力（stress）：我们对那些威胁到或可能威胁到生理和心理机能的事件所做出的反应。

最优幸福感水平理论（optimum level of well-being theory）：理论表明，任何特定的工作任务都存在一个最佳的主观幸福感量值。这一量值之前，绩效会随着主观幸福感的提高而提高，但超过这一量值，绩效水平反而会随着主观幸福感的提高而下降。

术语表

第一章

调查法（survey method）：一种请很多人回答有关他们的态度或行为的问题的研究方法。

多元文化视角（multicultural perspective）：对影响社会行为的文化因素和族群因素的关注。

关系（relationships）：我们与他人的社会纽带，既包括泛泛之交、过往的友谊，也包括像婚姻或一生之交那样的紧密、长期的联系。

假设（hypothesis）：有关社会行为或社会思维的未经证实的预测。

进化心理学（evolutionary psychology）：心理学的一个新分支，试图研究遗传因素对于各种人类行为的潜在影响作用。

欺瞒（deception）：指研究者对参与研究的被试隐瞒研究目的或研究程序等相关信息的做法。

事后解释（debriefing）：研究结束阶段的程序，向被试讲解有关研究性质和研究假设等方面的详细信息。

实验法（experimentation [experimental method]）：一种研究方法，通过系统地改变一个或多个因素（自变量）来考察这种变化是否会引起另一个或多个因素（因变量）的改变。

随机分配被试进入实验条件（random assignment of participants to experimental conditions）：这是保证实验有效的一个基本条件。根据这个原则，研究参与者必须有同等的概率进入自变量的每个水平。

系统观察法（systematic observation）：一种系统地观察和记录行为的研究方法。

相关法（correlational method）：一种研究方法，指科学家系统观察两个或多个变量来考察其中一个变量的变化是否伴随另外一个变量的变化。

因变量（dependent variable）：实验中测量的变量。

知情同意（informed consent）：研究的一个步骤，在被试决定是否参与研究之前，尽可能多地为其提供关于研究项目的相关信息。

中介变量（mediating variable）：受自变量影响并影响因变量的变量。中介变量可以帮助解释某个变量为什么以及如何以某种方式影响社会行为或社会思维。

自变量（independent variable）：那些在实验中系统改变（变化）的变量。

第二章

不确定性条件（conditions of uncertainty）：很难获得"正确"答案的情况或者需要付出巨大努力做出决策的情境。

代表性推断法（representativeness heuristic）：基于当前刺激或事件与其他刺激或类别相似程度进行判断的心理策略。

反事实思维（counterfactual thinking）：想象情境下的其他结果而不是实际发生结果的倾向（"本来可以发生什么"）。

固着效应（perseverance effect）：即使面对不一致信息，信念和图式也不会改变。

过度自信障碍（overconfidence barrier）：对于我们自己的判断所拥有的信心超过了合理程度的倾向。

计划谬误（planning fallacy）：对任务完成所需时间做出乐观预期的倾向。

恐惧管理（terror management）：努力与自己的死亡必然性和由此产生的令人不安的推论达成妥协。

乐观偏差（optimistic bias）：一种预期事情结果会很好的倾向。

锚定—调节推断法（anchoring and adjustment heuristic）：使用一个数字或价值作为起始点然后据此进行调节的心理策略。

启动（priming）：在某种条件下，刺激或者事件使获取某种记忆或意识的概率增加。

巫术思维（magical thinking）：以经不住理性检验的假设为基础的思维。例如，相信表面相似的事物有相同的本质属性。

情感（affect）：当前的感觉和情绪。

情绪预测（affective forecasts）：预测自己对于未经历之事的感受。

去启动（unpriming）：指图式的影响会一直持续，通过思想或者行为表达出来之后，图式的影响作用会减弱。

社会认知（social cognition）：理解、分析、记忆和使用相关社会信息的方式。

图式（schemas）：关于某一内容的思维框架，帮助我们组织社会信息。

推断法（heuristics）：快速有效地解决复杂问题的简单法则。

心境依存性记忆（mood dependent memory）：我们处于当前特定心情时能想起的内容在一定程度上取决于我们过去在类似心情时记住的内容。

心境一致性效应（mood congruence effects）：我们在积极心境中更可能存储或记住正面信息，而在消极心境中更可能记住负面信息。

信息超载（information overload）：信息数量超过了我们的处理能力。

易得性推断法（availability heuristic）：基于信息提取的难易程度进行判断的心理策略。

隐喻（metaphor）：指一种将抽象概念和另外一种不同的概念联系起来的语言工具。

原形（prototype）：某类群体成员所共享的特征的集合。

自动加工过程（automatic processing）：在获得有关某项任务或者某类信息的大量经验之后，我们能够以一种不需努力、无意识的自动化方式完成任务和加工信息。

第三章

不寻常效应（noncommon effects）：由一种特定因素而不是其他因素所产生的效应。

盯（staring）：不管他人做什么都一直追着他人看的一种眼神接触的形式。

对应偏差（也称基本归因错误）（correspondence bias [fundamental attribution error]）：即使有明显的情境原因，也倾向于把他人的行动归因为其性格因素。

对应推论（correspondent inference）：一种描述我们如何把他人的行为作为推断他人稳定特质的基础的理论。

非言语沟通（nonverbal communication）：人与人之间的不涉及语言内容的沟通形式。它依赖于面部表情、目光接触及身体语言等非言语信息。

归因（attribution）：我们理解他人行为的原因，并获得有关他人稳定的特质和性情信息的过程。

基本归因错误（对应偏差） fundamental attribution error (correspondence bias)：高估性格因素对他人行为的影响作用的倾向性。

内隐人格理论（implicit personality theories）：相信某些特质和性格是伴随在一起的。

切片信息（thin slices）：我们用来形成第一印象的其他人的少量信息。

区别性（distinctiveness）：个体对其他刺激或事件做出相同反应的程度。

社会知觉（social perception）：我们了解和理解他人的过程。

身体语言（body language）：由他人的身体或身体部位的位置、姿势或运动所提供的线索。

微表情（microexpressions）：只持续零点几秒的稍纵即逝的面部表情。

行动识别（action identification）：我们对一个行动的解释水平；低水平的解释集中在行动自身，而高水平的解释将行为归因于行为的最终目标。

行动者—观察者效应（actor-observer effect）：把自身的行为主要归因为外部因素（情境），但把他人的行为主要归因为内部（性情）因素的倾向性。

一贯性（consistency）：个体在不同情况下对同样的刺激或事件做出相同反应的程度。

一致性（consensus）：面对同样事物，其他人和我们所观察的个体做出相同反应的程度。

印象管理（自我展示）（impression management [self-presentation]）：个人为了给他人留下好印象而做的努力。

印象形成（impression formation）：对他人形成印象的过程。

语言风格（linguistic style）：说话中除了词的意义以外的其他方面。

自利偏差（self-serving bias）：把积极事件归因为内部原因（如我们自身的特质或性格）以及把消极结果或事件归因为外部原因（如机遇、任务难度）的倾向性。

第四章

高于均数效应（above average effect）：一种认为自己在大多数积极社会性特质上高于平均水平的倾向。

个体认同与社会认同连续体（personal-versus-social identity continuum）：在个人层面，自我被看做是独特的个体；在社会认同层面，自我被看做是群体中的一员。

刻板印象威胁（stereotype threat）：发生在当人们相信自己会因为他人对自己所在群

体的消极刻板印象而对自己产生相关的评价时，或者担心自己的表现会在一定程度上验证他人对自己所属群体的消极刻板印象。

可能自我（possible selves）：自己可能的未来形象，要么是我们试图避免的可怕形象，要么是我们追求的理想形象。

内省（introspection）：私下反思"我是谁"，是一种试图获得自我知识的途径。

内隐自尊（implicit self-esteem）：我们对自己无意识的感受。

群体间比较（intergroup comparisons）：通过将自己所属群体与其他群体做比较所得出的判断。

群体内比较（intragroup comparisons）：通过将自己与内群体成员比较所得出的判断。

社会比较理论（social comparison theory）：费斯廷格（1954）指出，人们总是拿自己与他人进行比较，因为在很多领域都不存在客观的标准，因而他人就成为了很好的信息参照。

社会认同理论（social identity theory）：这个理论指出当我们的群体成员身份凸显时我们会如何反应：我们通常会接近那些群体内比较优秀的个体，疏远那些表现较差或者会给我们的群体身份带来消极影响的个体。

社会资本（social capital）：个人与他人社会联结的多少，通过这些联结可以获得知识、帮助或其他社会利益。

讨好（ingratiation）：即我们通过表达自己对他人的喜爱来赢得他人对我们的喜爱；通过称赞恭维他人。

突出性（salience）：当某人或某物从背景中凸显出来或是成为注意的焦点。

向上社会比较（upward social comparison）：将自己与比自己表现好或比自己层次高的人进行比较。

向下社会比较（downward social comparison）：将自己与比自己表现差或比自己层次低的人进行比较。

自我贬低（self-deprecating）：对自己进行否定，或暗示自己不如某人。

自我建构（self-construal）：指我们如何对自己进行归类，它可以随着特定时刻凸显的自我身份认同而变。

自我控制（self-control）：通过克制自己去做喜欢做的事代之以去做我们不太愿意做的事，以此达成长期目标。

自我评价维护模型（self-evaluation maintenance model）：这种观点指出，为了维持对自

己的积极看法，我们会疏远那些在自己看重的方面表现比我们好的人，而接近该方面表现比我们差的人。这种观点认为这样做可以保护我们的自尊。

自我确证理论（self-verification perspective）：这个理论阐述了我们如何引导他人认可我们的自我观的过程；渴望他人能够赞同我们的自我观。

自我损耗（ego-depletion）：指在先前努力进行自我控制之后，接下来再进行控制时自我控制能力大幅下降的情形，往往体现在表现水平的下降。

自我抬高（self-promotion）：努力向他人展示自己的积极特质。

自传式记忆（autobiographical memory）：与自己的过去相关的记忆，有时可以是对自己生命全程的回忆。

自尊（self-esteem）：我们对自己积极或消极的看法，是我们对自己的整体态度，可以通过外显和内隐的方式进行测量。

第五章

参照群体（reference groups）：我们认同并重视其中成员观点的群体。

单纯曝光（mere exposure）：只要曾经见过某个事物，个体就会形成对该事物的某种态度，不管个体是否记得曾经见过。

非条件刺激（unconditioned stimulus）：不需要通过大量学习就能够激起积极或消极反应的刺激。

工具性条件作用（instrumental conditioning）：一种基本的学习方式，在这种学习过程中那些导致积极结果的反应或那些避免消极结果的反应会被加强。

观察学习（observational learning）：人们通过观察他人而习得新行为模式的基本学习方式。

计划行为理论（theory of planned behavior）：该理论是对理性行为理论的拓展，认为个体在决策过程中除了考虑对某一特定行为的态度和主观规范，还会考虑他自己的执行能力。

经典条件作用（classical conditioning）：一种基本的学习形式。一个中性刺激经过与另一个能激起某种反应的刺激反复配对出现之后，中性刺激也获得了能激起反应的能力。从某种意义上说，一个刺激成为了另一个刺激将要出现或发生的信号。

精细加工可能性模型（elaboration-likelihood model[ELM]）：这一理论指出说服可以

通过截然不同的两种方式中的一种发生，这两种方式在认知努力和对信息分析的精细化程度方面都存在差异。

抗拒（reactance）：对个体自由威胁的一种消极反应。抗拒会增加对说服的抗拒心理，导致消极的或是与说服意图相悖的态度改变。

恐惧诉求（fear appeals）：通过使用信息诱导他人产生恐惧心理从而改变他人行为的尝试。

理性行为理论（theory of reasoned action）：这一理论认为做出某一行为决策是理性思考的结果。在这个过程中，我们考虑行为的多种可能性，评估结果，然后决定是否要做出某种行动。这个决策结果通过行为意向反映出来，行为意向能够强烈地影响外显行为。

内隐态度（implicit attitudes）：对象和评估反应之间的无意识联结。

认知失调（cognitive dissonance）：当个体意识到自己的态度与态度之间或者态度与行为之间存在不一致时所产生的一种内部状态。

人众无知（pluralistic ignorance）：我们会误解别人态度的一种群体现象，会错误地认为他人与我们持有不同的态度。

社会比较（social comparison）：我们通过与他人进行比较来判断我们关于社会的观点是否正确的过程。

社会学习（social learning）：我们从他人那里获取新信息、形成新行为和态度的过程。

社交网络（social networks）：由与我们有密切的关系并定期互动的成员构成。

说服（persuasion）：通过各种各样的信息改变他人态度的努力。

说服的边缘途径（peripheral route to persuasion）：一些边缘性说服线索导致的态度改变。通常是说服者的专业性与地位等相关信息。

说服的中心途径（central route to persuasion）：通过对说服信息进行系统加工导致的态度改变。

态度（attitude）：对社会世界各个方面的评估。

态度—行为加工模型（attitude-to-behavior process model）：关于态度如何指导行为的模型，它强调态度和在特定情境下哪些行为属于合理的相关知识储备对个体界定当前情境的影响。这个界定反过来也会影响外在行为。

条件刺激（conditioned stimulus）：用来代表或暗示非条件刺激的刺激。

推断法加工（heuristic processing）：使用简单的经验法则或心理捷径对说服信息进行

认知加工的过程。

外显态度（explicit attitudes）：可以控制和容易报告的有意识态度。

习惯（habit）：反复实践某种特定行为之后，慢慢地这种反应就会在同样的情境出现时自动发生。

系统化加工（systematic processing）：对说服信息的内容和要点进行仔细思考的认知加工过程。

虚伪（hypocrisy）：公开宣称某种态度或行为，然后又表现出与之不一致的态度或行为。

选择性回避（selective avoidance）：一种避免关注与自己已有态度相反的信息的倾向。这种回避会增强对说服的抗拒。

以少致多效应（less-leads-to-more effect）：给予个体与态度相悖的行为较小的奖励常常会导致他们更大的认知失调感，从而导致更多的态度改变。

预警（forewarning）：预先知道自己将成为被说服对象。预警常常会增加对后续说服的抗拒。

阈下条件作用（subliminal conditioning）：是经典条件作用的一种，刺激属于个体意识阈值以下的无意识刺激。

真实幻觉效应（illusion of truth effect）：仅仅通过重复信息便可以创造一种熟悉感和更为积极的态度。

执行方案（implementation plan）：一个如何将我们的意向付诸行动的计划。

自我损耗（ego-depletion）：先前对自身有限资源的消耗削弱了我们的自我调节能力。

自我调节（self-regulation）：管理意志力以及控制思维和情感的有限能力。

第六章

标准转换（shifting standards）：我们以某个群体作为标准，但当我们判定来自另一个群体的成员时却转换到另一个群体作为参照标准。

玻璃天花板（glass ceiling）：建立在态度或者组织偏见基础上的障碍，它阻碍具有资格的女性晋升到高级职位。

玻璃悬崖效应（glass cliff effect）：当领导职位危险、不稳定或结果很可能失败时，女性会被选拔为领导者。

超级目标（superordinate goals）：只有通过群体间的合作才能完成的目标。

单身歧视（singlism）：对单身人群的消极刻板印象和歧视。

道德推脱（moral disengagement）：不再将对犯罪的制裁看作是必要的。

风险厌恶（risk averse）：相较于潜在的等价收益，我们会更看重可能的损失。因此，我们对那些可能带来损失的变化的消极反应会比对那些可能带来收益的变化的积极反应更为强烈。

刻板印象（stereotypes）：对拥有某些特性或特征的社会群体的一种信念，这些特征是群体所共享的。刻板印象是能够影响社会知觉过程的一种认知框架。

集体罪恶感（collective guilt）：我们在面对本群体对外群体的伤害行为时所体验到的情绪。当这种伤害行为被视为不合法时，它最有可能被体验到。

接触假说（contact hypothesis）：该观点认为不同社会群体成员间的接触增加可以有效减少他们之间相互的偏见。

客观尺度（objective scales）：那些具有测量单位并且与外部事实紧密联系的标准，无论所测量的对象类别如何变化，它们的内涵都是相同的（如赚得的美元、英尺和英寸、被选择或被拒绝）。

零和结果（zero-sum outcomes）：只有一个人或一个群体能够得到的东西。因此，如果一个群体得到了它们，另一个群体就不能得到。

内群体共同身份模型（common ingroup identity model）：这种理论认为，来自不同群体的个体越是将他们看作是同一社会群体的成员，群体间的偏见就会越少。

内隐联想（implicit association）：感知者没有意识到的特征或评价与群体成员身份之间的联系。这种联系会因为目标的群体成员身份而被自动激活。

女性的客体化（objectification of females）：仅仅将女性看作是为了取悦他人而存在的躯体。

偶然情绪（incidental feelings）：被单独诱导或者在遇到目标之前被诱导出来的情绪，它和被判断的群体无关，但是仍然能够影响对目标的评价。

偏见（prejudice）：基于群体成员身份的负面情绪反应。

（偏见的）社会学习观点（social learning view [of prejudice]）：该观点认为，与其他态度习得的方法类似，偏见是通过直接和替代性经验而获得的。

歧视（discrimination）：对于不同社会群体成员的有差别的行为（通常是负面的）。

社会认同理论（social identity theory）：有关我们认为自己属于某一社会群体中的成

员并且认同这一群体后产生的效应的理论。

威胁（threat）：它主要是指由于我们的群体将会受损或我们的自尊处于险境而带来的恐惧。

现代种族主义（modern racism）：一种更为隐蔽的观念，并不明显表现自己的优越感。它主要包含这样的观念：认为少数族群正在寻求并得到了多于他们应得水平的更多利益，并且否认歧视对此有影响。

现实冲突理论（realistic conflict theory）：该观点认为偏见来源于多个社会群体对稀有和珍贵资源的直接竞争。

性别刻板印象（gender stereotypes）：针对男性和女性拥有特征的刻板印象，并对两种性别的人群进行区分。

再分类化（recategorizations）：对于内群体（"我们"）和外群体（"他们"）之间边界的转换。这种再分类化的结果是，那些过去被认为是外群体成员的人现在可能会被划入自己的内群体成员，因此会被更加积极地看待。

真实渠道（bona fide pipeline）：利用启动效应来测量内隐种族态度的技术。

主观尺度（subjective scales）：量尺的测量语词可以进行主观解释，缺乏外在的稳定的指代，包括测量标签从好到坏、由弱到强这一类的量尺。因为它可以根据被评价个体的群体身份差异呈现不同的意义，因此被认为是主观的。

装点门面（tokenism）：雇佣决策建立在雇员群体身份基础上的一种象征性行为。它表现为让数量较少的某一群体的成员就任某一特定的职位，或者它也可以指给群体外成员一些小恩小惠，作为之后拒绝为这些群体成员提供更为实质性帮助的借口。

子类型（subtype）：一个群体中与群体的整体刻板印象不一致的子集。

最简群体（minimal groups）：当我们被依据某种"最简单"的标准归入不同的群体时，与那些被归入其他群体的人相比，我们倾向于偏爱那些与我们归为同一群体的人。

第七章

爱情（love）：一种情绪、认知和行为的结合体，在亲密关系中常常发挥关键作用。

爱情三角形理论（triangular model of love）：斯滕伯格对爱情关系的概念化。

安全型依恋风格：该风格的特征是高自尊水平和高人际信任水平，这是最成功也是最理想的依恋风格。

伴侣之爱（companionate love）：我们对那些与我们的生活紧密相关的人的感情。

承诺（decision/commitment）：在斯滕伯格的爱情三角形理论中，这是认知过程，决定你爱上另外一个人且承诺保持这种关系。

重复曝光效应（Repeated exposure effect）：扎伊翁茨发现与任何一个稍微消极的、中立的或积极的刺激频繁接触都会导致对该刺激积极评价的增加。

单相思（unrequited love）：通常只是其中一人单方面陷入爱情，他们的感情并没有得到对方的回应。

合群需要：用合作的方式与他人互动交流的动机。

回避型依恋风格：该风格的特征是具有较强的自尊心，但缺乏人际信任，这是一种矛盾、不安全型依恋风格。这种依恋风格的个体感到自己值得拥有亲密关系，但又会因为对潜在同伴的不信任而受到挫败。由此造成他倾向于在关系发展的某个节点上拒绝他人以避免自己成为被拒绝的那个人。

激情（passion）：在斯滕伯格的爱情三角形理论中，夫妻关系中的性动机和性兴奋。

激情之爱（passionate love）：一种常常会对另外一个人表现出的梦幻般的强烈情绪反应，当体验到这种情绪时，人们通常视其为真爱的信号，但是对局外的观察者来说似乎是一种迷恋。

焦虑型依恋风格：这种依恋风格的特征是自尊心低，但却有很高的人际信任感，这是一种矛盾、不安全型依恋风格。这种依恋风格的个体强烈渴望与他人的亲密关系，但又感觉到自己没有价值，容易被别人的拒绝所伤害。

接近性（proximity）：与他人物理上的接近。

恐惧—回避型风格：该风格的特征是自尊低，缺乏人际信任，这是一种最不安全、最缺乏适应性的依恋风格。

排斥假说（repulsion hypothesis）：罗森鲍姆提出的具有争议的假设，认为相似的态度不能提升吸引力，但相异的态度却可以降低吸引力。这个假设是不正确的，但是相异的态度引起的消极效应比相似态度引起的积极效应更强烈。

匹配假设（matching hypothesis）：尽管我们渴望得到非常有吸引力的浪漫伴侣，但我们一般而言还是会重点追求跟我们外貌吸引力水平相当的人。

平衡理论：由纽科姆和海德分别独立提出。这个理论认为：人们自然而然地会把自己的喜好和厌恶用一种对称的方式组织起来。

亲密（intimacy）：在斯滕伯格的爱情三角形理论中，两个人感觉到的亲密感——

他们结合在一起的程度。

亲密友谊（close friendship）：两个人大多数时间都在一起度过，在不同情境下相互交流，相互提供情感支持。

人际信任（interpersonal trust）：依恋风格的态度维度，相信他人通常是值得信任的、可依靠和信赖的，反之则认为他人通常是不值得信任的、不可依赖和信赖的。

社会比较理论：将自己的态度和信念与他人比较，评判自己是否正确与正常的唯一标准就是看看别人是否认可你。

态度相似性（attitude similarity）：两个个体拥有同样态度的程度。

外表吸引力（physical attractiveness）：外表的美貌程度。

完美之爱（consummate love）：在斯滕伯格的爱情三角形理论中，这是指一种由亲密、激情和承诺组成的完美的理想爱情。

相似—差异效应（similarity-dissimilarity effect）：研究一致表明，人们会对与自己相似的人产生积极反应，对与自己不同的人产生消极反应。

相似比（proportion of similarity）：即两个个体间某些方面相似的数目除以相似和相异数目之和得出的数量指标。

依恋风格（attachment style）：在人际关系中体验到的安全程度。通过婴儿和看护者之间的交流互动，婴儿获得有关自尊和人际信任的基本态度时，这种不同风格就初步形成了。

第八章

"不只是这些"策略（that's-not-at-all technique）：获得依从的一种策略，目标人物在回答是否接受最初要求之前，就给目标人物提供额外的好处来提升他们接受要求的动机。

从众（conformity）：一种社会影响形式，个体通过改变他们的态度或行为来与社会规范保持一致。

登门槛策略（foot-in-the-door）：一种使他人顺从的策略，要求者先提出一个较小的要求，在对方答应后，再提出一个较大的要求（这个较大的要求才是要求者想要达到的目的）。

服从（obedience）：一种社会影响形式，一个人简单地要求另一个人或更多的人表现出某些行为。

规范性焦点理论（normative focus theory）：该理论认为，只有当行为发生时规范对涉及其中的个体很重要的情况下，规范才会影响人们的行为。

规范性社会影响（normative social influence）：一种社会影响，基于人们想要被其他人喜欢和接受的渴望。

留面子策略（door-in-the-face technique）：一种获得顺从的策略，先提出一个较大的要求，被拒绝后再提出一个较小的要求（这个较小的要求才是要求者的目的）。

描述性规范（descriptive norms）：指出特定情境下大多数人如何做的规范。

内省错觉（introspection illusion）：我们相信，社会影响对我们自己行为的塑造作用小于它对他人行为的塑造作用。

凝聚力（cohesiveness）：我们被一个社会群体吸引并想成为这个群体中一员的程度。

强制性规范（injunctive norms）：强调什么是应该做的，即指出在特定情况下什么行为是被允许的，什么行为是不被允许的。

社会规范（social norms）：规定个体在具体情境下该如何行动的规则。

社会影响（social influence）：一个人或更多人想改变其他人行为、态度或感觉的努力。

顺从（compliance）：一种社会影响形式，包括一个人对其他人的直接要求。

似动现象（autokinetic phenomenon）：黑暗房间里，单个的静止光点被感知到在明显地运动。经常被用来研究社会规范的产生和社会影响。

象征性社会影响（symbolic social influence）：由我们对他人或者我们与他们关系的心理表征而造成的社会影响。

信息性社会影响（informational social influence）：一种社会影响，基于人们对正确行事或获得正确认知的渴望（如，拥有对社会世界的正确认知）。

虚报低价策略（lowball procedure）：一种获得顺从的策略，在一项协议得到对方的同意后再更改协议，降低该协议对对方的吸引力。

欲擒故纵策略（playing hard to get）：通过宣扬某人或某物的稀缺性和获取难度来提高人们顺从性的一种策略。

最后期限策略（deadline technique）：一种增加人们顺从的策略，指的是告诉目标群体他们只有在有限的时间内才可以获得优惠或得到某物。

第九章

防御性帮助（defensive helping）：为外群体成员提供帮助以减少他们对自己内群体地位或者独特性的威胁。

共情（empathy）：面对他人的情绪反应，包括同感、同情、关心等感受。

共情—利他主义假说（empathy-altruism hypothesis）：假设一些亲社会行为的动机完全来自于渴望帮助有需要的人。

共情喜悦假说（empathic joy hypothesis）：认为助人者回应受害者的需求是因为他们想要有所成就，而且助人行为本身能够带来回报。

亲社会行为（prosocial behavior）：助人者在没有即时利益的情况下帮助他人的行为。

亲缘选择理论（kin selection theory）：认为一切生物（包括人类）最主要的目标是把基因传给下一代；个体实现这个目标的方法是帮助与他们共享基因的人。

人众无知现象（pluralistic ignorance）：指的是因为没有一个旁观者回应突发事件，无人可以确切知道发生了什么，因而每个人都依赖他人对情境做出解释。

社会排斥（social exclusion）：个人觉得他们被排除在某些社会团体之外的感受。

消极状态释放模型（negative-state relief model）：认为亲社会行为是由于旁观者渴望减少自己的消极情绪或感受。

责任分散效应（diffusion of responsibility）：突发事件的目击者越多，受害者得到帮助的可能性越低。这是因为每个旁观者都认为别人会这样做。

第十章

A 型行为模式（type A behavior pattern）：一种行为模式，主要表现为高竞争性、高时间紧迫感和敌意。

B 型行为模式（type B behavior pattern）：一种行为模式，主要表现为缺乏与 A 型行为模式相联系的特征。

霸凌（bullying）：他人或者其他群体选中某个个体目标进行反复攻击的行为。其中目标人物（受害者）通常比实施攻击的人（霸凌者）弱小。

惩罚（punishment）：当个体做出特定的行为后，给予令其厌恶的结果。

挫折—攻击假说（frustration-aggression hypothesis）：该假设认为挫折是影响攻击的一个强有力因素。

敌意性攻击（hostile aggression）：这种攻击的首要目标是对受害人进行某种形式的伤害。

攻击（aggression）：对一个试图逃避伤害的生物体进行有目的的伤害行为。

（攻击的）驱力理论（drive theories [of aggression]）：这一理论认为，攻击源于唤醒了伤害他人动机的外部条件。其中最有名的是挫折—攻击假设。

攻击的综合模型（general aggression model，GAM）：解释攻击行为的一个现代理论，认为攻击行为是由影响唤醒水平、情绪状态和认知的各种因素所引发。

工具性攻击（instrumental aggression）：这种攻击的首要目标不是为了伤害他人，而是为了达到其他目的（例如，获得宝贵的资源）。

激发转移理论（excitation transfer theory）：这一理论认为，某一情境中产生的唤醒水平会持续一段时间，并会强化随后情境中产生的情绪反应。

名誉文化（cultures of honor）：该文化中有一种很强的规范，认为当自己的名誉受到他人侮辱时，用暴力进行还击是合理的。

取笑（teasing）：针对目标的缺陷和瑕疵的激怒人的言语。

TASS 模型（TASS model）：该模型认为，人格特质在不同情境中的敏感性不同，许多人格特质都以阈限的方式起作用：只有当情境因素唤起了个体的人格特质后，人格特质才能影响个体的行为。

挑衅（provocation）：他人发起的意在激起个体攻击性的行为，这些行为通常被知觉为心怀恶意。

网络霸凌（cyberbullying）：发生在聊天室和其他网络环境中的霸凌行为（针对具体目标人物的反复攻击行为）。

宣泄假说（catharsis hypothesis）：该假说认为，给愤怒的人提供相对安全地表达攻击冲动的机会，会降低个体做出更有危害性的攻击行为的倾向。

自我肯定（self-affirmation）：指的是通过肯定个体在其他领域（有别于受到威胁的领域）的能力来应对自我概念受到的威胁。

第十一章

玻璃悬崖（glass cliff）：当女性和少数群体由于她们管理危机的才能而被视作更好的领导者时，当情况包含更多的危险时，他们更容易被选举为领导。

超级目标（superordinate goals）：冲突双方所共同追求的目标，这将他们的利益绑定在一起，而不是将他们分开。

程序性公平（procedural justice）：对在群体成员之间分配奖励的程序是否公平的判断。

冲突（conflict）：个体或者群体感知到其他人已经采取或者即将采取与他们利益相冲突的行为。

地位（status）：个体在群体中的位置或者等级。

叠加性任务（additive tasks）：群体的产出是个体成员产出之和的任务。

规范（norms）：群体中关于个体应该如何表现的规则。

非同步的交流形式（asynchronous forms of communication）：与面对面交流不同，诸如电子邮件以及其他形式的文字信息交流能够让人们可以在回复之前有一段时间思考如何回应。

分裂（schism）：由于成员意识形态的不合，群体分割为几个不同的部分。

分配性公平（distributive justice）：是指个体对他们受到奖励份额的公平性的判断，他们受到的奖励应该与他们对群体和社会关系所做出的贡献相称。

负面的相互依赖（negative interdependence）：一方获得想要的结果但另外一方就不能获得的状况。

干扰冲突理论（distraction conflict theory）：这个理论认为社会促进是由于同时注意在场的他人和正在执行的任务所导致的冲突而产生的。

共同纽带群体（common-bond groups）：成员有面对面交流且彼此相互联结的群体。

共同身份群体（common-identity groups）：缺少面对面交流，成员是通过共同的身份类别联结在一起的。

合作（cooperation）：群体成员一起工作来达成共同目标的行为。

集体主义（collectivism）：在集体主义群体内，规范就是即使会损害到个人利益也要保持群体成员的和谐。

决策（decision making）：整合现有信息以从几种可能的行动方案中选择一种的过程。

角色（roles）：处于群体中特定位置的个体被期望表现的一系列行为。

流氓行为（hooliganism）：暴力和反社会事件。

凝聚力（cohesiveness）：维持成员继续留在群体内的所有因素。

评价忧虑（evaluation apprehension）：对于其他人评估的担心，这样的担心会提高唤醒水平，从而导致社会促进效应。

情绪规则（feeling roles）：对于表达的合适情绪的期待。

去个体化（deindividuation）：在外部条件作用下（例如是一个大群体中的一名匿名成员）个体自我意识的弱化和个体身份的隐匿。

群体（group）：一群感知到自己被联结到一个整体的人的集合。

群体极化（group polarization）：在不同类型的决策和不同情境中，群体都明显表现出从最开始的观点转向更极端的观点的倾向。

群体思维（groupthink）：高度有凝聚力的群体的成员所产生的一种倾向，假设他们的决定不可能是错误的，所有的成员都必须强烈支持群体的决定，所有反对它的信息都应该被忽略。

社会困境（social dilemmas）：一种情境，该情境中个体能够通过某种途径增加个人利益，但群体中的每个人都这么做的话，每个人的收益都会受到损失。

社会嵌入（social embeddedness）：因为你了解某个人的名声或者认识这些人的熟人而产生的一种了解这个人的感觉。

社会懈怠（Social Loafing）：个体在参加集体工作时付出的努力程度低于他们单独完成工作时的努力程度。

事务性公平（transactional justice）：根据分配者对分配结果解释的合理程度以及对被分配者的尊重和友好程度进行的判断。

头脑风暴（brainstorming）：人们作为一个群体相遇并产生新想法的过程。

协商（谈判）（bargaining / negotiation）：指一种过程，在这个过程中，对立的双方交换信息、还价、让步，无论是通过直接的方式或者代理的方式。

意识形态（ideology）：一个群体的哲学的和政治价值观。

元刻板印象（meta-stereotypes）：关于自己群体被其他群体如何看待的信念，通常是消极的。

整体性（entitativity）：是指群体被认同为一个协调的整体的程度。

政治化集体认同（politicized collective identity）：意识到共同面对不公时，参与到一种力量中为自己所处的弱势群体去抗争。

第十二章

个人幸福（personal happiness）：指的是主观幸福感，包括整体生活满意度、特定生活领域满意度、较多的积极情感以及相对较少的消极情感。

共享关系模式（communal approach）：一种长期关系的类型，其中关系双方努力去满足对方的需求，而不是寻求双方获得利益的平衡。

工作满意度（job satisfaction）：个人对于工作所持有的态度。

孤独（loneliness）：基于渴望亲密关系而又无法获得产生的一种不愉快的情绪和认知状态。

列队辨认（lineup）：这个程序是让证人在多名犯罪嫌疑人当中进行辨认，指认任何一个他们认出的罪犯。

社会支持（social support）：利用他人提供的情感和认知资源作为应对压力的一种方法。

压力（stress）：我们对那些威胁到或可能威胁到生理和心理机能的事件所做出的反应。

最优幸福感水平理论（optimum level of well-being theory）：理论表明，任何特定的工作任务都存在一个最佳的主观幸福感量值。这一量值之前，绩效会随着主观幸福感的提高而提高，但超过这一量值，绩效水平反而会随着主观幸福感的提高而下降。

参考文献

Ackerman, J. M., & Kenrick, D. T. (2009). Cooperative courtship: Helping friends raise and raze relationships barriers. *Personality and Social Psychology Bulletin, 35,* 1285–1300.

Adam, H., Shirako, A., & Maddux, W. W. (2010). Cultural variance in the interpersonal effects of anger in negotiations. *Psychological Science, 21,* 882–889.

Adams, G., Biernat, M., Branscombe, N. R., Crandall, C. S., & Wrightsman, L. S. (2008). Beyond prejudice: Toward a sociocultural psychology of racism and oppression. In *Commemorating* Brown*: The social psychology of racism and discrimination* (pp. 215–246). Washington, DC: American Psychological Association.

Adams, J. S. (1965). Inequity in social exchange. In L. Berkowitz (Ed.), *Advances in experimental social psychology* (Vol. 2, pp. 267–299). New York: Academic Press.

Adarves-Yorno, I., Postmes, T., & Haslam, S. A. (2007). Creative innovation or crazy irrelevance? The contribution of group norms and social identity to creative behavior. *Journal of Experimental Social Psychology, 43,* 410–416.

Aggarwal, P., & O'Brien, C. L. (2008). Social loafing on group projects: Structural antecedents and effect on student satisfaction. *Journal of Marketing Education, 30,* 255–264.

Ajzen, I. (1987). Attitudes, traits, and actions: Dispositional prediction of behavior in personality and social psychology. In L. Berkowitz (Ed.), *Advances in experimental social psychology* (Vol. 20). San Diego, CA: Academic Press.

Ajzen, I. (1991). The theory of planned behavior: Special issue: Theories of cognitive self-regulation. *Organizational Behavior and Human Decision Processes, 50,* 179–211.

Ajzen, I. (2001). Nature and operation of attitudes. *Annual Review of Psychology, 52,* 27–58.

Ajzen, I., & Fishbein, M. (2005). The influence of attitudes on behavior. In D. Albarracin, B. T. Johnson, & M. P. Zanna (Eds.), *The handbook of attitudes* (pp. 173–221). Mahwah, NJ: Lawrence Erlbaum.

Ajzen, I., & Fishbein, M. (1980). *Understanding attitudes and predicting social behavior.* Englewood Cliffs, NJ: Prentice-Hall.

Akerlof, G. A., & Shiller, R. J. (2009). *Animal spirits: How human psychology drives the economy, and why it matters for global capitalism.* Princeton, NJ: Princeton University Press.

Alagna, F. J., Whitcher, S. J., & Fisher, J. D. (1979). Evaluative reactions to interpersonal touch in a counseling interview. *Journal of Counseling Psychology, 26,* 465–472.

Albarracin, D., Johnson, B. T., Fishbein, M., & Muellerleile, P. A. (2001). Theories of reasoned action and planned behavior as models of condom use: A meta-analysis. *Psychological Bulletin, 127,* 142–161.

Alicke, M. D., Vredenburg, D. S., Hiatt, M., & Govorun, O. (2001). The better than myself effect. *Motivation and Emotion, 25,* 7–22.

Allen, K. (2003). Are pets a healthy pleasure? The influence of pets on blood pressure. *Current Directions in Cognitive Science, 12,* 236–239.

Allen, K., Shykoff, B. E., & Izzo, J. L. (2001). Pet ownership, but not ACE inhibitor therapy, blunts home blood pressure responses to mental stress. *Hypertension, 38,* 815–820.

Allgeier, E. R., & Wiederman, M. W. (1994). How useful is evolutionary psychology for understanding contemporary human sexual behavior? *Annual Review of Sex Research, 5,* 218–256.

Allport, F. H. (1920). The influence of the group upon association and thought. *Journal of Experimental Psychology, 3,* 159–182.

Allport, F. H. (1924). *Social psychology.* New York: Dodd, Mead.

Allport, G. W. (1954). *The nature of prejudice.* Cambridge, MA: Addison-Wesley.

Amato, P. R. (1986). Emotional arousal and helping behavior in a real-life emergency. *Journal of Applied Social Psychology, 16,* 633–641.

American Psychiatric Association. (1994). *Diagnostic and statistical manual of mental disorders* (4th ed.). Washington, DC: American Psychiatric Association.

Ames, D. R., Flynn, F. J., & Weber, E. U. (2004). It's the thought that counts: On perceiving how helpers decide to lend a hand. *Personality and Social Psychology Bulletin, 30,* 461–474.

Ames, D. R., Kammrath, L. K., Suppes, A., & Bolger, N. (2010). Not so fast: The (not-quite-complete) dissociation between accuracy and confidence in thin-slice impressions. *Personality and Social Psychology Bulletin, 36,* 264–277.

Amichai-Hamburger, Y., Wainapel, G., & Fox, S. (2002). "On the Internet no one knows I'm an introvert:" Extroversion, neuroticism, and Internet interaction. *CyberPsychology and Behavior, 5,* 125–128.

Amiot, C. E., Terry, D. J., & Callan, V. J. (2007). Status, fairness, and social identification during an intergroup merger: A longitudinal study. *British Journal of Social Psychology, 46,* 557–577.

Anderson, C. A. (1989). Temperature and aggression: Effects on quarterly, yearly, and city rates of violent and nonviolent crime. *Journal of Personality and Social Psychology, 52,* 1161–1173.

Anderson, C. A. (1998). Does the gun pull the trigger?: Automatic priming effects of weapon pictures and weapon names. *Psychological Science, 9,* 308–314.

Anderson, C. A. (2004). The influence of media violence on youth. Paper presented at the annual convention of the Association for Psychological Science, Los Angeles, CA.

Anderson, C. A., & Anderson, K. B. (1996). Violent crime rate studies in philosophical context: A destructive testing approach to heat and Southern culture of violence effects. *Journal of Personality and Social Psychology, 70,* 740–756.

Anderson, C. A., & Bushman, B. J. (2001). Effects of violent video games on aggressive behavior, aggressive cognition, aggressive affect, physiological arousal, and prosocial behavior: A meta-analytic review of the scientific literature. *Psychological Science, 12,* 353–359.

Anderson, C. A., & Bushman, B. J. (2002). Human aggression. *Annual Review of Psychology, 53,* 27–51.

Anderson, C. A., Anderson, K. B., & Deuser, W. E. (1996). Examining an affective aggression framework: Weapon and temperature effects on aggressive thoughts, affect, and attitudes. *Personality and Social Psychology Bulletin, 22,* 366–376.

Anderson, C. A., Berkowitz, L., Donnerstein, E., Huesmann, L. R. Johnson, J., Linz, D., et al. (2003). The influence of media violence on youth. *Psychological Science in the Public Interest, 4,* 81–110.

Anderson, C. A., Berkowitz, L., Donnerstein, E., Huesmann, L. R., Johnson, J. D., Linz, D., Malamuth, N. M., & Wartella, E. (2004). The influence of media violence on youth. *Psychology in the Public Interest, 4,* 81–110.

Anderson, C. A., Bushman, B. J., & Groom, R. W. (1997). Hot years and serious and deadly assault: Empirical tests of the heat hypothesis. *Journal of Personality and Social Psychology, 73,* 1213–1223.

Anderson, C. A., Carnagey, N. L., & Eubanks, J. (2003). Exposure to violent media: The effects of songs with violent lyrics on aggressive thoughts and feelings. *Journal of Personality and Social Psychology, 84,* 960–971.

Anderson, C. A., Carnagey, N. L., Flanagan, M., Benjamin, A. J.,

Eubanks, J., & Valentine, J. C. (2004). Violent video games: Specific effects of violent content on aggressive thoughts and behavior. In M. Zanna (Ed.), *Advances in experimental social psychology* (Vol. 36). New York: Elsevier.

Anderson, C. A., Miller, R. S., Riger, A. L., Dill, J. C., & Sedikides, C. (1994). Behavioral and characterological attributional styles as predictors of depression and loneliness: Review, refinement, and test. *Journal of Personality and Social Psychology, 66,* 549–558.

Anderson, C. A., Shibuy, A., Uhori, N., Swing, E. I., Bushman, B. J., Sakomoto, A., et al. (2010). Violent video game effects on aggression, empathy, and prosocial behavior in Eastern and Western countries: A meta-analytic review. *Psychological Bulletin, 136,* 151–178.

Anderson, V. L. (1993). Gender differences in altruism among holocaust rescuers. *Journal of Social Behavior and Personality, 8,* 43–58.

Andreou, E. (2000). Bully/victim problems and their association with psychological constructs in 8- to 12-year-old Greek schoolchildren. *Aggressive Behavior, 26,* 49–58.

Apanovitch, A. M., McCarthy, D., & Salovey, P. (2003). Using message framing to motivate HIV testing among lowincome, ethnic minority women. *Health Psychology, 22,* 60–67.

Aquino, K., Reed, A., Thau, S., & Freeman, D. (2006). A grotesque and dark beauty: How moral identity and mechanisms of moral disengagement influence cognitive and emotional reactions to war. *Journal of Experimental Social Psychology, 43,* 385–392.

Archibald, F. S., Bartholomew, K., & Marx, R. (1995). Loneliness in early adolescence: A test of the cognitive discrepancy model of loneliness. *Personality and Social Psychology Bulletin, 21,* 296–301.

Aristotle. (1932). *The rhetoric* (L. Cooper, Trans.). New York: Appleton-Century-Crofts. (Original work published c. 330 b.c.)

Arkes, H. R., & Tetlock, P. E. (2004). Attributions of implicit prejudice, or "Would Jesse Jackson 'Fail' the Implicit Association Test?" *Psychological Inquiry, 15,* 257–278.

Armor, D. A., & Taylor, S. E. (2002). When predictions fail: The dilemma of unrealistic optimism. In T. Gilovich, D. Griffin, & D. Kahneman (Eds.), *Heuristics and biases: The psychology of intuitive judgment* (pp. 334–347). New York: Cambridge University Press.

Arnes, D. R, Kammrath, L. K., Suppes, A., & Bolger, N. (2010). Not so fast: The (not-quite complete) dissociation between accuracy and confidence in thin-slice impressions. *Personality and Social Psychology Bulletin, 36,* 264–277.

Aron, A., & Westbay, L. (1996). Dimensions of the prototype of love. *Journal of Personality and Social Psychology, 70,* 535–551.

Aron, A., Aron, E. N., & Allen, J. (1998). Motivations for unreciprocated love. *Personality and Social Psychology Bulletin, 24,* 787–796.

Aron, A., Dutton, D. G., Aron, E. N., & Iverson, A. (1989). Experiences of falling in love. *Journal of Social and Personal Relationships, 6,* 243–257.

Aronoff, J., Woike, B. A., & Hyman, L. M. (1992). Which are the stimuli in facial displays of anger and happiness? Configurational bases of emotion recognition. *Journal of Personality and Social Psychology, 62,* 1050–1066.

Aronson, E., & Mills, J. S. (1959). The effect of severity of initiation on liking for a group. *Journal of Abnormal and Social Psychology, 59,* 177–181.

Aronson, J., Lustina, M. J., Good, C., Keough, K., Steele, C. M., & Brown, J. (1999). When white men can't do math: Necessary and sufficient factors in stereotype threat. *Journal of Experimental Social Psychology, 35,* 29–46.

Arriaga, X. B., Reed, J. T., Goodfriend, W., & Agnew, C. R. (2006). Relationship perceptions and persistence: Do fluctuations in perceived partner commitment undermine dating relationships? *Journal of Personality and Social Psychology, 91,* 1045–1065.

Asch, S. (1946). Forming impressions of personality. *Journal of Abnormal and Social Psychology, 41,* 258–290.

Asch, S. E. (1951). Effects of group pressure upon the modification and distortion of judgment. In H. Guetzkow (Ed.), *Groups, lead-*

ership, and men. Pittsburgh: Carnegie.

Asch, S. E. (1955). Opinions and social pressure. *Scientific American, 193*(5), 31–35.

Asch, S. E. (1956). Studies of independence and conformity: A minority of one against unanimous majority. *Psychological Monographs, 70* (Whole No. 416).

Asch, S. E. (1959). A perspective on social psychology. In S. Koch (Ed.), *Psychology: A study of a science* (Vol. 3, pp. 363–383). New York: McGraw-Hill.

Asendorpf, J. B. (1992). A Brunswickean approach to trait continuity: Application to shyness. *Journal of Personality, 60,* 55–77.

Asher, S. R., & Paquette, J. A. (2003). Loneliness and peer relations in childhood. *Current Directions in Psychological Science, 12,* 75–78.

Ashforth, B. E., Harrison, S. H., & Corley, K. G. (2008). Identification in organizations: An examination of four fundamental questions. *Journal of Management, 34,* 325–374.

Ashmore, R. D., Solomon, M. R., & Longo, L. C. (1996). Thinking about fashion models' looks: A multidimensional approach to the structure of perceived physical attractiveness. *Personality and Social Psychology Bulletin, 22,* 1083–1104.

Avenanti, A., Sirigu, A., & Aglioti, S. M. (2010). Racial bias reduces empathic sensorimotor resonance with other-race pain. *Current Biology, 20,* 1018–1022.

Averill, J. R., & Boothroyd, P. (1977). On falling in love: Conformance with romantic ideal. *Motivation and Emotion, 1,* 235–247.

Azar, B. (1997, November). Defining the trait that makes us human. *APA Monitor, 1,* 15.

Azar, O. H. (2007). The social norm of tipping: A review. *Journal of Applied Social Psychology, 137,* 380–402.

Baas, M., De Dreu, C. K. W., Nijstad, B. A. (2008). A metaanalysis of 25 years of mood-creativity research: Hedonic tone, activation, or regulatory focus? *Psychological Bulletin, 134,* 779–806.

Back, M. D., Schmukle, S. C., & Egloff, B. (2010). Why area Narcissists so charming at first sight?: Decoding the Narcissism–popularity link at zero acquaintance. *Journal of Personality and Social Psychology, 98,* 132–145.

Back, M. J., Hopfer, J. M., Vazire, S., Gaddis, S., Schmukle, S. C., Egloff, B., & Gosling, S. D. (2010). Facebook profiles reflect actual personality, not self-idealization. *Psychological Science, 21,* 372–374.

Baddeley, A. D. (1990). *Human memory.* Boston: Allyn & Bacon.

Baker, N. V., Gregware, P. R., & Cassidy, M. A. (1999). Family killing fields: Honor rationales in the murder of women. *Violence Against Women, 5,* 164–184.

Baldwin, D. A. (2000). Interpersonal understanding fuels knowledge acquisition. *Current Directions in Psychological Science, 9,* 40–45.

Baldwin, M. W., Carrell, S. E., & Lopez, D. F. (1990). Priming relationship schemas: My advisor and the Pope are watching me from the back of my mind. *Journal of Experimental Social Psychology, 26,* 435–454.

Banaji, M., & Hardin, C. (1996). Automatic stereotyping. *Psychological Science, 7,* 136–141.

Bandura, A. (1986). *Social foundations of thought and action: A social cognitive theory.* Englewood Cliffs, NJ.; Prentice-Hall.

Bandura, A. (1990). Selective activation and disengagement of moral control. *Journal of Social Issues, 46,* 27–46.

Bandura, A. (1997). *Self-efficacy: The exercise of control.* New York: W. H. Freeman.

Bandura, A. (1999). Moral disengagement in the perpetration of inhumanities. *Personality and Social Psychology Review, 3,* 193–209.

Bandura, A., Ross, D., & Ross, S. (1963a). Imitation of film-mediated aggressive models. *Journal of Abnormal and Social Psychology, 66,* 3–11.

Bandura, A., Ross, D., & Ross, S. (1963b). Vicarious reinforcement and imitative learning. *Journal of Abnormal and Social Psychology, 67,* 601–607.

Bar-Tal, D. (2003). Collective memory of physical violence: Its contribution to the culture of violence. In E. Cairns & M. D. Roe (Eds.), *The role of memory in ethnic conflict* (pp. 77–93).

New York: Palgrave Macmillan.

Barclay, L. J., Skarlicki, D. P., & Pugh, S. D. (2005). Exploring the role of emotions in injustice perceptions and retaliation. *Journal of Applied Psychology, 90*, 629–643.

Bargh, J. A., & Chartrand, T. L. (2000). Studying the mind in the middle: A practical guide to priming and automaticity research. In H. Reis & C. Judd (Eds.), *Handbook of research methods in social psychology* (pp. 253–285). New York: Cambridge University Press.

Bargh, J. A., Chen, M., & Burrows, L. (1996). Automaticity of social behavior: Direct effects of trait construct and stereotype activation on action. *Journal of Personality and Social Psychology, 71*, 230–234.

Bargh, J. A., Gollwitzer, P. M., Lee-Chai, A., Barndollar, K., & Trotschel, R. (2001). The automated will: Nonconscious activation and pursuit of behavioral goals. *Journal of Personality and Social Psychology, 18*, 1014–1027.

Bargh, J. A., McKenna, K. Y. A., & Fitzsimons, G. M. (2002). Can you see the real me?: Activation and expression of the "true self" on the Internet. *Journal of Social Issues, 58*, 22–48.

Barlow, F. K., Louis, W. R., & Terry, D. J. (2010). Minority report: Social identity, cognitions of rejection and intergroup anxiety predicting prejudice from one racially marginalized group towards another. *European Journal of Social Psychology, 40*, 805–818.

Baron, R. A. (1972). Aggression as a function of ambient temperature and prior anger arousal. *Journal of Personality and Social Psychology, 21*, 183–189.

Baron, R. A. (1986). Self-presentation in job interviews: When there can be "too much of a good thing." *Journal of Applied Social Psychology, 16*, 16–28.

Baron, R. A. (1990). Attributions and organizational conflict. In S. Graha & V. Folkes (Eds.), *Attribution theory: Applications to achievement, mental health, and interpersonal conflict* (pp. 185–204). Hillsdale, NJ: Erlbaum.

Baron, R. A. (1993a). Effects of interviewers' moods and applicant qualifications on ratings of job applicants. *Journal of Applied Social Psychology, 23*, 254–271.

Baron, R. A. (1993b). Reducing aggression and conflict: The incompatible response approach, or why people who feel good usually won't be bad. In G. C. Brannigan & M. R. Merrens (Eds.), *The undaunted psychologist* (pp. 203–218). Philadelphia: Temple University Press.

Baron, R. A. (1997). The sweet smell of helping: Effects of pleasant ambient fragrance on prosocial behavior in shopping malls. *Personality and Social Psychology Bulletin, 23*, 498–503.

Baron, R. A. (2008). The role of affect in the entrepreneurial process. *Academy of Management Review, 33*, 328–340.

Baron, R. A., & Richardson, D. R. (1994). *Human aggression* (2nd ed.). New York: Plenum.

Baron, R. A., & Thomley, J. (1994). A whiff of reality: Positive affect as a potential mediator of the effects of pleasant fragrances on task performance and helping. *Environment and Behavior, 26*, 766–784.

Baron, R. A., Russell, G. W., & Arms, R. L. (1985). Negative ions and behavior: Impact on mood, memory, and aggression among Type A and Type B persons. *Journal of Personality and Social Psychology, 48*, 746–754.

Baron, R. S. (1986). Distraction/conflict theory: Progress and problems. In L. Berkwoitz (Ed.), *Advances in experimental social psychology* (Vol. 19, pp. 1–40). Orlando: Academic Press.

Baron, R. S., Vandello, U. A., & Brunsman, B. (1996). The forgotten variable in conformity research: Impact of task importance on social influence. *Journal of Personality and Social Psychology, 71*, 915–927.

Baron, R.A., Hmieleski, K.M., & Henry, R.A. (In press). Entrepreneurs' dispositional positive affect: The Potential benefits—and potential costs—of being "up." *Journal of Business Venturing*

Baron, R.A., Hmieleski, K.M., & Tang, J. (In press). Entrepreneurs' dispositional positive affect and firm performance: When there can be "too much of a good thing." *Strategic Entrepreneurship Journal*.

Barreto, M., & Ellemers, N. (2005). The perils of political correctness: Responses of men and women to old-fashioned and modern sexist views. *Social Psychology Quarterly, 68,* 75–88.

Barrett, L. F., & Bliss-Moreau, E. (2009). She's emotional, he's having a bad day: Attributional explanations for emotion stereotypes. *Emotion, 9,* 649–658.

Barrick, M. R., Shaffer, J. A., & DeGrassi, S. W. (2009). What you see may not be what you get: Relationships among self-presentation tactics and ratings of interview and job performance. *Journal of Applied Psychology, 94,* 1394–1411.

Barsky, A., & Kaplan, S. A. (2007). If you feel bad, it's unfair: A quantitative synthesis of affect and organizational justice perceptions. *Journal of Applied Psychology, 92,* 286–295.

Bartholow, B. D., & Heinz, A. (2006). Alcohol and aggression without consumption: Alcohol cues, aggressive thoughts, and hostile perception bias. *Psychological Science, 17,* 30–37.

Bartholow, B. D., Bushman, B. J., & Sestir, M. A. (2006). Chronic violent video game exposure and desensitization to violence: Behavioral and event-related brain potential data. *Journal of Experimental Social Psychology, 42,* 532–539.

Bartholow, B. D., Dickter, C. L., & Sestir, M. A. (2006). Stereotype activation and control of race bias: Cognitive control of inhibition and its impairment by alcohol. *Journal of Personality and Social Psychology, 90,* 272–287.

Bartholow, B. D., Pearson, M. A., Gratton, G., & Fabiani, M. (2003). Effects of alcohol on person perception: A social cognitive neuroscience approach. *Journal of Personality and Social Psychology, 85,* 627–638.

Bassili, J. N. (2003). The minority slowness effect: Subtle inhibitions in the expression of views not shared by others. *Journal of Personality and Social Psychology, 84,* 261–276.

Batson, C. D., & Oleson, K. C. (1991). Current status of the empathy–altruism hypothesis. In M. S. Clark (Ed.), *Prosocial behavior* (pp. 62–85). Newbury Park, CA: Sage. Batson, C. D., Ahmed, N., Yin, J., Bedell, S. J.,

Johnson, J. W., Templin, C. M., & Whiteside, A. (1999). Two threats to the common good: Self-interested egoism and empathy-induced altruism. *Personality and Social Psychology Bulletin, 25,* 3–16.

Batson, C. D., Batson, J. G., Todd, R. M., Brummett, B. H., Shaw, L. L., & Aldeguer, C. M. R. (1995). Empathy and the collective good: Caring for one of the others in a social dilemma. *Journal of Personality and Social Psychology, 68,* 619–631.

Batson, C. D., Duncan, B. D., Ackerman, P., Buckley, T., & Birch, K. (1981). Is empathic emotion a source of altruistic motivation? *Journal of Personality and Social Psychology, 40,* 290–302.

Batson, C. D., Early, S., & Salvarani, G. (1997). Perspective taking: Imagining how another feels versus imagining how you would feel. *Personality and Social Psychology Bulletin, 23,* 751–758.

Batson, C. D., Klein, T. R., Highberger, L., & Shaw, L. L. (1995). Immorality from empathy-induced altruism: When compassion and justice conflict. *Journal of Personality and Social Psychology, 68,* 1042–1054.

Batson, C. D., Kobrynowicz, D., Dinnerstein, J. L., Kampf, H.C., & Wilson, A. D. (1997). In a very different voice: Unmasking moral hypocrisy. *Journal of Personality and Social Psychology, 72,* 1335-1348.

Batson, C. D., Lishner, D. A., Carpenter, A., Dulin, L., Harjusola-Webb, S., Stocks, E. L., Gale, S., Hassan, O., & Sampat, B. (2003). ". . . As you would have them do unto you.": Does imagining yourself in the other's place stimulate moral action? *Personality and Social Psychology Bulletin, 29,* 1190–1201.

Batson, C.D., & Oleson, K.C. (1991). Current status of the empathy-altruism hypothesis. In M.S. Cark (Ed.), *Prosocial Behavior, 62–85.* Newbury Park, CA: Sage.

Baumeister, R. F. (1991). *Escaping the self.* New York: Basic Books.

Baumeister, R. F. (1998). The self. In D. T. Gilbert, S. T. Fiske, & G. Lindzey (Eds.), *Handbook of social psychology* (4th ed., Vol. 1, pp. 680–740). New York: McGraw-Hill.

Baumeister, R. F. (2005). *The cultural animal: Human nature, meaning, and social life.* New York: Oxford University Press.

Baumeister, R. F., & Leary, M. R. (1995). The need to belong:

Desire for interpersonal attachments as a fundamental human motivation. *Psychological Bulletin, 117,* 497–529.

Baumeister, R. F., & Twenge, J. M. (2003). The social self. In T. Millon & M. J. Lerner (Eds.), *Handbook of psychology: Personality and social psychology.* (Vol. 5, pp. 327–352). New York: John Wiley.

Baumeister, R. F., & Masicampo, E. J. (2010). Conscious thought is for facilitating social and cultural interactions: How mental simulations serve the animal–culture interface. *Psychological Review, 117,* 945–971.

Baumeister, R. F., Bratslavsky, E., Finkenauer, C., & Vohs, K. D. (2001). Bad is stronger than good. *Review of General Psychology 5,* 323–370.

Baumeister, R. F., Campbell, D. J., Krueger, J. I., & Vohs, K. D. (2003). Does high self-esteem cause better performance, interpersonal success, happiness, or healthier lifestyles? *Psychological Science in the Public Interest, 4,* 1–44.

Baumeister, R. F., Campbell, J. D., Krueger, J. I., & Vohs, K. D. (2005). Exploding the self-esteem myth. *Scientific American, 292,* 84–92.

Baumeister, R. F., Heatherton, T. D., & Tice, D. M. (1994). *Losing control: How and why people fail at self-regulation.* San Diego, CA: Academic Press.

Baumeister, R. F., Twenge, J. M., & Nuss, C. K. (2002). Effects of social exclusion on cognitive processes: Anticipated aloneness reduces intelligent thought. *Journal of Personality and Social Psychology, 83,* 817–827.

Baumeister, R. F., Vohs, K. D., & Tice, D. M. (2007). The strength model of self-control. *Current Directions in Psychological Science, 16,* 351–355.

Baxter, L. A. (1990). Dialectical contradictions in relationship development. *Journal of Social and Personal Relationships, 7,* 69–88.

Becker, S. W., & Eagly, A. H. (2005). The heroism of women and men. *American Psychologist, 39,* 163–178.

Behm-Morawitz, E., & Mastro, D. (2009). The effects of the sexualization of female video game characters on gender stereotyping and female self-concept. *Sex Roles, 61,* 808–823.

Bell, B. (1993). Emotional loneliness and the perceived similarity of one's ideas and interests. *Journal of Social Behavior and Personality, 8,* 273–280.

Bell, P. A. (1992). In defense of the negative affect escape model of heat and aggression. *Psychological Bulletin, 111,* 342–346.

Bell, P. A., Greene, T. C., Fisher, J. D., & Baum, A. (2001). *Environmental psychology* (5th ed.). Belmont, CA: Wadsworth/Thomson Learning.

Ben-Porath, D. D. (2002). Stigmatization of individuals who receive psychotherapy: An interaction between help-seeking behavior and the presence of depression. *Journal of Social and Clinical Psychology, 21,* 400–413.

Benjamin, E. (1998, January 14). Storm brings out good, bad and greedy. Albany *Times Union,* pp. A1, A6.

Benoit, W. L. (1998). Forewarning and persuasion. In M. Allen & R. Priess (Eds.), *Persuasion: Advances through meta-analysis* (pp. 159–184). Cresskill, NJ: Hampton Press.

Berg, J. H., & McQuinn, R. D. (1989). Loneliness and aspects of social support networks. *Journal of Social and Personal Relationships, 6,* 359–372.

Berkowitz, L. (1989). Frustration-aggression hypothesis: Examination and reformulation. *Psychological Bulletin, 106,* 59–73.

Berkowitz, L. (1993). *Aggression: Its causes, consequences, and control.* New York: McGraw-Hill.

Berman, M., Gladue, & Taylor, S.P. (1993). The effects of hormones, Type A behavior pattern, and provocation oin aggression in men. *Motivation and Emotion, 17,* 125–138.

Bernieri, F. J., Gillis, J. S., Davis, J. M., & Grahe, J. E. (1996). Dyad rapport and the accuracy of its judgment across situations: A lens model analysis. *Journal of Personality and Social Psychology, 71,* 110–129.

Berry, D. S., & Hansen, J. S. (1996). Positive affect, negative affect, and social interaction. *Journal of Personality and Social Psychology, 71,* 796–809.

Berscheid, E., & Hatfield, E. (1974). A little bit about love. In T.

Huston (Ed.), *Foundations of interpersonal attraction* (pp. 355–381). New York: Academic Press.

Bettencourt, B. A., & Miller, N. (1996). Gender differences in aggression as a function of provocation: A metaanalysis. *Psychological Bulletin, 119*, 422–447.

Bettencourt, B. A., Molix, L., Talley, A. E., & Sheldon, K. M. (2006). Psychological need satisfaction through social roles. In T. Postmes & J. Jetten (Eds.), *Individuality and the group: Advances in social identity* (pp. 196–214). London: Sage.

Biernat, M. (2005). *Standards and expectancies: Contrast and assimilation in judgments of self and others*. New York: Psychol-ogy Press.

Biernat, M., & Thompson, E. R. (2002). Shifting standards and contextual variation in stereotyping. *European Review of Social Psychology, 12*, 103–137.

Biernat, M., Collins, E. C., Katzarska-Miller, I., & Thompson, E. R. (2009). Race-based shifting standards and racial discrimination. *Personality and Social Psychology Bulletin, 35*, 16–28.

Biernat, M., Eidelman, S., & Fuegan, K. (2002). Judgment standards and the social self: A shifting standards perspective. In J. P. Forgas & K. D. Williams (Eds.), *The social self: Cognitive, interpersonal, and intergroup perspectives* (pp. 51–72). Philadelphia: Psychology Press.

Bies, R. J., Shapiro, D. L., & Cummings, L. L. (1988). Causal accounts and managing organizational conflict: Is it enough to say it's not my fault? *Communication Research, 15*, 381–399.

Biesanz, J.C., Human, L.J., Paquin, A., Chan, M., Parisotto, K.L., Sarrachino, J., & Gillis, R.L. (2011). Do we klnow when our impressions of others are vlaid? Evidence for realistic accuracy awareness in first impressions of personality. *Social Psychological and Personality Science, in press*.

Bizer, G. Y., Tormala, Z. L., Rucker, D. D., & Petty, R. E. (2006). Memory-based versus on-line processing: Implica- tions for attitude strength. *Journal of Experimental Social Psychology, 42*, 646–653.

Björkqvist, K., Österman, K., & Lagerspetz, K. M. J. (1994b). Sex differences in covert aggression among adults. *Aggressive Behavior, 20*, 27–33.

Björkqvist, K., Lagerspetz, K. M., & Kaukiainen, A. (1992). Do girls manipulate and boys fight? Developmental trends in regard to direct and indirect aggression. *Aggressive Behavior, 18*, 117–127.

Blagrove, E., & Watson, D. G. (2010). Visual marking and facial affect: Can an emotional face be ignored? *Emotion, 10*, 147–168.

Blair, I. V. (2002). The malleability of automatic stereotypes and prejudice. *Personality and Social Psychology Review, 6*, 242–261.

Blanchette, I., & Richards, A. (2010). The influence of affect on higher level cognition: A review of research on interpretation, judgement, decision making and reasoning. *Cognition and Emotion, 24*, 561–595.

Blankenship, K. L., & Wegener, D. T. (2008). Opening the mind to close it: Considering a message in light of important values increases message processing and later resistance to change. *Journal of Personality and Social Psychology, 94*, 196–213.

Blazer, D. G., Kessler, R. C., McGonagle, K. A., & Swartz, M. S. (1994). The prevalence and distribution of major depression in a national community sample: The National Comorbidity Survey. *American Journal of Psychiatry, 151*, 979–986.

Bobo, L. (1983). Whites' opposition to busing: Symbolic racism or realistic group conflict? *Journal of Personality and Social Psychology, 45*, 1196–1210.

Boden, M. T., & Berenbaum, H. (2010). The bidirectional relations between affect and belief. *Review of General Psychol- ogy, 14*, 227–239.

Bodenhausen, G. F. (1993). Emotion, arousal, and stereotypic judgment: A heuristic model of affect and stereotyping. In D. Mackie & D. Hamilton (Eds.), *Affect, cognition, and stereo-typing: Intergroup processes in intergroup perception* (pp. 13–37). San Diego, CA: Academic Press.

Bodenhausen, G. V., & Hugenberg, K. (2009). Atten- tion, perception, and social cognition. In F. Strack & J. Förster (Eds.), *Social cognition: The basis of human interaction* (pp. 1–22). Philadelphia: Psychology Press.

Boen, F., Vanbeselaere, N., & Wostyn, P. (2010). When the best become the rest: The interactive effect of premerger status and relative representation on postmerger identification and ingroup bias. *Group Processes and Intergroup Relations, 13*, 461–475.

Boer, F., Westenberg, M., McHale, S. M., Updegraff, K. A., & Stocker, C. M. (1997). The factorial structure of the Sibling Relationship Inventory (SRI) in American and Dutch samples. *Journal of Social and Personal Relationships, 14*, 851–859.

Bogard, M. (1990). Why we need gender to understand human violence. *Journal of Interpersonal Violence, 5*, 132–135.

Bolino, M. C., & Turnley, W. H. (1999). Measuring impression management in organizations: A scale development based on the Jones and Pittman taxonomy. *Organizational Research Methods, 2*, 187–206.

Bond, R., & Smith, P. B. (1996). Culture and conformity: A meta-analysis of studies using Asch's (1952b, 1956) line judgment task. *Psychological Bulletin, 119*, 111–137.

Borkenau, P., Mauer, N., Riemann, R., Spinath, F.M., & Angleitner, A. (2004). Thin slices of behavior as cues of personality and intelligence. *Journal of Personality and Social Psychology, 86*, 599–614.

Borman, W. C., Penner, L. A., Allen, T. D., & Motowidlo, S. J. (2001). Personality predictors of citizenship performance. *International Journal of Selection and Assessment, 9*, 52–69

Bornstein, R. F., & D'Agostino, P. R. (1992). Stimulus recognition and the mere exposure effect. *Journal of Personality and Social Psychology, 63*, 545–552.

Bossard, J. H. S. (1932). Residential propinquity as a factor in marriage selection. *American Journal of Sociology, 38*, 219–224.

Bosson, J. K., Haymovitz, E. L., & Pinel, E. C. (2004). When saying and doing diverge: The effects of stereotype threat on self-reported versus non-verbal anxiety. *Journal of Experimental Social Psychology, 40*, 247–255.

Bosson, J. K., Vandello, J. A., Burnaford, R., Weaver, J. R., & Wasti, S.A. (2009). Precarious manhood and displays of physical aggression. *Personality and Social Psychology Bulletin, 35*, 623–634.

Botha, M. (1990). Television exposure and aggression among adolescents: A follow-up study over 5 years. *Aggressive Behavior, 16*, 361–380.

Bothwell, R. K., Pigott, M. A., Foley, L. A., & McFatter, R. M. (2006). Racial bias in juridic judgment at private and public levels. *Journal of Applied Social Psychology, 36*, 2134–2149.

Bowlby, J. (1969). *Attachment and loss: Vol. 1. Attachment*. New York: Basic Books.

Bowlby, J. (1973). *Attachment and loss: Vol. 2. Separation*. New York: Basic Books.

Boyce, C. R., Brown, G. D. A., & Moore, S. C. (2010). Money and happiness: Rank of income income, affects life satisfaction. *Psychological Science, 21*, 471–475.

Brandon, D. P., & Hollingshead, A. B. (2007). Characterizing online groups. In A. N. Joinson, K. Y. A. McKenna, T. Postmes, & U.-D. Reips (Eds.), *The Oxford handbook of internet psychology* (pp. 105–119). New York: Oxford Univer- sity Press.

Branscombe, N. R. (2004). A social psychological process perspective on collective guilt. In N. R. Branscombe & B. Doosje (Eds.), *Collective guilt: International perspectives* (pp. 320–334). New York: Cambridge University Press.

Branscombe, N. R., & Miron, A. M. (2004). Interpreting the ingroup's negative actions toward another group: Emo- tional reactions to appraised harm. In L. Z. Tiedens & C. W. Leach (Eds.), *The social life of emotions* (pp. 314–335). New York: Cambridge University Press.

Branscombe, N. R., & Wann, D. L. (1994). Collective self- esteem consequences of outgroup derogation when a valued social identity is on trial. *European Journal of Social Psychology, 24*, 641–657.

Branscombe, N. R., Owen, S., Garstka, T., & Coleman, J. (1996). Rape and accident counterfactuals: Who might have done otherwise and would it have changed the outcome? *Journal of Applied Social Psychology, 26*, 1042–1067.

Branscombe, N. R., Schmitt, M. T., & Harvey, R. D. (1999). Perceiving pervasive discrimination among African-Americans: Implications for group identification and well-being. *Journal of Personality and Social Psychology, 77,* 135–149.

Branscombe, N. R., Schmitt, M. T., & Schiffhauer, K. (2007). Racial attitudes in response to thoughts of White privilege. *European Journal of Social Psychology, 37,* 203–215.

Braza, P., Braza, F., Carreras, M. R., & Munoz, J. M. (1993). Measuring the social ability of preschool children. *Social Behavior and Personality, 21,* 145–158.

Breen, G. M., & Matusitz, J. (2009). Excitation transfer theory: an analysis of the Abu Ghrais prison abuse scandal. *Journal of Applied Security Research, 4,* 309–321.

Brehm, J. W. (1966). *A theory of psychological reactance.* New York: Academic Press.

Brewer, M. B., & Brown, R. (1998). Intergroup relations. In D. T. Gilbert, S. T. Fiske, & G. Lindzey (Eds.), *The handbook of social psychology* (4th ed., Vol. 2, pp. 554–594). New York: McGraw-Hill.

Brickner, M., Harkins, S., & Ostrom, T. (1986). Personal involvement: Thought provoking implications for social loafing. *Journal of Personality and Social Psychology, 51,* 763–769.

Bringle, R. G., & Winnick, T. A. (1992, October). *The nature of unrequited love.* Paper presented at the first Asian Conference in Psychology, Singapore.

Brinol, P., Rucker, D. D., Tormala, Z. L., & Petty, R. E. (2004). Individual differences in resistance to persuasion: The role of beliefs and meta-beliefs. In E. S. Knowles & J. A. Linn (Eds.), *Resistance to persuasion* (pp. 83–104). Mahwah, NJ: Lawrence Erlbaum.

Brodbeck, F. C., Kerschreiter, R., Mojzisch, A., Frey, D., & Schulz-Hardt, S. (2002). The dissemination of critical, unshared information in decision-making groups: The effects of prediscussion dissent. *European Journal of Social Psychology, 32,* 35–56.

Broemer, P. (2004). Ease of imagination moderates reactions to differently framed health messages. *European Journal of Social Psychology, 34,* 103–119.

Brooks-Gunn, J., & Lewis, M. (1981). Infant social perception: Responses to pictures of parents and strangers. *Developmental Psychology, 17,* 647–649.

Brown, J. D. (1991). Staying fit and staying well: Physical fitness as a moderator of life stress. *Journal of Personality and Social Psychology, 60,* 555–561.

Brown, J. D., & Rogers, R. J. (1991). Self-serving attributions: The role of physiological arousal. *Personality and Social Psychology Bulletin, 17,* 501–506.

Brown, L. M. (1998). Ethnic stigma as a contextual experience: Possible selves perspective. *Personality and Social Psychology Bulletin, 24,* 165–172.

Brown, R. P., Charnsangavej, T., Keough, K. A., Newman, M. L., & Rentfrow, P. J. (2000). Putting the "affirm" into affirmative action: Preferential selection and academic performance. *Journal of Personality and Social Psychology, 79,* 736–747.

Brown, S. L., Nesse, R. M., Vinokur, A. D., & Smith, D. M. (2003). Providing social support may be more beneficial than receiving it. *Psychological Science, 14,* 320–327.

Bruckmüller, S., & Branscombe, N. R. (2010). The glass cliff: When and why women are selected as leaders in crisis contexts. *British Journal of Social Psychology, 49,* 433–451.

Bryan, J. H., & Test, M. A. (1967). Models and helping: Naturalistic studies in aiding behavior. *Journal of Personality and Social Psychology, 6,* 400–407.

Budson, A. E., & Price, B. H. (2005). Memory dysfunction. *New England Journal of Medicine, 352,* 692–699.

Buehler, R., & Griffin, D. (1994). Change-of-meaning effects in conformity and dissent: Observing construal processes over time. *Journal of Personality and Social Psychology, 67,* 984–996.

Buehler, R., Griffin, D., & MacDonald, H. (1997). The role of motivated reasoning in optimistic time predictions. *Personality and Social Psychology Bulletin, 23,* 238–247.

Buehler, R., Griffin, D., & Ross, M. (1994). Exploring the "planning fallacy": Why people underestimate their task completion times. *Journal of Personality and Social Psychology, 67,* 366–381.

Bureau of Justice Statistics. (2003, February). *Intimate partner violence 1993–2000.* Washington, DC: U.S. Department of Justice.

Bureau of Justice Statistics. (2007, December). *Intimate partner violence: Victim characteristics, 1976–2005.* Washington, DC: U.S. Department of Justice.

Burger, J. M. (1986). Increasing compliance by improving the deal: The that's-not-all technique. *Journal of Personality and Social Psychology, 51,* 277–283.

Burger, J. M. (1995). Individual differences in preference for solitude. *Journal of Research in Personality, 29,* 85–108.

Burger, J. M. (2009). Replicating Milgram: Would people still obey today? *American Psychologist, 64,* 1–11.

Burger, J. M., & Cornelius, T. (2003). Raising the price of agreement: Public commitment and the lowball compliance procedure. *Journal of Applied Social Psychology, 33,* 923–934.

Burger, J. M., Messian, N., Patel, S., del Pardo, A., & Anderson, C. (2004). What a coincidence! The effects of incidental similarity on compliance. *Personality and Social Psychology Bulletin, 30,* 35–43.

Burkley, E. (2008). The role of self-control in resistance to persuasion. *Personality and Social Psychology Bulletin, 34,* 419–431.

Burnstein, E. (1983). Persuasion as argument processing. In M. Brandstatter, J. H. Davis, & G. Stocker-Kriechgauer (Eds.), *Group decision processes.* London: Academic Press. Burnstein, E., Crandall, C., & Kitayama, S. (1994). Some neo-Darwinian rules for altruism: Weighing cues for inclusive fitness as a function of the biological importance of the decision. *Journal of Personality and Social Psychology, 67,* 773–789.

Burris, E. R., Rodgers, M. S., Mannix, E. A., Hendron, M. G., & Oldroyd, J. B. (2009). Playing favorites: The influence of leaders' inner circle on group processes and performance. *Personality and Social Psychology Bulletin, 35,* 1244–1257.

Burriss, R.P., Roberts, S.C., Welling, L.L.M., Puts, D.A., & Little, A.C. (2011). Hetersexual romantic couples mate assortatively for facial symmetry, but not for masculinigy. *Personality and Social Psychology Bulletin, 37,* 601–613.

Burrus, J., & Roese, N. J. (2006). Long ago it was meant to be: The interplay between time, construal, and fate beliefs. *Personality and Social Psychology Bulletin, 32,* 1050–1058.

Burt, M. R. (1980). Cultural myths and supports for rape. *Journal of Personality and Social Psychology, 38,* 217–230.

Bushman, B. J. (1988). The effects of apparel on compliance: A field experiment with a female authority figure. *Personality and Social Psychology Bulletin, 14,* 459–467.

Bushman, B. J. (1998). Effects of television violence on memory for commercial messages. *Journal of Experimental Psychology: Applied, 4,* 1–17.

Bushman, B. J. (2001). Does venting anger feed or extinguish the flame? Catharsis, rumination, distraction, anger, and aggressive responding. Manuscript under review.

Bushman, B. J., & Anderson, C. A. (2002). Violent video games and hostile expectations: A test of the general aggression model. *Personality and Social Psychology Bulletin, 24,* 949–960 and *Social Psychology Bulletin, 28,* 1679–1686. Bushman, B. J., & Baumeister, R. F. (1998). Threatened egotism, narcissism, self-esteem, and direct and displaced aggression: Does self-love or self-hate lead to violence? *Journal of Personality and Social Psychology, 75,* 219–229.

Bushman, B. J., & Cooper, H. M. (1990). Effects of alcohol on human aggression: An integrative research review. *Psychological Bulletin, 107,* 341–354.

Bushman, B. J., & Huesmann, L. R. (2001). Effects of televised violence on aggression. In D. Singer & J. Singer (Eds.), *Handbook of children and the media* (pp. 223–254). Thousand Oaks, CA: Sage.

Bushman, B. J., & Anderson, C. A. (2009). Comfortably numb: Desensitizing effects of violent media on helping others. *Psychological Science, 20,* 273–277.

Bushman, B. J., Baumeister, R. F., & Stack, A. D. (1999). Catharsis messages and anger-reducing activities. *Journal of Personality and*

Social Psychology, 76, 367–376.

Buss, D. M. (1994). The strategies of human mating. *American Scientist, 82,* 238–249.

Buss, D. M. (2000). The dangerous passion: Why jealousy is as necessary as love and sex. New York: The Free Press.

Buss, D. M. (2004). *Evolutionary psychology: The new science of the mind.* (2nd ed.). Boston: Allyn and Bacon.

Buss, D. M., & Shackelford, T. K. (1997). From vigilance to violence: Mate retention tactics in married couples. *Journal of Personality and Social Psychology, 72,* 346–361.

Buss, D. M., Larsen, R. J., Westen, D., & Semmelroth, J. (1992). Sex differences in jealousy: Evolution, physiology, and psychology. *Psychological Science, 3,* 251–255.

Buss, D.M. (1999). *Evolutionary psychology: The new science of the mind.* Needham Heights, MA: Allyn & Bacon.

Buss, D.M. (2008). *Evolutionary psychology: The new science of the mind,* 3nd Edition. Boston: Allyn & Bacon.

Buunk, B. P., Dukstra, P., Fetchenhauer, D., & Kenrick, D. T. (2002). Age and gender differences in mate selection criteria for various involvement levels. *Personal Relationships, 9,* 271–278.

Byrne, D. (1961a). The influence of propinquity and opportunities for interaction on classroom relationships. *Human Relations, 14,* 63–69.

Byrne, D. (1961b). Interpersonal attraction and attitude similarity. *Journal of Abnormal and Social Psychology, 62,* 713–715.

Byrne, D. (1971). *The attraction paradigm.* New York: Academic Press.

Byrne, D. (1991). Perspectives on research classics: This ugly duckling has yet to become a swan. *Contemporary Social Psychology, 15,* 84–85.

Byrne, D. (1992). The transition from controlled laboratory experimentation to less controlled settings: Surprise! Additional variables are operative. *Communication Monographs, 59,* 190–198.

Byrne, D. (1997a). An overview (and underview) of research and theory within the attraction paradigm. *Journal of Social and Personal Relationships, 14,* 417–431.

Byrne, D., & Blaylock, B. (1963). Similarity and assumed similarity of attitudes among husbands and wives. *Journal of Abnormal and Social Psychology, 67,* 636–640.

Byrne, D., & Nelson, D. (1965). Attraction as a linear function of proportion of positive reinforcements. *Journal of Personality and Social Psychology, 1,* 659–663.

Byrne, R. L. (2001, June 1). *Good safety advice.* Internet. Cacioppo, J. T., Berntson, G. G., Long, T. S., Norris, C. J., Rickhett, E., & Nusbaum, H. (2003). Just because you're imaging the brain doesn't mean you can stop using your head: A primer and set of first principles. *Journal of Personal- ity and Social Psychology, 85,* 650–661.

Cacioppo, J. T., Hawkley, L. C., Berntson, G. G., Ernst, J. M., Gibbs, A. C., Stickgold, R., & Hobson, J. A. (2002). Do lonely days invade the nights? Potential social modulation of sleep efficiency. *Psychological Science, 13,* 384–387.

Callan, M. J., Kay, A. C., Olson, J. M., Brar, N., & Whitefield, N. (2010). The effects of priming legal concepts on perceived trust and competitiveness, self-interested attitudes, and competitive behavior. *Journal of Experimental Social Psychology, 46,* 325–335

Campbell, D. T. (1958). Common fate, similarity, and other indices of the status of aggregates of persons as social entities. *Behavioral Science, 4,* 14–25.

Campbell, W. K. (1999). Narcissism and romantic attraction. *Journal of Personality and Social Psychology, 77,* 1254–1270.

Campbell, W. K., & Foster, C. A. (2002). Narcissism and commitment to romantic relationships: An investment model analysis. *Personality and Social Psychology Bulletin, 28,* 484–495.

Campos, B., Keltner, D., Beck, J. M., Gonzaga, G. C., & John, O. P. (2007). Culture and teasing: The relational benefits of reduced desire for positive self-differentiation. *Personality and Social Psychology Bulletin, 33,* 3–16.

Cann, A., Calhoun, L. G., & Banks, J. S. (1995). On the role of humor appreciation in interpersonal attraction: It's no joking matter. *Humor: International Journal of Humor Research.*

Caplan, S. E. (2005). A social skill account of problematic internet use. *Journal of Communication, 55,* 721–736.

Caprara, G. V., Barbaranelli, C., Pastorelli, C., Bandura, A., & Zimbardo, P. G. (2000). Prosocial foundations of children's academic achievement. *Psychological Science, 11,* 302–306.

Caputo, D., & Dunning, D. (2005). What you don't know: The role played by errors of omission in imperfect self-assessments. *Journal of Experimental Social Psychology, 41,* 488–505.

Carey, M. P., Morrison-Beedy, D., & Johnson, B. T. (1997). The HIV-Knowledge Questionnaire: Development and evaluation of a reliable, valid, and practical self-administered questionnaire. *AIDS and Behavior, 1,* 61–74.

Carlsmith, K. M., Darley, J. M., & Robinson, P. H. (2002). Why do we punish? Deterrence and just deserts as motives for punishment. *Journal of Personality and Social Psychology, 83,* 284–299.

Carney, D. R., Colvin, D. W., & Hall, J. A. (2007). A thin slice perspective on the accuracy of first impressions. *Journal of Research in Personality, 41,* 1054–1072.

Carre, J. M., McCormick, C. M., & Moundloch, C. J. (2009); Facial structure is a reliable cue of aggressive behavior. *Psychological Science, 10,* 1194–1198.

Carroll, J.M., & Russell, J.A. 1996). Do facial expressions signal specific emotions? Judging emotion from the face in context. *Journal of Personality and Social Psychology, 70,* 205–218.

Caruso, E. M. (2008). Use of experienced retrieval ease in self and social judgments. *Journal of Experimental Social Psychology, 44,* 148–155.

Carvallo, M., & Gabriel, S. (2006). No man is an island: The need to belong and dismissing avoidant attachment style. *Personality and Social Psychology Bulletin, 32,* 697–709.

Carver, C. S., & Glass, D. C. (1978). Coronary-prone behavior pattern and interpersonal aggression. *Journal of Personality and Social Psychology, 376,* 361–366.

Caspi, A., & Herbener, E. S. (1990). Continuity and change: Assortative marriage and the consistency of personality in adulthood. *Journal of Personality and Social Psychology, 58,* 250–258.

Caspi, A., Herbener, E. S., & Ozer, D. J. (1992). Shared experiences and the similarity of personalities: A longitudi- nal study of married couples. *Journal of Personality and Social Psychology, 62,* 281–291.

Castelli, L., Zogmaister, C., & Smith, E. R. (2004). On the automatic evaluation of social exemplars. *Journal of Personality and Social Psychology, 86,* 373–387.

Catalyst (2010). *2010 Catalyst census: Financial post 500 women senior officers and top earners.* Retrieved May 12, 2011 from http://www.catalyst.org

Center for American Women and Politics (2005). *Sex differences in voter turnout.* Retrieved June 28, 2007 from the Eagleton Institute of Politics, Rutgers University Web site: http://www.cawp.rutgers.edu/ Facts/Elections/Wom- ensvote2004.html

Center for American Women and Politics (2010). *Can more women run? Reevaluating women's election to the state legislatures.* Retrieved September 10, 2010 from http://www.cawp.rutgers.edu/research

Cesario, J., Plaks, J. E., & Higgins, E. (2006). Automatic social behavior as motivated preparation to interact. *Journal of Personality and Social Psychology, 90,* 893–910.

Chaiken, S., & Trope, Y. (1999). *Dual-process theories in social psychology.* New York: Guilford Press.

Chaiken, S., Liberman, A., & Eagly, A. H. (1989). Heuristic and systematic processing within and beyond persuasion context. In J. S. Uleman & J. A. Bargh (Eds.), *Unintended thought* (pp. 212–252). New York: Guilford.

Chajut, E., & Algom, D. (2003). Selective attention improves under stress: Implications for theories of social cognition. *Journal of Personality and Social Psychology, 85,* 231–248.

Chambers, J. R., Epley, N., Savitsky, K., & Windschitl, P. D. (2008). Knowing too much: Using private knowledge to predict how one is viewed by others. *Psychological Science, 19,* 542–548.

Chaplin, W. F., Phillips, J. B., Brown, J. D., Clanton, N. R., & Stein, J.

L. (2000). Handshaking, gender, personality, and first impressions. *Journal of Personality and Social Psychology, 79,* 110–117.

Chen, F. F., & Kenrick, D. T. (2002). Repulsion or attraction? Group membership and assumed attitude similarity. *Journal of Personality and Social Psychology, 83,* 11–125.

Chen, S. H., & Lee, K. P. (2008). The role of personality traits and perceived values in persuasion: An elaboration likelihood model perspective on online shopping. *Social Behavior and Personality, 36,* 1379–1400.

Chen, S., Chen, K., & Shaw, L. (2004). Self-verification motives at the collective level of self-definition. *Journal of Personality and Social Psychology, 86,* 77–94.

Cheung, M. Y., Luo, C., Sia, C. L., & Chen, H. (2009). Credibility of electronic word-of-mouth: Informational and normative determinants of on-line consumer recommendations. *International Journal of Electronic Commerce, 13,* 9–38.

Chin, J. L. (2010). Introduction to the special issue on diversity and leadership. *American Psychologist, 65,* 150–156.

Choi, I., Dalal, R., Kim-Prieto, C., & Park, H. (2003). Culture and judgment of causal relevance. *Journal of Personality and Social Psychology, 84,* 46–59.

Christy, P. R., Gelfand, D. M., & Hartmann, D. P. (1971). Effects of competition-induced frustration on two classes of modeled behavior. *Developmental Psychology, 5,* 104–111.

Cialdini, R. B. (1994). *Influence: Science and practice* (3rd ed.). New York: Harper Collins.

Cialdini, R. B. (2000). *Influence: Science and practice* (4th ed.). Boston: Allyn & Bacon.

Cialdini, R. B. (2006). *Influence: The psychology of persuasion.* New York: Collins.

Cialdini, R. B. (2008). *Influence: Science and practice* (5th ed). Boston: Allyn & Bacon.

Cialdini, R. B., & Petty, R. (1979). Anticipatory opinion effects. In B. Petty, T. Ostrom, & T. Brock (Eds.), *Cognitive responses in persuasion.* Hillsdale, NJ: Erlbaum.

Cialdini, R. B., Baumann, D. J., & Kenrick, D. T. (1981). Insights from sadness: A three-step model of the development of altruism as hedonism. *Developmental Review, 1,* 207–223.

Cialdini, R. B., Cacioppo, J. T., Bassett, R., & Miller J. A. (1978). A low-ball procedure for producing compliance: Commitment then cost. *Journal of Personality and Social Psychology, 36,* 463–476.

Cialdini, R. B., Kallgren, C. A., & Reno, R. R. (1991). A focus theory of normative conduct. *Advances in Experimental Social Psychology, 24,* 201–234.

Cialdini, R. B., Kenrick, D. T., & Baumann, D. J. (1982). Effects of mood on prosocial behavior in children and adults. In N. Eisenberg-Berg (Ed.), *Development of prosocial behavior.* New York: Academic Press.

Cialdini, R. B., Reno, R. R., & Kallgren, C. A. (1990). A focus theory of normative conduct : Recycling the concept of norms to reduce littering in public places. *Journal of Personality and Social Psychology, 91,* 105-1026.

Cialdini, R. B., Schaller, M., Houlainham, D., Arps, K., Fultz, J., & Beaman, A. L. (1987). Empathy-based helping: Is it selflessly or selfishly motivated? *Journal of Personality and Social Psychology, 52,* 749–758.

Cialdini, R. B., Vincent, J. E., Lewis, S. K., Catalan, J., Wheeler, D., & Darby, B. L. (1975). Reciprocal concessions procedure for inducing compliance: The door-in-the-face technique. *Journal of Personality and Social Psychology, 31,* 206–215.

Cialdini, R., Brown, S., Lewis, B., Luce, C., & Neuberg, S. (1997). Reinterpreting the empathy-altruism relationships: When one into one equals oneness. *Journal of Personality and Social Psychology, 67,* 773–789.

Cicero, L., Pierro, A., & van Knippenberg, D. (2007). Leader group prototypicality and job satisfaction: The moderating role of job stress and team identification. *Group Dynamics: Theory, Research, and Practice, 11,* 165–175.

Cikara, M., & Fiske, S. T. (2009). Warmth, competence, and ambivalent sexism: vertical assault and collateral damage. In M. Barreto, M. K. Ryan, & M. T. Schmitt (Eds.), *The glass ceiling in the 21st century* (pp. 73–96). Washington, DC: American Psychological Association.

Clark, L. A., Kochanska, G., & Ready, R. (2000). Mothers' personality and its interaction with child temperament as predictors of parenting behavior. *Journal of Personality and Social Psychology, 79,* 274–285.

Clark, M. S., Lemay, E. P., Graham, S. M., Pataki, S. P., & Finkel, E. J. (in press). Ways of giving and receiving benefits in marriage: Norm use and attachment related variability. *Psychological Science.*

Clarkson, J. J., Tormala, Z. L., DeSensi, D. L., & Wheeler, S. C. (2009). Does attitude certainty beget self-certainty? *Journal of Experimental Social Psychology, 45,* 436–439.

Clore, G. L., Schwarz, N., & Conway, M. (1993). Affective causes and consequences of social information processing. In R. S. Wyer & T. K. Srull (Eds.), *Handbook of social cognition* (2nd ed.). Hilldsale, NJ: Erlbaum.

Cohen, D., & Nisbett, R. E. (1994). Self-protection and the culture of honor: Explaining southern violence. *Personality and Social Psychology Bulletin, 20,* 551–567.

Cohen, D., & Nisbett, R. E. (1997). Field experiments examining the culture of honor: The role of institutions in perpetuating norms about violence. *Personality and Social Psychology Bulletin, 23,* 1188–1199.

Cohen, J. D. (2005). The vulcanization of the human brain: A neural perspective on interactions between cognition and emotion. *Journal of Economic Perspectives, 19,* 3–24.

Cohen, S., & Janicki-Deverts, D. (2009). Can we improve our physical health by altering our social networks? *Perspectives on Psychological Science, 4,* 375–38.

Cohen, S., Doyle, W. J., Turner, R. B., Alper, C. M., & Skoner, D. P. (2003). Emotional style and susceptibility to the common cold. *Psychosomatic Medicine, 65,* 652–657.

Cohen, S., Frank, E., Doyle, W. J., Skoner, D. P., Rabin, B. S., & Gwaltuey, J. M., Jr. (1998). Types of stressors that increasesusceptibility to the common cold in healthy adults. *Health Psychology, 17,* 214–223.

Cohen, S., Kaplan, J. R., Cunnick, J. E., Manuck, S. B., & Rabin, B. S. (1992). Chronic social stress, affiliation, and cellular immune response in non-human primates. *Psychological Science, 3,* 301–304.

Cohen, T. R., Montoya, R. M., & Insko, C. A. (2006). Group morality and intergroup relations: Cross-cultural and experimental evidence. *Personality and Social Psychology Bulletin, 32,* 1559–1572.

Cohn, E. G., & Rotton, J. (1997). Assault as a function of time and temperature: A moderator-variable time-series analysis. *Journal of Personality and Social Psychology, 72,* 1322–1334.

Collins, M. A., & Zebrowitz, L. A. (1995). The contributions of appearance to occupational outcomes in civilian and military settings. *Journal of Applied Social Psychology, 25,* 129–163.

Collins, N. L., & Feeney, B. C. (2000). A safe haven: An attachment theory perspective on support seeking and caregiving in intimate relationships. *Journal of Personality and Social Psychology, 78,* 1053–1073.

Condon, J. W., & Crano, W. D. (1988) Inferred evaluation and the relation between attitude similarity and interpersonal attraction. *Journal of Personality and Social Psychology, 54,* 789–797.

Coniff, R. (2004, January). Reading faces. *Smithsonian,* 44–50.

Correll, J., Urland, G. R., & Ito, T. A. (2006). Event-related potentials and the decision to shoot: The role of threat perception and cognitive control. *Journal of Experimental Social Psychology, 42,* 120–128.

Cottrell, C. A., & Neuberg, S. L. (2005). Different emotional reactions to different groups: A sociofunctional threat-based approach to "prejudice." *Journal of Personality and Social Psychology, 88,* 770–789.

Cottrell, C. A., Neuberg, S. L., & Li, N. P. (2007). What do people desire in others? A sociofunctional perspective on the importance of different valued characteristics. *Journal of Personality and Social Psychology, 92,* 208–231.

Cottrell, N. B., Wack, K. L., Sekerak, G. J., & Rittle, R. (1968). Social facilitation of dominant responses by the presence of an audience and the mere presence of others. *Journal of Personality and Social Psychology, 9,* 245–250.

Cramer, R. E., McMaster, M. R., Bartell, P. A., & Dragma, M. (1988). Subject competence and minimization of the bystander effect. *Journal of Applied Social Psychology, 18,* 1133–1148.

Crandall, C. C., & Martinez, R. (1996). Culture, ideology, and antifat attitudes. *Personality and Social Psychology Bulletin, 22,* 1165–1176.

Crandall, C. S. (1988). Social contagion of binge eating. *Journal of Personality and Social Psychology, 55,* 588–598.

Crandall, C. S., Eidelman, S., Skitka, L. J., & Morgan, G. S. (2009). Status quo framing increases support for torture. *Social Influence, 4,* 1–10.

Crandall, C. S., Eshleman, A., & O'Brien, L. T. (2002). Social norms and the expression and suppression of prejudice: The struggle for internalization. *Journal of Personality and Social Psychology, 82,* 359–378.

Crano, W. D. (1995). Attitude strength and vested interest. In R. E. Petty & J. A. Krosnick (Eds.), *Attitude strength: Antecedents and consequences* (Vol. 4, pp. 131–157). Hillsdale, NJ: Erlbaum.

Crites, S. L., & Cacioppo, J. T. (1996). Electrocortical differentiation of evaluative and nonevaluative categorizations. *Psychological Science, 7,* 318–321.

Crocker, J., & Major, B. (1989). Social stigma and self-esteem: The self-protective properties of stigma. *Psychological Review, 96,* 608–630.

Cropanzano, R. (Ed.). (1993). *Justice in the workplace* (pp. 79–103). Hillsdale, NJ: Erlbaum.

Crosby, F. J. (2004). *Affirmative action is dead: Long live affirmative action.* New Haven, CT: Yale University Press.

Cruse, D. F., and Leigh, B. C. "Adam's Rib" revisited: Legal and nonlegal influences on the processing of trial testi- mony. *Social Behavior,* 1987, 2, 221-230

Crutchfield, R. A. (1955). Conformity and character. *American Psychologist, 10,* 191–198.

Cunningham, M. R. (1979). Weather, mood, and helping behavior: Quasi-experiments with the sunshine Samaritan. *Journal of Personality and Social Psychology, 37,* 1947–1956.

Cunningham, M. R. (1986). Measuring the physical in physical attractiveness: Quasi-experiments on the sociobiology of female facial beauty. *Journal of Personality and Social Psychology, 50,* 925–935.

Cunningham, M. R., Roberts, A. R., Wu, C.-H., Barbee, A. P., & Druen, P. B. (1995). "Their ideas of beauty are, on the whole, the same as ours": Consistency and variability in the cross-cultural perception of female physical attractiveness. *Journal of Personality and Social Psychology, 68,* 261–279.

Cunningham, M. R., Shaffer, D. R., Barbee, A. P., Wolff, P. L., & Kelley, D. J. (1990). Separate processes in the relation of elation and depression to helping: Social versus personal concerns. *Journal of Experimental Social Psychology, 26,* 13–33.

Cunningham, W. A., Johnson, M. K., Gatenby, J. C., Gore, J. C., & Banaji, M. R. (2003). Neural components of social evaluation. *Journal of Personality and Social Psychology, 85,* 639–649.

Danaher, K., & Branscombe, N. R. (2010). Maintaining the system with tokenism: Bolstering individual mobility beliefs and identification with a discriminatory organization. *British Journal of Social Psychology, 49,* 343–362.

Dancygier, R. M., & Green, D. P. (2010). Hate crime. In J. F. Dovidio, M. Hewstone, P. Glick & V. M. Esses (Eds.), *Sage handbook of prejudice, stereotyping and discrimination* (pp. 294–311). London: Sage.

Darley, J. M. (1993). Research on morality: Possible approaches, actual approaches. *Psychological Science, 4,* 353–357.

Darley, J. M. (1995). Constructive and destructive obedience: A taxonomy of principal-agent relationships. *Journal of Social Issues, 125,* 125–154.

Darley, J. M., & Latané, B. (1968). Bystander intervention in emergencies: Diffusion of responsibility. *Journal of Personality and Social Psychology, 8,* 377–383.

Darley, J. M., Carlsmith, K. M., & Robinson, P. H. (2000). Incapacitation and just desserts as motives for punishment. *Law and Human Behavior, 24*, 659–684

Dasgupta, N., & Asgari, S. (2004). Seeing is believing: Exposure to counterstereotypical women leaders and its effect on the malleability of automatic gender stereotyping. *Journal of Experimental Social Psychology, 40*, 642–658.

Dasgupta, N., Banji, M. R., & Abelson, R. P. (1999). Group entiativity and group perception: Association between physical features and psychological judgment. *Journal of Personality and Social Psychology, 75*, 991–1005.

Davis, C. G., Lehman, D. R., Wortman, C. B., Silver, R. C., & Thompson, S. C. (1995). The undoing of tragic life events. *Personality and Social Psychology Bulletin, 21*, 109–124.

Davis, J. I., Senghas, A., Brandt, F., & Ochsner, K. N. (2010). The effects of BOTOX injections on emotional experience. *Emotion, 10*, 433–40.

De Hoog, N., Stroebe, W., & de Wit, J. B. F. (2007). The impact of vulnerability to and severity of a health risk on processing and acceptance of fear-arousing communications: A meta-analysis. *Review of General Psychology, 11*, 258–285.

Deaux, K., & LaFrance, M. (1998). Gender. In D. T. Gilbert, S. T. Fiske, & G. Lindzey (Eds.), *The handbook of social psychology* (4th ed., Vol. 1, pp. 788–827). New York: McGraw-Hill.

DeDreu, C. K. W. (2010). Conflict at work: Basic principles and applied issues. In S. Zedeck (Ed.), *Handbook of industrial and organizational psychology* (pp. 461–493). Washington, DC: American Psychological Association.

DeDreu, C. K. W., & Van Lange, P. A. M. (1995). Impact of social value orientation on negotiator cognition and behavior. *Personality and Social Psychology Bulletin, 21*, 1178–1188.

DeHart, T., & Pelham, B. W. (2007). Fluctuations in state implicit self-esteem in response to daily negative events. *Journal of Experimental Social Psychology, 43*, 157–165.

DeHart, T., Pelham, B. W., & Tennen, H. (2006). What lies beneath: Parenting style and implicit self-esteem. *Journal of Experimental Social Psychology, 42*, 1–17.

DeJong, W., & Musilli, L. (1982). External pressure to comply: Handicapped versus nonhandicapped requesters and the foot-in-the-door phenomenon. *Personality and Social Psychology Bulletin, 8*, 522–527.

DeLongis, A., Folkman, S., & Lazarus, R. S. (1988). The impact of daily stress on health and mood: Psychological and social resources as mediators. *Journal of Personality and Social Psychology, 54*, 486–595.

DePaulo, B. M. (2006). *Singled out: How singles are stereotyped, stigmatized, and ignored, and still live happily ever after.* New York: St. Martin's Press.

DePaulo, B. M., & Kashy, D. A. (1998). Everyday lies in close and casual relationships. *Journal of Personality and Social Psychology, 74*, 63–79.

DePaulo, B. M., & Morris, W. L. (2006). The unrecognized stereotyping and discrimination against singles. *Current Directions in Psychological Science, 15*, 251–254.

DePaulo, B. M., Brown, P. L., Ishii, S., & Fisher, J. D. (1981). Help that works: The effects of aid on subsequent task performance. *Journal of Personality and Social Psychology, 41*, 478–487.

DePaulo, B. M., Lindsay, J. J., Malone, B. E., Muhlenbruck, L., Chandler, K., & Cooper, H. (2003). Cues to deception. *Psychological Bulletin, 129*, 74–118.

DeSteno, D. (2004). *New perspectives on jealousy: An integrative view of the most social of social emotions.* Paper presented at the meeting of the American Psychological Society, Chicago, IL.

DeSteno, D., Dasgupta, N., Bartlett, M. Y., & Cajdric, A. (2004). Prejudice from thin air: The effect of emotion on automatic intergroup attitudes. *Psychological Science, 15*, 319–324.

DeSteno, D., Valdesolo, P., & Bartlett, M. Y. (2006). Jealousy and the threatened self: Getting to the heart of the green-eyed monster. *Journal of Personality and Social Psychology, 91*, 626–641.

Deutsch, M., & Gerard, H. B. (1955). A study of normative and informational social influences upon individual judgment. *Journal of Abnormal and Social Psychology, 51*, 629–636.

Devine, P. G., Plant, E. A., & Blair, I. V. (2001). Classic and contemporary analyses of racial prejudice. In R. Brown & S. Gaertner (Eds.), *Blackwell handbook of social psychology: Intergroup processes* (pp. 198–217). Oxford, UK: Blackwell.

DeVoe, S. E., & Pfeffer, J. (2010). The stingy hour: How accounting for time affects volunteering. *Personality and Social Psychology Bulletin, 36*, 470–483

DeWall, C. N., MacDonald, G., Webster, G. D., Mas- ten, C. L., Baumeister, R. F., Powell, C., et al. (2010). Acetaminophen reduces social pain: Behavioral and neural evidence. *Psychological Science, 21*, 931–937.

DeWall, C. N., Twenge, J. M., Gitter, S. A., & Baumeister, R. F. (20089). It's the thought that counts: The role of hostile cognition in shaping aggressive responses to social exclusion. *Journal of Personality and Social Psychology, 96*, 45–59.

Diener, E. (2000). Subjective well-being: The science of happiness, and a proposal for a national index. *American Psychologist, 55*, 34–43.

Diener, E., & Lucas, R. R. (1999). Personality and subjective well-being. In E. Kahneman, E. Diener, & N. Schwarz (Eds.), *Well-being: The foundations of hedonic psychology* (pp. 434–450). New York: Russell Stage Foundation.

Diener, E., & Oishi, S. (2005). The nonobvious social psychology of happiness. *Psychological Inquiry, 16*, 162–167.

Diener, E., Lucas, R., & Scollon, C. N. (2006). Beyond the hedonic treadmill: Revising the adaptation theory of well-being. *American Psychologist, 61*, 305–314.

Diener, E., Ng, W., Harter, J., & Arora, R. (2010). Wealth and happiness across the world: Material prosperity predicts life evaluation, whereas psychosocial prosperity predicts positive feelings. *Journal of Personality and Social Psychology, 99*, 52–61.

Diener, E., Suh, E. M., Lucas, R. E., & Smith, H. L. (1999). Subjective well-being: Three decades of progress. *Psychological Bulletin, 125*, 276–302.

Diener, E., Wolsic, B., & Fujita, F. (1995). Physical attractiveness and subjective well-being. *Journal of Personality and Social Psychology, 69*, 120–129.

Dietrich, D. M., & Berkowitz, L. (1997). Alleviation of dissonance by engaging in prosocial behavior or receiving ego- enhancing feedback. *Journal of Social Behavior and Personality, 12*, 557–566.

Dijksterhuis, A. (2004). I like myself but I don't know why: Enhancing implicit self-esteem by subliminal evaluative conditioning. *Journal of Personality and Social Psychology, 86*, 345–355.

Dijksterhuis, A., & Bargh, J. A. (2001). The perception-behavior expressway: Automatic effects of social perception and social behavior. In M. P. Zanna (Ed.), *Advances in experimen- tal social psychology* (Vol. 33, pp. 1–40). San Diego: Academic Press.

Dijksterhuis, A., & Nordgren, L. F. (2007). A theory of uncon- scious thought. *Perspectives on Psychological Science*.

Dijksterhuis, A., & van Olden, Z. (2006). On the benefits of thinking unconsciously: Unconscious thought can increase postchoice satisfaction. *Journal of Experimental Social Psy- chology, 42*, 627–631.

Dill, K. E., & Thill, K. P. (2007). Video game characters and the socialization of gender roles: Young people's perceptions mirror sexist media depictions. *Sex Roles, 57*, 851–865.

Dill, K. E., Brown, B., & Collins, M. (2008). Effects of exposure to sex-stereotyped video game characters on tolerance of sexual harassment. *Journal of Experimental Social Psychology, 44*, 1402–1408.

Dion, K. K., Berscheid, E., & Hatfield (Walster), E. (1972). What is beautiful is good. *Journal of Personality and Social Psychology, 24*, 285–290.

Dollard, J., Doob, L., Miller, N., Mowerer, O. H., & Sears, R. R. (1939). *Frustration and aggression*. New Haven, CT: Yale University Press.

Dovidio, J. F., Brigham, J., Johnson, B., & Gaertner, S. (1996). Stereotyping, prejudice, and discrimination: Another look. In N. Macrae, C. Stangor, & M. Hwestone (Eds.), *Stereotypes and stereotyping* (pp. 1276–1319). New York: Guilford.

Dovidio, J. F., Evans, N., & Tyler, R. B. (1986). Racial stereotypes: The contents of their cognitive representations. *Journal of Experimental Social Psychology, 22*, 22–37.

Dovidio, J. F., Gaertner, S. L., & Validzic, A. (1998). Intergroup bias: Status differentiation and a common ingroup identity. *Journal of Personality and Social Psychology, 75,* 109–120.

Dovidio, J. F., Gaertner, S. L., & Kawakami, K. (2010). Racism. In J. F. Dovidio, M. Hewstone, P. Glick, & V.M. Esses (Eds.), *Sage handbook of prejudice, stereotyping and discrimination* (pp. 312–327). London: Sage.

Dovidio, J. F., Gaertner, S. L., Isen, A. M., & Lowrance, R. (1995). Group representations and intergroup bias: Positive affect, similarity, and group size. *Personality and Social Psychology Bulletin, 21,* 856–865.

Downs, A. C., & Lyons, P. M. (1991). Natural observations of the links between attractiveness and initial legal judgments. *Personality and Social Psychology Bulletin, 17,* 541–547.

Duan, C. (2000). Being empathic: The role of motivation to empathize and the nature of target emotions. *Motivation and Emotion, 24,* 29–49.

Duck, J. M., Hogg, M. A., & Terry, D. J. (1999). Social identity and perceptions of media persuasion: Are we always less influenced than others? *Journal of Applied Social Psychology, 29,* 1879–1899.

Duck, S., Pond, K., & Leatham, G. (1994). Loneliness and the evaluation of relational events. *Journal of Social and Personal Relationships, 11,* 253–276.

Duehr, E. E., & Bono, J. E. (2006). Men, women, and managers: Are stereotypes finally changing? *Personnel Psychology, 59,* 459–471.

Duggan, E. S., & Brennan, K. A. (1994). Social avoidance and its relation to Bartholomew's adult attachment typology. *Journal of Social and Personal Relationships, 11,* 147–153.

Dugosh, K. L., & Paulus, P. B. (2005). Cognitive and social comparison processes in brainstorming. *Journal of Experimental Social Psychology, 41,* 313–320.

Duncan, J., & Owen, A. W. (2000). Common regions of the human frontal lobe recruited by diverse cognitive demands. *Trends in Cognitive Science, 23,* 475–483.

Dunn, E. W., Arknin, L. B., & Norton, M. I. (2008). Spending money on others promotes happiness. *Science, 319,* 1687–1688.

Dunn, E. W., Biesanz, J. C., Human. L. J, & Finn, S. (2007). Misunderstanding the affective consequences of everyday social interactions: the hidden benefits of putting one's best face forward. *Journal of Personality and Social Psychology, 92,* 990–1003.

Dunn, E., & Ashton-James, C. (2008). On emotional innumeracy: Predicted and actual affective responses to grand-scale tragedies. *Journal of Experimental Social Psychology, 44,* 692–698.

Dunn, E., & Laham, S. A. (2006). A user's guide to emotional time travel: Progress on key issues in affective forecasting. In J. Forgas (Ed.), *Hearts and minds: Affective influences on social cognition and behavior* (pp. 177–193). New York: Psychology Press.

Dunn, J. (1992). Siblings and development. *Current Directions in Psychological Science, 1,* 6–11.

Durrheim, K., Dixon, J., Tredoux, C., Eaton, L., Quayle, M., & Clack, B. (2009). Predicting support for racial transformation policies: Intergroup threat, racial prejudice, sense of group entitlement and strength of identification. *European Journal of Social Psychology.*

Dutton, D. G., & Aron, A. P. (1974). Some evidence for heightened sexual attraction under conditions of high anxiety. *Journal of Personality and Social Psychology, 30,* 510–517.

Eagly, A. H. (1987). *Sex differences in social behavior: A socialrole interpretation.* Hillsdale, NJ: Erlbaum.

Eagly, A. H. (2007). Female leadership advantage and disadvantage: Resolving the contradictions. *Psychology of Women Quarterly, 31,* 1–12.

Eagly, A. H., & Carli, L. (1981). Sex of researchers and sex-typed communications as determinants of sex differences in influence-ability: A meta-analysis of social influence studies. *Psychological Bulletin, 90,* 1–20.

Eagly, A. H., & Chaiken, S. (1993). *The psychology of attitudes.* Orlando, FL: Harcourt Brace Jovanovich.

Eagly, A. H., & Chaiken, S. (1998). Attitude structure and function. In G. Lindsey, S. T., Fiske, & D. T. Gilbert (Eds.), *Handbook of social psychology* (4th ed.). New York: Oxford University Press and

McGraw-Hill.

Eagly, A. H., & Karau, S. J. (2002). Role congruity theory of prejudice toward female leaders. *Psychological Review, 109,* 573–598.

Eagly, A. H., & Mladinic, A. (1994). Are people prejudiced against women? Some answers from research on attitudes, gender stereotypes, and judgments of competence. In W. Sroebe & M. Hewstone (Eds.), *European review of social psychology* (Vol. 5, pp. 1–35). New York: Wiley.

Eagly, A. H., & Sczesny, S. (2009). Stereotypes about women, men, and leaders: Have times changed? In M. Barreto, M. K. Ryan, & M. T. Schmitt (Eds.), *The glass ceiling in the 21st century* (pp. 21–47). Washington, DC: American Psychological Association.

Eagly, A. H., & Wood, W. (2011). Gender roles in a biosocial world. In P. van Lange, A. Kruglanski, & E. T. Higgins (Eds.), *Handbook of theories in social psychology.* London: Sage.

Eagly, A. H., Chaiken, S., & Wood, W. (1981). An attributional analysis of persuasion. In J. H. Harvey, W. Ickes, & R. F. Kidd (Eds.), *New directions in attribution research* (pp. 37–62). Hillsdale, NJ: Lawrence Erlbaum.

Eagly, A. H., Chen, S., Chaiken, S., & Shaw-Barnes, K. (1999). The impact of attitudes on memory: An affair to remember. *Psychological Bulletin, 124,* 64–89.

Eagly, A. H., Eastwick, P. W., & Johannesen-Schmidt, M. (2009). Possible selves in marital roles: the impact of the anticipated vision of labor on the mate preferences of women and men. *Personality and Social Psychology Bulletin, 35,* 403–413.

Eagly, A. H., Kulesa, P., Brannon, L. A., Shaw, K., & Hutson-Comeaux, S. (2000). Why counterattitudinal messages are as memorable as proattitudinal messages: The importance of active defense against attack. *Personality and Social Psychology Bulletin, 26,* 1392–1408.

Eagly, A. H., Makhijani, M. G., & Klonsky, B. G. (1992). Gender and the evaluation of leaders: A meta-analysis. *Psychological Bulletin, 111,* 3–22.

Eaton, A. A., Majka, E. A., & Visser, P. S. (2008). Emerging perspectives on the structure and function of attitude strength. *European Review of Social Psychology, 19,* 165–201.

Eaton, A. A., Visser, P. S., Kosnick, J. A., & Anand, S. (2009). Social power and attitude strength over the life course. *Personality and Social Psychology Bulletin, 35,* 1646–1660.

Effenbaum & Armady—in 12th edition reference list

Ehrenreich, B. (2009). *Bright-sided: How positive thinking is undermining America.* New York: Metropolitan Books.

Eibach, R. P., & Keegan, T. (2006). Free at last? Social dominance, loss aversion, and White and Black Americans' differing assessments of racial progress. *Journal of Personality and Social Psychology, 90,* 453–467.

Eich, E. (1995). Searching for mood dependent memory. *Psychological Science, 6,* 67–75.

Eid, M., & Diener, E. (2004). Global judgments of subjective well-being: Situational variability and long-term stability. *Social Indicators Research, 65,* 245–277.

Eidelman, S., Pattershall, J., & Crandall, C.S. (2010). Longer is better. *Journal of Experimental Social Psychology.*

Eisenberg, N. (2000). Emotion regulation and moral development. *Annual Review of Psychology, 51,* 665–697.

Eisenberg, N., Guthrie, I,K.,, Cumberland, A., Murphy, B.C., Shepard, S.A., Zhou, O., & Carlo, G. (2001). Prosocial development in early ajuthood: A longitudinal study. *Journal of Personality and Social Psychology, 82,* 993–1006.

Eisenman, R. (1985). Marijuana use and attraction: Support for Byrne's similarity-attraction concept. *Perceptual and Motor Skills, 61,* 582.

Eisenstadt, D., & Leippe, M. R. (1994). The self-comparison process and self-discrepant feedback: Consequences of learning you are what you thought you were not. *Journal of Personality and Social Psychology, 67,* 611–626.

Ekman, P. (2001). *Telling lies: Clues to deceit in the marketplace, politics, and marriage* (3rd ed.). New York: Norton.

Ekman, P. (2003). *Emotions revealed.* New York: Times Books.

Ekman, P., & Friesen, W. V. (1975). *Unmasking the face.* Englewood Cliffs, NJ: Prentice-Hall.

Ellemers, N., de Gilder, D., & Haslam, S. A. (2004). Motivating individuals and groups at work: A social identity perspective on leadership and group performance. *Academy of Management Review, 29,* 459–478.

Elliot, A. J., & Devine, P. G. (1994). On the motivational nature of cognitive dissonance: Dissonance as psychological discomfort. *Journal of Personality and Social Psychology, 67,* 382–394.

Elliot, A. J., & Niesta, D. (2008). Romantic red: red enhances men's attraction to women. *Journal of Personality and Social Psychology, 95,* 1150–1164.

Ellison, N. B., Steinfield, C., & Lampe, C. (2007). The benefits of Facebook "friends:" Social capital and college students' use of online social network sites. *Journal of Computer-Mediated Communication, 12,* 1143–1168.

Ellison, N., Heino, R., & Gibbs, J. (2006). Managing impressions online: Self-presentation processes in the online dating environment. *Journal of Computer-Mediated Communication, 11,* 415–441.

Ellsworth, P. C., & Carlsmith, J. M. (1973). Eye contact and gaze aversion in aggressive encounter. *Journal of Personality and Social Psychology, 33,* 117–122.

Englehart, J. M. (2006). Teacher perceptions of student behavior as a function of class size. *Social Psychology of Education, 9,* 245–272.

Englich, B., Mussweiler, T., & Strack, F. (2006). Playing dice with criminal sentences: The influence of irrelevant anchors on experts' judicial decision making. *Personality and Social Psychology Bulletin, 32,* 188–200.

Epley, N., & Gilovich, T. (2006). The anchoring-and-adjustment heuristic: Why the adjustments are insufficient. *Psychological Science, 17,* 311–318.

Epley, N., & Huff, C. (1998). Suspicion, affective response, and educational benefit as a result of deception in psychology research. *Personality and Social Psychology Bulletin, 24,* 759–768.

Epstude, K., & Mussweiler, T. (2009). What you feel is how you compare: How comparisons influence the social induction of affect. *Emotion, 9,* 1–14.

Erwin, P. G., & Letchford, J. (2003). Types of preschool experience and sociometric status in the primary school. *Social Behavior and Personalty, 31,* 129–132.

Escobedo, J. R., & Adolphs, R. (2010). Becoming a better person: Temporal remoteness biases autobiographical memories for moral events. *Emotion, 10,* 511–518.

Esses, V. M., Jackson, L. M., & Bennett-AbuAyyash, C. (2010). Intergroup competition. In J. F. Dovidio, M. Hewstone, P. Glick, & V. M. Esses (Eds.), *Sage handbook of prejudice, stereotyping and discrimination* (pp. 225–240). London: Sage.

Esses, V. M., Jackson, L. M., Nolan, J. M., & Armstrong, T. L. (1999). Economic threat and attitudes toward immigrants. In S. Halli & L. Drieger (Eds.), *Immigrant Canada: Demographic, economic and social challenges* (pp. 212–229). Toronto: University of Toronto Press.

Estrada, C. A., Isen, A. M., & Young, M. J. (1995). Positive affect improves creative problem solving and influences reported source of practice satisfaction in physicians. *Motivation and Emotion, 18,* 285–300.

Etcoff, N. L., Ekman, P., Magee, J. J., & Frank, M. G. (2000). Lie detection and language comprehension. *Nature, 40,* 139.

European and World ValuesSurveys Integrated Data File, 1999–2002, Release I User Guide and Codebook Ronald Inglehart et al. *University of Michigan Institute for Social Research* Second ICPSR Version January 2005,

Exline, J. J., & Lobel, M. (1999). The perils of outperformance: Sensitivity about being the target of a threatening upward comparison. *Psychological Bulletin, 125,* 307–337.

Falomir-Pichastor, J. M., Munoz-Rojas, D., Invernizzi, F., & Mugny, G. (2004). Perceived in-group threat as a factor moderating the influence of in-group norms on discrimination against foreigners. *European Journal of Social Psychology, 34,* 135–153.

Fazio, R. H. (2000). Accessible attitudes as tools for object appraisal: The costs and benefits. In G. R. Maio & J. M. Olson (Eds.), *Why we evaluate: Functions of attitudes* (pp. 1–26). Mahwah, NJ:

Erlbaum.

Fazio, R. H., & Hilden, L. E. (2001). Emotional reactions to a seemingly prejudiced response: The role of automatically activated racial attitudes and motivation to control prejudiced reactions. *Personality and Social Psychology Bulletin, 27,* 538–549.

Fazio, R. H., & Olson, M. A. (2003). Implicit measures in social cognition research: Their meaning and uses. *Annual Review of Psychology, 54,* 297–327.

Fazio, R. H., & Roskos-Ewoldsen, D. R. (1994). Acting as we feel: When and how attitudes guide behavior. In S. Shavitt & T. C. Brock (Eds.), *Persuasion* (pp. 71–93). Boston: Allyn and Bacon.

Fazio, R. H., Ledbetter, J. E., & Towles-Schwen, T. (2000). On the costs of accessible attitudes: Detecting that the attitude object has changed. *Journal of Personality and Social Psychology, 78,* 197–210.

Fazio, R.H. (1990). Multiple processes by which attitudes guide behavior: The MODE model as an integrative framework. In M.P. Zanna (Ed.), *Advances in experimental social psychology* (Vol. 23, pp. 75–109). San Diego, CA: Academic Press.

Feagin, J. R., & Vera, H. (1995). *White racism.* New York: Routledge.

Fehr, B. (2004). Intimacy expectations in same-sex friendships: A prototype interaction-pattern model. *Journal of Personality and Social Psychology, 86,* 265–284.

Fehr, B., & Broughton, R. (2001). Gender and personality differences in conceptions of love: An interpersonal theory analysis. *Personal Relationships, 8,* 115–136.

Feingold, A. (1992). Good-looking people are not what we think. *Psychological Bulletin, 111,* 304–341.

Feldman Barrett L, Robin L, Pietromonaco PR, Eyssell KM. Are women the "more emotional" sex? Evidence from emotional experiences in social context. *Cognition and Emotion.* 1998;12:555–578

Feldman, R. S., Forrest, J. A., & Happ, B. R. (2002). Self-presentation and verbal deception: Do self-presenters lie more? *Basic and Applied Social Psychology, 24,* 163–170.

Felmlee, D. H. (1995). Fatal attractions: Affection and disaffection in intimate relationships. *Journal of Social and Personal Relationships, 12,* 295–311.

Felmlee, D. H. (1998). "Be careful what you wish for…": A quantitative and qualitative investigation of "fatal attractions." *Personal Relationships, 5,* 235–253.

Ferris, G. R., Davidson, S. L., & Perrewe, P. L. (2006). *Political skill at work: Impact on work effectiveness.* New York: Davis-Black Publishing

Feshbach, S. (1984). The catharsis hypothesis, aggressive drive, and the reduction of aggression. *Aggressive Behavior, 10,* 91–101.

Festinger, L. (1954). A theory of social comparison processes. *Human Relations, 7,* 117–140.

Festinger, L., & Carlsmith, J. M. (1959). Cognitive conse- quences of forced compliance. *Journal of Abnormal and Social Psychology, 58,* 203–210.

Festinger, L., Schachter, S., & Back, K. (1950). *Social pressures in informal groups: A study of a housing community.* New York: Harper.

Fiedler, K., Messner, C., & Bluemke, M. (2006). Unresolved problems with the "I", the "A", and the "T": A logical and psychometric critique of the Implicit Association Test (IAT). *European Review of Social Psychology, 17,* 74–147.

Fielding, K. S., & Hogg, M. A. (1997). Social identity, self-categorization, and leadership: A field study of small interactive groups. *Group Dynamics: Theory, Research, and Practice, 1,* 39–51.

Fink, B., & Penton-Voak, I. (2002). Evolutionary psychology of facial attractiveness. *Current Directions in Psychological Science, 11,* 154–158.

Fischer, P., & Greitemeyer, T. (2006). Music and aggression: The impact of sexual-aggressive song lyrics on aggression- related thoughts, emotions, and behavior toward the same and the opposite sex. *Personality and Social Psychology Bulletin 32,* 1165–1176.

Fisher, R.P., Milne, R., & Bull, R. (2011). Interviewing coop- erative witnesses. *Current Perspectives on Psychological Science, 20,* 16–19

Fiske, S. T. (2009). Social cognition. In D. Sander & K. R. Scherer

(Eds.), *Oxford companion to emotion and the affective sciences* (pp. 371–373). Oxford, UK: Oxford University Press.

Fiske, S. T., & Stevens, L. E. (1993). What's so special about sex? Gender stereotyping and discrimination. In S. Oskamp & M. Costanzo (Eds.), *Gender issues in contemporary society* (pp. 173–196). Newbury Park, CA: Sage.

Fiske, S. T., & Taylor, S. E. (2008). *Social cognition: From brains to culture.* New York: McGraw-Hill.

Fiske, S. T., Cuddy, A. J. C., Glick, P., & Xu, J. (2002). A model of (often mixed) stereotype content: Competence and warmth respectively follow from perceived status and competition. *Journal of Personality and Social Psychology, 82,* 878–902.

Fitzsimmons, G. M., & Bargh, J. A. (2003). Thinking of you: Nonconscious pursuit of interpersonal goals associated with relationships partners. *Journal of Personality and Social Psychology, 84,* 148–164.

Fitzsimons, G. M., & Kay, A. C. (2004). Language and interpersonal cognition: Causal effects of variations in pronoun usage on perceptions of closeness. *Personality and Social Psychology Bulletin, 30,* 547–557.

Fleming, M. A., & Petty, R. E. (2000). Identity and persuasion: An elaboration likelihood approach. In D. J. Terry & M. A. Hogg (Eds.), *Attitudes, behavior, and social context* (pp. 171–199). Mahwah, NJ: Erlbaum.

Fletcher, G. J. O., Simpson, J. A., & Boyes, A. D. (2006). Accuracy and bias in romantic relationships: An evolutionary and social psychological analysis. In M. Schaller, J. A. Simpson, & D.T. Kenrick (Eds.), *Evolution and social psychology* (pp. 1890–210). New York: Psychology Press.

Flynn, F. J., Reagans, R. E., Amanatullah, E. T., & Ames, D. R. (2006). Helping one's way to the top: Self-monitors achieve status by helping others and knowing who helps them. *Journal of Personality and Social Psychology, 91,* 1123–1137.

Folger, R., & Baron, R. A. (1996). Violence and hostility at work: A model of reactions to perceived injustice. In G. R. VandenBos and E. Q. Bulato (Eds.), *Violence on the job: Identifying risks and developing solutions* (pp. 51–85). Washington, DC: American Psychological Association.

Forgas, J. P. (Ed.). (2000). *Feeling and thinking: Affective influences on social cognition.* New York: Cambridge University Press.

Forgas, J. P., Baumeister, R. F., & Tice, D.N. (2009). *The psychology of self-regulation.* Sydney, Australia: Psychology Press.

Forgas, J. P., Vargas, P., & Laham, S. (2005). Mood effects on eyewitness memory: Affective influences on susceptibility to misinformation. *Journal of Experimental Social Psychology, 41,* 574–588.

Forrest, J. A., & Feldman, R. S. (2000). Detecting deception and judge's involvement; lower task involvement leads to better lit detection. *Personality and Social Psychology Bulletin, 26,* 118–125.

Fowers, B., Lyons, E., Montel, K., & Shaked, N. (2001). Positive illusions about marriage among married and single individuals. *Journal of Family Psychology,* 95–109.

Fox, J., & Bailenson, J. (2009). Virtual virgins and vamps: The effects of exposure to female characters' sexualized appearance and gaze in an immersive virtual environment. *Sex Roles, 61,* 147–157.

Frank, E., & Brandstatter, V. (2002). Approach versus avoidance: Different types of commitment to intimate relationships. *Journal of Personality and Social Psychology, 82,* 208–221.

Frank, T. (2004). *What's the matter with Kansas?: How conservatives won the heart of America. New York: Metropolitan Books.*

Fredrickson, B. L. (1995). Socioemotional behavior at the end of college life. *Journal of Social and Personal Relationships, 12,* 261–276.

Fredrickson, B. L. 2001. The role of positive emotions in positive psychology: The broaden-and-build theory of positive emotions. *American Psychologist 56,* 218–226.

Fredrickson, B. L., & Joiner, T. (2002). Positive emotions trigger upward spirals toward emotional well-being. *Psychological Science, 13,* 172–175.

Freedman, J. L., & Fraser, S. C. (1966). Compliance without pressure: The foot-in-the-door technique. *Journal of Personality and*

Social Psychology, 4, 195–202.

Frenda, S.J., Nichols, R.M., & Loftus, E. (2011). Current issues s and advances in misinformation research. *Current Perspectives on Psychological Science, 20,* 20–23.

Fritzsche, B. A., Finkelstein, M. A., & Penner, L. A. (2000). To help or not to help: Capturing individuals' decision policies. *Social Behavior and Personality, 28,* 561–578.

Frye, G. D. J., & Lord, C. G. (2009). Effects of time frame on the relationship between source monitoring errors and attitude change. *Social Cognition, 27,* 867–882.

Fuegen, K., & Brehm, J. W. (2004). The intensity of affect and resistance to social influence. In E. S. Knowles & J. A. Linn (Eds.), *Resistance and persuasion* (pp. 39–63). Mahwah, NJ: Erlbaum.

Fujita, K., & Han, H. A. (2009). Moving beyond deliberative control of impulses: The effect of construal levels on evaluative associations in self-control conflicts. *Psychological Science, 20,* 799–804.

Fultz, J., Shaller, M., & Cialdini, R. B. (1988). Empathy, sadness, and distress: Three related but distant vicarious affective responses to another's suffering. *Personality and Social Psychology Bulletin, 14,* 312–325.

Funk, J. B., Bechtoldt-Baldacci, H., Pasold, T., & Baumgartner, J. (2004). Violence exposure in real-life, video games, television, movies, and the internet: Is there desensitization? *Journal of Adolescence, 27,* 23–39.

Furr, R. M., & Funder, D. C. (1998). A multimodal analysis of personal negativity. *Journal of Personality and Social Psychology, 74,* 1580–1591.

Gärling, T., Kirchler, E., Lewis, A., & van Raaij, F. (2009). Psychology, financial decision making, and financial crises. *Psychological Science in the Public Interest, 10,* 1–47.

Gabaix, X. & Laibson, L. (2006). Shrouded attributes, con- sumer myopia, and information suppression in competitive markets. *Quarterly Journal of Economics, 121.* 505–540.

Gaertner, S. L., Mann, J. A., Dovidio, J. F., Murrell, A. J., & Pomare, M. (1990). How does cooperation reduce intergroup bias? *Journal of Personality and Social Psychology, 59,* 692–704.

Gaertner, S. L., Mann, J., Murrell, A., & Dovidio, J. F. (1989). Reducing intergroup bias: The benefits of recategorization. *Journal of Personality and Social Psychology, 57,* 239–249.

Gaertner, S. L., Rust, M. C., Dovidio, J. F., Bachman, B. A., & Anastasio, P. A. (1994). The contact hypothesis: The role of common ingroup identity on reducing intergroup bias. *Small Group Research, 25,* 224–249.

Galdi, S., Arcuri, L., & Gawronski, B. (2008). Automatic mental associations predict future choices of undecided decisionmakers. *Science, 321,* 1100–1102.

Galinsky, A. D., Magee, J. C., Gruenfeld, D. H., Whitson, J. A., & Liljenquist, K. A. (2008). Power reduces the press of the situation: Implications for creativity, conformity, and dissonance. *Journal of Personality and Social Psychology, 95,* 1450–1466.

Galinsky, A.D., Magee, J.C., Inesi, M.E., & Gruenfeld, D. (2006). Power and perspectives not taken. *Psychologial Science,* 17, 1068–1073.

Galton, F. (1952). *Hereditary genius: An inquiry into its laws and consequences.* New York: Horizon. (Original work published 1870.)

Gantner, A. B., & Taylor, S. P. (1992). Human physical aggression as a function of alcohol and threat of harm. *Aggressive Behavior, 18,* 29–36.

Garcia, D. M., Schmitt, M. T., Branscombe, N. R., & Ellemers, N. (2010). Women's reactions to ingroup members who protest discriminatory treatment: The importance of beliefs about inequality and response appropriateness. *European Journal of Social Psychology, 40,* 733–745.

Garcia, S. M., Weaver, K., Moskowitz, G. B., & Darley, J. M. (2002). Crowded minds: The implicit bystander effect. *Journal of Personality and Social Psychology, 83,* 843–853.

Garcia-Marques, T., Mackie, D. M., Claypool, H. M., & Garcia-Marques, L. (2004). Positivity can cue familiarity. *Personality and Social Psychology Bulletin, 30,* 585–593.

Gardner, R. M., & Tockerman, Y. R. (1994). A computer–TV methodology for investigating the influence of somatotype on perceived personality traits. *Journal of Social Behavior and Personality, 9*, 555–563.

Gawronski, B., LeBel, E. P., & Peters, K. R. (2007). What do implicit measures tell us? *Perspectives on Psychological Science, 2*, 181–193.

Gazzola, V., Aziz-Zadeh, L., & Keysers, C. (2006) Empathy and the somatotopic auditory mirror system in humans. *Current Biology, 16*, 1824–1829.

Geary, D. C., Vigil, J., & Byrd-Craven, J. (2004). Evolution of human mate choice. *Journal of Sex Research, 41*, 27–42.

Gentile, D. A. & Gentile, J. R. (2008). Violent video games as exemplary teachers: A conceptual analysis. *Journal of Youth and Adolescence, 9*, 127–141

Gentile, D. A., Anderson, C. A., Yukawa, S., Ihori, N., Saleem, M., Ming, L.K., et al. (2009). The effects of prosocial video games on prosocial behaviors: International evidence form correlational, longitudinal, and experimental studies. *Personality and Social Psychology Bulletin, 35*, 752–763.

Gentile, D.A., et al. (2009). The effects of prosocial video games on prosocial behaviors: International evidence from correlational, longitudinal, and experimental studies. *Personality and Social Psychology Bulletin, 35*, 741–763.

Gerard, H. B., Wilhelmy, R. A., & Conolley, E. S. (1968). Conformity and group size. *Journal of Personality and Social Psychology, 8*, 79–82.

Gibbons, D., & Olk, P. M. (2003). Individual and structural origins of friendship and social position among professionals. *Journal of Personality and Social Psychology, 84*, 340–351.

Gibbons, F. X., Eggleston, T. J., & Benthin, A. C. (1997). Cognitive reactions to smoking relapse: The reciprocal relation between dissonance and self-esteem. *Journal of Personality and Social Psychology, 72*, 184–195.

Giessner, S. R., & van Knippenberg, D. (2008). "License to fail": Goal definition, leader group prototypicality, and perceptions of leadership effectiveness after leader failure. *Organizational Behavior and Human Decision Processes, 105*, 14–35.

Gigone, D., & Hastie, R. (1997). The impact of information on small group choice. *Journal of Personality and Social Psychology, 72*, 132–140.

Gilbert, D. T. (2002). Inferential correction. In T. Gilovich, D. W. Griffin, & D. Kahneman (Eds.), *Heuristics and biases: The psychology of intuitive judgment* (pp. 167–184) New York: Cambridge University Press.

Gilbert, D. T. (2006). *Stumbling on happiness.* New York: Knopf.

Gilbert, D. T., & Malone, P. S. (1995). The correspondence bias. *Psychological Bulletin, 117*, 21–38.

Gilbert, D. T., & Wilson, T. D. (2000). Miswanting: Some problems in the forecasting of future affective states. In J. Forgas (Ed.), *Feeling and thinking: The role of affect in social cognition.* New York: Cambridge University Press.

Gillath, O., Shaver, P. R., Baek, J. M., & Chun, S. D. (2008). Genetic correlates of adult attachment style. *Personality and Social Psychology Bulletin, 34*, 1396–1405.

Gladue, B. A., & Delaney, H. J. (1990). Gender differences in perception of attractiveness of men and women in bars. *Personality and Social Psychology Bulletin, 16*, 378–391.

Gladwell, M. *Blink.* New York: Little, Brown.

Glass, D. C. (1977). *Behavior patterns, stress, and coronary disease.* Hillsdale, NJ: Erlbaum.

Gleason, K. A., Jensen-Campbell, L. A., & Ickes, W. (2009). The role of empathic accuracy in adolescents' peer relations and adjustment. *Personality and Social Psychology Bulletin, 35*, 997–1011.

Gleibs, I. H., Noack, P., & Mummendey, A. (2010). We are still better than them: A longitudinal field study of ingroup favouritism during a merger. *European Journal of Social Psychology, 40*, 819–836.

Glick, P. (2002). Sacrificial lambs dressed in wolves' clothing: Envious prejudice, ideology, and the scapegoating of Jews. In *Understanding genocide: The social psychology of the Holocaust* (pp. 113–142). New York: Oxford University Press.

Glick, P., & Rudman, L. A. (2010). Sexism. In J. F. Dovidio, M.

Hewstone, P. Glick, & V. M. Esses (Eds.), *Sage handbook of prejudice, stereotyping and discrimination* (pp. 328–344). London: Sage.

Goel, S., Mason, W., Watts, & Watts, D.J. (2010). *Journal of Personality and Social Psychology*, 99, 611–621.

Goethals, G. R., & Darley, J. (1977). Social comparison theory: An attributional approach. In J. M. Suls & R. L. Miller (Eds.), *Social comparison processes: Theoretical and empirical perspectives* (pp. 259–278). Washington, DC: Hemisphere.

Goetz, J. L., Keltner, D., & Simon-Thomas, E. (2010). Compassion: An evolutionary analysis and empirical review. *Psychological Bulletin*, 136, 351–374.

Goff, P. A., Eberhardt, J. L., Williams, M. J., & Jackson, M. C. (2008). Not yet human: Implicit knowledge, historical dehumanization, and contemporary consequences. *Journal of Personality and Social Psychology*, 94, 292–306.

Goff, P. A., Steele, C. M., & Davies, P. G. (2008). The space between us: Stereotype threat and distance in interracial contexts. *Journal of Personality and Social Psychology*, 94, 91–107.

Goldenberg, J. L., Pyszczynski, T., Greenberg, J., McCoy, S. K., & Solomon, S. (1999). Death, sex, love, and neuroticism: Why is sex such a problem? *Journal of Personality and Social Psychology*, 77, 1173–1187.

Goldinger, S. D., Kleider, H. M., Azuma, T., & Beike, D. R. (2003). "Blaming the victim" under memory load. *Psychological Science*, 14, 81–85.

Gollwitzer, P. M. (1999). Implementation intentions: Strong effects of simple plans. *American Psychologist*, 54, 493–503.

Goodwin, R., Cook, O., & Yung, Y. (2001). Loneliness and life satisfaction among three cultural groups. *Personal Relationships*, 8, 225–230.

Gordon, R. A. (1996). Impact of ingratiation in judgments and evaluations: A meta-analytic investigation. *Journal of Personality and Social Psychology*, 71, 54–70.

Graham, S., & Folkes, V. (Eds.). (1990). *Attribution theory: Applications to achievement, mental health, and interpersonal conflict*. Hillsdale, NJ: Erlbaum.

Grant, A. M., & Gino, F. (2010). A little thanks goes a long way: Explaining why gratitude expressions motivate prosocial behavior. *Journal of Personality and Social Psychology*, 98, 946–955.

Graves, K. N. (2007). Not always sugar and spice: Expanding theoretical and functional explanations for why females aggress. *Aggression and Violent Behavior*, 12, 131–140.

Gray, H. M. (2008). To what extent and under what conditions are first impressions valid? In N. Ambady & J. Skowronski (Eds.), *First impressions* (pp. 106–128). New York: Guilford Press.

Green, M. C. (2007). Trust and social interaction on the internet. In A. N. Joinson, K. Y. A. McKenna, T. Postmes, & U.-D. Reips (Eds.), *The Oxford handbook of internet psychology* (pp. 43–51). New York: Oxford University Press.

Greenbaum, P., & Rosenfield, H. W. (1978). Patterns of avoidance in responses to interpersonal staring and proximity: Effects of bystanders on drivers at a traffic intersection. *Journal of Personality and Social Psychology*, 36, 575–587.

Greenberg, J. (1993). Justice and organizational citizenship: A commentary on the state of the science. *Employee Responsibilities and Rights Journal*, 6, 249-256.

Greenberg, J., Martens, A., Jonas, E., Eisenstadt, D., Pyszczynski, T., & Solomon, S. (2003). Psychological defense in anticipation of anxiety: Eliminating the potential for anxiety eliminates the effects of mortality salience on worldview defense. *Psychological Science*, 14, 516–519.

Greenberg, J., Pyszczynski, T., & Solomon, S. (1986). The causes and consequences of a need for self-esteem: A terror management theory. In R. F. Baumeister (Ed.), Public self and private self (p. 189–212). New York: Springer-Verlag.

Greene, E., & Bornstein, B.H. (2003). Determining damages: The opsychology of jury awards. Washington, D.C.: *The American Psychological Association. Bornstein*. Washington, D.C.: *The American Psychological Association*, 2003.

Greenwald, A. G. (2002). Constructs in student ratings of instructors. In H. I. Braun & D. N. Douglas (Eds.), *The role of constructs* in psychological and educational measurement (pp. 277–297). Mahwah, NJ: Erlbaum.

Greenwald, A. G., & Banaji, M. R. (1995). Implicit social cognition: Attitudes, self-esteem, and stereotypes. *Psychological Review, 102,* 4–27.

Greenwald, A. G., & Farnham, S. (2000). Using the Implicit Association Test to measure self-esteem and self-concept. *Journal of Personality and Social Psychology, 79,* 1022–1038.

Greenwald, A. G., & Nosek, B. A. (2008). Attitudinal dissociation: What does it mean? In R. E. Petty, R. H. Fazio & P. Brinol (Eds.), *Attitudes: Insights from the new implicit measures* (pp. 65–82). Hillsdale, NJ: Erlbaum.

Greenwald, A. G., Banaji, M. R., Rudman, L. A., Farnham, S. D., Nosek, B. A., & Mellott, D. S. (2002). A unified theory of implicit attitudes, stereotypes, self-esteem, and self-concept. *Psychological Review, 109,* 3–25.

Greenwald, A. G., McGhee, D. E., & Schwarz, J. L. K. (1998). Measuring individual differences in implicit cognition: The Implicit Association Test. *Journal of Personality and Social Psychology, 74,* 1464–1480.

Greenwald, A. G., Poehlman, T. A., Uhlmann, E. L., & Banaji, M. R. (2009). Understanding and using the Implicit Association Test: III. Meta-analysis of predictive validity. *Journal of Personality and Social Psychology, 97,* 17–41.

Greitmeyer, T., & Osswald, S. (2010). Effects of prosocial video games on prosocial behavior. *Journal of Personality and Social Psychology, 98,* 211–221.

Griskevicius, V., Goldstein, N. J., Mortensen, D. R., Cialdini, R. B., & Kenrick, D. T. (2006). Going along versus going alone: When fundamental motives facilitate strategic (non) conformity. *Journal of Personality and Social Psychology, 91,* 281–294.

Griskevicius, V., Tybur, J. M., Gangestad, S. W., Perea, E. F., Shapiro, J. R., & Kenrick, D. T. (2009). Aggress to impress: Hostility as an evolved context-dependent strategy. *Journal of Personality and Social Psychology 96,* 980–994.

Griskevicius, V., Tybus, J. M., Gangestad, S. W., Perea, E. F., Shapiro, J. R., & Kenrick, D. T. (in press). Aggress to impress: Hostility as an evolved context-dependent strategy. *Journal of Personality and Social Psychology.*

Guéguen. N. (in press). Color and Women Hitchhikers' Attractiveness: Gentlemen Drivers Prefer Red. *Color Research and Application.*

Gueguen, N. (2003). Fund-raising on the Web: The effect of an electronic door-in-the-face technique in compliance to a request. *CyberPsychlogy & Behavior, 2,* 189–193.

Guimond, S. (2000). Group socialization and prejudice: The social transmission of intergroup attitudes and beliefs. *European Journal of Social Psychology, 30,* 335–354.

Guimond, S., Branscombe, N. R., Brunot, S., Buunk, B. P., Chatard, A., Désert, M., et al. (2007). Culture, gender, and the self: Variations and impact of social comparison processes. *Journal of Personality and Social Psychology, 92,* 1118–1134.

Guinote, A., Judd, C. M., & Brauer, M. (2002). Effects of power on perceived and objective group variability: Evidence that more powerful groups are more variable. *Journal of Personality and Social Psychology, 82,* 708–721.

Gump, B. B., & Kulik, J. A. (1997). Stress, affiliation, and emotional contagion. *Journal of Personality and Social Psychology, 72,* 305–319.

Gustafson, R. (1990). Wine and male physical aggression. *Journal of Drug Issues, 20,* 75–86.

Gustafson, R. (1992). Alcohol and aggression: A replication study controlling for potential confounding variables. *Aggressive Behavior, 18,* 21–28.

Hackman, J. R., & Wageman, R. (2007). Asking the right questions about leadership. *American Psychologist, 62,* 43–47.

Hagger, M. S., Wood, C., Stiff, C., & Chatzisarantis, N. L. D. (2010). Ego depletion and the strength model of self-control: A meta analysis. *Psychological Bulletin, 136,* 495–525.

Halberstadt, J., & Rhodes, G. (2000). The attractiveness of nonface averages: Implications for an evolutionary explanation of the attractiveness of average faces. *Psychological Science, 11,* 285–289.

Hall-Elston, C., & Mullins, L. C. (1999). Social relationships, emotional closeness, and loneliness among older meal program participants. *Social Behavior and Personality, 27,* 503–518.

Hamilton, D. L., Levine, J. M., & Thurston, J. A. (2008). Perceiving continuity and change in groups. In F. Sani (Ed.), *Self continuity: Individual and collective perspectives* (pp. 117–130). New York: Psychology Press.

Hamilton, G. V. (1978). Obedience and responsibility: A jury simulation. *Journal of Personality and Social Psychology, 36,* 126–146.

Hanko, K., Master, S., & Sabini, J. (2004). Some evidence about character and mate selection. *Personality and Social Psychology Bulletin, 30,* 732–742.

Hansen, N., & Sassenberg, K. (2006). Does social identification harm or serve as a buffer? The impact of social identification on anger after experiencing social discrimination. *Personality and Social Psychology Bulletin, 32,* 983–996.

Hareli, S., & Weiner, B. (2000). Accounts for success as determinants of perceived arrogance and modesty. *Motivation and Emotion, 24,* 215–236.

Harmon-Jones, E. (2000). Cognitive dissonance and experienced negative affect: Evidence that dissonance increases experienced negative affect even in the absence of aversive consequences. *Personality and Social Psychology Bulletin, 26,* 1490–1501.

Harmon-Jones, E., & Allen, J. J. B. (2001). The role of affect in the mere exposure effect: Evidence from psychophysiological and individual differences approaches. *Personality and Social Psychology Bulletin, 27,* 889–898.

Harmon-Jones, E., Harmon-Jones, C., Fearn, M., Sigelman, J. D., & Johnson, P. (2008). Left frontal cortical activation and spreading of alternatives: Tests of the actionbased model of dissonance. *Journal of Personality and Social Psychology, 94,* 1–15.

Harris, C. R. (2003). A review of sex differences in sexual jealousy, including self-report data, psychophysiological responses, interpersonal violence, and morbid jealousy. *Personality and Social Psychology Review, 7,* 102–128.

Harris, L. R., & Weiss, D. J. (1995). Judgments of consent in simulated rape cases. *Journal of Social Behavior and Personality, 10,* 79–90.

Harris, M. B. (1992). Sex, race, and experiences of aggression. *Aggressive Behavior, 18,* 201–217.

Harris, M. B. (1993). How provoking! What makes men and women angry? *Journal of Applied Social Psychology, 23,* 199–211.

Harris, M. B. (1994). Gender of subject and target as mediators of aggression. *Journal of Applied Social Psychology, 24,* 453–471.

Harrison, M. (2003). "What is love?" Personal communication.

Haslam, S. A. (2004). *Psychology in organizations: The social identity approach* (2nd ed.). London: Sage.

Haslam, S. A. (2004). *Psychology in organizations: The social identity approach* (2nd ed.). Thousand Oaks, CA: Sage.

Haslam, S. A., & Platow, M. J. (2001). The link between leadership and followership: How affirming social identity translates vision into action. *Personality and Social Psychology Bulletin, 27,* 1469–1479.

Haslam, S. A., & Reicher, S. D. (2006). Stressing the group: Social identity and the unfolding dynamics of responses to stress. *Journal of Applied Psychology, 91,* 1037–1052.

Haslam, S. A., & Wilson, A. (2000). In what sense are prejudicial beliefs personal? The importance of an in-group's shared stereotypes. *British Journal of Social Psychology, 39,* 45–63.

Haslam, S. A., Reicher, S., & Platow, M. J. (2010). *The new psychology of leadership: Identity, influence and power.* New York: Psychology Press.

Haslam, S. A., Ryan, M. K., Kulich, C., Trojanowski, G., & Atkins, C. (2010). Investing with prejudice: The relationship between women's presence on company boards and objective and subjective measures of company performance. *British Journal of Management, 21,* 484–497.

Haslam, S. A., Ryan, M. K., Postmes, T., Spears, R., Jetten, J., & Webley, P. (2006). Sticking to our guns: Social identity as a basis for the maintenance of commitment to faltering organizational projects. *Journal of Organizational Behavior, 27,* 607–628.

Hassin, R., & Trope, Y. (2000). Facing faces: Studies on the cognitive aspects of physiognomy. *Journal of Personality and Social Psychology, 78*, 837–852.

Hatfield, E., & Rapson, R. L. (1993). Historical and cross-cultural perspectives on passionate love and sexual desire. *Annual Review of Sex Research, 4*, 67–97.

Hatfield, E., & Sprecher, S. (1966b). Measuring passionate lives in intimate relations. *Journal of Adolescence, 9*, 383-410.

Hatfield, E., & Walster, G. W. (1981). *A new look at love.* Reading, MA: Addison-Wesley.

Hatfield, E., & Rapson, R. L. (2009). Love. In I. B. Weiner & W. E. Craighead (Eds.). Encyclopedia of Psychology, 4th Edition. Hoboken, NJ: John Wiley and Sons.

Hatfield, E., Cacioppo, J., & Rapson, R.L. (1994). *Emotional contagion.* New York: Cambridge University Press.

Haugtvedt, C. P., & Wegener, D. T. (1994). Message order effects in persuasion: An attitude strength perspective. *Journal of Consumer Research, 21*, 205–218.

Hawkey, L. C., Thisted, R. A., Masi, C. M., Cacioppo, J. T. (2010). Loneliness predicts increased blood pressure: 5-year cross-lagged analyses in middle-aged and older adults. *Psychology and Aging, 25*, 132–141.

Hawkley, L. C., Burleson, M. H., Berntson, G. G., & Cacioppo, J. T. (2003). Loneliness in everyday life: Cardiovascular activity, psychosocial context, and health behaviors. *Journal of Personality and Social Psychology, 85*, 105–120.

Hawkley, L. C., Thisted, R. A., Masi, C. M., & Cacioppo, J. T. (2010). Loneliness predicts increased blood pressure: Five-year cross-lagged analysis in middle-aged and older adults. *Psychology and Aging, 25*, 132–141.

Hawley, P. H., Card, N., & Little, T. D., (2007). The allure of a mean friend: Relationship quality and processes of aggressive adolescents with prosocial skills. *International Journal of Behavioral Development, 32*, 21–32.

Hawley, P. H., Little, T. D., & Rodin, P. C., (Eds). (2007). *Aggression and adaptation: The bright side of bad behavior.* Mahwah, NJ: Lawrence Erlbaum.

Hayden, S. R., Jackson, T. T., & Guydish, J. N. (1984). Helping behavior of females: Effects of stress and commonality of fate. *Journal of Psychology, 117*, 233–237.

Hebl, M. & Dovidio, J.F. (2005). Promoting the "social" in the examination of social stigmas. *Personality and Social Psychology Review, 9*, 156–182.

Heider, F. (1958). *The psychology of interpersonal relations.* New York: Wiley.

Heilman, M. E. (2001). Description and prescription: How gender stereotypes prevent women's ascent up the organizational ladder. *Journal of Social Issues, 57*, 657–674.

Herrera, N. C., Zajonc, R. B., Wieczorkowska, G., & Cichomski, B. (2003). Beliefs about birth rank and their reflection in reality. *Journal of Personality and Social Psychology, 85*, 142–150.

Hetherington, M. M., Anderson, A. S., Norton, G. N., & Newson, L. (2006). Situational effects on meal intake: A comparison of eating alone and eating with others. *Physiology and Behavior, 88*, 498–505.

Hewlin, P. F. (2009). Wearing the cloak: Antecedents and consequences of creating facades of conformtiy. *Journal of Applied Psychology, 94*, 727–741.

Hicks, J. A., Cicero, D. C., Trent, J., Burton, C. M., & King, L. A. (2010). Positive affect, intuition, and feelings of meaning. *Journal of Personality and Social Psychology, 98*, 967–979.

Higgins, E. T., & Kruglanski, A. W. (Eds.). (1996). *Social psychology: Handbook of basic principles.* New York: Guilford Press.

Higgins, N. C., & Shaw, J. K. (1999). Attributional style moderates the impact of causal controlability information on helping behavior. *Social Behavior and Personality, 27*, 221–236.

Higham, P. A., & Carment, W. D. (1992). The rise and fall of politicians: The judged heights of Broadbent, Mulroney and Turner before and after the 1988 Canadian federal election. *Canadian Journal of Behavioral Science, 24*, 404–409.

Hilton, N. Z., Harris, G. T., & Rice, M. E. (2000). The functions of aggression by male teenagers. *Journal of Personality and Social Psychology, 79*, 988–994.

Hinsz, V. B. (1995). Goal setting by groups performing an additive task: A comparison with individual goal setting. *Journal of Applied Social Psychology, 25,* 965–990.

Hmieleski, K. M., & Baron, R. A. (2009). Entrepreneurs' optimism and new venture performance: A social cognitive perspective. *Academy of Management Journal, 52,* 473–488.

Ho, S. S., Brossard, D., & Scheufele, D. A. (2008). Effects of value predispositions, mass media use, and knowledge on public attitudes toward embryonic stem cell research. *International Journal of Public Opinion Research, 20,* 171–192.

Hoaken, P. N. S., Giancola, P. R., & Pihl, R. O. (1998). Executive cognitive functions as mediators of alcohol-related aggression. *Alcohol and Alcoholism, 33,* 45–53.

Hochschild, A. R. (1983). *The managed heart: Commercialization of human feelings.* Berkeley: University of California Press.

Hodges, S. D., Kiel, K. J., Kramer, A. D. I., Veach, D., & Villaneuva, B. R. (2010). Giving birth to empathy: The effects of similar experience on empathic accuracy, empathic concern, and perceived empathy. *Personality and Social Psychology Bulletin, 36,* 398–409.

Hoffer, E. (1953). *The passionate state of mind and other aphorisms.* Cutchogue, NY: Buccaneer Books.

Hogg, M. A. (2001). A social identity theory of leadership. *Personality and Social Psychology Reviewer, 5,* 184–200.

Hogg, M. A. (2007). Organizational orthodoxy and corporate autocrats: Some nasty consequences of organizational identification in uncertain times. In C. Bartel, S. Blader & A. Wrzesniewski (Eds.), *Identity and the modern organization* (pp. 35–59). Mahwah, NJ: Erlbaum.

Holmes, T. H., & Rahe, R. H. (1967). The social readjustment rating scale. *Journal of Psychosomatic Research, 22,* 213–218.

Hope, D. A., Holt, C. S., & Heimberg, R. G. (1995). Social phobia. In T. R. Giles (Ed.), *Handbook of effective psychotherapy* (pp. 227–251). New York: Plenum.

Hornsey, M. J., & Imani, A. (2004). Criticizing groups from the inside and the outside: An identity perspective on the intergroup sensitivity effect. *Personality and Social Psychology Bulletin, 30,* 365–383.

Hornsey, M. J., de Bruijn, P., Creed, J., Allen, J., Ariyanto, A., & Svensson, A. (2005). Keeping it in-house: How audience affects responses to group criticism. *European Journal of Social Psychology, 35,* 291–312.

Hornsey, M. J., Jetten, J., McAuliffe, B. J., & Hogg, M. A. (2006). The impact of individualist and collectivist group norms on evaluations of dissenting group members. *Journal of Experimental Social Psychology, 42,* 57–68.

House, J. S., Landis, K. R., & Umberson, D. (1988). Social relationships and health. *Science, 241,* 540–545.

Hovland, C. I., & Weiss, W. (1951). The influence of source credibility on communication effectiveness. *Public Opinion Quarterly, 15,* 635–650.

Hovland, C. I., Janis, I. L., & Kelley, H. H. (1953). *Communication and persuasion: Psychological studies of opinion change.* New Haven, CT: Yale University Press.

Huesmann, L. R., & Eron, L. D. (1984). Cognitive processes and the persistence of aggressive behavior. *Aggressive Behavior, 10,* 243–251.

Huesmann, L. R., & Eron, L. D. (1986). *Television and the aggressive child: A cross-national comparison.* Hillsdale, NJ: Erlbaum.

Hugenberg, K., & Bodenhausen, G. V. (2003). Facing prejudice: Implicit prejudice and the perception of facial threat. *Psychological Science, 14,* 640–643.

Hummert, M. L., Crockett, W. H., & Kemper, S. (1990). Processing mechanisms underlying use of the balance scheme. *Journal of Personality and Social Psychology, 58,* 5–21.

Hunt, A. McC. (1935). A study of the relative value of certain ideals. *Journal of Abnormal and Social Psychology, 30,* 222–228.

Hunt, C. V., Kim, A., Borgida, E., & Chaiken, S. (2010). Revisiting the self-interest versus values debate: The role of temporal perspective. *Journal of Experimental Social Psychology, 46,* 1155–1158.

Imhoff, R., & Erb, H-P. (2009) What motivates nonconformity?: Uniqueness seeking blocks majority influence. *Personality and*

Social Psychology Bulletin, 33, 309–320.

Insel, T. R. & Carter, C. S. (1995, August). The monogamous brain. *Natural History*, 12–14. Jones, Carpenter, & Quintana. (1985).

Insko, C. A. (1985). Balance theory, the Jordan paradigm, and the West tetrahedron. In L. Berkowitz (Ed.), *Advances in experimental social psychology*. New York: Academic Press.

Inzlicht, M., & Ben-Zeev, T. (2000). A threatening intellectual environment: Why females are susceptible to experiencing problem-solving deficits in the presence of males. *Psychological Science, 11*, 365–371.

Ireland, C. A., & Ireland, J. L. (2000). Descriptive analysis of the nature and extent of bullying behavior in a maximum security prison. *Aggressive Behavior, 26*, 213–222.

Ireland, J. L., & Archer, J. (2002). The perceived consequences of responding to bullying with aggression: A study of male and female adult prisoners. *Aggressive Behavior, 28*, 257–272.

Isen, A. M. (1984). Toward understanding the role of affect in cognition. In S. R. Wyer & T. K. Srull (Eds.), *Handbook of social cognition* (Vol. 3, pp. 179–236). Hillsdale, NJ: Erlbaum.

Isen, A. M. (2000). Positive affect and decision making. In M. Lewis & J. M. Haviland-Jones (Eds.), *Handbook of emotions* (2nd ed., pp. 417–435). New York: Guilford Press.

Isen, A. M., & Levin, P. A. (1972). Effect of feeling good on helping: Cookies and kindness. *Journal of Personality and Social Psychology, 21*, 384–388.

Isen, A.M. & Labroo, A.A. (2003). "Some Ways in Which Positive Affect Facilitates Decision Making and Judgment." In S. Schneider & J. Shanteau (Eds.) *Emerging Perspectives on Judgment and Decision Research*. NY, Cambridge: 365–393.

Isen, A.M. (1970). Success, failure, attention, and reaction to others: The warm glow of success. *Journal of Personality and Social Psychology, 15*, 294–301.

Istvan, J., Griffitt, W., & Weidner, G. (1983). Sexual arousal and the polarization of perceived sexual attractiveness. *Basic and Applied Social Psychology, 4*, 307–318.

Iyer, A., Jetten, J., & Tsivrikos, D. (2008). Torn between identities: Predictors of adjustment to identity change. In F. Sani (Ed.), *Self continuity: Individual and collective perspectives* (pp. 187–197). New York: Psychology Press.

Izard, C. (1991). *The psychology of emotions*. New York: Plenum.

Jackman, M. R. (1994). *The velvet glove: Paternalism and conflict in gender, class, and race relations*. Berkeley, CA: University of California Press.

Jackson, T., Soderlind, A., & Weiss, K. E. (2000). Personality traits and quality of relationships as predictors of future loneliness among American college students. *Social Behavior and Personality, 28*, 463–470.

James, W. (1894). Principles of psychology. London: Macmillan.

Janis, I. L. (1982). *Victims of groupthink* (2nd ed.). Boston: Houghton Mifflin.

Janis, I., & Feshbach, S. (1953). Effects of fear-arousing communications. *Journal of Abnormal and Social Psychology, 48*, 78–92.

Jetten, J., Branscombe, N. R., Schmitt, M. T., & Spears, R. (2001). Rebels with a cause: Group identification as a response to perceived discrimination from the mainstream. *Personality and Social Psychology Bulletin, 27*, 1204–1213.

Jetten, J., Haslam, C., & Haslam, S.A. (2011). *The social cure: Identity, health, and well-being*. Hove UK: Psychology Press.

Jetten, J., Haslam, C., Haslam, S. A., & Branscombe, N. R. (2009). The social cure. *Scientifi wAmerican, September–October, 26*–33.

Jetten, J., Haslam, C., Pugliesse, C., Tonks, J., & Haslam, S.A. (2010). Declining autobiographicsl memory and the loss of identity: effects on well-being. *Journal of Clinical Experimental Neuropsychology, 32*, 405–416.

Jetten, J., Hornsey, M. A., & Adarves-Yorno, I. (2006).When group members admit to being conformist: The role of relative intragroup status in conformity self-reports. *Personality and Social Psychology Bulletin, 32*, 162–173.

Jetten, J., Schmitt, M. T., Branscombe, N. R., Garza, A.A., & Mewse, A.J. (2011). Group commitment in the face of discrimination: The role of legitimacy appraisals. *European Journal of Social Psy-*

chology, 41, 116–126.

Jetten, J., Spears, R., & Manstead, A. S. R. (1997). Strength of identification and intergroup differentiation: The influence of group norms. *European Journal of Social Psychology, 27,* 603–609.

Johnson, B. T. (1994). Effects of outcome-relevant involvement and prior information on persuasion. *Journal of Experimental Social Psychology, 30,* 556–579.

Johnson, J. C., Poteat, G. M., & Ironsmith, M. (1991). Structural vs. marginal effects: A note on the importance of structure in determining sociometric status. *Journal of Social Behavior and Personality, 6,* 489–508.

Johnson, J. D., Simmons, C., Trawalter, S., Ferguson, T., & Reed, W. (2003). Observer race and White anti-Black bias: Factors that influence and mediate attributions of "ambiguously racist" behavior. *Personality and Social Psychology Bulletin, 29,* 609–622.

Johnson, M. K., & Sherman, S. J. (1990). Constructing and reconstructing the past and the future in the present. In E. T. Higgins & R. M. Sorrentino (Eds.), *Handbook of motivation and social cognition: Foundations of social behavior* (pp. 482–526). New York: Guilford.

Johnston, V. S., & Oliver-Rodriguez, J. C. (1997). Facial beauty and the late positive component of event-related potentials. *Journal of Sex Research, 34,* 188–198.

Johnstone, B., Frame, C. L., & Bouman, D. (1992). Physical attractiveness and athletic and academic ability in controversial–aggressive and rejected–aggressive children. *Journal of Social and Clinical Psychology, 11,* 71–79.

Joinson, A. N. (2003). *Understanding the psychology of Internet behavior: Virtual worlds, real lives.* Palgrave, UK: Macmillan.

Joinson, A. N., McKenna, K. Y. A., Postmes, T., & Reips, U. D. (Eds.). (2007). *Oxford handbook of Internet psychology.* Oxford, UK: Oxford University Press.

Jones, E. E. (1964). *Ingratiation: A social psychology analysis.* New York: Appleton-Century-Crofts.

Jones, E. E. (1979). The rocky road from acts to dispositions. *American Psychologist, 34,* 107–117.

Jones, E. E., & Davis, K. E. (1965). From acts to disposition: The attribution process in person perception. In L. Berkowitz (Ed.), *Advances in experimental social psychology* (Vol. 2, pp. 219–266). New York: Academic Press.

Jones, E. E., & Harris, V. A. (1967). The attribution of attitudes. *Journal of Experimental Social Psychology, 3,* 1–24.

Jones, E. E., & McGillis, D. (1976). Corresponding inferences and attribution cube: A comparative reappraisal. In J. H. Har, W. J. Ickes, & R. F. Kidd (Eds.), *New directions in attribution research* (Vol. 1). Morristown, NJ: Erlbaum.

Jones, E. E., & Nisbett, R. E. (1971). *The actor and the observer: Divergent perceptions of the causes of behavior.* Morristown, NJ: General Learning Press.

Jones, W.H., Carpenter, R.N., &* Quintana, D. (1985). Personality and interpersonal predictors of loneliness in two cultures. *Journal of Personality and Social Psychology, 48,* 1053–1511.

Judge, T. A., & Cable, T. A. (2004). The effect of physical height on workplace success and income: Preliminary test of a theoretical model. *Journal of Applied Psychology, 89,* 428–441.

Junemann, E., & Lloyd, B. (2003). Consulting for virtual excellence: Virtual teamwork as a task for consultants. *Team Performance: An International Journal, 9,* 182–189.

Kahneman, D. & Tversky, A. (1982). Judgment under uncertainty: Heuristics and biases. In D. Kahneman P,. Slovic, & A. Tversky (Eds.). *Judgment under uncertainty: Heuristics and biases* (pp. 3–22). Cambridge, England: Cambridge Univeristy Press.

Kahneman, D., & Miller, D. T. (1986). Norm theory: Comparing reality to its alternatives. *Psychological Review, 93,* 136–153.

Kahneman, D., & Tversky, A. (1984). Choices, values, and frames. *American Psychologist, 39,* 341–350.

Kahneman, D., & Frederick, S. (2002). Representativeness revisited: Attribute substitution in intuitive judgment. In T. Gilovich, D. Griffin, & D. Kahneman (Eds.), *Heuristics and biases: the psychology of intuitive judgment* (pp. 41–81). New York: Cambridge University Press.

Kahneman, D., & Tversky, A. (1973). On the psychology of prediction. *Psychological Review, 80,* 237–251.

Kahneman, D., Diener, E., & Schwarz, N. (2003). (Eds.). *Well-being; the foundations of hedonic psychology.* New York: Russell Sage Foundation.

Kaighobadi F., Shackelford, T. K., & Goetz, A. T. (2009). From mate retention to murder: Evolutionary psychological perspectives on men's partner-directed violence. *Review of General Psychology, 13,* 327–334.

Kaighobadi, F., Shackelford, T.K., Popp, D., Moyer, R.M., Bates, V.M., & Liddle, J.R. (2008). Perceived riosk of female infidelity moderates the relationshiop between men's personality and partner-directed violence. *Journal of Research in Personality, 43,* 1033–1039.

Kaiser, C. R., & Miller, C. T. (2001). Stop complaining! The social costs of making attributions to discrimination. *Personality and Social Psychology Bulletin, 27,* 254–263.

Kaiser, C. R., Drury, B. J., Spalding, K. E., Cheryan, S., & O'Brien, L.T. (2009). The ironic consequences of Obama's election: Decreased support for social justice. *Journal of Experimental Social Psychology, 45,* 556–559.

Kallgren, C. A., Reno, R. R., & Cialdini, R. B. (2000). A focus theory of normative conduct: When norms do and do not affect behavior. *Personality and Social Psychology Bulletin, 26,* 1002–1012.

Kameda, T., & Sugimori, S. (1993). Psychological entrapment in group decision making: An assigned decision rule and a groupthink phenomenon. *Journal of Personality and Social Psychology, 65,* 282–292.

Kammarath, L. K., Mendoza-Denton, R., & Mischel, W. (2005). Incorporating if ... then ... personality signatures in person perception: Beyond the person-situation dichotomy. *Journal of Personality and Social Psychology, 88,* 605–618.

Karau, S. J., & Williams, K. D. (1993). Social loafing: A meta-analytic review and theoretical integration. *Journal of Personality and Social Psychology, 65,* 681–706.

Karraker, K. H., & Stern, M. (1990). Infant physical attractive- ness and facial expression: Effects on adult perceptions. *Basic and Applied Social Psychology,* 11, 371–385.

Kashy, D. A., & DePaulo, B. M. (1996). Who lies? *Journal of Personality and Social Psychology, 70,* 1037–1051.

Katz, E., & Lazarsfeld, P. F. (1955). *Personal influence: The part played by people in the flow of mass communication.* Glencoe, IL: The Free Press.

Katzer, C., Fetchenhauier, D., & Belschak, F. (2009). Cyber- bullying: Who are the vicdtims? *Journal of Media Psychology, 21,* 25–36.

Kawakami K., & Dovidio, J. F. (2001). The reliability of implicit stereotyping. *Personality and Social Psychology Bulletin, 27,* 212–225.

Kawakami K., Dovidio, J. F., Moll, J., Hermsen, S., & Russn, A. (2000). Just say no (to stereotyping): Effects of training in the negation of stereotypic associations on stereotype activation. *Journal and Personality and Social Psychology, 78,* 871–888.

Kelley, H. H. (1972). Attribution in social interaction. In E. E. Jones et al. (Eds.), *Attribution: Perceiving the causes of behavior.* Morristown, NJ: General Learning Press.

Kelley, H. H., & Michela, J. L. (1980). Attribution theory and research. *Annual Review of Psychology, 31,* 57–501.

Kelman, H. C. (1967). Human use of human subjects: The problem of deception in social psychological experiments. *Psychological Bulletin, 67,* 1–11.

Keltner, D., Gruenfeld, D. H., & Anderson, C. (2003). Power, approach, and inhibition. *Psychological Review, 110,* 265–284.

Kemeny, M. E. (2003). The psychobiology of stress. *Current Directions in Psychological Science, 12,* 124–129.

Kenealy, P., Gleeson, K., Frude, N., & Shaw, W. (1991). The importance of the individual in the 'causal' relationship between attractiveness and self-esteem. *Journal of Community and Applied Social Psychology,* 1, 45–56.

Kenrick, D. T., Neuberg, S. L., Zierk, K. L., & Krones, J. M. (1994). Evolution and social cognition: Contrast effects as a function of sex, dominance, and physical attractiveness. *Personality and*

Social Psychology Bulletin, 20, 210–217.

Kenrick, D. T., Sundie, J. M., Nicastle, L. D., & Stone, G. O. (2001). Can one ever be too wealthy or too chaste? Searching for nonlinearities in mate judgement. Journal of Personality and Social Psychology, 80, 462–471.

Kenworthy, J. B., & Miller, N. (2001). Perceptual asymmetry in consensus estimates of majority and minority members. Journal of Personality and Social Psychology, 80, 597–612.

Kernis, M. H., Cornell, D. P., Sun, C. R., Berry, A. J., & Harlow, T. (1993). There's more to self-esteem than whether it is high or low: The importance of stability of self-esteem. Journal of Personality and Social Psychology, 65, 1190–1204.

Kiecolt-Glaser, J. K., Fisher, L., Ogrocki, P., Stout, J. C., Speicher, C. E., & Glaser, R. (1987). Marital quality, marital disruption, and immune function. Psychosomatic Medicine, 49, 13–34.

Kiecolt-Glaser, J. K., Kennedy, S., Malkoff, S., Fisher, L., Speicher, C. E., & Glaser, R. (1988). Marital discord and immunity in males. Psychosomatic Medicine, 50, 213–229.

Kilduff, M., & Day, D. V. (1994). Do chameleons get ahead? The effects of self-monitoring on managerial careers. Academy of Management Journal, 37, 1047–1060.

Kilham, W., & Mann, L. (1974). Level of destructive obedience as a function of transmitter and executant roles in the Milgram obedience paradigm. Journal of Personality and Social Psychology, 29, 696–702.

Killeya, L. A., & Johnson, B. T. (1998). Experimental induction of biased systematic processing: The directed through technique. Personality and Social Psychology Bulletin, 24, 17–33.

Kim, H., Park, K., & Schwarz, N. (2010). Will this trip really be exciting?: The role of incidental emotions in product evaluation. Journal of Consumer Research, 36, 983–991.

Kitzmann, K. M., Cohen, R., & Lockwood, R. L. (2002). Are only children missing out? Comparison of the peer-related social competence of only children and siblings. Journal of Social and Personal Relationships, 19, 299–316.

Klar, Y. (2002). Way beyond compare: The nonselective superiority and inferiority biases in judging randomly assigned group members relative to their peers. Journal of Experimental Social Psychology, 38, 331–351.

Kleinke, C. L. (1986). Gaze and eye contact: A research review. Psychological Bulletin, 100, 78–100.

Klohnen, E. C., & Bera, S. (1998). Behavioral and experiential patterns of avoidantly and securely attached women across adulthood: A 31-year longitudinal perspective. Journal of Personality and Social Psychology, 74, 211–223.

Klohnen, E. C., & Luo, S. (2003). Interpersonal attraction and personality: What is attractive—self similarity, ideal similarity, complementarity, or attachment security? Journal of Personality and Social Psychology, 85, 709–722.

Ko, S. J., Judd, C. M., & Blair, I. V. (2006). What the voice reveals: Within- and between-category stereotyping on the basis of voice. Personality and Social Psychology Bulletin, 32, 806–819.

L.aird, J. D. (1984). The real role of facial response in the experience of emotion: A reply to Tourangeau and Ellsworth, and others. Journal of Personality and Social Psychology, 47, 909–91

Kochanska, G., Friesenborg, A. F., Lange, L. A., & Martel, M. M. (2004). Parents' personality and infants' temperament as contributors to their emerging relationship. Journal of Personality and Social Psychology, 86, 744–759.

Kogan, N., & Wallach, M. A. (1964). Risk-taking: A study in cognition and personality. New York: Henry Holt.

Komorita, M., & Parks, G. (1994). Interpersonal relations: Mixed-motive interaction. Annual Review of Psychology, 46, 183–207.

Konrath, S.H., O'Brien, E.H, & Hsing, C. (2011). Changes in dispositional empathy in American college students over time: A met-analysis. Personality and Social Psychology Review, 15, 180–198.

Koo, M., Algoe, S. B., Wilson, T. D., & Gilbert, D. T. (2008). It's a wonderful life: Mentally subtracting positive events improves people's affective states, contrary to their affective forecasts. Journal of Personality and Social Psychology, 95, 1217–1224.

Koole, S. L., Greenberg, J., & Pyszczynski, T. (2006). Introducing science to the psychology of the soul: Experimental existential psychology. *Current Directions in Psychological Science, 15,* 211–216.

Korsgaard, M. A., Meglino, B. M., Lester, S. W., & Jeong, S. S. (2010). Paying you back or paying me forward: Understanding rewarded and unrewarded organi- zational citizenship behavior. *Journal of Applied Psychology, 95,* 277–290.

Kowalski, R. M. (1996). Complaints and complaining: Functions, antecedents, and consequences. *Psychological Bulletin, 119,* 179–196.

Kowalski, R. M. (2001). The aversive side of social interaction revisited. In R. M. Kowalski (Ed.), *Behaving badly: Aversive behaviors in interpersonal relationships* (pp. 297–309). Washington, DC: American Psychological Association.

Kozak, M. N., Marsh, A. A., & Wegner, D. M. (2006). What do I think you're doing? Action identification and mind attribution. *Journal of Personality and Social Psychology, 90,* 543–555.

Krahe, B., Moller, I., Huesmann, L.R., Kirwill, L., Felber, J., & Berger, A. (2011). Desensitization to media violence: Link with habitual media violence exposure, aggressive cognitions, and aggressive behavior, *Journal of Personality and Social Psychology,* 0100, 630–646.

Krahe, B., Mullerm, I., Huesamann, L.R., Kirwil, L., Felber, J., & Berger, A. (2011). Desensitization to media violence: Links with habitual media violence 3exposure, aggressive cognitions, and aggressive behavior. *Journal of Personality and Social Psychology, 100,* 630–646.

Krause, N. (2007). Longitudinal study of social support and meaning in life. *Psychology and Aging, 22,* 456–459.

Kray, L. J., Galinsky, A. D., & Wong, E. M. (2006). Thinking within the box: The relational processing style elicited by counterfactual mind-sets. *Journal of Personality and Social Psychology, 91,* 33–48.

Krosnick, J. A., Betz, A. L., Jussim, L. J., & Lynn, A. R. (1992). Subliminal conditioning of attitudes. *Personality and Social Psychology Bulletin, 18,* 152–162.

Kruger, J., & Burrus, J. (2004). Egocentrism and focalism in unrealistic optimism (and pessimism). *Journal of Experimental Social Psychology, 40,* 332–340.

Kruger, J., Epley, N., Parker, J., & Ng, Z. W. (2005). Egocentrism over e-mail: Can we communicate as well as we think? *Journal of Personality and Social Psychology, 89,* 925–936.

Kulik, J. A., Mahler, H. I. M., & Moore, P. J. (1996). Social comparison and affiliation under threat: Effects on recovery from major surgery. *Journal of Personality and Social Psychology, 71,* 967–979.

Kunda, Z. (1999). *Social cognition: Making sense of people.* Cambridge, MA: MIT Press.

Kunstman, J. W., & Plant, E. A. (2009). Racing to help: racial bias in high emergency helping situations. *Journal of Personality and Social Psychology, 95,* 1499–1510.

Kurzban, R., & Neuberg, S. L. (2005). Managing ingroup and outgroup relationships. In D. M. Buss (Ed.), *Handbook of evolutionary psychology,* (pp. 653–675). New York: John Wiley.

Kwan, L. A., (1998). *Attitudes and attraction: A new view of how to diagnose the moderating effects of personality.* Unpublished master's thesis, National Universsity of Singapore.

Lalonde, R. N., & Silverman, R. A. (1994). Behavioral preferences in response to social injustice: The effects of group permeability and social identity salience. *Journal of Personality and Social Psychology, 66,* 78–85.

Landau, M. J., Meier, B. P., & Keefer, L. A. (2010). A metaphor-enriched social cogntion. *Psychological Bulletin, 136,* 1045–1067.

Landau, M. J., Solomon, S., Greenberg, J., Cohen, F., Pyszczynski, T., Arndt, J., et al. (2004). Deliver us from evil: The effects of mortality salience and reminders of 9/11 on support for President George W. Bush. *Personality and Social Psychology Bulletin, 30,* 1136–1150.

Landau, M. J., Sullivan, D., & Greenberg, J. (2009). Evidence that self-relevant motives and metaphoric framing interact to influence political and social attitudes. *Psychological Science, 20,* 1421–1427.

Langlois, J. H., & Roggman, L. A. (1990). Attractive faces are only average. *Psychological Science, 1,* 115–121.

Langlois, J. H., Roggman, L. A., & Musselman, L. (1994). What is average and what is not average about attractive faces? *Psychological Science, 5,* 214–220.

LaPiere, R. T. (1934). Attitude and actions. *Social Forces, 13,* 230–237.

Larrick, R.P., Timmerman, T.A., Carton, A.M., & Abrevaya, J. (2011). *Psychological Science,* 22, 423–428.

Larrick, R.P., Timmerman, T.A., Carton, A.M., & Abrevaya, J. (2011). Temper, temperature, and temptation: Heat-related retaliation in baseball. *Psychological Science, 11,* 423–428.

Larsen, J. T., & McKibbon, A. R. (2008). Is happiness having what you want, wanting what you have, or both? *Psychological Science, 19,* 371–377.

Larson, J. R., Jr., Foster-Fishman, P. G., & Franz, T. M. (1998). Leadership style and the discussion of shared and unshared information in decision-making groups. *Personality and Social Psychology Bulletin, 24,* 482–495.

Latané, B., & Darley, J. M. (1968). Group inhibition of bystander intervention in emergencies. *Journal of Personality and Social Psychology, 10,* 215–221.

Latané, B., & Darley, J. M. (1970). *The unresponsive bystander: Why doesn't he help?* New York: Appleton- Century-Crofts.

Latané, B., & L'Herrou, T. (1996). Spatial clustering in the conformity game: Dynamic social impact in electronic groups. *Journal of Personality and Social Psychology, 70,* 1218–1230.

Latané, B., Williams, K., & Harkins, S. (1979). Many hands make light the work: The causes and consequences of social loafing. *Journal of Personality and Social Psychology, 37,* 822–832.

Lau, S., & Gruen, G. E. (1992). The social stigma of loneliness: Effect of target person's and perceiver's sex. *Personality and Social Psychology Bulletin, 18,* 182–189.

Laurenceau, J.P., Barrett, L. F., & Pietromonaco, P. R. (1998). Intimacy as an interpersonal process: The importance of self-disclosure, partner disclosure, and perceived partner responsiveness in interpersonal exchanges. *Journal of Personality and Social Psychology, 74,* 1238–1251.

Lazarus R. A. & Folkman, S. (1984). *Stress appraisal and coping.* New York Springer.

Lazarus, R. S., Opton, E. M., Nomikos, M. S., & Rankin, N. O. (1985). The principle of short-circuiting of threat: Further evidence. *Journal of Personality, 33,* 622–635.

Leary, M. R., Twenge, J. M., & Quinlivan. E. (2006). Interpersonal rejection as a determinant of anger and aggression. *Personality and Social Psychology Review, 10,* 111–132.

LeBoeuf, R. A., Shafir, E., & Bayuk, J. B. (2010). The conflicting choices of alternating selves. *Organizational Behavior and Human Decision Processes, 111,* 48–61.

LeBoeuf, R., & Shafir, E. (in press). Decision making. In K. Holyoak & R. Morrison (Eds.), *Cambridge handbook of thinking and reasoning.* New York: Cambridge University Press.

Lee, A. Y. (2001). The mere exposure effect: An uncertainty reduction explanation revisited. *Personality and Social Psychology Bulletin, 27,* 1255–1266.

Lee, M., & Youn, S. (2009). Electronic word-of-mouth (eWOM): How eWOM platforms influence consumer product judgement. *International Journal of Advertising, 28,* 473–499.

Lee, S., Rogge, R. D., & Reis, H. T. (2010). Assessing the seeds of relationships decay: Using implicit evaluations to detect the early signs of disillusionment. *Psychological Science.*

Lee, Y. T., & Seligman, M. E. P. (1997). Are Americans more optimistic than the Chinese? *Personality and Social Psychology Bulletin, 23,* 32–40.

Lehmiller, J. J. (2009). Secret romantic relationships: Consequences for personal and relationship well-being. *Personality and Social Psychology Bulletin, 35,* 1452–1466.

Leippe, M. R., & Eisenstadt, D. (1994). Generalization of dissonance reduction: Decreasing prejudice through induced compliance. *Journal of Personality and Social Psychology, 67,* 395–413.

Lemay, E. P., Clark, M. S., & Greenberg, A. (2010). What is beautiful is good because what is beautiful is desired: Physical attractiveness stereotyping as project of interpersonal goals. *Personal-*

ity and Social Psychology Bulletin, 36, 339–353.

Lemley, B. (2000, February). Isn't she lovely? *Discover, 42*–49. Lemonick, M. D., & Dorfman, A. (2001, July 23). One giant step for mankind. *Time*, 54–61.

Levav, J., & Argo, J. J. (2010). Physical contact and financial risk taking. *Psychological Science, 21*, 804–810.

Levine, J. M., Moreland, R. L., & Hausmann, L. R. M. (2005). Managing group composition: Inclusive and exclusive role transitions. In D. Abrams, M. A. Hogg, & J. M. Marques (Eds.), *The social psychology of inclusion and exclusion* (pp. 139–160). New York: Psychology Press.

Levine, M., & Wallach, L. (2002). *Psychological problems, social issues, and the law.* Boston: Allyn & Bacon, Inc.

Levine, M., Prosser, A., Evans, D., & Reicher, S. (2005). Identiyt and emergency intervention: How wsocial group membership and inclusiveness of group boundaries shape helping behavior. *Personality and Social Psychology Bulletin, 31*, 443–453.

Levine, R. V., Martinez, T. S., Brase, G., & Sorenson, K. (1994). Helping in 36 U.S. cities. *Journal of Personality and Social Psychology, 67*, 69–82.

Levitan, L. C., & Visser, P. S. (2008). The impact of the social context on resistance to persuasion: Effortful versus effortless responses to counter-attitudinal information. *Journal of Experimental Social Psychology, 44*, 640–649.

Levitan, L. C., & Visser, P. S. (2009). Social network composition and attitude strength: Exploring the dynamics within newly formed social networks. *Journal of Experimental Social Psychology, 45*, 1057–1067.

Leyens, J.-P., Desert, M., Croizet, J.-C., & Darcis, C. (2000). Stereotype threat: Are lower status and history of stigmatization preconditions of stereotype threat? *Personality and Social Psychology Bulletin, 26*, 1189–1199.

Li, N. P., & Kenrick, D. T. (2006). Sex similarities and differences in preferences for short-term mates: What, whether, and why. *Journal of Personality and Social Psychology, 90*, 468–489.

Li, N. P., Bailey, J. M., Kenrick, D. T., & Linsenmeier, J. A. W. (2002). The necessities and luxuries of male preferences: Testing the tradeoffs. *Journal of Personality and Social Psychology, 82*, 947–955.

Li, N. P., Griskevicius, V., Durante, K. M., Jonason, P. K., Pasisz, D. J., & Aumer, K. (2009). An evolutionary perspective on humor: Sexual selection of interest indication? *Social Psychology Bulletin, 35*, 923–936.

Liberman, A., & Chaiken, S. (1992). Defensive processing of personally relevant health messages. *Personality and Social Psychology Bulletin, 18*, 669–679.

Lickel, B., Hamilton, D. L., & Sherman, S. J. (2001). Elements of a lay theory of groups: Types of groups, relational styles, and the perception of group entitativity. *Personality and Social Psychology Review, 5*, 129–140.

Lickel, B., Hamilton, D. L., Wieczorkowski, G., Lewis, A., Sherman, S. J., & Uhles, A. N. (2000). Varieties of groups and the perception of group entiativity. *Journal of Personality and Social Psychology, 78*, 223–246.

Lickel, B., Rutchick, A. M., Hamilton, D. L., & Sherman, S. J. (2006). Intuitive theories of group types and relational principles. *Journal of Experimental Social Psychology, 42*, 28–39.

Liden, R. C., & Mitchell, T. R. (1988). Ingratiatory behaviors in organizational settings. *Academy of Management Review, 13*, 572–587.

Lin, M.-C., & Haywood, J. (2003). Accommodation predictors of grandparent-grandchild relational solidarity in Taiwan. *Journal of Social and Personal Relationships, 20*, 537–563.

Linden, E. (1992). Chimpanzees with a difference: Bonobos. *National Geographic, 18*(3), 46–53.

Lindsey, E. W., Mize, J., & Pettit, G. S. (1997). Mutuality in parent-child play: Consequences for children's peer compe- tence. *Journal of Social and Personal Relationships, 14*, 523–538.

Lockwood, P., & Kunda, Z. (1999). Increasing the salience of one's best selves can undermine inspiration by outstanding role models. *Journal of Personality and Social Psychology, 76*, 214–228.

Logel, C., Walton, G. M., Spencer, S. J., Iserman, E. C., von Hippel, W., & Bell, A. E. (2009). Interacting with sexist men triggers social identity threat among female engineers. *Journal of Personality and Social Psychology, 96,* 1089–1103.

Lonnqvist, J. E., Leikas, S., Paunonen, S., Nissinen, V., & Verkasalo, M. (2006). Conformism moderates the relations between values, anticipated regret, and behavior. *Personality and Social Psychology Bulletin, 32,* 1469–1481.

Lopez, F. G., Gover, M. R., Leskela, J., Sauer, E. M., Schirmer, L., & Wyssmann, J. (1997). Attachment styles, shame, guilt, and collaborative problem-solving orientations. *Personal Relationships, 4,* 187–199.

Lord, C. G., & Saenz, D. S. (1985). Memory deficits and memory surfeits: Differential cognitive consequences of tokenism for tokens and observers. *Journal of Personality and Social Psychology, 49,* 918–926.

Lorenz, K. (1966). *On aggression.* New York: Harcourt, Brace, & World.

Lorenz, K. (1974). *Civilized man's eight deadly sins.* New York: Harcourt, Brace, Jovanovich.

Lowery, B. S., Unzueta, M. M., Goff, P. A., & Knowles, E. D. (2006). Concern for the in-group and opposition to affirmative action. *Journal of Personality and Social Psychology, 90,* 961–974.

Lun, J., Oishi, S., Coan, J. A., Akimoto, S., & Miao, F. F. (2010). Cultural variations in motivational responses to felt misunderstanding. *Personality and Social Psychology Bulletin, 36,* 986–996.

Luo, S., & Snider, A. G. (2009). Accuracy and biases in newlyweds' perception ns of each others. *Psychological Science, 20,* 1332–1339.

Lykken, A. & Tellegan, D. (1996). Happiness is a stochastic phenomenon. *Psychological Science, 7,* 186–189.

Lyness, K. S., & Heilman, M. E. (2006). When fit is fundamental: Performance evaluations and promotions of upper-level female and male managers. *Journal of Applied Psychology, 91,* 777–785.

Lyubomirsky, S., King, L., & Diener, E. (2005). The benefits of frequent positive affect: Does happiness lead to success? *Psychological Bulletin, 131,* 803–855.

Lyubomirsky, S., King, L., Diener, E. 2005. Benefits of frequent positive affect. *Psychological Bulletin, 131,* 803–855.

Lyubomirsky, S., Sheldon, K. M., & Schkade, D. (2005). Pursuing happiness: The architecture of sustainable change. *Review of General Psychology, 9,* 111–131.

Ma, H. K., Shek, D. T. L., Cheung, P. C., & Tam, K. K. (2002). A longitudinal study of peer and teacher influences on prosocial and antisocial behavior of Hong Kong Chinese adolescents. *Social Behavior and Personality, 30,* 157–168.

Maass, A., & Clark, R. D. III (1984). Hidden impact of minorities: Fifteen years of minority influence research. *Psychological Bulletin, 95,* 233–243.

Maass, A., Cadinu, M., Guarnieri, G., & Grasselli, A. (2003). Sexual harassment under social identity threat: The computer harassment paradigm. *Journal of Personality and Social Psychology, 85,* 853–870.

MacDonald, T. K., Zanna, M. P., & Fong, G. T. (1995). Decision making in altered states: Effects of alcohol on attitudes toward drinking and driving. *Journal of Personality and Social Psychology, 68,* 973–985.

Mackie, D. M., & Smith, E. R. (2002). Beyond prejudice: Moving from positive and negative evaluations to differentiated reactions to social groups. In D. M. Mackie & E. R. Smith (Eds.), *From prejudice to intergroup emotions: Differentiated reactions to social groups* (pp. 1–12). New York: Psychology Press.

Mackie, D. M., & Worth, L. T. (1989). Cognitive deficits and the mediation of positive affect in persuasion. *Journal of Personality and Social Psychology, 57,* 27–40.

Mackie, D. M., Devos, T., & Smith, E. R. (2000). Intergroup emotions: Explaining offensive action tendencies in an inter-group context. *Journal of Personality and Social Psychology, 79,* 602–616.

Macrae, C. N., Bodenhausen, G. V., Milne, A. B., & Ford, R. (1997). On the regulation of recollection: The intentional forgetting of sterotypical memories. *Journal of Personality and Social Psychology, 72,* 709–719.

Macrae, C. N., Milne, A. B., & Bodenhausen, G. V. (1994). Stereotypes as energy-saving devices: A peek inside the cognitive toolbox. *Journal of Personality and Social Psychology, 66,* 37–47.

Maddux, W. W., Barden, J., Brewer, M. B., & Petty, R. E. (2005). Saying no to negativity: The effects of context and motivation to control prejudice on automatic evaluative responses. *Journal of Experimental Social Psychology, 41,* 19–35.

Maeda, E., & Ritchie, L. D. (2003). The concept of *shinyuu* in Japan: A replication of and comparison to Cole and Bradac's study on U.S. friendship. *Journal of Social and Personal Relationships, 20,* 579–598.

Maheswaran, D., & Chaiken, S. (1991). Promoting systematic processing in low-motivation settings: Effect of incongruent information on processing and judgment. *Journal of Personality and Social Psychology, 61,* 13–25.

Maio, G. R., & Thomas, G. (2007). The epistemic-teleologic model of deliberate self-persuasion. *Personality and Social Psychology Review, 11,* 46–67.

Maio, G. R., Esses, V. M., & Bell, D. W. (1994). The formation of attitudes toward new immigrant groups. *Journal of Applied Social Psychology, 24,* 1762–1776.

Maio, G. R., Fincham, F. D., & Lycett, E. J. (2000). Attitudinal ambivalence toward parents and attachment style. *Personality and Social Psychology Bulletin, 26,* 1451–1464.

Major, B. (1994). From social inequality to personal entitlement: The role of social comparisons, legitimacy appraisals, and group membership. In M. P. Zanna (Ed.), *Advances in experimental social psychology* (Vol. 26, pp. 293–348). San Diego, CA: Academic Press.

Major, B., Barr, L., Zubek, J., & Babey, S. H. (1999). Gender and self-esteem: A meta-analysis. In W. B. Swann, J. H. Langlois, & L. A. Gilbert (Eds.), *Sexism and stereotypes in modern society* (pp. 223–253). Washington, DC: American Psychological Association.

Malone, B.E., & DePaulo, B.M. (2001). Measuring sensitivity to deception. In J.A. Hall & F. Bernieri (Eds.), *Interpersonal sensitivity: Theory, measurement, and application* (pp. 103-124). NJ: Erlbaum.

Marcus, B., Machilek, F., & Schütz, A. (2006). Personality in cyberspace: Personal web sites as media for personality expressions and impressions. *Journal of Personality and Social Psychology, 90,* 1014–1031.

Marcus, D. K., & Miller, R. S. (2003). Sex differences in judgments of physical attractiveness: A social relations analysis. *Personality and Social Psychology Bulletin, 29,* 325–335.

Markey, P. M., Funder, D. C., & Ozer, D. J. (2003). Complementarity of interpersonal behaviors in dyadic interactions. *Personality and Social Psychology Bulletin, 29,* 1082–1090.

Markus, H., & Nurius, P. (1986). Possible selves. *American Psychologist, 41,* 954–969.

Marshall, M. A., & Brown, J. D. (2006). Trait aggressiveness and situational provocation: A test of the traits as situational sensitivities (TASS) model. *Personality and Social Psychology Bulletin, 32,* 1100–1113.

Martens, A., Johns, M., Greenberg, J., & Schimel, J. (2006). Combating stereotype threat: The effect of self-affirmation on women's intellectual performance. *Journal of Experimental Social Psychology, 42,* 236-243.

Martin, P. Y., Hamilton, V. E., McKimmie, B. M., Terry, D. J., & Martin, R. (2007). Effects of caffeine on persuasion and attitude change: The role of secondary tasks in manipulating systematic message processing. *European Journal of Social Psychology, 37,* 320–338.

Maruta, T., Colligan, R. C., Malinchoc, M., & Offord, K. P. (2000). Optimists vs. pessimists: Survival rate among medical patients over a 30-year period. *Mayo Clinic Proceedings, 75,* 140–143.

Marx, D. M., Ko, S. J., & Friedman, R. A. (2009). The "Obama effect": How a salient role model reduces race- based performance differences. *Journal of Experimental Social Psychology, 45,* 953–956.

Matsumoto, D., & Willingham, B. (2006). The thrill of victory and the agony of defeat: Spontaneous expressions of medal winners of the 2004 Athens Olympic games. *Journal of Personality and Social Psychology, 91,* 568-581.

Matsushima, R., & Shiomi, K. (2002). Self-disclosure and friendship in junior high school students. *Social Behavior and Personality, 30,* 515–526.

Mauss, I. B., Evers, C., Wilhelm, F. H., & Gross, J. J. (2006). How to bite your tongue without blowing your top: Implicit evaluation of emotion regulation predicts affective responding to anger provocation. *Personality and Social Psychology Bulletin, 32,* 589–602.

May, J. L., & Hamilton, P. A. (1980). Effects of musically evoked affect on women's interpersonal attraction and perceptual judgments of physical attractiveness of men. *Motivation and Emotion, 4,* 217–228.

Mazzella, R., & Feingold, A. (1994). The effects of physical attractiveness, race, socioeconomic status, and gender of defendants and victims on judgments of mock jurors: A meta-analysis. *Journal of Applied Social Psychology, 24,* 1315–1344.

McCall, M. (1997). Physical attractiveness and access to alcohol: What is beautiful does not get carded. *Journal of Applied Social Psychology, 23,* 453–562.

McClure, S., Laibson, D Loewenstein, G., & Cohen, J. D. (2004). Separate neural systems value immediate and delayed monetary rewards, *Science* 306, October 15, 2004.

McConahay, J. B. (1986). Modern racism, ambivalence, and the Modern Racism Scale. In J. F. Dovidio & S. L. Gaertner (Eds.), *Prejudice, discrimination, and racism* (pp. 91–125). New York: Academic Press.

McCullough, M. E., Fincham, F. D., & Tsang, J. A. (2003). Forgiveness, forbearance, and time: The temporal unfolding of transgression-related interpersonal motivations. *Journal of Personality and Social Psychology, 84,* 540–557.

McCullough, M. E., Kilpatrick, S. D., Emmons, R. A., & Larson, D. B. (2001). Is gratitude a moral affect? *Psychological Bulletin, 127,* 249–266

McDonald, H. E., & Hirt, E. R. (1997). When expectancy meets desire: Motivational effects in reconstructive memory. *Journal of Personality and Social Psychology, 72,* 5–23.

McGonagle, K. A., Kessler, R. C., & Schilling, E. A. (1992). The frequency and determinants of marital disagreements in a community sample. *Journal of Social and Personal Relationships, 9,* 507–524.

McNulty, J. K. (2010). When positive processes hurt relationships. *Current Directions in Psychological Science, 19,* 161–171.

McNulty, J. K., & Karney, B. R. (2004). Positive expectations in the early years of marriage: Should couples expect the best or brace for the worst? *Journal of Personality and Social Psychology, 86,* 729–743.

Mead, G. H. (1934). *Mind, self, and society.* Chicago: University of Chicago Press.

Mead, N. L., Baumeister, R. F., Gino, F., Schweitzer, M. E., & Ariely, D. (2009). Too tired to tell the truth: Self-control resource depletion and dishonesty. *Journal of Experimental Social Psychology, 45,* 594–597.

Medvec, V. H., Madey, S. F., & Gilovich, T. (1995). When less is more: Counterfactual thinking and satisfaction among Olympic athletes. *Journal of Personality and Social Psychology, 69,* 603–610.

Mehl, M. R., Vazire, S., Holleran, S. E., & Clark, C. S. (2010). Eavesdropping on happiness: Wellbeing is related to having less small talk and more substantive conversations. *Psychological Science, 21,* 539–541.

Meier, B. P., Robinson, M. D., & Wilkowski, B. M. (2006). Turning the other cheek: Agreeableness and the regulation of aggression-related primes. *Psychological Science, 17,* 136–142.

Meleshko, K. G. A., & Alden, L. E. (1993). Anxiety and self-disclosure: Toward a motivational model. *Journal of Personality and Social Psychology, 64,* 1000–1009.

Mendoza-Denton, R., Ayduk, O., Mischel, W., Shoda, Y., & Testa, A. (2001). Person X situation interactionism in self-encoding (*I am . . . When . . .*): Implications for affect regulation and social information processing. *Journal of Personality and Social Psychology, 80,* 533–544.

Mesquita, B., & Leu, J. (2007). The cultural psychology of emotion. In S. Kitayama & D. Cohen (Eds.), *Handbook of cultural psychology* (pp. 734–759). New York: Guilford Press.

Meyers, S. A., & Berscheid, E. (1997). The language of love: The difference a preposition makes. *Personality and Social Psychology Bulletin, 23,* 347–362.

Mikulincer, M. (1998). Adult attachment style and individual differences in functional versus dysfunctional experiences of anger. *Journal of Personality and Social Psychology, 74,* 513–524.

Mikulincer, M., Gillath, O., Halevy, V., Avihou, N., Avidan, S., & Eshkoli, N. (2001). Attachment theory and reactions to others' needs: Evidence that activation of the sense of attachment security promotes empathic responses. *Journal of Personality and Social Psychology, 81,* 1205–1224.

Miles, S. M., & Carey, G. (1997). Genetic and environmental architecture of human aggression. *Journal of Personality and Social Psychology, 72,* 207–217.

Milgram, S. (1963). Behavior study of obedience. *Journal of Abnormal and Social Psychology, 67,* 371–378.

Milgram, S. (1965a). Liberating effects of group pressure. *Journal of Personality and Social Psychology, 1,* 127–134.

Milgram, S. (1965b). Some conditions of obedience and disobedience to authority. *Human Relations, 18,* 57–76.

Milgram, S. (1974). *Obedience to authority.* New York: Harper.

Miller, D. A., Cronin, T., Garcia, A. L., & Branscombe, N. R. (2009). The relative impact of anger and efficacy on collective action is affected by feelings of fear. *Group Processes and Intergroup Relations, 12,* 445–462.

Miller, D. A., Smith, E. R., & Mackie, D. M. (2004). Effects of intergroup contact and political predispositions on prejudice: Role of intergroup emotions. *Group Processes and Intergroup Relations, 7,* 221–237.

Miller, D. T., & McFarland, C. (1987). Pluralistic ignorance: When similarity is interpreted as dissimilarity. *Journal of Personality and Social Psychology, 53,* 298–305.

Miller, D. T., & Ross, M. (1975) Self-serving biases in the attribution of causality: Fact or fiction? *Psychological Bulletin, 82,* 213–225.

Miller, D. T., & Morrison, K. R. (2009). Expressing deviant opinions: Believing you are in the majority helps. *Journal of Experimental Social Psychology, 45,* 740–747.

Miller, L. (2010, February 17). R.I.P. on Facebook: The uses and abuses of virtual grief. *Newsweek.*

Miller, L. C., Putcha-Bhagavatula, A., & Pedersen, W. C. (2002, June). Men's and women's mating preferences: Distinct evolutionary mechanisms? *Current Directions in Psychological Science, 11,* 88–93.

Miller, P. J. E., & Rempel, J. K. (2004). Trust and partnerenhancing attributions in close relationships. *Personality and Social Psychology Bulletin, 30,* 695–705.

Miller, P. J. E., Caughlin, J. P., & Huston, T. L. (2003). Trait expressiveness and marital satisfaction: The role of idealization processes. *Journal of Marriage and Family, 65,* 978–995.

Miller, S. L., & Maner, J. K. (2010). Scent of a woman: Men's testosterone responses to olfactory ovulation cues. *Psychological Science, 21,* 276–283.

Miron, A. M., Branscombe, N. R., & Schmitt, M. T. (2006). Collective guilt as distress over illegitimate intergroup inequality. *Group Processes and Intergroup Relations, 9,* 163–180.

Miron, A. M., Warner, R. H., & Branscombe, N. R. (in press). Accounting for group differences in appraisals of social inequality: Differential injustice standards. *British Journal of Social Psychology.*

Mobbs, D., Hassabis, D., Seymour, B., Marechant, J. L., Weiskopf, N., Dolan, R. J., et al. (2009). Choking on the money: Reward-based performance decrements are associated with midbrain activity. *Psychological Science, 20,* 955–962.

Mojzisch, A., & Schulz-Hardt, S. (2010). Knowing others' preferences degrades the quality of group decisions. *Journal of Personality and Social Psychology, 98,* 794–808.

Mondloch, C. J., Lewis, T. L., Budreau, D. R., Maurer, D., Dannemiller, J. L., Stephens, B. R., et al. (1999). Face perception during early infancy. *Psychological Science, 10,* 419–422

Monin, B. (2003). The warm glow heuristic: When liking leads to familiarity. *Journal of Personality and Social Psychology, 85,*

1035–1048.

Monin, B., & Miller, D. T. (2001). Moral credentials and the expression of prejudice. *Journal of Personality and Social Psychology, 81,* 33–43.

Monteith, M. J., Ashburn-Nardo, L., Voils, C. I., & Czopp, A. M. (2002). Putting the brakes on prejudice: On the development and operation of cues for control. *Journal of Personality and Social Psychology, 83,* 1029–1050.

Monteith, M. J., Devine, P. G., & Zuwerink, J. R. (1993). Self-directed versus other-directed affect as a consequence of prejudice-related discrepancies. *Journal of Personality and Social Psychology, 64,* 198–210.

Montgomery, K. J., Seeherman, K. R., & Haxby, J. V. (2009). The well-tempered social brain. *Psychological Science, 20,* 1211–1213.

Moons, W. G., Mackie, D. M., & Garcia-Marques, T. (2009). The impact of repetition-induced familiarity on agreement with weak and strong arguments. *Journal of Personality and Social Psychology, 96,* 32–44.

Moreland, R. L., & Beach, S. R. (1992). Exposure effects in the classroom: The development of affinity among students. *Journal of Experimental Social Psychology, 28,* 255–276.

Moreland, R. L., & Levine, J. M. (2001). Socialization in organizations and work groups. In M. Turner (Ed.), *Groups at work: Theory and research* (pp. 69–112). Mahwah, NJ: Erlbaum.

Morewedge, C. K. (2009). Negativity bias in attribution of external agency. *Journal of Experimental Psychology, 138,* 535–545.

Morison, L. A., Cozzolino, P. J., & Orbell, S. (2010). Temporal perspective and parental intention to accept the human papilomavirus vaccination for their daughter. *British Journal of Health Psychology, 15,* 151–165.

Morris, M. L., Sinclair, S., & DePaulo, B. M. (2007). No shelter for singles: The perceived legitimacy of marital status discrimination. *Group Processes and Intergroup Relations, 10,* 457–470.

Morrison, E. W., & Bies, R. J. (1991). Impression management in the feedback-seeking process: A literature review and research agenda. *Academy of Management Review, 16,* 322–341.

Moscovici, S. (1985). Social influence and conformity. In G. Lindzey & E. Aronson (Eds.), *Handbook of social psychology* (3rd ed.). New York: Random House.

Mugny, G. (1975). Negotiations, image of the other and the process of minority influence. *European Journal of Social Psychology, 5,* 209–229.

Mulder, L. B., van Dijk, E., De Cremer, D., & Wilke, H. A. M. (2006). Undermining trust and cooperation: The paradox of sanctioning systems in social dilemmas. *Journal of Experimental Social Psychology, 42,* 147–162.

Mullen, B., & Cooper, C. (1994). The relation between group cohesiveness and performance: An integration. *Psychological Bulletin, 115,* 210–227.

Mullen, E., & Skitka, L. J. (2006). Exploring the psychological underpinnings of the moral mandate effect: Motivated reasoning, group differentiation, or anger? *Journal of Personality and Social Psychology, 90,* 629–643.

Munkes, J., & Diehl, M. (2003). Matching or competition? Performance comparison processes in an idea generation task. *Group Processes and Intergroup Relations, 6,* 305–320.

Murray, L., & Trevarthen, C. (1986). The infant's role in mother-infant communications. *Journal of Child Language, 13,* 15–29.

Murray, S. L., Griffin, D. W., Rose, P., and Bellavia, G. (2006). For better or worse? Self-esteem and the contingencies of acceptance in marriage. *Personality and Social Psychology Bulletin, 32,* 866-880.

Murray, S. L., Holmes, J. G., & Griffin, D. W. (2000). Selfesteem and the quest for felt security: How perceived regard regulates attachment processes. *Journal of Personality and Social Psychology, 78,* 478–498.

Murray, S. L., Holmes, J. G., & Griffin, D. W. (1996). The benefits of positive illusions: Idealization and the construction of satisfaction in close relationships. *Journal of Personality and Social Psychology, 70,* 79–98.

Murray, S. L., Holmes, J. G., Griffin, D. W., Bellavia, G., & Rose, P. (2001). The mismeasure of love: How self-doubt contaminates relationship beliefs. *Personality and Social Psychology Bulletin, 27,* 423–436.

Mynard, H., & Joseph, S. (1997). Bully victim problems and their association with Eysenck's personality dimensions in 8 to 13 year olds. *British Journal of Educational Psychology, 67,* 51–54.

Nadler, A., & Halabi, S. (2006). Intergroup helping as status relations: Effects of status stability, identification, and type of help on receptivity to high-status group's help. *Journal of Personality and Social Psychology, 91,* 97–110.

Nadler, A., Fisher, J. D., & Itzhak, S. B. (1983). With a little help from my friend: Effect of a single or multiple acts of aid as a function of donor and task characteristics. *Journal of Personality and Social Psychology, 44,* 310–321.

Nadler, A., Harpaz-Gorodeisky, & Ben-David, Y. (2009). Defensive helping: Threat to group identity, ingroup identification, status stability, and common group identity as determinants of intergroup help-giving. *Journal of Personality and Social Psychology, 97,* 823–834.

Naqvi, N., Shiv, B., & Bechara, A. (2006). The role of emotion in decision making: A cognitive neuroscience perspective. *Current Directions in Psychological Science, 15,* 260–264.

Nario-Redmond, M. R., & Branscombe, N. A. (1996). It could have better and it might have been worse: Implications for blame assignment in rape cases. *Basic and Applied Social Psychology, 18,* 347–366.

Naumann, L. P. Vazire, S., Rentfrow, P. J., & Gosling, S. D. (2009). Personality judgments based on physical appearance. *Personality and Social Psychology Bulletin, 35,* 1661–1671.

Nemeth, C. J., Personnaz, B., Personnaz, M., & Goncalo, J. A. (2004). The liberating role of conflict in group creativity: A study in two countries. *European Journal of Social Psychology, 34,* 365–374.

Neuman, J. S., & Baron, R. A. (in press). Social antecedents of bullying. In S. Einarsen, H. Hoel, D. Zapf, & C. L. Cooper (Eds.), *Workplace bullying: Development in theory, research and practice* (2nd ed). London: CRC Press.

Newby-Clark, I. R., & Ross, M. (2003). Conceiving the past and future. *Personality and Social Psychology Bulletin, 29,* 807–818.

Newcomb, T. M. (1956). The prediction of interpersonal attraction. *Psychological Review, 60,* 393–404.

Newcomb, T. M. (1961). *The acquaintance process.* New York: Holt, Rinehart and Winston.

Newman, R. S., & Murray, B. J. (2005). How students and teachers view the seriousness of peer harassment: When is it appropriate to seek help? *Journal of Educational Psychology, 97,* 345–365.

Neyer, F. J., & Lang, F. R. (2003). Blood is thicker than water: Kinship orientation across adulthood. *Journal of Personality and Social Psychology, 84,* 310–321.

Nida, S. A., & Koon, J. (1983). They get better looking at closing time around here, too. *Psychological Reports, 52,* 657–658.

Nisbett, R. E. (1990). Evolutionary psychology, biology, and cultural evolution. *Motivation and Emotion, 14,* 255–264.

Nisbett, R. E., & Wilson, T. D. (1977). Telling more than we can know: Verbal reports on mental processes. *Psychological Review, 84,* 231–259.

Nisbett, R. E., Caputo, C., Legbant, P., & Marecek, J. (1973). Behavior as seen by the actor and as seen by the observer. *Journal of Personality and Social Psychology, 27,* 154–164.

Noel, J. G., Wann, D. L., & Branscombe, N. R. (1995). Peripheral ingroup membership status and public negativity toward outgroups. *Journal of Personality and Social Psychology, 68,* 127–137.

Noel, J. G., Wann, D. L., & Branscombe, N. R. (1995). Peripheral ingroup membership status and public negativity toward outgroups. *Journal of Personality and Social Psychology, 68,* 127–137.

Norenzayan, A., & Hansen, G. (2006). Belief in supernatural agents in the face of death. *Personality and Social Psychology Bulletin, 32,* 174–187.

Norenzayan, A., & Lee, A. (2010). It was meant to happen: Explaining cultural variations in fate attributions. *Journal of Personality and Social Psychology, 98,* 702–720.

Norton, M. I., Frost, J. H., & Ariely, D. (2006). Less is more: The lure of ambiguity, or why familiarity breeds contempt. *Journal of*

Personality and Social Psychology, 92, 97–105.

Norton, M. I., Sommers, S. R., Apfelbaum, E. P., Pura, N., & Ariely, D. (2006). Color blindness and interracial interaction: Playing the political correctness game. *Psychological Science, 17,* 949–953.

Nussbaum, S., Trope, Y., & Liberman, N. (2003). Creeping dispositionism: The temporal dynamics of behavior prediction. *Journal of Personality and Social Psychology 84,* 485–497.

Nyman, L. (1995). The identification of birth order personality attributes. *The Journal of Psychology, 129,* 51–59.

O'Brien, L. T., Crandall, C. S., Horstman-Reser, A., Warner, R., Alsbrooks, A., & Blodorn, A. (2010). But I'm no bigot: How prejudiced White Americans maintain unprejudiced self-images. *Journal of Applied Social Psychology, 40,* 917–946.

O'Connor, S. C., & Rosenblood, L. K. (1996). Affiliation motivation in everyday experience: A theoretical comparison. *Journal of Personality and Social Psychology, 70,* 513–522.

O'Leary, S. G. (1995). Parental discipline mistakes. *Current Directions in Psychological Science, 4,* 11–13.

O'Moore, M. N. (2000). Critical issues for teacher training to counter bullying and victimization in Ireland. *Aggressive Behavior, 26,* 99–112.

O'Sullivan, M. (2003). The fundamental attribution error in detecting deception: The boy-who-cried-wolf effect. *Personality and Social Psychology Bulletin, 29,* 1316–1327.

Oakes, P. J., & Reynolds, K. J. (1997). Asking the accuracy question: Is measurement the answer? In R. Spears, P. J. Oakes, N. Ellemers, & S. A. Haslam (Eds.), *The social psychology of stereotyping and group life* (pp. 51–71). Oxford: Blackwell.

Oakes, P. J., Haslam, S. A., & Turner, J. C. (1994). *Stereotyping and social reality.* Oxford: Blackwell.

Odgers, C. L., Moretti, M. M., Burnette, M. L., Chauhan, P., Waite, D., & Reppucci, N. D. (2007). A latent variable modeling approach to identifying subtypes of serious and violent female juvenile offenders. *Aggressive Behavior, 33,* 339–352.

Oettingen, G. (1995). Explanatory style in the context of culture. In G. M. Buchanan & M. E. P. Seligman (Eds.), *Explanatory style.* Hillsdale, NJ: Erlbaum.

Oettingen, G., & Seligman, M. E. P. (1990). Pessimism and behavioral signs of depression in East versus West Berlin. *European Journal of Social Psychology, 201,* 207–220.

Oishi, S., Diener, E., & Lucas, R. E. (2007). The optimum level of well-being: Can people be too happy? *Perspectives on Psychological Science, 2,* 346–360.

Olson, M. A., & Fazio, R. H. (2001). Implicit attitude formation through classical conditioning. *Psychological Science, 12,* 413–417.

Olson, M. A., & Kendrick, R. V. (2008). Origins of attitudes. In W. D. Crano & R. Prislin (Eds.), *Attitudes and attitude change* (pp. 111–130). New York: Psychology Press.

Olweus, D. (1999). Sweden. In P. K. Smith, Y. Morita, J. Junger-Tas, D. Olweus, R. F. Catalano, & P. Slee (Eds.), *The nature of school bullying: A cross-national perspective* (pp. 7–27). New York: Routledge.

Orbell, S., Blair, C., Sherlock, K., & Conner, M. (2001). The theory of planned behavior and ecstasy use: Roles for habit and perceived control over taking versus obtaining substances. *Journal of Applied Social Psychology, 31,* 31–47.

Orth, U., Trzesniewski, K. H., & Robins, R. W. (2010). Self-esteem development from young adulthood to old age: A cohort-sequential longitudinal study. *Journal of Personality and Social Psychology, 98,* 645–658.

Osborne, J. W. (2001). Testing stereotype threat: Does anxiety explain race and sex differences in achievement? *Contemporary Educational Psychology, 26,* 291–310.

Oskamp, S., & Schultz, P.W. (2005). *Attitudes and Opinions* (3rd ed.). Mahwah, NJ: Lawrence Erlbaum.

Paik, H., & Comstock, G. (1994). The effects of television violence on antisocial behavior: A meta-analysis. *Communication Research, 21,* 516–546.

Palmer, J., & Byrne, D. (1970). Attraction toward dominant and submissive strangers: Similarity versus complementarity. *Jour-*

nal of Experimental Research in Personality, 4, 108–115.

Park, J., & Banaji, M. R. (2000). Mood and heuristics: The influence of happy and sad states on sensitivity and bias in stereotyping. Journal of Personality and Social Psychology, 78, 1005–1023.

Park, L. E., & Pelham, B. W. (2006). Self versus others' ratings of physical attractiveness. Unpublished raw data. Pascoe, E. A., & Smart Richman, L. (2009). Perceived discrimination and health: A meta-analytic review. *Psychological Bulletin, 135,* 531–554.

Patrick, H., Neighbors, C., & Knee, C. R. (2004). Appearance-related social comparisons: The role of contingent self-esteem and self-perceptions of attractiveness. Personality and Social Psychology Bulletin, 30, 501–514.

Pavalko, E. K., Mossakowski, K. N., & Hamilton, V. J. (2003). Does perceived discrimination affect health? Longitudinal relationships between work discrimination and women's physical and emotional health. Journal of Health and Social Behavior, 43, 18–33.

Peale, N. V. (1952). *The power of positive thinking.* New York: Prentice-Hall.

Pelham, B. W., Mirenberg, M. C., & Jones, J. T. (2002). Why Susie sells seashells by the seashore: Implicit egotism and major life decisions. Journal of Personality and Social Psychology, 82, 469–487.

Pennebaker, J. W., Dyer, M. A., Caulkins, R. S., Litowicz, D. L., Ackerman, P. L., & Anderson, D. B. (1979). Don't the girls all get prettier at closing time: A country and western application to psychology. Personality and Social Psychology Bulletin, 5, 122–125.

Penner, L. A., Dovidio, J. F., Piliavin, J. A., & Schroeder, D. A. (2005). Prosocial behavior: Multilevel perspective. Annual Review of Psychology, 46, 365–392.

Pentony, J. F. (1995). The effect of negative campaigning on voting, semantic differential, and thought listing. Journal of Social Behavior and Personality, 10, 631–644.

Pereira, C., Vala, J., & Costa-Lopes, R. (2009). From prejudice to discrimination: The legitimizing role of perceived threat in discrimination against immigrants. *European Journal of Social Psychology,*

Petrocelli, J. V., & Sherman, S. J. (2010). Event detail and confidence in gambling: The role of counterfactual thought reactions. *Journal of Experimental Social Psychology, 46,* 61–72.

Petrocelli, J. V., Clarkson, J. J., Tormala, Z. L., & Hendrix, K. S. (2010). Perceiving stability as a means to attitude certainty: The role of implicit theories. *Journal of Experimental Social Psychology, 46,* 874–883.

Petrocelli, J. V., Tormala, Z. L., & Rucker, D. D. (2007). Unpacking attitude certainty: Attitude clarity and attitude correctness. *Journal of Personality and Social Psychology, 92,* 30–41.

Pettigrew, T. F. (1981). Extending the stereotype concept. In D. L. Hamilton (Ed.), *Cognitive processes in stereotyping and intergroup behavior* (pp. 303–331). Hillsdale, NJ: Erlbaum.

Pettigrew, T. F. (1997). Generalized intergroup contact effects on prejudice. *Personality and Social Psychology Bulletin, 23,* 173–185.

Pettigrew, T. W. (2007). Still a long way to go: American Black-White relations today. In G. Adams, M. Biernat, N. R. Branscombe, C. S. Crandall, & L. S. Wrightsman (Eds.), *Commemorating Brown: The social psychology of racism and discrimination.* Washington, DC: American Psychological Association.

Pettijohn, T. E. F., II, & Jungeberg, B. J. (2004). Playboy playmate curves: Changes in facial and body feature preferences across social and economic conditions. *Personality and Social Psychology Bulletin, 30,* 1186–1197.

Petty, R. E., & Cacioppo, J. T. (1986). The elaboration likeli-hood model of persuasion. In L. Berkowitz (Ed.), *Advances in experimental social psychology* (Vol. 19, pp. 123–205). New York: Academic Press.

Petty, R. E., Wheeler, C., & Tormala, Z. L. (2003). Persuasion and attitude change. In T. Millon & M. J. Lerner (Eds.), *Handbook of psychology: Personality and social psychology* (Vol. 5, pp. 353–382). New York: Wiley.

Petty, R. J., & Krosnick, J. A. (Eds.). (1995). *Attitude strength: Antecedents and consequences* (Vol. 4). Hillsdale, NJ: Erlbaum.

Petty, R.E. (1995). Attitude change. In A. Tesser (Ed.), *Advanced social psychology* (pp. 195-255). New York: McGraw-Hill.

Petty, R.E., Cacioppo, J.T., Strathman, A.J., & Priester, J.R. (2005). To think or not to think: Exploring two routes to persuasion. In T.C. Brock & M.C. Green (Eds.), *Persuasion: Psychological insights and perspectives* (2nd ed., pp. 81–116). Thousand Oaks, CA: Sage.

Phelps, E. A., O'Connor, K. J., Gatenby, J. C., Gore, J. C., Grillon, C., & Davis, M. (2001). Activation of the left amygdala to a cognitive representation of fear. *Nature Neuro-science, 4,* 437–441.

Pines, A. (1997). Fatal attractions or wise unconscious choices: The relationship between causes for entering and breaking intimate relationships. *Personal Relationship Issues, 4,* 1–6.

Pinker, S. (1998). *How the mind works.* New York: Norton.

Pinquart, M., & Sorensen, S. (2000). Influences of socioeconomic status, social network, and competence on subjective well-being in later life: A meta-analysis. *Psychology and Aging, 15,* 187–224.

Pittman, T. S. (1993). Control motivation and attitude change. In G. Weary, F. Gleicher, & empirical review. *Psychological Bulletin, 130,* 435–468.

Plant, E. A., & Devine, P. G. (1998). Internal and external motivation to respond without prejudice. *Journal of Personality and Social Psychology, 75,* 811–832.

Polivy, J., & Herman, C. P. (2000). The false-hope syndrome: Unfulfilled expectations of self-change. *Current Directions in Psychological Science, 9,* 128–131.

Pollak, K. I., & Niemann, Y. F. (1998). Black and white tokens in academia: A difference in chronic versus acute distinctiveness. *Journal of Applied Social Psychology, 28,* 954–972.

Postmes, T., & Branscombe, N. R. (2002). Influence of long-term racial environmental composition on subjective well-being in African Americans. *Journal of Personality and Social Psychology, 83,* 735–751.

Postmes, T., & Spears, R. (1998). Deindividuation and antinormative behavior: A meta-analysis. *Psychological Bulletin, 123,* 238–259.

Poteat, V. P., & Spanierman, L. B. (2010). Do the ideological beliefs of peers predict the prejudiced attitudes of other individuals in the group? *Group Processes and Intergroup Relations, 13,* 495–514.

Powers, S., Pietromonaco, P. R., Gunlicks, M., & Sayer, A. (2008). Dating couples' attachment styles and patterns of cortisol reactivity and recover in response to a relationship conflict. *Journal of Personality and Social Psychology, 90,* 613–628.

Pozzulo, J. D., & Lindsay, R. C. L. (1999). Elimination lineups: An improved identification for child eyewitnesses. *Journal of Applied Psychology, 84,* 167–176.

Pozzulo, J., D., & Demopsey, J. (2006). Biased lineup instructions: Examining the effect of pressure on children's andadultas' eyewitness identification accuracy. *Journal of Applied Social Psychology, 36,* 1381–1394.

Prentice, D. A., & Miller, D. T. (1992). When small effects are impressive. *Psychological Bulletin, 112,* 160–164.

Prentice, D. A., Miller, D. T., & Lightdale, J. R. (1994). Asymmetries in attachments to groups and to their members: Distinguishing between common-identity and common-bond groups. *Personality and Social Psychology Bulletin, 20,* 484–493.

Price, K. H., Harrison, D. A., & Gavin, J. H. (2006). Withholding inputs in team contexts: Member composition, interaction processes, evaluation structure, and social loafing. *Journal of Applied Psychology, 91,* 1375–1384.

Pronin, E., & Ross, L. (2006). Temporal differences in trait self-ascription: When the self is seen as an other. *Journal of Personality and Social Psychology, 90,* 197–209.

Pronin, E., & Kruger, M. B. (2007). Valuing thoughts, ignoring behavior: The introspection illusion as a source of bias blind spot. *Journal of Experimental Social Psychology, 43,* 565–578.

Pronin, E., Berger, J., & Molouki, S. (2007). Alone in a crowd of sheep: Asymmetric perceptions of conformity and their roots in an introspection illusion. *Journal of Personality and Social Psychology, 92,* 585–595.

Pronin, E., Kruger, J., Savitsky, K., & Ross, L. (2001). You don't know me, but I know you: The illusion of asymmetric insight. *Journal of Personality and Social Psychology, 81,* 639–656.

Pronin, E., Steele, C. M., & Ross, L. (2004). Identity bifurcation in response to stereotype threat: Women and mathematics. *Journal of Experimental Social Psychology, 40,* 152–168.

Pruitt, D. G., & Carnevale, P. J. (1993). *Negotiation in social conflict.* Pacific Grove, CA: Brooks/Cole.

Pryor, J. B., Reeder, G. D., Yeadon, C., & Hesson-McInnis, M. (2004). A dual-process model of reactions to perceived stigma. *Journal of Personality and Social Psychology, 87,* 436–452.

Przybylski, A. K. Ryan, R. M., & Rigby, G. S. (2009). The motivating role of violence in video games. *Personality and Social Psychology Bulletin, 35,* 241–259.

Puente, S., & Cohen, D. (2003). Jealousy and the meaning (or nonmeaning) of violence. *Personality and Social Psychology Bulletin, 29,* 449–460.

Putnam, R. (2000). *Bowling alone.* New York: Simon & Schuster.

Queller, S., & Smith, E. R. (2002). Subtyping versus bookkeeping in stereotype learning and change: Connectionist simulations and empirical findings. *Journal of Personality and Social Psychology, 82,* 300–313.

Quigley, B. M., Johnson, A. B., & Byrne, D. (1995, June). *Mock jury sentencing decisions: A meta-analysis of the attractiveness–leniency effect.* Paper presented at the meeting of the American Psychological Society, New York.

Quinn, J. M., & Wood, W. (2004). Forewarnings of influence appeals: Inducing resistance and acceptance. In E. S. Knowles & J. A. Linn (Eds.), *Resistance and persuasion* (pp. 193–213). Mahwah, NJ: Erlbaum.

Quoidbach, J., Dunn, E. W., Petrides, K. V., & Mikolajczak, M. (2010). Money giveth, money taken away: The dual effect of wealth on happiness. *Psychological Science, 21,* 759–763.

Ranganath, K. A., Smith, C. T., & Nosek, B. A. (2008). Distinguishing automatic and controlled components of attitudes from direct and indirect measurement. *Journal of Experimental Social Psychology, 44,* 386–396.

Ray, G. E., Cohen, R., Secrist, M. E., & Duncan, M. K. (1997). Relating aggressive victimization behaviors to children's sociometric status and friendships. *Journal of Social and Personal Relationships, 14,* 95–108.

Read, S. J., & Miller, L. C. (1998). *Connectionist and PDP models of social reasoning and social behavior.* Mahwah, NJ: Erlbaum.

Redersdorff, S., Martinot, D., & Branscombe, N. R. (2004). The impact of thinking about group-based disadvantages or advantages on women's well-being: An experimental test of the rejection-identification model. *Current Psychology of Cognition, 22,* 203–222.

Reicher, S., & Haslam, S. A. (2006). Rethinking the psychology of tyranny: The BBC prison study. *British Journal of Social Psychology, 45,* 1–40.

Reisenzein, R., Bordgen, S., Holtbernd, T., & Matz, D. (2006). Evidence for strong dissociation between emotion and facial displays: The case of surprise. *Journal of Personality and Social Psychology, 91,* 295–315.

Reiss, A. J., & Roth, J. A. (Eds.). (1993). *Understanding and preventing violence.* Washington, DC: National Academy Press.

Reno, R. R., Cialdini, R. B., & Kallgren, C. A. (1993). The transsituational influence of social norms. *Journal of Personality and Social Psychology, 64,* 104–112.

Reno, R. R., Cialdini, R. B., & Kallgren, C. A. (1993). The transsituational influence of social norms. *Journal of Personality and Social Psychology, 64,* 104–112.

Rensberger, B. (1993, November 9). Certain chemistry between vole pairs. *Albany Times Union,* pp. C-1, C-3.

Reskin, B., & Padavic, I. (1994). *Women and men at work.* Thousand Oaks, CA: Pine Forge Press.

Reynolds, K. J., Turner, J. C., Branscombe, N. R., Mavor, K. I., Bizumic, B., & Subasic, E. (2010). Interactionism in personality and social psychology: An integrated approach to understanding the mind and behavior. *European Journal of Personality, 24,* 458–482.

Rhodes, G., & Tremewan, T. (1996). Averageness, exaggeration, and facial attractiveness. *Psychological Science, 7,* 105–110.

Richard, F. D., Bond, C. F., Jr., & Stokes-Zoota, J. J. (2001). "That's completely obvious . . . and important." Lay judgments of social psychological findings. *Personality and Social Psychology Bulletin, 27,* 497–505.

Richard, N. T., & Wright, S. C. (2010). Advantaged group members' reactions to tokenism. *Group Processes and Intergroup Relations, 13,* 559–569.

Richards, Z., & Hewstone, M. (2001). Subtyping and sub-grouping: Processes for the prevention and promotion of stereotype change. *Personality and Social Psychology Review, 5,* 52–73.

Richardson, D. S., & Hammock, G. (2007). Social context of human aggression: Are we paying too much attention to gender? *Aggression and Violent Behavior, 12,* 417–426

Rickenberg, R., & Reeves, B. (2000). The effects of animated characters on anxiety, task performance, and evaluations of user interfaces. In *Proceedings of CHI 2000* (pp. 49–56). New York: ACM Press.

Riegelsberger, J., Sasse, M. A., & McCarthy, J. D. (2007). Trust in mediated communications. In A. N. Joinson, K. Y. A. McKenna, T. Postmes, & U.-D. Reips (Eds.), *The Oxford handbook of internet psychology* (pp. 53–60). New York: Oxford University Press.

Riek, B. M., Mania, E. W., Gaertner, S. L., McDonald, S. A., & Lamoreaux, M. J. (2010). Does a common ingroup iden- tity reduce intergroup threat? *Group Processes and Intergroup Relations, 13,* 403–423.

Righetti, F., & Finkenauer, C. (2011). If you are able to control yourself, I will trust you: The role of perceived self-con- trol in interpersonal trust. *Journal of Personality and Social Psychology, 100,* 874-886.

Risen, J. L., & Gilovich, T. (2007). Another look at why people are reluctant to exchange lottery tickets. *Journal of Personality and Social Psychology, 93,* 12–22.

Ritzer, G. (2011). *The Mcdonalization of society* (6th ed.). New York: Pine Forge Press.

Robbins, T. L., & DeNisi, A. S. (1994). A closer look at interpersonal affect as a distinct influence on cognitive processing in performance evaluations. *Journal of Applied Psychology, 79,* 341–353.

Robins, R. W., Hendin, H. M., & Trzesniewski, K. H. (2001). *Personality and Social Psychology Bulletin, 27,* 151–161. Robins, R. W., Spranca, M. D., & Mendelsohn, G. A. (1996). The actor–observer effect revisited: Effects of individual differences and repeated social interactions on actor and observer attribution. *Journal of Personality and Social Psychology, 71,* 375–389.

Robinson, L. A., Berman, J. S., & Neimeyer, R. A. (1990). Psychotherapy for the treatment of depression: A comprehensive review of controlled outcome research. *Psychological Bulletin, 108,* 30–49.

Roccas, S. (2003). Identification and status revisited: The moderating role of self-enhancement and self-transcendence values. *Personality and Social Psychology Bulletin, 29,* 726–736.

Rochat, F., & Modigliani, A. (1995). The ordinary quality of resistance: From Milgram's laboratory to the village of LeChambon. *Journal of Social Issues, 5,* 195–210.

Rodrigo, M. F., & Ato, M. (2002). Testing the group polarization hypothesis by using logit models. *European Journal of Social Psychology, 32,* 3–18.

Rogers, R. W. (1980). *Subjects' reactions to experimental deception.* Unpublished manuscript, University of Alabama, Tuscaloosa.

Rogers, R. W., & Ketcher, C. M. (1979). Effects of anonymity and arousal on aggression. *Journal of Psychology, 102,* 13–19.

Rokach, A., & Neto, F. (2000). Coping with loneliness in ado- lescence: A cross-cultural study. *Social Behavior and Personality, 28,* 329–342.

Roland, E. (2002). Aggression, depression, and bullying others. *Aggressive Behavior, 28,* 198–206.

Rosenbaum, M. E. (1986). The repulsion hypothesis: On the nondevelopment of relationships. *Journal of Personality and Social*

Psychology, 51, 1156–1166.

Rosenberg, M. (1965). *Society and the adolescent self-image.* Princeton, NJ: Princeton University Press.

Rosenhan, D. L., Salovey, P., & Hargis, K. (1981). The joys of helping: Focus of attention mediates the impact of positive affect on altruism. *Journal of Personality and Social Psychology, 40,* 899–905.

Ross, L. (1977). The intuitive scientist and his shortcoming. In L. Berkowitz (Ed.), *Advances in experimental social psychology* (Vol. 10, pp. 174–221). New York: Academic Press.

Ross, M., & Wilson, A. E. (2003). Autobiographical memory and conceptions of self: Getting better all the time. *Current Directions in Psychological Science, 12,* 66–69.

Rotenberg, K. J., & Kmill, J. (1992). Perception of lonely and non-lonely persons as a function of individual differences in loneliness. *Journal of Social and Personal Relationships, 9,* 325–330.

Rothman, A. J., & Hardin, C. D. (1997). Differential use of the availability heuristic in social judgment. *Personality and Social Psychology Bulletin, 23,* 123–138.

Rotton, J., & Cohn, E. G. (2000). Violence is a curvilinear function of temperature in Dallas: A replication. *Journal of Personality and Social Psychology, 78,* 1074–1081.

Rotton, J., & Kelley, I. W. (1985). Much ado about the full moon: A meta-analysis of lunar-lunacy research. *Psychological Bulletin, 97,* 286–306.

Rowe, P. M. (1996, September). On the neurobiological basis of affiliation. *APS Observer,* 17–18.

Rozin, P., & Nemeroff, C. (1990). The laws of sympathetic magic: A psychological analysis of similarity and contagion. In W. Stigler, R. A. Shweder, & G. Herdt (Eds.), *Cultural psychology: Essays in comparative human development* (pp. 205–232). Cambridge, England: Cambridge University Press.

Rozin, P., Lowery, L., & Ebert, R. (1994). Varieties of disgust faces and the structure of disgust. *Journal of Personality and Social Psychology, 66,* 870–881.

Rubin, J. Z. (1985). Deceiving ourselves about deception: Comment on Smith and Richardson's "Amelioration of deception and harm in psychological research." *Journal of Personality and Social Psychology, 48,* 252–253.

Ruder, M., & Bless, H. (2003). Mood and the reliance on the ease of retrieval heuristic. *Journal of Personality and Social Psychology, 85,* 20–32.

Rudman, L. A., & Fairchild, K. (2004). Reactions to counterstereotypic behavior: The role of backlash in cultural stereotype maintenance. *Journal of Personality and Social Psychology, 87,* 157–176.

Rusbult, C. E., & Van Lange, P. A. M. (2003). Interdependence, interaction, and relationships. *Annual Review of Psychology, 54,* 351–375.

Russell, J. A. (1994). Is there universal recognition of emotion from facial expressions? A review of cross-cultural studies. *Psychological Bulletin, 115,* 102–141.

Rutkowski, G. K., Gruder, C. L., & Romer, D. (1983). Group cohesiveness, social norms, and bystander intervention. *Journal of Personality and Social Psychology, 44,* 542–552.

Ryan, M. K., & Haslam, S. A. (2005). The glass cliff: Evidence that women are over-represented in precarious leadership positions. *British Journal of Management, 16,* 81–90.

Ryan, M. K., & Haslam, S. A. (2007). The glass cliff: Exploring the dynamics surrounding women's appointment to precarious leadership positions. *Academy of Management Review, 32,* 549–572.

Ryan, M. K., David, B., & Reynolds, K. J. (2004). Who cares? The effect of gender and context on the self and moral reasoning. *Psychology of Women Quarterly, 28,* 246–255.

Ryan, M. K., Haslam, S. A., Hersby, M. D., Kulich, C., & Wilson-Kovacs, M. D. (2009). The stress of working on the edge: Implications of glass cliffs for both women and organizations. In M. Barreto, M. K. Ryan, & M. T. Schmitt (Eds.), *The glass it ceiling in the 21st century* (pp. 153–169). Washington, DC: American Psychological Association.

Ryan, R. M., & Deci, E. L. (2000). Self-determination theory and

Ryan, R. M., & Deci, E. L. (2007). Active human nature: Self-determination theory and the promotion and maintenance of sport, exercise, and health. In M. S. Hagger & N. L. D. Chatzisarantis (Eds.)., *Self-determination in sport and exercise* (pp. 1–19). New York: Human Kinetics.

Sadler, P., & Woody, E. (2003). Is who you are who you're talking to? Interpersonal style and complementarity in mixed-sex interactions. *Journal of Personality and Social Psychology, 84,* 80–96.

Sahdra, B., & Ross, M. (2007). Group identification and historical memory. *Personality and Social Psychology Bulletin, 33,* 384–395.

Sanderson, C. A., & Cantor, N. (1999). A life task perspective on personality coherence: Stability versus change in tasks, goals, strategies, and outcomes. In D. Cervone & Y.

Sanfey, A. G. Rilling, J. K., Aronson, J. A., Nystrom L. E. & Cohen, J. D. (2003). The neural basis of economic decision making in the ultimatum game. *Science, 300,* 1755–1757.

Sangrador, J. L., & Yela, C. (2000). 'What is beautiful is loved': Physical attractiveness in love relationships in a representative sample. *Social Behavior and Personality, 28,* 207–218.

Sani, F. (2005). When subgroups secede: Extending and refining the social psychological model of schism in groups. *Personality and Social Psychology Bulletin, 31,* 1074–1086.

Sani, F. (2009). When groups fall apart: A social psychological model of the schismatic process. In F. Butera & J. M. Levine (Eds.), *Coping with minority status: Responses to exclusion and inclusion* (pp. 243–266). New York: Cambridge University Press.

Sanitioso, R. B., & Wlodarski, R. (2004). In search of information that confirms a desired self-perception: Motivated processing of social feedback and choice of social interactions. *Personality and Social Psychology Bulletin, 30,* 412–422.

Sanna, L. J. (1997). Self-efficacy and counterfactual thinking: Up a creek with and without a paddle. *Personality and Social Psychology Bulletin, 23,* 654–666.

Sassenberg, K., Jonas, K. J., Shah, J. Y., & Brazy, P. C. (2007). Why some groups just feel better: The regulatory fit of group power. *Journal of Personality and Social Psychology, 92,* 249–267.

Saucier, D. A. (2002). Self-reports of racist attitudes for oneself and others. *Psychological Belgica, 42,* 99–105.

Schachter, S. (1951). Deviation, rejection, and communication. *Journal of Abnormal and Social Psychology, 46,* 190–207. Schachter, S. (1959). *The psychology of affiliation.* Stanford, CA: Stanford University Press.

Schachter, S. (1964). The interaction of cognitive and physiological determinants of emotional state. In L. Berkowitz (Ed.), *Advances in experimental social psychology* (Vol. 1, pp. 48–81). New York: Academic Press.

Schein, V. E. (2001). A global look at psychological barriers to women's progress in management. *Journal of Social Issues, 57,* 675–688.

Scheithauer, H., & Hayer, T. (2007). Psychologische Aggressionstheorien [Psychological theories of aggression]. In M. Gollwitzer, J. Pfetsch, V. Schneider,

A. Schulz, T. Steffke, & C. Ulrich (Eds.), *Prevention of violence for children and juveniles: Volume 1. Basics of aggression and violence in childhood and adolescence* (pp. 15–37). Göttingen: Hogrefe.

Schmader, T. (2010). Stereotype threat deconstructed. *Current Directions in Psychological Science, 19,* 14–18.

Schmitt, D. P. (2004). Patterns and universals of mate poaching across 53 nations: The effects of sex, culture, and personality on romantically attracting another person's partner. *Journal of Personality and Social Psychology, 86,* 560–584.

Schmitt, D. P., & Buss, D. M. (2001). Human mate poaching: Tactics and temptations for infiltrating existing mateships. *Journal of Personality and Social Psychology, 80,* 894–917.

Schmitt, M. T., Branscombe, N. R., & Postmes, T. (2003). Women's emotional responses to the pervasiveness of gender discrimination. *European Journal of Social Psychology, 33,* 297–312.

Schmitt, M. T., Ellemers, N., & Branscombe, N. R. (2003). Perceiving and responding to gender discrimination at work. In S. A. Haslam, D. van Knippenberg, M. Platow, & N. Ellemers (Eds.),

Social identity at work: Developing theory for organizational practice (pp. 277–292). Philadelphia, PA: Psychology Press.

Schmitt, M. T., Lehmiller, J. J., & Walsh, A. L. (2007). The role of heterosexual identity threat in differential support for same-sex "civil unions" versus "marriages." *Group Processes and Intergroup Relations, 10,* 443–455.

Schmitt, M. T., Silvia, P. J., & Branscombe, N. R. (2000). The intersection of self-evaluation maintenance and social identity theories: Intragroup judgment in interpersonal and intergroup contexts. *Personality and Social Psychology Bulletin, 26,* 1598–1606.

Schnall, S., Roper, J., & Fessler, D.M.T. (2010). Elevation leads to altruistic behavior. *Psychological Science, 21,* 315–320.

Schul, Y., & Vinokur, A. D. (2000). Projection in person perception among spouses as a function of the similarity in their shared experiences. *Personality and Social Psychology Bulletin, 26,* 987–1001.

Schulz-Hardt, S., Brodbeck, F. C., Mojzisch, A., Kerschreiter, R., & Frey, D. (2009). Group decision making in hidden profile situations: Dissent as a facilitator for decision quality. *Journal of Personality and Social Psychology, 91,* 1080–1093.

Schutte, J. W., & Hosch, H. M. (1997). Gender differences in sexual assault verdicts: A meta-analysis. *Journal of Social Behavior and Personality, 12,* 759–772.

Schwartz, B. (2004). *The paradox of choice: Why more is less.* New York: HarperPerennial.

Schwarz, N., & Bohner, G. (2001). The construction of attitudes. In A. Tesser & N. Schwarz (Eds.), *Blackwell handbook of social psychology: Intrapersonal processes* (pp. 436–457). Oxford, UK: Blackwell.

Schwarz, N., & Clore, G. L. (1983). Mood, misattribution, and judgments of well-being: Informative and directive functions of affective states. *Journal of Personality and Social Psychology, 45,* 513–523.

Schwarz, N., & Clore, G. L. (2007). Feelings and phenomenal experiences. In A. W. Kruglanski & E. T. Higgins (Eds.), *Social psychology: Handbook of basic principles* (pp. 385–407). New York: Guilford Press.

Schwarz, N., Bless, H., Strack, F., Klumpp, G., RittenauerSchatka, G., & Simons, A. (1991). Ease of retrieval as information: Another look at the availability heuristic. *Journal of Personality and Social Psychology, 61,* 195–202.

Schwarzer, R. (1994). Optimism, vulnerability, and self-beliefs as health-related cognitions: A sytematic overview. *Psychology and Health, 9,* 161–180.

Scutt, D., Manning, J. T., Whitehouse, G. H., Leinster, S. J., & Massey, C. P. (1997). The relationship between breast symmetry, breast size and occurrence of breast cancer. *British Journal of Radiology, 70,* 1017–1021.

Sears, D. O. (2007).. The Americn color line fifty years after Brown v. Board: Many "Peoples of color" or Black exceptionalism? In G. Adams, M. Biernat, N. R. Branscombe, C. S. Crandall, & L. S. Wrightsman (Eds.), *Commemorating Brown: The social psychology of racism and discrimination.* Washington, DC: American Psychological Association.

Sedikides, C., & Anderson, C. A. (1994). Causal perception of intertrait relations: The glue that holds person types together. *Personality and Social Psychology Bulletin, 21,* 294–302.

Sedikides, C., & Gregg, A. P. (2003). Portraits of the self. In M. A. Hogg & J. Cooper (Eds.), *The Sage handbook of social psychology* (pp. 110–138). Thousand Oaks, CA: Sage.

Sedikides, C., Wildschut, T., Arndt, J., & Routledge, C. (2008). Nostalgia: Past, present, and future. *Current Directions in Psychological Science, 17,* 304–307.

Seery, M. D., Blascovich, J., Weisbuch, M., & Vick, B. (2004). The relationship between self-esteem level, self-esteem stability, and cardiovascular reactions to performance feedback. *Journal of Personality and Social Psychology, 87,* 133–145.

Segal, M. M. (1974). Alphabet and attraction: An unobtrusive measure of the effect of propinquity in a field setting. *Journal of Personality and Social Psychology, 30,* 654–657.

Selfhout, M., Denissen, J., Branje, S., & Meeus, W. (2009). In the eye of the beholder: Perceived, actual, ad peer-rated similarity in personality, communication, and friendship intensity during the acquaintanceship process. *Journal of Personality and Social Psychology, 96,* 1152–1165.

Seligman, M.E.P., Steen, T.A., Park, N., & Peterson, C. (2005). Positive psychology progress: empirical validation of interventions. *American Psychologist, 60,* 410–421.

Seta, C. E., Hayes, N. S., & Seta, J. J. (1994). Mood, memory, and vigilance: The influence of distraction on recall and impression formation. *Personality and Social Psychology Bulletin, 20,* 170–177.

Setter, J.S., Brownless, G.M., & Sanders, M. (2011). Persuasion by wah of example: Does including gratuity guidelines on customers' checks affect restaurant tipping behavior? *Journal of Applied Social Psychology, 41,* 150–159.

Shah, A. K., & Oppenheimer, D. M. (2009). The path of least resistance: Using easy-to-access information. *Current Directions in Psychological Science, 18,* 232–236.

Shah, J. (2003). Automatic for the people; How representations of significant others implicitly affect goal pursuit. *Journal of Personality and Social Psychology, 84,* 661–681.

Shaked-Schroer, M. A., & Costanzo, M. (2008). Reducing racial bias in the penalty phase of capital trials. *Behavioral Science and the Law, 26,* 603–617.

Shams, M. (2001). Social support, loneliness and friendship preference among British Asian and non-Asian adolescents. *Social Behavior and Personality, 29,* 399–404.

Shanab, M. E., & Yahya, K. A. (1977). A behavioral study of obedience in children. *Journal of Personality and Social Psychology, 35,* 530–536.

Sharp, D., Adair, J. G., & Roese, N. J. (1992). Twenty years of deception research: A decline in subjects' trust? *Personality and Social Psychology Bulletin, 18,* 585–590.

Sharp, M. J., & Getz, J. G. (1996). Substance use as impression management. *Personality and Social Psychology Bulletin, 22,* 60–67.

Shaver, P. R., & Brennan, K. A. (1992). Attachment styles and the "big five" personality traits: Their connections with each other and with romantic relationship outcomes. *Personality and Social Psychology Bulletin, 18,* 536–545.

Shaver, P. R., Morgan, H. J., & Wu, S. (1996). Is love a "basic" emotion? *Personal Relationships, 3,* 81–96.

Shaver, P. R., Murdaya, U., & Fraley, R. C. (2001). The structure of the Indonesian emotion lexicon. *Asian Journal of Social Psychology, 4,* 201–224.

Shaw, J. I., Borough, H. W., & Fink, M. I. (1994). Perceived sexual orientation and helping behavior by males and females: The wrong number technique. *Journal of Psychology and Human Sexuality, 6,* 73–81.

Sheeks, M. S., & Birchmeier, Z. P. (2007). Shyness, sociability, and the use of computer-mediated communication in relationship development. *CyberPsychology and Behavior, 10, 7,* 64–70.

Sheldon, K.M., Abad, N., & Hinsch, C. (2011). A twoprocess view of facebook use and relatedness needsatisfaction: Disconnection drives use, and connection rewards it. *Journal of Personality and Social Psychology, 100,* 766–775.

Shelton, J. N., Richeson, J. A., & Vorauer, J. D. (2006). Threatened identities and interethnic interactions. *European Review of Social Psychology, 17,* 321–358.

Shepperd, J. A., & Taylor, K. M. (1999). Social loafing and expectancy-value theory. *Personality and Social Psychology Bulletin, 25,* 1147–1158.

Shepperd, J. A., Carroll, P. J., & Sweeny, K. (2008). A functional approach to explaining fluctuations in future outlooks: From self-enhancement to self-criticism. In E. Chang (Ed.), *Self-criticism and self-enhancement: Theory, research and clinical implications* (pp. 161–180). Washington, DC: American Psychological Association.

Sherif, M. A. (1937). An experimental approach to the study of attitudes. *Sociometry, 1,* 90–98.

Sherif, M., Harvey, D. J., White, B. J., Hood, W. R, & Sherif, C. W. (1961). *The Robbers' cave experiment.* Norman, OK: Institute of Group Relations.

Sherman, J. W., Gawronski, B., Gonsalkorale, K., Hugenberg, K., Allen, T. J., & Groom, C. J. (2008). The self-regulation of automatic associations and behavioral impulses. *Psychological Review, 115*, 314–335.

Sherman, M. D., & Thelen, M. H. (1996). Fear of intimacy scale: Validation and extension with adolescents. *Journal of Social and Personal Relationships, 13*, 507–521.

Sherman, S. S. (1980). On the self-erasing nature of errors of prediction. *Journal of Personality and Social Psychology, 16*, 388–403.

Shoda (Eds.), The coherence of personality: Social-cognitive bases of consistency, variability, and organization (pp. 372–392). New York: Guilford Press.

Sidanius, J., & Pratto, F. (1999). *Social dominance*. New York: Cambridge University Press.

Sigall, H. (1997). Ethical considerations in social psychological research: Is the bogus pipeline a special case? *Journal of Applied Social Psychology, 27*, 574–581.

Sillars, A. L., Folwell, A. L., Hill, K. C., Maki, B. K., Hurst, A. P., & Casano, R. A. (1994). *Journal of Social and Personal Relationships, 11*, 611–617.

Simon, B. (2004). *Identity in modern society: A social psychological perspective*. Oxford: Blackwell.

Simon, B., & Klandermans, B. (2001). Politicized collective identity: A social psychological analysis. *American Psychologist, 56*, 319–331.

Simon, L., Greenberg, J., & Brehm, J. (1995). Trivialization: The forgotten mode of dissonance reduction. *Journal of Personality and Social Psychology, 68*, 247–260.

Simons, G & Parkinson, B. (2009). Time-dependent observational and diary methodologies for assessing social referencing and interpersonal emotion regulation. *21st Century Society, 4*, 175–186

Simonton, D. K. (2009). Historiometry in personality and social psychology. *Review of General Psychology, 13*, 315–326.

Sinclair, S., Dunn, E., & Lowery, B. S. (2005). The relationship between parental racial attitudes and children's implicit prejudice. *Journal of Experimental Social Psychology, 41*, 283–289.

Singh, R., & Ho, S. Y. (2000). Attitudes and attraction: A new test of the attraction, repulsion and similarity–dissimilarity asymmetry hypotheses. *British Journal of Social Psychology, 39*, 197–211.

Sistrunk, F., & McDavid, J. W. (1971). Sex variable in conforming behavior. *Journal of Personality and Social Psychology, 17*, 200–207.

Sivacek, J., & Crano, W.D. (1982). Vested interest as a moderator of attitude-behavior consistency. *Journal of Personality and Social Psychology, 43*, 210–221.

Slotter, E. B., Gardner, W. L., & Finkel, E. J. (2010). Who am I without you?: The influence of romantic breakup on the self-concept. *Personality and Social Psychology Bulletin, 36*, 147–160.

Smeaton, G., Byrne, D., & Murnen, S. K. (1989). The repulsion hypothesis revisited: Similarity irrelevance or dissimilarity bias? *Journal of Personality and Social Psychology, 56*, 54–59.

Smith, K. D., Keating, J. P., & Stotland, E. (1989). Altruism reconsidered: The effect of denying feedback on a victim's status to empathetic witnesses. *Journal of Personality and Social Psychology, 57*, 641–650.

Smith, S. S., & Richardson, D. (1985). On deceiving ourselves about deception: Reply to Rubin. *Journal of Personality and Social Psychology, 48*, 254–255.

Smorti, A., & Ciucci, E. (2000). Narrative strategies in bullies and victims in Italian schoolchildren. *Aggressive Behavior, 26*, 33–48.

Sniffen, M.J, (1999, November 22) . Serious crime declines sharply. *Associated Press*.

Snyder, C.R., & Fromkin, H.L. (1980). *Uniqueness, the human pursuit of difference*. New York : Plenum Press, c1980.

Sparrow, B., & Wegner, D. M. (2006). Unpriming: The deactivation of thoughts through expression. *Journal of Personality and Social Psychology, 9*, 1009–1019.

Sparrowe, R. T., Soetjipto, B. W., & Kraimer, M. L. (2006). Do leaders' influence tactics relate to members' helping behavior? It depends on the quality of the relationships. *Academy of Manage-*

ment Journal, 49, 1194–1208.

Spencer, S. J., Steele, C. M., & Quinn, D. M. (1999). Stereotype threat and women's math performance. *Journal of Experimental Social Psychology, 35*, 4–28.

Spencer-Rodgers, J., Hamilton, D. L., & Sherman, S. J. (2007). The central role of entitativity in stereotypes of social categories and task groups. *Journal of Personality and Social Psychology, 92*, 369–388.

Spielmann, S. S., MacDonald, G., & Wilson, A. E. (2009). On the rebound: Focusing on someone new helps anxiously attached individuals let go of ex-partners. *Personality and Social Psychology Bulletin, 35*, 1382–1394.

Spina, R. R., Ji, L.-J., Guo, T., Zhang, Z., Li, Y., & Fabrigar, L. (2010). Cultural differences in the representativeness heuristic: Expecting a correspondence in magnitude between cause and effect. *Personality and Social Psychology Bulletin, 36*, 583–597.

Sprecher, S., Zimmerman, C., & Abrahams, A. M. (2010). Choosing compassionate strategies to end a relationship. *Social Psychology, 41*, 66–73.

Stürmer, S., & Snyder, M. (2010). Helping "us" versus "them": Towards a group-level theory of helping and altruism within and across group boundaries. In S. Stürmer & M. Snyder (Eds.), *The psy-chology of prosocial behavior: Group processes, intergroup relations, and helping* (pp. 33–58). Ox-ford: Wiley & Blackwell.

Stürmer, S., Snyder, M., Kropp, A., & Siem, B. (2006). Empathy-motivated helping: The moderating role of group membership. *Personality and Social Psychology Bulletin, 32*, 943–956.

Stahl, C., Unkelbach, C., & Corneille, O. (2009). On the respective contributions of awareness of unconditioned stimulus valence and unconditioned stimulus identity in attitude formation through evaluative conditioning. *Journal of Personality and Social Psychology, 97*, 404–420.

Stangor, C., & McMillan, D. (1992). Memory for expectancy-congruent and expectancy-incongruent information: A review of the social and social developmental literatures. *Psychological Bulletin, 111*, 42–61.

Stangor, C., Sechrist, G. B., & Jost, T. J. (2001). Changing racial beliefs by providing consensus information. *Personality and Social Psychology Bulletin, 27*, 486–496.

Starratt, V. G., Shackelford, T. K., Goetz, A. T., & McKiddin, W. F. (2007). Male mate retention behaviors vary with risk of female infidelity and sperm competition. *Acta Psychologica Sinica, 39*, 523–527.

Stasser, G. (1992). Pooling of unshared information during group discussion. In S. Worchel, W. Wood, & J. H. Simpson (Eds.), *Group process and productivity* (pp. 48–67). Newbury Park, CA: Sage.

Staub, E. (1989). *The roots of evil*. New York: Cambridge University Press.

Steblay, N. M., Dysart, J., Fulero, S., & Lindsay, R. C. L. (2001). Eyewitness accuracy rates in sequential and simultaneous lineup presentations: A metanalytic comparison. *Law and Human Behavior, 25*, 459–473.

Steele, C. M. (1988). The psychology of self-affirmation: Sustaining the integrity of the self. In L. Berkowitz (Ed.), *Advances in experimental social psychology* (pp. 261–302). Hillsdale, NJ: Erlbaum.

Steele, C. M. (1997). A threat in the air: How stereotypes shape the intellectual identities and performance of women and African-Americans. *American Psychologist, 52*, 613–629.

Steele, C. M., & Aronson, J. (1995). Stereotype threat and the intellectual test performance of African Americans. *Journal of Personality and Social Psychology, 69*, 797–811.

Steele, C. M., & Lui, T. J. (1983). Dissonance processes as self-affirmation. *Journal of Personality and Social Psychology, 45*, 5–19.

Steele, C. M., Spencer, S. J., & Aronson, J. (2002). Contending with group image: The psychology of stereotype and social identity threat. *Advances in Experimental Social Psychology, 34*, 379–439.

Steele, C. M., Spencer, S. J., & Lynch, M. (1993). Self-image resilience and dissonance: The role of affirmational resources. *Journal of Personality and Social Psychology, 64*, 885–896.

Steele, C. M., Spencer, S. J., & Aronson, J. (2002). Contending with group image: The psychology of stereotype and social identity threat. In M. P. Zanna (Ed.), *Advances in experimental social psychology* (Vol. 34, pp. 379–440). San Diego, CA: Academic Press.

Stephan, W. G., Boniecki, K. A., Ybarra, O., Bettencourt, A., Ervin, K. S., Jackson, L. A., et al. (2002). The role of threats in the racial attitudes of Blacks and Whites. *Personality and Social Psychology Bulletin, 28,* 1242–1254.

Stephan, W. G., Renfro, C. L., Esses, V. M., Stephan, C. W., & Martin, T. (2005). The effects of feeling threatened on attitudes toward immigrants. *International Journal of Intercultural Relations, 29,* 1–19.

Sternberg, R. J. (1986). A triangular theory of love. *Psychological Review, 93,* 119-135.

Stevens, C. K., & Kristof, A. L. (1995). Making the right impression: A field study of applicant impression management during job interviews. *Journal of Applied Psychology, 80,* 587–606.

Stewart, T. L., Latu, I. M., Branscombe, N. R., & Denney, H. D. (2010). Yes we can! Prejudice reduction through seeing (inequality) and believing (in social change). *Psychological Science, 21,* 1557–1562.

Stewart, T. L., Latu, I. M., Kawakami, K., & Myers, A. C. (2010). Consider the situation: Reducing automatic stereotyping through situational attributional training. *Journal of Experimental Social Psychology, 46,* 221–225.

Stewart, T. L., Vassar, P. M., Sanchez, D. T., & David, S. E. (2000). Attitudes toward women's societal roles moderates the effect of gender cues on target individuation. *Journal of Personality and Social Psychology, 79,* 143–157.

Stocks, E.L., Lishner, D.A., Waits, B.L., & Dlownum, E.M. (2011). I'm embarrassed for you: the effect of valuing and perspective taking on empathic embarrassment and empathic concern. *Journal of Applied Social Psychology, 2011, 41,* 1–26.

Stone, J., Lynch, C. I., Sjomeling, M., & Darley, J. M. (1999). Stereotype threat effects on Black and White athletic performance. *Journal of Personality and Social Psychology, 77,* 1213–1227.

Stone, J., Wiegand, A. W., Cooper, J., & Aronson, E. (1997). When exemplification fails: Hypocrisy and the motives for self-integrity. *Journal of Personality and Social Psychology, 72,* 54–65.

Stott, C. J., Hutchison, P., & Drury, J. (2001). 'Hooligans' abroad? Inter-group dynamics, social identity and participation in collective 'disorder' at the 1998 World Cup Finals. *British Journal of Social Psychology, 40,* 359–384.

Stroebe, W., Diehl, M., & Abakoumkin, G. (1992). The illusion of group effectivity. *Personality and Social Psychology Bulletin, 18,* 643–650.

Stroh, L. K., Langlands, C. L., & Simpson, P. A. (2004). Shattering the glass ceiling in the new millenium. In M. S. Stockdale and F. J. Crosby (Eds.), *The psychology and management of workplace diversity* (pp. 147–167). Malden, MA: Blackwell.

Strube, M. J. (1989). Evidence for the Type in Type A behavior: A taxonometric analysis. *Journal of Personality and Social Pychology, 56,* 972–987.

Strube, M., Turner, C. W., Cerro, D., Stevens, J., & Hinchey, F. (1984). Interpersonal aggression and the Type A coronary-prone behavior pattern: A theoretical distinction and practical implications. *Journal of Personality and Social Psychology, 47,* 839–847.

Stuermer, S., Snyder, M., Kropp, A., & Siem, B. (2006). Empathy-motivated helping: The moderating role of group membership. *Personality and Social Psychology Bulletin, 32,* 943–956.

Suls, J., & Rosnow, J. (1988). Concerns about artifacts in behavioral research. In M. Morawski (Ed.), *The rise of experimentation in American psychology* (pp. 163–187). New Haven, CT: Yale University Press.

Sundie, J.M., Kenrick, D.T., Griskevicius, V., Tybur, J.M., Vohs, K.D., & Beal, D.J. (in press). *"Peacocks, Porsches, and Thorstein Veblen: Conspicuous Consumption as a Sexual Signaling System," Journal of Personality and Social Psychology.*

Swami, V., Frederick, D.A., Aavik, T., Alcalay, L., Ailik, J., Anderson, D., Andrianto, S. . (2010). The attractive female body weight and female body dissatisfaction in 26 countries across 10 world regions: Results of the international body project I. *Personality and Social Psychology Bulletin, 36,* 309–325.

Swann, W. B. (2005). The self and identity negotiation. *Interaction Studies: Social Behavior and Communication in Biological and Artificial Systems, 6,* 69–83.

Swann, W. B., & Bosson, J. K. (2010). Self and identity. In S. T. Fiske, D. T. Gilbert, & G. Lindzey (Eds.), *Handbook of social psychology* (5th ed., pp. 589–628). New York: McGraw-Hill.

Swann, W. B., Chang-Schneider, C., & McClarty, K. L. (2007). Do people's self-views matter? Self-concept and self-esteem in everyday life. *American Psychologist, 62,* 84–94.

Swann, W. B., Gómez, Á., Dovidio, J. F., Hart, S., & Jetten, J. (2010). Dying and killing for one's group: Identity fusion moderates responses to intergroup versions of the trolley problem. *Psychological Science, 21,* 1176–1183.

Swann, W. B., Jr., & Gill, M. J. (1997). Confidence and accuracy in person perception: Do we know what we think we know about our relationship partners? *Journal of Personality and Social Psychology, 73,* 747–757.

Swann, W. B., Jr., Rentfrow, P. J., & Gosling, S. D. (2003). The precarious couple effect: verbally inhibited men + critical, disinhibited women = bad chemistry. *Journal of Personality and Social Psychology, 85,* 1095–1106.

Swap, W. C. (1977). Interpersonal attraction and repeated exposure to rewarders and punishers. *Personality and Social Psychology Bulletin, 3,* 248–251.

Sweeny, K., & Shepperd, J. A. (2010). The costs of optimism and the benefits of pessimism. *Emotion, 10,* 750–753.

Sweldens, S., van Osselaer, S. M. J., & Janiszewski, C. (2010). Evaluative conditioning procedures and the resilience of conditioned brand attitudes. *Journal of Consumer Research, 37,* 473–489.

Swim, J. K., & Campbell, B. (2001). Sexism: Attitudes, beliefs, and behaviors. In R. Brown & S. Gaertner (Eds.), *Blackwell handbook of social psychology: Intergroup processes* (pp. 218–237). Oxford, UK: Blackwell.

Swim, J. K., Aikin, K. J., Hall, W. S., & Hunter, B. A. (1995). Sexism and racism: Old-fashioned and modern prejudices. *Journal of Personality and Social Psychology, 68,* 199–214.

Tajfel, H. (1978). *The social psychology of the minority.* New York: Minority Rights Group.

Tajfel, H. (1981). Social stereotypes and social groups. In J. C. Turner & H. Giles (Eds.), *Intergroup behavior* (pp. 144–167). Chicago, IL: University of Chicago Press.

Tajfel, H. (1982). *Social identity and intergroup relations.* Cambridge, England: Cambridge University Press.

Tajfel, H., & Turner, J. C. (1986). The social identity theory of intergroup behavior. In S. Worchel & W. G. Austin (Eds.), *The social psychology of intergroup relations* (2nd ed., pp. 7–24). Monterey, CA: Brooks-Cole.

Tajfel, H., Billig, M., Bundy, R., & Flament, C. (1971). Social categorization and intergroup behaviour. *European Journal of Social Psychology, 1,* 149–178.

Talaska, C. A., Fiske, S. T., & Chaiken, S. (2008). Legitimating racial discrimination: A meta-analysis of the racial attitude–behavior literature shows that emotions, not beliefs, best predict discrimination. *Social Justice Research, 21,* 263–296.

Tan, D. T. Y., & Singh, R. (1995). Attitudes and attraction: A developmental study of the similarity–attraction and dissimilarity–repulsion hypotheses. *Personality and Social Psychology Bulletin, 21* 975–986.

Tausch, N., Hewstone, M., Kenworthy, J. B., & Cairns, E. (2007). Cross-community contact, perceived status differences and intergroup attitudes in Northern Ireland: the mediating role of individual-level vs. group-level threats and the moderating role of social identification. *Political Psychology, 28,* 53–68.

Taylor, K. M., & Shepperd, J. A. (1998). Bracing for the worst: Severity, testing, and feedback timing as moderators of the optimistic bias. *Personality and Social Psychology Bulletin, 24,* 915–926.

Taylor, S. E. (1989). *Positive illusions: Creative self-deception and the healthy mind.* New York: Basic Books.

Taylor, S. E. (2002). *Health psychology* (5th ed.). New York: Mc-

Graw-Hill.

Taylor, S. E., & Brown, J. D. (1988). Illusion and well-being: A social psychological perspective on mental health. *Psychological Bulletin, 103,* 193–210.

Taylor, S. E., Helgeson, V. S., Reed, G. M., & Skokan, L. A. (1991). Self-generated feelings of control and adjustment to physical illness. *Journal of Social Issues, 47,* 91–109.

Taylor, S. E., Lerner, J. S., Sherman, D. K., Sage, R. M., & McDowell, N. K. (2003). Are self-enhancing cognitions associated with healthy or unhealthy biological profiles? *Journal of Personality and Social Psychology, 85,* 605–615.

Taylor, S. E., Seeman, T. E., Eisenberger, N. I., Kozanian,, T. I., Moore, A. N., & Moons, W. G. (2010). Effects of a supportive or an unsupportive audience on biological and psychological responses to stress. *Journal of Personality and Social Psychology, 98,* 47–56.

'Taylor, S. E. (2007). Social support. In H. S. Friedman & R. C. Silver (Eds.), *Foundations of health psychology* (pp. 145–171). New York: Oxford University Press.

Tellegen, A., Lykken, D. T., Bouchard, T. J., Wilcox, K. J., Segal, N. L., & Rich, S. (1988) similarity in twins reared together and apart *Journal of Personality and Social Psy???*, 1031–1039.

Terman, L. M., & Buttenwieser, P. (1935a). Personality factors in marital compatibility: I. *Journal of Social Psychology, 6,* 143–171.

Terman, L. M., & Buttenwieser, P. (1935b). Personality factors in marital compatibility: II. *Journal of Social Psychology, 6,* 267–289.

Terry, D. J., & Hogg, M. A. (1996). Group norms and the attitude-behavior relationship: A role for group identification. *Personality and Social Psychology Bulletin, 22,* 776–793.

Terry, D. J., Hogg, M. A., & Duck, J. M. (1999). Group membership, social identity, and attitudes. In D. Abrams & M. A. Hogg (Eds.), *Social identity and social cognition* (pp. 280–314). Oxford: Blackwell.

Tesser, A. (1988). Toward a self-evaluation maintenance model of social behavior. *Advances in Experimental Social Psychology, 21,* 181–227.

Tesser, A., & Martin, L. (1996). The psychology of evaluation. In E. T. Higgins & A. W. Kruglanski (Eds.), *Social psychology: Handbook of basic principles* (pp. 400–423). New York: Guilford Press.

Tesser, A., Martin, L. L., & Cornell, D. P. (1996). On the substitutability of the self-protecting mechanisms. In P. Gollwitzer & J. Bargh (Eds.), *The psychology of action* (pp. 48–68). New York: Guilford.

Tetlock, P. E., Peterson, R. S., McGuire, C., Change, S., & Feld, P. (1992). Assessing political group dynamics: A test of the groupthink model. *Journal of Personality and Social Psychology, 63,* 403–425.

Thaler, R. H., & Sunstein, C. R. (2008). *Nudge: Improving decisions about health, wealth, and happiness.* New Haven, CT: Yale University Press.

Thomaes, S., Bushman, B. J., de Castro, B. O., Cohen, G. L., & Denissen, J. J. A. (2009). Reducing narcissistic aggression by buttressing self-esteem. *Psychological Science, 21,* 1536–1541.

Thomaes, S., Bushman, B. J., Stegge, H., & Olthof, T. (2008). Trumping shame by blasts of noise: Narcissism, self-esteem, shame, and aggression in young adolescents. *Child Development, 79,* 1792–1801.

Thomaes, S., Stegge, H., Bushman, B. J., Olthof, T., & Denissen, J. (2008). Development and validation of the Childhood Narcissism Scale. *Journal of Personality Assessment, 90,* 382–391.

Thompson, L. (1998). *The mind and heart of the negotiator.* Upper Saddle River, NJ: Prentice-Hall.

Thomson, J. W., Patel, S., Platek, S. M., & Shackelford, T. K. (2007). Sex differences in implicit association and attentional demands for information about infidelity. *Evolutionary Psychology, 5,* 569–583.

Tice, D. M., Bratslavsky, E., & Baumeister, R. F. (2000). Emotional distress regulation takes precedence over impulse control: If you feel bad, do it! *Journal of Personality and Social Psychology, 80,* 53–67.

Tice, D. M., Butler, J. L., Muraven, M. B., & Stillwell, A. M. (1995).

When modesty prevails: Differential favorability of self-presentation to friends and strangers. *Journal of Personality and Social Psychology, 69*, 1120–1138.

Tidwell, M.-C. O., Reis, H. T., & Shaver, P. R. (1996). Attachment, attractiveness, and social interaction: A diary study. *Journal of Personality and Social Psychology, 71*, 729–745.

Tiedens, L. Z., & Fragale, A. R. (2003). Power moves: Complementarity in dominant and submissive nonverbal behavior. *Journal of Personality and Social Psychology, 84*, 558–568.

Timmerman, T. A. (2007). "It was a thought pitch": Personal, situational, and target influences on hit-by-pitch events across time. *Journal of Applied Psychology, 92*, 876–884.

Tomaskovic-Devey, D., Zimmer, C., Strainback, K., Robinson, C., Taylor, T., & McTague, T. (2006). Documenting desegregation: Segregation in American workplaces by race, ethnicity, and sex, 1966–2003. *American Sociological Review, 71*, 565–588.

Tormala, Z. L., & Rucker, D. D. (2007). Attitude certainty: A review of past findings and emerging perspectives. *Social and Personality Psychology Compass, 1*, 469–492.

Tormala, Z. L., Petty, R. E., & Brinol, P (2002). Ease of retrieval effects in persuasion: A self-validation analysis. *Personality and Social Psychology Bulletin, 28*, 1700–1712.

Towles-Schwen, T., & Fazio, R. H. (2001). On the origins of racial attitudes: Correlates of childhood experiences. *Personality and Social Psychology Bulletin, 27*, 162–175.

Trafimow, D., Silverman, E., Fan, R., & Law, J. (1997). The effects of language and priming on the relative accessibility of the private self and collective self. *Journal of Cross-Cultural Psychology, 28*, 107–123.

Tremblay, P. F., & Belchevski, M. (2004). Did the instigator intend to provoke? A key moderator in the relation between trait aggression and aggressive behaviour. *Aggressive Behavior, 30*, 409–424.

Trevarthen, C. (1993). The function of emotions in early infant communication and development. In J. Nadel & L. Camaioni (Eds.), *New perspectives in early communication development* (pp. 48–81). London: Routledge.

Trobst, K. K., Collins, R. L., & Embree, J. M. (1994). The role of emotion in social support provision: Gender, empathy, and expressions of distress. *Journal of Social and Personal Relationships, 11*, 45–62.

Trope, Y., & Liberman, N. (2003). Temporal construal. *Psychological Review, 110*, 401–421.

Tsao, D. Y., & Livingstone, M. S. (2008). Mechanisms of face perception. *Annual Review of Neuroscience, 31*, 411–437.

Turan, B., & Horowitz, L. M. (2007). Can I count on you to be there for me?: Individual differences in a knowledge structure. *Journal of Personality and Social Psychology, 93*, 447–465.

Turan, B., & Vicary, A. M. (2010). Who recognizes and chooses behaviors that are best for a relationships?: The separate roles of knowledge, attachment, and motivation. *Personality and Social Psychology Bulletin, 36* 119–131.

Turner, J. C. (1991). *Social influence.* Pacific Grove, CA: Brooks/Cole.

Turner, J. C. (2005). Explaining the nature of power: A three- process theory. *European Journal of Social Psychology, 35*, 1–22.

Turner, J. C. (2006). Tyranny, freedom and social structure: Escaping our theoretical prisons. *British Journal of Social Psychology, 45*, 41–46.

Turner, J. C., & Onorato, R. S. (1999). Social identity, personality, and the self-concept: A self-categorization perspective. In T. R. Tyler, R. M. Kramer & O. P. John (Eds.), *The psychology of the social self* (pp. 11–46). Mahwah, NJ: Erlbaum.

Turner, J. C., Hogg, M. A., Oakes, P. J., Reicher, S. D., & Wetherell, M. S. (1987). *Rediscovering the social group: A self-categorization theory.* Oxford, UK: Blackwell.

Twenge, J. M., & Manis, M. M. (1998). First-name desirability and adjustment: Self-satisfaction, others' ratings, and family background. *Journal of Applied Social Psychology, 24*, 41–51.

Twenge, J. M., & Campbell, W. K. (2008). Increases in positive self-views among high school students. *Psychological Science, 19*, 1082–1086.

Twenge, J. M., Abebe, E. M., & Campbell, W. K. (2010). Fitting in or standing out: Trends in American parents' choices for children's names, 1880–2007. *Social Psychological and Personality Science, 1,* 19–25.

Twenge, J. M., Baumeister, R. F., DeWall, C. N., Ciarocco, N. J., & Bartels, J. M. (2007). Social exclusion decreases prosocial behavior. *Journal of Personality and Social Psychology, 92,* 56–66.

Twenge, J. M., Konrath, S., Foster, J. D., Campbell, W. K., & Bushman, B. J. (2008). Egos inflating over time: A cross-temporal meta-analysis of the Narcissistic Personality Inventory. *Journal of Personality, 76,* 875–901.

Tybout, A. M., Sternthal, B., Malaviya, P., Bakamitsos, G. A., & Park, S. (2005). Information accessibility as a moderator of judgments: The role of content versus retrieval ease. *Journal of Consumer Research, 32,* 76–85.

Tykocinski, O. E. (2001). I never had a chance: Using hindsight tactics to mitigate disappointments. *Personality and Social Psychology Bulletin, 27,* 376–382.

Tykocinski, O. E. (2008). Insurance, risk, and magical thinking. *Personality and Social Psychology Bulletin, 34,* 1346–1356.

Tyler, Feldman, & Reichert, 2006—in 12th edition reference list.

Tyler, J. M., & Feldman R. S. (2004). Cognitive demand and self-presentation efforts: The influence of situational importance and interactions goal. *Self and Identity, 3,* 364–377.

Tyler, J. M., & Rosier, J. G. (2009). Examining self-presentation as a motivational explanation for comparative optimism. *Journal of Personality and Social Psychology, 97,* 716–727.

Tyler, T. R., & Blader, S. (2000). *Cooperation in groups: Procedural justice, social identity and behavioral engagement.* Philadelphia, PA: Psychology Press.

Tyler, T. R., & Blader, S. L. (2003). The group engagement model: Procedural justice, social identity, and cooperative behavior. *Personality and Social Psychology Review, 7,* 349–361.

Tyler, T. R., Boeckmann, R. J., Smith, H. J., & Huo, Y. J. (1997). *Social justice in a diverse society.* Boulder, CO: Westview.

U.S. Bureau of Labor Statistics. (2006). *Women in the labor force: A databook.* Report 996. Retrieved May 21, 2007, from www.bls.gov/news.release/pdf/atus.pdf.

U.S. Census Bureau. (2007). *Statistical abstract of the United States: 2007.* Retrieved October 14, 2010, from http://www.census.gov/prod/www/statistical-abstract.html.

U.S. Department of Justice. (2003). *Sourcebook of criminal justice statistics.* Washington, DC: U.S. Government Printing Office.

U.S.Bureau of Labor Statistics. (2007). *Volunteering in the United States, 2006.* Washington DC: Bureau of Labor Statistics.

Uchida, Y., Townsend, S. S. M, Markus, H. R., & Bergsieker, H. B. (2009). Emotions as within or between people? Lay theory of emotion expression and emotion inference across cultures. *Personality and Social Psychology Bulletin, 35,* 1427–1439.

Urbanski, L. (1992, May 21). Study uncovers traits people seek in friends. *The Evangelist,* 4.

Valkenburg, P. M., Schouten, A. P., & Peter, J. (2005). Adolescents' identity experiments on the Internet. *New Media and Society, 7,* 383–402.

Vallone, R.P., Griffin, D.W., Lin, S., & Ross, L. (1990). Overconfident prediction of future actions and outcomes by self and others. *Journal of Personality and Social Psychology, 58,* 582–592.

Van Berkum, J. J. A., Hollmean, B., Nieuwaland, M., Otten, M., & Murre, J. (2009). Right or wrong?: The brain's fast response to morally objectionable statements. *Psychological Science, 20,* 1092–1099.

Van den Bos, K. (2009). Making sense of life: The existential self trying to deal with personal uncertainty. *Psychological Inquiry, 20,* 197–217.

Van den Bos, K., & Lind, E. W. (2001). Uncertainty management by means of fairness judgments. In M. P. Zanna (Ed.), *Advances in experimental social psychology* (Vol. 34, pp. 1–60). San Diego, CA: Academic Press.

Van Dick, R., Wagner, U., Pettigrew, T.F., Christ, O., Wolf, C., et al. (2004). Role of perceived importance in intergroup contact. *Journal of Personality and Social Psychology, 87,* 211–227.

Van Lange, P. A. M., & Joireman, J. A. (2010). Social and temporal orientations in social dilemmas. In R. M. Kramer, A. E. Tenbrunsel, & M. H. Bazerman (Eds.), *Social decision making: Social dilemmas, social values, and ethical judgments* (pp. 71–94). New York: Routledge.

Van Overwalle, F. (1998). Causal explanation as constraint satisfaction: A critique and a feedforward connectionist alternative. *Journal of Personality and Social Psychology, 74,* 312–328.

Van Prooijen, J. W., van den Bos, K., Lind, E. A., & Wilke, H. A. M. (2006). How do people react to negative procedures? On the moderating role of authority's biased attitudes. *Journal of Experimental Social Psychology, 42,* 632–645.

Van Straaten, I., Engels, R. G., Finkenauer, C., & Holland, R. W. (2009). Meeting your match: How attractiveness similarity affects approach behavior in mixed-sex dyads. *Personality and Social Psychology Bulletin, 35,* 685–697.

Vandello, J. A., & Cohen, D. (2003). Male honor and female fidelity: Implicit cultural scripts that perpetuate domestic violence. *Journal of Personality and Social Psychology, 84,* 997–1010.

Vanderbilt, A. (1957). *Amy Vanderbilt's complete book of etiquette.* Garden City, NY: Doubleday.

Vasquez, M. J. T. (2001). Leveling the playing field—Toward the emancipation of women. *Psychology of Women Quarterly, 25,* 89–97.

Vazire, S. (2010). Who knows what about a person?: The self–other knowledge asymmetry (SOKA) model. *Journal of Personality and Social Psychology, 98,* 281–300.

Vazire, S., & Mehl, M. R. (2008). Knowing me, knowing you: the accuracy and unique predictive validity of self-ratings and other-ratings of daily behavior. *Journal of Personality and Social Psychology, 95,* 1202–1216.

Vertue, F. M. (2003). From adaptive emotion to dysfunction: An attachment perspective on social anxiety disorder. *Personality and Social Psychology Review, 7,* 170–191.

Vignovic, J. A., & Thompson, L. F. (2010) Computer-mediated cross-cultural collaboration: Attribution communication errors to the person versus the situation. *Journal of Applied Psychology, 95,* 265–276.

Vinokur, A. D., & Schul, Y. (2000). Projection in person perception among spouses as a function of the similarity in their shared experiences. *Personality and Social Psychology Bulletin, 26,* 987–1001.

Vinokur, A., & Burnstein, E. (1974). Effects of partially shared persuasive arguments on group-induced shifts: A group problem-solving approach. *Journal of Personality and Social Psychology, 29,* 305–315.

Visser, P. S., Bizer, G. Y., & Krosnick, J. A. (2006). Exploring the latent structure of strength-related attitude attributes. *Advances in Experimental Social Psychology, 38,* 1–67.

Visser, P. S., Krosnick, J. A., & Simmons, J. P. (2003). Distinguishing the cognitive and behavioral consequences of attitude and certainty: A new approach to testing the common-factor hypothesis. *Journal of Experimental Social Psychology, 39,* 118–141.

Vogel, T., Kutzner, F., Fiedler, K., & Freytag, P. (2010). Exploiting attractiveness in persuasion: Senders' implicit theories about receivers' processing motivation. *Personality and Social Psychology Bulletin, 36,* 830–842.

Vohs, K. D., & Heatherton, T. F. (2000). Self-regulatory failure: A resource-depletion approach. *Psychological Science, 11,* 249–254.

Vohs, K. D., Baumeister, R. F., Schmeichel, B. J., Twenge, J. M., Nelson, N. M., & Tice, D. M. (2008). Making choices impairs subsequent self-control: A limited-resource account of decision making, self-regulation, and active initiative. *Journal of Personality and Social Psychology, 94,* 883–898.

Vonk, R. (1998). The slime effect: Suspicion and dislike of likeable behavior toward superiors. *Journal of Personality and Social Psychology, 74,* 849–864.

Vonk, R. (1999). Differential evaluations of likeable and dislikeable behaviours enacted towards superiors and subordinates. *European Journal of Social Psychology, 29,* 139–146.

Vonk, R. (2002). Self-serving interpretations of flattery: Why ingratiation works. *Journal of Personality and Social Psychology, 82,* 515–526.

Vonofakou, C., Hewstone, M., & Voci, A. (2007). Contact with out-group friends as a predictor of meta-attitudinal strength and accessibility of attitudes toward gay men. *Journal of Personality and Social Psychology, 92,* 804–820.

Vorauer, J. D. (2003). Dominant group members in intergroup interaction: Safety or vulnerability in numbers? *Personality and Social Psychology Bulletin, 29,* 498–511.

Vorauer, J. D., Hunter, A. J., Main, K. J., & Roy, S. A. (2000). Meta-stereotype activation: Evidence from indirect measures for specific evaluative concerns experienced by members of dominant groups in intergroup interaction. *Journal of Personality and Social Psychology, 78,* 690–707.

Vorauer, J.D. (2006). An information search model of evaluative concerns in intergroup interaction. *Psychological Review, 113,* 862–886.

Wadden, T. A., Brownell, K. D., & Foster, G. D. (2002). Obesity: Responding to the global epidemic. *Journal of Counseling and Clinical Psychology, 70,* 510–525.

Walker, I., & Smith, H. J. (Eds.). (2002). *Relative deprivation: Specification, development and integration.* Cambridge, UK: Cambridge University Press.

Walker, S., Richardson, D. S., & Green, L. R. (2000). Aggression among older adults: The relationship of interaction networks and gender role to direct and indirect responses. *Aggressive Behavior, 26,* 145–154.

Walster, E., & Festinger, L. (1962). The effectiveness of "overheard" persuasive communication. *Journal of Abnormal and Social Psychology, 65,* 395–402.

Walster, E., Walster, G. W., Piliavin, J., & Schmidt, L. (1973). "Playing hard-to-get": Understanding an elusive phenomenon. *Journal of Personality and Social Psychology, 26,* 113–121.

Wang, J., Novemsky, N., Dhar, R., & Baumeister, R. F. (2010). Trade-offs and depletion in choice. *Journal of Marketing Research, 47,* 910–919.

Wann, D. L., & Branscombe, N. R. (1993). Sports fans: Measuring degree of identification with their team. *International Journal of Sport Psychology, 24,* 1–17.

Waters, H. F., Block, D., Friday, C., & Gordon, J. (1993, July 12). Networks under the gun. *Newsweek,* 64–66.

Watts, B. L. (1982). Individual differences in circadian activity rhythms and their effects on roommate relationships. *Journal of Personality, 50,* 374–384.

Wayne, S. J., & Ferris, G. R. (1990). Influence tactics, and exchange quality in supervisor–subordinate interactions: A laboratory experiment and field study. *Journal of Applied Psychology, 75,* 487–499.

Wayne, S. J., & Liden, R. C. (1995). Effects of impression management on performance ratings: A longitudinal study. *Academy of Management Journal, 38,* 232–260.

Wayne, S. J., Liden, R. C., Graf, I. K., & Ferris, G. R. (1997). The role of upward influence tactics in human resource decisions. *Personnel Psychology, 50,* 979–1006.

Webb, T. L., & Sheeran, P. (2007). *How do implementation intentions promote goal attainment? A test of component processes. Journal of Experimental Social Psychology, 43,* 295-302.

Wegener, D. T., & Carlston, D. E. (2005). Cognitive processes in attitude formation and change. In D. Albarracin, B. T. Johnson, & M. P. Zanna (Eds.), *The handbook of attitudes* (pp. 493–542). Mahwah, NJ: Lawrence Erlbaum.

Wegener, D. T., Petty, R. E., Smoak, N. D., & Fabrigar, L. R. (2004). Multiple routes to resisting attitude change. In E. S. Knowles & J. A. Linn (Eds.), *Resistance and persuasion* (pp. 13–38). Mahwah, NJ: Erlbaum.

Wegner, D. T., & Petty, R. E. (1994). Mood management across affective states: The hedonic contingency hypothesis. *Journal of Personality and Social Psychology, 66,* 1034–1048.

Weick, M., & Guinote, A. (2010). How long will it take?: Power biases time predictions. *Journal of Experimental Social Psychology, 46,* 595–604.

Weiner, B. (1980). A cognitive (attribution) emotion–action model of motivated behavior: An analysis of judgments of help-giving. *Journal of Personality and Social Psychology, 39,* 186–200.

Weiner, B. (1985). An attributional theory of achievement motivation and emotion. *Psychological Review, 92,* 548–573.

Weiner, B. (1993). On sin versus sickness: A theory of perceived responsibility and social motivation. *American Psychologist, 48,* 957–965.

Weiner, B. (1995). *Judgments of responsibility: A foundation for a theory of social conduct.* New York: Guilford.

Weiner, B., Osborne, D., & Rudolph, U. (2011). An attribu- tional analysis of reactions to poverty: The political ideology of the giver and the perceived morality of the receiver. *Personaltiy and Social Psychology Review, 1,* 199–213.

Weinstein, N., & Ryan, R. M. (2010). When helping help: Autonomous motivation for prosocial behavior and its influence on well-being for the helper and recipient. *Journal of Personality and Social Psychology, 98,* 222–244.

Weiss, A., Bates, T. C., & Luciano, M. (2008). Happiness is a personal(ity) thing: The genetic of personality and well-being in a representative sample. *Psychological Science, 19,* 205–210.

Weldon, E., & Mustari, L. (1988). Felt dispensability in groups of coactors: The effects of shared responsibility and explicit anonymity on cognitive effort. *Organizational Behav- ior and Human Decision Processes, 41,* 330–351.

Wheeler, L., & Kim, Y. (1997). What is beautiful is culturally good: The physical attractiveness stereotype has different content in collectivistic cultures. *Personality and Social Psychology Bulletin, 23,* 795–800.

Wheeler, S. C., Brinol, P., & Hermann, A. D. (2007). Resistance to persuasion as self-regulation: Ego-depletion and its effects on attitude change processes. *Journal of Experimental Social Psychology, 43,* 150–156.

Whiffen, V. E., Aube, J. A., Thompson, J. M., & Campbell, T. L. (2000). Attachment beliefs and interpersonal contexts associated with dependency and self-criticism. *Journal of Social and Clinical Psychology, 19,* 184–205.

Wiederman, M. W., & Allgeier, E. R. (1996). Expectations and attributions regarding extramarital sex among young married individuals. *Journal of Psychology & Human Sexuality, 8,* 21–35.

Wilkins, A. C. (2008). "Happier than non-Christians": Collective emotions and symbolic boundaries among Evangelical Christians. *Social Psychology Quarterly, 71,* 281–301.

Williams, J. E., & Best, D. L. (1990). *Sex and psyche: Gender and self viewed cross-culturally.* Newbury Park, CA: Sage.

Williams, K. B., Radefeld, P. A., Binning, J. F., & Suadk, J. R. (1993). When job candidates are "hard-" versus "easy-to-get": Effects of candidate availability on employment decisions. *Journal of Applied Social Psychology, 23,* 169–198.

Williams, K. D. (2001). *Ostracism: The power of silence.* New York: Guilford Press.

Williams, K. D., & Karau, S. J. (1991). Social loafing and social compensation: The effects of expectations of co-worker performance. *Journal of Personality and Social Psychol- ogy, 61,* 570–581.

Williams, K. D., Harkins, S., & Latané, B. (1981). Identifiability as a deterrent to social loafing: Two cheering experiments. *Journal of Personality and Social Psychology, 40,* 303–311.

Williams, M. J., Paluck, E. L., & Spencer-Rodgers, J. (2010). The masculinity of money: Automatic stereotypes predict gender differences in estimated salaries. *Psychology of Women Quarterly, 34,* 7–20.

Willingham, D. T., & Dunn, E. W. (2003). What neuroimaging and brain localization can do, cannot, and should not do for social psychology. *Journal of Personality and Social Psychology, 85,* 662–671.

Willis, J., & Todorov, A. (2006). First impression: Making up your mind after a 100-ms. exposure to a face. *Psychological Science, 17,* 592–598.

Wilson, A. E., & Ross, M. (2001). From chump to champ: People's appraisals of their earlier and present selves. *Journal of Personality and Social Psychology, 80,* 572-584.

Wilson, D. W. (1981). Is helping a laughing matter? *Psychology, 18,* 6–9.

Wilson, J. P., & Petruska, R. (1984). Motivation, model attributes, and prosocial behavior. *Journal of Personality and Social Psychol-*

ogy, 46, 458–468.

Wilson, T. D., & Kraft, D. (1993). Why do I love thee?: Effects of repeated introspections about a dating relationship on attitudes toward the relationship. *Personality and Social Psychology Bulletin, 19*, 409–418.

Wilson, T. D., & Dunn, E. W. (2004). Self-knowledge: Its limits, value, and potential for improvement. *Annual Review of Psychology, 55*, 493–518.

Winograd, E., Goldstein, F. C., Monarch, E. S., Peluso, J. P., & Goldman, W. P. (1999). The mere exposure effect in patients with Alzheimer's disease. *Neuropsychology, 13*, 41–46.

Wisman, A., & Koole, S. L. (2003). Hiding in the crowd: Can mortality salience promote affiliation with others who oppose one's world view? *Journal of Personality and Social Psychology, 84*, 511–526.

Witt, L. A., & Ferris, G. B. (2003). Social skill as moderator of the conscientiousness-performance relationship: Convergent results across four studies. *Journal of Applied Psychology, 88*, 808–820.

Wohl, M. J. A., & Branscombe, N. R. (2005). Forgiveness and collective guilt assignment to historical perpetrator groups depend on level of social category inclusiveness. *Journal of Personality and Social Psychol- ogy, 88*, 288–303.

Wohl, M. J. A., Branscombe, N. R., & Reysen, S. (2010). Perceiving your group's future to be in jeopardy: Extinction threat induces collective angst and the desire to strengthen the ingroup. *Personality and Social Psychology Bulletin, 36*, 898–910.

Wohl, M. J. A., Giguère, B., Branscombe, N. R., & McVicar, D. N. (2011). One day we might be no more: Collective angst and protective action from potential distinctiveness loss. *European Journal of Social Psychology, 41*, 289–300.

Wolf, S. (2010). Counterfactual thinking in the jury room. *Small Group Research, 41*, 474–494.

Wood, G. S. (2004, April 12 & 19). Pursuits of happiness. *The New Republic*, 38–42.

Wood, J. V. (1989). Theory and research concerning social comparisons of personal attributes. *Psychological Bulletin, 106*, 231–248.

Wood, J. V., & Wilson, A. E. (2003). How important is social comparison? In M. R. Leary & J. P. Tangney (Eds.), *Handbook of self and identity* (pp. 344–366). New York: Guilford Press.

Wood, J. V., Perunovic, W. Q. E., & Lee, J. W. (2009). Positive self-statements: Power for some, peril for others. *Psychological Science, 20*, 860–866.

Wood, W., & Quinn, J. M. (2003). Forewarned and forearmed? Two meta-analytic syntheses of forewarning of influence appeals. *Psychological Bulletin, 129*, 119–138.

Wood, W., Quinn, J. M., & Kashy, D. A. (2002). Habits in everyday life: Thought, emotion, and action. *Journal of Personality and Social Psychology, 83*, 1281–1297.

Wright, S. C. (2001). Strategic collective action: Social psychology and social change. In R. Brown & S. Gaertner (Eds.), *Blackwell handbook of social psychology: Intergroup processes* (pp. 409–430). Oxford: Blackwell.

Wright, S. C., Aron, A., McLaughlin-Volpe, T., & Ropp, S. A. (1997). The extended contact effect: Knowledge of cross-group friendships and prejudice. *Journal of Personality and Social Psychology, 73*, 73–90.

Wright, S. C., Taylor, D. M., & Moghaddam, F. M. (1990). Responding to membership in a disadvantaged group: From acceptance to collective protest. *Journal of Personality and Social Psychology, 58*, 994–1003.

Wuensch, K. L., Castellow, W. A., & Moore, C. H. (1991). Effects of defendant attractiveness and type of crime on juridic judgment. *Journal of Social Behavior and Personality, 6*, 713–724.

Wyer, R. S., Jr., & Srull, T. K. (Eds.). (1994). *Handbook of social cognition* (2nd ed., Vol. 1). Hillsdale, NJ: Erlbaum.

Xu, J., & Robert, R. E. (2010). The power of positive emotions: It's a matter of life or death—subjective well-being and longevity over 28 years in a general population. *Health Psychology, 29*, 9–19.

Yoder, J. D., & Berendsen, L. L. (2001). "Outsider within" the firehouse: African American and white women firefighters. *Psychology of Women Quarterly, 25,* 27–36.

Yukl, G. A. (1998). *Leadership in organizations* (4th ed.). Englewood Cliffs, NJ: Prentice-Hall.

Yukl, G. A. (2006). *Leadership in organizations* (6th ed.). Upper Saddle River, NJ: Prentice-Hall.

Yukl, G., & Falbe, C. M. (1991). Importance of different power sources in downward and lateral relations. *Journal of Applied Psychology, 76,* 416–423.

Yzerbyt, V. Y., & Demoulin, S. (2010). Intergroup relations. In S. T. Fiske, D. T. Gilbert, & G. Lindzey (Eds.), *Handbook of social psychology* (5th ed., Vol. 2, pp. 1023–1083). Hoboken, NJ: Wiley.

Yzerbyt, V. Y., Corneille, O., & Estrada, C. (2001). The interplay of subjective essentialism and entitativity in the formation of stereotypes. *Personality and Social Psychology Review, 5,* 141–155.

Yzerbyt, V., Rocher, S., & Schradron, G. (1997). Stereotypes as explanations: A subjective essentialist view of group perception. In R. Spears, P. J. Oakes, N. Ellemers, & S. A. Haslam (Eds.), *The social psychology of stereotyping and group life* (pp. 20–50). Oxford: Blackwell.

Zaccaro, S. J. (2007). Trait-based perspective on leadership. *American Psychologist, 62,* 6–16.

Zadro, L., Boland, C., & Richardson, R. (2006). How long does it last? The persistence of the effects of ostracism in the socially anxious. *Journal of Experimental Social Psychology, 42,* 692–697.

Zajonc, R. B. (1965). Social facilitation. *Science, 149,* 269–274.

Zajonc, R. B. (2001). Mere exposure: A gateway to the subliminal. *Current Directions in Psychological Science, 10,* 224–228.

Zajonc, R. B., Heingartner, A., & Herman, E. M. (1969). Social enhancement and impairment of performance in the cockroach. *Journal of Personality and Social Psychology, 13,* 83–92.

Zaslow, J. (2010, May 5). Surviving the age of humiliation. *Wall Street Journal,* pp. D1, D3.

Zebrowitz, L. A., Collins, M. A., & Dutta, R. (1998). The relationship between appearance and personality across the life span. *Personality and Social Psychology Bulletin, 24,* 736–749.

Zebrowitz, L. A., Kikuchi, M., & Fellous, J. M. (2007). Are effects of emotion expression on trait Impressions mediated by babyfaceness?: Evidence from connectionist modeling. *Personality and Social Psychology Bulletin, 33,* 648–662.

Zebrowitz, L. A., Kikuchi, M., & Fellous, J. M.. (in press). Facial resemblance toe: Group differences, impression effects, and race stereotypes. *Journal of Personality and Social Psychology.*

Zhang, F., & Parmely, M. (2011). What youre best friend sees that I don't see: Comparing female close friends and casual acquaintances on the perception of emotional facial expressions of varying intensities. *Personality and Social Psychology Bulletin, 37,* 38–39.

Zhang, S., Schmader, T., & Forbes, C. (2009). The effects of gender stereotypes on women's career choice: Opening the glass door. In M. Barreto, M. K. Ryan, & M. T. Schmitt (Eds.), *The glass ceiling in the 21st century* (pp. 125–150). Washington, DC: American Psychological Association.

Zhong, C-B., Bohns, V. K., & Gino, F. (2010). Good lamps are the best police: Darkness increase dishonesty and self- interested behavior. *Psychological Science, 21,* 311–314.

Zhu, F., & Zhang, X. (2010). Impact of online consumer reviews on sales: The moderating role of product and consumer characteristics. *Journal of Marketing, 74,* 133–148.

Zillmann, D. (1979). *Hostility and aggression.* Hillsdale, NJ: Erlbaum.

Zillmann, D. (1983). Transfer of excitation in emotional behavior. In J. T. Cacioppo & R. E. Petty (Eds.), *Social psychophysiology: A sourcebook* (pp. 215–240). New York: Guilford Press.

Zillmann, D. (1988). Cognition–excitation interdependencies in aggressive behavior. *Aggressive Behavior, 14,* 51–64.

Zillmann, D. (1994). Cognition–excitation interdependencies in the escalation of anger and angry aggression. In M. Potegal & J. F. Knutson (Eds.), *The dynamics of aggression.* Hillsdale, NJ: Erlbaum.

Zillmann, D., Baron, R. A., & Tamborini, R. (1981). The social costs of smoking: Effects of tobacco smoke on hostile behavior. *Journal of Applied Social Psychology, 11,* 548–561.

Zimbardo, P. G. (2007). *The Lucifer effect: How good people turn evil.* New York: Random House.

Zimbardo, P.G. (1970). The human choice: Individuation, reason, and order versus deindividuation, impulse, and chaos. In W.J. Arnold & D. Levine (Eds.), *Nebraska Symposium on Motivation* (Vol. 17, pp. 237–307). Lincoln, NE: University of Nebraska Press.

Zuckerman, M., & O'Loughlin, R. E. (2006). Self-enhancement by social comparison: A prospective analysis. *Personality and Social Psychology Bulletin, 32,* 751–760.

Zywica, J., & Danowski, J. (2005). The *faces* of *facebookers:* Investigating social enhancement and social compensation hypotheses; predicting Facebook and offline popularity from sociability and self-esteem, and mapping the meanings of popularity with semantic networks. *Journal of Computer-Mediated Communication, 14,* 1–34.

图书在版编目（CIP）数据

社会心理学：第13版/（美）罗伯特·A. 巴隆，（美）妮拉·R. 布朗斯科姆著；白宝玉译. — 北京：商务印书馆，2022
ISBN 978-7-100-20411-8

Ⅰ.①社… Ⅱ.①罗… ②妮… ③白… Ⅲ.①社会心理学 Ⅳ.① C912.6-0

中国版本图书馆CIP数据核字（2021）第276200号

权利保留，侵权必究。

社会心理学
（第13版）

〔美〕罗伯特·A. 巴隆 著
妮拉·R. 布朗斯科姆

白宝玉 译
钟　年 校

商 务 印 书 馆 出 版
（北京王府井大街36号　邮政编码100710）
商 务 印 书 馆 发 行
北京新华印刷有限公司印刷
ISBN 978-7-100-20411-8

2022年6月第1版　　　开本 787×1092　1/16
2022年6月北京第1次印刷　印张 44
定价：238.00元